明天启六年(1626)三月十七日门人龚汝虬请王明谷写周顺昌真容

清光绪三十一年(1905)《国粹学报》

宋左丞相益国文忠公周必大像(明周顺昌系其十一世孙)

**周忠介公像**

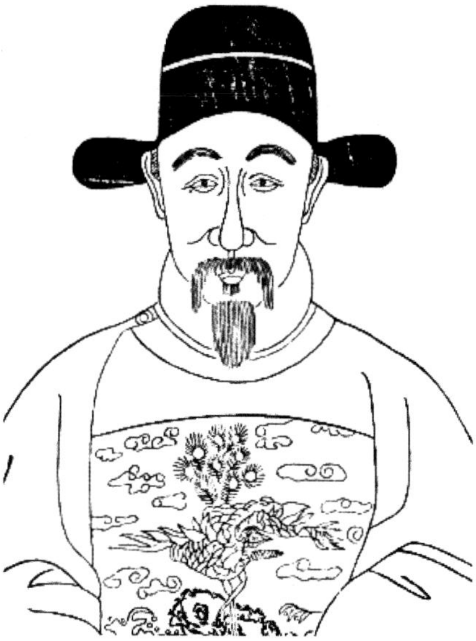

**周顺昌乌纱朝服像**

殷献臣《周吏部年谱》卷首

**清孔继尧绘周忠介公像**

顾沅《吴郡名贤图传赞》卷一二

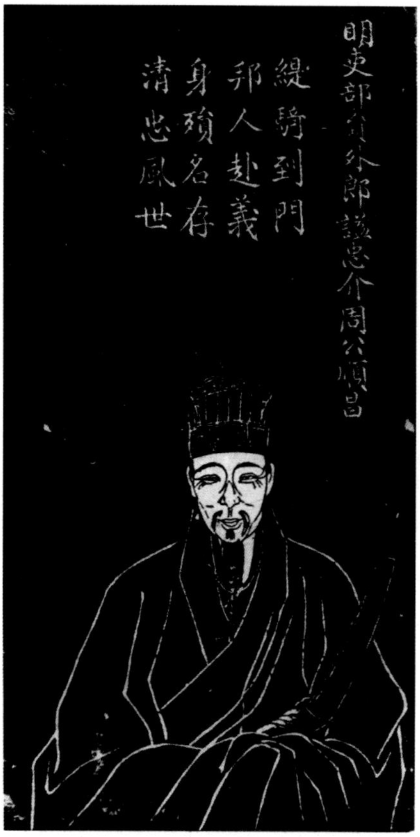


**清谭松坡镌周顺昌石刻像**

吴郡五百名贤祠内

**清舒时贞写周茂兰像**

《明周端孝先生血疏题跋》卷首

**清孔继尧绘周端孝先生像**

顾沅《吴郡名贤图传赞》卷一六

**清谭松坡镌周茂兰石刻像**

吴郡五百名贤祠内

**清舒时贞绘周茂兰像(王武补景)**

《艺苑掇英》第二十七期

周忠介公燼餘集卷一

古吳周順昌景文著

福州高瑞紀事

余以踽涼之行承乏三山司李昕夕飲冰甫百日覩稅監殊横自媿官卑弗克制勃然動拂衣想稽之會典外臣乞休竟休矣功名塵土富貴浮雲壯夫寗借簪紱爲榮沈思終日不得奉養先人於今日悲痛萬千悻悻乞休未遂　天子一命榮親是實人子未酬至願庶幾改敎存古人避地之遺風遂備文申請不得請再而三終不得也守土者不能委而去之低徊

忠介燼餘集　卷一

唐文治重刊本《周忠介公烬余集》书影

苏州大学图书馆古籍部特藏

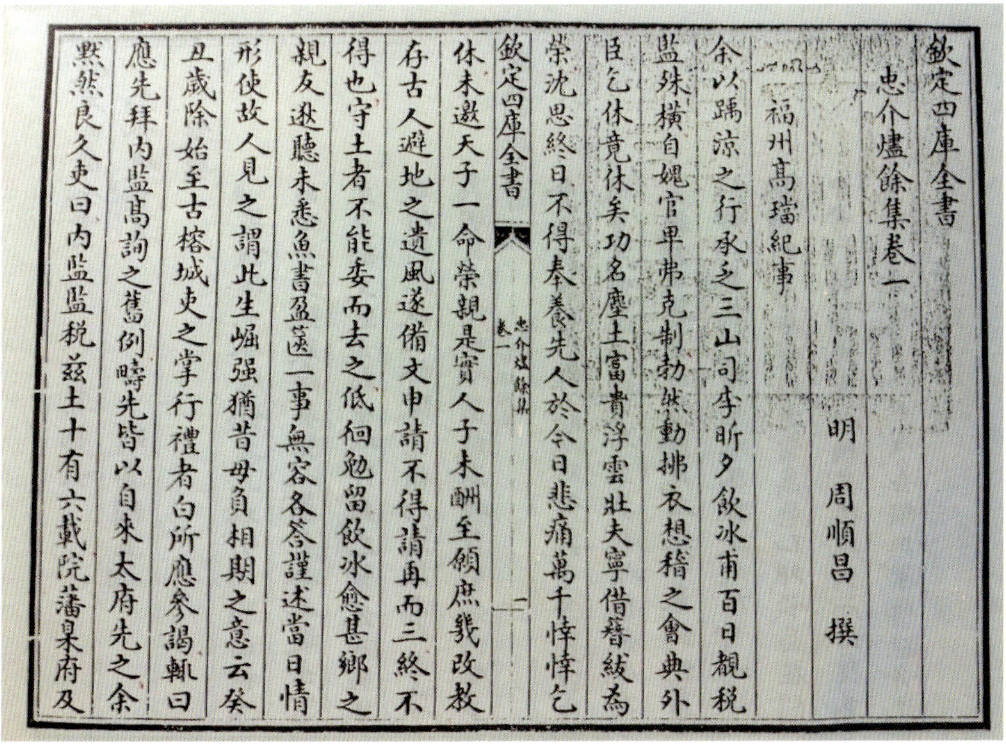
欽定四庫全書

忠介燼餘集卷一

明　周順昌　撰

福州高瑞紀事

余以踽涼之行承乏三山司李昕夕飲冰甫百日覩稅監殊横自媿官卑弗克制勃然動拂衣想稽之會典外臣乞休竟休矣功名塵土富貴浮雲壯夫寧借簪紱為榮沈思終日不得奉養先人於今日悲痛萬千悻悻乞休未遂天子一命榮親是實人子未酬至願庶幾改教存古人避地之遺風遂備文申請不得請再而三終不得也守土者不能委而去之低徊勉留飲冰愈甚鄉之親友逖聽未悉魚書盈篋一事無容各荅謹述當日情形使故人見之謂此生崛强猶昔毋負相期之意云癸丑歲除始至古榕城吏之掌行禮者白所應參謁輒曰應先拜内監髙詢之舊例疇先皆以自來太府先之余默然良久吏曰内監監稅兹土十有六載院藩臬府及

欽定四庫全書　忠介燼餘集　卷一　二

影印文渊阁《四库全书》本《忠介烬余集》书影

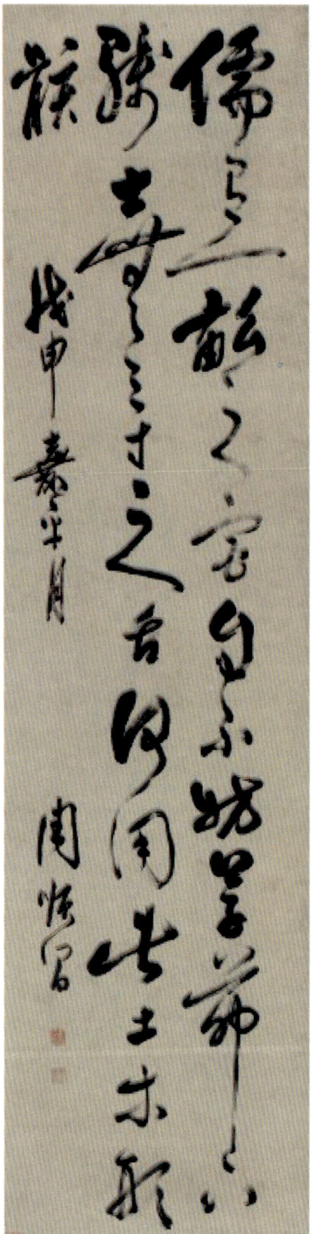

周顺昌草书“儒有一亩之宫，自不妨草茆下贱；士无三寸之舌，何用此土木形骸”墨迹

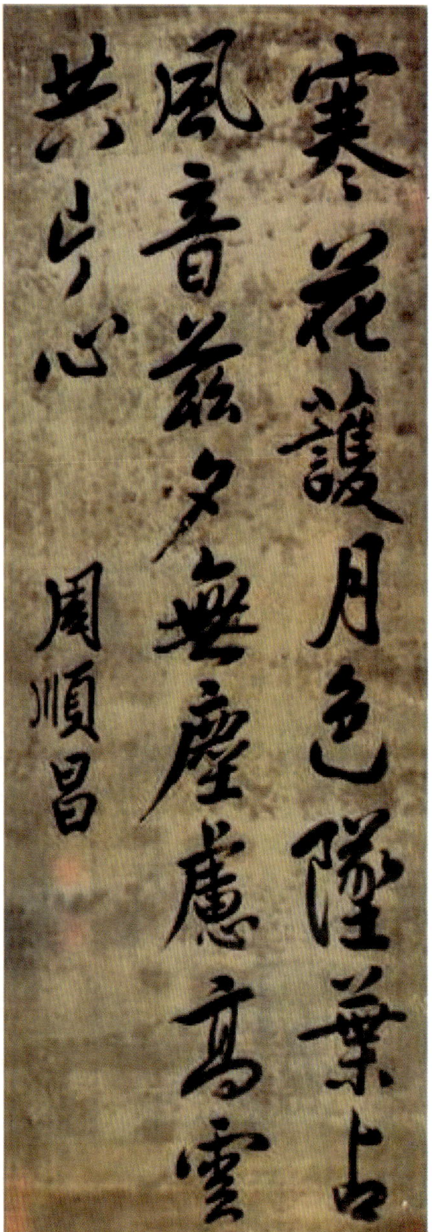

周顺昌行书释皎然、颜真卿《五言夜集联句》诗

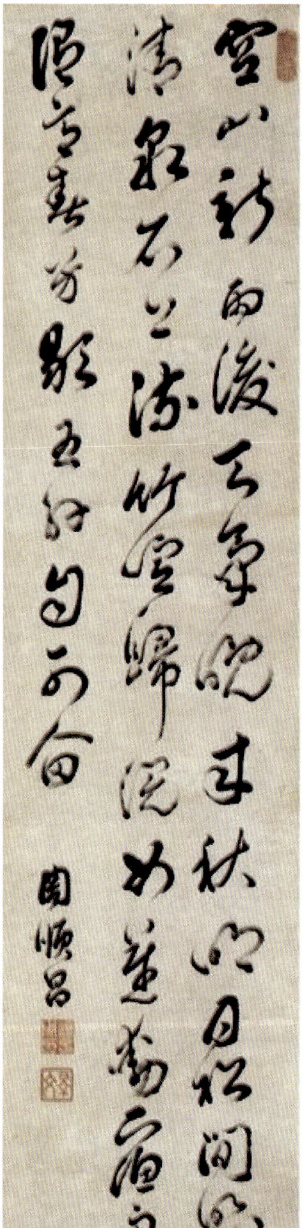

周顺昌书王维《山居秋暝》诗

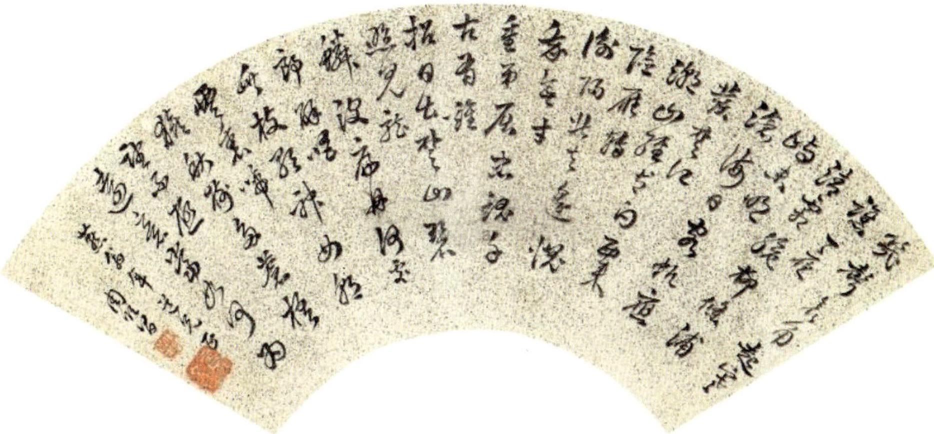

周顺昌手书《赠燕翁年道兄二首》扇面

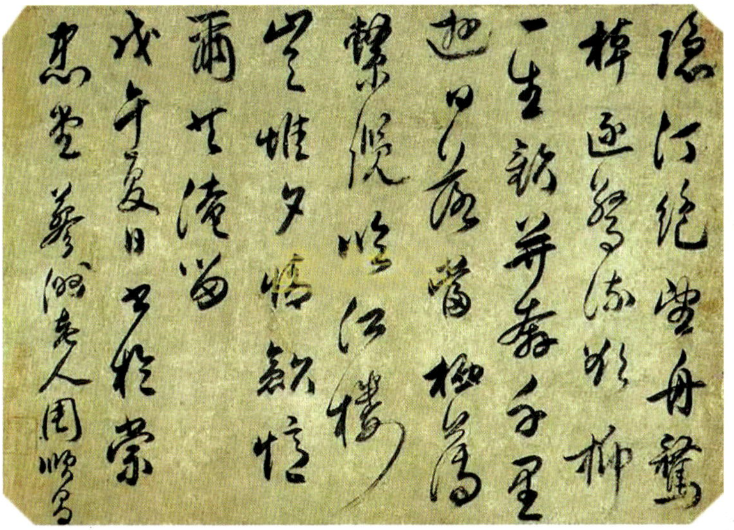

周顺昌草书谢灵运《登临海峤初发强中作与从弟惠连见羊何共和之》诗(部分)

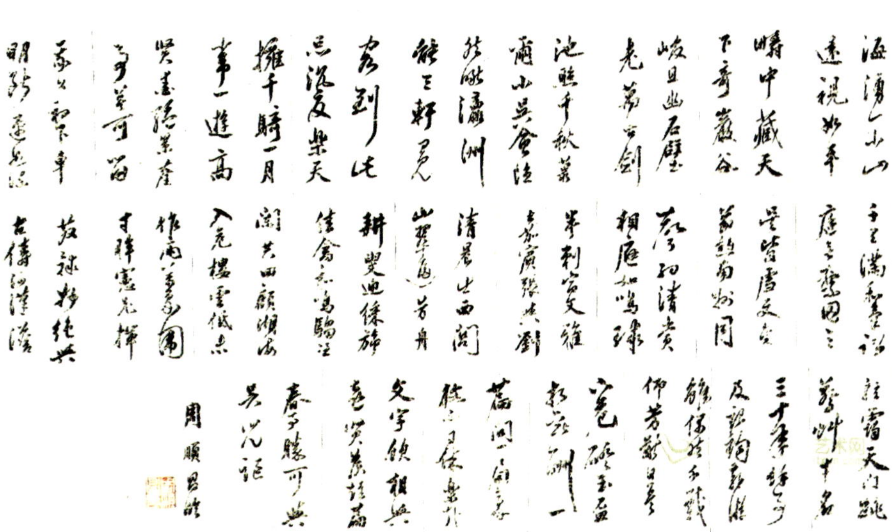

周顺昌临米芾《虎丘诗》帖

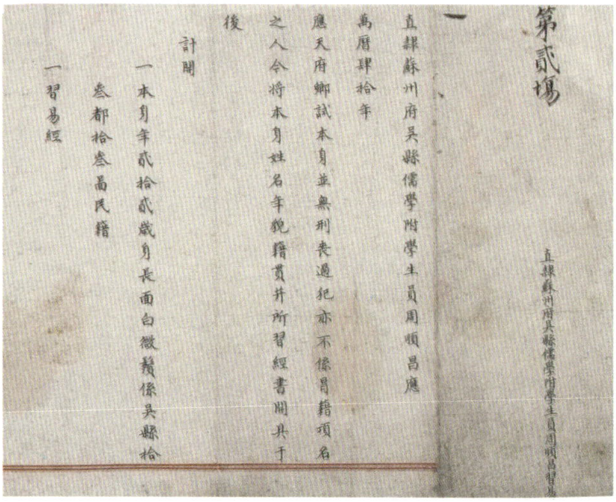

第貳場

直隸蘇州府吳縣儒學附學生員周順昌應
萬曆肆拾年
應天府鄉試本身並無刑喪過犯亦不係冒籍項名
之人今將本身姓名年貌籍貫并所習經書開具于
後
計開
一本身年貳拾貳歲身長面白微鬚係吳縣拾
叁都拾叁啚民籍
一習易經

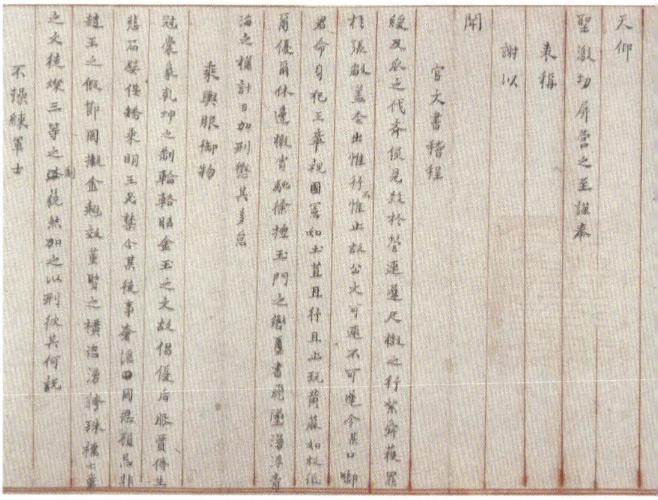

明万历四十年(1612)周顺昌乡试卷(部分)

《明清档案卷·明代》

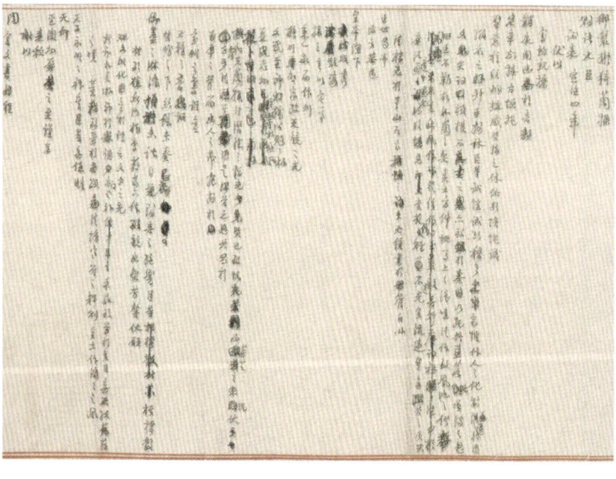

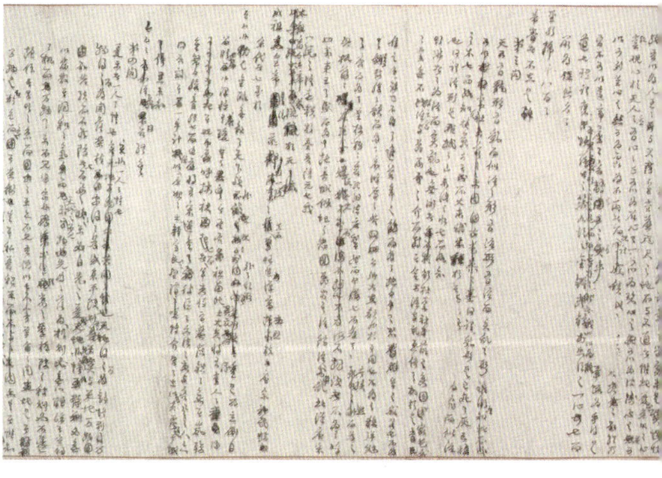

周顺昌乡试卷草稿(部分)

《明清档案卷·明代》

周顺昌《墨竹图》

周顺昌《苍筠菊石图》

周顺昌《散牧图》

周顺昌《秋江垂钓图》

金显宗《渴虎图》(有周顺昌跋)

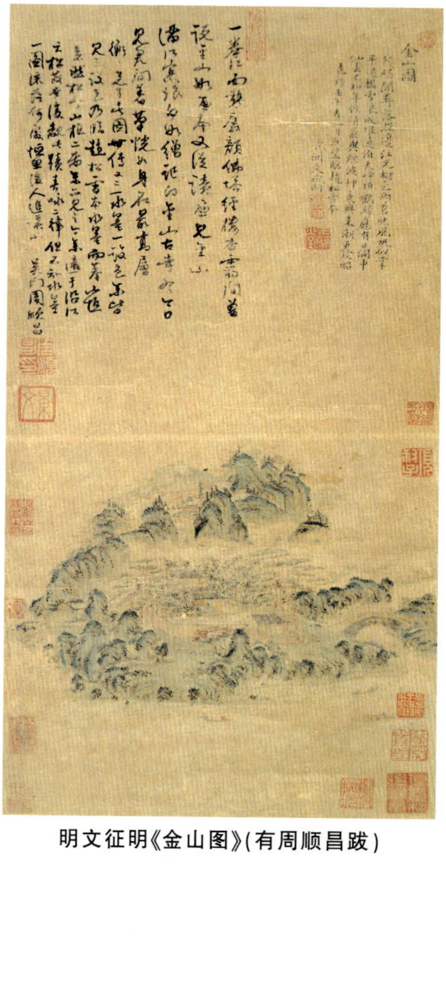

明文征明《金山图》(有周顺昌跋)

周顺昌《仿元人小品》

周顺昌《山川出云图》

周顺昌《山水图》

周顺昌《栖鹰图》

周顺昌《松鹰图》

周顺昌《墨梅图》

镇江博物馆
(原藏有周顺昌画像、
周顺昌书札二则真迹)

吴郡五百名贤祠
苏州沧浪亭内

无锡东林书院

**明韩馨书丹“五人之墓”碑**

苏州山塘街五人墓、义风园内

**明解元杨廷枢书“义风千古”坊**

苏州山塘街五人墓、义风园内

**明义民颜佩韦、杨念如、沈扬、马杰、周文元五人之墓**

苏州山塘街五人墓、义风园内

**搬迁后的车渡浜周王庙新塑之周顺昌神像**

摄于 2013 年 9 月

**十一年前搬迁一半之后的跨塘镇车渡浜村**

摄于 2002 年 8 月

# 持大节 轻富贵 不畏死

## ——明周顺昌其人其事

编者在 2012 年 11 月 9 日《苏州日报》传奇版发文

《持大节，轻富贵，不畏死——明周顺昌其人其事》

堂堂周吏部，凛然忠义节

——谨以此书为周顺昌诞辰四百二十九周年献礼

癸巳年八月十七日　车渡陈景周百拜敬题

公虽无意为文乎，其精神意气淋漓吐露，具见于残编断简中，几以深忧社稷之多，故慎持搢绅之大闲，视富贵如鸿毛，等生死如蝉蜕，读之有不泚然汗下者，非人情矣。

——彭定求《周忠介〈烬余集〉序》

盖公之心，深恫夫宗社之将倾、乾坤之几毁，徒以一身隐忍自全其间，托为明哲煌煌、旁瞩无疆之说，则耿耿孤衷，食息靡宁，故必助众正而乐从之也。及其义激乡邦，倾城号救，锒铛络绎，忽若兽奔鸟散。

——彭定求《重刻〈周忠介公年谱〉序》

是集也，其人皆忠孝节义、身际艰难、不贪富贵、杀身成仁。见其事，咨嗟而涕泗；闻其风，感奋而兴起。世之媚嫉奸佞、谄谀苟且、阴狠诈伪者流，对之泚然内愧，可消其邪慝之心，邪心消则其气沮，邪气沮则正气自伸而纲常名节可扶乾坤正矣。

——潘锡恩《〈乾坤正气集〉序》引姚莹语

诸公或亮节著于疆场，或直声震于朝野，或被诬放斥而守身不二，或遭时变故而矢志靡他，虽行藏不一，其志节则同。非皆得天地之正气以生、为斯世斯人之楷模，何以异世犹足动人景仰如斯也耶？

——顾沅《〈乾坤正气集〉序》

方公被逮时，宣诏于郡西察院，民随而号泣，请救者万人。见公将就桎梏，咸戟手愤詈，因直前击缇骑，几为变。赖郡守寇公、邑令陈公抚之而后定。事闻，诏捕首乱，颜佩韦等五人毅然诣官府自列，赴死无改容。呜呼！公之节义能使人感奋至此，可谓难矣！

——吴伟业《〈清忠谱〉序》

今试读蓼洲先生之书，其言论则蔼如粹如，仁人之言也；其学术则敦朴纯实，程朱之真传也；其操守则一介不取一介不与，玄圣之心法也。夷考朱完天、颜佩韦诸君子，其义勇之气，亦皆发于至诚，要非叫嚣隳突、唱声附和之流所能比拟其万一。

——唐文治《重刻周忠介〈烬余集〉叙》

# 周顺昌研究资料汇编

编校　陈　斌

苏州大学出版社

**图书在版编目(CIP)数据**

周顺昌研究资料汇编 / 陈斌编校. —苏州：苏州大学出版社，2013.11
ISBN 978-7-5672-0704-2

Ⅰ. ①周… Ⅱ. ①陈… Ⅲ. ①周顺昌(1584～1626)—人物研究—研究资料—汇编 Ⅳ. ①K827＝48

中国版本图书馆 CIP 数据核字(2013)第 253363 号

**周顺昌研究资料汇编**
编校 陈 斌
责任编辑 李 兵

苏州大学出版社出版发行
(地址：苏州市十梓街 1 号 邮编：215006)
丹阳市兴华印刷厂印装
(地址：丹阳市胡桥镇 邮编：212313)

开本 787 mm×1 092 mm 1/16 印张 32.25 字数 790 千
2013 年 11 月第 1 版 2013 年 11 月第 1 次印刷
ISBN 978-7-5672-0704-2 定价：120.00 元

# 目　录

## 中编　周顺昌研究资料汇编六卷

## 下编　五人传记资料、五人墓题咏各一卷

# 序

## 读陈生辑校明明贤蓼洲公《烬余集》,口占一绝

杨旭辉

奋臂揭竿抨逆竖，

清忠死节世应风。

皮黄几绝五人义，

辑取烬余陈子功。

# 前　言

## 苏州历史名人明周顺昌其人其事

陈景周

周顺昌(1584—1626),字景文,号蓼洲,明南直隶苏州府吴县人,“东林后七君子”之一,南宋左丞相周必大第十一世孙。周必大的五世孙迁居常熟,再传三代到周顺昌的曾祖父周峦,从常熟迁到苏州。周顺昌幼年聪慧,英姿劲骨,中万历四十一年(1613)癸丑科进士,授福州府推官,抗击税监高寀,捕治其爪牙。六年任满,暂拟礼部主事,居家候考选,后改授吏部。天启元年(1621)历官吏部稽勋司、验封司、考功司。天启二年(1622)调任文选司,至五月升任文选司员外郎,署选事,因与权贵人意见不合,不待任满而乞假归乡。

周顺昌为人刚方贞介,嫉恶如仇。魏忠贤专权乱政,残害忠良,周顺昌言谈之间,义形于色。天启五年(1625),应天巡抚周起元因上疏为苏州同知杨姜申辩而被削籍,周顺昌写《送中丞绵贞周公南归序》为他送行,斥骂阉党无所顾忌。浙江嘉善的魏大中因疏劾魏忠贤被逮,途经苏州时,知交好友,缩颈蒙面,周顺昌独往为其饯行,置办酒菜款留三日。临别,将小女许配给魏大中之孙。阉党向来痛恨正直的周顺昌,因而趁此机会陷害他。御史倪文焕上疏弹劾周顺昌与罪人通婚,又诬陷他在吏部为官时贪敛钱财,周顺昌因而被削籍。

天启六年(1626),苏杭织造太监李实上疏,诬劾周起元擅减袍段数目,掯勒袍价,致使苏、松二府的上供连年延误,阉党趁机把周顺昌罗织进李实的疏中,魏忠贤遣缇骑到苏州将他逮捕。三月十八日,开读诏书时,发生吴中“开读之变”。实际上,这不是“民变”,而是士民打抱不平的正义之举。四月,周顺昌被逮至京,下镇抚司狱,周顺昌在狱中受到严刑拷掠,但毫不屈服,詈骂魏忠贤不绝口。六月十七日夜,周顺昌遇害,年仅四十三岁。

纵观周顺昌的一生,他的命运和遭际,与他的思想性格和为人处事原则是紧密相联系的。在思想性格和为人处事方面,周顺昌留给我们的印象是深刻的。以史为鉴,借古论今,周顺昌的人生经历,对现代人的为人处事具有借鉴与启示意义;同时,周顺昌的为人、为官之道与当下的廉政文化是相契合的。

### 刚直廉正,不徇私枉法,为人处事有原则

周顺昌自京城赴任福州推官时,便道还家。苏州有个和他同姓的青年人,因醉酒犯

了事，官府审判前，她的母亲拿了上百两银子来求周顺昌说情。有人劝周顺昌说："巡抚徐大人是福建人，知道周老爷清贫，周老爷不妨收下银子，为他讲讲情。"周顺昌坚决不肯。无独有偶，巡抚徐民式是福州人，他的儿子因杀人犯了死罪，得知周顺昌将赴任福州推官，他亲自来到周顺昌家，恳请周顺昌审理案件时手下留情，周顺昌严肃地说："如果查明没有杀人，那么立刻释放；但是，如果真的杀了人，我宁可丢弃官职，也不会徇私枉法。"徐民式惶恐地辞别而去。周顺昌的船行至湖州时，徐民式派中军拿着亲笔书信前来，馈赠厚礼，想再次请托，周顺昌怒斥中军，并叱责徐民式。到任后，周顺昌首先审理这个案件，如法惩治徐民式的儿子。

税监高寀在福建作威作福，激起闽地民变，地方官想通过严惩闽民的方式来讨好高寀，周顺昌坚持正义，为民请命，闽地老百姓因而免遭一难。福建有一乡绅，想要强行霸占某秀才家的墓地和田产，周顺昌为秀才主持公道，把墓地和田产判还给他。一县学教谕因私人恩怨陷害一诸生，把他开除了学籍，周顺昌再三审问之后，真相大白，县学教谕来找周顺昌，一定要他把"莫须有"的罪名坐实，周顺昌顿时怒从心头起，避他而去，口中说道："杀人以媚人，实不敢也。"最终，周顺昌为这位诸生洗雪了冤屈。

任吏部员外郎期间，周顺昌以进贤退不能为己任，坚持原则，以次序补官员，即使是权贵人请托，也不为所动，后因与权贵人意见不合而乞假告归。归乡后，周顺昌以澄清一世为己任，向地方官陈说民间冤情和疾苦，老百姓有疑难事和不平事，只要周顺昌站出来说一句话，是非曲直，立刻分明。因此，人们都敬重他。周顺昌被逮之后，友人朱祖文问他："你为官几年，可有一两件冤狱让你心中不安？"周顺昌随声应答道："没有！这是我一生可以自信的。"

周顺昌的刚直廉正，与他早年受到的家庭教育密切相关。少年时，周顺昌言语间稍有戏谑之词，祖父周冠就要正色呵止，周顺昌终其一生都恪守祖训。年轻时，周顺昌和朋友喝酒喝醉了，回家后受到了母亲的责备，自那以后就再也没有喝醉过，遇到酒席应酬，周顺昌总是推托说："见谅，见谅，周某生平不好喝酒。"

## 布衣蔬食，安于清贫，不汲汲于富贵名利

周顺昌为双亲办丧事，宁可预支教书的酬资，也不愿受亲友的一分钱。有个贵介子弟想结交周顺昌，借此机会送给他银两，周顺昌坚决地谢绝，说道："贫者士之常，臭味不同，何暇与之征逐于酒肉歌舞之场哉？"参加应天府乡试时，周顺昌和朱陛宣、邹谷、殷献臣三人聚首论心，感慨世风日下、人心不古，于是发誓说："如果今后我得志了，一定不改本心，绝不做追求富贵荣耀，谋取私人利益等令人羞耻的事情。"进京会试时，有人想逃避关税，托他们携带财物，虽然酬劳很丰厚，可是，周顺昌和朱陛宣坚决回绝，说道："应试之人，怎么能做欺君负心的事？金陵的誓言，难道忘了吗，岂能自食其言？"

仕闽期间，苏州家中的生活靠借贷维持，亲友中要债的人填门盈户，甚至还有怒骂者，妻弟吴公如写信来告，周顺昌宁可得罪亲友，也不愿取秋毫于闽民。他在《与吴公如内弟书二》中说："负诸亲友，尚有还日；取诸民间，必无还期。"任满归乡时，周顺昌仅有一担行李，与赴任时一样，依旧是一个贫寒的人。

居家等待新的任命期间，周顺昌修葺旧居，读书其中，所居“深不盈丈，去头不盈尺”，他却心满意足地说：“吾视此有广厦之安矣！”周顺昌祖上是富贵之家，有不少的田地房产，后因家道中落而转卖给别人。这时，房产正在一个有权势人家的仆人手中，他妄自揣测，以为周顺昌有赎回房产的心思，托人对他说：“如果赎买的钱不能一下子付清，可以慢慢地偿还。”他还打扫干净了房屋等着周顺昌去赎回，然而，周顺昌却笑着谢绝了。有人劝周顺昌恢复祖业，他却说：“‘复祖业’”三字，名美而实秽，我做诸生时，所居仅有四间，现在纵然有些狭陋，但是比以前好多了。更何况，房屋大了需要更多的仆人，开支必然增多，谋取民脂民膏，这是我不愿意也不忍心做的事。”

在京为官期间，周顺昌租简陋的房子居住，布衣蔬食，和六个仆人一起生活，每天的费用仅十文钱、五升米。他既不往来宴饮，又谢绝一切馈赠，闲暇之余，念佛千声，宛如一个苦行的老僧。任职吏部时，有侍从送来人参汤，周顺昌知道后，还给他买人参的钱，并告诫他下次切不可再送。

归乡里居，周顺昌克勤克俭，安贫乐道。他常常夜坐读书，苦于油贵，就买桐油作灯油，怡然自得地说：“人家都说桐油灯让人眼花，我反倒觉得眼目清亮。”周顺昌喜结贫交，不慕富贵，富裕权贵之家，多愿和他联姻，可他都予以坚决回绝。

周顺昌不仅严格要求自己，对待家人、教育儿女，他同样是非常严格的，甚至是严苛。他的家书中，从日常生活开支到儿女的衣物，从年节往来馈赠到居家饮食起居，关照得琐碎而又细致。让人感触最深的是，吴夫人的四十生辰，也不允许受人一盒，留人一饭，只许买半斤豆腐供供寿星而已。在此，不禁要感慨，周顺昌为人夫，为人父，未免太严苛了些。他的《字付大儿茂兰》是中国历代家书中的经典名篇，收进《中国历代家训集》中。

不汲汲于富贵名利，安于清贫，从清苦的生活中品味出自得的乐趣来，是周顺昌一生的志节追求。周顺昌做塾师时既已立有此志，殷献臣《周吏部年谱》中说：“家酷贫，公藉馆谷奉养（双亲），曰：‘吾辈今日为诸生，自束脩外即无可取，设他日为宰官，自俸资外即不可取。’”中进士后，周顺昌的志向更加坚定，他在《第后柬德升诸兄弟》中说：“‘固穷’二字，原吾辈本来面目……慕富慕贵，一生痛恨……富厚策肥，大非吾念。”迈入仕途，周顺昌践行了早年的志向，他在《与文湛持书二》中说：“弟独居蔬食，饮食男女，一无所事，馈仪书牍，尽行屏绝”；在《自京师寄殷献臣诸人书》中说：“至求田问舍、积玉堆金，视头上乌纱若捧夜光珠行九折坂中，惟恐失之，实不能也。”

## 慷慨从容，处变不惊，置个人生死于度外

天启六年（1626）三月十五日，缇骑持魏忠贤矫诏到苏州来逮捕周顺昌。吴县县令陈文瑞是福建人，周顺昌在福州推官任上曾经提拔过他，因此，他对周顺昌感恩戴德，得知周顺昌将被逮捕，他连忙半夜里赶往周顺昌家，请他置办行装，料理家事。周顺昌从容地说：“我没有什么家事可以料理。”妻子、儿女听到逮捕的消息后急得哭得昏厥过去，周顺昌笑着说：“无事乱人怀也。”周顺昌让人慢慢叫醒他们，宽慰他们说：“不用担心，其实事情并没有那么严重。”随后，周顺昌正襟危坐，和亲友们慷慨谈笑。接着，他走进书斋整理图书，看到书桌上有一素榜，周顺昌对亲友说：“龙树庵的僧人请我为他题匾额，答应了很

久了，一直没空写，今天不写，或许以后没有机会写了，和朋友的约定不能违背啊！”于是，周顺昌濡笔挥毫，题“小云栖”三字，字大如斗，体法遒劲。题额写好后，落款、盖章，整个过程没有出半点差错。时间过得很快，转眼之间，已经是十六日的黎明了，周顺昌到家庙中辞别祖宗，慷慨就道。妻子、儿女牵衣顿足，哭天抢地，周顺昌毅然离去，没有回头一看。在场的殷献臣、邹谷、贺言、吴公如等人也都失声恸哭，而周顺昌依然是意气自若。

周顺昌刚出家门，门外已经有上百人聚集。一路上，老百姓纷涌而来，拥送周顺昌。被逮到吴县县衙后，周顺昌站着对众人称颂古今忠臣义士，斥骂宦官魏忠贤，又勉励年轻人，没有丝毫疲倦的神色。人们从四处赶来，都想见一见有德于乡里的周老爷，县衙门口聚集了很多人，有的人挤进去拜见周顺昌，没有挤进去的就在门口叩头。见到周顺昌的人从县衙里面出来，说：“周老爷言谈之间没有丝毫沮丧的神色，从容淡定，内心平静，就好像什么事都没有一样，真是天人啊！”天人，就是神人。但凡神人，总有超出常人的神力。周顺昌临危不惧的淡定与从容，确实是一般人所没有的，因此，见者会叹其为“天人”。

三月十七日，一个贫寒的读书人来拜见周顺昌。平日里，周顺昌经常抚恤他，看到周顺昌被囚禁在县衙中，他悲泣不已，周顺昌却笑着说：“有什么好哭的啊？我这次可能回不来了，以后谁来帮助你啊？应该哭的是我，你怎么反倒哭了呢？”置身危难祸患之中，生死存亡尚且不知，周顺昌仍然为贫寒学子无人资助而牵怀，这是一种置个人生死于度外的大度与从容，正如他在《与鹿乾岳书四》中所说：“生死平常事，不乱胸怀也。”那天晚上，殷献臣、朱祖文、朱陛宣、邹谷等陪同周顺昌在县署中过夜，相顾垂泪，周顺昌对他们说：“此会一别千古，岂可作楚囚对泣！”十八日，即将逮往西察院听候开读诏书之时，年幼的次子周茂藻见父亲要离他而去，不禁痛哭流泪，周顺昌呵斥道：“我心中正平静得很，反倒被你一哭扰乱。你赶快走开，别来烦扰我！”

周顺昌面对人生的风波与患难，总能作欢喜顺受，他曾对友人如是说：“古人以图圄为福堂，弟今以桁杨缧绁为寝处。”周顺昌的慷慨大度，很大程度上是源于对古今忠臣义士的仰慕。周顺昌书法学颜真卿，字如其人，对颜真卿的气节，他是心仪仰慕的。被囚县衙之中，他仍津津有味地吟诵于谦的“粉骨碎身浑不怕，只留清白在人间”（《石灰吟》）、杨继盛的“风吹枷锁满城香，簇簇争看员外郎……性癖从来归视死，此身原自不随杨”（《朝审途中口吟》）等诗句。

## 遇事敢言，打抱不平，一副热血心肠和侠肝义胆

周顺昌遇事敢言，嫉恶如仇，好为人声张正义和打抱不平。魏忠贤专权乱政，整个社会环境是重足而立、道路以目，没有人敢提一个“魏”字，官员一旦被削夺，没有人敢登门拜谒，更没有人敢饯别送行，即使是师生、亲友，也像陌路人一样。周顺昌与众不同，他敢言他人所不敢言，敢为他人所不敢为。

周顺昌中进士后，最初被任命为杭州司理，在京城的杭州人听说这个消息后，置办酒席为他庆贺。宴席上，演出《岳武穆故事》，演到秦桧“东窗设计”陷害岳飞时，周顺昌突然从座位上站起来，怒打扮演秦桧的演员而去。在座的人非常惊讶，不知是哪里得罪了

他。第二天，他们托朋友询问，周顺昌说："昨天为岳将军感到不平，打秦桧罢了，没有别的事情。"当时，福州的叶向高做首辅，听说这件事情后觉得周顺昌不同寻常，由于闽民刁顽难治，因而把他改任为福州司理。

明天启年间，魏忠贤大权独揽，伪造诏书削夺、逮捕正直的官员，拆毁各地书院，又在宫内操练私人武装，周顺昌知道后，怒形于色，切齿唾骂。看到同乡的士大夫纷纷依附魏忠贤，为他歌功颂德，周顺昌怒发冲冠，瞪着眼珠叹道："唉！同乡中竟然有这样的人！"可耻啊！可耻啊！魏忠贤的义子御史倪文焕，诬陷御史夏之令，把他害死了，周顺昌为夏之令鸣不平，逢人就说："你们看吧，有朝一日，倪文焕要为夏御史偿命！"

苏杭织造太监李实来到苏州，地方缙绅准备前去给他接风，在周顺昌和文震孟、姚希孟三人的决绝制止下，没有人敢去迎接李实。李实胁迫地方府县官员以参见上级的礼仪拜见他，苏州同知杨姜，素来以刚直著称，坚决不肯屈服，因而被李实诬陷。应天巡抚周起元上疏为他申辨，又弹劾兵备副使朱童蒙暴虐肆行，因而被削夺。按照常规，巡抚离任应有人作序文相送，可是，没有人敢动笔，周顺昌说："像周大人这样的好官被削夺，怎么能没有序文相送呢？"于是，周顺昌写了一篇《送中丞绵贞周公南归序》，文中指斥阉党无所忌讳，把人臣的去留与国家的治乱、安危联系起来，盛赞周起元是"以削去报天子"。新任巡抚毛一鹭（魏忠贤义子）上任时，周顺昌还把这篇序文拿给他看。

天启五年（1625）四月，浙江嘉善的魏大中被逮，途经苏州时，先前的知交好友都缩颈蒙面，不敢前去相见，周顺昌独自前去为他饯行，置备酒菜，款留三日。谈到朝中之事，周顺昌拍案怒骂。周顺昌多次询问魏大中可有什么放心不下的家事，魏大中说："临行时，小孙子哭个不停。"周顺昌说："我有个小女儿，和你的孙子差不多大，就许配给他吧！大丈夫视死如归，魏老先生不必为儿女事牵怀。"缇绮催促魏大中上路，周顺昌怒斥道："你们难道不知道世间有不畏死的男子吗？回去告诉魏忠贤，我就是原吏部郎周顺昌！"临行时，周顺昌对魏大中说："我是个守信用的好男儿，请魏老先生放心，联姻一事，小弟绝不食言。"其后，周顺昌写了一封信给好友鹿善继，托他和孙奇逢在京中为魏大中多多周全，并恳请两人庇护随父同行的魏学洢，又恳请他们在权贵人和锦衣卫处多多费心，好让魏大中能生还故里。

天启五年（1625）夏，姚希孟回乡丁忧，行至半路，被魏忠贤矫旨削籍，周顺昌听说后，怒从心起，矢口痛骂。姚希孟办丧事时，巡抚毛一鹭不诚心吊唁，周顺昌当着众人的面叱责他；又有一个同乡人，是姚希孟的好友，让仆人和兄弟代他前来吊唁，周顺昌对着他的仆人破口大骂。

周顺昌的命运和遭际，和他遇事敢言、好打抱不平的性格有关。如果周顺昌沉默不语，他也不会被牵连进东林党而遇害；可是，如果选择了沉默，他也就不是嫉恶如仇的周顺昌了。

## 心忧国事，心系百姓，一颗忠君爱民的本真之心

周顺昌对君王充分信任，将个人忧乐与国家大事紧密联系在一起，以生命为代价来尽忠。无论是仕宦地方，还是归乡里居，他都心系百姓，爱民如子，受到了人们的敬重和

爱戴。

周顺昌的“忠”,鲜明地体现在把个人的忧乐与国家的安危、治乱紧密联系起来。周顺昌认为,人臣与国家紧密相联,因此,不可以一己之忧乐而为忧乐,而是要时时以国家之治乱、安危为忧乐。他为国事而忧心,这种担忧积聚起来,成了心中的愤郁,必得一吐而后快。有时,他因忧愤得不到倾吐而生恨;有时,他又为不能有所作为以改变现状而感到耻辱。

周顺昌把君主比作天,臣子比作雷霆雨露;把君主比作心,臣子比作耳目股肱。他说,臣子离不开君王,君王也离不开臣子,只有君臣相互信任,国家才能长治久安。周顺昌的忠君,正是源于对君王的充分信任,故而在被逮之后,他仍坚定不移地说:“雷霆雨露,均属圣恩,在臣子只应欢喜顺受。‘臣罪当诛兮,天王圣明’,古人之言殆非欺我也。”周顺昌的感人至深处在于,当乌云蔽日、君不得成其为君时,臣依然是臣,臣心、臣德仍在。把人生中的危难与祸患当作恩赐欢喜顺受,这是一种至高无上的境界。有人劝他像无锡高攀龙那样自裁,免得被逮进京后受苦,周顺说:“周某小臣也,不敢引大臣不辱之义。固知此去必死,死则诉高皇帝,请殛元凶,以肃清朝廷,此愿毕矣。”下镇抚司狱后,受到严刑拷打,周顺昌毫不屈服,怒骂魏忠贤不止。临死时,周顺昌还写了奏章放在身上,希望能以此尸谏。

万历四十二年(1614),赴任福州推官途中,轿杆突然断裂,周顺昌从轿子里跌了出来,轿夫吓得半死,连忙跪在地上请罪:“周老爷见谅,小的该死,该死。”周顺昌和颜悦色地说道:“诸位快快请起,事出有因,这不能怪你们啊。”说着,他把轿夫扶了起来。福州任上六年,周顺昌为当地老百姓做了不少实事,殷献臣《周吏部年谱》中说:“遗爱在口碑,直道在人心。”税监高寀的爪牙为非作恶,周顺昌将其逮捕严惩,毫不姑息。高寀横征暴敛,激起民变,地方官员想严惩老百姓,以此来献媚,周顺昌据理力争,为民请命,他说:“名义至重,鬼神难欺。吾辈在地方,惟知有百姓。”福建有种剧毒的断肠草,老百姓有了诉讼纠纷,贫穷而又没有依仗的人咽不下怨气,往往会吃断肠草自杀。以往官府断案,判吃断肠草的人家里罚十两银子,周顺昌对此提出质疑:“性命攸关,没有人强迫他吃,他也是没有办法。更何况,贫穷人家,怎么拿得出十两银子呢?长此以往,破产的老百姓恐怕会不少啊!”于是,周顺昌废除了这一惯例,闽地民风由此大大改善。周顺昌为人宽厚仁慈,审理案件时从不用夹棍之类的重刑,他说:“刑罚是用来惩罚罪犯的,不是用来装饰公堂的威严的。”周顺昌离任时,当地的乡绅、老百姓把他送到三百里外,其后,他们还建祠塑像,勒碑纪事。

归乡里居期间,周顺昌有德于乡里。但凡民间冤情、水旱灾异、徭役赋税等事,他总会不耐其烦地向地方官员陈说。泰昌元年(1620),吴地米价暴涨,米行关门歇业,老百姓饱受饥饿之苦,险些引发民乱,周顺昌前往官府,请府县官员下令擒拿恶意哄抬米价的人,以此安定民心。平日里,周顺昌常常接济贫寒的读书人,费尽口舌引荐他们。被逮时,随身携带只有七钱银子,路遇贫交徐胤开,周顺昌送给他三钱办丧事。临行时,他还为贫寒的读书人无人接济而烦恼。周顺昌为人公道,民间有疑难的事,只要他出来说一句话,是非曲直,立刻分明。周顺昌关爱仆人,一个女子因和未婚夫走散而被转卖到他家做丫鬟,他知道这件事情后,帮她找到了未婚夫,让她回到未婚夫身边,两人得以团聚完婚,一年之后喜得一子,而周顺昌却从来没有提起过买丫鬟的费用。

周顺昌的忠君爱民,是出自内心最深处的本真。为诸生时,周顺昌深感世道衰微、人心不古,既已立下改变世风的志向。他尽其一生以一己的最大努力来涤清世道、唤醒人心,哪怕是付出生命的代价,也在所不惜,这是一种自我牺牲的奉献精神。

## 素昧平生,慷慨赴义,明末反阉斗争中浓墨重彩的一笔

天启六年(1626)三月十八日上午,周顺昌被押到西察院,听候开读诏书。缇绮手持枷锁、镣铐,怒目而视,巡抚都御史毛一鹭、巡按御史徐吉拱立左右。士民数万人,手里持香为周顺昌鸣不平:“周老爷好官,是朝廷忠臣,为什么把他抓起来?”声如奔雷泻川,响彻十余里。天阴雨连绵,香焚雨中,如燃烛一般。周顺昌劝慰众人道:“众位乡亲请回,这是国法,不可违抗。以顺昌一人,连累地方,这倒加重我的罪过了。”苏州府三县(长洲县、吴县、元和县)县学诸生五百人,跪地为周顺昌请愿,恳求毛一鹭、徐吉上疏申明周顺昌的冤屈。

中午时分,聚集的人越来越多。缇绮素来骄横,见众人呼号不止,怒道:“东厂逮人,岂容鼠辈置喙?”颜佩韦在人群中高喊:“原来是魏忠贤的伪旨!魏忠贤怎么能下旨逮人?”紧接着,马杰痛骂道:“魏贼!魏贼!”缇骑怒道:“割了你们的舌头!魏爷不下旨,谁下旨?”说完,把镣铐、枷锁扔到地上,大声呵道:“囚犯在哪里?!押上囚车!逮走!”周顺昌的车夫周文元见缇绮要押走周顺昌,上前护卫,被打破了额头。颜佩韦、马杰、杨念如不胜愤怒,奋起殴打缇绮,众人一拥而上,势如山崩海涌。缇绮吓得躲到毛一鹭背后,毛一鹭挥手调兵护卫,一个侍卫挥刀而来,众人拾起瓦片、石块乱砸而去,如蝗虫狂飞一般。在众人的追击下,缇绮如老鼠般四处逃窜,有人撞到了大门上,有人躲到了厕所里,有人藏进了荆棘丛中里……躲到房梁上的掉下来摔死了,翻墙而逃的被墙外穿着木屐的人乱脚踢死。毛一鹭吓得惊慌失措,汗流浃背。知府寇慎、吴县知县陈文瑞素得民心,在两人的苦心劝解下,众怒才平息下来,人们渐渐散去。

傍晚时分,带着魏忠贤的矫诏到浙江去逮捕御史黄尊素(黄宗羲之父)的缇绮途经苏州,泊舟胥门,不知道城中发生了殴打缇绮的事情,依然蛮横无理,强取横夺,吃酒肉不给钱。从西察院回来的人大声喊道:“缇绮又来啦!赶快打啊!”附近的人们群起响应,烧了他们的船,把他们的行囊扔到了河里。缇绮吓得落水而逃,游到对岸,又被在田里干活的农夫用锄头棍棒痛打。北人不习水性,他们抱着枯树枝漂了好几里,到偏僻无人处才敢上岸,狼狈不堪。

五人都是市井平民,除车夫周文元之外,其余四人与周顺昌都是素昧平生。颜佩韦是富家子弟,家中颇有资产,不愿跟从父亲和兄长往来经商,而喜好结交乡里的任侠少年,遇到豪强鱼肉百姓等不平之事,他总会站出来打抱不平,母亲郁氏常告诫他,颜佩韦说:“人谁不死,怕死不得其所。”马杰力大过人,杨念如以卖衣为业,沈扬是小商贩。在五人中,只有马杰和颜佩韦是早已认识的,其他人之间也都是素不相识。

张溥《五人墓碑记》中说:“五人者,盖当蓼洲周公之被逮,激于义而死焉者也。”五人

之义，不仅仅是为周顺昌打抱不平，更在于解救满城苏州百姓的危难。吴中发生“开读之变”后，毛一鹭连夜上报苏州“民反”，次日，全城搜捕，想牵累无辜，趁此机会打压东南一带士绅中的“反抗”、“敌对”势力，以讨好魏忠贤。城中哄传有屠城之难，人心惶惶，人们纷纷拖家带口逃往外地去，整个苏州城几乎空了一半。在徐如珂等人的苦心周全之下，朝廷下旨逮捕为首渠魁，颜佩韦等人挺身而出，说：“主谋是我们，帮凶也是我们，不要波及别人。”最终，“开读之变”以斩杀五人结案。天启六年(1626)七月十二日，五人慷慨赴义。临刑，颜佩韦对寇慎说：“公好官，当知我等为义而死，非乱民也。吾等为周老爷而死，死又何恨！”寇慎大为首肯。监司张孝含泪将他们斩首。前一天，狂风暴雨，太湖泛滥，天怒于上，为他们鸣不平。

苏州士民奋击之后，缇绮不敢再气焰嚣张地四处横行。魏忠贤有所收敛，他窃国篡权的阴谋也最终没有得逞。五人慷慨激昂的壮举，既彰显了苏州人的市民精神，又彰显了人性与人格。苏州人通常是崇文儒雅的，可到了关键时刻，也会爆发出骨子里的尚武阳刚来。五人有气节和尊严，有正义感与责任感，有行动的自主性，他们用大义凛然写下了明末反阉斗争中浓墨重彩的一笔。

癸巳八月中秋，于省吾之堂

# 凡 例

本书分上、中、下三编，上编六卷，为周顺昌《烬余集》校辑；中编六卷，为周顺昌本人研究资料汇编；下编二卷，为与周顺昌研究相关的五人传记资料与五人墓题咏。

一、周顺昌《烬余集》有四个版本体系：（一）《四库全书》本《烬余集》三卷，有1986年台北台湾商务印书馆影印文渊阁《四库全书》本，卷一为《福州高珰纪事》《申详税监变异缘由》和《吏部揭帖》，卷二为尺牍二十五通，卷三为《送中丞绵贞周公南归序》《龙树庵放生池记》《募建弥勒阁文》《题竺坞募田疏》《题血书莲华经》以及诗十首；（二）清嘉庆年间虞山张海鹏刊《借月山房汇抄》第十六集本《烬余集》四卷，有1920年上海博古斋影印本、1936年上海商务印书馆《丛书集成初编》影印本、1985年北京中华书局影印《丛书集成初编》本，卷一为《福州高珰纪事》与《申详税监变异缘由》，卷二为尺牍十九通，卷三为《送中丞绵贞周公南归序》以及诗十首，卷四附录殷献臣《周吏部年谱》、姚希孟《开读本末》、周茂兰《鸣冤疏》、彭定求《端孝先生传》和金日升《五人传》；（三）清道光二十八年（1848）求是斋刊《乾坤正气集》本《烬余集》三卷，卷一为《福州高珰纪事》《申详税监变异缘由》和《吏部揭帖》，卷二为尺牍二十五通，卷三为《送中丞绵贞周公南归序》《龙树庵放生池记》《募建弥勒阁文》《题竺坞募田疏》《题血书莲华经》；（四）清光绪二十九年（1903）唐文治等重刊本《周忠介公文集》五卷（苏大图书馆古籍部、苏州图书馆藏），卷一为《福州高珰纪事》《申详税监变异缘由》和《吏部揭帖》，卷二为尺牍二十五通，卷三为《送中丞绵贞周公南归序》《龙树庵放生池记》《募建弥勒阁文》《题竺坞募田疏》《题血书莲华经》以及诗十首，卷四为殷献臣《周吏部年谱》，卷五为彭定求《忠介遗事》，“述周顺昌忤珰被逮本末，首载顺昌历官敕诰，次载顺昌子茂兰鸣冤、请祠谥二疏，末载书传碑记并茂兰传，兼附朱祖文及颜佩韦等五人传”（《四库总目提要》）。

二、上编，卷首冠以《明史·本传》《四库总目提要·〈烬余集〉提要》。原编三卷，即周顺昌《烬余集》三卷，体例标目照旧，以示敬重，卷一为纪事公移，卷二为尺牍，卷三为杂文及诗。各卷内部，按人汇集，前后顺序，略作调整。新编二卷，卷一，诗文、尺牍、题跋、题额，辑录《烬余集》未收之诗五首，文两篇，尺牍十三通，题跋十六则，以及龙树庵“小云栖”、幻住庵“香雪斋”题额二款。卷二，周顺昌应明万历四十年（1613）应天府乡试《乡试卷》。附录一，周顺昌手迹题跋与相关书册（《烬余集》《忠介遗事》《乾坤正气集》）序跋，凡原篇与新篇中尺牍之题跋，则编在相应的【札】中。附录二，戏剧《清忠谱》二种（节选），蜗寄居士《清忠谱正案》仅存《阴勘》一折，李玉《清忠谱传奇》节选《傲雪》《书闹》《缔姻》《骂像》《忠梦》《就逮》《义愤》《闹诏》《荫吴》《戮义》《魂遇》《吊墓》十二折。附录三,周氏后人诗词文,辑录周茂兰诗四首,周茂藻诗二首,周靖、周旦龄等人联句诗一首,周靖《姑苏杨柳枝词》跋一篇,周靖、周旦龄《杨柳枝》词各二首,周廷耀《杨柳枝》词一首。附录四,诸本《烬余集》存录诗文对照表。附录五,相关研究论文二十五篇目录索引(选编)。附录六,校辑札记五则。

三、中编,卷一,周氏三代诰命;卷二,殷献臣《周吏部年谱》、朱祖文《丙寅北行日谱》合编;卷三,周顺昌传记资料汇编;卷四,周顺昌宅第、祠庙与祭葬;卷五,周茂兰血疏贴黄题跋,包括周茂兰《鸣冤疏》《贴黄》以及诸家题跋六十四则;卷六,陈景周编撰《明吏部文选司员外郎周公顺昌世系表》。附录一,周茂兰传记资料汇编;附录二,原车渡浜周王庙平面图;附录三,原车渡浜舆地简图;附录四,汇编札记一则。

四、下编,五人传记资料一卷,包括传记、纪事和宅第、祠墓、义风千古坊两部分;五人墓题咏一卷,辑录诗六十六首,词十七首,文三篇(张溥《五人墓碑记》、彭定求《书五人传记后》、渤海渔人《祭五人文》)。附录,徐如珂、顾秉谦传。

五、【校】者,或互校,或他校,或理校,校勘异文,校正讹误,文中用[一][二][三]标示。凡文(尺牍、杂文)以《乾坤正气集》本为底本,《乾坤正气集·凡例》云,是集"专以杀身成仁者为限",是集"以人存文,即藉文存人,故裒然巨集,采录其气节及有关系诸篇;至其人以忠烈著称,虽文之无关气节者亦必全载;或有传文仅寥寥数篇不能成卷,及偶见于选本与载籍中征引零珠碎玉,拟别为文抄,以收遗佚"。以《借月山房汇抄》本、《四库全书》本、唐文治重刊本为校本,又兼以选本、谱录、史料笔记、手稿、碑刻(帖)、地方志等进行参校,均在文后标明,为首者为底本,"又见"云云则是校本。《乾坤正气集》仅存文,故诗则以《借月山房汇抄》本为底本,《四库全书》本、唐文治重刊本为校本,参校以其他资料,文后标示亦然。【注】者,注释字句,便于阅读,用①②③标示。【札】者,辑录文献,以资征引,文后用()注明来源。若【札】中再有校、注,则皆以脚注[1]、[2]、[3]标明之。【记】者,或记自我之见闻,或作考证与按断,或对作品进行系年、简要解读。

六、凡原文中的注文或双行小字,不以字体区别,悉用()标示。异文或讹误如"侄"、"姪","已"、"己"、"巳","圮"、"圯","逾"、"踰","迹"、"跡","哄"、"閧","底"、"的","默"、"嘿","构"、"搆"、"遘","慨"、"嘅","由"、"繇","玄"、"元","草"、"艸","幸"、"倖","旗"、"旂","并"、"並"、"幷"、"倂","蜂"、"蠭","诉"、"愬","苏"、"甦","沉"、"沈","庵"、"菴","敛"、"歛","击"、"擊","恤"、"卹","拟"、"儗","钟"、"锺","哪"、"那","闲"、"閒","榜"、"牓","往"、"徃","系"、"係","创"、"剏","余"、"馀","叫"、"呌","徇"、"狥","昆"、"崑","讹"、"譌","俯"、"俛","婚"、"昏","款"、"欵","漆"、"桼","吁"、"籲","耶"、"邪","慑"、"慴","骇"、"駴","侥"、"儌","谄"、"讇","早"、"蚤","实"、"寔","罪"、"辠","巨"、"钜","移"、"貤","阉"、"奄","促"、"趣","啖"、"噉"等,改动之处,不再一一注明。

车渡景周

癸巳年八月十二日,于吐华之馆

# 上编　周顺昌《烬余集》校辑六卷

古吴周顺昌　撰

车渡陈景周　校辑

# 卷　首

## 明史·周顺昌传

周顺昌，字景文，吴县人，万历四十一年进士。授福州推官，捕治税监高寀爪牙不少贷。寀激民变，劫辱巡抚袁一骥，质其二子，并质副使吕纯如。或议以顺昌代，顺昌不可，纯如以此衔顺昌。擢吏部稽勋主事，天启中，历文选员外郎，署选事，力杜请寄，抑侥幸，清操嚼然，乞假归。

顺昌为人刚方贞介，疾恶如仇。巡抚周起元忤魏忠贤削籍，顺昌为文送之，指斥无所讳。魏大中被逮，道吴门，顺昌出饯，与同卧起者三日，许以女聘大中孙。旗尉屡促行，顺昌瞋目曰："若不知世间有不畏死男子耶？归语忠贤，我故吏部郎周顺昌也。"因戟手呼忠贤名，骂不绝口。旗尉归，以告忠贤。御史倪文焕者，忠贤义子也，诬劾同官夏之令，致之死。顺昌尝语人："他日，倪御史当偿夏御史命。"文焕大恚，遂承忠贤指，劾顺昌与罪人婚，且诬以赃贿，忠贤即矫旨削夺。先所忤副使吕纯如，顺昌同郡人，以京卿家居，挟前恨，数谮于织造中官李实及巡抚毛一鹭。已，实追论周起元，遂诬顺昌请嘱有所干没，与起元等并逮。

顺昌好为德于乡，有冤抑及郡中大利害，辄为所司陈说，以故士民德顺昌甚。及闻逮者至，众咸愤怒，号冤者塞道。至开读日，不期而集者数万人，咸执香为周吏部乞命。诸生文震亨、杨廷枢、王节、刘羽翰等，前谒一鹭及巡按御史徐吉，请以民情上闻。旗尉厉声骂曰："东厂逮人，鼠辈敢尔！"大呼："囚安在？"手掷银铛于地，声琅然。众益愤，曰："始吾以为天子命，乃东厂耶！"蜂拥大呼，势如山崩。旗尉东西窜，众纵横殴击，毙一人，余负重伤，逾垣走。一鹭、吉不能语。知府寇慎、知县陈文瑞素得民，曲为解谕，众始散。顺昌乃自诣吏。又三日北行，一鹭飞章告变。东厂刺事者言吴人尽反，谋断水道，劫漕舟，忠贤大惧。已而，一鹭言缚得倡乱者颜佩韦、马杰、沈扬、杨念如、周文元等，乱已定，忠贤乃安。然自是缇骑不出国门矣。

顺昌至京师，下诏狱。许显纯锻炼，坐赃三千，五日一酷掠。每掠治，必大骂忠贤。显纯椎落其齿，自起问曰："复能骂魏上公否？"顺昌噀血唾其面，骂益厉。遂于夜中潜毙之，时六年六月十有七日也。

明年，庄烈帝即位，文焕伏诛，实下吏，一鹭、吉坐建忠贤祠，纯如坐颂珰，并丽逆案。顺昌赠太常卿，官其一子。给事中瞿式耜讼诸臣冤，称顺昌及杨涟、魏大中清忠尤著，诏谥忠介。

长子茂兰，字子佩，刺血书疏，诣阙诉冤，诏以所赠官推及其祖父。茂兰更上疏，请给三世诰命，建祠赐额。帝悉报可，且命先后惨死诸臣，咸视此例。茂兰好学砥行，不就荫叙。国变后，隐居不出，以寿终。

诸生朱祖文者，都督先之孙。当顺昌被逮，间行诣都，为纳饘粥、汤药。及征赃令急，奔走称贷诸公间。顺昌榇归，祖文哀恸发病死。

佩韦等皆市人，文元则顺昌舆隶也，论大辟。临刑，五人延颈就刃，语寇慎曰："公好官，知我等好义，非乱也。"监司张孝流涕而斩之。吴人感其义，合葬之虎丘傍，题曰"五人之墓"。其地即一鹭所建忠贤普惠祠址也。

（《明史》卷二四五）

# 四库总目提要·《烬余集》提要

《忠介烬余集》三卷（两江总督采进本），明周顺昌撰。顺昌，字景文，号蓼洲，吴县人，万历癸丑进士，官至吏部文选司郎中。以忤魏忠贤，为所罗织，逮治拷掠，杀之于狱。崇祯初，追谥忠介，事迹具《明史·本传》。初，顺昌被逮时，箧衍著作颇多，仓卒间，为友人投火灭迹。后，其子茂兰，遇片纸只字，必摹而勒之石。至其孙靖，复从戚友家搜录成集，故名《烬余》。凡三卷，一卷为纪事公移，二卷为尺牍，三卷为杂文及诗，而以《寻声谱》附焉。《寻声谱》者，当万历乙卯，顺昌在闽中，尝以诗扇寄鹿善继。其后扇失，而诗犹为马洁所记忆。崇祯甲戌，善继与洁暨孙奇逢辈，录而为谱。国朝康熙间，奇逢门人汤斌巡抚江苏，以谱贻靖，附刻集后，详见靖跋语中。顺昌气节盖世，本不以文章见长，且收拾于灰灭之余，大抵案牍简札，随手酬应之文，非所经意。然其隐忧国事、崇尚名检、忠愤激发之气，时流露于楮墨间，尚足以廉顽立懦。区区题扇一诗，异代且珍重传之，则是集什一仅存，固未可听其湮没矣。

（《四库全书总目》卷一七二）

# 原编三卷

## 卷一 纪事公移

### 福州高珰纪事

余以踽凉①之行，承乏②三山③司李④，昕夕⑤饮冰⑥。甫⑦百日，睹税监殊横，自愧官卑弗克制，勃然动拂衣⑧想。稽之《会典》⑨，外臣乞休，竟休矣。功名尘土，富贵浮云⑩，壮夫宁借簪绂⑪为荣？沉思终日，不得奉养先人于今日，悲痛万千。悻悻⑫乞休，未邀天子一命荣亲，是实人子未酬至愿。庶几⑬改教⑭，存古人避地之遗风，遂备文申请，不得，请再而三，终不得也。守土者不能委而去之，低徊⑮勉留，饮冰愈甚。乡之亲友，逖听⑯未悉，鱼书盈箧，一事无容各答，谨述当日情形，使故人见之，谓"此生崛强犹昔"，毋负相期之意云。

癸丑⑰岁除，始至古榕城⑱，吏之掌行礼者白所应参谒，辄曰："应先拜内监高。"询之旧例，畴先皆以自来太府先之。余默然良久，吏曰："内监监税兹土，十有六载[一]，院藩臬府及县暨诸董戎事者畴，弗与交欢，何独绝之？且内监闻旌节贲临⑲，治具以需，将致贺展殷勤。"余大笑抗声曰："余始至，若弗余知，以余为何如人？"竟弗往。吾乡有擅韬钤⑳偕莅兹土者为[二]朱芪吾，内监数数㉑遣人致意，不获，已向余从容言："监府奚而必不先也？"余谓："刑余之人，与地方官原不相涉。"终弗去。内监以为异，间闻之当道，当道往往微示其旨，余实陈当道，当道亦未尝以余迂执为非。高宷之流毒于闽最甚，其爪牙之噬人者，为巡栏百户㉒马仕麒，当道皆鉴之。巡抚袁公，素称宽弘端亮君子，百姓恃以保障，公念剪恶先剪其翼，俾余密擒。内监恨马百户就擒，惟[三]是周司李恨甚，余弗顾。

季春上旬，摄闽县篆㉓，邑中若金珠米木各户，纷纷控告，谓税监掠取其货，累月穷年，价莫给与。余以此等景象匪直民忧，实长民者之忧。税监犯众怒，一旦激变，可若何？曲图所以恤苦弭㉔衅，为之计长久。思尽革诸行，如吾郡故事，参酌未定。

于四月十四日薄暮，闻诸行户踵监门哀鸣求值，监诱入，阖门尽絷之，百端鱼肉㉕。赴援者蚁聚于外，发箭挥刀，被发流血者皆是也。嗟乎！小民哀求不得值，反以刀矢相加。公愤交激，解之不能散。税监恐惧，身登[四]峻阁。火箭雨集，烈焰耀天，悲声动地，府县奉院司道令，遣兵合救，夜半始息，然民庐化作飞灰已三十余家。诘朝㉖，告被伤、被杀、被灾者比比也。巳刻，见抚院袁公，言："税监凶横，当与按君参之。"余闻言心肯。午后归馆，方清理案牍，急报内监突然开门，横刀策马，小衣背敕，随枭勇家奴数十辈，各操利刃，疾驰军门。太府喻公，以亲乞归在告㉗，闻之骇甚，急偕僚属赴援。内监与都院最近，臬司㉘、阃司㉙次之，藩司㉚远矣，府更远。趋至军门，则税监诸凶斩关直入内垣。袁公二子侍师侧，俱被执。袁公惊出，税监临以匕首，并挟出辕门，拥入宪台别署。吾乡屯道李公思诚、兵道吕公纯如及阃司先至，府县官僚与董戎事者次至，税监仍挟袁公，手示禁戢㉛军民，然后送公暨二子回院。两道尊以内监肆横奉命来闽，无暇周计，偕阃司步送归署。同寅㉜三府㉝龚公劝余随行，余曰："不可。袁公既回院，余且返与太府商之。"此行藏谲计，内监果留两道为卜夜㉞饮。是夕，余先捕凶党之执刀失坠者三人，畀府狱。漏已四彻，复畀闽县者亦三人，皆凶党至戚。税监虑奴辈必罹重刑，挟势令两道释囚，许之。释囚，治衣帽送还，谒兵道于监府，独余未与，税监果留海防[五]以代。嗣后㉟，吕、李两公屡谕三府诸首领及指挥递相代易，监不许。火之夜，有被伤死者四人，内外各二。税监妄谓内二人为本监奴子，时兵道未出，令两县具棺进敛，兵道乃出。

十四日，税监旧役三十人，持檄下府与捕馆及两县，反以放火杀人、乘机劫财移殃于民，欲追捕。延平司李邹公维琏檄来，余开而读之，不觉奋衣振起，举茶瓯掷地曰："异哉！邹公之为见也！今日之事，全以镇抚地方为主。此檄一行，变不在税监，将在地方，罪不独在地方，将在守土，且抚院之疏不几虚乎？"余弗行，并力阻馆若县。时龚公执两人囚禁，云获税监之鹿皮者，方欲解道，民大骚动，余都释之，民心乃安。余郁郁抱愤，适直指宪檄督以申报杀人放火缘由，遂据实呈详，其间多微词㊱，阅者讶其直也。余萌浩然归志。

阅日，两道欲令县为税监修门葺墙，余终不承命㊲。二守陈公出揭相迫，余独坐静思，两道尊与陈公责我，以有此县篆耳，不如封之，时四月十七日也。余居乡于交谊不薄，于僚友岂独恝然㊳？二守陈公之赴内监，慷慨赴难，未遑深计。陈公被留，家人向隅㊴，爱子乞援。狐兔之悲㊵，有情者谁复能遣？矧㊶太府喻公坚意首丘[六]㊷。海防邓公，戒严守汛。凌晨开署，落落晨星，益令人感慨无已。

十八日，以改教请。二十一日，送喻公于芋原㊸。公固长者，与余最相得，别绪黯然。归馆杜门候题，拟[七]束空囊东向。袁公令候官㊹金大尹及吾乡朱总戎㊺持手书来，慰留真切，吕公亦贻札以留。三请竟不得，复以府篆委署。自后守三缄之戒，不复谈天下事矣。时乡绅与当事议，欲与税监调停，余以"调停"二字殊非美名，从中挠之。"慎余未能，好尽多过"，则余之谓矣。彼税监奇恶山积，具载两院疏中。师相台谏㊻诸公之疏，尤章章㊼也。按台以考察㊽、阅操㊾两大事，命三司谕内监出陈二守，不听。会谥诏将临，复严谕速出迎诏，竟置罔闻。其悖逆至是，他奚论耶？

处变之道有三：销变于未变为最，应变于临变而得正者，上也，既变而善挽回[八]之，犹足翼天下正气。若夫借"恬静为福，恐致大变"为词，是或一道，吾未之知也。今日惟是恪共乃职，静听圣明处分，天下事固匪一人所独裁也。还对三山，转自笑复自愧矣。

孟秋朔日漫记

（《乾坤正气集》本《周忠介烬余集》卷一，又见《借月山房汇抄》本《烬余集》、《四库全书》本《忠介烬余集》、唐文治重刊本《周忠介公烬余集》卷一）

【校】

［一］“载”，《借月山房汇抄》作“年”。

［二］“为”，《借月山房汇抄》作“曰”。

［三］“惟”，《借月山房汇抄》、唐文治重刊本作“唯”。

［四］“身登”，《借月山房汇抄》作“乃身登”。

［五］“海防”，《借月山房汇抄》作“海防邓公”。

［六］“丘”，《乾坤正气集》、唐文治重刊本俱作“立”，《借月山房汇抄》《四库全书》作“丘”，从之改。

［七］“拟”，《借月山房汇抄》作“即拟”。

［八］“回”字，《借月山房汇抄》无。

【注】

① 踽凉：踽踽凉凉，落落寡合貌，狷介貌。《孟子·尽心下》：“行何为踽踽凉凉？生斯世也，为斯世也，善斯可矣。”

② 承乏：承继空缺的职位，任官的谦词。《左传·成公二年》：“敢告不敏，摄官承乏。”杜预注：“言欲以己不敏，摄承空乏。”

③ 三山：福州的别称，福州城中西有闽山，东有九仙山，北有越王山，故称。萨都剌《入闽过平望驿》：“广陵城里别匆匆，一去三山隔万重。”

④ 司李：官名，即司理，掌狱论之官，又为推官的的习称。周顺昌中万历癸丑科进士后，授福州推官。

⑤ 昕夕：朝暮，终日。沈括《贺年启》：“祈颂之诚，昕夕于是。”《明史·雒于仁传》：“（于仁）《酒箴》曰：‘耽彼曲蘖，昕夕不辍。’”

⑥ 饮冰：忧劳，忧心。《庄子·人间世》：“今吾朝受命而夕饮冰。”《明史·李应升传》：“陛下振纪纲，则片纸若霆；大臣捐私曲，则千里运掌；台谏任纠弹，则百司饮冰。”

⑦ 甫：才。

⑧ 拂衣：振衣而去，指归隐。晋殷仲文《解尚书表》：“进不能见危授命，忘身殉国；退不能辞粟首阳，拂衣高谢。”谢灵运《述祖德》：“高揖七州外，拂衣五湖里。”

⑨《会典》：记载官署职掌制度的典籍。

⑩ 富贵浮云：《论语·述而》：“不义而富且贵，于我如浮云。”

⑪ 簪绂：冠簪和缨带，古代官员服饰，喻指显贵、仕宦。唐李颀《裴尹东溪别业》：“始知物外情，簪绂同刍狗。”北宋范仲淹《奏上时务书》：“凡居近位，岁进子孙，簪绂盈门，冠盖塞路。”

⑫ 悻悻：忧恨失意貌，《孟子·公孙丑下》：“谏于其君而不受，则怒，悻悻然见于其面。”

⑬ 庶几：希望，但愿。《诗经·小雅·车舝》：“虽无旨酒，式饮庶几；虽无嘉殽，式食庶几。”《左传·襄公二十六年》：“惧而奔郑，引领南望曰：‘庶几赦余！’”《孟子·公孙丑下》：“王庶几改之，予日望之！”

⑭ 改教：改任教官。

⑮ 低徊：徘徊，流连。《汉书·司马相如传》：“低徊阴山翔以纡曲兮，吾乃今日睹西王母。”韩愈《驽骥》：“骐骥不敢言，低徊但垂头。”

⑯ 逖听：逖闻，在远处听到，恭敬之辞。西汉司马相如《封禅文》：“率迩者踵武，逖听者风声。”

⑰ 癸丑：明万历四十一年（1613）癸丑。

⑱ 榕城：福建省福州的别称，因其地多榕树而得名。清褚人获《坚瓠七集·榕城》：“宋熙宁中，闽越地多植榕树，其木拥肿不中绳墨，郡守程师孟命闽人多植之……至今目为榕城。”

⑲ 贲临：光临。《诗经·小雅·白驹》：“贲然来思。”唐封演《封氏闻见记·烧尾》：“尚书省诸司各

具采舟游胜，飞楼结舰，光夺霞日，上与侍臣亲赍临焉。”

⑳ 韬钤：古兵书《六韬》《玉钤篇》，泛指兵书，亦指用兵谋略。

㉑ 数数：迫切貌。《庄子·逍遥游》：“彼其于世，未数数然也。”

㉒ 百户：官名，元设百户为“百夫之长”，隶属于千户，为世袭军职，明清时期为低级军官。《元典章·兵部·整治军兵》：“万户、千户、百户不肯奉公优恤军人，专务尅取益己。”

㉓ 摄闽县篆：摄篆，代理官职。篆，指官印。明唐寅《代送廖通府帐词启》：“某忝同僚寀，猥摄篆于应宿之司。”

㉔ 弭：平息，消除。

㉕ 鱼肉：欺凌，残害。马王堆汉墓帛书《战国纵横家书·苏秦使盛庆献书于燕王章》：“臣止于赵而待其鱼肉，臣□不利于身。”《汉书·灌夫传》：“太后怒，不食，曰：‘我在也，而人皆藉吾弟，令我百岁后，皆鱼肉之乎！’”

㉖ 诘朝：诘旦，平明，清晨。《左传·僖公二十八年》：“戒尔车乘，敬尔君事，诘朝将见。”

㉗ 在告：官吏在休假期中。告，古时官吏休假。《资治通鉴·唐宪宗元和十四年》：“常侍与监军副使有宴，军将皆在告。”胡三省注：“在告，谓休假在私室也。”《明史·姚夔传》：“景帝不豫，尚书胡濙在告，夔强起之，偕群臣疏请复太子。”

㉘ 臬司：元代肃政廉访使司、明清提刑按察使司的别称，主管一省司法。《元史·奕赫抵雅尔丁传》：“逮至臬司，皆命官及有出身之吏，廉得其情，则将服罪，狱具无庸施也。”

㉙ 阃司：明代地方军事机构“都司”的别称。刘基《夏夜台州城中作》：“传闻逆党尚攻剽，所过邱陇皆成童。阃司恐畏破和议，斥堠悉罢云边烽。”

㉚ 藩司：明清时布政使的别称，主管一省民政与财务。吴敬梓《儒林外史·匡超人幸得良朋，潘自业横遭祸事》：“访得潘自业本市井奸棍，借藩司衙门隐占身体……毒害良民，无所不为。”

㉛ 禁戢：禁止。《资治通鉴·唐武宗会昌三年》：“李德裕奏：‘……闻党项分隶诸镇，剽掠于此则亡逃归彼，节度使各利其驼马，不为擒送，以此无由禁戢。’”宋陈亮《吏部侍郎章公德文行状》：“私意胜而公法为虚文，不严加禁戢，则公道荡然矣。”

㉜ 同寅：同僚。南宋张镃《送赵季言知抚州》：“同寅心契每难忘，林野投闲话最长。”

㉝ 三府：通判别称，官品低于知府、同知，故称。

㉞ 卜夜：卜昼未夜，尽情欢乐，无昼无夜。春秋时齐陈敬仲为工正，请桓公饮酒，桓公高兴，命举火继饮，敬仲辞谢说：“臣卜其昼，未卜其夜，不敢。”事见《左传·庄公二十二年》。罗大经《鹤林玉露》卷二：“乃邀至其家，具酒食，卜夜尽欢。”

㉟ 嗣后：以后。明唐顺之《答俞教谕书》：“嗣后更望时惠尽言，此仆之所汲汲而求也。”

㊱ 微词：微辞，委婉而隐含讽谕的言辞，隐晦的批评。《公羊传·定公元年》：“定哀多微辞。”孔广森通义：“微辞者，意有所托而辞不显，唯察其微者，乃能知之。”刘勰《文心雕龙·征圣》：“虽精义曲隐，无伤其正言；微辞婉晦，不害其体要。”南宋周密《〈齐东野语〉自序》：“定哀多微词，有所辟也；牛李有异议，有所党也。爱憎一衰，论议乃公。”

㊲ 承命：受命。《左传·僖公十五年》：“苟列定矣，敢不承命。”唐岑参《酬成少尹骆谷行见呈》：“何幸承命日，得与夫子俱。”

㊳ 恝然：漠不关心貌，冷淡貌。辛弃疾《醉翁操》词序：“又念先之与余游八年，日从事诗酒间，意相得欢甚，于其别也，何独能恝然。”明朱鼎《玉镜台记·新亭流涕》：“二帝在北，不宜恝然，须当时复遣问起居，以尽臣子之义。”

㊴ 向隅：向隅而泣。刘向《说苑·贵德》：“今有满堂饮酒者，有一人独索然向隅而泣，则一堂之人皆不乐矣。”

㊵ 狐兔之悲:狐死则兔悲,兔死则狐亦悲,比喻因同类的死亡而痛心悲伤。明朱国桢《涌幢小品·黄叔度二诬辨》:"因视国家将倾,诸贤就戮,上之不能如孙登之污埋,次之不能如皇甫规之不与,下之不能兴狐兔之悲,方且沾沾自喜,因同志之死以为名高,是诚何忍哉?"

㊶ 矧:况且。

㊷ 首丘:比喻归葬故乡。《礼记·檀弓上》:"古之人有言曰:'狐死正丘首',仁也。"郑玄注:"正丘首,正首丘也。"孔颖达疏:"所以正首而向丘者,丘是狐窟穴根本之处,虽狼狈而死,意犹向此丘。"苏轼《到惠州谢表》:"衰疾交攻,无复首丘之望。"顾炎武《悼亡》:"传说故园荆棘长,此生能得首丘时?"

㊸ 芋原:古驿名,芋原驿,在福建福州府侯官县。明王应山《闽都记》卷二二:"芋原驿,在石岊江头。南行以舆,北以舟,皇华使节往来络绎。察院行署在驿之北。递运所,在驿之东。驿距水口百六十里。"明吴国伦《发芋原驿》:"回舟芋原浦,落日大潮生。雪满窗中屿,天悬海上城。山川含杀气,风雨入秋声。独有孤云色,能悬万里情。"明车大任《初至芋原驿》:"驿路依山畔,州城接海滨。却从三伏暑,犹见八闽春。树密临风静,花繁带雨新。颍川何事业,俯首愧前人。"

㊹ 侯官:县名,治所在今福建省福州市。

㊺ 总戎:统帅,亦作武职的别称。唐杜甫《将赴成都草堂》:"共说总戎云鸟阵,不妨游子芰荷衣。"仇兆鳌注引黄希曰:"唐人以节度为总戎。"唐岑参《奉送李太保兼御史大夫充渭北节度使》:"诏出未央宫,登坛近总戎。"

㊻ 台谏:监察与规谏的官。唐宋时,专司纠弹的御史为台官,职掌建言的给事中、谏议大夫等为谏官,明初废谏院,以给事中兼领监察与规谏,至清雍正元年,两者同隶都察院。李纲《上渊圣皇帝实言封事》:"立乎殿陛之间与天子争是非者,台谏也。"《宋史·萧服传》:"服文辞劲丽,宜居翰苑。朕爱其鲠谔,顾台谏中何可阙此人!"《明史·李应升传》:"陛下振纪纲,则片纸若霆;大臣捐私曲,则千里运掌;台谏任纠弹,则百司饮冰。"

㊼ 章章:昭著貌。《史记·货殖列传》:"关中富商大贾,大抵尽诸田,田啬、田兰。韦家栗氏,安陵、杜杜氏,亦巨万。此其章章尤异者也。"唐韩愈《争臣论》:"若阳子之秩禄,不为卑且贫,章章明矣。"明宋濂《碧崖亭辞》:"学问富而德行修,践扬中外,其善政盖章章云。"

㊽ 考察:对官吏政绩的考核。汉荀悦《汉纪·宣帝纪一》:"及拜刺史、郡守、辅相,辄亲见问,观其所由,退而考察其行。"《后汉书·光武帝纪上》:"所到部县,辄见二千石、长吏、三老、官属,下至佐史,考察黜陟,如州牧行部事。"《宋史·选举志四》:"三省分三年考察之,高则引对,次即试用,下者还之本选。"明张居正《杂著》:"盖外官既有考课之典,又有考察之例。"

㊾ 阅操:检阅军事操练。清刘献廷《广阳杂记》卷一:"明南畿,凡阅操分二日:第一日,则兵部职方司郎与科道涖其事;次日则内外守备与大司马涖其事。"

【记】

此篇《纪事》作于万历四十二年(1614)甲寅孟秋朔日。万历四十一年癸丑,周顺昌中进士后,初授杭州司理,在京城的杭州人备酒庆贺,席上演《岳武穆故事》,演至奸相秦桧东窗设计时,周顺昌从座奋起,怒打戏子而去,满座惊愕。当时福清叶向高为首辅,听说此事后觉得周顺昌的为人不同寻常,因乡里刁顽难治而将他改任福州。到任后,周顺昌坚决不谒税监高寀,抗击高寀,逮治其爪牙,因而遭其忌恨。高寀横征暴敛,为恶地方,激起"民变"。闽民至税监府门前索要拖欠已久的货款,高寀令人放火杀人,烧毁民居,闽民损失惨重。高寀又劫持巡抚袁一骥,质其二子,随后以屯道、兵道相代。审理这场"民变"时,地方官想严惩闽民以向高寀献媚,周顺昌坚持正义,为民主持公道,闽民幸免一难。本文更值得关注的是在篇末提出的"处变之道"。在周顺昌看来,最高的"处变之道"是

“销变于未变”，即“防患于未然”；其次是“应变于临变”，即采取合理的方式随机应变；再次是“既变而善挽回之”，即事后采取有效的方式、方法予以弥补；而因惧怕生变而妥协、委曲以求全，这是不可取的。这样的处变观，是贯穿周顺昌一生的，在天启六年（1626）丙寅三月缇骑至苏将其逮捕时，他能临危不惧、从容不迫，有异于常人的镇定，对千万人称说古今忠义，面无倦色，让人惊为天人，固然有宗教中“往因宿业”论的影响，同时，与他素来的处变观也是紧密相关的。

## 申详税监变异缘由[一]

福州府闽县为出巡事，本年四月十六日，蒙按察司宪牌①，本月十六日据本司经历司呈蒙巡按福建监察御史徐宪牌，照得本院按临所至地方，凡有事变情状[二]，无论大小，俱要据实具报。查本月十一日，各行赴内监[三]取价，不与，因而群聚鼓噪。是晚火发，且至延烧民居及临街牌坊。至次日，又有一番异变。该府县巡捕等官何不登时②具报？疏玩实甚。备牌仰③司呈堂即行该县府并捕馆，速将前项事情备细具由速报。仍查各官缘何不报，一并详夺④等因⑤，抄呈到司。蒙此备牌，仰县官吏照依事理，速将十一、十二日异变事情，据实备细具由限次日申报本司，以凭类报。其该卫县巡捕官当日因何不报？若此疏玩，一并究详，转详施行等因到县。蒙此查得：

本年四月十一日申牌时分，忽据马夫谢贵急报，本地方铺行⑥、匠作⑦诸色人等，因在税监告讨久欠价银，反被闭门杀伤，见在急变[四]等情。卑职不胜骇愕，疾赴前视，侯官县知县金元嘉亦偕往本监门首。本府知府喻、同知陈、通判龚同时汇集。此时，军民千万为拥[五]，肩摩衽接，道不得行，所见中有被伤者，或挥涕拊膺，或流血被面，或带箭鸟惊，或逾墙鼠窜，人情汹汹，悲愤交极。询其衅端⑧，云系税监狼心虎口，肆毒无已，恃威逼取各行若米若金及诸物，价总计百千，久不肯给，痛思小民本微力薄，朝夕贩卖以糊口，举家老幼嗷嗷以待，乃累月旷岁，索之茫然，情不能堪，势不及俟，不得已，各自踵门告哀乞怜，反触其怒，闭户逞凶，挟劲弩、操利刃，忍心惨杀，逃出者重伤可据，锢内者难保全身。此众索还欠价，皆为网中之鱼，众姓求生，奚忍不相偿也？职等仍再三抚慰间，陡见民房一时火起，顷之，烟焰障天，室庐财产化作飞灰，老幼男女号恸不可胜纪，职等仓皇遣救。及奉抚按两院、各司道连发宪牌，调兵合救，自初更至三更，火始得熄，职等方各回本衙门，守护库狱。

至十二日，随据本县巡捕典史⑨洪世法呈称，据巡街应捕张龙称，本月十一日晚，本县安泰桥铺税监府中将火箭射出，延烧军牢房一十六间，民房二十九间，及烧“丙辰进士”并“经国裕民”牌坊共二座，拆毁民房一十八间，该监衙门未曾延及⑩等情到县。又据居民郑钦等一十八人连名呈为亟救惨殃事，钦等良民，家居内监府前，于本月十一日夜痛遭内监人役攻驱众行领价，威用火箭乱射，钦等房屋燃烧[六]，赤地无余，男女匍匐逃生，家赀[七]产业煨烬一空，露宿饥寒，恳怜赤子无辜毒害，原非天灾，实由虐祸等情。又据郑国钦投为急救财命事，钦因向住内监府边卖布为活，本月十一日陡遭各行讨价，威用火箭先焚房屋二间，货物七百余两悉皆煨烬，命悬财散等情。又据连签[八]具呈人张心等四十四人为亟救惨殃事，心等系内监府对门住民，于十一日夜痛遭内监人役攻驱各行领价，放火燃烧[九]房屋，财物一空等情。又据连签[十]具呈人姚肖等八人为殃苦惨伤事，肖等系内监左边一列连居祸惨，十一日晚，被监燃烧[十一]，幸肖等力救苟免，痛男姚夏屋上运水救火遭棍，径射蜂箭，男中一箭，咽喉受伤。又有郑四等亦在屋上相救，复被棍刃打伤，体无完肤，财散人离等情，各诉到县。又据马夫报得被伤民数：铜行朱铎刀伤脑，榉[十二]木行权少山、蔡廷机，蟮鱼行陈一郎，炭行周一章、谢廷祖利刃伤面，铁匠潘六民、谢应顺各刀伤头，民张公治箭伤喉，董九箭伤眼眶。余未报，不及细查外，此俱干系地方各行户遭变事情，合行通报两院司道照详。正在备文间，本日未初时分，又据马夫李秀急报称：税监突然开门骑马行出，小衣背敕，手持大刀，带随枭勇家奴数十人，各持锋利刀枪，前后拥卫，急赴军门去讫。职等惊骇，府县各官俱急趋至军门，本监已破门入内堂矣。俄而，本监持刀逼挟军门⑪与公子同出，至宪台署内，屯道李、兵道吕并两都司齐到，陪劝解释，方请军门回院讫，本监随挟两道同行送归，留茶闭门，时已黄昏矣。更深时候，续奉军门拿获行凶税棍周聪、徐文、朱朝臣三名，发下闽县收监外，至四更二点时分，本监开门送出屯道，仍留兵道在内。

至十三日辰时，本府龚通判以奉两道面谕到县，将原发监犯三名取出，给赏新衣帽，送还本监。本日未时，又蒙屯道于军门前令运府[十三]县官遵依前谒兵道，当蒙本道责令本府同知陈豸相代，该监即将同知拘留，始送出兵道。彼时卑职实未同进，不敢欺昧。续又屯、兵两道谕令龚通判、姚经历、孙知事节次进换，该监不允，陈同知至今拘留在内。此系前两日事情，应即一并通详。缘被伤身死实有四人，有云均系良民。有云内有本监二人，一系本监自杀，一系病死。

先蒙兵备道在本监衙门内谕令两县急备尸棺二具，送进装敛讫。又奉兵备道宪牌：为地方事，照得税监积恶，亏损各行物价，自有两院司道替小民作主，何得聚众攻门围屋、放火伤人？且查攻门放火者，原非有身家⑫各铺行，俱系游手市棍，意在乘机劫财耳。如此乱民，渐不可长。除内监[十四]听两院会题请旨撤回外，所有放火、伤人、倡乱首恶，相应访拿。为此牌，仰县官吏即密访十一日晚放火、十二日伤人、纠众行凶首恶的确姓名，擒拿解道，以凭处治。若复再为姑息，置之不问，成何法纪，成何世界？其各街铺甲，因何不收敛闲人，听其群聚撒泼？巡捕官仍严行晓谕遵守，毋容玩违等因到县。蒙此，因查火发根由及报单所开被伤姓名，未有的确，议论纷纷，难以专擅，正在迟疑。

今奉宪牌前来，卑职不敢依违，理合从实备细，通行申报。为此，除申两院照详外，今将前项缘由具申，伏乞照详施行，须至申者。

（《乾坤正气集》，又见《借月山房汇抄》、《四库全书》、唐文治重刊本）

**【校】**

［一］题目，原作“申详税监变异缘由附后”，今改。

［二］“情状”，《借月山房汇抄》作“情形”。

［三］［十四］“内监”，《借月山房汇抄》作“税监”。

［四］“急变”，《借月山房汇抄》作“激变”。

［五］“拥”，《四库全书》作“群拥”。

［六］［九］［十一］“燃烧”，原本作“然烧”，今改。

［七］"家赀",《借月山房汇抄》作"家资"。

［八］［十］"连签",原作"连佥",今改。

［十二］"榉",《借月山房汇抄》作"椐"。

［十三］"运府",《四库全书》作"本府"。

**【注】**

① 宪牌:官府的告示牌或捕人的票牌。冯梦龙《喻世明言·陈御史巧勘金钗钿》:"次日,察院小开门,挂一面宪牌出来。牌上写道:'本院偶染微疾,各官一应公务,俱候另示施行。'"

② 登时:立即,立刻。东晋葛洪《抱朴子·释滞》:"又中恶急疾,但吞三九之炁,亦登时差也。"《北史·祖珽传》:"至夜,珽忽令大叫,鼓噪聒天,贼众大惊,登时走散。"

③ 仰:旧时公文用语,上行文中用在"请、祈、恳"等字之前,表示恭敬;下行文中表示命令。

④ 详夺:审察决定。明海瑞《申朱提学道教条》:"为此合行备申,伏乞详夺施行。"

⑤ 等因:公文用语,常用于叙述上级官署的令文结束时。

⑥ 铺行:店铺和商行。

⑦ 匠作:工匠。凌蒙初《二刻拍案惊奇·赵五虎合计挑家衅,莫大郎立地散神奸》:"他平生有三恨:一恨天地,二恨爹娘,三恨杂色匠作。"

⑧ 衅端:事端。宋王谠《唐语林·政事下》:"今者,(南诏)虽起衅端,未深为敌,宜化以礼谊。"《旧五代史·晋书·桑维翰传》:"契丹与国家,恩义非轻,信誓甚笃,虽多求取,未至侵凌。岂可先发衅端,自为戎首!"

⑨ 典史:官名,元始置,明清沿置,为知县下掌管缉捕、监狱的属官。

⑩ 延及:祸及,殃及,延伸到。《尚书·吕刑》:"蚩尤惟始作乱,延及于平民,罔不寇贼。"《韩诗外传》卷一:"有声之声,不过百里;无声之声,延及四海。"

⑪ 军门:明代总督、巡抚之称。明唐顺之《公移·牌》:"本官即催督各哨向前杀贼,若得一船,军门自有重赏。"

⑫ 身家:家产。凌蒙初《二刻拍案惊奇·惨教官爱女不受报,穷庠士助师得令终》:"侄儿有些身家,也不想他的。"

**【札】**

## 税珰考·高寀

张　燮

高寀者,顺天文安人也。幼给事上前,累迁御马监监丞。先是,大学士张位以国帑虚耗,请开采以充边储。比三殿之役,于是四方言利之徒,奸弁积猾,率上章请遣中贵出督矿,岁输巨万万,足供大工。又徐及榷税,上俞其议,廷臣争之强,不能得也。

燕山卫指挥冯纲、千户胡志,嗣请以寀使闽,帝命寀往闽,自市舶镇守,先后报罢。四封老稚,久不识貂珰为何物。比寀衔命南下,金钲动地,戈旗绛天,在在重足,莫必其生命。而黠吏逋囚,恶少年无生计者,率望馆而喜,营充税役,便觉刀刃在手,乡里如几上肉焉。寀在处设关,分遣原奏官及所亲信为政,每于人货凑集,置牌书圣旨其上,舟车无遗,鸡豚悉算。然税额必漳、澄之贾舶为巨,寀躬自巡历,所过长吏望风披靡,漳守韩擢,每股掌玩之。

澄令龙国禄者,强项吏也。分庭入见寀,不为屈,严约所部,不得为寀驱使,每事掣肘，不令飞而食人。寀遣人诣令白事，其人軿张自豪，国禄庭笞之。寀在郡恚甚，欲具疏劾其阻挠。韩守谓寀曰："澄故习乱，所不即反者，以有龙令在也。倘令危民，何能即安？激而生变，若亦岂有赖焉？"寀气夺而止。

自后每岁辄至，既建委官署于港口，又更设于圭屿；既开税府于邑中，又更建于三都，要以阑出入，广搜捕。稍不如意，并船货没之。得一异宝，辄携去，曰："吾以上供。"

三十年，贾舶还港。寀下令，一人不许上岸，必完饷毕，始听抵家。有私归者，逮治之。系者相望于道，诸商嗷嗷，因鼓噪为变，声言欲杀寀，缚其参随至海中沉之。寀为宵遁，盖自是不敢复至澄。其开采之役，漳、龙岩亦与焉。寀不论有矿无矿，但与富人庐墓相连处，辄命发掘，必饱行贿乃止。其应开之山，聚徒跃冶，竟得不偿失，虚縻县官为名而已。

三十二年，澄商潘秀、郭震等，携渤泥国王文，以和兰夷求市为请，称渠锦囊所载旧浯屿，原系彼国通商处所，乞修故事。夷舟径趋彭湖，当事者严绝之。红夷则遣人厚赂寀。

大将军朱文达者，与寀厚善。尝以其子为寀干子。寀谋之文达曰："市幸而成，为利不赀，第诸司意有左右，惟公图之。"文达喇喇向大吏言："红夷勇鸷绝伦，战器事事精利，合闽舟师，不足撄其锋，不如许之。"寀遣周之范往报夷，因索方物，夷酋麻韦郎赠饷甚侈，并遣通事夷目九人赴省，候风未行。参将施德政已奉宪檄，遣沈有容谕夷无为细人所误，德政整兵料罗少候进止。麻韦郎知当事无互市意，乃乘风归。

寀竟上疏，为夷乞市。上俞中丞及御史言，置珰疏不纳。海上人悉北向称万岁。寀闻之，顿足曰："德政乃败吾事。"盖从此思甘心之矣。

明年，德政擢神机营右副将军后军都督。文达私语寀："如许归装，悉异香大贝。"寀心动，遣数百人邀之途，掠其装以去，既胠箧无他长物，始遣还。

三十四年，上命封闭矿洞。诸税咸归有司，珰威势稍杀。然已屡擢太监，赐绯鱼服。其在会城，筑亭台于乌石山平远台之巅，损伤地脉，又于署后建望京楼，规制宏壮，几埒王家。诸棍受寀意指，讽人为立碑平远台，颂寀功德，恬不为怪。

原奏官魏天爵、林宗文百计媚寀，由是得幸。忽进一方云："生取童男女脑髓，和药饵之，则阳道复生，能御女种子。"寀大喜，多买童稚，碎颅刳脑。贫困之家，每割爱以售。恶少年至以药迷人稚子，因而就寀，幸博多金者。税署池中，白骨齿齿。嗣买少妇数人，相逐为秘戏，以试方术。歌舞娈童，又不下数十人，备极荒淫。

天爵等术既售，益自为得计，导之横噬，如阴云毒雾，蒙被草木，无不焦枯。子衿路相遇，避尘稍缓，因辱随之。簪绅奉使过里，与寀微芥蒂者，关前行旅，并遭搜掠。里市贫民，挟货无几。

寀朝夕所需，无巨细，悉行票取，久乃给价，价仅半额，而左右司出入者，又几更横索，始钱得到手，如是者岁岁为常。澄税已属有司转解，然寀日遣税棍，诡名督催，仍买取方物，迫勒减价，商民无所望天。闽中驿卒，习为骄悍，独寀税役经过，辄缩项欲死。每一人索马三四匹，人夫称是，往来驿路，鸡犬骚然。

四十二年，广东税珰李凤病死，有旨命寀兼督粤税。闽父老私计，粤税视闽税为巨，寀必舍闽适粤，所在欣欣，祈解倒悬。然粤人已歃血订盟，伺寀舟至，必揭竿击之，宁死不听宷入也。

宷既陇蜀望奢，神气益飞扬不驻，如饥乌踌躇两树间，攫物之念愈动，遂造双桅二巨舰，诳称航粤，其意实在通倭，上竖黄旗，兵士不得诘问。时施德政为闽都督，尼之海门，无从速发。中丞袁一骥，檄所部缉治之，而浦城人有为珰役所苦者，匍控两台，袁逮其役使材官马仕骐下之理。

四月十一日，宷所未偿值商人数百辈，自金缯以迨米盐，所负金钱巨万，群赴阉署求领，辞气稍激。宷挥所练习亡命群殴之，立毙数人。余众趋出，复从巍楼射之，放火延烧民屋数十余家，众各奔溃。次早，远近不平，各群聚阉署，约数千人。宷露刃跃马，率甲士二百余，突犯中丞台。是时，皇太后哀诏新至，辕门解严。宷斩关而入，一骥叱曰："汝反耶?"宷见一骥辞锋忼慷，意为少阻，未敢遽犯，但劫一骥俱出，步至宪台。会副使李思诚、佥事吕纯如、都司赵程等，后先继至，始释中丞返署，而议司与宷偕还。时万姓走护，大兵徐集，一杀宷无难。诸司虑伤国体，以理解散之曰："众休矣，明旨自有处分，无狂斗也。"众乃解去。至次早，又留海防、同知陈豸为贽，始听思诚等出。

中丞若御史上疏，暴宷诸奸状，大小臣工，叩阍之牍为满，上始下一骥疏，撤宷回京，徐听处分。十六载之风霾，一朝开朗矣。宷虽奉严旨，然尚蹢躅，未肯就道，必尽释税役诸械系者乃起行，识者谓大盗既已就擒，不妨宽假束缚，图献俘于阙下，今日驭珰，亦须如此，聊为委曲，以听早去。九月九日，宷发榕城，遣材官黄应龙、覃继荣护之以归，遵朝命也。宷辎重塞途，日行仅一舍，驰贿乞援于大珰。既将抵京，不即归命，公然引疾，栖迟里门。朝议哄然，久之，然后入见，上怒，命系之。闻宷在寝室中竟日股战，后不知所终。

（巡抚都御史袁一骥为税监流毒激变，劫制要挟，显谋叛乱事。近皇上大沛德意，税减三分之一。海内百姓，欢欣鼓舞。大小臣工，亦仰颂圣德，为闾阎称庆。独税监高宷谓减税即减其督税之利，恩减则渐致罢税之机，恐不久撤回，并日渔猎，岌岌若狂。又以粤人戒严摈斥，惧不敢往，思专取盈于八闽者，囊括无遗，故私派一切行户，金行取紫金七百余两，珠行取大珠五十余颗，宝石行取青红酒黄五十余块，盐商每引勒银二钱，岁银万两，其他绸缎铺户百家，编定轮日供应，日取数百计，而打造通倭双桅海船二只，竹木油铁各铺行取料二千余两，置办通倭禁物，如番段、龙凤红袍、建铁刀胚、硝磺、铅、锡、毡单、湖丝价数十万，出入陈兵，家丁三百余人，宾客、谋士及歌童舞女百人，饮食珍奇，及一应米菜、酒果，尽取商店，日用五十余金，各项物价，分毫不给。又听魏天爵等拨置设立，看验使用，宷受其献，而各棍人人取足，百金之产，编派无遗，擒拿考逼，非投水即自缢，冤号动天，赴臣泣诉，日以百计，皆甘心以命与宷博。臣等每善谕百姓，犹如防川，惟恐一旦决裂不能救。随出牌禁谕，乃宷稔恶弥甚。四月十一日，怒各行哀求稍给，麾兵持刀乱砍，杀伤潘六、蔡廷机等数命，余各惊逃。又恨逼近民家，居停铺户，及暮射火，将三十余户，无辜荡毁。一时万姓裂眦切齿，欲得宷而食其肉，乃不思招安退众。十二日，率领家兵二百余，乘臣以国丧撤卫屏从，突出匕首，随招各凶露刃劫臣，复挟副使李思诚、佥事吕纯如、都司赵庭，要盟而始释臣。情形若此，其为叛乱，岂待智者知哉？宷以贪残凶恶之性，日糜烂其民，故民乐与偕亡，而胁臣以幸缓，万死有余辜之命，是陛下责臣以保民，而宷欲臣保其恶以杀民也。日大行慈圣皇太后升遐，臣民无不缟素，独宷藉口诏书未到，张乐演戏，沉湎如故，大逆不忠，由来渐矣。且民因臣被胁，暂解以舒臣，其积怨深怒，已成燎原之势。皇上不速召寀，显戮以谢天下，寀小而如杨荣，与民俱付烈焰，祸犹止在地方，大而为尉佗，结倭外援，操戈叛逆，则祸在社稷矣。若臣见辱刑余，又何足道哉？伏乞皇上大奋干断，早赐施行，海邦幸甚。）

（第二疏为逆珰蔑君叛国，聚兵通倭，仇执命臣，恳速诛灭，以保东南疆土，以免万姓锋镝事。税监高寀，剥民一十六年，恃富敌国，潜蓄异志，打造兵器，藏贮万件。近又私造海船，招集亡命，练习刀枪骑射，散泊沿海，身踞会城，经营狙伺。凡奸豪勇猛，蹈险轻生之辈，皆收为亲兵，外假朝廷之威，陵轹臣民，内图通倭，制闽粤二省之命，而笼天下半壁之利，形为百足，势成负嵎。近因肆虐以激民变，按剑一呼，兵卒云集，先劫臣以谕散百姓，次挟道臣为城下之盟。因恨同知陈豸盘诘其开洋海船，喝兵拘执，拥入税府。自十三日迄今，未有释放之期。夫豸，天朝之命臣，而兵防之要任也，当春汛戒严，正督率巡兵之日，寀恶其碍己，擅自拘执，叛乱之形已著。臣受皇上付托，恐以逆贼贻忧君父，不敢爱身以犯其锋。其边海伏奸要害处所，一面布置兵卒，制其航海通倭，而盘踞内地之奸，渐次以图剪割。其陈豸被执不放，以兵入索，彼必杀豸以逞，大伤国体，故宁濡忍朝夕，以待雷霆，若皇上忍弗早图，寀不死于皇上之法，而死于万民之怒，则纪纲扫地，国势陵夷，从此不可挽回矣。臣才本迂疏，滥承节钺，惟恤民瘼，以固邦本，禁通倭以保封疆，因与凶竖枘凿，而威望素轻，致薰腐贱臣，以兵刃加遗，忝皇上之委任，臣无所逃罪，但地方祸在燎原，臣于斯时求弛负担，则臣为畏死，为避难，而重负国恩，故靦颜在列，而直陈悖逆之状。伏望皇上赫然震怒，亟行封刃之诛，显戮无君之恶，使腥秽涤正一朝，万民从此帖席。仍乞即赐罢臣，以谢高寀，臣不胜陨越待命。）

（第三疏为逆阉久系府官，闽省变在呼吸，恳乞圣明，速下霆威，以弭大祸事。税监高寀，恶逆万状，具前疏者，不敢复赘，惟恨同知陈豸，挟仇拘禁，始犹钥门环守，今则竟置私牢，声息不通矣。豸仁廉公正，百姓戴之如慈父母，今见其横受刑余之僇辱，咸愿捐躯，为豸一洒，臣谕以候旨处分，幸各俯首。寀知神人共愤，无所自容，大出金钱，召募海洋巨盗，以为兵卫，军灶日增，会城之内，市罢肆而户昼闭，势如厝火积薪，仅仅濡湿，以延顷刻。陛下不视如燃眉，亟下崇朝雷雨，一解郁攸之气，至烈焰猛发，寀之首领，与闽民俱膏锋刃，斯时而责臣以不能禁乱未萌，即臣无敢逃罪，顾陛下守二百年磐石山河，纵一阉竖，与积怒之民相寻干戈，酿成内衅，而外寇乘之，谁为厉阶，一至此极，况天子至尊，即臣工有犯，非重辟不轻置狱。今高寀陛下之奴隶，而豸则外臣之才而贤者也，以奴隶夺主威而辱贤臣，非豸之辱，而朝廷之辱也。以陛下之明，而容无君之恶，岂以言者过而有未信之心耶？今豸见在囚执，而寀航海舰，竖旗列戟，见泊南台地方，船内满载违禁番货，及下海枪刀弓弩，鸟铳火药，皆万目共睹，凿凿有据者。陛下犹然置疑，直至溃裂糜烂，不可收拾，始悔不信臣言，亦无及矣。伏乞大奋干断，亟赐诛戮，下兵刑二部议覆施行。）

（第四疏为府官冤系滨危，逆竖怙终愈甚，王纲扫地，民恨敷天，恳乞圣明，亟赐传首陈尸，以正大罪事。臣惟国号中华，虽蛮夷率服，君为共主，虽蜂蚁知尊，世未有作逆而逭天诛，无君而逃上刑，如凶竖高寀其人者。寀之稔恶，擢发难数，如近日杀死潘六、蔡廷机等二十余命，射火烧毁郑钦、陈怀等三十余家，擒进而绑缚斩首者，聚尸而灰之烈火，即纵凶而骈杀于外者，官司买棺敛骨，而置若罔闻。先胁臣以兵，次劫盟于司道，旋执同知陈豸禁锢。臣已三疏，列其罪状，使寀尚知有君，稍怀顾忌，则释陈同知于幽囚，而安海邦积怨之民，弭营窟负固之狂谋，辍叛国媚倭之异志，席稿待命，犹身戴百死，无足以宽燃脐碎骨之辜。乃顽凶狡贼，日长月滋，养流倭于私室，以召募亡命，传习刀法，辟教场于城外，以侍卫亲军，训练行阵，匠作百人，大修攻战之具。先是，该监造府，原建敌楼，以象大内北台丹垩，俨然皇居，上筑箭垛、驰道，已预设不逞之谋，近且摆列发熕、神飞炮、百子铳、佛郎机各样火器，放则百丸齐发，杀人千步之外，人情汹汹，无敢宁居，此何等景象？臣等因谍而得其凶谋，首恨往者冤聚之众，欲尽杀闽省官民，而据城招倭以叛。次谓粤人之拒其去，欲带勇敢千人自卫，而用前所劫臣计，执粤中命臣而入其省，其长系陈豸，欲于兴兵屠省之日，拘于军前为质，今豸遭禁，日则仅给粝食，夜则严扃暗阱。夫礼下公门式路马，乃皇上所礼使之臣，而凶珰擅执之，僇辱之，寀宁知有君耶？夫寀剥民一十六年，富逾万乘，力赡三军，实养成其不掉，而身为叛逆，蔑弃君父，囚奴缙绅，为二百年未有之事，不特皇舆之内，无不惊心动魄，使外夷听闻中国有阉竖擅执王臣，而朝廷不能问，则君权轻于鸿毛，国事将至瓦解，恐因此而启戎心，关系非细故也。今闽民榜示通衢，欲杀寀以救豸，并雪杀人放火之仇，寀日夜治兵，欲行屠灭。寀与闽民，已成不共之势，即臣等多方抚戢，谕以待旨，而众怒郁勃，窃发难料，傥岛夷恃寀内变，五日海程，扬帆卒至，即闽省阽危，天下响震，宁惟一时之害哉？顷皇上不以臣愚，误任闽抚，若臣贪位固禄，侪俗苟同，不以民瘼吏治加意，是臣负皇上为不忠。今臣不避危险以捋虎，不爱死亡以报国，乃民被杀而不能伸孤寡号天之冤，官被执而不能洒冠裳涂炭之祸，斩孤雏而忌器，叩九阍而不应，是皇上负臣，而臣负此心。至于目击危乱，如厝火积薪，扑之不能，置之不可，跋胡疐尾，进退维谷，徒有痛哭流涕，叹生之不辰耳。惟皇上念陈豸一日不释，则百姓恨深一日，而释豸以雪其耻。高寀一日不诛，则国家祸深一日。而诛寀以正其刑，仍弛无艺之征，以苏憔悴，则雷霆雨露，一时并施，庶可转乱为治，否则，闽事有不忍言者矣。)

（第五疏为珰变胪陈已数，愚臣诚信未孚，尸位非宜，循分引退事。臣惟人君不能任未信之臣，志士不能受虚拘之禄，若显用其人，而阴疑其心，虽忠告如药石，必以为鸩毒而不食矣。既任以事，而仍夺其权，虽强颜而展采，皆视为土偶而弗灵矣。方今朝多上哲，野有遗贤，奈何以臣之未信，具员节钺，致皇上惩毒废药，一方受病，浸至不救，又令臣以枯丛受土偶之媟嫚哉？以税监高寀害民贼国，通外夷，囚命官，具疏四陈，而概置不报，岂不知三谏不听，再渎而厌，只以捧身求退，遑其恤后，臣子之心，不若是恝也，故终为皇上再申前说，如下堂之妇，一数臧获之奸。夫皇上诎臣言若不闻，必以前疏枚举，未足尽信耳。顾言出凭虚驾空，则可无信，言出隔别浪传，则可无信。如寀僇辱陈同知，囚系三月，两次大行皇太后诏到，凡在臣工，俱出郊恭迓，寀深拱不臣，且怙终拘执陈同知如故，曾不得出涂炭以尽臣礼，此非臣以释为禁也。寀造船通倭，违禁之物，无所不有，明竖上用黄旗，大书“总督闽广”，使官兵不敢盘诘，乘风往来海上，飞报旁午，谁得稽留。今二船见泊会城，船哨周桂等看守可据。此非臣以无为有也。其被杀潘六等，尸亲见在号冤，白骨暴野。被烧郑钦等露居，见无栖托，一望焦土，俱凿凿人有主名。此非臣以生为死，以伪为真也。且寀自踞闽之始，即勾引红毛番，皇上允前抚臣之奏寝，遂公然以军资禁物，载输于倭,资寇召兵,祸在不远。税既有司征解,此外即有孝顺,私进皇上,度不过二三万止矣。乃寀假托剥夺,按各属记籍。及海洋商舶,岁得数万。他金珠宝玩,派取无价者,不可胜计。在闽一十六年,总得数十余万金,每进税银,积数动逾百计,驿递钞关可查。一至德州,先以其半假作商货,分途窃运,及抵雄县,又以十之六七,公行装入文安,厚藏私室,所献皇上,曾不满百中之一耳。皇上明眷南顾,念此巨万之数,非横夺民间,从天降乎?从地出乎?闽八郡多不食之土,民以贩鬻为生,人人而夺之,岁岁而刦之,非冤殒于刑逼,即自经于沟渎,比屋而是,呼号震天,君门万里,虽隔绝不闻,以寀家之金银山积,即闽民无罪而死无告诉者,当以国量矣。此亦事理之真,而确乎有据者。若犹以为未信,则见在拘执同知,打造海船,放火杀人,亦不可信耶?海内方骇为非常之变,而皇上故纵寀使行意自如。欲杀人,则立斩数十余命,碎其尸使无所葬;欲放火,则立毁三十余家,赤其地使无所依;欲通倭,则操驾巨舰横行海洋,而大小将领无敢置喙;欲执官,则辱陈同知于囚奴,而地方之抚按目击而莫可谁何。臣若丧节隳守,一切望寀风旨,悉置不问,则皇上严勅臣以抚安军民,整饬庶僚者为何事?而臣受节钺,叨居督抚,而抗颜司道之上者为何官?于此而犹恋尸位之爵禄,安犬马之豢养,不亦羞朝廷、辱缙绅哉?则臣之去,在情理固然,而势亦不容已者矣。臣当高寀胁辱之后,已决意拂衣,然犹低回迟速间者,诚望皇上以臣言除寀,出闽民汤火之余,庶几不负明恩,而后一去谢寀。今皇上疑臣,以义不可留而去,去等耳,第不能博寀之去,稍裨地方,而仅以明己之志,臣实媿之。然国体之全毁,闽土之安危,实系寀之去留,所关非小。非斩寀,无以谢九庙神灵,无以慰天下万姓。伏望皇上将臣先赐罢斥,仍将寀亟行撤回正法,庶朝纲正,而乱臣不致逋诛。臣不胜激切。)

(附湖广道御史周起元为税监戕杀生命,要胁重臣,乞速行正法,以存国纪,以安地方事。福建税监高寀,素行贪残,最于别珰。历年海商贵重美丽奇巧之珍,百入于寀,未必一贡于皇上。臣生长之地,耳而目之久矣。溪壑既盈,虐声久播。入粤粤人不受,归闽闽人震恐,不意益肆鸱张,大开狼噬克剥。我皇上取用各行物料,即一草一木,莫不按数予值,而寀剡刳楼船连舸,揭百尺之维樯,穷雕饰之极丽,所取物料浩烦,概欲白没,彼市鬻之夫挟,赀何几?令一旦尽付乌有,谁能甘之?相率控讨,自无足怪。乃简枭雄以作威,陈利兵而相向,挥刃放火,市民惊骇,围拥喊集,怨气冲腾,然不旋踵而解者,岂诚畏寀哉?盖抚按禁约于上,司道府县晓谕于下,毋敢抗法雄行,以干三尺,且又虑寀造一偏之言,以诳皇上,反以挥刃放火诬坐小民,万里君门,不易自白,是以死者骈首就戮,生者含冤解散,竟不敢逞于一击也。寀是时宜下罪己之辞,自执杀人之参,随付之有司,犹可稍逭万分之一。乃越日披坚执锐,统率骁骑,乘守卫之偶撤,径弄兵于辕门。抚臣袁一骥节制一方,为民造命。寀不能遂其竭泽之贪,夙怀愤忿,辄敢按剑要挟,三司副使李思诚、佥事吕纯如,捋虎须以解厄,寀复留而要盟。皇上试思,从来税监,最贪,最狠,最毒,曾有放火杀人、刃劫节钺,要留方面,如寀之大逆不道者乎?皇上利根未肯割断,税使未肯全撤,酿成时事至此,臣读抚按疏揭,参以乡人之见闻,不觉发指而继之以痛哭也。近者邢洪驰兵器于禁地,卢受假狐威于票拟,皆漫不处分。今寀又见告矣。望皇上亟行两观之诛,用雪三山之忿,非仅仅撤回墩锁可以了事。臣闻省会人情汹汹,防川不决,决必滔天,宿火不发,发必燎原,万一戈矛起于肘腋,海滨因而摇动,倭夷乘以生心,寀粉骨不足惜,皇上岂善为社稷计乎?寀之言曰:"多进孝顺,便可保全首领。"寀以累年括搜,挟百万盖藏,出其珍玩绮縠,歌舞角觝,享用作乐之剩赀,可以结左右之欢而及于宽政,傥一遂其奸,是皇上不惜太阿之重,而仅易此阿堵也。昭之史册,亏累令名,岂浅鲜哉?臣不胜激切待命。)(袁中丞疏初上时,周念切桑梓,即中夜草疏继之,故寀恨周独深,因有谋占湾头公馆之诬也。)

(又袁中丞参驳税监疏)(为罪珰悖旨要挟,饰辞渎奏,捏陷无凭,侵盗有据,恳乞早赐正法,以警奸邪,以全国体事。先是,税监高寀激变地方,种种不法。蒙皇上俯允臣疏,特准撤回,乃寀离闽后,逗留途次,凡五越月,乘传拥卫,百无顾忌,所携珍宝,从浙中已多抵换,沿途窃匿,不知几许,弁髦明旨,曾无天日。近阅邸报,见寀四疏又复咆哮,据首疏以告病为辞,公然乞养外宅,旋有回监管事之请。夫寀之在闽,杀伤民命当斩,烧劫民房当斩,造船通倭当斩,囚执命官当斩,椎击童男女至死,而吮吸其脑髓当斩。皇上日照月临,业洞悉奸贪悖逆之状,需其至京,自有处分,乃戴罪视息之余,而自请供职,视皇上为何如主矣?皇上试看内外大小臣工,凡奉旨逮系,乞恩贷死不暇,曾有请复原官自求叙用者乎?真胆大包天者,至仇臣反噬,诋为权门鹰犬。正所谓得其恶言不足怒,臣不任受,亦可无赘。所可恨者,身未入都,差官以税课余盐银两解进,是明以小利尝我皇上,而驾言拖欠抢夺,尚欲贻地方以不结之局,至栖住公馆,妄言变卖,荧惑圣聪,此其肉尚足食哉?臣闻报后,即欲具疏驳参,尤以事关钱粮,仍须覈实,随行各司道查议。据布政司署司左参政金忠士回称,福建税额六万,福兴等府分委征收,解监完足,自税监激变,放火杀人,气焰方张,何人敢抢,及奉旨撤回,地方加谨防护,该监在日,并无抢欠之说,显是混赖,止有古田曲税,已征在官,因变后请旨未经转解,并无叶家包揽情由,且税银六万,该监疏中止五万三千五百,其六千五百,明系侵匿,相应题参。又据按察司署屯盐道按察使萧近高回称,运盐司续领依山盐引四万,道除引价外,余价盐课该二万四百有奇,内尚有未经发卖盐引,致课银四百余无出,原非拖欠。又据漳南、建南、福州兵备道参政刘洪谟、陈德元,副使吕昌期回称,该监驻札,原无额设衙门,湾头圭屿,虽有公馆,已经倒塌。其浦城、诏安、闽安等处,系民间店房,因监役住宿,地方量为修葺,未动该监分毫公费,何从变卖?各到臣。该臣会同巡按御史李凌云看得在外官司,各有衙门,间设一二公署,为过客经临之所,建造修葺,非官帑则民赀也,即官有迁移,而署仍其旧,曾无可变卖者。税监原非常设之官,其入闽之初,地方有司,罔敢委使命于草莽,故到处择空闲别署,为之栖止,原无创建以监署为名,止该监初年,一驻海澄,即狭小公署,旋欲移居海口,委有湾头、圭屿二馆之建,该监方借建馆科敛民财,而费一派十,阖邑骚然,几至大变。若论地方之耗费,当日何止三千,而脂膏入监棍之手,砖石木料,曾不足数百计。自该监入省数年来,败垣颓瓦,所存宁几,勿论变价无多,即欲变卖,其谁售者,他如闽安、诏安、新港等处,原非该监居住,不过监棍借栖民间,何曾动该监丝毫之费,而哆口千百,一欺皇上乎?若省城乌石、平远,国初以来,即有公会厅亭,不知创造何年,至欲攘为己有,亦称三百余两之费,真逢人说梦者。惟该监先年,乌石山曾建一阁,省城风水不便,前抚臣丁继嗣,劝令自行拆毁,尤昭昭耳目。此而可欺,孰不可欺乎?况自税监以来,撤回如梁永、高淮,不下五六辈,当年亦必非露处者,曾不闻公署变卖,何独寀而造此恶孽也?又据疏称,余价盐课内,商人洪国裕尚欠四百。夫依山盐引，原创自该监，其第二次复请盐引四万，道除引价，先行解进，节发各商出卖共上，余价盐课银二万三十八两有奇，其滴珠在外，即该监疏称历年解内之数，尚有盐引未经发卖，该课银四百余，缘盐商消乏，前按臣不便行，即该监在地方不能强派，故迟留至今。夫引尚未发，银于何出？而可谓拖欠乎？即见在各商，非止一人，何他商不欠，独洪国裕敢于逋欠也？犹记临行时，声言恐吓各商，谓此番不加津贴，到京必行攀害，故各商有私馈至一二百金者，独国裕不应，衔恨而以逋欠故入之耳。最后一疏，复称抢去银两九千八百两，不言抢于何地，抢于何日，臣且就其疏折之。夫该监激变地方，在四月十一日，火箭齐发，烟烟熏天，地方救死不暇，谁敢撄其锋者，比入臣署迫胁，以百余棍持刀冲突，而另留亲兵一枝居守，仍以火器凶械拦挡前后监门。两道臣同诣其室，该监张目嗔视，微有混赖意，两道臣叱之云："库门封识宛然，即桌上摆设，一毡不动，安得为此昧心语？"渠闻之，口塞。此十二日事也。及奉旨差官护送，地方兢兢，惟恐有失，而谓其有抢劫乎？至古田出水麴税，自有司征解，绝无丝毫短少，累年税簿可查，且有造麴之人，即纳造麴之税，何从包揽？按籍亦别无叶姓者。只四十一年秋冬麴税，例于次年上纳起解，已当激变之后，方在请旨仍收贮该县耳。崇安未解二十七两之数，事亦类此，一称拖欠，一称包揽，驾空凿虚，欲陷害地方，乃所捏抢银之人，首为林世吉，而方塌鼻其家奴也。次则张嘉谟、曾文宇。嘉谟系名色把总，物故有年。文宇系丝线经纪，原非衙门员役。不知因何中伤，若林世吉，以任子起家郎署，向年该监交通红毛番，世吉倡言不可，遂致蚤尾，即如变卖疏中，蓦添御史周起元，以霸占公署为辞，所开此衅者，因起元不忍桑梓涂炭，抗疏激切，遂含沙以泄其私愤耳，独不思举朝借剑，章满公车，固东西南北之人也。为国除奸，岂皆有湾头、圭屿之可觊哉？若臣不自量，首扑凶焰，更宜有鹰犬之詈辱矣。乃臣因全疏，而得该监侵盗之实，不敢不直陈者，盖福建税银六万两为额，有司奉行，务足前数而后即安，从前解内银两，疏不发抄，无从核其虚实。今据该监之疏开，福建每年税银五万，内一半解进内库二万五千两，一半解工部助工二万五千两，外杂费三千两，滴珠二百五十两，加平二百五十两，合之仅五万三千五百两耳。其每年六千五百两，竟无归着，此孰非民之膏脂，可竟置勿问乎？有谓该监每遇取解，动称备办方物银三千两，或亦在此数内，窃谓方物以孝顺为名，宜其自备，而亦取足税银，于名何居？然或各省税监通例，臣亦不敢深求。就方物外，尚余银三千五百两，未经开载，将谓起运路费耶？则长途原有勘合之应付，将谓解部杂费耶？在该部万无耗羡之诛求，料该监必不敢以此藉口，其为侵匿入已无疑矣。每年侵匿，多则六千五百，少亦不下三千五百，合十六年所积，何止十万，而在外朘削一切无名之征不与焉。皇上亦安用此盗臣为也？据自陈疏，仅留一二公署，尚图变卖，以充国用，其忠赤何如？而显行干没，其状若彼，不一追究，则有限之民财，曷胜此漏卮，而此辈尚复知顾忌哉？故由前则种种不法，当正典刑。由后则饰无为有，说谎之罪，不容诛也？征多解少，侵欺之罪，不容诛也？伏乞勅下法司，从重究拟，籍没其家，为奸欺悖旨之戒。庶法纪修明，所全国体亦不小矣。）

（张燮《东西洋考》卷八）

【记】

本篇公文详细记述了税监高寀为恶地方激起闽地"民变"一事的起因、经过等相关情况，各本《烬余集》均附在《福州高珰纪事》之后，题为《申详税监变异缘由附后》，当与前篇《纪事》为同时期作品，今别列为一篇。

## 吏部揭帖①

前从邸报中见赵霖宇年兄一揭，盖为职②序补掌科发也。夫职自本月初九日署事，除大祀③在迩，遵例禁封，中间启事④，仅仅三日耳。其一，补争客氏之戆臣；其二，推膺异典之□臣[一]；其三，起锄强扶弱、公愤共冤之道臣。自谓可以信友，何独于补科一节，致烦赵年兄之揭也？虽揭中已言职向未与其事，不知有此原议，职似可以无言，然职掌所在，有不得不言者。

夫资深⑤起复，得补首垣，此省中之旧规也。考选候缺，照缺序补，此敝衙门之定例也。如前次王东里父母，序在朱如容掌科之前，而王父母补礼垣，朱掌科补吏垣，以出缺有先后也。今吏垣侯英观之缺在先，续陈见心以告病行，史亦步以回避请，吏、户两垣共有三缺矣，按序而论，始无异议，故遂以吏垣补陈果庵，以户垣补陆足吾，其史亦步之缺，姑悬以待。自是不易之理，且六垣互相迁转，吏、户本[二]无低昂。即或有资深复除者，亦须俟其起送⑥，到部不妨更调，如旧掌科倪实符例。若必置见在应补之员，留以俟之远为期者，无论于铨法⑦有碍，恐闻者不知，亦将谓职有轻重于其间，又何辞以解焉？此非独赵年兄可以谅职，即新旧诸掌科亦必不能谅。

赵霖宇者，不烦辨也。本拟具疏⑧，因此揭似小而所关甚大，遂踌躇两日，且念霖宇年兄与职六年闽海，固风波共济之知己也，何忍以一言相加哉？故不以疏而以揭。

（《乾坤正气集》，又见《四库全书》、唐文治重刊本）

**【校】**

[一]“□臣”，唐文治重刊本作“臣”，《四库全书》作“贞臣”。

[二]“本”字，唐文治重刊本无。

**【注】**

① 揭帖：监察部门长官揭发官吏的公文。元虞集《京畿都漕运使善政记》：“收支之数，有所勘会，止从本司揭帖图帐申报，无烦文也。”

② 职：公文用语，下属对上司的自称。

③ 大祀：祭祀天地、宗庙等。《周礼·春官·肆师》：“立大祀用玉帛、牲牷，立次祀用牲币，立小祀用牲。”郑玄注：“郑司农曰：‘大祀，天地；次祀，日月星辰；小祀，司命以下。’玄谓，大祀又有宗庙，次祀又有社稷，五祀五岳，小祀又有司中、风师、山川、百物。”《隋书·礼仪志一》：“昊天上帝、五方上帝、日月、皇地祇、神州社稷、宗庙等为大祀，星辰五祀四望等为中祀，司中、司命、风师雨师及诸星诸山川等为小祀。”

④ 启事：陈述事情，多用于下对上。《三国志·魏志·董卓传》：“召呼三台尚书以下自诣卓府启事。”《旧唐书·高宗纪下》：“八月辛丑，上痁疾，令太子受诸司启事。”

⑤ 资深：阅历丰富、资格老的人。叶梦得《石林燕语》卷九：“但选材堪此选，资深者入三院，资浅者为里行。”

⑥ 起送：举荐，推荐前往。冯梦龙《醒世恒言·乔太守乱点鸳鸯谱》：“乔太守又取刘璞、孙润都做了秀才，起送科举。”凌蒙初《二刻拍案惊奇·同窗友认假作真，女秀才移花接木》：“魏撰之与杜子中、闻

俊卿多考在优等,起送乡试。"

⑦ 铨法:选拔、任用官吏的条例。《新唐书·选举志下》:"初,铨法简而任重。"宋叶适《宝谟阁待制中书舍人陈公墓志铭》:"朝廷难以铨法持之,遂授太学录。"

⑧ 具疏:备文分条陈述。唐韩愈《唐故江西观察使韦公墓志铭》:"公将行,曰:'吾天子吏,使海外国,不足于资,宜上请,安有卖官以受钱邪?'即具疏所以。上以为贤,命有司与其费。"

【记】

这篇公文作于天启二年(1622)壬戌调任吏部文选司后。首先,叙述作此揭帖的缘由,即在邸报上看到赵霖宇针对自己序补掌科所作的揭帖后心中不平。其次,对其所揭进行辩解:"资深起复,得补首垣",是"省中旧规";"考选候缺,照缺序补",是"衙门定例";"置见在应补之员,留以俟之",不但违背条例,也有失人心。周顺昌署选事,按次序补官员,力以进贤退不能为己任,杜绝请托,即使是权贵人之言,也不为所动,因与权贵人意见相左,遂不待任满而乞假归乡。刚直廉正,是周顺昌一以贯之的天赋秉性与为人原则。

# 卷二　尺　牍

## 与朱德升孝廉① 书一[一]

计[二]浒关分袂，节序倏更。独坐静思，长安花不如[三]故园柳。三百五十人中，未知肝胆谁是，何如二三知己连床夜话②、上下千古哉？南望迢迢，觉鸟啼云散俱足增故旧之思。乡关之感，亦欲以微醉解之[四]，苦不能酒③，惟啜清茶数杯[五]。伏枕求睡，梦中所见，或祖父声容④，或相知歌啸，独牵衣、画眉之态不存耳[六]。醒来益令人百端交集，语云"昼思夜结"，良然，良然。别后情景，大概可想。

今科繁费稍减，更加[七]弟之省约⑤，亦需得二百金[八]，无门可贷为苦[九]，积习使然[十]。弟一人不能顿革陋习[十一]，可奈何？月中分兵部观政，殊无政可观，不过作揖打恭、升堂画卯而已，天下事之虚文相蒙者多类是[十二]。闲中接邸报阅之，见朝中士大夫[十三]议论互争不一，即一南畿学使甫推浙按，弹章⑥随至矣[十四]。福王请封复缓[十五]，边庭告急日甚，有志者得不深杞人之忧[十六]乎？漫以书生当局[十七]，其[十八]筹边⑦、治河大政无论，问以簿书、钱谷之数[十九]，天下几何，茫然不能对[二十]。始知书不可不多读，平日止为八股[二一]，徒做一不识时务进士，良可笑也。弟职应司李[二二]，展阅[二三]《大明律》一卷，深文刻字，多所未谙，"读书不读律，致君终无术"[二四]⑧，两言非浪语[二五]⑨。最恨[二六]，方今仕途如市，入仕者如往市中贸易，计美恶、计大小、计贫富、计迟速[二七]。弟[二八]今日正委吏乘田⑩，东西南北惟命[二九]⑪之日，宜[三十]信心做去，美恶、贫富、升沉、迟速，何所不可？当知[三一]银子取不尽，好官做不尽，去角予齿[三二]，两足四翼[三三]，造物自有定数，安用营营⑫为哉[三四]？幸[三五]叨一第，不敢[三六]云报国，"固穷"二字，原吾辈本来面目，并此而丧，何以自立？弟孤苦艰辛，往年备历。慕富慕贵[三七]，一生痛恨。幸得[三八]一抔[三九]土，宁祖宗魂魄，志愿毕矣。富厚策肥，大非[四十]吾念。此弟可自信，知己[四一]亦可信弟者也。

先儒云"学者不可把第一等事让别人做"，又谓"惟澹[四二]可以从俭，惟俭可以养廉"，有味哉！尝以此言示同事者[四三]，不谓迂则谓矫，弟所甘心，独怪世之不为迂、不为矫[四四]，众亦相顾大笑。意气相期，孰如吾五人？于[四五]合榜中，偶得一真士，相合尤奇。辞部日[四六]，耳目甚众，彼独以白须挺立于冢宰⑬前，了无退避[四七]，无不拊掌[四八]。弟谓诸兄："人身哪一件不假[四九]，此兄尤犯仕途大忌。何以独真？乌须药岂少哉？实是血性[五十]男子。"急访之，乃丙午科鹿善继也。雅负北方人望[五一]，弟即笑问[五二]，渠亦骇[五三]。遂过我，竟日扬搉⑭千载、抵掌⑮时事，言朗朗⑯可听[五四]。一种热肠劲骨、布衣蔬食之志，视吾五人无异[五五]，勿谓燕市中无荆卿、高渐离也，竟代四知己订交矣，四知己亦为快心否?

百余日不得一晤,几成郁结[五六]。一夕,风雨破窗[五七]乱人,愁不能寐,伸笔书之,不自知其言之长也。青莲云:“长安如梦里,何日得归期?”⑰读之黯然[五八]。合宅清嘉[五九]⑱如昔,三老伯仅以空函候问[六十],曷胜愧汗。

四月二十日[六一],弟昌拜。

(昙隐云:字字肝膈,语语药石。忠介公名节千古,具在此尺幅中。[六二])

(《乾坤正气集》,又见《借月山房汇抄》、《四库全书》、唐文治重刊本、卫泳《冰雪携》)

**【校】**

[一]题目,《四库全书》作“与朱得升孝廉书”,《冰雪携》作“第后柬德升诸兄弟”。

[二]“计浒关分袂”,《乾坤正气集》作“浒关分袂”,“计”字,据《冰雪携》补。

[三]“不如”,《冰雪携》作“何如”。

[四]“乡关之感,亦欲以微醉解之”,《乾坤正气集》作“欲以微醉解之”,“乡关之感”,据《冰雪携》补。

[五]“杯”,《冰雪携》作“钟”。

[六]“独牵衣、画眉之态不存耳”句,《冰雪携》作“甚至牵衣、画眉之态,俱恍恍欲似”。

[七]“更加”,《冰雪携》作“加以”。

[八]“亦需得二百金”句,《冰雪携》作“亦要得二百余金”。

[九]“无门可贷为苦”句,《冰雪携》作“已去其半,此半竟无门可贷,真是苦事”。

[十]“积习使然”,《冰雪携》作“然大率积习使然”。

[十一]“弟一人不能顿革陋习”句,《冰雪携》作“弟一人哪能尽革”。

[十二]“天下事之虚文相蒙者多类是”句,《冰雪携》作“天下事之以虚文相蒙者多半类是”。

[十三]“士大夫”,《冰雪携》缺一“大”字。

[十四]“即一南畿学使甫推浙按,弹章随至矣”句,《冰雪携》作“即一南畿学使甫推浙省按台,而弹指随至矣”。

[十五]“福王请封复缓”,《冰雪携》作“况福王请封复缓”。

[十六]“忧”,《冰雪携》作“虑”。

[十七]“漫以书生当局”,《冰雪携》作“今漫以书生当局”。

[十八]“其”,《借月山房汇抄》本、唐文治重刊本均误作“共”。

[十九]“问以簿书、钱谷之数”,《冰雪携》作“有问以簿书、钱谷之数”。

[二十]“茫然不能对”,《冰雪携》作“茫不能对也”。

[二一]“平日止为八股”,《冰雪携》作“平日为八股缘,谓了许工夫”。

[二二]“司李”,《冰雪携》作“司理”。

[二三]“展阅”,《冰雪携》作“偶展”。

[二四]“读书不读律,致君终无术”前,《冰雪携》有“乃信”二字。

[二五]“两言非浪语”,《冰雪携》作“两言非浪语也”。

[二六]“最恨”,《冰雪携》作“最恨者”。

[二七]“计美恶、计大小、计贫富、计迟速”,《冰雪携》作“计美计恶、计大计小、计贫计富、计迟计速”。

[二八]“弟”,《冰雪携》作“弟思”。

［二九］“惟命”,《借月山房汇抄》本、唐文治重刊本均作“唯命”。

［三十］“宜”,《冰雪携》作“只宜”。

［三一］“当知”,《冰雪携》作“须当知”。

［三二］“去角予齿”,《冰雪携》作“予之角去之齿”。

［三三］“两足四翼”,《四库全书》作“两足添翼”,《冰雪携》作“四其足两其翼”。

［三四］“哉”字,《冰雪携》无。

［三五］“幸”,《冰雪携》作“且幸”。

［三六］“不敢”,《冰雪携》作“即不敢”。

［三七］“慕富慕贵”,《冰雪携》作“富易贵易”。

［三八］“幸得”,《冰雪携》作“今幸得”。

［三九］“抔”,《冰雪携》误作“杯”。

［四十］“大非”,《冰雪携》作“实非”。

［四一］“知己”,《冰雪携》作“四知己”。

［四二］“澹”,《冰雪携》作“淡”。

［四三］“尝以此言示同事者”,《冰雪携》作“间尝以此意示同事者”。

［四四］“独怪世之不为迂、不为矫”,《冰雪携》作“独怪夫世之不为迂、不为矫者”。

［四五］“于”,《冰雪携》作“近于”。

［四六］“辞部日”,《冰雪携》作“时正辞部日也”。

［四七］“了无退避”,《冰雪携》作“了无退避状”。

［四八］“拊掌”,《冰雪携》作“抚掌”。

［四九］“人身哪一件不假”,《借月山房汇抄》本作“人身哪一件不着假”,《冰雪携》作“人身上哪一件不思着假”。

［五十］“血性”,《冰雪携》作“有血性”。

［五一］“雅负北方人望”,《冰雪携》作“果雅负北方人望”。

［五二］“弟即笑问”,《冰雪携》作“弟即亦是笑问”。

［五三］“渠亦骇”,《冰雪携》作“渠亦骇焉”。

［五四］“言朗朗可听”,《冰雪携》作“言朗朗可听也”。

［五五］“一种热肠劲骨、布衣蔬食之志,视吾五人无异”,《冰雪携》作“至一种热肠劲骨、布衣蔬食之志,视吾五人殊不减”。

［五六］“郁结”,《冰雪携》作“郁结病候”。

［五七］“窗”,《冰雪携》作“纸窗”。

［五八］“读之黯然”,《冰雪携》作“读之使我凄绝”。

［五九］“清嘉”,《冰雪携》作“想清嘉”。

［六十］“候问”,《借月山房汇抄本》作“问候”。

［六一］“四月二十日”,《冰雪携》作“四月二十日灯下”。

［六二］“昙隐云”云云,辑自《冰雪携》。

**【注】**

① 朱德升孝廉:朱陛宣,字德升,为孝廉二十年,与周顺昌同业,后又同举,气谊甚笃。康熙《吴江县志》:“朱陛宣,字德升,邑同里人。父泰徙郡,遂为吴县诸生。万历壬子举于乡时,父年已高,陛宣阖门侍养,绝迹公府……为孝廉二十年,未尝以竿牍通守令……陛宣先与周忠介公顺昌同业,后又同举,气谊甚笃,皆以伦纪为己任。熹宗时,逆珰煽虐,缇骑逮顺昌,亲朋皆走匿,独陛宣经纪其家事,又周旋槛车

追送之，人服其义。巡抚都御史周起元叹为真孝廉。"

② 连床夜话：韦应物《示全真元常》："余辞郡符去，尔为外事牵。宁知风雪夜，复此对床眠。始话南池饮，更咏西楼篇。无将一会易，岁月坐推迁。"北宋苏辙《逍遥堂会宿诗引》："辙幼从子瞻读书，未尝一日相舍。既壮，将游宦四方，读韦苏州诗，至'安知风雨夜，复此对床眠'，恻然感之，乃相约早退为闲居之乐。故子瞻始为凤翔幕府，留诗为别曰：'夜雨何时听萧瑟。'其后子瞻通守余杭，复移守胶西，而辙滞留于淮阳、济南，不见者七年。熙宁十年二月，始复会于澶濮之间，相从来徐，留百余日。时宿于逍遥堂，追感前约，为二小诗记之。"

③ 苦不能酒：殷献臣《周忠介年谱》："（公）性不喜杯中物，偶在予坐醉归，母夫人让之，自是更不复饮，终身未尝一醉。"

④ 祖父声容：《东林同难录》："祖冠，平湖教谕，升任龙游知县，赠太常寺卿。"殷献臣《周忠介年谱》："王父广文渭川公（讳冠）奇爱公，携之延平公署，请仙，有'桂枝新发已迢迢'之句，时公才七龄，每应对，必称大父旨，以是渭川公有二孙，独属意公，以所疏《经书旨》及祖茔启土所得金带一瓣遗公，曰：'吾试棘围十有三，得隽而复失者三，仅以广文老，不于吾身，必于汝，汝必勉之。'"又，"壬子，公年二十九，赴遗才试……时公与德升、虚王暨予同寓长干里中，聚首论心，每及世风日下、人情日浇，公愤然出矢言曰：'使弟得志，必不改素心。作富贵荣、为身家计，以为吾党羞。'夜梦大父渭川公衣冠状貌，宛若平生，手持色补指公曰：'汝补有进于此者，勖哉。'"

⑤ 省约：节省，简省。颜之推《颜氏家训·治家》："俭者，省约为礼之谓也。"

⑥ 弹章：弹劾官吏的奏章。周密《齐东野语·笏异》："甫退朝，则刘弹章已出。"宋邵伯温《闻见前录》卷四："故吕诲中丞弹章曰：'外示朴野，中怀狡诈。'"《明史·刘观传》："帝怒，逮观父子，以弹章示之。"

⑦ 筹边：筹划边境的事务。刘过《八声甘州·送湖北招抚吴猎》："共记玉堂对策，欲先明大义，次第筹边。"《明史·吴执御传》："故曰筹边不在增兵饷，而在择人。"

⑧ 读书不读律，致君终无术：苏轼《戏子由》："读书万卷不读律，致君尧舜知无术。"

⑨ 浪语：空话，不切实际的话。唐李邕《国清寺碑》："目有书传，耳无浪语。"

⑩ 乘田：春秋时鲁国主管畜牧的小吏，后泛指一般小吏，《孟子·万章下》："（孔子）尝为乘田矣。"赵岐注："乘田，苑囿之吏也，主六畜之刍牧者也。"王安石《寄曾子固》："脱身负米将求志，戮力乘田岂为名？"

⑪ 惟命：听从命令。

⑫ 营营：劳而不知休息，忙忙碌碌。《庄子·庚桑楚》："全汝形，抱汝生，无使汝思虑营营。"钟泰发微："营营，劳而不知休息貌。"范仲淹《与韩魏公书》："吾辈须日夜营营，以备将来。"

⑬ 冢宰：吏部尚书。《明史·职官志一》："（吏部）尚书掌天下官吏选授、封勋、考课之政令，以甄别人才，赞天子治。盖古冢宰之职，视五部为特重。"

⑭ 扬搉：评论。《宋史·张观传》："诚愿陛下听断之暇，宴息之余，体貌大臣，以之扬榷。"

⑮ 抵掌：击掌，谈话时的高兴神情，指畅谈。《战国策·秦策一》："（苏秦）见说赵王于华屋之下，抵掌而谈。"《史记·滑稽列传》："（优孟）即为孙叔敖衣冠，抵掌谈语。"裴骃《集解》引张载曰："谈说之容则也。"唐韩愈《送穷文》："抵掌顿脚，失笑相顾。"

⑯ 朗朗：声音清晰响亮。唐韩愈《奉使常山早次太原呈副使吴郎中》："朗朗闻街鼓，晨起似朝时。"冯梦龙《醒世恒言·马当神风送滕王阁》："惟有王勃端坐船上，毫无惧色，朗朗读书。"

⑰ 长安如梦里，何日得归期：唐李白《送陆判官往琵琶峡》："水国秋风夜，殊非远别时。长安如梦里，何日是归期。"

⑱ 清嘉：美好。北宋柳永《望海潮》："重湖迭巘清嘉，有三秋桂子，十里荷花。"

【札】

## 鹿忠节公年谱·万历四十一年癸丑(节录)

(万历)四十一年癸丑,先生三十九岁。是年春,会试赐进士出身,观政兵部……既入都,萧条高奇,不屑逐新贵风尘。时启泰先生尚馆都门,每过从。一日,偕访周景文顺昌,袖出《忠愍集》[1]以赠,因有诗云:"囊中第二非吾事,好向椒山句里寻",盖交勉也。后景文死于珰,先生死于城,俱作第一流人,可谓不相负矣。

(陈鋐《鹿忠节公年谱》卷上)

【记】

此封书信又名《第后柬德升诸兄弟》,作于万历四十一年(1613)癸丑得中进士之后。不汲汲于富贵名利,安于清贫,是周顺昌一生的志节追求。周顺昌为诸生时既已立志,殷献臣《周吏部年谱》中说:"家酷贫,公藉馆谷奉养(双亲),曰:'吾辈今日为诸生,自束脩外即无可取,设他日为宰官,自俸资外即不可取。'"中进士后,周顺昌坚定了自己的志节追求,故他在此信中说:"'固穷'二字,原吾辈本来面目……慕富慕贵,一生痛恨……富厚策肥,大非吾念。"京城中的富贵世态与周顺昌的志节追求是格格不入的。一方面,这加深了他对家乡知己的思念,正如信中所说:"长安花不如故园柳。三百五十人中,未知肝胆谁是,何如二三知己连床夜话、上下千古哉?南望迢迢,觉鸟啼云散俱足增故旧之思";另一方面,难得遇到一个意气相投的人,他自然是欣喜万分,因而代四知己与鹿善继定交。昙隐评此书信云:"字字肝膈,语语药石。忠介公名节千古,具在此尺幅中。"所谓"字字肝膈",即一个"真"字,周顺昌与鹿善继的相得,也正在于此,信中云:"偶得一真士,相合尤奇。辞部日,耳目甚众,彼独以白须挺立于冢宰前,了无退避,无不拊掌。弟谓诸兄:'人身哪一件不假,此兄尤犯仕途大忌。何以独真,乌须药岂少哉?实是血性男子。'"而鹿善继《周景文制义序》:云"景文质任自然,了不作回互婞娿态……若人文意,必吐露肝胆,而以风骨自胜者……因叹天下事,患不真耳,真则源流较然,万不失一,自江河不返。"所谓"语语药石",是说有劝化的作用。药石,用以治病,然而,仅能医治身体上的疾病。陈眉公《小窗幽记》中云:"安得一副清凉散,人人解酲",周顺昌此书,就是一副永不"失效"的清凉散。

# 与朱德升书二[一]

顾阍若行,有八行①寄上。弟宦游景况,如斯而已。税监奉旨撤回,士气大伸,国法大振,使臣子感恩无地。不谓②猛虎尚尔负嵎③,戈矛忽兴同室④。松陵⑤之所以为难,大率以廪糈⑥一申、禁监役一示也。夫廪糈设以供税监,非以供罪监也。道尊⑦代索,以为异事。弟具申文,明知非自全之道,但壮心易激,直肠难换,以此吐吾辈之气耳。院、司、道

〔1〕《忠愍集》,杨继盛《杨忠愍文集》。杨继盛(1516—1555),字仲芳,号椒山,直隶容城(今河北容城县)人。嘉靖二十六年进士,官兵部员外郎。坐论马市,贬狄道典史。事白,入为户部员外,调兵部。疏劾严嵩而死,赠太常少卿,谥忠愍,《明史》卷二一九有传。

俱云:“与之为权,不与为正。”不知权非圣人不能用,弟能言而不能行,愧恨至极。

八月十四日,有海道中军徐大用,指松陵名,送监棍告词于龚粮馆,口称:“吕爷着馆追还原物。”粮馆不敢论是非,大半捕民到署追理。所捕之民,又奄奄一病夫也。弟闻之,急往问。龚公以事涉两难,攒眉蹙额问计于弟,弟曰:“名义至重,鬼神难欺。吾辈在地方,惟[二]知有百姓。前以监棍未受斧钺⑧,争之甚力。即告词果真,夺之闽民,还之闽民,原不为过。况恶监之劫夺抚道、拘囚府佐,在明旨未下之先,诳词捏告,扰害地方,反在明旨撤回之后,则其咆哮愈肆,视闽中几无人矣。执一府佐,复驱一府佐追赃,可乎?不可乎?所追之民,系一病夫,万一刑威稍加,毙之庭下,使人谓府官[三]杀百姓以媚罪监,宁不贻天下万世羞哉?不特此也,当东奔西逐之时,愚民之得财者,奚止一两人,重于好财,轻于为乱,情也。忽闻府馆追赃,人人自危,肘腋之间,更生叵测,则所害愈大。”龚公唯唯,欲以所追赃物解道。弟索于堂上,尽付烈焰。龚公苦甚而止,遂收之库。

越二日,见抚台,以此事相告,抚台亦心首俱肯。于是,出示严禁监棍,八闽⑨欢声成雷[四]。吕公见弟杜门乞休⑩,抚公、属吏见留至再三,见于海道申文。弟欲刻期戒行,会生童⑪毕集省城。廿一、廿二,勉出以完试事,题不□□[五],去则穷日之力,皆成罪案。廿三日,进见抚台,思一吐衷曲,抚台怒形于色,不复以礼回署,亟整顿空囊,驱车南向[六],士民闻之,入府号泣者凡三日,赴院、司、道诉留者以千万。廿五晨起,弟妇与奴子辈俱已登舆,军民拥街遮路不得行,且云:“公去,当杀太监、劫中丞。”众心汹汹,抚台遣官慰留。吾乡董戎伍者若施、若朱力阻,且以府篆羁身无人肯代,二三共事者复遗书曰:“阖城黎庶,咸云罢市;九邑士子,尽望京衡[七]。万一[八]肘腋之间复生他变,奈何奈何?”于是勉留视事⑫。

不意闽海波涛一至是也,恐知己悬念,言其大略如此。仕途荆棘,不如长林丰草之为乐也。不尽。

(《乾坤正气集》,又见《借月山房汇抄》、《四库全书》、唐文治重刊本)

**【校】**

[一]题目,《四库全书》作“与朱得升书二”。

[二]“惟”,《借月山房汇抄》、唐文治重刊本作“唯”。

[三]“府官”,《借月山房汇抄》作“府君”,唐文治重刊本作“府官”。

[四]“成雷”,《借月山房汇抄》作“雷动”,唐文治重刊本作“成雷”。

[五]“题不□□”,《四库全书》作“题不慎择”。

[六]“南向”,《四库全书》作“北向”。

[七]“京衡”,《借月山房汇抄》作“秉衡”,唐文治重刊本作“京衡”。

[八]“万一”,《四库全书》缺“万”字。

**【注】**

① 八行:信纸一页八行,因以代称书信。《后汉书·窦章传》李贤引汉马融《与窦伯章书》注“更相推荐”曰:“孟陵奴来,赐书,见手迹,欢喜何量,见于面也。书虽两纸,纸八行,行七字。”唐王勃《宇文德阳宅秋夜山亭宴序》:“云委八行,抒劳思于彩笔。”北宋梅尧臣《王公慥东归》:“莫嫌牛马隔,走别八行稀。”

② 不谓:不意,不料。蔡琰《胡笳十八拍》:“不谓残生兮却得旋归,抚抱胡儿兮泣下沾衣。”唐杜甫

《赠韦左丞丈济》:“不谓矜余力,还来谒大巫。”

③ 猛虎尚尔负嵎:猛虎背靠山曲,比喻恃强倚险。《孟子·尽心下》:“有众逐虎,虎负嵎,莫之敢撄。”汉马融《广成颂》:“负隅依阻,莫敢婴御。”

④ 戈矛忽兴同室:同室操戈,比喻内部纷争。《左传·昭公元年》:“郑徐吾犯之妹美,公孙楚聘之矣,公孙黑又使强委禽焉。犯惧,告子产。子产曰:‘是国无政,非子之患也。唯所欲与。’犯请于二子,请使女择焉。皆许之,子皙盛饰入,布币而出。子南戎服入。左右射,超乘而出。女自房观之,曰:‘子皙信美矣,抑子南夫也。夫夫妇妇,所谓顺也。’适子南氏。子皙怒,既而櫜甲以见子南,欲杀之而取其妻。子南知之,执戈逐之。及冲,击之以戈。子皙伤而归,告大夫曰:‘我好见之,不知其有异志也,故伤。’”

⑤ 松陵:吴江别称。姜夔《过垂虹》:“曲终过尽松陵路,回首烟波十四桥。”清顾祖禹《读史方舆纪要·江南六·吴江县》:“吴江县,府东南四十五里,东北至松江府……唐曰松陵镇。乾宁二年,杨行密与钱镠相攻,设砦于此,属松江镇。”

⑥ 糈:粮食。

⑦ 道尊:对道一级行政长官的敬称。

⑧ 斧钺:斧与钺,泛指刑罚。《左传·昭公四年》:“王弗听,负之斧钺,以徇于诸侯。”《汉书·天文志》:“梁王恐惧,布车入关,伏斧戊谢罪,然后得免。”南宋岳飞《乞褒赠张所札子》:“张所以忠许国,义不顾身,虽斧钺在前,凛然不易其色。”

⑨ 八闽:福建别称,福建古为闽地。宋时始分为八个府、州、军,元代分为福州、兴化、建宁、延平、汀州、邵武、泉州、漳州八路,明代改八路为八府,因有八闽之称。明何景明《题黄车驾画竹》:“八闽高士黄司马,平生好文兼爱画。”

⑩ 乞休:自请辞去官职。明费经虞《乞休》:“八次乞休归不得,衰容病骨礼瞿昙。”

⑪ 生童:生员和童生。

⑫ 视事:就职治事。《左传·襄公二十五年》:“飨诸北郭,崔子称疾,不视事。”元稹《赠太保严公行状》:“疾告久之,有司上言:百日不视事,当绝俸。”

**【记】**

此封书信作于福州任上,朝廷撤回税监高寀之后。在信中,周顺昌向友人朱陛宣述说了宦游境况,以慰友人悬念之心。周顺昌的所作所为,是出于对闽民的关爱,他说:“名义至重,鬼神难欺。吾辈在地方,惟知有百姓。”因而闽民对他感恩戴德。为恶地方的官吏,民莫不盼其早些离去,而得民心的好官,民皆不愿他离去。仕途险恶,满路荆棘,周顺昌也有激流勇退的挂冠之想,但是,闽民深切挽留,拥街遮路车舆不得行,民情难违,周顺昌不得已而留下。然而,在他内心深处,是向往闲居生活的“长林丰草”之乐的。

## 与吴公如[①] 内弟书一

会城[②]繁剧[③]不必言,朝夕驱驰,是做官常事。但近日以恶珰煽虐,地方骚动,弟幸以崛强之性处之,虽开罪于当道,庶几不负知己,不然身名两败。此事顾闇若能悉之,申文[④]与感事[⑤]始末可观也。

大率小人肺腑,县公属同年,府尊属治下,何求不得?弟深以是虑。家奴惕于威严,或不敢非为。一种影势生事者,突地风波,无端诳捏,为可畏耳。弟筮仕[⑥]三山[⑦],争是非,杜请托,每得罪乡绅,所恃以无恐,无欲故也。如此行径,决非做科道气兆,听之而已。府尊系闽人，必一字不通方好，今以试事相渎，已非素心。仕闽几年，萧然寒士。此情此景，闽士民知之，亲友知之，而尊堂⑧朝夕与共，更知之深者，亦只求毋[一]负此六尺躯也。每年诸公祖父母礼仪，以弟初心，在任不取人一钱，居家又何用些些，却之为当，今不可追矣。承谕以童生事抵屋价，极知委曲厚意，然守节五六十而嫁，殊觉赧颜⑨耳。

最大惟葬祖父母事，当尽力为之也。已逐之奴，不许擅入，及[二]投势之辈，不得滥收，唯老成清约为主。世人中一进士，便欲脱尽秀才穷酸气味，不知进士只是秀才结局事。此处看不彻，未有不败坏决裂，举生平而尽弃之矣。兄亦以为然乎？弟昔在京中，只以蔬腐过日，一切赏心乐事，都谢绝不行，已费百余金，若放手借贷，则此累何年得了？须知推官⑩光景，清澹异常，兼以弟迂执之性，必不敢染指于分外者，家中不可不体[三]此意。明年尊堂令辰，吾丈来闽，弟所深愿，亦为人子之至情。但闽海风波易起，而弟之风波，更十倍于他人。省城上司毕集，闽中士大夫之不遂所私者，日侧目以见隙。思及此，吾丈以为宜来乎，不宜来乎？

弟所言，语语肝肠，勿增恼怒。寄来银五钱，以表微意，拊掌⑪收之，同门文二册，并验入。

（《乾坤正气集》，又见《借月山房汇抄》、《四库全书》、唐文治重刊本）

**【校】**

［一］“毋”，《借月山房汇抄》、唐文治重刊本作“无”。

［二］“及”，《借月山房汇抄》无。

［三］“体”，《借月山房汇抄》作“兼体”。

**【注】**

① 吴公如：吴尔璋。

② 会城：省城。凌蒙初《二刻拍案惊 · 奇青楼市探人踪，红花场假鬼闹》：“知县登时签了解批，连夜解赴会城。”

③ 繁剧：事务繁重。郭璞《辞尚书表》：“以无用之才，管繁剧之任。”周煇《清波杂志》卷一：“开封为省府，事最繁剧，所用印，岁一易。”王谠《唐语林 · 政事上》：“某可以任繁剧，某可以辑凋瘵。”《资治通鉴 · 晋怀帝永嘉元年》：“晞屡破强寇，威名甚盛，善治繁剧，用法严峻。”

④ 申文：行文呈报。罗贯中《三国演义 · 张翼德怒鞭督邮，何国舅谋诛宦竖》：“督邮归告定州太守，太守申文省府，差人捕捉。”冯梦龙《警世通言 · 况太守断死孩儿》：“况爷将此事申文上司，无不夸奖大才，万民传颂，以为包龙图复出，不是过也。”凌蒙初《初刻拍案惊奇 · 何道士因术成奸，周经历因奸破贼》：“县中恐有妖术生变，乃申文到上党节度使高公处，说他行径。”

⑤ 感事：因事兴感。韦庄《和郑拾遗秋日感事一百韵》：“避时难驻足，感事易回肠。”刘基《题西旅献獒图》：“感事重怀古，因书戒矜夸。”

⑥ 筮仕：古人做官前卜问吉凶，后用以指初出做官。《左传 · 闵公元年》：“初，毕万筮仕于晋，遇屯之比。”白居易《和梦游春诗一百韵》：“端详筮仕蓍，磨拭穿杨镞。”苏仲翔注：“筮仕，卜作官的命运。”王禹偁《感流亡》：“因思筮仕来，倏忽过十年。”

⑦ 三山：福州别称，曾巩《道山亭记》云，福州城中西有闽山，东有九仙山，北有越王山，故福州又称三山。元萨都剌《入闽过平望驿》：“广陵城里别匆匆，一去三山隔万重。”

⑧ 尊堂：对他人母亲的敬称。晋陆云《答车茂安书》：“尊堂忧灼，贤姊涕泣，上下愁劳，举家惨感。”

⑨ 赧颜：羞惭脸红，惭愧。明沈受先《三元记 · 秉操》：“正气漫漫冲斗牛，教我赧颜红颊目含羞。”

⑩ 推官:官名。唐朝始置,节度使、观察使、团练使、防御使、采访处置使下皆设一员,位次于判官、掌书记,掌推勾狱讼之事。明朝为各府的佐二官,属顺天府、应天府的推官为从六品,其它府的推官为正七品,掌理刑名、赞计典。

⑪ 拊掌:拍手,表示欢乐。《后汉书·方术传下·左慈》:"因求铜盘贮水,以竹竿饵钓于盘中,须臾引一鲈鱼出,操大拊掌笑,会者皆惊。"柳宗元《答贡士沈起书》:"睹足下《咏怀》五篇,仆乃拊掌惬心,吟玩为娱。"苏轼《石恪画维摩颂》:"有大医王拊掌笑,谢遣众王病随愈。"

【记】

这是周顺昌在福州推官任上写给妻弟吴尔璋的一封家书。首先,对税监为恶煽虐激起民变一事表明了态度;"以崛强之性处之,虽开罪于当道,庶几不负知己",即坚持正义,为民主持公道。其次,谈及仕途的风波,影射生事者的无端捏造,甚是令人可畏。再次,述说推官任上"争是非,杜请托"。"承谕以童生事抵屋价,极知委曲厚意,然守节五六十而嫁,殊觉赧颜"云云,是指为无端蒙冤的县学诸生洗雪冤屈。一县学教谕因私人恩怨而诬陷一县学诸生奸占某女,将其开除学籍,周顺昌再三审问之后,真相大白,县学教谕来找他,一定要把"莫须有"的罪名坐实,周顺昌顿时怒从心头起,愤然避他而去,对人说:"杀人以媚人,实不敢也。"仕闽期间,周顺昌谢绝馈赠,不取秋毫于民,依旧是萧然一寒士。最后,周顺昌对家事作了一些关照。第一,葬祖父母,这是他始终挂在心头的一件大事;第二,对待家仆,"已逐之奴,不许擅入","投势之辈,不得滥收",要老成清约之人方可;第三,家中当体察推官之清贫;第四,闽地风波易起,劝告岳父明年最好不要来闽。

## 与吴公如书二

读来札,知诸[一]亲友之索债者填门盈户,甚至有怒而相詈[二]者。弟自笑曰:"做秀才时,艰苦备历,反能以馆谷①怡二人。当大事,未尝乞一文、斗粟于亲知,而且能以束脩[三]之所余偿先人之旧逋,无大累也。今以滥叨之故,做一不干净人。五年宦游,不能还诸债主,官之累人也多矣。"又自解曰:"曷不稍稍通融,取诸民以快亲知之意乎?何苦以不干不净之身取诸亲友之怒?"终不愿也。

负诸亲友,尚有还日;取诸民间,必无还期。所学者何?志[四]以亲知逼债之故,而舍我以从彼,稍知自爱者必不为,而况弟乎?弟明年五月准归矣,归来定当作一了当局面,不得已,亦当借债还债,毋以累人,且累吾丈也。即今岁说府中童生五人,俱情文②之所不能辞者,以弟之居官居乡论,只是不说为高,若以俗论,亦有二百余金可以还债,今曾以片纸、半帖烦诸人之手乎?

弟之所以为此者,不过一段热肠。以诸亲友与吾丈易地而居,未必肯做此痴事。呵呵。此番之后,决意以冷面胜热肠,不为冯妇③也,丈谓何如?

(《乾坤正气集》,又见《借月山房汇抄》、《四库全书》、唐文治重刊本)

【校】

[一]"诸"字,《借月山房汇抄》无。

[二]"相詈",《四库全书》作"面相詈"。

[三]"束脩",《借月山房汇抄》作"脩脯"。

［四］“志”,《四库全书》作“至”。

【注】

① 馆谷:塾师的束脩或幕宾的酬金。

② 情文:情思与文采。刘义庆《世说新语·文学》:“孙子荆除妇服,作诗以示王武子。王曰:‘未知文生于情,情生于文,览之凄然,增伉俪之重。’”

③ 冯妇:古男子名,善搏虎,后指重操旧业的人。《孟子·尽心下》:“晋人有冯妇者,善搏虎,卒为善士。则之野,有众逐虎。虎负嵎,莫之敢撄。望见冯妇,趋而迎之;冯妇攘臂下车。众皆悦之,其为士者笑之。”赵岐注:“其士之党笑其不知止也。”王安石《虎图》:“山墙野壁黄昏后,冯妇遥看亦下车。”

【记】

此封书信是答妻弟吴公如之书,作于仕闽期间。家中生活开支以借贷维持,亲友辈索债者填门盈户,甚至人有怒骂,内弟吴公如写信来告,周顺昌想起做秀才时,不但能以束脩奉养双亲,不向亲友借贷分文斗粟,还能用其所余偿还先人旧债,而今一身却为借贷所累,不免感慨之至。然而,他宁可得罪亲友,也不愿有负于民心,有愧于己心。仕闽六年,周顺昌不取秋毫于民以自润。离任之时,行李萧然,不增一夫,依旧是一寒士。

## 与吴公如书三

青天白日之事,件件是舍己为人。长安作宦者,哪一人不饮酒食肉,哪一人不娶美姬以自娱。弟独居蔬食,公余之暇,念佛千声,绝似老僧行径①。计入京来馈送,尽可作一富翁,弟一切却之,今书仪②亦不敢及门矣。昔贤云:“记动记言,仆隶口中传信史”,诚为不易之论。弟能瞒吾丈,断不能瞒奴辈也。

幸分付儿曹,多读书作文,做好人,严家法,以慰我心。家中日用,只宜以俭朴、清净为主,决不可做冠冕③无益之事,亦不可起只忧富不忧贫念头。弟思之,仍旧是穷秀才耳,此吾丈可谅我者也。京中诸物甚贵,借贷之门尽塞。风流华畅事,必不去做,即早晚供奉,大半吃素而已,家中当体此意。儿女辈或做一二件衣服,断不可做寸丝尺绢,布素而已,当晓示之。须杜门守静,不可学搢绅家闹热。妇女敢伫立门前者,归当重治［一］。

(《乾坤正气集》,又见《借月山房汇抄》、《四库全书》、唐文治重刊本)

【校】

［一］“重治”,《借月山房汇抄》作“治罪”。

【注】

① 行径:行为,举动。元睢玄明《耍孩儿》(咏鼓):“乐官行径咱参破,全仗着声名过活。”沈德符《野获编·山人·山人歌》:“张以母老,至庚辰科即绝意公车。足迹不入公府,与王行径迥别,故有此歌。”

② 书仪:馈赠钱物所写的礼帖和封签,泛指馈赠的钱物。沈德符《野获编·词林·交际》:“词林交际最简,其始入者,合衙门自政府以下至史官,各送贺仪分金七分,即书名於书仪之上,不具他柬。”汤显祖《牡丹亭·谒遇》:“左右,取书仪,看酒。”《醒世恒言·卢太学诗酒傲王侯》:“(汪知县)差人送三两书仪,就致看花之意。”

③ 冠冕:体面,光彩。《醒世恒言·卖油郎独占花魁》:“何不倾成锭儿,还觉冠冕。”

【记】

这封书信是周顺昌在京城为官时的一封家书。首先,他向家人叙述了在京的生活状况，不"饮酒食肉"，不"娶美姬"，独居蔬食，谢绝馈赠，念佛千声，作老僧行径。其次，他对家人的居家生活提出了种种的要求：儿女辈须"多读书作文，做好人，严家法"；家中日常用度，须"俭朴、清净"，不可做冠冕堂皇的事，也不可只忧富不忧贫；儿女辈须穿素布衣服，不可穿丝绢衣物；家中须闭门守静，不可有闹热场面；妇女不能伫立门前。周顺昌攻苦茹淡，安于清贫，他不仅以严格的要求来要求自己，教育儿女、对待家人，他的要求同样是严苛的。

## 与吴公如书四

世事日日告急，守战两难，兵食交匮，国家事何以策之？弟终宵独坐，每念二亲与祖父母大事，真不可以为人。明年春夏间，准给假归葬，断不久居于此，只是囊无半文耳。

诸事书之家报中，不须多嘱。惟[一]是儿辈作文读书，不可容他出门一步，严以御下而已。望吾丈嘱付令姊并大儿，家中男妇大小，有不率教者，当施行责治，无姑息①也。节中，诸儿亦不许出门，诸亲族来拜年，一茶送出，亦不许留饭。弟不在家，原无留饭之理，亲友亦责备不得。家人辈不许往来饮酒，即明年令姊四十，亦不得受人一盒、留人一饭，只买豆腐半斤、供寿星一纸而已。

弟在此苦守俸金，一钱无所入，全赖节省。不然，饮食男女，宦长安者何人不极其受用，弟何苦作老僧行径耶？可为儿辈道之。弟生平不向人说苦说穷，试以弟夙昔②问人，自当笑其痴愚耳。不尽。

（《乾坤正气集》，又见《借月山房汇抄》、《四库全书》、唐文治重刊本）

**【校】**

［一］"惟"，借月山房汇抄本作"唯"。

**【注】**

① 姑息：无原则的宽容。唐李肇《唐国史补》卷中："德宗自复京阙，常恐生事，一郡一镇，有兵必姑息之。"《元典章·刑部二·系狱》："昼夜桎梏则恐致惨伤，姑息任情则或生不测。"

② 夙昔：昔时，往日。汉桓宽《盐铁论·箴石》："故言可述，行可则。此有司夙昔所愿睹也。"唐权德舆《酬李二十二兄主簿马迹山见寄》："远郊有灵峰，夙昔栖真仙。"明方孝孺《与郑叔度书》："离居日久，病身不能动，求如夙昔相聚讲习之乐，宁可得耶！"

**【记】**

这是周顺昌在京为官期间的又一封家书，以"明年春夏间"推断，当作于天启元年（1621）辛酉。首先，由心忧国事而起，继以为祖父母、父母未葬而心中难安，因此下定"明年春夏间"守足俸禄时乞假归乡的决心。随后，嘱咐家事，琐碎而细致：儿女辈须读书作文，不可迈出家门一步；须"严以御下"，有不服管教的家人，当严责重罚；年岁节时，儿女辈不许出门，亲友来拜年，不许留饭；家人不许往来饮酒；明年吴夫人的四十生辰，也不许受一盒、留一饭，只许买半斤豆腐供一纸寿星。最后，告诉家人，自己在京城中既不受人分文，也不宴饮娱乐，生活节俭，作老僧行径，目的是为了尽快积累足够的资金归乡安葬先人。以往通常认为周顺昌不待任满而乞假归乡，是因按次序补官员与权贵人之意相左，结合这封书信来看，俸禄守足后归乡葬亲是深层次的原因，而与权贵人意见不合是其导火索。

# 与文湛持① 孝廉书一

从淮阴道中附一札，想入记室②。弟自二月廿七日到京，三月初五日入署，今转封司矣。应酬劳碌，眠食倍常。儿女深情，了不关念，独春树莺啼③、空斋月落④念。念知己，恨不能挟两羽飞来也。再读手书，宛如面对。如石行，拟诉积怀，忽辽沈[一]陷没，警报一夕三四至，捉笔不成一字，又不能勉留，大行公半日怅结久之。

弟租一小房于石虎胡同[二]，除趋朝谒客而外，黎明入部，薄暮归来，既不赴席，亦不招饮，家奴六人，十文钱、五升米便可饱餐一日。有以馈仪⑤及门[三]者，一切谢绝。府县则封还原揭，院道始答书启⑥。爱我者谓亦须少放通融，无太激太苦。弟思作事不一刀两段，便生出百千枝叶，所以把体面⑦、人情⑧一齐抛下。纱袜八双，金扇三十，及今犹宛然笥⑨中也。至于做官活套，尤在多拜客、少讲话，弟一刺不敢混投。及到邪正是非、反覆倒乱，不自禁其热血[四]横流、声色俱厉矣。盖六年快吏，欲俯首铨司，硬骨痴肠，实有装[五]不出、忍不得耳。

弟算进部日子，几八十日，惟春尽夏初，署选张公以高景逸、郑三俊、陈大绶、鲍应鳌、刘宗周诸贤首为推毂⑩，启事⑪生光，林岩增色。嗣后⑫，辽城一破，远迩惊传，大臣小臣，无不潜遣家归，乞差避难。星轺⑬如织，别泪沾襟。车马之价，一刻[六]而加至数倍。甚至持节京钺[七]之人，做出目瞆耳聋；说剑谈兵之士，化作皱眉缩足。谋边道者，急移之而居内；在北阙[八]者，愿得调而之南。涿州之冯，松陵之吴，身在二千里外，胆落辽锋，弃官就道，真可恨也。然今日之大可忧者，不在国家之势，而在臣子之心。朝政半移于狐鼠，要津各倚夫冰山。塞外之战血未干，殿中之操戈复急。求其合东西南北之人，忘爱憎恩怨之报，大家并力以辅冲圣⑭，是第一件事。万万不能，万万不肯。

近日闻变，即求如熊廷弼⑮、王象乾⑯者几人哉？我祖宗养士二百余年，风流到今，浑是一团庸靡顽钝之气，结成一个麻木不仁病证，可恨也！王希泉、邹南皋两君子，束发以来，仰同星凤。王之品，早为朱恬宇窥见，今无论矣。吉水先生，一揖而笃好，如生平欢，每深坐快谈，半及老兄，真心真道，时贤未有。只以封章一上，声价半减，弟痛之惜之。始信光宗之恩遇隆，而神庙之玉成⑰大也。大臣出处去就，知所以自重矣。天下好人难得，不敢说大话，抹杀世间人，其实，舍三四同心之友，求其可以入金兰之薄[九]、订松柏之盟⑱者，眼未曾有。姚公气骨肝肠，毕竟是三十二分人物，其相念[十]渭阳⑲，一日百回也。萧如城，胆识虽难全许，而表里如一无若此公。其他即雅称莫逆、自许慷慨者，未免为热闹世情哄过，喜谀怕真，喜受用怕受苦，喜傍人怕独立。弟以口太快、心太直、肠太热，忠告太过，反开猜疑之隙，而欲于悠悠泛泛中寻一臭味，抑又难矣。

兄问长安局面何似，弟以四句括之："未知肝胆向谁是，令人却忆平原君"，⑳"去河北贼易，去中朝朋党难"㉑，是则长安之局面而已，想亦千古所同恨乎？此公作用不值一文至此，可笑可叹。往时所怒俱做人情，恐老兄亦不料其涂面㉒若斯[十一]耳，弟已心绝之久矣。王弱生读书修洁，徐念阳磊落开霁，一述其乞休之故，一叙其被逐之由，似可优擢。王纯甫几不得考选，前岁仗姚公，今弟为之力救，始顶豸冠㉓。其说甚长，令弟有札相寄，道谊殷殷㉔。使当时情事,弟与兄一毫不可对天,今日何以施颜面[十二]?今若此,友朋骨肉之间,可快然无憾矣。

胸中欲吐,累百纸不能尽。奈何奈何。

(《乾坤正气集》,又见《借月山房汇抄》、《四库全书》、唐文治重刊本)

【校】

[一]“沈”,原作“瀋”,今改。

[二]“胡同”,原作“衚衕”,今改。

[三]“及门”,《四库全书》作“入门”。

[四]“热血”,《借月山房汇抄》作“热场”。

[五]“装”,《乾坤正气集》《四库全书》作“粧”,《借月山房汇抄》作“装”,今改。

[六]“一刻”,《借月山房汇抄》作“一日”。

[七]“京钺”,《借月山房汇抄》作“秉钺”。

[八]“北阙”,《借月山房汇抄》作“北关”。

[九]“薄”,《借月山房汇抄》作“谱”。

[十]“相念”,《借月山房汇抄》作“想念”。

[十一]“斯”,《借月山房汇抄》作“此”。

[十二]“颜面”,《借月山房汇抄》作“面目”。

【注】

① 文湛持:文震孟(1574—1636),字文起,号湘南,别号湛持,文徵明曾孙,长洲县(江苏苏州)人。年五十始成进士,崇祯初拜礼部左侍郎,兼东阁大学士。

② 记室:官职名,东汉置,掌章表书记文檄。后世因之,或称记室督、记室参军等。明代幕宾制度,职责为典文章、主文牍的幕宾,亦称“记室”。《后汉书·百官志一》:“记室令史,主上表章,报书记。”《三国志·魏志·陈琳传》:“太祖并以琳、瑀(阮瑀)为司空军谋祭酒,管记室,军国书檄,多琳瑀所作也。”

③ 春树莺啼:梁丘迟《与陈伯之书》:“暮春三月,江南草长,杂花生树,群莺乱飞。”

④ 空斋月落:许浑《寓居开元精舍,酬薛秀才见贻》:“知己萧条信陆沉,茂陵扶疾卧西林。芰荷风起客堂静,松桂月高僧院深。清露下时伤旅鬓,白云归处寄乡心。怜君诗句犹相忆,题在空斋夜夜吟。”

⑤ 馈仪:馈赠、书仪。

⑥ 书启:下级给上级的信件。李商隐《杂纂》:“开人家盘合书启。”欧阳修《与陈员外书》:“下吏以私自达于其属长,而有所候问请谢者,则曰笺记书启。”

⑦ 体面:面子,名誉。

⑧ 人情:情面,交情。《朱子语类》卷一三四:“若说是苏秦怕秦来败从,所以激张仪入秦,庶秦不来败从,那张仪与你有甚人情?”

⑨ 笥:盛物的方形竹器。

⑩ 推毂:荐举,援引。《史记·魏其武安侯列传》:“魏其、武安俱好儒术,推毂赵绾为御史大夫。”《南齐书·陆厥传》:“永明末,盛为文章,吴兴沈约、陈郡谢朓、琅邪王融以气类相推毂。”司马光《送祖择之守陕》:“俊德争推毂,荣涂易建瓴。”

⑪ 启事:陈述事情的奏章,函件。《晋书·山涛传》:“涛所奏甄拔人物,各为题目,时称‘山公启事’。”沈约《谢赐甘露启》:“不任欣贺,谨以启事谢以闻。”元辛文房《唐才子传·殷文圭》:“文圭后饰非,遍投启事公卿间。”

⑫ 嗣后:以后。明唐顺之《答俞教谕书》:“嗣后更望时惠尽言,此仆之所汲汲而求也。”

⑬ 星轺:使者所乘的车,亦借指使者。宋之问《奉和梁王宴龙泓应教》:“水府沦幽壑,星轺下紫微。”白居易《奉使途中戏赠张常侍》:“早风吹土满长衢,驿骑星轺尽疾驱。”明叶盛《水东日记·记王轸父家书事》:“何冀上闻于天阙,过承下逮于星轺。”

⑭ 冲圣:年幼的君主。汤显祖《张洪阳相公七十寿序》:“江陵张公以刚扶冲圣之哲,而事亦不可谓不治也。”

⑮ 熊廷弼:熊廷弼(1569—1625),字飞百,江夏人,明万历二十五年举乡试第一,明年成进士,授保定推官,擢御史。万历三十六年,巡按辽东。《明史》卷二五九有传。

⑯ 王象乾:王象乾(1546—1630),字子廓,号霁宇,桓台新城人。明隆庆四年,亚元举人,连科进士,官佥都御史。曾经理播州,镇压苗族人民起义,后官至兵部尚书,以年老乞休。因边境多事,八十三岁起用为总督,综理宣大和山西军务。机警有胆略,历任督抚多年,威震九边。《明史稿》有传。

⑰ 玉成:助之使成,成全。张载《西铭》:“富贵福泽,将厚吾之生也;贫贱忧戚,庸玉女于成也。”何景明《石斋歌》:“海内完名已玉成,平生贞志同金断。”

⑱ 入金兰之薄、订松柏之盟:意谓结交为真心知己。《论语·子罕》:“岁寒,然后知松柏之后凋也。”刘义庆《世说新语·贤媛》:“山公与嵇阮一面,契若金兰。”

⑲ 渭阳:谓甥舅情谊,亦用以代指舅父。姚希孟与文震孟为甥舅关系。《诗经·秦风·渭阳》:“我送舅氏,曰至渭阳。”朱熹集传:“舅氏,秦康公之舅,晋公子重耳也。出亡在外,穆公召而纳之。时康公为太子,送之渭阳而作此诗。”杜甫《奉送卿二翁统节度镇军还江陵》:“寒空巫峡曙,落日渭阳情。”唐李匡乂《资暇集·渭阳》:“征舅氏事,必用渭阳,前辈名公,往往亦然。”孙光宪《北梦琐言》卷四:“唐毕相諴,家本寒微,其渭阳为太湖县伍伯。”

⑳ 未知肝胆向谁是,令人却忆平原君:高适《邯郸少年行》:“未知肝胆向谁是,令人却忆平原君。”平原君赵胜,战国四公子之一,赵武灵王子,惠文王弟,封于平原,相惠文王及孝成王。秦围邯郸,危急,用毛遂计,与楚定纵约,又求救于魏信陵君,使赵转危为安。喜宾客,食客多至数千人,太史公称为“翩翩浊世之佳公子”,事见《史记·平原君虞卿列传》。平原君,后泛指尚义重士的在位者,明边贡《赠尚子》:“浩歌翩然却归去,眼底谁是平原君?”

㉑ 去河北贼易,去中朝朋党难:《新唐书·李宗闵传》:“时(李)训、(郑)注欲以权市天下,凡不附己者,皆指以二人党,逐去之。人人骇栗,连月雺晦。帝乃诏宗闵、德裕姻家门生故吏,自今一切不问,所以慰安中外。尝叹曰:‘去河北贼易,去此朋党难!’”

㉒ 涂面:变节。

㉓ 豸冠:獬豸冠,古代御史等执法官吏的帽子。汉蔡邕《独断》:“法冠,楚冠也……秦制执法服之,今御史、廷尉监平服之,谓之獬豸冠。”《后汉书·舆服志下》:“法冠,一曰柱后,高五寸,以缅为展筩,铁柱卷,执法者服之,侍御史、廷尉正监平也。或谓之獬豸冠。獬豸,神羊,能别曲直,楚王尝获之,故以为冠。”《锦绣万花谷》卷一一引《汉胡广传》:“獬豸铁冠,御史法冠,一名柱后,一名獬豸。豸,兽名,正直,常触不正。柱后以铁为柱,言其审固不挠。”獬豸,传说中的独角神兽,《异物志》:“性别曲直,见人斗,触不直者;闻人争,咋不正者。”

㉔ 殷殷:情意深厚貌。凌蒙初《二刻拍案惊奇·吕使君情媾宦家妻,吴太守义配儒门女》:“适间总干殷殷问及,好生垂情于他。”

【记】

此信是答文震孟之书,作于天启元年(1621)辛酉五月。首先,表达对友人的深切惦念;其次,概述近来的生活与为官情况,“既不赴席,亦不招饮”,谢绝一切馈赠,不混投一刺,竭力辨明“邪正是非、反覆倒乱”;再次,详述耳闻目睹的辽沈陷落之后的官场百态,字里行间，既为国无尽忠之人而隐忧："今日之大可忧者，不在国家之势，而在臣子之心"，又为缺少意气相投之人而遗憾："舍三四同心之友，求其可以入金兰之薄、订松柏之盟者，眼未曾有"；最后，借用古人之言，概括京城局势："未知肝胆向谁是，令人却忆平原君"、"去河北贼易，去中朝朋党难"，或许，这正是晚明衰落的症结所在。

## 与文湛持书二

连读手札，知兄之念我不置①也。兄近况何似，亦曾与德升理旧业否？遍看长安，始信有胆有识男子原自绝少。若得两兄刷羽②青云，首应[一]龙飞第一，宁独吾道光，真圣明[二]之福，但天公不可问耳。

弟独居蔬食，饮食男女，一无所事，馈仪书牍，尽行屏绝，此亦堕地来福分不曾带得，而伸眉昂首，无苟苟容容③之态，可以俯对知己。日日从孟长处笑语，片刻无不及吾兄，独世人眼孔小，遂侧目吾两人，亦不顾也。

迩来[三]玄黄④之战未休，同室之戈复急，兄不看报乎？魏掌科一发，而吾乡齐与为难。所以持魏者，曲折甚多，始举其一云。孤而不介，可见吾辈立身，全要一副铁肝石肠。魏公亦不过吃寻常茶饭，小变大行景色耳，便众镝交攻[四]，无能自展，可惧哉，可惧哉！姚公云："杨长于舌，左长于笔，魏遍集二公之短。"信然，信然！中宵不寐，服老兄之知人也。

大率今日之人，求富贵利达之心多，上之为国家者固不可见，即求一真正为功名者亦复寥寥，各执其是，各行其私，每有所恨，惜不与兄共之。如此局面，如此议论，惟有披发入林，做第一流人物为最上着。转眼秋高，三盆河[五]不知何以为计，言之令人痛心也[六]。三月内遇署选，弟稍得行其志，选君其尊如帝，后来者惟有承望声光，闷闷而已。欲言万千，不可以楮墨⑤尽。中秋重九前后，日听辚音，以慰饥渴也。

（《乾坤正气集》，又见《借月山房汇抄》、《四库全书》、唐文治重刊本）

**【校】**

［一］"首应"，《借月山房汇抄》作"首尾"。

［二］"圣明"，《借月山房汇抄》作"□明"。

［三］"迩来"，《借月山房汇抄》作"尔来"。

［四］"交攻"，《借月山房汇抄》作"交加"。

［五］"三盆河"，《借月山房汇抄》《四库全书》作"三岔河"。

［六］"也"字，《借月山房汇抄》无。

**【注】**

① 不置：不舍，不止。嵇康《与山巨源绝交书》："足下若嬲之不置，不过欲为官得人，以益时用耳。"《新唐书·狄仁杰传》："为儿时，门人有被害者，吏就诘，众争辨对，仁杰诵书不置。"

② 刷羽：禽鸟以喙整刷羽毛，以便展翅高飞，比喻大展鸿图。梁简文帝《咏单凫》："衔苔入浅水，刷羽向沙洲。"李白《为吴王谢责赴行在迟滞表》："越禽归飞，恋南枝而刷羽。"

③ 苟苟容容：屈从附和以取容于世。《荀子·臣道》："不恤君之荣辱，不恤国之臧否，偷合苟容以持禄养交而已耳，谓之国贼。"苏轼《上韩太尉书》："天下之人，幸而有不为阿附苟容之事者，则各为倜傥矫异，求如东汉之君子，惟恐不及，可悲也已！"

④ 玄黄:指战乱。

⑤ 楮墨:纸与墨。唐刘知几《史通 · 暗惑》:“无礼如彼,至性如此,猖狂生态,正复跃见楮墨间。”

【记】

此封书信当作于天启元年(1621)辛酉秋。首先,问及文震孟、朱陛宣的近况,祝愿两人能早日得中进士,大展鸿图。其次,叙述在京城中独居的生活状况以及与姚希孟的交往,为魏大中之事鸣不平。再次,剖析世态人心,世人多求富贵利达,为国家者稀见,真正为功名者也寥寥可数,大都“各执其是,各行其私”,流露出“披发入林”的隐退之愿。最后,表达对国事的担忧和对友人过访的期盼。

## 与文湛持书三

数月以来,有三札寄兄,想俱尘览①。眼前所见所闻,无一不使人膨脝②者。而事权不在,空言无益,与姚公相对,惟有仰屋③。兹可喜者,毛文龙以二百余人复镇江孤城,一时南□[一]四卫,军民响应数万。第京中兵饷交困,无以为援应之计,则惧更多于喜耳。

士气日靡,人习软弱,以我所知,总占风看势[二]、附热趋炎之辈,即一代山斗如吉水先生,亦以恻隐为仁,姜桂④之性消磨殆尽,不知“放流”两字是仁人第一手段也。昔贤谓:“我若肯谒丁崖州,则乾兴初已为翰林学士矣”⑤,读之犹有起色,始知自二三知己而外,可谓无人。

弟初到时,往来交际并绝,亦疑有行不过处,但自信颇真,又得兄数言以坚我之性,至今觉眠食快活,了无挂累。功司火房⑥,一斗室最佳。松阴交映,静坐片时,晤对千古,时时念老兄一过,以慰寥寂。一日,晤同乡台省⑦诸公,云:“今年朝觐,书帕⑧亦欲不受,何可使吾兄独为君子?”弟云:“但受无妨,若因弟而不受,正所谓独为君子也。”大笑而别。由是观之,弟之为人侧目,不言可想见。今日贿赂公行之世,私心自谓未必无小补云。

毛具茨为人物色⑨甚众,弟思其向往吾辈,如查太清、张可庵诸事,亦甚可取,大为拂拭⑩。今不但风波[三]已静,且有京铖[四]⑪之望。有可笑可叹可杀之人,亦有可笑可叹可杀之言。万斛结胸,引领而望兄来,惟早发驾为嘱。

(《乾坤正气集》,又见《借月山房汇抄》、《四库全书》、唐文治重刊本)

【校】

[一]“南□”,《四库全书》作“南都”。

[二]“看势”,借月山房汇抄本作“望势”。

[三]“风波”,借月山房汇抄本作“风激”。

[四]“京铖”,借月山房汇抄本作“秉铖”。

【注】

① 尘览:请对方看阅的谦词。苏轼《答王敏仲》:“两蒙赐教,感慰深至,曾因周循州行,奉状想已尘览。”

② 膨脝:腹部膨大。《寒山诗》:“饱食腹膨脝,个是痴顽物。”

③ 仰屋:卧而仰望屋梁,形容无计可施。《后汉书 · 寒朗传》:“及其归舍,口虽不言,而仰屋窃叹。”王安石《思王逢原》:“仰屋卧太息,起行涕淋漓。”

④ 姜桂:比喻本性刚直,刘向《新序·杂事五》:"夫姜桂因地而生,不因地而辛。"刘勰《文心雕龙·事类》:"夫姜桂同地,辛在本性。"《宋史·晏敦复传》:"吾终不为身计误国家,况吾姜桂之性,到老愈辣。"

⑤ 我若肯谒丁崖州,则乾兴初已为翰林学士矣:《宋史·李垂传》:"李垂,字舜工,聊城人……丁谓执政,垂未尝往谒。或问其故,垂曰:'谓为宰相,不以公道副天下望,而恃权怙势。观其所为,必游朱崖,吾不欲在其党中。'谓闻而恶之,罢知亳州,迁颍、晋、绛三州。明道中,还朝,阁门祇候李康伯谓曰:'舜工文学议论称于天下,诸公欲用为知制诰,但宰相以舜工未尝相识,盍一往见之。'垂曰:'我若昔谒丁崖州,则乾兴初已为翰林学士矣。今已老大,见大臣不公,常欲面折之,焉能趋炎附热,看人眉睫,以冀推挽乎?道之不行,命也。'"丁崖州,丁谓(966—1037),字谓之,长洲县(江苏苏州)人,曾任崖州司户参军。

⑥ 火房:暖室。沈德符《野获编·刑部·岭南论囚》:"初,沈司马为吏部选人,每旅谒,新郑从稠人中揖入火房,与之谈。"

⑦ 台省:汉的尚书台,三国魏的中书省,代表皇帝发布政令的中枢机关,后指政府的中央机构。《旧唐书·刘祥道传》:"汉魏以来,权归台省,九卿皆为常伯属官。"杜甫《醉时歌》:"诸公衮衮登台省,广文先生官独冷。"

⑧ 书帕:明代官场送礼,具一书一帕,指行贿的金银财宝。《明史·韩一良传》:"臣两月来辞却书帕五百(金),臣寡交犹然,余可推矣。"

⑨ 物色:形貌。《后汉书·严光传》:"帝思其贤,乃令以物色访之。"李贤注:"以其形貌求之。"

⑩ 拂拭:赏识,提拔。唐符载《祭樊司空文》:"呜呼!载本诸生,器识孱愚,猥辱拂拭,化珉为瑜。"

⑪ 京钺:秉钺,持斧,借指掌握兵权。《诗经·商颂·长发》:"武王载旆,有虔秉钺。"《周礼·夏官·大司马》:"若师有功,则左执律,右秉钺。"《汉书·终军传》:"大将军秉钺,单于奔幕。"刘禹锡《代谢平章事表》:"虽协梦而求,无闻秉钺之寄。"

**【记】**

此信作于天启元年(1621)辛酉。首先,简述在京所见所闻之无可奈何、可喜可惧之事。其次,指出"士气日靡,人习软弱"的官场病态,士人多趋炎附势,变节辱身,像李垂这样坚持气节的人少而又少。再次,表明自己摒弃往来交际、谢绝馈赠的坚定信念与志节追求。最后,告知对毛具茨的提携,表达对友人来访的深切期盼。

## 与文湛持修撰书四

弟行只在此两日内矣。一生向志节[一]①一路着力,是弟不济处,故出门便与宦官作仇,毕竟以此辈结局,然不可谓非天之所以成我也。此时工夫,正欲使怨亲[二]平等,贪恋俱忘,急消却一段愤激之心,欢喜顺受,方是实地②。至于掀天揭地事,亦不在多,弟临时尚可做耳。兄以为何如?所大痛大恨者,因年来过信地师③,不能早完先人大事,然灰砖石料已一一备集贞山④,乞兄留意,感当世世。[三]

(《乾坤正气集》,又见《借月山房汇抄》、《四库全书》、唐文治重刊本、孙静庵《夕阳红泪录》卷一)

**【校】**

[一]"向志节",《夕阳红泪录》误作"志节向"。

［二］“怨亲”,《夕阳红泪录》误作“冤亲”。

［三］“兄以为何如”以下,《夕阳红泪录》缺。

**【注】**

① 志节:志向和节操。《汉书·叙传上》:“(班伯)家本北边,志节忼慨,数求使匈奴。”《朱子语类》卷一二八:“如今有志节担当大事人,亦须有平阔广大之意始得。”明唐顺之《答王生宗道书》:“唐君诚志节之士,所惜平生未与之接,不能得其心胸面目之详。”

② 实地:实实在在。

③ 地师:风水先生。明谢肇淛《五杂组·人部一》:“一日,至余斋中,坐客不期而集者二十余人:或文学,或布衣,或掾史、赀郎、丹青、地师。”

④ 贞山:正德《姑苏志》卷八:“玉遮山,在阳山之南,横列如屏,今但呼为玉遮……其北有蜀山,近光福镇。东南有贞山,初名蒸山,以其云气如炊也。”

**【札】**

## 横溪录·周吏部公祖墓

周吏部公祖墓,在黄山北麓,为公世祖所葬地。

(徐鸣时《横溪录》卷二)

**【记】**

此信作于天启六年(1626)丙寅三月二十四日。面对人生的风波与患难,周顺昌淡定从容、临危不惧,总能作欢喜顺受。《论语·为政》篇云,孝之道在于:“生,事之以礼;死,葬之以礼,祭之以礼。”“树欲静而风不止,子欲养而亲不待”,周顺昌选择了不同的方式来尽孝,其中一方面就是营造墓地让先人入土为安,因此,安葬先人是周顺昌始终牵挂在心头的一件大事,他在书信中缕缕提及此事,如《与吴公如内弟书一》:“最大惟葬祖父母事,当尽力为之也”,《与吴公如书四》:“弟终宵独坐,每念二亲与祖父母大事,真不可以为人,明年春夏间,准给假归葬,断不久居于此”;福州司理任满居家俟考选时,周顺昌曰:“吾今日急务,孰有逾葬亲者”〔1〕;天启六年丙寅三月十五日,逮旨至苏,周顺昌叹曰:“早知尔尔,何足介意,止很四丧未葬”〔2〕。被逮后离苏赴京之际,生死未卜之时,周顺昌以葬亲之事托付友人文震孟。同日,他将其托付友人朱祖文,朱祖文《北行日谱》云:“(二十四日)公语文曰:‘弟别无一事牵肠,独先人未葬,此死不瞑目之事……里居数年,营有马鬣,一切地下之事,已为毕办,第以年月未宜,故为稍待。今不幸值此,干父之蛊,有吾子在,兄其辅襄大事。’”〔3〕

## 与文湛持书五

弟自十六日入县署中,一腔愤泪、万种爱缘①,俱化作铁肠石心矣。只是昨朝之变,意

〔1〕 殷献臣《周吏部年谱》,《北京图书馆藏珍本年谱丛刊》第58册,北京:北京图书馆出版社,1999年,638页。

〔2〕 殷献臣《周吏部年谱》,《北京图书馆藏珍本年谱丛刊》第58册,北京:北京图书馆出版社,1999年,650页。

〔3〕 朱祖文《北行日谱》,《丛书集成初编》本,上海:商务印书馆,1937年,5—6页。

外理外,今进退两难耳。然大丈夫猛拚[一]一死,何事不可做?末后一着,定当俊伟。顷已托朱完天与兄商之,但不知天能成就我否也?亦须酌之。公高老,是大臣②,然弟之所不喜。如何如何。(公谓姚文毅公)

(《乾坤正气集》,又见《借月山房汇抄》、《四库全书》、唐文治重刊本)

【校】

[一]"拚",《借月山房汇抄》作"拌"。

【注】

① 爱缘:种种世俗情缘。《宝积经》七八:"诸烦恼中,爱缘所合,此为最重。"

② 大臣:官职尊贵之臣。《左传·昭公元年》:"和闻之,国之大臣,荣其宠禄,任其大节。"《史记·吕太后本纪》:"如意立为赵王后,几代太子者数矣,赖大臣争之,及留侯策,太子得毋废。"欧阳修《归田录》卷一:"大臣执政,不当收恩避怨。"

【记】

此信作于天启六年(1626)丙寅三月十九日。经历一番风波之后,周顺昌的"一腔愤泪、万种爱缘"皆已消尽,达到内心的本真的"宁静"——不惊不怖。三月十八日的"开读之变",是他意料之外的,也是情理之外的,让他步入了两难的境地,然而,周顺昌没有丝毫的畏惧和退缩,而是将个人的安危祸福、利弊得失乃至生死置于度外,去实现更高的人生价值与追求。由"大丈夫猛拚一死,何事不可做?末后一着,定当俊伟"可知,周顺昌是早已作好以牺牲自我的方式来涤清世道人心的准备的。张之薇将这种精神称为"士子献祭"[1]的精神。

## 与文湛持书六

弟生平为人,决定做第一着。今日之变,已贻累不浅,若再复逗留观望,是举其生平而尽弃之矣。况生死祸福,自有定命。弟此行,方欲以一身之胆,消诸君子之隐祸。如德仲、德升之言,可谓爱我非知我也。何如何如[一]。

(《乾坤正气集》,又见《借月山房汇抄》、《四库全书》、唐文治重刊本)

【校】

[一]"何如何如",《借月山房汇抄》作"如何如何"。

【记】

此书作于天启六年(1626)丙寅三月十八日。吴中"开读之变"事出突然,在周顺昌看来,此事贻累地方不浅。"民变"固然是因为周顺昌鸣冤而起,然而,正义之举恐非能有善终,蓄谋已久者恰能以此而以"民变"之罪治之,彼时吴民苦矣,危矣。因此,"民变"之后,周顺昌多了一分忧虑,他希望尽快启程赴京,尽量减少对地方士民的牵累,朱祖文《北行日谱》:"公是时了无怖惧,但多一番烦恼,曰:'如无此变,则斯时我已从容就道,奈何由

〔1〕张之薇《明清易代之际"士子献祭"戏剧审视——以《宝剑记》《清忠谱》为例》,《文艺研究》,2011年第11期,86—96页。

此纷纷。'"[1]殷献臣《周吏部年谱》:"时公伏仪门,愀然曰:'百姓披猖如此,吾一身不足惜,如贻害地方士民何?'"[2]又,"讹言愈起,乡绅鼓栗,四民失业,咸不宁厥居。公曰:'吾不赴,祸必不弥,我岂以一身累一邑哉?'"[3]有人劝他像无锡高攀龙那样自裁,免得进京受苦,可周顺昌却说:"我小臣也,岂敢引大臣不辱之义乎?固知此行必死,死见高皇帝,请殛元凶,以肃清朝廷,此愿毕矣。"其实,周顺昌心中是早已下定以身"献祭"的决心的。"生死祸福,自有定命",把死生与祸福推之于命,并不是消极的为人处世态度,而是将死生祸福置之度外,以实现自我的人生追求与生命价值。"方欲以一身之胆,消诸君子之隐祸",是一种"担荷罪恶"的精神,"一身之胆",是无所畏惧的大勇。

## 与文湛持书七

二鼓登舟,旌旗戈戟相望于道,周生此行,亦可谓不落莫[一]①矣。朔日,已渡江,回首阊关,不胜黯然。然日来得素患难②学问,朝夕与虎狼为伍,亦觉无入不自得也。呵呵。

(《乾坤正气集》,又见《借月山房汇抄》、《四库全书》、唐文治重刊本)

【校】

[一]落莫,《借月山房汇抄》、唐文治重刊本作"落寞"。

【注】

① 落莫:冷落,寂寥。韩愈《送杨少尹序》:"不知杨侯去时城门外送者几人?车几辆?马几匹……不落莫否?"冯梦龙《古今谭概·口碑·南吏部》:"国朝吏部之权俱在北曹,南曹殊落莫。"

② 素患难:《中庸》:"君子素其位而行,不愿乎其外。素富贵行乎富贵,素贫贱行乎贫贱,素夷狄行乎夷狄,素患难行乎患难,君子无入而不自得焉。在上位不陵下,在下位不援上,正己而不求于人则无怨,上不怨天,下不尤人。故君子居易以俟命,小人行险以侥幸。子曰:'射有似乎君子,失诸正皓,反求诸身。'"

【记】

此信作于天启六年(1626)丙寅四月,被逮北上途中。周顺昌的临危不惧、淡定从容,有着多方面的因素,其中,一个重要的方面是君子"素患难行乎患难"、"无入而不自得"(《中庸》)儒道休养,即所谓的"素患难学问",故而"朝夕与虎狼为伍,亦觉无入不自得"。

## 与高景逸① 总宪② 书

朝事至此,真汉唐宋未有之党祸也。吾辈一身不足计,惟目睹六君子③之惨毒,直使人肝肠摧裂,不复有处世之想。可奈何?可奈何!然毕竟成就一小人之愚耳。

不肖④杜户息交,近为先人营葬,山行居多。梦寐清光⑤,恨不能缩地⑥一吐其愤郁。忽得台札,更从仲通华兄⑦备悉近况,甚慰鄙念。此兄骨胆气谊,迥超时俗。佳士,佳士!但其加意过厚,当之者不深愧耶?

---

〔1〕朱祖文《北行日谱》,《丛书集成初编》本,上海:商务印书馆,1937年,3页。

〔2〕殷献臣《周吏部年谱》,《北京图书馆藏珍本年谱丛刊》第58册,北京:北京图书馆出版社,1999年,657页。

〔3〕殷献臣《周吏部年谱》,《北京图书馆藏珍本年谱丛刊》第58册,北京:北京图书馆出版社,1999年,660页。

草勒布衷，百不一尽。

（《乾坤正气集》，又见《借月山房汇抄》、《四库全书》、唐文治重刊本、《历代名家尺牍·明代尺牍》）

【注】

① 高景逸：高攀龙（1562—1626），初字云从，更字存之，别号景逸。南直隶无锡人，万历十七年进士，《明史》卷二四三有传，有《高子遗书》《周易易简说》传世。

② 总宪：明清都察院左都御史的别称。御史台古称宪台，故称。张居正《与南台长言中贵不干外政》："又如台长之古心卓行，处之总宪，最为宜矣。"

③ 六君子：东林前六君子，杨涟、左光斗、袁化中、魏大中、周朝瑞、顾大章，明天启五年（1625）殉难。

④ 不肖：谦辞，谓不才，不贤。《战国策·齐策二》："今齐王甚憎张仪，仪之所在，必举兵而伐之。故仪愿乞不肖身而之梁。"韩愈《上考功崔虞部书》："愈不肖，行能诚无可取。"

⑤ 清光：清美的风彩，多比喻帝王的容颜。范仲淹《除枢密副使召赴阙陈让第二状》："窃念臣等，自临边鄙，久阻阙廷，入对清光，人臣所愿。"此处借指高攀龙。

⑥ 不能缩地：即缩地无术，谓两地相距遥远不能迅速会晤。元稹《和乐天早春见寄》："同受新年不同赏，无由缩地欲如何。"

⑦ 仲通华兄：华时亨，字仲通，无锡庠士，华拱芳之侄。

【记】

此封书信作于天启五六年间，在乡里居期间。信虽然不长，但所包涵的内容是丰富的。其中，有对国事的忧虑，有对六君子遭遇的同情，有近来的生活状况和行踪，有对友人的惦念和胸中块垒无处倾诉的郁结，有得到友人来信和从华仲通处得知友人近况后的欣慰，等等。

## 与华仲通文学书

杜门息影，应酬屏绝，乃蒙门下[①]以高先生之爱加惠于不佞。深夜相过，挑灯快语，备悉门下之热肠。卜他年之定力[②]，大为吾党庆也。

别札妥甚，第恐有负盛心耳。药物同尊扇附入。承惠珍果，谢谢。春光发时，候驾面。尽。

（《乾坤正气集》，又见《四库全书》、唐文治重刊本）

【注】

① 门下：阁下，对人的尊称。朱熹《与江东陈帅书》："不审高明何以处此？熹则窃为门下忧之，而未敢以为贺也。"明陈士元《俚言解》卷一："致书称门下，犹言阁下、殿下、麾下、节下、座下、足下之类。古之贵人殿阁门下有谒者……不敢斥言尊贵，故呼其门下足下诸人。"

② 定力：处变和把握自己的意志力。宋赵善璙《自警篇·善处事》："或问张无垢，仓卒中患难中处事不乱，是其才耶？抑其职耶？先生曰：'未必才识了得，必其胸中器局不凡，素有定力。不然，胸中先乱，何以临事？'"

【札】

### 明季北略·华时亨

无锡庠士华时亨，字仲通，会元拱芳之侄也。时官旗已至苏州，尚未开读，时亨密闻之，即报于公。公遂赴园池死。而旗尉以颜佩韦等事过期不至，众疑时亨误逼大臣，咸虑之，俄而缇骑果至，始属时亨声气之广，名遂大著。

（计六奇《明季北略》卷二）

## 与鹿乾岳玺卿书一

弟自癸丑①岁除夕抵闽，忽忽②两年，纷纷万状。未尝做一两件得意事以远报知己，揽镜自怜，须眉羞涩。兼以珰变卒起，迂执招尤③，戆愚成罪，风波剑戟，无时不有，未知将来作何税驾④也。

每于风晨月夕读兄序文⑤，如见兄也。吟别时“白发丹心”⑥之咏，又如见兄也。云水⑦七千，恍焉一室⑧。古人云：“天下有一人知己，可以不恨”，弟与兄之谓矣。弟尝思，古人惟判一“死”字，便做出许多大事业，压倒一世；今人惟爱一“官”字，便露出许多头面，压倒一世。今人之[一]不相及，大概如此，思之可为浩叹。

兄刑曹⑨乎，抑计曹⑩也？无官无事，竭力殚心。即委吏乘田，皆可酬主。又何论位大小、局炎凉哉？恃道义之雅，不觉胸怀倒尽。扇头两咏⑪，聊写相思，不自知其拙也。北雁南飞，幸不吝数行以当面教。

孙兄⑫才高骨劲，直逼古人，今春定当奋翮⑬。案牍如山，未遑另柬，然实无刻不神交⑭也。相见，望叱名⑮道意⑯。

（《乾坤正气集》，又见《四库全书》、唐文治重刊本）

【校】

[一]“今人之”，《四库全书》作“今古之”，唐文治重刊本作“古今人”。

【注】

① 癸丑：明万历四十一年（1613）癸丑。

② 忽忽：倏忽，急速貌。《楚辞·离骚》：“欲少留此灵琐兮，日忽忽兮其将暮。”

③ 招尤：招致他人的怪罪或怨恨。韩愈《感二鸟赋》：“虽家到而户说，祇以招尤而速累。”

④ 税驾：犹解驾，停车，谓休息或归宿。《史记·李斯列传》：“物极则衰，吾未知所税驾也。”司马贞《索隐》：“税驾，犹解驾，言休息也。李斯言己今日富贵已极，然未知向后吉凶，正泊在何处也。”曹植《洛神赋》：“尔迺税驾乎蘅皋，秣驷乎芝田 。”

⑤ 序文：鹿善继《周景文制义序》。

⑥ 白发丹心：赤诚之心，形容年迈苍老仍怀有一颗赤诚之心。《汉书·苏武传》：“武留匈奴凡十九岁，始以强壮出，及还，须发尽白。”

⑦ 云水：漫游，漂泊。漫游如行云流水的飘泊无定，故称。唐黄滔《寄湘中郑明府》：“莫耽云水兴，疲俗待君痊。”高启《太湖》：“我性好游观，夙负云水债。”

⑧ 云水七千，恍焉一室：身虽漂泊千里之遥，心仍如处一室之间。王勃《送杜少府之任蜀州》：“海内存知己，天涯若比邻。”

⑨ 刑曹：分管刑事的官署或属官。秦观《贺钱学士启》：“矧册府校仇之号，洎刑曹勾稽之司。”《明史·林俊传》：“御史在刑曹，黄门出后府。”

⑩ 计曹：掌管财赋会计的官署。《三国志·魏志·高堂隆传》：“犊民酉牧，年七十余，有至行，举为计曹掾。”刘禹锡《复荆门县记》：“初，公以县之之便闻于上也，禹锡方以郎位贴职于计曹。章下之日，得

以省事。”沈德符《野获编补遗·历法·算学》：“遂禁此三处士人不得官计曹，然户部胥吏尽浙东巨奸。”

⑪ 扇头两咏：周顺昌《寄怀乾岳年兄》二首，见卷三。

⑫ 孙兄：孙奇逢（1584—1675），字启泰，号钟元，直隶容城（今属河北）人，晚年讲学于辉县夏峰村二十余年，从者甚众，世称夏峰先生。

⑬ 奋翮：展翅，振羽。

⑭ 神交：梦魂相交会，形容思慕的深切。沈约《和谢宣城诗》：“神交疲梦寐，路远隔思存。”吕向注：“梦有六候，皆魂神所交也。与谢朓相去既远，但神交而已，故疲于梦寐而思虑所存也。”

⑮ 叱名：请人转达自己姓名的谦词。明张居正《答藩伯杨魏村》：“仍希叱名于诸年丈，统容来岁南归一一踵谢。”

⑯ 道意：表示或传达某种意愿。南朝齐王融《为竟陵王与隐士刘虬书》：“所以不远千里，尺书道意。”

**【札】**

## 周景文制义〔1〕序

鹿善继

不佞〔2〕观政兵曹，与景文同舍〔3〕相善也。景文质任自然，了不作回互婀娜〔4〕态。不佞私计，即未睹，若人文意，必吐露肝胆，而以风骨自胜者。已而，以制义示不佞，则其人之概具在焉。向之私计，奇于射覆〔5〕，因叹天下事，患不真耳，真则源流较然，万不失一，自江河不返。涉世既深者，工模稜〔6〕之术，自托于时中之道，藏头盖面，千工万巧，圆转滑泽，而其本色遂不复可辨。虽然，世不乏冷眼，即以不可辨辨之矣。

景文居京师，寡追随赴尚，书期而外，左琴右剑，独坐萧然，间与不佞过谈也，盖其脱然声利得之天性，惟扼腕时事，浩焉兴叹，其意远矣。大约吾辈肺肠，于世味不冷者，于名义必不热。诸葛武侯鼎立三分，泪滴千古，都从澹泊宁静中来。中世士大夫，宫室妻妾，靡焉自奉，其于公家事，度外置之，何怪焉？富而可求，执鞭所愿，人自揣技能，精魂孰与尼山？而苦欲求胜，一开口、一举足，不敢问己慊不慊，但问人喜不喜，枉为造物笑耳。不佞椎拙无似，每执“知命”二字解嘲，而嘲益起，代不佞解嘲者，独有容城孙启泰，今年通籍，复有景文。景文就选，当得司理，一日过不佞，适启泰在坐，戏谓：“仕路羊肠，若复能

〔1〕 制义，八股文。《明史·选举志二》：“其文略仿宋经义，然代古人语气为之，体用排偶，谓之八股，通谓之制义。”

〔2〕 不佞，谦称。《左传·昭公二十五年》：“不佞不能与二三子同心，而以为皆有罪。”高攀龙《讲义·小引》：“不佞幸从诸先生后，不能无请益之言。”

〔3〕 同舍，同僚。杜甫《潭州送韦员外迢牧韶州》：“分符先令望，同舍有辉光。”朱弁《曲洧旧闻》卷九：“予在馆中时，盛暑中傅崧卿给事以冰馈同舍。”

〔4〕 婀娜，婀阿，依违阿曲，无主见。韩愈《石鼓歌》：“中朝大官老于事，讵肯感激徒婀娿。”梅尧臣《雷逸老遗石鼓文》：“欲以毡衣归上庠，天官婀阿驰肯将。”归有光《王府君墓志铭》：“平生不婀阿随人是非。”

〔5〕 射覆，古代猜物游戏。《汉书·东方朔传》：“上尝使诸数家射覆，置守宫盂下，射之，皆不能中。”颜师古注：“数家，术数之家也。于覆器之下而置诸物，令暗射之，故云射覆。”《三国志·魏志·管辂传》：“季龙取十三种物，着大箧中，使辂射。云：‘器中藉藉有十三种物。’先说鸡子，后道蚕蛹，遂一一名之，惟以梳为枇耳。”明黄瑜《枫林壬课》：“偶访友人，见案上真四合，戏谓君能射覆乎？”

〔6〕 模稜，喻遇事不置可否，态度含糊。陆游《老健》：“不怪模稜嗤了了，但惊纱臂劝徐徐。”

倔强耶?”景文指心曰:“吾以真是真非,听之此君。”复指天曰:“吾以或利或钝,听之彼君,如斯而已矣。”启泰笑曰:“此生倔强犹昔。”

景文制义若干首,自言同笔砚者,为殷汝良子狷伯仲、邹虚王、朱德升四君子[1]。夫不知其人,视其友,则四君子者,不佞亦既耳而目[2]之矣。

(鹿善继《鹿忠节公集》卷五)

## 与周景文书

鹿善继

癸丑之役,抵家晤旧,必以兄为谈柄,每自诧有缘天下第一流为我所得。今秋谒选[3],会徐春宇年兄,得闻兄设施风采,踊跃欲飞,感慨用壮。亟归邸,与启泰道之,以昔所见合今所闻。想像叶视一官,为民请命,勃勃情状,弟即弱骨,两腋习习矣。固知事原可为,人在自立,独不得如兄数辈布列枢要耳,何难太平哉?因沽酒相庆,大醉酣歌,适值雷雨声势相抗。当是时,既以只眼自雄,复以热肠相对,诵唐人“海内知己,天涯比邻”之句,逌然[4]神往,真宰[5]有灵,或当飞入兄蝴蝶梦也。人事猬集[6],未暇详书。庆幸之私,直道其大意如此,借徐兄转致之。寒温起居,恐溷吾笔,惟有心人自能解耳。

(鹿善继《鹿忠节公集》卷一六)

## 答周景文书

鹿善继

客岁[7],从徐春宇年兄闻兄近况,曾寄候音。今春,乃于郭孝廉拜兄手教,衷肠激烈,如亲聆謦欬[8]。想前书此时已得,则吾两人作书时同也。拚一“死”字,爱一“官”

---

〔1〕……四君子,周顺昌《募建弥勒阁文》:“余少时读书山寺中,同游者四人,曰邹子虚王、朱子德升、殷子汝劼暨子狷,于余为五。”殷汝良子狷伯仲,即殷献臣(字汝劼)、殷献民(字汝良)兄弟。

〔2〕既耳而目,《韩非子·外储说左上》:“壬登为中牟令,上言于襄王曰:‘中牟有士曰中章、胥已者,其身甚修,其学甚博,君何不举之?’主曰:‘子见之,我将为中大夫。’相室谏曰:‘中大夫,晋重列也,今无功而受,非晋臣之意。君其耳而未之目邪!’襄主曰:‘我取登,既耳而目之矣;登之所取,又耳而目也。是耳目人绝无已也。’壬登一日而见二中大夫,予中田宅。中牟之人,其其田耕,卖宅圃而随文学者,邑之半。”

〔3〕谒选,官吏赴吏部应选。何良俊《四友斋丛说·史四》:“壬子年秋,余谒选至京。”

〔4〕逌然,自得貌。《列子·力命》:“终身逌然,不知荣辱之在彼也在我也。”张湛注:“逌然,自得貌。”《史记·赵世家》:“牛畜侍烈侯以仁义,约以王道,烈侯逌然。”张守节《正义》:“逌音由,古文与攸同……攸攸,气行貌,宽缓也。”

〔5〕真宰,宇宙的主宰。《庄子·齐物论》:“若有真宰,而特不得其眹。”杜甫《遣兴》:“性命苟不存,英雄徒自强,吞声勿复道,真宰意茫茫。”

〔6〕猬集,比喻众多,如猬毛丛聚。

〔7〕客岁,去年。明刘世教《合刻〈李杜分体全集〉序》:“客岁南迈,从子鉴进而请曰:‘先生必将笺而后行乎?夫解者之不必笺,而笺者之不必解也。’”

〔8〕謦欬,咳嗽,借指谈笑,谈吐。《庄子·徐无鬼》:“夫逃空虚者,藜藋柱乎鼪鼬之迳,踉位其空,闻人足音跫然而喜矣,又况乎昆弟亲戚之謦欬其侧者乎?”成玄英疏:“况乎兄弟亲眷謦欬言笑者乎?”苏轼《黄州还回太守毕仲远启》:“路转湖阴,益听风谣之美;神驰铃下,如闻謦欬之音。”

字,古今曲尽矣。弟叨计部[1]不自揣,日求所谓“九边盐法”者而讲究之,盖国家边饷取足于此。袁印君深于其说,条有成画,以弟为可教,倾囊授焉。傥借此发明,得为国家效半臂力,是所以报知己者。特弟花样不时,未卜税驾耳。思兄之极,则吟哦佳韵。郑重收藏,遇雅客始出以观之。扇头拙句,非敢争旗鼓,聊寄远思也。孙兄迩来养益邃、品益高,而数益奇,今年上策复淹留,奈何?感兄雅爱,寄声以谢。

(鹿善继《鹿忠节公集》卷一六)

## 答杨振吾书

鹿善继

于傀儡场中,忽接故人书,一可喜。书又从泰岱来,并为游子,同调相怜,二可喜。寄书者不为洪乔,且质直谦厚,堪为我友,三可喜。询王君而得故人肮脏之状,即王君亟称耳目所未睹,更令仆两腋习习矣。是役也,门下自率其生平之常,而亮节劲骨遂与岱色争高,彼东人士,想有为揖客传以示千秋者,门下得此足矣。外此,又何必知也。复有一奇事,敝同年周景文从闽中孝廉寄一书,同以是日至。周之材品,忆与门下清谭时曾陈,其概千里同心。此怀脉脉,而书以同日至,且俱寄孝廉之手,而孝廉又俱为尘外之品。其书中语肮脏,复不減尊札。岂造物亦知我辈情状,而故簸弄之耶?

(鹿善继《鹿忠节公集》卷一六)

**【记】**

此书作于万历四十三年(1615)乙卯冬,福州任上。首先,叙述两年来的仕宦经历,因没有做“一两件得意事以远报知己”而自感羞涩,又因迂执、戆愚的本性难以与世道时局相融以及仕宦经历中的风波险恶而产生前途未卜的迷茫感。其次,表达对知己的思念。通过读友人所作的序文、吟咏离别时吟诵的诗句来聊以慰藉,又通过作“海内存知己,天涯若比邻”来宽解心中的思念;感慨古今人为人处世的差别,感慨知己的难遇,因而异常珍惜与鹿善继的相知相得。再次,询问友人近来的仕宦情况,劝慰鹿善继不必在意官职的大小、局势的炎凉,只要秉持道义,就是报答君恩的最好方式;告知随信寄来题诗扇面二幅,并希望友人能尽早地回信。最后,表达对孙奇逢的惦念,并祝愿他乡试顺利。由于公务繁忙无暇另写书信,因此,请鹿善继见孙奇逢时代为致意。

# 与鹿乾岳书二

昨晤颇快,独恨孙兄不至耳。日来不知河东何状?若得三方策应,定收全胜。“时乎时乎不再来”,言之直令人且喜且惧也。如谓钱粮万分难措,何不乘此苦口请帑?兄似当托杨文老为之。

---

〔1〕计部,户部。明赵南星《王先生行状》:“己丑冬,余官选部郎,友人姜仲文以计部郎请告还。”鹿善继《与贺中泠书》:“夫人情所趋者权也,天下之权,外在抚按,内在铨部,而计部之权,轻于飞羽。”

人才册奉去，乞细细直尽，不必作雅语。不知者尤望细访，其府县之肥瘠，烦简并为开注。非年兄实心为国，不敢以是相烦也。十三四约来一语。

（《乾坤正气集》，又见《四库全书》、唐文治重刊本）

**【记】**

此书当作于吏部文选司任上。信中一方面为鹿善继筹措钱粮之事出谋划策，另一方面以考查人才及其人所在地方的贫富等相关情况之事相请。

## 与鹿乾岳书三

都门聚首，忽忽四载。每怀知己，曷胜①劳结②。吾兄闭门拮据③，心血为呕，赏不及此[一]，真赤胆报国男子，惟颂服而已。

世事如此，使人百端交集。乃以魏年兄之苦节，亦竟不免。雷霆雨露，总属君恩，夫复何言？但被逮之日，士民之号泣遮道者以万计，家无百金之产，士大夫醵金④数百，始能启行，冤愤之气[二]，缇骑感动。今其长君随乃翁⑤以行，有缇萦⑥上书之志，乃翁怜其文弱，道孤援绝，仗兄为之覆庇，更厚望[三]于孝廉孙兄。弟谓两兄皆以千古自期，必能左右魏年侄，令其不至失所。贵乡当事诸公暨锦衣卫处，曲用苦心，令魏年兄得生入里门，不至终成汉宋诸贤之祸，敢代为祈恳，惟两兄心照为祷。

临楮，惨然肠断，偶忆昔人"一身作客如张俭，四海何人是孔融"⑦之句，又不能不重感兄之高谊也。积绪种种，百不一吐。

（《乾坤正气集》，又见《借月山房汇抄》、《四库全书》、唐文治重刊本）

**【校】**

［一］"此"，《四库全书》作"他"。

［二］"气"，《借月山房汇抄》作"声"。

［三］"厚望"，《借月山房汇抄》作"有望"。

**【注】**

① 曷胜：何胜，反问语气表示不胜。《续资治通鉴·元仁宗延祐六年》："朕与卿等居暖室，宗戚、昆弟远戍边陲，曷胜其苦。"

② 劳结：郁结于心的思念之情。曹丕《与吴质书》："别来行复四年……虽书疏往返，未足解其劳结。"

③ 拮据：辛劳操持。《诗经·豳风·鸱鸮》："予手拮据。"明姚士粦《见只编》卷中："陈远使外国，拮据军事。一日，方与杨中丞计议，忽焉中痰而卒。"

④ 醵金：集资，凑钱。陶谷《清异录·黑金社》："庐山白鹿洞，游士辐凑，每冬寒，醵金市乌薪为御冬备，号黑金社。"明陶宗仪《辍耕录·暖屋》："今之入宅与迁居者，邻里醵金治具，过主人饮，谓曰暖屋，或曰暖房。"

⑤ 乃翁：他的父亲。朱敦儒《念奴娇》："乃翁心里，没许多般事。"明叶盛《水东日记·玉带生卷》："刘廷美主事求作乃翁合葬挽辞，以《玉带生》轴为贽。"

⑥ 缇萦：汉代孝女。《史记·孝文本纪》《史记·扁鹊仓公列传》等载，汉文帝时，太仓令淳于意有罪当刑，系长安狱。其少女缇萦随父至长安，上书请入身为官婢，以赎父罪。帝怜之，为除肉刑，意乃得免。

⑦ 一身作客如张俭,四海何人是孔融:明顾元庆《夷白斋诗话》:“钱经历允辉有《寄周岐凤》诗云:‘一身作客如张俭,四海何人是孔融?’江南人传诵之。”

【札】

## 鹿忠节公年谱·天启六年丙寅(节录)

(天启)六年丙寅,先生五十二岁……先是,乙丑秋,左、魏罹珰祸,魏忠节子学洢介周忠介公书至江村,时先生在辽,太公为之下榻。启泰先生亦来会,谋两公下狱事,冀所以缓须臾者。后学洢欲入京侦父,启泰先生兄启运变姓名与俱,探知坐左公赃二万,魏公赃五千。太公冒炎蒸策蹇数百里内,醵金于好义者,莫不响应,而两公已毙杖下。

(陈鋐《鹿忠节公年谱》卷上)

【记】

此书作于天启五年(1625)乙丑四五月间。浙江嘉善魏大中被逮过苏,知交缩颈蒙面,周顺昌独自挺身前往,备炙酒款留三日,相持恸哭,谈及朝中之事,辄拍案怒骂。缕缕问及魏大中的家事,劝云:“大丈夫视死如归,不必为儿女牵怀。”临别,以女字其孙魏允枏,以慰孤臣忠心。缇骑催促魏大中启行,周顺昌叱曰:“尔不知世间有不畏死男子耶?归与尔忠贤,我即故吏部周顺昌也!”若非周顺昌,断然无此胆量! 李根源《吴郡西山访古记》卷三云:“公忠义骨鲠,出自天性,余幼读公传,至‘世间有不畏死男子’一语,服膺至今。”〔1〕膺服者,又岂李根源一人哉? 周顺昌令人膺服之处还在于,他特地致书鹿善继,以魏大中事相托于鹿善继和孙奇逢,恳请两人庇护文弱而道孤援绝的魏学洢,并恳请他们曲用苦心于权贵当事者与锦衣卫处,希望能让魏大中生还里门。这鲜明地体现出周顺昌为人处事中的“义”字。

## 与鹿乾岳书四

弟忽罹此,久在意中。雷霆雨露,均是圣恩〔一〕,只应欢喜顺受。原拟以长儿托年兄覆庇,细思有殴杀缇骑之变,中途正色遣归,不敢违命而返,又恐增一累耳。凡事尽托至亲朱完天年兄,乞与商之。生死平常事,不乱胸怀也。老年伯①厚德高情,感不容口。

(《乾坤正气集》,又见《借月山房汇抄》、《四库全书》、唐文治重刊本)

【校】

〔一〕“均是圣恩”,《借月山房汇抄》作“总是君恩”。

【注】

① 老年伯:鹿善继父鹿太公。

〔1〕 李根源《吴郡西山访古记》,民国腾冲李氏曲石精庐苏州刊本,叶一。

【札】

## 鹿忠节公年谱·天启六年丙寅(节录)

(天启)六年丙寅,先生五十二岁……至是,周公又被逮,周公乡人朱完天为护行,先驰至江村,适先生方辞武选里居,向为左、魏谋者,无可中即一意醵金为完赃计。周公贫同左、魏,而缇骑至吴门,民大哄,杀一校,更不可计生。先生与启泰先生为措三百金,而范吏部景文时谢政,先生乃贻书商之,令朱先生持往,简末云:"未知肝胆向谁是,令人却忆平原君",范公遂捐二百金。及赍至,周公亦毙杖下。呜呼!逆珰之势,炙手薰天,逻卒遍天下,而江村距都门二百里尔,人为先生父子危,而先生父子不之危,而亦卒不危,岂非天哉?

(陈鋐《鹿忠节公年谱》卷上)

【记】

此书作于天启六年(1626)丙寅五月二十七日,朱祖文《北行日谱》:"乃于二十七日得公与范公、鹿公两书。"周顺昌下镇抚司狱,坐赃三千之后。为了替周顺昌完赃,朱完天四处借贷,向定兴鹿善继借贷,持此以凭。

## 与范质公吏部书[一]

数年阔别,时劳魂梦。弟忽罹此,所谓"雷霆雨露,均属圣恩",在臣子只应欢喜顺受。"臣罪当诛兮,天王圣明"①,古人之言殆非欺我也。弱子同来,因其中途患病,反增一累,遂力遣之归家。所仗止一密友朱完天,乞兄进而教之,知不须弟嘱也。

(《乾坤正气集》,又见《四库全书》、唐文治重刊本)

【校】

[一] 题目,各本原均作"与孙钟元孝廉书",今改。

【注】

① 臣罪当诛兮,天王圣明:韩愈《拘幽操》:"目窈窈兮,其凝其盲。耳肃肃兮,听不闻声。朝不日出兮,夜不见月与星。有知无知兮,为死为生。呜呼!臣罪当诛兮,天王圣明。"

【札】

## 答范梦章书

鹿善继

客岁,在幕府接手教〔1〕,即以呈督师相公,讽诵再四,益增郑重,其所为不附报章〔2〕者,已与使者面商之,想能达也。未逾月而年兄已出,春明相公持报示弟,不言而笑,已复

〔1〕 手教,手书,对来信的敬称。《北史·令狐熙传》:"前总管皆以兵威相胁,今者乃以手教相谕,我辈其可违乎!"王安石《与徐贤良书》:"自后日欲修问,而乃重烦手教,先加抚慰,重以愧恻也。"

〔2〕 报章,复信。谢朓《酬德赋》:"方含毫而报章,迫纷埃之东骛。"白居易《与济法师书》:"敬伫报章,以开未悟,所望所望!"岳珂《桯史·周梦与释语》:"余笑莫敢答,士掷其报章于门而去。"

黯然。弟以病躯而从戎马，戎马不能厄弟，竟以病厄。顷已借庇，得作闲人，扶病江干，鸥鸟可玩。人闲事总不到心头，而自省犹有一种事，举世所不照管者，独时来往于胸中，不能断灭，或宿因〔1〕耶？客有朱完天者，两月来两到柴门〔2〕，昨复持其密友手书求谒年兄。其密友，吾辈同榜，又年兄同官，其手字弟熟识之，年兄既与同官，一见能辨也。渠不敢列己名，又不敢书尊号，微意可想，至于其事，不待弟言。未知肝胆向谁是，令人却忆平原君。

（鹿善继《鹿忠节公集》卷一六）

【记】

据朱祖文《北行日谱》："（天启六年丙寅六月）初二早，呈范柬于鹿公。时鹿公子孝廉（名化麟，字仁卿）在侧，见书不署名、不填号，曰：'此柬无范年伯字号，得微以与吾父者移之范公乎，事若卸担，奈何？父书似乎难发。'文少选进曰：'前与公书，有"雷霆雨露，无非君恩"，今与范公亦有此语，宁有与一人书而重复者，请以前书同此柬函去，则较然矣。'公徐曰：'我柬自发，前书不必同往，总为至交，未为不可。'"又，"（天启六年丙寅六月）初九早，至吴桥谒范公（名景文，号质公，景州吴桥县人），先以鹿公书往，鹿书中亦不明言吾公也，第云：'与丈同年同官，弟识其手书甚真'，末云：'一腔心事向谁说，令人徒忆平原君'。书入，范公急索书，文曰：'书非面呈不可。'因问：'书系何人所发？'文以公对，其使即蹙额曰：'我主人正为公焦劳，苦无音耗也。'亟延入。"此书当作《与范质公吏部书》，作于天启六年（1626）丙寅五月二十七日，朱祖文《北行日谱》："乃于二十七日得公与范公、鹿公两书。"朱完天替周顺昌完赃，四处借贷，向吴桥范景文借贷，持此以凭。

## 与现闻姚太史① 书一

如此风波，合城无不惊怖。弟作一欢喜顺受想，空空坦坦，正觉快活。临时事〔一〕尚当竖起脊梁，作一个生铁铸就的人，以不负知己，兄以为何如？弟只在此两日内行矣，便中附此，不尽欲言。〔二〕

（《乾坤正气集》，又见《借月山房汇抄》、《四库全书》、唐文治重刊本，孙静庵《夕阳红泪录》卷一）

【校】

［一］"临时事"，《借月山房汇抄》作"临事时"，《夕阳红泪录》作"临时"。

［二］"弟只在此两日内行矣"云云，《夕阳红泪录》无。

【注】

① 现闻姚太史：姚希孟（1579—1636），字孟长，号现闻，南直隶苏州府吴县人，《明史》卷二一六有传，著作有《公槐集》《响玉集》《棘门集》《沆瀣集》《松瘿集》《文远集》等。

---

〔1〕 宿因，佛教语，前世的因缘。《华严经》卷七五："宿因无失坏，今受此果报。"陆游《苦贫》："此穷正坐清狂尔，莫向瞿昙问宿因。"

〔2〕 柴门，谦词，贫寒之家，陋室。《晋书·儒林传论》："若仲宁之清贞守道，抗志柴门；行齐之居室屡空，栖心陋巷……斯并通儒之高尚者也。"杨万里《送蔡定夫提举正字使广东》："柴门僵卧三腊雪，鱼釜仅续一线烟。"

【记】

此信作于天启六年(1626)丙寅三月二十四日。人生难免有风波与患难,临危不惧、从容以对,有骨气、有人格者,自能处变不惊、以不变应万变,如生铁铸就的一般,故而,在满城惊怖时,周顺昌能"竖起脊梁,作一个生铁铸就的人,以不负知己"。

## 与现闻姚太史书二

廿五日二鼓登舟,知兄相期于枫江话别,不谓弟舟竟从横塘暗渡,惟有怅结耳。日来况味,晨夕与豺虎相亲,即童仆亦觉其渐远,然弟固无入不自得①也。弟绵老文在史辰伯处,乞取而藏之。一笑。

(《乾坤正气集》,又见《借月山房汇抄》、《四库全书》、唐文治重刊本)

【注】

① 无入不自得:《中庸》:"君子素其位而行,不愿乎其外。素富贵行乎富贵,素贫贱行乎贫贱,素夷狄行乎夷狄,素患难行乎患难。君子无入而不自得焉。在上位不陵下,在下位不援上,正己而不求于人则无怨,上不怨天,下不尤人。故君子居易以俟命,小人行险以侥幸。子曰:射有似乎君子,失诸正皓,反求诸身。"

【记】

明代由苏州至北京,走京杭大运河水路。京杭大运河古道苏州浒墅关至横塘段,并非直行,而是经三折分为四段,由浒墅关至铁铃关(寒山寺、枫桥)为一段,铁铃关至阊门为一段(即上唐河),阊门至胥门为一段(即沿城墙之外城河),胥门至横塘为一段(即古胥江)。阊门,是苏州的西城门。周顺昌此行,不由阊门直接向西至铁岭关,再向北经浒墅关北上,而是有意出人意料地绕道而走,先由阊门向南至胥门,然后西南而行至横塘,再向北经铁铃关、浒墅关,一路北上。

## 字付大儿茂兰〔一〕

四月朔日渡江,一路风光,尽觉自在。自邮夫、贩客、妇女、儿童,无不攀车垂涕者,即焦头烂额辈,如狼如虎,亦皆感恩而泣,不知前生之〔二〕何以结〔三〕众缘如此,乃知忠信、笃敬①之果可行于蛮貊②也。儿辈〔四〕须从穷愁患难中困心衡虑,苦志读书,做第一等好人,方不负我之教。平日,只当闭门静守〔五〕,务使户庭之内肃若朝典③,至切〔六〕,如此世界,更须万分谨慎也。

毛④、文、张、姚、朱⑤、邹、殷各位老伯、岳翁、母舅处,但乞致谢,不妨出此示之。朱苳老极其厚意,亦为致谢。四月二十五日到卫,尚在候本。二十五日言。〔七〕

(《乾坤正气集》,又见《借月山房汇抄》、《四库全书》、唐文治重刊本、孙静庵《夕阳红泪录》卷一、镇江博物馆藏手稿〔1〕)

〔1〕 陆九皋《周顺昌墨迹〈卫所家书〉和〈与友人书〉考述》,镇江博物馆编《陆九皋文博论著选》,1998年,94—143页。

【校】

［一］题目，镇江博物馆藏手稿作“卫所家书”。

［二］“之”，《夕阳红泪录》卷一无。

［三］“结”，《夕阳红泪录》卷一作“能得”。

［四］“儿辈”，《夕阳红泪录》卷一作“儿童辈”。

［五］“静守”，《借月山房汇抄》作“自守”。

［六］“至切”，《夕阳红泪录》无。

［七］“毛、文、张、姚、朱、邹、殷各位老伯、岳翁、母舅处”云云，据镇江博物馆藏手稿补。

【注】

① 笃敬：笃厚敬肃。《尚书·盘庚下》：“朕及笃敬，恭承民命，用永地于新邑。”《论语·卫灵公》：“言忠信，行笃敬，虽蛮貊之邦行矣。”

② 蛮貊：古代称四方落后部族。《尚书·武成》：“华夏蛮貊，罔不率俾。”汉桓宽《盐铁论·通有》：“求蛮貉之物以眩中国，徙邛筰之货致之东海。”岑参《陪狄员外早秋登府西楼因呈院中诸公》：“威声振蛮貊，惠化钟华阳。”

③ 朝典：朝廷的礼仪制度。刘义庆《世说新语·德行》：“华歆遇子弟甚整，虽闲室之内，严若朝典。”宋王谠《唐语林·补遗二》：“臣山野人，不识朝典，见陛下合称臣否？”

④ 毛：周茂兰娶妻毛氏。黄宗羲《周子佩先生墓志铭》：“两娶，俱毛氏。”

⑤ 朱：周茂藻娶朱陛宣女。张世伟《钦赠翰林院待诏故孝廉朱孝介先生暨配顾硕人合葬墓志铭》：“女二人……次嫁庠生周茂藻，即忠介公仲子。”

【札】

## 题周忠介公《与友人书》《卫所家书》真迹

许振祎

赵广文得周忠介公真迹，属为署端，其宝藏之，光争日月。

光绪十三年夏之月，奉新许振祎敬题〔1〕

【记】

此书作于天启六年(1626)丙寅四月二十五日。周顺昌被逮之后沿京杭大运河北上入京，长子周茂兰随行。三月二十八日到达镇江，渡江之前，周顺昌考虑到同行无益，再者四亲未葬，家中三儿尚幼，因而让他返回苏州：“吾命汝急葬亲，守家庙，此乃真孝也。”四月初一日渡江后一路北上，于二十四日抵达京城。

二十五日至锦衣卫镇抚司(明初以锦衣卫掌管刑狱，拥有巡察缉捕的权力。南镇抚司负责本卫的法纪、军纪，北镇抚司审理皇帝钦定的案件，有自己的监狱——诏狱，明中叶锦衣卫与东、西厂并列，明末锦衣卫听命于宦官魏忠贤)，在等候审理的旨意(二十八日，奉旨严刑究问)时得空作此家书，故又名《卫所家书》，它是中国历代家书中的经典名篇，从中可见周顺昌家教之严。《卫所家书》与《与友人书》真迹原藏镇江焦山定慧寺，1960年由镇江博物馆接管收藏，两书同裱一卷(《与友人书》在前)，卷首有许振祎题词，

〔1〕 陆九皋文《周顺昌墨迹〈卫所家书〉和〈与友人书〉考述》，镇江博物馆编《陆九皋文博论著选》，1998年，94—95页。

两书之后有周顺昌画像,题款云:"嘉庆丙辰(1796)春禊日华重光谨摹"[1],卷后有汪吉麟、赵彦修、赵秀梅跋、范志熙、冒广生等人跋,叙述、考证手卷的流传经过。

## 与沈石帆别驾书

若抚归开函,见尊揭,知老亲翁之薄待弟也。顷珍翰①远勤,复用揭帖,弟思何以见罪,至是,惟有惊汗浃踵而已,即欲破例拜赐②,弟不敢也。敬藉手③完上前后尊,衔附入在,老亲翁覆视之,当必笑破口也。

弟拟正月廿二日起程,又以冗阻,来月初四准束装戒途④,同行不过三四敝仆,单骑长驱,计初八九、迟则十二三可抵贵治。此时胸怀,种种可以尽吐,但与亲翁约,切勿张筵,切勿出拜,到时惟以两盘素菜痛饮五鼓,盖弟是月持斋故也。万祷,万祷。有谓京口登陆,近四百里且驿递便安。弟思此番不得促膝⑤,又要几年饥渴之怀,梦中不解,所以决计于安□[一]耳。

三儿⑥已入学堂,读书甚乐,皆邀岳翁之庇也。余俟面悉。

(《乾坤正气集》,又见《四库全书》、唐文治重刊本)

【校】

[一]"安□",《四库全书》作"安纾",唐文治重刊本无"□"。

【注】

① 珍翰:对人书信的美称。元侯克中《予客姑苏王御史持李鹏举书至知检讨太常以诗答之》:"故人北去寂无闻,珍翰南来意甚勤。"

② 拜赐:拜谢或拜受赐赠。《礼记·玉藻》:"大夫拜赐而退,士待诺而退。"孔颖达疏:"此一节尊卑受赐拜谢之礼。"《史记·大宛列传》:"(骞)乃曰:'天子致赐,王不拜则还赐。'昆莫起拜赐,其他如故。"宋祁《九日侍宴太清楼》:"省收行步玉,拜赐俨华裙。"沈德符《野获编·内阁三·貂帽腰舆》:"大臣自六卿至科道,每朝退见阁,必手摘暖耳藏之。江陵亦不以为讶,此已拜赐而违命不用者。"

③ 藉手:借助,借人之手以为己助。《左传·襄公十一年》:"凡我同盟,小国有罪,大国致讨,苟有以藉手,鲜不赦宥。"裴松之引三国吴韦昭《吴书》注《三国志·吴志·鲁肃传》"目使之去":"今(刘备)已藉手于西州矣,又欲翦并荆州之土,斯盖凡夫所不忍行,而况整领人物之主乎!"

④ 戒途:出发,准备上路。《晋书·文六王传》:"遂乃褫龙章于衮职,徒侯服于下藩,未及戒涂,终于愤恚,惜哉!"《周书·文帝纪上》:"自大都督臣岳殁后,臣频奉詔还阙,秣马戒途,志不俟旦。"唐张文琮《昭君怨》:"戒途飞万里,回首望三秦。"明宋濂《送和赞善北归诗序》:"盖生逢有道之朝,皇上执孝道以御天下,故希文朝有请而夕戒涂也。"

⑤ 促膝:对坐而膝相接近,多形容亲切交谈或密谈。晋葛洪《抱朴子·疾谬》:"促膝之狭坐,交杯觞于咫尺。"萧统《答晋安王书》:"省览周环,慰同促膝。"罗大经《鹤林玉露》卷八:"尝夜阑酒罢,平原屏左右促膝问曰:'某谬当国秉,外间议论如何?'"

⑥ 三儿:周茂葵,字子向。

---

〔1〕 陆九皋文《周顺昌墨迹〈卫所家书〉和〈与友人书〉考述》,镇江博物馆编《陆九皋文博论著选》,1998年,94—95页。

【记】

此书作于天启元年(1621)辛酉正月,赴任吏部前。首先,叙述书信往来情况。其次,告知因冗事耽搁而延期出发,约定会面时不必铺张浪费。最后,谈及三儿周茂葵的近况。从此信中可以看见周顺昌的冰檗之操:入京为官,单骑长驱,随行仅敝仆三四人;至亲翁治所,不许出拜迎接,不许张筵款待,两盘素菜足矣。攻苦茹淡,是周顺昌一以贯之的志节追求。

## 与朱完天文学书

廓翁①事已付之一痛矣。翁兄生死交情,眼中未见,其两感极容,面时悉之。筑室将成,弟已作避世②计,知亦有道者之所深许也。不尽。

(《乾坤正气集》,又见《四库全书》、唐文治重刊本、朱完天《北行日谱》附录)

【注】

① 廓翁:魏大中(1575—1625),字孔时,号廓园,浙江嘉善人,"东林前六君子"之一,明万历四十四年(1616)进士,历任行人司行人,工、礼、户、吏各科给事中,都给事中等职。《明史》卷二四四有传,著有《藏密斋集》。

② 避世:逃避尘世,逃避乱世。《庄子·刻意》:"此江海之士,避世之人,闲暇者之所好也。"《后汉书·儒林传上·洼丹》:"王莽时,常避世教授,专志不仕,徒众数百人。"

【札】

### 跋蓼洲周先生书〔1〕

朱寿阳

伤哉!此周先生手书也。先君云,于都中尚有数楮,几为逻卒所获,悉已火之,止存斯谏,乃先生〔2〕为魏先生后事所寄者,不数日而先生亦被逮。顷简笥中,读之泣下,谨录首端,以识怆感。

(朱完天《北行日谱》附录)

〔1〕 题目,编者所加。

〔2〕 先生,原作"先君",今改。

# 卷三　杂文及诗

## 送中丞绵贞周公① 南归序[一]

夫人臣之去留进退，与国家之安危治乱每相应，而况镇抚②大吏，天子所赖以保厘③区宇④者乎？其去留进退，所关乎[二]纪纲⑤者尤匪[三]细。自非见排于正论⑥、失职于疆圉⑦者，天子弗轻议去，如绵贞周公今日之以谴去，殆二百年来所未有之事也。先是，杨丞⑧以强项⑨故，开隙⑩于织珰，珰欲中丞[四]以危法⑪，公曰："黜陟⑫之柄，可容若辈操耶？"力诤之，始得免逮，而珰已衔公矣。无何，兵使者恣睢⑬以逞，一夫冤死，万姓愤激。公亦知其多内援未可击，而公弗顾也，特疏上闻。蒙天子诮呵[五]⑭督过⑮，公削职归矣。

夫以察吏忤珰之故，被谴以去。天子即夺公以官，未尝不予公以名，公去而名益高，于公何悔？惟[六]是，公二载德政，几同覆载⑯，且岁值大祲⑰，苦心调剂，力请留漕粟之半加惠兹土，复议开三江故道，贻吴中永利。公殆未可一日去吴者，奈何竟以谴去也？虽然，公去而郡邑有所恃，不肯以身徇[七]珰。监司有所畏，不敢以刑快意。继公抚吴者，终不能趋炎附热，翻一成之案，且使彼之曲径而入，媚灶⑱而来，因以得美官者，亦色沮心怵，负世大垢。而海内仗节秉钺之臣，犹或能以察吏安民之责，挺持于震风[八]凌雨之中也。则公虽去，所留于我吴者正[九]多，而于以风天下甚远，谓公以一去报天子，可矣。

嗟乎！玄黄互战，门户横分，吉水先生以一代羽仪⑲，终为左右宵小⑳所抑，弗获竟其大用。嗣后，名流正学，寥落若晨星，摧残如[十]霜木，求奇节异材于今日，亦当在海之隅、岭之表矣。此余所谓人臣之去留进退，与国家之治乱安危相应者也，又[十一]何疑于公之以谴去乎？所幸者，浮荣旦夕，是非千古，汉唐宋无论矣。近观二正之季，佥壬㉑弄权，众正屏迹，如王佑、王文、张志淳、刘宇辈之一岁九迁，究竟与刘忠愍、薛文清、刘忠宣诸君子之下理谪戍者，果何如哉？然则公虽以[十二]谴去，又何悔焉？

余承乏㉒公之里，曾以迂愚戆直抗虐珰方张之焰[十三]，几为附珰者所中。抚今追昔，不觉于公之去三叹息也，遂书以赠公。

（《乾坤正气集》，又见《借月山房汇抄》、《四库全书》、唐文治重刊本、蔡士顺《同时尚论录》卷一〇、金日升《颂天胪笔》卷八、顾沅《吴郡文编》卷一五五）

**【校】**

［一］题目，《颂天胪笔》作"吏部文选司员外郎周顺昌送应天巡抚右佥都御史周起元南归序"，《吴郡文编》作"送绵贞周抚台南归序"。

［二］"乎"，《颂天胪笔》《吴郡文编》作"于"。

［三］"匪"，《借月山房汇抄》作"非"。

［四］"中丞"，《乾坤正气集》作"中中丞"，从《借月山房汇抄》、唐文治重刊本、《颂天胪笔》《吴郡文

编》改,《四库全书》作“中杨丞”。

［五］“诮呵”,《乾坤正气集》《四库全书》作“诮诃”,《颂天胪笔》《吴郡文编》作“谯诃”,今改。

［六］“惟”,《借月山房汇抄》作“唯”。

［七］“徇”,《颂天胪笔》作“殉”。

［八］“震风”,《借月山房汇抄》作“振风”。

［九］“正”,《借月山房汇抄》作“实”。

［十］“如”,《颂天胪笔》作“犹”。

［十一］“又”,《颂天胪笔》《吴郡文编》作“而又”。

［十二］“以”,《颂天胪笔》误作“不”。

［十三］“焰”,《借月山房汇抄》作“势”。

**【注】**

① 绵贞周公:周起元(1571—1626),“东林后七君子”之一(高攀龙、周顺昌、周起元、缪昌期、李应升、周宗建、黄尊素),字仲先,号绵贞,福建海澄(今漳州龙海)人,明万历二十九年(1601)进士。明天启三年(1623),以右佥都御史巡抚苏松十府。《明史》卷二四五有传,有《周忠愍奏疏》行世。

② 镇抚:安抚。《左传·昭公十五年》:“诸侯之封也,皆受明器以镇抚其社稷。”《史记·淮阴侯列传》:“因请立张耳为赵王,以镇抚其国,汉王许之。”颜之推《颜氏家训·慕贤》:“张延隽之为晋州行台左丞,匡维主将,镇抚疆埸,储积器用,爱活黎民,隐若敌国矣。”

③ 保厘:治理百姓,保护扶持使之安定。《尚书·毕命》:“越三日壬申,王朝步目宗周,至于丰,以成周之众,命毕公保厘东郊。”孔传:“用成周之民众,命毕公使安理治正成周东郊,令得所。”王维《送韦大夫东京留守》:“名器苟不假,保厘固其任。”

④ 区宇:境域,天下。元稹《贺诛吴元济表》:“威动区宇,道光祖宗。”陈亮《重建紫霄观记》:“本朝混一区宇,是观因以不废。”

⑤ 纪纲:治理,管理。《国语·晋语四》:“此大夫管仲之所以纪纲齐国,裨辅先君而成霸者也。”韩愈《送水陆运使韩侍御归所治序》:“侍御韩君,前领三县,纪纲二州,奏课常为天下第一。”

⑥ 正论:正确合理的言论。宋叶适《祭黄尚书文》:“公存匪石,终始根柢;常扶正论,独引大体。”

⑦ 疆圉:边境,边界。司马光《论屈野河西修堡状》:“伏望陛下察庞籍本心,欲为国家保固疆圉,发于忠赤。”《明史·王守仁传》:“臣恐劳臣灰心,将士解体,后此疆圉有事,谁复为陛下任之!”

⑧ 杨丞:苏州同知杨姜。

⑨ 强项:刚正不为威武所屈。《后汉书·杨震传》:“帝尝从容问奇曰:‘朕何如桓帝?’对曰:‘陛下之于桓帝,亦犹虞舜比德唐尧。’帝不悦曰:‘卿强项,真杨震子孙。’”刘知几《史通·直书》:“夫世事如此,而责史臣不能申其强项之风,励其匪躬之节,盖亦难矣!”王世贞《鸣凤记·幼海议本》:“董兄如此忠鲠,也不愧董宣之强项了。”

⑩ 开隙:引发争端。宋叶适《厉领卫墓志铭》:“议者因共指君为开隙生事,语闻四方,虽其故友朋及为士者亦交尤之。”

⑪ 危法:严酷之法。《史记·酷吏列传》:“窦太后闻之,怒,以危法中都,都免归家。”苏轼《上神宗皇帝书》:“臣之所惧者,讥刺既众,怨仇实多,必将诋臣以深文,中臣以危法,使陛下虽欲赦臣而不得。”

⑫ 黜陟:人才的进退,官吏的升降。《尚书·周官》:“诸侯各朝于方岳,大明黜陟。”《后汉书·韦义传》:“(韦义)数上书顺帝,陈宜依古典,考功黜陟,征集名儒,大定其制。”韩愈《送李愿归盘谷序》:“理乱不知,黜陟不闻。”

⑬ 恣睢:放纵,放任,形容凶残横暴。《史记·伯夷列传》:“暴戾恣睢,聚党数千人,横行天下。”

⑭ 诮呵:责备,呵斥。

⑮ 督过:督察责罚。《战国策·赵策二》:“守四封之内,愁居慑处,不敢动摇,唯大王有意督过之也。”《史记·项羽本纪》:“闻大王有意督过之,脱身独去,已至军矣。”

⑯ 覆载:比喻帝王的恩德。范仲淹《青州谢上表》:“涓尘未补,覆载何酬?”归有光《乞致仕疏》:“涓埃未竭,覆载难酬。”

⑰ 大祲:大侵,严重歉收,大饥荒。《谷梁传·襄公二十四年》:“五谷不升谓之大侵。”范宁注:“侵,伤。”杨士勋疏:“大侵者,大饥之异名。”柳宗元《贞符》:“岁丁大侵,人以有年。”元龚辙《逃荒别诗序》:“丁未大祲,殍殣蔽野。”

⑱ 媚灶:比喻阿附权贵。汉崔寔《政论》:“长吏或实清廉,心平行洁,内省不疚,不肯媚灶。”《隶释·汉太尉陈球碑》洪适释:“东汉阉寺之盛,人主拱手,君子丧气,然刚毅之士宁接踵以赴死,不诎身以媚灶。”

⑲ 羽仪:比喻居高位而有才德,被人尊重或堪为楷模。《易经·渐》:“鸿渐于陆,其羽可用为仪。”孔颖达疏:“处高而能不以位自累,则其羽可用为物之仪表,可贵可法也。”《汉书·叙传上》:“皇十纪而鸿渐兮,有羽仪于上京。”颜师古注引张晏曰:“成帝时,班况女为倢伃,父子并在京师为朝臣也。”沈约《齐故安陆昭王碑文》:“公以宗室羽仪,允膺嘉选。”韩愈《燕喜亭记》:“智以谋之,仁以居之,吾知其去是而羽仪于天朝也不远矣。”

⑳ 宵小:小人,坏人。明孙兆祥《禾已黄歌》:“蝗兮蝗兮禾已黄,恩斯勤斯匪尔粮,何不往啗彼宵小之肝肠?”

㉑ 佥壬:小人,奸人。明宋濂《送部使者张君之官山西宪府序》:“人不务德则已,苟有德焉,又何佥壬之不革行哉!”

㉒ 承乏:承继空缺的职位,后多用作任官的谦词。《左传·成公二年》:“敢告不敏,摄官承乏。”杜预注:“言欲以已不敏,摄承空乏。”潘岳《秋兴赋》:“摄官承乏,猥厕朝列。”《新唐书·百官志三》:“乐彦玮为大夫,以尝召两御史,乃加副承诏一人,阙则殿中承乏。”

**【札】**

## 周吏部纪事·忤阉始末(节录)

吴抚周适疏攻阉党,并被削。故事,抚院行必有送序,序无敢属笔者,吏部奋曰:“削行最荣如周公,可无赠耶?”亟其稿略曰:“人臣之去留,与国家之治乱每相应,巡抚大吏,天子不轻议去,况议削,更以参属削也?虽然,能夺公以官,讵能夺公以名乎?公去而郡邑守有所顾忌,不敢以身殉珰。继公抚吴者,终不能趋炎附羶,翻一成之案。而即今因公参得美官诸人,亦色沮心怵负世大诟。海内仗节秉钺之臣,犹必以察吏安民,挺特乎震风凌雨之中。谓公以削去报天子可也。”文成,无不啮指。吏部愤发,顾叱自如。

(张世伟《周吏部纪事》)

## 玉镜新谭·纳奸(节录)

威福日盛,鹰犬日众,四方孔道,民间无敢偶语者。驿使停骖,即卧榻间,无敢提一“魏”字者。身在京华,童仆往来,无敢带一家书者。去国诸臣,典衣觅骑,萧条狼狈,全无士气。而一经削夺,门无敢谒,郊无敢饯者,虽师生戚友之谊,亦荡然扫绝。重足而立,道路以目。凡衣冠士庶相见之间,皆缄默不敢吐半言,即寒温套语,问讯起居,并忘之矣,唯长揖拱手而已。其婚丧宴会,亦不敢设矣。三四年来,普天率土,凡智慧者化为愚蒙,辩捷者装成喑哑。旷古及今，中官之威劫海内者，未有若此大神通也。时惟有骨鲠之臣交章论劾者，是大狱起而罗钳吉网之横行也。

（朱长祚《玉镜新谭》卷一）

## 苏州织造局志·沿革（节录）

天启二年，苏杭织造太监李实疏奏，松江知府张宗衡、苏州同知杨姜派定物价，不行给发，遂夺俸。

（孙佩《苏州织造局志》卷一）

## 明熹宗实录·天启二年七月（节录）

天启二年七月辛酉。先是，织监李实以袍价不敷疏参松江府知府张宗衡、同知杨姜，俱各住俸。应天巡抚王象恒疏言：李实虽参宗衡与姜，意本在臣。盖钱粮出纳，虽在府官，而总理在臣，皇上不督责臣而薄罚二臣，臣何幸而二臣何辜？乱激扬之令典，窃太阿之大权，无一可者。且当三空四尽之时，为用一缓二之计，此正二臣苦心。于时，苏州已解一万八千，松江已解五千矣。续发续解者，尚在拮据，络绎于途，而乃更蒙罚，则循良何足以措手足也？乞严谕李实特为安静，勿旁生枝节，贻累地方。更将臣速赐罚处，以为不能承顺织监者之戒。报已有旨。

（《明熹宗实录》卷二四）

## 请宥非罪被诬府佐疏

周起元

臣于邸报中见织监李实一本，奉圣旨：苏松料银毫不给发，同知杨姜贪赃败露，抗旨冒罪，希图掩饰，本当差官拿治，姑着抚按官严查赃私，参提具奏，钦此。

袍价取给于料银，而苏松岁征料银不过四万有奇，额编止有此数。往年织造孙隆与近时吕贵皆未尝过溢于编数之外也。今织监李实谬张虚额，一味诛求，倚信参随，百计冒破，盖有必不可听者四，请得而悉言之。

臣查部咨，今次袍数派九万五千余匹，蒙减三分之一，则为六万三千余匹。臣又查，神宗即位初年，止派五万余匹，仍有蠲免。是以臣等曾合词疏恳皇上祖述成宪，以苏物力，工部亦谆谆具请矣。而李实反谓皇上原派十五万以诳堂匠，臣遍阅并无一十五万之派文，无非派多则取利多，而故张虚数耳。此其必不可听者一。

臣又据实初估价以百万计，签云虚冒之极，诚得一奉公之内臣任之，此中可省五六十万。然而，无望于李实矣。即就百万之估，浙六值四，浙若得六十万，苏松亦止应四十万。以四十万分为十八运，每年两运，应得四万有奇，而苏松解已足数矣。今织监两运，造册移臣，乃索取苏松九万二千，而且以三运续解之银，欲并入于两运之数，以此积算，是十八运将索苏松九十万，并折价而尽输也。臣于是时若不讲明，则此后十五运必将沿为定例，而臣以一时之因循，贻苏松无穷之累，臣罪滋大矣。此其必不可听者二。

织造监局各役，咸以通融挪借为请，臣思此时搜括已穷，库藏如洗，苏郡，财赋所出之区也，而库无千金之储，将挪京边乎？将挪金花乎？将挪辽饷乎？项项有款，朝入库而夕起批，尚苦于不足分数，有司时蒙参罚，又乌能停别项之急征，而概充织局无艺之诛求也。此其必不可听者三。

缎匹颜色之中，大红与浅色，金闪与暗花，料价不啻悬矣。部派原有定数，大都红闪居十之二三，每运数原无几，历来旧案，斑斑可考。今实多遗浅色暗花，与苏州府缎数开大红、金闪等色数倍，若将尽举后运贵价之色而取给于一时，无非假饰捏造。红闪多则濡染多耳，二运苏州给解逾额，三运苏州止应□缎三百五十匹，堂匠交缎，不收，直欲驾此局面以为挑激计，而显施辣手，此其必不可听者四。

是役也，臣愚区区一念为地方，惜已空之皮骨，为该监塞无涯之漏卮，以致大拂其心，于府同知杨姜无与也。只因该监恨其不破例行属礼，以为所司之倡。于天启二年捏情妄参，今复巧于下石，不惟显诬之以抗旨，而且阴中之以犯赃。顷者，一二参随尝布流言，谓中伤一同知而属礼可定，库银任取。臣以为细人蜚语不足信，而不意实之谋果出于此，而皇上误听之也。今合郡士民见本官杜门，惶惶泣留而通属，荐绅将士无不称冤，愿借实仇有司，则拂百姓，拂百姓则百姓必将仇实。念及于此，可不寒心？而况暗干纠劾大权，将置抚按何地？不独下拂舆情，抑且上关国体，诚有如科臣所抄参者。至于袍服之外，为岁造，为改造，为只逊，皆有司事，自陈增以包揽，致祸刘、吕两监，皆未尝过而问焉。不意该监之复以身为溪壑也，毋谕朘削无属厌之期，而一领、一解、一验、一发既自北而之南，复自南而之北，纡回千余里，转运必至后时。臣观蓟辽、宣大、延绥等镇边，赏不过差一能干佐领官，至苏杭平买，其为值也甚廉，其竣事也不过数旬，若定欲并归该监，以厚利贻李实则可，若为公家计，臣见其无济于事而且阶厉也。总之，袍服之银，臣欲其照常取于条编四司料银之内，而实必欲溢取于条编四司料银之外。徽宁等府岁改及协济料银，民机止愿就近领造，而实听信监棍，必勒其赴杭，往返近诸蠹钻。差四出大肆骚扰镇江匠役，又累累赴告矣。臣为皇上保守江南一方，所虑者在呼吸安危之变，而实所见者仅在阿堵多寡之间。臣为皇上经理财用，所图者在酌盈济虚之计，而实所急者，常在吮膏吸髓之谋。实身如扑满，臣言如沃石，即欲与之同心，势必不能要，非臣敢有意于异同也。

伏乞皇上俯念苏府料银已尽起解，原无拖欠。松镇、徽州等府岁改，与杨姜无干，特赐开宥，以昭令德，仍严谕李实节取料价，于额数之中缎匹，勿虚张数目，红闪勿并取一时，料价勿多扣入己，毋凭参随之拨置，而与有司为枘凿，毋设缓急之机关，而捏虚词一萋菲，则地方受李实安静之赐，而臣等亦可与同心以效上供矣。

（周起元《周忠愍奏疏》卷二）

【记】

此序文作于天启五年(1625)乙丑。周顺昌为人刚方贞介，嫉恶如仇。魏忠贤专权乱政，残害忠良，周顺昌言谈之间，义形于色。苏州同知杨姜，清介自守，以强项著称，苏杭织造太监李实骄横，胁制郡县以属礼相见，杨姜不屈。李实怒而诬劾杨姜，巡抚周起元上疏为他申辨，又疏劾兵备副使朱童蒙暴虐肆行，遂被削夺。按照常规，抚院行必有序文相送，而无人敢动笔为之，周顺昌曰："削行最荣如周公，可无赠耶？"遂作此序。文中将人臣的去留与国家的治乱安危联系起来，盛赞周起元是"以削去报天子"，并指斥阉党无所忌讳。逆珰炽焰方盛时，整个社会的环境是重足而立，道路以目，举世喑哑，官员“一经削夺，门无敢谒，郊无敢饯者，虽师生戚友之谊，亦荡然扫绝”（朱长祚《玉镜新谭》），而周顺昌敢言他人所不敢言，敢为他人所不敢为。殷献臣《周吏部年谱·小引》中云：“闻善若赏，嫉恶如仇。行即有稍亢，亦今人所不敢为；语间有微激，亦今人所不敢言。”

## 龙树庵① 放生池记

放生为佛法一门，实德[一]根本。古德开道，不啻已详，近则独盛[二]于云栖②。龙树庵传公[三]，固云栖之所传衣也，戒律精虔，一秉云栖之教。庵在莲泾，宽数亩[四]，而有法堂以供佛，有禅堂以安僧，有普同塔以厝阇毗之众骨③。其环庵如带，则皆放生池也。

余暇日与文文起、朱德升过之，钦其严净，见池之右有田亩许，颇为池碍。询之，为公家义田，不可以售，惟同区者得相转移，而里中殷氏田适与同区，近在跬步[五]，因劝余友汝良[六]施之，闻于邑大夫，相易[七]。传公募[八]檀施④，吴经等捐赀凿之，而池观遂完，生亦益繁[九]。

传公向余稽首曰[十]：“兹庵创始于[十一]万历丁未⑤，即以放生为愿。迄今[十二]而未圆满也，以三宝⑥之加被宰官之赐，遂能竟此无上功德。宰官固善，因夙植冥修默证，生生世世以有今，兹抑贫衲窃有所进于宰官也？身为比丘，息心净行，度不能有所普度于世，而自私自了，诸佛所呵，故动念必求利生[十三]，利生必先不杀，不杀之细而实者，无如放生，盖力不能及人而姑及于物，则惟比丘之行，若夫宰官寸念之发，生生无限。其所生者，岂惟蛸蟜⑦蠢动⑧？即其所谓生者，亦岂必相濡相沫为沾沾之小仁小惠已哉？应以宰官身得度者，即现宰官身而为说法。倘宰官之生生而犹夫比丘之生生，恐非圆通第一矣。且今者比丘之生生非宰官不成，则知宰官能摄比丘行；而宰官生生之念非比丘不触，比丘又能摄宰官行矣。然比丘有愿十余年不能成就，而成就于宰官之一念，愿力孰宏？成就孰捷？凡为宰官者，尚其冥修默证，无负此圆通矣乎？”余恍然顾文起、德升而叹曰：“儒者多[十四]排释氏以谓自私自了，试证于传公语云，何故[十五]非传公不能[十六]此语？”因书以为记[十七]。

天启元年正月吉旦。[十八]

（《乾坤正气集》，又见《四库全书》、唐文治重刊本、崇祯《吴县志》卷二六、康熙《吴县志》卷三五、民国《吴县志》卷三六）

**【校】**

［一］“德”，崇祯《吴县志》、康熙《吴县志》、民国《吴县志》均作“众德”。

［二］“盛”，康熙《吴县志》误作“甚”。

［三］“传公”，《乾坤正气集》《四库全书》作“傅公”，唐文治重刊本同，今据崇祯《吴县志》改，下文不再一一注明。

［四］“庵在莲泾，宽数亩”，崇祯《吴县志》、康熙《吴县志》、民国《吴县志》均作“庵在白莲泾，宽广不盈数亩”。

［五］“里中殷氏田适与同区，近在跬步”，崇祯《吴县志》、康熙《吴县志》、民国《吴县志》均作“而里中殷汝良田适在跬步间”。

［六］“余友汝良”，崇祯《吴县志》、康熙《吴县志》、民国《吴县志》均作“汝良”。

［七］“闻于邑大夫，相易”，崇祯《吴县志》、康熙《吴县志》、民国《吴县志》均作“闻于邑宰，易之”。

［八］“募”，康熙《吴县志》误作“墓”。

［九］“益繁”，崇祯《吴县志》、康熙《吴县志》、民国《吴县志》均作“日繁”。

［十］“传公向余稽首曰”而下，民国《吴县志》无。

［十一］“创始于”，崇祯《吴县志》、康熙《吴县志》作“创于”。

［十二］“迄今”，崇祯《吴县志》、康熙《吴县志》作“迄于今”。

［十三］“利生”，《乾坤正气集》作“生利”，唐文治重刊本同，今据崇祯《吴县志》改。

［十四］“多”，《乾坤正气集》作“非”，唐文治重刊本同，今据崇祯《吴县志》改。

［十五］“何故”，《乾坤正气集》作“何顾”，唐文治重刊本同，今据崇祯《吴县志》改。

［十六］“不能”，崇祯《吴县志》、康熙《吴县志》作“不闻”。

［十七］“因书以为记”，《乾坤正气集》作“书以为记”，唐文治重刊本同，“因”字，据崇祯《吴县志》补入。

［十八］“天启元年正月吉旦”，《乾坤正气集》、唐文治重刊本均无，据崇祯《吴县志》补。

**【注】**

① 龙树庵：崇祯《吴县志》卷二六：“龙树庵，在阊门外白莲泾。南包家墩，即古文殊庵故址。万历间云栖僧广传募建。周忠介公以老树拒门如龙，因名曰龙树。中建法堂、放生池、普同塔。”

② 云栖：明僧袾宏，晚年居云栖寺，号云栖大师。云栖寺，在浙江杭州西湖南，相传为五代吴越国王钱俶始建，四周修竹参天，幽静秀丽。

③ 有普同塔以厝阇毗之众骨：钱谦益《龙树庵记》：“构十方堂以养老病，畜池水以放生，立普门塔以厝阇维四众。”普门，佛教谓普摄一切众生之广大圆融的法门。《法华经·观世音菩萨普门品》：“尔时持地菩萨即从座起，前白佛言：‘世尊，若有众生、闻是观世音菩萨品、自在之业，普门示现神通力者，当知是人功德不少。’佛说是普门品时，众中八万四千众生，皆发无等等阿耨多罗三藐三菩提心。”隋吉藏《法华义疏》卷一二：“所言普门者，普以周普为义，门是开通无滞之名。”

④ 檀施：布施。杨炯《后周明威将军梁公神道碑》：“月抽官俸，日减私财，并入薰脩，咸资檀施。”明叶宪祖《北邙说法》：“亏煞你遇闲事，肯把真诚耐，亏煞你乐檀施，甘将贫困捱。”

⑤ 万历丁未：万历三十五年(1607)丁未。

⑥ 三宝：指佛、法、僧，后指佛教。《释氏要览·三宝》：“三宝，谓佛、法、僧。”三国吴康僧会《安般守意经序》：“佛教三宝，众冥皆明。”《南史·梁昭明太子统传》：“太子亦素信三宝，遍览众经。”苏轼《真相院释迦舍利塔铭》：“皆性仁行廉，崇信三宝。”

⑦ 蛴：古书上说的一种毒虫。

⑧ 蠢动：泛指动物。司空图《迎修十会斋》：“仰慈悲之宏誓，成幽显之胜因，蠢动有情，沾濡共泰。”《旧唐书·张廷珪传》：“岂佛标坐夏之义，愍蠢动而不忍害其生哉！”

**【札】**

## 龙树庵记

钱谦益

儒者文文起、姚孟长，吾郡之岿然者也，顾好从浮图广传者游。传，太仓州沈氏子，学儒不成，去学贾，又不成，遂好学浮图法，参雪浪、云栖诸大和尚，栖止郡之华山寺。[1]鸠

〔1〕“太仓州沈氏子，学儒不成，去学贾，又不成”句，“遂好”二字，“郡之”二字，“寺”字，崇祯《吴县志》卷二六无。

集净侣，翻阅大藏，披攘经营，若庀其家。〔1〕

未几，华山有壤地之讼，僧徒惊怖欲散去，传告哀于佛，去氏削发，誓以死殉。〔2〕凡三载，讼稍息，乃去而游虎林、天目诸山，饭僧行脚，轨行坚苦。〔3〕归休于墓田丙舍，结庐以居，因斥之以事佛，齐众所谓龙树庵者也。〔4〕吾观佛之徒，其为说，以谓山河大地，一切如幻。〔5〕而其身之所寄，瓦盂锡杖，一饭一宿，即五山十刹，亦比之于逆旅传递而已。〔6〕然其人往往以塔庙为国土，以伽蓝为金汤〔7〕，而效死以守之，身可杀而不可夺，若传者何其固也？今之为卿大夫者，身受国家疆圉之寄，而不难以戎索与虏。一旦丧师失地，日蹙国百里〔8〕，拱手瞪目，彼此相顾视，所谓败则死之，危则亡之者，其于浮图何如也？夫浮图之塔庙被四海，未尝专责任于一人，又非有高爵酥赏劝诱于前，严刑殊死警戒于后也。而浮图之效死以卫塔庙者时有，而卿大夫视疆圉之事若弈棋然。岂佛能以祸福语倾天下，而国家之赏罚，顾不足狗与？抑亦佛之徒弃氏毁服，祝除发毛，无妻子身名之绁羁，故其志桀然得信，而未可以责诸卿大夫与？呜呼！此之不能而彼能焉，而又疾其能焉，而思以盖之，曰彼浮屠也，彼之效死以居者，固慬而免于吾之庐者也。一旦有事，上不能谋，士弗能死，委而去之，国家之疆圉，曾不得比于浮图之塔庙，而不以为耻也。〔9〕文起、孟长，儒者也，不斥浮图而与之游也宜。传治龙树庵既成，文起以书属余曰："庵未有记〔10〕，传具石请记，子其勿辞。"

余为之记曰："庵在吴城西白莲泾南，右折半里许，老树拒门，如虬龙攫挐，因以名庵。构十方堂以养老病，畜池水以放生，立普门塔〔11〕以厝阇维〔12〕四众，而文起书《金刚经》刻于塔上。经始于万历某年〔13〕，凡若干年，以溃于成。是为记。

（钱谦益《牧斋初学集》卷四二，又见崇祯《吴县志》卷二六）

---

〔1〕"集"字，崇祯《吴县志》无。"披攘"，崇祯《吴县志》作"披莽"，当以"披莽"为是，形容经营之艰辛。"披攘"，犹披靡，《文选·曹植〈责躬诗〉》："朱旗所拂，九土披攘，玄化滂流，荒服来王。"吕向注："披攘，犹披靡也。"

〔2〕"壤地"，崇祯《吴县志》作"攘地"，以"壤地"为是，开拓疆土之意，《战国策·赵策二》："（齐宣王）十年攘地，秦人远迹不服，而齐为虚戾。"壤地，田地，《管子·八观》："夫山泽广大，则草木易多也；壤地肥饶，则桑麻易植也。""僧徒惊怖欲散去"句，崇祯《吴县志》无。"告哀于佛"，崇祯《吴县志》作"自誓于佛"。"氏"字，崇祯《吴县志》无。"誓"字，崇祯《吴县志》作"愿"。

〔3〕"去"字，"饭僧行脚"句，崇祯《吴县志》无。

〔4〕"休"字，崇祯《吴县志》无。"事佛"，崇祯《吴县志》作"事物"，以"事佛"为是，"物"系刊误。

〔5〕"以谓"，崇祯《吴县志》作"以为"。

〔6〕"传递"，崇祯《吴县志》作"传蘧"。"蘧"者，旅社。《旧唐书·良吏传下·宋庆礼》："户庭可乐，彼独安于传递；稼穑为艰，又能实于军廪。"

〔7〕金汤，金城汤池的省称。《汉书·蒯通传》："必将婴城固守，皆为金城汤池，不可攻也。"颜师古注："金以喻坚，汤喻沸热不可近。"《后汉书·光武帝纪赞》："金汤失险，车书共道。"

〔8〕"日蹙国百里"句，崇祯《吴县志》无。

〔9〕"士"字，崇祯《吴县志》作"下"，当以"下"为是，与"上不能谋"相对。"去之"，崇祯《吴县志》作"弃之"。

〔10〕"庵未有记"句，崇祯《吴县志》无。

〔11〕"普门塔"，崇祯《吴县志》作"普同塔"。

〔12〕"阇维"，梵语，人命终后火化。晋法显《佛国记》："火然之时，人人敬心，各脱上服及羽仪伞盖，遥掷火中，以助阇维。"《景德传灯录·释迦牟尼》："请尊三昧火，阇维金色身。"

〔13〕"万历某年"，崇祯《吴县志》作"万历己未"。

## 放生说

钱谦益

放生戒杀，三代以上未有其名，然而未有大于此时者也。何也？周官川衡泽虞所掌，凡以共祭祀宾客丧纪之用，其它攻猛兽、除毒蛊、去蛙黾、射夭鸟，各有攸司，皆以生之之道杀之也。国君春田不围泽，大夫不掩群，士不取麑卵，田不以礼，曰暴天物，则田而杀焉寡矣。獭祭鱼，然后虞人入泽梁。豺祭兽，然后田猎。鸠化为鹰，然后设罻罗。草木零落，然后入山林。昆虫未蛰，不以火田。参观《王制》《月令》《夏小正》之所载，则非时而杀焉者寡矣。诸侯无故不杀牛，大夫无故不杀羊，士无故不杀豕犬，庶人无故不食珍，则无故而杀者寡矣。鲁隐公，大国之君也，登百金之鱼，臧孙以为乱政。宣公夏滥于泗渊，里革断其罟而弃之。周德下衰，其凛凛于王制若此，而况其盛时乎？古之帝王，以天地、山林、川泽为一家，以鸟兽、禽鱼、群生万物为一体，无地而非放生之地，无物而非放生之物也。辨方正位，体国经野，设官分职，皆放生戒杀之法。亲贤远奸，禁女谒，屏阉寺，攘夷狄，皆放生戒杀之事也。民无夭札，物无疵疠，麒麟游，凤凰集，众鸟兽、鱼鳖咸若，岂其以人主之尊，躬家人之细行，旦得一鸟焉而纵之，暮得一鱼焉而畜之，至以不取不放，见笑于夷狄，如梁武者哉？

唐、宋之世，天下始有放生池。唐乾元中，命天下置放生池，凡八十一所，颜鲁国文忠公为之碑。宋天禧中，王钦若奏以西湖为放生池，为人主祈福。苏文忠公谓西湖不可废者五，此其首也。唐、宋之置放生池，吾所谓家人之细事也。王钦若之请，则宦官、宫妾之爱其君也。然而颜、苏两文忠，拱手赞叹，如恐不及者，何也？尊王制，因末法，导扬人主之仁心仁闻，而劝诱天下以好生恶杀，此仁人君子之所有事也。唐用阉人杀天下，宋用新法杀天下，屏弃两文忠于外，生民日就汤火，而祈福于一鱼一鸟，其放生戒杀，不已隘乎？君子亦为之一喟而已矣！塘栖张子羽斥菜湖为放生池，建流水长者阁于池中，延秘密严公主其事。其友张秀初、沈不倾共为唱导。或难之曰："栖水去杭城五十里，西湖故放生池也，何必改作？"曰："子不见夫官府之库藏乎？勾稽会计，密于秋荼，今又重之以严旨峻法，然贪官污吏穿穴而乾没者，不可胜诛也。富家翁媪，囊金椟帛，手自扃镝，中夜取火而视之，不遇胠箧探囊发匮之徒，则其亡失者鲜矣。物公则玩，法久则渝。西湖之放生，官府之库藏也。栖水之放生，翁媪之囊椟也。何必西湖之是而栖水之非？"颜文忠之碑曰："环海为池，周天布泽。动植依仁，飞沉受获。"苏文忠之奏曰："郡人数万，会于湖上，所活羽毛鳞介，以百万数。皆西北向稽首，仰祝千万岁寿。"栖水之为斯，善学两文忠已矣。

衡公自栖水来，叙诸君建置之意，属余缀以一言。余拱手赞叹曰："斯所谓诸上善人，俱会一处。得厕名其间，幸矣！"作是说以广之。

（钱谦益《牧斋初学集》卷二六）

## 募建弥勒阁文

余少时，读书山寺中，同游者四人，曰邹子虚王、朱子德升、殷子汝劼暨子狷，于余为五。五人者，既相善又相爱也，每晤对，则剧谈[①]为乐，辄以文章性命相期许，尝思建关帝文昌阁[②]，因与期曰："吾辈有早登仕籍者先成之，即贵无相忘。"咸笑而应曰："唯唯[③]。"

已阅数年，余果连试告捷，得通籍[④]闱中，四人又前进曰："吾旧与汝有约，岂忘之耶？"余复笑而应曰："唯唯。"自是后，余遂以考课[⑤]迁福州司李，历官仕途，不得以他事告假，及居家多暇，又素以才薄力弱，不能支关帝文昌阁之建也，累岁卒莫能就。

吾家居郊西，距一里有小庵号贝叶[⑥]，其住持曰培风，为人冲夷恬澹，与余为世外交，发愿建弥勒阁于殿后，乞言于余。余曰："是不易为力也，方今天下，招提[⑦]、兰若[⑧]，不问海内外几什之四五，吴会名山大水，若邓尉、灵岩、中峰诸刹，夙称丛林、号胜壤，一时缁众之在外者，思兴土木大构造，奔走于公卿大夫之门，即百舍重茧[⑨]不言劳，然往往以费烦辄阻。"

禅家有云："发大愿力得大机缘"，天下事何患不遂？今培风募建兹阁，果能坚不退转，心必有龙天[⑩]鬼神护持，则由一身以至百千万亿身，由百千万亿身以至种种恒河沙数，助为津梁[⑪]，于此庀材[⑫]鸠工[⑬]，共襄厥成，又何疑焉？庵在莲泾之南，离城约三四里许，负郭为辐凑地，非若僻壤遐陬、远处山谷辙迹所不及者，每春秋时，游人士女，焚香燃烛，往来于庵之左右者，累累相征逐[⑭]。

培风以大愿力成大机缘，为庄严胜果。吾前所谓累岁而无成者，今庶几指日而就乎？余于福田利益之说，一无所动于中，而明心见性，每有合于儒者之道，故时时取以自观览焉。世之君子，专于内毋攻其外，将乐善布金[⑮]长者，有油油然而来、栩栩然而至矣，故不惮先倡而为文以劝。

（《乾坤正气集》，又见《四库全书》、唐文治重刊本）

**【注】**

① 剧谈：畅谈。《汉书·扬雄传上》："口吃不能剧谈，默而好深湛之思。"左思《蜀都赋》："剧谈戏论，扼腕抵掌。"刘义庆《世说新语·文学》："今日与谢孝剧谈一出来。"元好问《空山何巨川虚白庵》："剧谈不尽江湖景，重与青灯约对床。"

② 文昌阁：供奉文昌帝君。文昌，文昌宫六星的第四星，传说主文运，又称文曲星或文星。明谢肇淛《五杂俎·天部一》："俗言，南斗注生，北斗注死，故以北斗为司命。而文昌者，斗魁戴匡六星之一也。俗以魁故祠文星以祈科第，因其近斗也，故亦称文昌司命云。"

③ 唯唯：恭敬的应答声。宋玉《〈高唐赋〉序》："王曰：'试为寡人赋之。'玉曰：'唯唯。'"《汉书·司马相如传》："齐王曰：'虽然，略以子之所闻见言之。'仆对曰：'唯唯。'"颜师古注："唯唯，恭应之辞也。"

④ 通籍：朝中有名籍，指初入仕途。杜甫《夜雨》："通籍恨多病，为郎忝薄游。"《明史·袁洪愈传》："洪愈通籍四十余年，所居不增一椽，出入徒步。"

⑤ 考课：按一定的标准对官吏的政绩进行考核，以决定其升降赏罚。章炳麟《国故论衡·论式》："晋世杜预议考课，镏毅议罢九品中正……皆可谓综核事情矣。"

⑥ 贝叶：古代印度人用以写经的树叶，借指佛经。玄奘《谢敕赉经序启》："遂使给园精舍，并入提封，贝叶灵文，咸归册府。"

⑦ 招提：梵语"拓斗提奢"的省称，误为"招提"，意为四方。北魏太武帝造伽蓝，创招提之名，后为寺院的别称。谢灵运《答范光禄书》："即时经始招提，在所住山南。《旧唐书·武宗纪》："寺宇招提，莫知纪极，皆云构藻饰，僭拟宫居。"

⑧ 兰若：梵语"阿兰若"的省称，意为寂净无苦恼烦乱之处，多指寺院。杜甫《谒真谛寺禅师》："兰若山高处，烟霞嶂几重。"

⑨ 重茧:手脚上的厚茧,形容跋涉辛苦。《战国策·宋卫策》:“墨子闻之,百舍重茧,往见公输般。”姚宏注:“重茧,累胝也。”

⑩ 龙天:天龙八部,皆为护法神,佛教分诸天、龙及鬼神为八部,因八部中以天、龙二部居首,故称。《卢至长者因缘经》:“尔时世尊,天龙八部,四众围绕,王及大众,五体投地,为佛作礼。”《翻译名义集·八部》:“一天,二龙,三夜叉……八摩睺罗伽。”朱熹《次昭远致政丈得雨韵》:“诚通幽隐知无闲,喜动龙天信有因。”

⑪ 津梁:比喻济渡众生。刘义庆《世说新语·言语》:“庾公尝入佛图,见卧佛,曰:‘此子疲于津梁。’”《敦煌变文集·维摩诘经讲经文》:“若要抛离生死乡,须知内外作津梁。”

⑫ 庀材:备齐材料,多指建筑材料。柳宗元《桂州裴中丞作訾家洲亭记》:“乃经工庀材,考极相方,南为燕亭。”释文莹《玉壶清话》卷五:“公命工庀材,一夕而就。”

⑬ 鸠工:聚集工匠。唐黄滔《泉州开元寺佛殿碑记》:“乃割俸三千缗,鸠工度木。”

⑭ 征逐:交往过从。韩愈《柳子厚墓志铭》:“今夫平居里巷相慕悦,酒食游戏相征逐。”宋韩维《送孔先生还山》:“蚕桑事未起,农里得征逐。”

⑮ 乐善布金:乐善好施。

## 题竺坞募田疏

竺坞在西山最深处,入其境,四面峰峦环合,丛石[一]澄潭,青林翠蔓,幽若洞谷,寂寥无人,迥与尘世隔也。有僧断言,结宇休止,苦行净修,意谓募田百亩便可息影深山,供给徒侣,六时[1]诵读,礼悔匪懈。二三同志,无以为计,积一累十,共成胜事,不得不望持僧律、行佛玄之达人高士。彼多藏厚蓄者,方营营逐逐,问舍求田,日分餐于羹藜饭糗之夫,而犹苦不饱,何暇建寺饭僧为哉?嗟嗟!王侯过隙,金玉瓦砾,从佛视之,究归何有,独不念夫殿中之棘、桥下之柱乎?吾聊举以醒[二]世之迷而不愿施者。

(《乾坤正气集》,又见《四库全书》、唐文治重刊本)

【校】

[一]“丛石”,原本作“蘩石”,今改。

[二]“吾聊举以醒”,原缺,据《四库全书》、唐文治重刊本补。

【注】

① 六时:佛教分一昼夜为六时:晨朝、日中、日没、初夜、中夜、后夜。徐陵《东阳双林寺傅大士碑》:“乃起九层砖塔,形相巍然,六时虔拜。”吴兆宜注:“《龙树十住论》:菩萨昼夜各有三时,于此六时礼拜十方诸佛。”玄奘《大唐西域记·印度总述》:“六时合成一日一夜,昼三夜三。”李商隐《题白石莲华寄楚公》:“白石莲花谁所共?六时长捧佛前灯。”

## 题血书莲华经

秋夜,余迓断言师登法座施食。时有假寐于侧者,梦师所施粒悉化莲华,盈盈绕地,蘧然觉,问师所以,知师口所诵与手所掺符,何精诚若斯也。既而,索师血书《莲华经》观之,然后知师之作苦行、求觉路,非一日矣。斋心祗对,觉智慧锋应手圆净,玄宗妙旨,举笔全彰,亦恍乎莲华盈盈几上。佛眼[1]明而业影[2]空,法身[3]现而尘相[4]绝。觉耶,梦耶?

恶知夫莲华之非经、血之非莲华耶？是血是经，非血非经。为水为朱，为无着华，为如意宝书者，诵者皆从空现向之所梦，亦若是则已矣。因师刺血书经，余重有感焉。

（《乾坤正气集》，又见《四库全书》、唐文治重刊本）

【注】

① 佛眼：佛经所说五眼之一，佛为觉者，觉者之眼称佛眼，谓能洞察一切，具有超凡的眼力。《无量寿经》卷下："佛眼具足，觉了法性。"苏轼《赠杜介》："何人识此志，佛眼自照了。"苏辙《书金刚经后》："经言如来有五眼……以慧眼转物，以法眼遍物，佛眼也。"

② 业影：佛教谓恶业、善业随身如影，故称。《智度论》卷六："处处常随逐，业影不相离。"惠洪《冷斋夜话·三生为比丘》："（圆）观见锦裆女子浣，泣曰：'所以不欲自此来者，以此女也。然业影不可逃，明年某日，君自蜀还，可相临以一笑为信。'"

③ 法身：佛教语，谓证得清净自性、成就一切功德之身，不生不灭，无形而随处现形。《大般泥洹经·如来性品》："知如来法身，长存不变易。"隋慧远《大乘义章》卷一八："言法身者，解有两义：一显本法性以成其身，名为法身；二以一切诸功德法而成身，故名为法身。"玄奘《大唐西域记·劫比他国》："尝闻佛说，知诸法空，体诸法性，是则以慧眼观法身也。"

④ 尘相：尘俗的表相。沈约《和王卫军讲解》："七花屏尘相，八解濯芳襟。"苏轼《上张安道〈养生诀论〉》："闭息最是道家要妙处，先须闭息却虑，扫灭尘相，使心澄湛，诸念不起，自觉出入息调匀，即闭定口鼻也。"

## 甲寅[①]冬夜梦社中兄弟

分飞尔我忽三年，一度相思一黯然。猿多雁少书难寄，冻雪寒云情益牵。有时思绝落日边，有时望断层峦巅。关河渺邈不可见，惟见树草萧萧水潺湲。树草尚有凋，水流尚有竭。止此故人心，无时可消歇。愁看闽山荔子丹，遥思吴地梅花发。床头有酒且酌之，酒醉横眠抱孤月。月影将残，灯花欲落。神越千山，魂飞万壑。弟兄相对俨如昨，意气风流还自若。尔起舞，我高歌。恍惊双鬓半婆娑，共叹风波可奈何。谁谓天长与地阔[②]，千古离愁一宵豁。北阙[一]南山皆梦中，于此可以齐穷达。乃知黄金结交不足论，管鲍相期只方寸。白首常如此夜亲，何须拟赋江淹恨。

（《借月山房汇抄》，又见《四库全书》、唐文治重刊本）

【校】

［一］"北阙"，唐文治重刊本作"北关"。

【注】

① 甲寅：万历四十二年（1614）甲寅。

② 谁谓天长与地阔：孟郊《赠别崔纯亮》："食荠肠亦苦，强歌声无欢。出门即有碍，谁谓天地宽。"

## 赴闽口占[一][①]

半载联镳[②]驻帝京，都门一别又分行。海波遥挹南天转，闽树高连西塞横。旅店夜灯孤照影，驿梅寒雨暗流声。八闽三晋皆王土[③]，共咏甘棠[④]万古情。

（《借月山房汇抄》，又见《四库全书》、唐文治重刊本）

【校】

[一]“口占”,《四库全书》作“路占”。

【注】

① 口占:作诗文不起草稿,随口而成。《汉书·朱博传》:“阁下书佐入,博口占檄文。”《资治通鉴·齐明帝建武二年》:“(帝)善属文,多于马上口占,既成,不更一字。”

② 联镳:一起,共同。岳珂《桯史·富翁五贼》:“名亦在鼎甲,联镳入团司。”

③ 八闽三晋皆王土:《诗经·小雅·北山》:“普天之下,莫非王土;率土之滨,莫非王臣。”八闽,福建的别称,福建古为闽地。三晋,战国时赵、韩、魏三家分晋,其地约当今之山西省及河南省中部、北部,河北省南部、中部,后又为山西省的别称。唐崔曙《九日登望仙台呈刘明府》:“三晋云山皆北向,二陵风雨自东来。”明于谦《暑月将自太行巡汴》:“三晋冲寒到,中州冒暑回。”

④ 甘棠:称颂官吏的美政和遗爱。《史记·燕召公世家》:“周武王之灭纣,封召公于北燕……召公巡行乡邑,有棠树,决狱政事其下,自侯伯至庶人各得其所,无失职者。召公卒,而民人思召公之政,怀棠树不敢伐,歌咏之,作《甘棠》之诗。”《诗经·召南·甘棠》:“蔽芾甘棠,勿翦勿伐,召伯所茇。蔽芾甘棠,勿翦勿败,召伯所憩。蔽芾甘棠,勿翦勿拜,召伯所说。”

## 赠浒墅关[①]尹

天寒日暮欲何之[②],闻道轻装已驾时。且喜雄心仍自在,莫嗟分手未为期。风川波浪愁行色[③],马岭风烟绝梦思。此去长安[④]霜雪苦,嘱君珍重岁寒姿。

(《借月山房汇抄》,又见《四库全书》、唐文治重刊本、凌寿祺《浒墅关志》卷一)

【注】

① 浒墅关:凌寿祺《浒墅关志》卷一:“浒墅钞关,在长洲县二都六图浒墅镇,元至正间始置抽分竹木场于此。明洪武初设官置场于阊门、葑门、平望等处,寻以不便罢,第设浒墅巡简司盘诘。宣德四年令南京至北京沿河客商辏集处设立钞关。正统六年罢。景泰元年户部尚书金濂建言仍于浒墅添设钞关。成化元年罢。三年仍令苏杭二府收船料钞钱,四年罢。七年复设九江、苏、杭三府钞关。万历二十九年复置税务于浒墅关北,一地两关。泰昌元年停革,仍只一关。本朝因之。”浒墅关为往来送行之地,王世贞有《过浒墅关,李叔元司农邀张、毛、钱、吴诸名士饯送分韵》诗,胡瓒宗有《浒墅送刘员外》诗。

② 暮欲何之:刘长卿《送李中丞归汉阳别业》:“茫茫江汉上,日暮欲何之。”

③ 行色:行旅出发前后的情状。《庄子·盗跖》:“今者阙然数日不见,车马有行色,得微往见跖耶?”冯延巳《归国谣》:“芦花千里霜月白,伤行色,明朝便是关山隔。”

④ 长安:京城的代称。周密《武林旧事·淳熙八年》:“雪却甚好,但恐长安有贫者。”

## 咏 梅

春半梅将尽,中庭尚一枝。不娇偏爱瘦,无艳故多姿。笛韵从风乱,香魂入梦思。[一]玉人何处是,惆怅月明时。

(《借月山房汇抄》,又见《四库全书》、唐文治重刊本、朱彝尊《明诗综》卷六〇)

【校】

[一]“不娇偏爱瘦,无艳故多姿。笛韵从风乱,香魂入梦思”四句,明《诗综》无。

## 愁

独坐雁声急，风高秋气空。家书千里外，旧事一尊中。北地兵戈满，南园草木丛。朝来看壮发，强半欲成翁。

（《借月山房汇抄》，又见《四库全书》、唐文治重刊本、朱彝尊《明诗综》卷六〇）

## 寄　内

南度经秋岁已淹，一番积梦醉逾添。风辞别叶频惊枕，月引愁心忽入帘。脾疾每惊新齿发，空囊无愧旧齑盐①。纷纷轻薄徒为尔，曾念当年素与缣。

（《借月山房汇抄》，又见《四库全书》、唐文治重刊本）

**【注】**

① 齑盐：粗茶淡饭，元好问《春日》："贫里齑盐怜节物，乱来歌吹失欢声。"

## 秋斋偶成寄华子仲通

清萧竹叶含秋露，静寂苔花吐晓烟。孤鹤一声天外落，道人何处问安禅。

（《借月山房汇抄》，又见《四库全书》、唐文治重刊本）

## 壬戌①南还留别文文起姚孟长二首[一]

丙寅三月十五日，余被逮。越宿，朱德升、朱完天、邹虚王、殷汝劼同卧县署，相对谈笑，虚王、汝劼各出素扇索书，遂录壬戌南还留别文起、孟长之作。嗟乎！在今日又增一罪案矣。

**其　一**

客途无复附书频，此夕衔杯怆别辰。明月一天遥寄影，雄文千古尔疑神。交情廓落②惭时辈，吾道行藏③信昔人。榻上方书匣里剑，中宵应不叹无邻。

**其　二**

抗手悲歌出帝都，几行愤泪洒征途。中朝豺虎方盈阙，东土烽烟又逼吴。报国独留知己在，酬恩忍使至尊孤。云霄事业看雄剑，吊古惟应问烈夫。

（《借月山房汇抄》，又见《四库全书》、唐文治重刊本）

**【校】**

［一］题目编者所加，原本以诗序作诗题，今改。

**【注】**

① 壬戌：天启二年壬戌（1622）。

② 廓落：孤寂貌。《文选·九辩》："廓落兮羁旅而无友生，惆怅兮而私自怜。"吕延济注："廓落，空寂也。"李白《门有车马客行》："廓落无所合，流离湘水滨。"

③ 行藏：《论语·述而》："用之则行，舍之则藏。"苏轼《沁园春》："用舍唯时，行藏在我。"

# 寄怀鹿乾岳年兄二首[一]

## 其　一[二]

一到都门岁几更，天南天北不胜情。秦关戎马闻时急，闽海风涛见欲惊。意气独留三尺剑，梦魂尝到百楼城。浮云显晦非吾事，何日重申松柏盟。

## 其　二

相思盈抱[三]向谁开，回首[四]衡阳雁不来。三十功名淹海国，百年心事吊荒台。壮怀自觉愁中尽，薄鬓偏从病里催。世路行藏须努力，月明北望转徘徊。

（乙卯①冬，周蓼洲自福州以诗扇托其门人郭孝廉寄余。同心之语，每示友人，后为慢藏②不可复得。己巳③，遇其子茂兰，问其存稿，乃当被难时讹传抄没，遂举箧藏尽付诸火。余每深恨，数为友人言之。甲戌④冬月夜，同马玉壶、孙钟元灯下言及，不胜千秋之感，玉壶以为可忆，搔首展眉，逾刻遂全，是大奇事。钟元曰："鬼神通之也。"亟索笔录之。范阳鹿善继谨识。[五]）

（《借月山房汇抄》，又见《四库全书》、唐文治重刊本、陈田《明诗纪事》庚签卷六）

**【校】**

［一］诗题，《借月山房汇抄》《四库全书》、唐文治重刊本作"寄怀乾岳年兄"，《明诗纪事》作"寄怀鹿乾岳年兄"，今改。

［二］此首，《明诗纪事》未收录。

［三］"盈抱"，《明诗纪事》作"怀抱"。

［四］"回首"，《明诗纪事》作"秋尽"。

［五］鹿善继题识，《明诗纪事》无。

**【注】**

① 乙卯：明万历四十三年(1615)乙卯。

② 慢藏：疏于治理或保管。

③ 己巳：明崇祯二年(1629)己巳。

④ 甲戌：明崇祯七年(1634)甲戌。

**【札】**

## 寻声谱

鹿善继

千古文人，待文而传者也；千古至人，文待以传者也。惟文待以传、不待文而传之人，乃无不欲得其文而传之。欲传之意迫，或沮于其文之难得，或既得而复失，又或一失无可复得之望，而忽然得之，则因复得之不易而欲传之意更迫，如周蓼洲扇头诗是也。是诗之失，在玉石俱焚之后，尝痛人如蓼洲乃不得留其片言只字于人间，是大可恨，恨极而忽得，安得不付之杀青共为声以识之。向子期《思旧赋》云："听鸣笛之忼慨兮，妙声绝而复寻。"余每读之，未尝不沾襟，遂题是集曰寻声谱。崇祯乙亥[1]秋月，范阳鹿善继识。

---

〔1〕 崇祯八年(1635)乙亥。

## 喜从玉壶记忆得周忠介旧寄二诗赋此

鹿善继

忠介逸诗何处寻，每于凭吊费沉吟。谁令乱后文无恙，却借闲中客有心。
延水不殊重合剑，广陵犹是未亡琴。骚坛漫自传诗话，此夜新添掷地金。

## 次鹿善继韵诗七首

### 其　一

马洁（玉壶）

漫道龙门迥万寻，凉风怀袖见豪吟。瓣香空结南丰意，仙字疑成脉望心。
君自山阳悲铁笛，我其梦后写雷琴。诗林此日传佳话，存没何曾改断金。

### 其　二

孙奇逢（钟元）

高风当日几相寻，并见攀条赠友吟。方恨偷儿疑鬼物，宁知天籁寄人心。
世殊不异山阳笛，志在依然流水琴。闻道奚囊投烈焰，记来只字抵千金。

### 其　三

孙奇彦（思皇）

未坠斯文此地寻，分明当日寄梅吟。识田久纳无边景，便面相传不朽心。
事往何堪题挂剑，思来犹似对弹琴。嶙峋绝调凌千古，一字悲歌一字金。

### 其　四

范士楫（箕生）

履虎遗踪尚可寻，江潭何处写行吟。都因开箧沾书泪，想见题梅饷友心。
好句有缘重剪烛，高山无恙几弹琴。双珠忽藉乾坤色，不枉鸡林购字金。

### 其　五

鹿化麟（石卿）

曲里高山未可寻，凭谁省识助长吟。恍从梅信占兰臭，疑对霜毫认铁心。
汲冢漫开曾断简，爨桐空拾已焦琴。何如此夕征文献，不费咸阳易字金。

### 其　六

杜　越（君异）

芳烈谁凭汗简寻，淋漓遗韵倍长吟。烟沉不假名山色，呵护应深往匠心。
廿载银钩联水乳，千秋铁胆见人琴。清霜漫诧词坛兴，生气由来字比金。

### 其　七

孙立雅（君健）

侠气忠魂岂易寻，当年曾记二龙吟。徘徊万里相期意，郑重千秋未负心。
既借识田传玉笔，复从指法入瑶琴。曼声歌罢清风起，想见刚肠百炼金。

（《四库全书》本《忠介烬余集》卷三，又见唐文治重刊本《周忠介公烬余集》卷三）

# 新编二卷

## 卷一　诗文、尺牍、题跋、题额

### 诗

#### 登灵岩

灵岩荒草埋游路，野老相携到上台。香径花残虚辇过，屧廊[①]叶落见僧来。迹留石藓人千古，力尽藤萝酒一杯。七十二峰[②]湖上晚，登临未了卧青苔。

（崇祯《吴县志》卷三）

【注】

① 屧廊：苏州木渎灵岩山上有馆娃宫，吴王夫差为西施所建，有廊名曰响屧廊。范成大《吴郡志·古迹》："响屧廊，在灵岩山寺。相传吴王令西施辈步屧，廊虚而响，故名。今寺中以圆照塔前小斜廊为之，白乐天亦名'鸣屧廊'。"朱长文《吴郡图经续记·山》："（砚石山）又有响屧廊，或曰鸣屐廊，以楩梓藉其地，西子行则有声，故以名云。"

② 七十二峰：太湖中有七十二峰。归有光《吴山图记》："太湖汪洋三万六千顷，七十二峰沉浸其间，则海内之奇观也。"

#### 假归留别次文起韵

此日边烽接帝都，忍将归计向征途。十年怀抱樽前尽，且向青山学钓徒。

（陈田《明诗纪事》庚签卷六）

#### 自闽寄殷子狷（残句）

从来学道者，不以药尊生。

（殷献臣《周忠介公年谱》）

## 赠燕翁年道兄① 二首[一]

**其一**

几声哀角起寒谯，一夜清霜脆柳条。浦屿未明沧海日，客帆应发楚江潮。山经太白西来险，雁转衡阳北去遥。愧我无才重吊屈，忠魂千古有旌招。

**其二**

日出楚山碧，照见龙鳞没。扁舟何处郎，解唱此枝歌。神女朝云里，啼猿秋荷多。苍梧望不极，远意当如何。

为燕翁年道兄正，周顺昌。

**【校】**

［一］题目，编者所加。

**【注】**

① 道兄：对僧道者流的敬称。明冯梦龙《女丈夫·洪客祈雨》："请问道兄，今日可吃斋么？"

# 文

## 听莺赋

若夫摄提贞候，甫届清阳。日光浮霁，风气含香。绿树如荠，碧天如浪。花殷岐陌，山芊深巷。木蓤蔚而千章，石岩□而万状。风披离以行空，云卷舒而在望。近拂面之丝纷，远眯目之烟向。

尔乃蜕寒土，刷毨文，出幽谷，度高岑。呈姿云袅，展翅风轻。引吭求友，偷眼窥群。流声发兮扣玉，纤影回兮耀金。或□绝阬而逸翩，或抱灌木而扬音。和若玉洞闻箫，清如阆苑挡筝。于时紫陌轮连，红尘鼎沸。玉珂声接，金章色异。侠客鸣鞭，公子挥麈之。乃越三嵕，过九市。乘豫章之长阴，籍甫草之梦丽。乍轮鞅之喧停，递好音之来去。非路旁之情催，何春心之遥曳。于是罢楚舞，歇秦声，□远思，荡迷情。洒江州之泪，挑司马之瑟。怨秾李之不返，歌俪乐而无声。望出树梢之月，看还岭外之云。徒惆怅旋昧旦，□何求东风而已矣。于时燕姬紫阁，赵女青楼。谷风初应，旭日未□。篁竹生寒，窗纱闲幽。孤帏惊暮，单枕栖愁。树青萱于背室，题红叶于通沟。罢采兰而饮恨，释斗草而怀忧，溯春风而约带，□春声之相求。嗟怀人于万里，宛岁月之长秋。胡黄鹂之睍睆，惊梦魂于翠帱。□日微于栏栝，悦风动于帘钩。愁屡唤而不醒，情乍引而遽淳。岂能不启窗低首，出□□眸，约妆觅伴，解佩矜俦也哉？

尔乃重娇□翩，飞越山椒。为俗耳之针砭，作得物之鼓吹。于时岩花吐秀，沼水漾纹。骚客□居，山童候门。落下□歇，顾煮茶烹。弦管不御，松风自音。拂云和之宝瑟，诵玄觉之真经。乃移明床，扫香径，浴温泉，对明镜。□良朋以为欢，赏韶华之之未竟。咏康乐之长篇，写谪仙之余奥。于时诗思甫停，歌喉乍歇。地偏人静，山明鸟悦。百族啁啾，呼云叫月。

维彼黄鹂，载好其音，熠耀其羽。百啭长春，随风荐耳。既深坐兮无所思，攸缓行兮路倭迟。消永日兮澹幽期，至愉怿兮嘉宾娱。乃为乱曰：

山有色兮泉有声，春风归兮状月明。彼香车之翠幄，宁驱曳于红尘。彼稚齿之韶颜，徒怦营于香魂。人生行乐耳，毋宁散发于芜草长林。

（秦震钧《寄畅园法帖》）

【札】

## 行草《听莺赋》跋〔1〕

周顺昌

此余庚戌〔2〕岁所著帖也，愧乏秘思妍辞，眼境易穷。西函甥雅好书法，以古人草体未备，乞余写此。博穷奇字，挥豪落纸，思构未深，不能创出体式，聊以行草为之。间得一二，来自心裁，或不重戾〔3〕于古人也。

壬申〔4〕暮春，周顺昌识。

（秦震钧《寄畅园法帖》）

# 张氏双节① 赞

矫矫②清修③，苍松白雪。之死靡他④，劲节不折。引刀刮坐⑤，不屑不洁。青草庭深，丹心日揭。有女怀贞，一门双节。巾帼丈夫，汗青炳烈。受福无疆，绵延瓜瓞⑥。

（清沈藻采编纂《元和唯亭志》卷九）

【注】

① 张氏双节：《元和唯亭志》卷九："张氏双节宅，张鸾妻俞氏及其女许字俞门贞女关清所居，在唯亭山北，长洲旧志云：'即明初水部郎适旧址也'。"

② 矫矫：卓然不群貌。《汉书·叙传下》："贾生矫矫，弱冠登朝。"宋曾巩《故翰林侍读学士钱公墓志铭》："公于众，不矫矫为异，亦不翕翕为同。"

③ 清修：操行洁美。《隶释·汉酸枣令刘熊碑》："清修劝慕，德惠潜流。"宋司马光《钱宣靖谥议》："令公仁惠足以布政，明智足以建功，清修足以服人。"

④ 之死靡他：至死不变，形容忠贞不二。《诗经·鄘风·柏舟》："之死矢靡它，母也天只，不谅人只。"宋王谠《唐语林·补遗一》："一言革面，愿比家奴，之死靡他。"

---

〔1〕 题目，编者所加。

〔2〕 万历三十八年(1610)庚戌。

〔3〕 重戾：严重错误，重罪。《后汉书·孔融传》："愚谓虽有重戾，必宜隐忍。"裴松之注《三国志·吴志·吴主传》中"浩周之还"引三国魏鱼豢《魏略》："权乃遣周，为笺魏王曰：'……畏威忘德，以取重戾。'"

〔4〕 按，壬申有误，崇祯五年(1632)壬申，距周顺昌遇害已六年，当作"庚申"，即泰昌元年(1620)。

⑤ 引刀刮坐：汪缙《张节母俞氏传》："有族人攘其居，氏不与较也，率子女从田畔粪土筑基结茆而处，以纍绩度日，邻舍不通音问。顷之，叔某过语，偶取所纍绩绳杌少坐去，氏以为污，就水滨重涤。其洁身饬行，类非恒有。"

⑥ 瓜瓞：喻子孙蕃衍，相继不绝。《诗经·大雅·绵》："绵绵瓜瓞，民之初生，自土沮漆。"朱熹集传："大曰瓜，小曰瓞。瓜之近本初生常小，其蔓不绝，至末而后大也。"

【札】

## 张节母俞氏传

汪　缙

节母八世孙张德荣录节母《俞氏考》一卷，言于卷首曰："八世祖母俞氏，幽贞苦节乖五十载，详见《长洲县志》，蔡忠襄公《传》，陈文庄公《记》，周忠介公《赞》，徐勿斋、杨维斗诸先生诗。生于明正德十一年十月初三日，卒于万历二十三年八月二十一日。家世寒素，未邀先朝旌表，学使熊公廷弼予匾曰'贞烈'，闻诸君子，阐扬节义，崇报馨香，德荣谨录《县志》及前贤传记、诗赞一通，以备采录征言，不胜感悚之至。"

余阅之意动遂，发书读之。《志》曰：俞氏，张鸾妻也。鸾出遇巨蛇横道，锄杀之，撄疾早卒，氏年二十七岁，子文五岁，女关清八岁，力保门祚，守节抚孤。有族人攘其居，氏不与较也，率子女从田畔粪土筑基结茆而处，以纍绩度日，邻舍不通音问。顷之，叔某过语，偶取所纍绩绳杌少坐去，氏以为污，就水滨重涤。其洁身饬行，类非恒有。抚孤成立，年七十二岁卒。女关清，字中表俞某，年十四，闻夫死倭难，遂截发茹素，守贞奉母，年六十三岁卒。天启年间，学使熊廷弼嘉其母子守节，给匾奖之。后人能世其德，以文章名于时，观志所载，忠襄公及陈文庄公所著传记大略在是矣。然有与志相发明者。《志》称世居彝林山北明初水部郎适遗址，《传》言司涯公女，《记》言俞为昆山望族。《传》又言适廷美公子汝和，《记》亦称，汝和盖鸾字也。《传》言有二子，赘其季于外，长君婚谢氏，谢卒续我蔡氏，盖蔡与张为姻娅云。《传》言母卒之年年八十岁，盖获曾长孙之年也，《记》言七十有一，与《志》言七十二不合，要以德荣所言为断。《传》言所筑户外，但闻鸟声，荒草没阶，迥无行迹，三四比邻若不知有母在者，《记》言从田畔揭衣裾盛土筑地成基。其涤坐也，《传》《记》皆言'引刀刮坐'。凡此者，皆比志为详。予采而著于篇，俾其后之人有所考焉。呜呼！母之节至矣。

忠襄公《传》首之言曰：史称节义廉退之行，虽代不乏人，而世不累见，至饬贞固之操，以渔名眩宠辱之私，而偾志其能，朝野无间终始令闻者，盖一二焉尔。以是求之妇人女子，不亦难乎！乃今得之，吾从姊之姑，唯亭张母俞太君焉。文庄《记》末曰：汝和不顾其身而以节妇善其后，太君克坚其守而以诗书大其家，天之报施善人，于此可睹矣。勿谓偷生得保其身，而修德者不永其年也。呜呼！蔡、陈诸君子，皆天下奇男子也，其褒美太君也至矣。非太君至节，曷足以当诸君子之意声施于无穷哉？

忠介公《赞》："矫矫清修，苍松白雪。之死靡他，劲节不折。引刀刮坐，不屑不洁。青草庭深，丹心日揭。有女怀贞，一门双节。巾帼丈夫，汗青炳烈。受福无疆，绵延瓜瓞。"勿斋先生《诗》曰："有母冰霜五十年，青松砥节老弥坚。斩蛇身死仁难泯，刮坐风清义凛。然门外草深凝水碧，阶前玉立粲花妍。曲江向说多人望，又得贞修照简编。"维斗先生《诗》曰："幽姿特立著名家，早岁冰霜晚倍加。藜杖蒿簪凄夜月，机声灯影和寒鸦。草深三尺稀人迹，室有双清可自嘉。女史竞将濡彩笔，幽芳千载共增华。"

赞曰：先是，我友王纯孙告余曰："俞太君，乃蔡、陈诸君子表彰者也。"言之色动。及余获其家后裔所录观之，乃作而叹曰："当太君裾土筑地与磨刀刮坐时，天地鬼神实临之，诸君子之表彰其后焉也。然得诸君子而益信，宜我友言之色动矣。非独太君，其子女子，仰何其贞且孝哉！《传》《记》书之尚略，周徐杨三先生诗赞，则兼美之矣，余亦为之讽咏不置也。

（汪缙辑《长元节孝祠志》卷七）

# 尺　牍

## 与友人① 书[一]

马牛尘逐，四载于兹，已六经除夕矣。梦寐故少，眷怀知己，两念日横于胸中，何刻能割下也。

蒋氏来云，老伯今岁八旬。幸以诞期示我。弟盖欲作一文，以伸我翁若翁之谊也。儿子辈读书，正有进益，奈何又值考试，黄含美已示来也。虽有下次赴试之议，然揆之情理，毕尽难堪，且儿子辈尚属冲令，黄生渐已老大，只得放之回矣。所酌望荐序，亦天理人情，两极其至者。兄以为如何？范仲衮及刘际辰之子，俱为系念，奈势不能再多耳。三书一样，然必得兄为之面陈方佳，以此书不专似讲分上，兼数多也。且弟之栈出于闽也，振穷援滞，颇为乡绅辈侧目。今若此，谁与谅之？所可幸者，有一二人或可为吐气也。因思此等事，只是不管为便，此番过后，决欲以铁肠冷面断诸望思者之念，何苦为他人作奴兼累自己乎？今日之急，无过于延师一节，弟意欲邀旧徒一人，专管次儿，其大儿以俟含美。兄为我速酌之，万万！近来庙堂草莽，各有好恶，兄正日隆②，忌者渐至，总之，以中立韬晦为主，弟谓名教是非，不可不以身任，亦不可独以为能，伍、李、范诸君子可鉴也。姚、文两丈，皆以气义相期，兄亦可示其意，弟已三致意于孟长柬中矣，兄不可不留意也。有燕窝数两，鹤簪两枝，一以供老伯，一以敬老嫂，可笑而置之。

新正六日，顺昌顿首。

（镇江博物馆藏周顺昌手稿）

**【注】**

① 友人：殷献臣，因有所请托，故不言其名。王世贞《觚不觚录》："尺牍之有副启，可有所指讯，可有所请托，不可杂他语，不敢具姓名。"镇江博物馆藏周顺昌手稿钤有"副启"、"周顺昌印"两印〔1〕。

② 兄正日隆：乾隆《苏州府志》卷八九："殷献臣，字汝劼，长洲诸生，少与周顺昌、朱陛宣同学，友善，一时人望，在五奎之目。"

〔1〕 陆九皋《周顺昌墨迹〈卫所家书〉和〈与友人书〉考述》，镇江博物馆编《陆九皋文博论著选》，1998 年，94—143 页。

【札】

## 汪吉麟跋

……前书似与鹿忠节者，此云老伯，殆鹿大公也……

## 赵彦修跋

……鹿忠节善继直隶定兴人，与忠介相识未可知，忠介闽中与友人书，筹及长子、次子延师，为黄、范、刘三人料理考试，属友人示意文、姚二公，此事皆在吴中，何容远寄定兴鹿忠节？梅村以书中老伯今岁八旬之语，遂拟指鹿太公，考据家不详核时事，务求其人以实之，果于自信如此，此通人之弊也……

三研斋主人手识

## 范志熙跋

……汪梅村谓忠介似与鹿忠节者，教授辩之是也。然曰似，亦疑同，非果于自信者……

## 冒广生跋

……此书当致吴门友人，而其友又为已出仕者……汪梅村以老伯今岁八旬云，遂指为定兴鹿太公，教授驳之是也……

（镇江博物馆编《陆九皋文博论著选》〔1〕）

【记】

按，冒怀苏《冒鹤亭先生年谱》载："1920年八月，镇江绅商于树琛（字小川，江苏丹徒人）以其所藏周忠介公《与友人书》一通出示，乞先生（冒鹤亭）题跋，作《周忠介公遗墨跋尾》。"

# 自京师寄殷献臣诸人书一〔一〕

今日之举，书生业债似已了却，但世上许多难了事，不知后来能了得几分否？能了则了之，不然，长林深壑之性故在，仍以老蠹鱼终身足矣。至求田问舍、积玉堆金，视头上乌纱若捧夜光珠行九折坂中，惟恐失之，实不能也。京中百费如流，床头如洗。归来人事①，惟《试录》一册，墨卷七首，即兰婿（殷祐宁）亦不能有别赠，兰婿四五岁便自异人，当必不讶乃岳父也。

（殷献臣《周忠介公年谱》）

【校】

〔一〕题目，编者所加。

〔1〕陆九皋文《周顺昌墨迹〈卫所家书〉和〈与友人书〉考述》，镇江博物馆编《陆九皋文博论著选》，1998年，97页。

【注】

① 人事:指赠送的礼品。白居易《让绢状》:“恩赐田布与臣人事绢五百匹。”宋许观《东斋记事·人事物》:“今人以物相遗,谓之人事。”

## 自京师寄殷献臣诸人书二[一](部分)

长安娶妾者如市,弟鳏居如故,始知鲁男子原非绝德①。念吾糟糠妇同养二人,室无小婢,亲操井臼②,以讫浣濯,每冬月,手为之龟,实不敢作此薄幸事也。

(殷献臣《周忠介公年谱》)

【校】

[一] 题目,编者所加。

【注】

① 鲁男子原非绝德:《诗经·小雅·巷伯》:“哆兮侈兮,成是南箕。”毛传:“鲁人有男子独处于室,邻之厘妇又独处于室。夜,暴风雨至而室坏,妇人趋而托之,男子闭户而不纳。妇人自牖与之言曰:‘子何为不纳我乎?’男子曰:‘吾闻之也,男子不六十不闲居。今子幼,吾亦幼,不可以纳子!’妇人曰:‘子何不若柳下惠然?妪不逮门之女,国人不称其乱。’男子曰:‘柳下惠固可,吾固不可。吾将以吾不可,学柳下惠之可。’”

② 井臼:汲水舂米,泛指操持家务。刘向《列女传·周南之妻》:“亲操井臼,不择妻而娶。”柳宗元《送从弟谋归江陵序》:“足其家,不以非道;进其身,不以苟得。时退则退,尊老无井臼之劳。”

## 与张世伟书[一]

弟前夕始归,诸冗毕集,拟一相晤未能也。过玉峰,不敢以套俗相溷,恃厚受耳。乃反蒙顾太翁远颁佳贶,登拜之余,徒有余愧。然以兄谕谆谆,又不敢不拜,如何,如何?相对不远,统俟面悉。

小弟顺昌顿首,异度年契兄①。

(《上海图书馆藏明代尺牍》)

【校】

[一] 题目,编者所加。

【注】

① 异度年契兄:张世伟(1569—1641),字异度,吴江人,万历四十年(1612)举顺天乡试,以贤良方正不就,崇祯十七年(1644)赠翰林待诏,作有《周史部纪事》《小云栖题额记》等,著有《白广齐集》。

## 与文震孟书一[一]

雨窗清话,甚乐,甚乐。得读《书录》,一看如逢故人矣,喜极。不知籍中并有文清公《河汾集》否?外,《近思录》《罗念庵集》检出付下,谢教不浅也。

孟翁亲丈先生,小弟昌顿首。

(《上海图书馆藏明代尺牍》)

【校】

［一］题目，编者所加。

## 与文震孟书二[一]

如此闲心，却为儿女扰乱，不能觅片刻与翁丈清话于池上，造化之忌我甚矣。凌于老文并未尝面晤，于送沈葬之日，乞以此语断师。薄物可笑，惟哂存。不尽。

孟翁亲丈先生，小弟昌顿首。

（《上海图书馆藏明代尺牍》）

【校】

［一］题目，编者所加。

## 与文震孟书三[一]

素道人受此斋供，感何可言，谢谢。晚来若有兴，当同到雪岭处也，不然，愿在明后日耳。

孟老亲丈先生，小弟昌顿首。

（《过云楼藏明人小札》第一册）

【校】

［一］题目，编者所加。

## 与文震孟书四[一]

杏子美甚，即当与儿辈分啖之，谢谢。午余或再晤也。

小弟昌顿首，孟老亲丈先生。

【校】

［一］题目，编者所加。

（《过云楼藏明人小札》第一册）

## 与姚文毅书[一]

别来八月，知老伯母起居清吉①，甚慰远念。虽屡札附寄，但为他人作嫁时裳者，积怀郁绪，未尽一二也。乔应甲、徐大化如许凶锋，皆时相、横珰所快心者，何以票拟之际抑乔而伸徐，岂以乔迹七颠八倒，语多丑恶，为天下所笑耶？抑疏中不归重杨、左，专骂李三才耶？古人以边抚荐用，极其舒眉，近更有可笑、可痛之事，无复人理事，道人胡汝淳、陈明卿称功颂德，不一而足。总之，侧目吾三人殊甚。惜吾兄昨岁犹以处分李，使小事作字，汝淳也。秘之，秘之。种种统俟嗣音。

现老年契兄，小弟顺昌顿首。

（周锷《人帖》卷三，又见苏州碑刻博物馆东首碑廊144号书条石）

【校】

［一］题目，编者所加。

【注】

① 清吉：清平吉祥。郑光祖《三战吕布》第一折："他可是莅官清吉。"

【札】

## 跋明周忠介公手札

翁方纲

款云：现老年契兄

俊顾厨兼党籍论，谁如珰祸吊湘魂。偏余故纸淋漓气，多少江湖血泪痕。

剩来诗话到江东，文舅姚甥尺幅中。松瘿闲庭门客语，只应夜月照秋空。

嘉庆丁丑夏四月八日，北平翁方纲。

（翁方纲《苏斋题跋》〔1〕）

## 书周忠介公与姚文毅手札墨迹后

蒋廷恩

有明珰祸吾乡忠介周公被毒最烈，百世而下，闻其风者，犹为心摧眦裂。此手札系与文毅姚公现闻者，公与文毅用志节相砥砺，并持清议。参公《年谱》，公以吏部郎于天启二年告归，别公诗已有"中朝豺虎方盈阙"语。是年冬，文肃文公以直言放还。至五年夏，姚公亦以囚艰归。未几，削籍。此书首询姚公太夫人起居，下即及乔、徐二阉党诬劾正人事，参稽《明史》，则此书为是年□所寄也。越明年三月，公即被逮，而缇骑之难作，六月而公殒命遂志矣。

呜呼！公之清风义烈，已与日星河岳昭垂天地间，其手泽之所在，当必有鬼神呵护之者，不但以前贤名迹重也。忆三十年前，于吾师尺木先生〔2〕所得观公《与文肃公书》墨迹册子，英光浩气，凛然常存，此札亦见前太守周君锷所勒《人帖》中，不知何时重落人间。顷顾子沅偶于市上购之归，审不□谓亟为赎归，即以示余，其末行首"现"字，为装池家误损，名印一字加署款上，始知《人帖》所勒公姓名印为妄作者增易。于是，顾子将重摹入石，而属为记之如此。

道光二年夏六月，后学蒋廷恩敬书。

（顾沅《吴郡文编》卷二三五）

〔1〕 翁方纲《苏斋题跋》，《丛书集成初编》本，北京：中华书局，1985年，366—367页。

〔2〕 彭绍升（1740—1796），法名际清，字允初，号尺木，长洲县人。祖彭定求（1645—1719），字勤止，号南畇，康熙二十五年（1686）状元，官侍讲。父彭启丰（1701—1784），字翰文，号芝庭，又自号香山老人，雍正五年（1727）状元，官至兵部右侍郎。

## 周忠介公书札一[一]

仁丈单车北指，极相□悬念。得手教，知迅速抵都，殊慰远怀。今年北试，闻来赴古绝少，未知秋复可云集应。仁丈鸿才积抱，虽跋涉修，尝语云："不是一番寒彻骨，争得梅花扑鼻香"，今梅香将作桂香耳，引顾望之，望之。不佞落落祠官，中外无援，惟得稍图徙业，遂可作莼鲈计，不意□攘之世捷足争先，如不佞之林守，惟坐困积薪尔。仁丈垂爱惓惓，不任①感戢②。吾乡领袖与不佞世谊不薄，但慰谱尚望，轻无足辱齿颊。晤间，希一皆知仁丈爱我，有便信再祈，确附一音来，人立马相待，语不能□□，惟委曲道地，感非口吻书也。□□布复，尚客嗣布不宣。

仲秋朔二日，□□顿首。

（周锷辑《人帖》卷三，又见苏州碑刻博物馆东首碑廊143号书条石）

**【校】**

［一］题目，编者所加。

**【注】**

① 不任：不胜，表示程度极深。沈约《谢赐甘露启》："慈旨曲洽，颁此祥赉，不任欣荷，谨以启事谢以闻。"韩愈《答魏博田仆射书》："即日愈蒙免，蒙恩改职事，不任感惧。"

② 感戢：感激。司马光《与范尧夫经略龙图书》："光今日忝窃，皆由尧夫素加诲诱，重以推挽，其感戢固不在言。"张居正《答抚院辛公应乾书》："兹承照察垂示，此公相信之深也，感戢。"

## 周忠介公书札二[一]

适邑尊呼小价，问以有无谢罪，随口答以黄昏时来，此实事也，并无旁及一语。顷弟仰体台丈至情至爱，已遣小价，仍去候禀，邑尊缴签矣。不知何人好事妄为，弟未肯从之说以相欺，使弟开罪于门下，皇悚可言，幸惟台亮，肝膈相披可也。率此奉复，感悰篆之赫啼之外。

弟名正具，左玉。

（《上海图书馆藏明代尺牍》）

**【校】**

［一］题目，编者所加。

## 周忠介公书札三[一]

弟十九日□祀□陵，昨暮始归，一切试事，不得与公转托①，回宫不知何若也。弟兄季候先□已呈兄，系更当留意。若宋兄有功于敝衙门不浅，兄再四嘱我，弟之相为，不独一科举也。然实未知此公尚在科举之急为转图也。晨夕欲晤，多以事阻尔。笑，笑。明晚幸留驾在寺中。弟顺昌顿首。

（潘承厚博山辑《明季忠烈尺牍初编》）

【校】

［一］题目，编者所加。

【注】

① 转托：把别人托给自己的事再托给另外的人。

## 周忠介公手迹一[一]

儒有一亩之宫①，自不妨草茆②下贱；士无三寸之舌③，何用此土木④形骸⑤。

戊申⑥嘉平⑦月，周顺昌

（据图片录入）

【校】

［一］题目，编者所加，按，此则又见于陈继儒《小窗幽记》卷八。

【注】

① 一亩之宫：代指寒士的简陋居处。《礼记·儒行》："儒有一亩之宫，环堵之室，筚门圭窬，篷户瓮牖，易衣而出，并日而食，上答之不敢以疑，上不答不敢以谄，其仕有如此者。"苏轼《次韵林子中蒜山亭见寄》："叩头莫唤无家客，归扫岷峨一亩宫。"

② 草茆：杂草。《楚辞·卜居》："宁诛锄草茅以力耕乎？将游大人以成名乎？"杜甫《奉酬严公寄题野亭之作》："枉沐旌麾出城府，草茅无径欲教锄。"

③ 三寸之舌：比喻能说会辩的口才。《史记·平原君虞卿列传》："毛先生以三寸不烂之舌，强于百万之师。"

④ 土木：谦辞，用作自称。语本《论语·公冶长》："宰予昼寝。子曰：'朽木不可雕也，粪土之墙不可杇也，于予与何诛？'"范仲淹《酬和黄太博》："赠我百余言，升堂出而示。土木朽且陋，黼黻谬增贲。"

⑤ 形骸：人的躯体。《庄子·天地》："汝方将忘汝神气，堕汝形骸，而庶几乎？"南朝梁范缜《神灭论》："死者之形骸，岂非无知之质邪？"

⑥ 戊申：明万历三十六年戊申(1608)，周顺昌时年二十六岁。

⑦ 嘉平：腊月的别称。元方回《留丹阳三日苦寒戏为短歌》："自从书云入嘉平，一月曾无三日晴。"

# 题　跋

## 1　题《墨竹图》

万历甲午①，临仲圭墨意，应汝师先生属，周顺昌。

【注】

① 万历甲午：万历二十二年(1594)甲午。

【札】

### 吴昌硕题识

竹间风声听浪浪，谏□同□□台光。阉祸滔天休再说，可怜今日又沧桑。

周忠介公画竹，世所罕见，是桢□藏吴门吴氏两罍轩，真□无疑矣。观□□重值□□，属为题句。甲寅[1]秋八月，吴昌硕，时年七十有一。

### 陆恢题诗识

明周忠介公墨竹真迹，蓼洲周公死奄祸，大节炳著，遗墨落人间，珎如球璧，况此巨幅耶！其考审有退廔吴氏[2]，可无疑议。甲寅十一月，乡后学陆恢。

（据图片录入）

## 2　题《牧马图》

余画不规前人之意，惟兴会所至，则纵笔赴之，不过偶抒欲为而已。雪江上人见而善之，遂以归焉。

戊子①重阳后二日，写于石湖舟次，蓼洲周顺昌。

【注】

① 戊子：明万历十六年(1588)戊子，周顺昌仅五岁；清顺治五年(1648)戊子，周顺昌已不在世。当为万历四十六年(1618)戊午。

【札】

### 妙道人忠题识

周忠介公节概学问流懿奕禩，遂妇竖[3]犹知之，至其精于笔墨，染翰丹青，则文人儒士有不得知之者，岂所云多能乃其余事，因不欲以是鸣于是世，然吉光之羽，祥麟之角，尤觉希□已。

子安道兄获此幅而珍藏焉，故其宜也。妙道人忠，道光辛丑[4]闰三月立夏日。

### 陈庆祥题识

忆昔瞻祠谒公像，浩浩之气塞天壤。归来正襟读史传，□□之风世希仰。清兴乃寄丹青间，陡然落笔扫云烟。垂杨数缕秋风里，双马从征塞草边。一灯佛火秋江寺，方外交情写舟次。不署头衔一命官，且存手笔两行字。吁嗟当时公去国[5]，青衫墨□□家食。当代谁非□者儿，满朝半属貂珰职。东林构狱天莫回，一朝被逮缇骑来。如意何曾击节碎，茄花独自当衙开。纵横惨淡胥江渡，血泪淋漓一把晤。良媒惟有马云逵，假子耻谈毛

[1] 民国三年(1914)甲寅。

[2] 吴云(1811—1883)，字少甫，号平斋、榆庭、愉庭、抱罍子，晚年自号退廔。

[3] 妇孺。《明史·石璞传》："在江西数年，风纪整肃，虽妇竖无不知石宪使者。"

[4] 道光二十一年(1841)辛丑。

[5] 离开京都或朝廷。南朝宋颜延之《和谢灵运》："去国还故里，幽门树蓬藜。"《明史·王家屏传》："家屏柄国止半载，又强半杜门，以戆直去国，朝野惜焉。"

一鹭。死生刹那快抵掌，□刀□火全身伏。不□效节哭西台[1]，已闻论诏传东厂。东厂有命奈君何，义士骈肩提太阿。五人首事颜佩韦，一字保城徐如珂。公既死忠子死孝，一门临难持名教。遗墨无多剑化龙，珍藏时复管窥豹。红泥蘸家彩云笺，精神直贯珠毫蘋。画图恍见河山在，名字应须金石镌。旧物装□题素绢，唏嘘一匡昭忠传。古砚惟留玉带生，诗词同付梅花卷。吁嗟呼！人之云亡邦国危，清流白马空朝墀。□山已咏归田赋，田许遍为镇抚司。如公遭际太崄巇，满腹经纶满腔泪。生不愿愧杨大洪，死不忍负高皇帝。岂知只手虽擎天，熹宗嬉戏真堪怜。迁罪已胎甲申祸，纪事犹传戊子年。年去年来似转萍，区区手泽凭神灵。永愧玉化千秋碧，翰墨名传万古青。呜呼旧事何堪说，儿□粉□无足惜。冬青□落景陵秋，春雨霏微古宫麦。此画况论□风□，丰城官气荆山璞。□□飘零□□□，洵宜什□珍麟角。君不见，功德碑高崔嵬，道旁裂泐何有哉？又不见，衣冠墓如壁茔，耕父削□平黄埃。

道光辛丑季夏之月，吴县陈庆祥题。

## 方步瀛题识

蜩螗乱明纪，□□弦者死。缇骑入城来，上堂假称旨。公义激人心，名节垂青史。廉隅[2]百世师，翰墨余事耳。骐骥筋力成，所志在万里。时无伯乐知，长鸣老树底。□风悲萧骚，掉尾良有以。封之肃容颜，凛然毛发起。曹韩□画工，俗笔无与比。此图慎珍藏，墨宝世无几。

道光壬寅[3]夏六月，寓居渎川，从子安道兄处获观是图，敬题五古一首，即祈敲正，鹿城方步瀛草。

## 良弼□题识

亮节清忠第一流，闲情挥洒□千秋。当节未遇空君顾，疏柳斜阳得自由。

骨相又来迥不凡，岂徒神骏胜曹韩。赏□应在□黄外，莫作寻常笔墨看。

壬寅新秋，于香□晤子安七兄，得见是图，因成二绝句呈正[4]，良弼□题。

（《名人书画》第二十八辑）

# 3　题《散牧图》

天启二年①春三月既望，周顺昌写。

（据图片录入）

---

〔1〕 官署名，御史台的通称。陆游《老学庵笔记》卷六："唐人本谓御史在长安者为西台，言其雄剧，以别分司东都，事见《剧谈録》。本朝都汴，谓洛阳为西京，亦置御史台，至为散地。以其在西京，亦号西台，名同而实异也。"

〔2〕 比喻端方不苟的行为、品性。《礼记·儒行》："近文章，砥厉廉隅。"《汉书·扬雄传上》："不汲汲于富贵，不戚戚于贫贱，不修廉隅以徼名当世。"苏洵《御将》："况为将者又不可责以廉隅细谨，顾其才何如耳。"

〔3〕 道光二十二年(1842)壬寅。

〔4〕 敬辞，呈请指正。

【注】

① 天启二年:天启二年(1622)壬戌。

## 4　题《秋江垂钓图》[一]

好山雪后愈奇特,老树霜中更得神。莫道西风真玉汝,本来骨干不犹人。

"近溪幽湿处,全借墨华浓"[①],唐人此语真所谓诗中画也。偶写数笔,觉满楮冷光,又非尽中诗也。

天启三年春月,周顺昌。

(据图片录入)

【校】

[一] 题目,编者所加。

【注】

① 近溪幽湿处,全借墨华浓:唐大愚《乞荆浩画》:"六幅故牢健,知君恣笔踪。不求千涧水,止要两株松。树下留盘石,天边纵远峰。近岩幽湿处,惟藉墨烟浓。"

## 5　题《苍筠菊石图》[一]

秋来满地发黄花,白石苍筠晚更佳。谁是王弘能送酒[①],西风烂醉夕阳斜。

天启癸亥[②]重阳前一日,客有携青藤道士百卉长卷示余者,阅毕,见其笔意遒劲,种种写生,绝去甜俗纤浓之态,直驾徐陵、徐熙而上之矣,因漫临二种,奉赠石门年丈幸有以教我。

蓼洲弟周顺昌并识。

(据图片录入)

【校】

[一] 题目,编者所加。

【注】

① 王弘能送酒:重阳节,江川刺史王弘派白衣仆人给在篱边赏菊的陶渊明送酒。南朝宋檀道鸾《续晋阳秋》:"陶潜九月九日无酒,于宅边菊丛中摘盈把,坐其侧久,望见白衣至,乃王弘送酒也,即便就酌,醉而后归。"

② 天启癸亥:天启三年(1623)癸亥。

## 6　题《雪霁访友图》

天启四年[①]秋月,周顺昌。

(据图片录入)

【注】

① 天启四年:天启四年(1624)甲子。

## 7　题《仿元人小品》

天启乙丑[①]　春日，勾吴周顺昌画。

（据图片录入）

【注】

① 天启乙丑：天启五年(1625)乙丑。

## 8　题《栖鹰图》

天启五年春分前二日，仿元人笔，周顺昌。

（据图片录入）

## 9　题《松鹰图》

天启五年春分前二日，仿元人笔，周顺昌。

（据图片录入）

## 10　题《墨梅图》

纲老先生邀饮旷园命画，周顺昌。

（据图片录入）

## 11　题《山川出云图》

山川出云为天下雨，米芾儿旧有此幅，周顺昌。

【札】

### 高培兰题识

周顺昌，字景文，万历四十一年进士，授福州推官，捕治税监高宷爪牙不少贷，宷激民变，劫辱巡抚袁一骥，质其二子，并质副使吕纯如，或议以顺昌代，顺昌不可，纯如以此衔顺昌。擢吏部稽勋主事，天启中，历文选员外郎，署选事，力杜请寄，力杜请寄，抑侥幸，清操皭然，乞假归。

顺昌为人刚方贞介，疾恶如仇。巡抚周起元忤魏忠贤削籍，顺昌为文送之，指斥无所讳。魏大中被逮，道吴门，顺昌出饯，与同卧起者三日，许以女聘大中孙。旗尉屡趣行，顺昌瞋目曰："若不知世间有不畏死男子耶？归语忠贤，我故吏部郎周顺昌也。"因戟手呼忠贤名，骂不绝口。旗尉归，以告忠贤。御史倪文焕者，忠贤义子也，诬劾同官夏之令，致之死。顺昌尝语人:“他日,倪御史当偿夏御史命。”文焕大恚,遂承忠贤指,劾顺昌与罪人婚,且诬以赃贿,忠贤即矫旨削夺。先所忤副使吕纯如,顺昌同郡人,以京师家居,挟前恨,数谮于织造中官李实及巡抚毛一鹭。已,实追论周起元,遂诬顺昌请嘱有所干没,与起元等并逮。

顺昌好为德于乡,有冤抑及郡中大利害,辄为所司陈说,以故士民德顺昌甚。及闻逮者至,众咸愤怒,号冤者塞道。至开读日,不期而集者数万人,咸执香为周吏部乞命。诸生文震亨、杨廷枢、王节等,前谒一鹭及巡按御史徐吉,请以民情上闻。旗尉厉声骂曰:“东厂逮人,鼠辈敢尔!”大呼:“囚安在?”手掷锒铛于地,声琅然。众益愤,曰:“始吾以为天子命,乃东厂耶!”蜂拥大呼,势如山崩。旗尉东西窜,众纵横殴击,毙一人,余负重伤,逾垣走。一鹭、吉不能语。知府寇慎、知县陈文瑞素得民,曲为解谕,众始散。顺乃自诣吏。又三日北行。至京师,下诏狱。许显纯锻炼,坐赃三千,五日一酷掠。每掠治,必大骂忠贤。显纯椎落其齿,自起问曰:“复能骂魏上公否?”顺昌噀血唾其面,骂益厉。遂于夜中潜毙之,时六年六月十有七日也。

明年,庄烈帝即位,文焕伏诛,实下吏,一鹭、吉坐建忠贤祠,纯如坐颂珰,并丽逆案。顺昌赠太常卿,官其一子。给事中瞿式耜讼诸臣冤,称顺昌及杨涟、魏大中清忠尤著,诏谥忠介。又从其子茂兰请以所赠官推及其祖父,给三世诰命,建祠赐额。(录《明史本传》,第□行□字下遗□字,第四行京卿误京师,第六行顺字下遗昌字,第七行事字下遗中字。)

顺昌,字景文,号蓼洲,吴人,万历癸丑进士,为福州推官,行取,累擢文选郎。工墨兰,间写山水,刚方贞介,□□以□□节自励。天启丙寅,以忤魏珰逮,死狱中。为明季中流砥柱第一人也。崇祯戊辰,诛珰及其党,子茂兰诣阙上疏,得旨赠太常寺卿,谥忠介,赐祭葬,建专祠。万历甲申生,天启丙寅卒,年四十有三,有《烬余集》。(□史□传)

此轴为周忠介公真迹,忠介生□大节,照耀百世。□□□墨□□□□,然显为磅礴积郁之慨。□岁□此画于滬江,亟饬工重加装池,愈觉神采焕发。嗟乎!忠介往矣,忠介之精神犹在也。吾重其人,因及其画,既爱其画,益重其人,虽未及与忠介公把臂[1]流连,幸有此片纸尺幅流传人间,俾吾朝莫对之以存想□精神,夫亦吾生之深幸也夫。光绪戊戌[2]孟春十日,贵□白崖山人高培兰香舲氏题。

## 王伯群题识

天地有正气,杂然赋流行。下则为河岳,上则为日星。于人曰浩然,沛乎塞仓冥。皇路当清夷,含和吐明庭。时穷节乃见,一一垂丹青。[3]

是气所磅礴,凛烈万古存。当其贯日月,生死安足论。地维赖以立,天柱赖以尊。三

---

〔1〕 表示亲密。汉袁康《越绝书·记吴王占梦》:“伏地而书,既成篇,即相与把臂而决。”唐钱起《过沈氏山居》诗:“贫交喜相见,把臂欢不足。”

〔2〕 光绪二十四年(1898)戊戌。

〔3〕 文天祥《正气歌》中句。

纲实系命,道义为之根。〔1〕

忠介公画,惟文山先生九韵题之,方无愧色。民国二十九年〔2〕夏五月,双雨山馆伯群恭题。

(据图片录入)

## 12 题《山水图》

具□□北苑小幅,见于清江使院,聊仿其意,□□未能仿佛拟□□□,□□秋日□,蓼洲周顺昌。

(据图片录入)

**【札】**

俞剑华编《中国美术家人名辞典》:"周顺昌……工画墨兰,间写山水,神韵天成。"〔3〕

## 13 题《春林絪缊图》〔一〕

春林最不易写,以其含芽未放,春意动枝,絪缊①半萌之致,在不离不即之间。故黄鹤山樵②云:"宁写秋山万重,莫将春林画疏枝",此言良得个中甘苦。

(王青路《雕虫小技》卷二〔4〕)

**【校】**

〔一〕题目,编者所加。

**【注】**

① 絪缊:云烟弥漫、气氛浓盛的景象。沈约《八咏诗 · 会圃临春风》:"既铿锵以动佩,又絪缊而流射。"温庭筠《觱篥歌》:"情远气调兰蕙薰,天香瑞彩含絪缊。"高启《槎轩记》:"磅礴絪缊厚薄,随其所得。"

② 黄鹤山樵:王蒙(1308—1385),元代画家,字叔明,一作叔铭,号黄鹤山樵,又署黄鹤山人、黄鹤樵者、黄鹤山中樵者,自称自光居士,吴兴(今浙江湖州)人,赵孟頫外孙。

## 14 跋金显宗《渴虎图》

此金显宗画《渴虎图》,我成祖于洪武三年分封燕台,得于元之故宫。洪武三十年,高庙弃群臣。三十一年,岁次己卯,靖难师尚未兴也,姚少师时参预成祖机务,鱼水之合,不下昭烈之与武乡,靖难之基实萌于此。

图画于大定二年,正金海陵王竟被戕,世宗即位之次岁。显宗时已逾冠,以蕃邸侍

---

〔1〕 文天祥《正气歌》中句。

〔2〕 民国二十九年(1940)。

〔3〕 俞剑华编《中国美术家人名辞典》,上海:上海人民美术出版社,1981年,493页。

〔4〕 王青路编著《雕虫小技》,北京:人民美术出版社,2004年,149页。

从，其画渴虎，殆亦勾践式怒蛙[①]之意欤！夫虎，猛兽也，朝廷之上，獬廌触邪[②]，则有殿虎之称；军旅之中，貔貅[③]奋勇，则有虎臣之誉。顾可忽哉！然每见利害关乎国计民生，而贪禄位、保妻子之徒，辄依违槎棱，噤若寒蝉，行间[④]志在敌忾同仇，而顾身家、惜性命之辈，又逗留规避，逃如脱兔。

嗟乎！国家养士，宠以官爵，厚以廪精，期收效于臣下者甚切，而庸庸鹿鹿[⑤]者，流报称毫无殆。马伏波所谓画虎不成者耶！□念及此，每呼负负[⑥]。适文君启美明经出此索题，因有所感，率尔书此归之。

天启五年[⑦]嘉平[⑧]既望，吴□周顺昌跋。

（据图片录入）

**【注】**

① 勾践式怒蛙：《韩非子·内储说上》："越王勾践见怒蛙而式之。御者曰：'何为式？'王曰：'蛙有气如此，可无为式乎？'士人闻之，曰：'蛙有气，王犹为式，况士人有勇者乎？'"晋葛洪《抱朴子·论仙》："昔勾践式怒蛙，戎卒争蹈火。"司马光《乞开言路状》："臣谓群臣苟有肯进言者，陛下必加褒擢，以劝来者，此乃古人市骏骨、式怒蛙之意也。"

② 獬廌触邪：古代传说中有神羊，名獬豸，能辨邪触不正者。《晋书·束皙传》："朝养触邪之兽，庭有指佞之草。"元稹《弹奏剑南东川节度使状》："臣职在触邪，不胜其愤，谨录奏闻，伏候敕旨。"

③ 貔貅：两种猛兽，连用以比喻勇猛的战士。唐张说《王氏神道碑》："赳赳将军，貔貅绝群。"

④ 行间：行伍之间，指军中。《商君书·画策》："行间之治连以五，辨之以章，束之以令，拙无所处，罢无所生。"《史记·卫将军骠骑列传》："青幸得以肺腑待罪行间，不患无威。"

⑤ 鹿鹿：平凡。《汉书·萧何曹参传赞》"萧何、曹参皆起秦刀笔吏，当时碌碌未有奇节"唐颜师古注："碌碌犹鹿鹿，言在凡庶之中也。"

⑥ 负负：犹言惭愧、惭愧。《后汉书·张步传》："茂让步曰：'以南阳兵精，延岑善战，而耿弇走之。大王奈何就攻其营，既呼茂，不能待邪？'步曰：'负负，无可言者。'"李贤注："负，愧也。再言之者，愧之甚。"惠栋补注引王幼学曰："负负，犹言负罪负罪。"宋刘攽《不愧屋漏赋》："谨尔燕居，自获申申；仰夫匪隐，罔贻负负之文。"

⑦ 天启五年：天启五年（1625）乙丑。

⑧ 嘉平：腊月的别称。元方回《留丹阳三日苦寒戏为短歌》："自从书云入嘉平，一月曾无三日晴。"

## 15　跋元盛子昭《关山行旅图》

子昭画迹绝少，更有先辈跋语，真稀世之物，不宜轻意示人。闻主人得此，争先捷购，足如不辱，触频之中，凶锋委曲，甚为可笑，不痛之事，无复人理，而本□之尝语人云：'不是一翻寒彻骨，争得梅花扑鼻香。'今梅香将作画香，可宜珍秘之。主人立马相得索书。颠末语，不尽工也。

仲秋朔日，周顺昌。

（据图片录入）

## 16　跋文征明《金山图》

一拳江面势孱颜，佛塔经楼杳霭间。曾说金山如画本，又从读画见金山。

满江寒浪白如缯，记向金山古寺听。今日见君闲着笔，恍如身在最高层。

衡山先生此图，世传有二，一水墨，一设色，余皆见之。设色乃临赵松雪本，水墨而摹山樵意。然松雪、山樵二图余亦见之。今余适于沿江之松茂楼复睹此迹，奏咏二律。但不知水墨一图流落何处，恒思后人追美尔。

吴门周顺昌。

（据图片录入）

# 题　额

## 龙树庵小云栖题额

龙树庵，在阊门外白莲泾南包家墩，即古文殊庵故址。明万历间云栖僧广传募建。周忠介公以老树拒门如龙，因名曰龙树。中建法堂、放生池、普同塔。庵有“小云栖”额，周忠介公题。

（民国《吴县志》卷三六）

【札】

### 小云栖题额记

张世伟

小云栖题额者，故吏部郎周忠介公为龙树庵主西崖传公题也。西崖得法于云栖，归舍墓为庵，在吴城西五里白莲泾南，沦漪交前，墩阜培后，灌木丛阴，称郊外胜地。其焚修梵呗[1]一准云栖，六时课诵，未有揭而标之者，此忠介公所为题额也。

公所至，清风劲节，倾动一世，而宅心极平，且慈度其往因，非直从英灵中来，每值胜缘福地，辄与同志赞叹徘徊久之。西崖能以硬脊肩佛事，盖尤所许可者。方庵之创也，山门未颜额，会公初习颜平原书，心诺为今所题，且曰：“俟吾学成而践焉。”阅数月，阉祸炽，公遂及，时天启丙寅三月望也。维时遍逮名贤，謦耗日亟，公自知不免。宿阴未霁，旭惨无光，即纸窗竹屋，亦非寻常萧萧况味。公顾心念题额，促余兄孟舒为商款式，储墨渖，欲书所为“小云栖”者，已他冗未果，而外报缇骑逮[2]公至矣。县宰怀牒坐前楹，内外声沸，宅男女环绕哭，公从容谒家庙辞决，不复处分家务，顾与诸相知慷慨语中朝事。忽忆曰：“僧诺不可不践，又吾意所寄也。”遂涉笔排行，填名用图书记，无纤毫谬者，此公署书绝笔也。

嗟乎！嵇生琴，夏侯色，诚千古临难异事。而康乐施维摩诘须，竟足为心杂解嘲。以公定力，何讵不相若？第缘会有足异者。生平慕颜平原为人，比浃岁攻平原书，乃署书，

〔1〕崇祯《吴县志》卷三六“梵呗”后多一“诵”字。

〔2〕“逮”，崇祯《吴县志》卷三六误作“待”。

创得此额。即今悬望之鹤立鸡群，楚楚肖其丰神，山门留镇，不为龙树庵永远故实哉？且征公与平原壮毫同归，作忠义去后，一著榜样，而以握拳透爪示奇，更不如此题之寄意微渺也。

崇祯己巳[1]立秋前二日书。

（周永年《吴都法乘》卷一〇，又见崇祯《吴县志》卷三六）

## 幻住庵香雪斋题额

幻住庵，在雁宕村，元大德四年僧明本建，赵孟頫为名之曰'栖云'，宋濂记。其后别创精舍，改今名，本自为记。明洪武元年重建，宋濂记。天启间，僧道峻重建，周忠介公顺昌额[一]其斋曰"香雪"。

（陆肇域、任兆麟《虎阜志》卷五）

幻住庵，在阊门西五里雁宕村（崧按：旧有天台法派僧来此结茅，名雁宕庵，村名因之，犹扬州城西土冈昔有蜀僧居此，遂明蜀冈。其曰雁宕村者，犹瞟沪镇名俱因寺起，如龙华、南翔、真如、七宝等是也），元大德间郡人陆德润施地中峰国师明本建（赵松雪题额'栖云'，后易今名，中峰本有记）。元末毁，明洪武初僧照增重建（宋濂记）。天启间，僧道峻复建（予老友陆某见僧雪岭来创是仅一小尼庵耳），周忠介公顺昌额其斋曰"香雪"。

（徐崧、张大纯《百城烟水》卷二）

**【校】**

［一］"额"，原误作"颜"，今改。

［1］己巳：崇祯二年（1629）己巳。

# 卷二　明万历四十年周顺昌乡试卷

## 第二场

直隶苏州府吴县儒学附学生员[1]周顺昌，习《易》。

直隶苏州府吴县儒学附学生员周顺昌应万历四十年应天府乡试，本身并无刑丧过犯，亦不系冒籍顶名之人。今将本身姓名、年貌、籍贯并所习经书开具于后，计开：

本身年二十二岁[2]，身长，面白微须，系吴县十三都十三图民籍。

习《易经》。

**【注】**

① 附学生员：明洪武初，生员虽定额，但不久即增广，不拘额数。至宣德时，以初设食廪者为廪膳生员，增广者称增广生员，各有一定额数。到正统元年，额外增取，附于诸生之末，则称附学生员。

② 二十二岁：周忠介公生于万历十二年甲申（1584），万历四十年壬子（1612）应乡试时年已二十九岁。

## 圣神功化之极[1]

人必知性而后可以言功化[2]，亦必知性之大而后可以言无穷之功化。故舍性而言功，是涂饰之功也，而其于功也狭矣；舍性而言化，是欢虞之化也，而其于化也浅矣。何也？极宇宙功化之大，不过使天地万物各还其所已耳，而几微之性实可以立天地万物之命，则性果小乎，大乎？此功化之原而圣神之不能外也。

请得而申言之，今夫性之为物，若希若夷[3]，惟浑惟漠，执之无形，搏之无影，列为五常、纷为百虑。于其中有欢忻[4]畅遂[5]之机，是阳之舒也，为性之喜与乐者机；于其中有愤盈[6]郁勃[7]之思，是阴之惨也，为性之哀与怒者机。而是喜怒哀乐，不独性有之，天地万物亦有之，非天地万物果有之也，性能与之为一也。是故三辰[8]顺轨，百岳贡祯，灵蠢为之安阜[9]，见谓天地万物之喜与乐也，而孰知夫性之阳舒者致之也？五行失序，川泽吐妖，灵蠢为之惆悴，见谓之天地万物之怒与哀也，而孰知夫性之阴惨者致之也？此性与天地万物不隔者也。

圣即大而化，神即不可知，非能别为功化也，全其性而已矣。其使性之还于虚而情不为障也，旷乎如应声之谷、不系之舟焉；其使性之止于静而情不为乱也，屹乎如难撼之山、未波之水焉；其使性之晃晃[10]莹莹[11]还于明而情不为昏也，澄乎如无翳之镜、为嘘之云焉；则何必景星见、醴泉出而后见功化之行于天地？就吾性之不奸其则而性中之二气泰矣，何也？日星河岳，固其法象[12]也。征之万物，何必麒麟游于郊、珠草生于庭而后见功化之行于万物？就吾性之不乱其官而性中之飞跃[13]满矣，何也？鸟飞兽走，固其形色[14]也。

后是而推之，尧舜之揖逊[15]，使天地安其常，万物亦咸若[16]，尧舜功化之极也，而尧舜不过适得吾性[一]□□□□□□。汤武之[二]□□，使天地之[三]陂者平、剥者复，万物之枯者荣、仆者起，汤武功化之极也，而汤武不过适得吾性之哀怒者象也。仲尼之木铎，能使天地万物之变者维之以笔削[17]，而天地万物之常者还之以删定[18]，是仲尼功化之极也，而仲尼亦不过适得吾性喜怒哀乐之时也。夫数圣人者，其功其化岂非震古亘今之所不能几，而劳人任士之所不能为哉？而总之自性始，故曰天下莫大于性中之功，而事功为大，莫大于性中之化，而万化为小也。性者何？中和[19]是也。人人有之，人人能率之。恐惧于未发之先，谨凛于已发之际，虽凡愚而亦圣神矣。夫世骇圣神之功化者，其未知凡愚之真性者也。

（《明清档案卷·明代》）

**【校】**

［一］“而尧舜不过适得吾性”，据上下文补入。

［二］“汤武之”三字，据上下文补入。

［三］“使天地之”四字，据上下文补入。

**【注】**

① 圣神功化之极：朱熹《中庸章句》：“第一章，子思述所传之意以立言：首明道之本原出于天而不可易，其实体备于己而不可离，次言存养省察之要，终言圣神功化之极。盖欲学者于此反求诸身而自得之，以去夫外诱之私，而充其本然之善，杨氏所谓一篇之体要是也。”

② 功化：功业与教化。《汉书·贾谊传赞》：“使时见用，功化必盛。”宋叶适《送刘茂实序》：“虽欲无大阙败，然积百数十岁以一意相承，而功化之陵夷甚矣。”张居正《论时政疏》：“今陛下即位以来，二十八年矣，自成祖以后，历年之久，未有过于陛下者，功化之美，固宜上追唐虞，近配列祖。”

③ 若希若夷：希夷，虚寂玄妙。《老子》：“视之不见名曰夷，听之不闻名曰希。”河上公注：“无色曰夷，无声曰希。”萧统《谢敕参解讲启》：“至理希夷，微言渊奥，非所能钻仰。”唐权德舆《奉和郑宾客相公摄官丰陵扈从之作》：“莫究希夷理，空怀涣汗恩。”

④ 欢忻：欢喜欣悦。王充《论衡·明雩》：“礼之心悃愊，乐之意欢忻。悃愊以玉帛效心，欢忻以钟鼓验意。”孟郊《南阳公请东樱桃亭子春宴》：“赏异出嚣杂，折芳积欢忻。”陆游《书怀示子遹》：“东望故山百余里，父老欢忻来接迎。”

⑤ 畅遂：畅茂顺遂。唐无名氏《律吕相召赋》：“天理不奸，物情和惬，草木以之而畅遂，乾坤于焉而交接。”

⑥ 愤盈：愤恨之极。《后汉书·张奂传论》：“自鄛乡之封，中官世盛，暴恣数十年闲，四海之内，莫不切齿愤盈。”

⑦ 郁勃：郁结壅塞。《周礼·春官·典同》：“弇声郁”，郑玄注：“弇则声郁勃不出也。”

⑧ 三辰：日、月、星。《左传·桓公二年》：“三辰旂旗，昭其明也。”杜预注：“三辰，日、月、星也。”沈约《齐故安陆昭王碑》：“昭昭若三辰之丽于天，滔滔犹四渎之纪于地。”梅尧臣《效阮步兵一日复一日》：“四序相盛衰，三辰运光魄。”

⑨ 安阜：安定富足。宋沈遘《上两府二书》：“幸东南偏方，安阜无事。”《元典章·圣政一·饬官吏》：“有抚字尽心，百姓安阜，钞法流通，政事卓异者，不次旌擢。”

⑩ 晃晃：明亮貌。葛洪《抱朴子·祛惑》：“及到天上，先过紫府，金床玉几，晃晃昱昱，真贵处也。”周邦彦《燕归梁》：“明星晃晃，回津路转，榆影步花骢。”姜夔《昔游诗》：“长虹忽照影，大哉五色轮。我

舟渡其中，晃晃惊我神。”

⑪ 莹莹：明亮貌。

⑫ 法象：对自然界一切物象的总称。《易·系辞上》：“是故法象莫大乎天地，变通莫大乎四时。”张载《正蒙·太和》：“凡天地法象，皆神化之糟粕尔。”

⑬ 飞跃：飞腾跳跃。唐李群玉《赠方处士》：“赤霄终得意，天池俟飞跃。”

⑭ 形色：形体和容貌。《孟子·尽心上》：“形色，天性也，惟圣人然后可以践形。”《南史·梁豫章王综传》：“淑媛同梦中形色，颇类东昏。”

⑮ 揖逊：揖让，禅让。宋魏泰《东轩笔录》卷三：“翰林学士叶清臣等言：‘本朝以揖逊得天下，而(李)淑诬以干戈，且臣子非所宜言。’”李贽《答耿中丞论淡书》：“勋华之盛，揖逊之隆，比之三家村里瓮牖酒人，真不啻几千万里矣。”

⑯ 咸若：万物皆能顺其性，应其时，得其宜。《尚书·皋陶谟》：“皋陶曰：‘都！在知人，在安民。’禹曰：‘吁！咸若时，惟帝其难之。’”唐李邕《春赋》：“律何谷而不暄，光何容而不灼。植也知归，动焉咸若。尔乃杨回曲沼，李杂芳园。”归有光《嘉靖庚子科乡试对策》之三：“古者百姓太和，万物咸若。”

⑰ 笔削：谓对作品删改订正。蔡絛《铁围山丛谈》卷三：“吾后见鲁公与文正公二父相与谈往事，则每云诗书盖多出元泽暨诸门弟子手，至若《周礼新义》实丞相亲为之笔削。”

⑱ 删定：经过修改而确定。《汉书·刑法志》：“若开后嗣，不若删定律令。律令一定，愚民知所避，奸吏无所弄矣。”《三国志·魏志·明帝纪》：“十二月，诏有司删定大辟，减死罪。”苏轼《与孙志康书》：“集其前后文集，异日示及，当与志康商议，少加删定，乃传世也。”

⑲ 中和：中庸之道。儒家认为，能“致中和”则天地万物均能各得其所，达于和谐境界。《中庸》：“喜怒哀乐之未发，谓之中；发而皆中节，谓之和。中也者，天下之大本也；和也者，天下之达道也。致中和，天地位焉，万物育焉。”

## 拟上出御制《拟猗兰操》① 赐诸大臣谢表

宣德四年

伏以宝翰②亲摛，黼扆③阐幽光④于音韵⑤；宸章⑥敬捧，台垣挹睿意⑦于丝桐⑧。感晋接⑨之殷，俯躬知愧；诵《缁衣》⑩之咏，拜手扬休⑪。臣等诚惶诚恐，稽首顿首上言：

窃惟作人之化，特希遘于周文，见矢词机械，而求士之思，亦怀于秦国，乃托兴《蒹葭》⑫，必若渴之心。明王不靳，廉如兰之契，贤士方伸慨焉，上之淫哇⑬徒作，致凤池之供奉久虚，庭草燕泥愈觅，股肱增忌。赏花作赋，不过光景流连，岂无孤芳之质？使徒槁志于青山，即有《招隐》之词，未必续书于彤管⑭。自非圣世，曷布纶言⑮？

恭遇皇帝陛下素心毓秀，玉质凝资。操三重⑯以宅尊，乘一敬而作则。文武圣神，独握河魁⑰之柄。忧民志切，已昭鉴于《豳风》⑱；枚卜⑲情深，遂和言于《兰操》。谓潜德之韬光，昔贤已感怀蕙圃；而菌芝⑳之沉采，当世可徒听凋零？用是深谷之思，曲写于玉犀之管；而幽人之节，宛扬于宝帖之书。讵意大雅㉑之音，忽出黄扉㉒之外。丝弦未奏，已惊御墨之淋漓；搏拊㉓未谐，先觅《阳春》㉔之绝响。

臣等樗朽㉕散材，敢植私门桃李㉖？葑菲㉗下体，难竞绝壑芳馨。伏愿观文㉘成化㉙，用意于语言文字之先；折节求贤，游神于歌章协律之外。采菽㉚致劳，于贤臣无使结药荪之叹；薰莸㉛大别，夫异类勿止生寒谷㉜之辉。则多士作济济之风，天子承明明之祚矣。臣等无任[33]，瞻天仰圣，激切屏营[34]之至，谨奉表称谢以闻。

（《明清档案卷·明代》）

【注】

① 猗兰操：古琴曲名，多抒生不逢时、怀才不遇之情。郭茂倩《乐府诗集·琴曲歌辞二·猗兰操》题解："一曰《幽兰操》……《琴操》曰：'《猗兰操》，孔子所作。孔子历聘诸侯，诸侯莫能任。自卫返鲁，隐谷之中，见香兰独茂，喟然叹曰："兰当为王者香，今乃独茂，与众草为伍。"乃止车，援琴鼓之，自伤不逢时，托辞于香兰云。'"

② 宝翰：皇帝的手迹。明顾起元《客座赘语·仁宗皇帝御笔》："院判蒋恭靖公用文，家藏宝翰一巨册，乃恭靖在太医院时，仁宗皇帝居东宫示病症取药御笔也。"

③ 黼扆：古代帝王座后的屏风，上画斧形花纹。《尚书·顾命》："狄设黼扆缀衣。"孔传："扆，屏风，画为斧文，置户牖间。"刘勰《文心雕龙·章表》："敷表降阙，献替黼扆。"明焦竑《焦氏笔乘续集·黼扆》："谨按礼书白与黑间为黼扆，则屏障画黼文于其上，取分辨昭彰之义无疑矣。"

④ 幽光：潜隐的光辉，常用以指人的美好品德。韩愈《答崔立之书》："诛奸谀于既死，发潜德之幽光。"柳宗元《与邕州李域中丞论陆卓启》："振宣幽光，激励颓俗。"明李东阳《雷公峡二十韵》："有笔赞幽光，兹言敢终纳。"

⑤ 音韵：文学作品的音节韵律。沈约《答陆厥问声韵书》："若以文章之音韵，同弦管之声曲，则美恶妍蚩，不得顿相乖反。"《宋书·谢灵运传论》："欲使宫羽相变，低昂互节，若前有浮声，则后须切响。一简之内，音韵尽殊；两句之中，轻重悉异。妙达此旨，始可言文。"

⑥ 宸章：皇帝所作的诗文。王维《奉和圣制暮春送朝集使归郡应制》："宸章类河汉，垂象满中州。"王安石《和御制赏花钓鱼》："宸章独与春争丽，恩许赓歌岂易陪。"

⑦ 睿意：圣明的意旨。苏舜钦《乞用刘石子弟》："于是伏望陛下断自睿意，诏有司于西郊备礼致祭，陛下出次素服，西向举哀。"明叶盛《水东日记·王元章画梅》："应制题梅诗曰：'猎猎北风吹倒人，乾坤无处不沙尘。胡儿冻死长城下，谁信江南别有春。'睿意极眷赏之。"

⑧ 丝桐：琴。古人削桐为琴，练丝为弦，故称。《史记·田敬仲完世家》："若夫治国家而弭人民，又何为乎丝桐之间？"王粲《七哀诗》："丝桐感人情，为我发悲音。"高适《陪窦侍御灵云南亭宴》："丝桐徐奏，林木更爽。"

⑨ 晋接：进见，接见。《易·晋》："晋，康侯用锡马蕃庶，昼日三接"。孔颖达疏："'昼日三接'者，言非惟蒙赐蕃多，又被亲宠频数，一昼之间，三度接见也。"

⑩《缁衣》：《诗经·郑风·缁衣》："缁衣之宜兮，敝予又改为兮。"毛传："缁，黑也，卿士听朝之正服也。"。《礼记·缁衣》："子曰：'好贤如《缁衣》，恶恶如《巷伯》。'"郑玄注："《缁衣》《巷伯》皆《诗》篇名也……此衣缁衣者贤者也。"唐陆贽《张延赏中书侍郎平章事制》："式慰《甘棠》之思，且继《缁衣》之美。"

⑪ 扬休：阳气生养万物。扬，通"阳"。《礼记·玉藻》："头颈必中，山立，时行，盛气颠实扬休，玉色。"郑玄注："扬，读为阳……盛声中之气，使之阗满，其息若阳气之休物也。"孔颖达疏："使气息出外，如盛阳之气生养万物也。"

⑫《蒹葭》：《诗经·秦风·蒹葭》："蒹葭苍苍，白露为霜。所谓伊人，在水一方。"

⑬ 淫哇：淫邪之声，多指乐曲诗歌。嵇康《养生论》："目惑玄黄，耳务淫哇。"李善注："《法言》曰：'哇则郑　'；李轨曰：'哇，邪也。'"葛洪《抱朴子·擢才》："峄阳云和，不为不御而息唱，以竞显于淫哇。"欧阳修《与梅圣俞书》："前累求新作，今者书尾有自厌之说，岂可疾淫哇而欲废置律吕？"宋叶适《哀巩仲至》："离离三千首，雅正排淫哇。"

⑭ 彤管：汉代尚书丞、尚书郎每月赐一双赤管大笔，后用为在朝任官之典。《晋书·夏侯湛传》：

“入闻阖，蹑丹墀，染彤管，吐洪辉，干当世之务，触人主之威，有效矣。”何景明《田子行》：“我持彤管双凤翎，浮沉帝傍近紫庭。”

⑮ 纶言：帝王诏令的代称。《礼记·缁衣》：“王言如丝，其出如纶；王言如纶，其出如綍。”郑玄注：“言言出弥大也。”《晋书·儒林传序》：“虽尊儒劝学亟降于纶言，东序西胶未闻于弦诵。”柳宗元《代韦中丞贺元和大赦表》：“纶言一降，庶政毕行。”秦观《正仲左丞生日》：“史笔开凡例，纶言正纬经。”

⑯ 三重：三种隆重的礼仪，指夏、商、周三王之礼。《礼记·中庸》：“王天下有三重焉，其寡过矣乎。”郑玄注：“三重，三王之礼。”孔颖达疏：“谓夏、商、周三王之礼，其事尊重，若能行之，寡少于过矣。”

⑰ 河魁：古代主将设置军帐的方位。杨炯《出塞》：“二月河魁将，三千太乙军。”李白《司马将军歌》：“身居玉帐临河魁，紫髯若戟冠崔嵬。”宋张淏《云谷杂记·玉帐》：“戌为河魁，谓主将之帐宜在戌也。”

⑱《豳风》：《诗经》十五国风之一，共有诗七篇，多描写农家生活和辛勤力作的情景。

⑲ 枚卜：一一占卜，古代以占卜法选官，因以指选用官员。《尚书·大禹谟》：“枚卜功臣，惟吉之从。”孔传：“枚谓历卜之而从其吉。”明代专指选大臣为大学士，入内阁主事。《明史·杨涟传》：“国家最重无如枚卜，忠贤一手握定……岂真欲门生宰相乎？”

⑳ 菌芝：灵芝。《列子·汤问》：“朽壤之上有菌芝者，生于朝，死于晦。”张华《食举东西厢乐诗》：“枯蠹荣，竭泉流。菌芝茂，枳棘柔。”苏轼《次韵吕梁仲屯田》：“空虚岂敢酬琼玉，枯朽犹能出菌芝。”

㉑ 大雅：高尚雅正。宋叶适《贺县尉》：“端庞还有北人风，大雅元非楚士同。”

㉒ 黄扉：宫门。陈子昂《唐故循州司马申国公高君墓志铭》：“含章丹穴，籍宠黄扉。”王维《工部杨尚书夫人墓志铭》：“朝含香兮礼闱，夕青琐兮黄扉。”赵殿成笺注：“黄扉犹黄闼，禁门也。”

㉓ 搏拊：古乐器名。《尚书·益稷》：“戛击鸣球、搏拊、琴瑟以咏。”孔传：“搏拊以韦为之，实之以糠，击之以节乐。”《释名·释乐器》：“搏拊，以韦盛糠，形如鼓，以手拊拍之也。”《明史·乐志一》：“（洪武）二十六年又定殿中韶乐：箫十二，笙十二……柷一，敔一，搏拊二。”

㉔《阳春》：古曲名，高雅的曲调。汉李固《致黄琼书》：“峣峣者易缺，皦皦者易污。《阳春》之曲，和者必寡。”鲍照《玩月城西门廨中》：“蜀琴抽《白雪》，郢曲发《阳春》。”白居易《张十八员外以新诗二十五首见寄因题卷后》：“《阳春》曲调高难和，淡水交情老始知。”

㉕ 樗朽：腐朽的樗木，喻无用之人，自谦之词。

㉖ 桃李：比喻栽培的后辈和所教的门生。《韩诗外传》卷七：“夫春树桃李，夏得阴其下，秋得食其实。”刘禹锡《宣上人远寄和礼部王侍郎发榜后诗因而继和》：“一日声名遍天下，满城桃李属春官。”《资治通鉴·唐则天后久视元年》：“仁杰又尝荐夏官侍郎姚元崇等数十人，率为名臣。或谓仁杰曰：‘天下桃李，悉在公门矣。’”明李东阳《胡忠安公挽诗四十韵》：“桃李当时盛，葭莩后代连。”

㉗ 葑菲：鄙陋之人或有一德可取之谦辞。《诗经·邶风·谷风》：“采葑采菲，无以下体。”郑玄笺：“此二菜者，蔓菁与葍之类也，皆上下可食，然而其根有美时有恶时，采之者不可以其根恶时并弃其叶。”鲍照《绍古辞》：“徒抱忠孝志，犹为葑菲迁。”

㉘ 观文：观赏文采。唐许敬宗《奉和秋暮言志应制》：“凝宸阅栖亩，观文伫少微。”

㉙ 成化：完成教化。《文子·道原》：“天常之道，生物而不有，成化而不宰。”班固《西都赋》：“佐命则垂统，辅翼则成化。流大汉之恺悌，荡亡秦之毒螫。”《旧唐书·睿宗纪》：“尝谓自我作则，感而成化；痛乎迷俗忘返，不威罔惩。”

㉚ 采菽：《诗经·小雅·小宛》：“中原有菽，庶民采之。”

㉛ 薰莸：香草和臭草，喻善恶、贤愚、好坏等。《左传·僖公四年》：“一薰一莸，十年尚犹有臭。”杜预注：“薰，香草；莸，臭草。十年有臭，言善易消，恶难除。”《魏书·辛雄传》：“今君子小人薰莸不别，岂所谓赏善罚恶，殷勤隐恤者也。”

㉜ 寒谷:对别人提携奖掖的谢词。柳宗元《谢李吉甫相公示手札启》:“藻镜洞开,而秋毫在照;文律傍畅,而寒谷生辉。”曾巩《襄州回相州韩侍中状》:“譬如寒谷,幸蒙六律之吹;有若秋毫,遂借千钧之重。”

㉝ 无任:敬词,犹“不胜”,多用于表状、章奏或笺启、书信中。张九龄《请御注〈道德经〉及疏施行状》:“凡在率土,实多庆赉;无任忻戴忭跃之至。”苏轼《徐州谢奖谕表》:“庶殚朽钝,少补丝毫,臣无任。”

㉞ 屏营:惶恐,彷徨。《国语·吴语》:“王亲独行,屏营仿偟于山林之中。”曹植《感婚赋》:“顾有怀兮妖娆,用搔首兮屏营。”柳宗元《上武元衡谢抚问启》:“先赐荣示,奉读流涕,以惧以悲,屏营舞跃,不敢宁处。”白居易《答桐花》:“无人解赏爱,有客独屏营。”司马光《谢御前札子催赴阙状》:“臣无任瞻天望圣,激切屏营之至。”

# 官文书稽程①

缓及瓜之代,齐侯见杀于管、连②;迟尺檄之行,絜舜获罪于张敞③。盖令出惟行不惟止,故公文可速不可迟。今其口衔君命,身犯王章④。视国宪⑤如土苴⑥,且行且止;玩黄麻[一]⑦如故纸。尔优尔休。边檄宵驰,徐控玉门之辔;玺书飞坠,漫浮青海之槎。计日加刑,惩其多怠。

(《明清档案卷·明代》)

**【校】**

[一]“黄麻”,原作“黄蔴”,今改。

**【注】**

① 稽程:延误行程。梁简文帝《陇西行》:“回山时阻路,绝水亟稽程。”

② 缓及瓜之代,齐侯见杀于管、连:《左传·庄公八年》:“齐侯使连称、管至父戍葵丘。瓜时而往,曰:‘及瓜而代。’期戍,公问不至。请代,弗许;故谋作乱。僖公之母弟曰夷仲年,生公孙无知,有宠于僖公,衣服礼秩如适。襄公绌之,二人因之以为乱。连称有从妹,在公宫,无宠;使间公,曰:‘捷,吾以女为夫人。’冬十二月,齐侯游于姑棼,遂田于贝丘。见大豕,从者曰:‘公子彭生也。’公怒曰:‘彭生敢见!’射之,豕人立而啼。公惧,队于车,伤足丧屦。反,属屦于徒人费,弗得,鞭之,见血。走出,遇贼于门,劫而束之。费曰:‘我奚御哉!’袒而示之背,信之。费请先入,伏公而出,斗,死于门中。石之纷如死于阶下。遂入,杀孟阳于床。曰:‘非君也,不类。’见公之足于户下,遂弑之,而立无知。”瓜,瓜时,瓜熟之时,指七月。《史记·齐太公世家》:“瓜时而往。”裴骃《集解》引服虔曰:“瓜时,七月。”

③ 迟尺檄之行,絜舜获罪于张敞:《资治通鉴》卷二七:“杨恽之诛也,公卿奏,京兆尹张敞,恽之党友,不宜处位。上惜敞材,独寝其奏,不下。敞使掾絜舜有所案验,舜私归其家曰:‘五日京兆耳,安能复案事!’敞闻舜语,即部吏收舜系狱,昼夜验治,竟致其死事。舜当出死,敞使主簿持教告舜曰:‘五日京兆竟何如?冬月已尽,延命乎?’乃弃舜市。会立春,行冤狱使者出,舜家载尸并编敞教,自言使者。使者奏敞贼杀不辜。上欲令敞得自便,即先下敞前坐杨恽奏,免为庶人。敞诣阙上印绶,便从阙下亡命。数月,京师吏民解弛,鼓数起,而冀州部中有大贼,天子思敞功效,使使者即家在所召敞。敞身被重劾,及使者至,妻子家室皆泣,而敞独笑曰:‘吾身亡命为民,郡吏当就捕。今使者来,此天子欲用我也。’装随使者,诣公车上书曰:‘臣前幸得备位列卿,待罪京兆,坐杀掾絜舜。舜本臣敞素所厚吏,数蒙恩贷;以臣有章劾当免,受记考事,便归卧家,谓臣五日京兆。背恩忘义,伤薄俗化。臣窃以舜无状,枉法以诛之。臣敞贼杀不辜,鞠狱故不直,虽伏明法,死无所恨!’天子引见敞,拜为冀州刺史。敞到部,盗贼屏迹。”檄,古代官府用以征召或声讨的文书。

④ 王章:王法。朝廷的法律。明朱鼎《玉镜台记·石勒报败》:“江南余孽势犹猖,阻声教违我

王章。”

⑤ 国宪:国家的法制或礼仪。《汉书·叙传下》:“(张)释之典刑,国宪以平。”《后汉书·曹褒传》:“孝章永言前王,明发兴作,专命礼臣,撰定国宪,洋洋乎盛德之事焉。”隋卢思道《北齐兴亡论》:“迁鼎旧邺,国命惟新。朝章国宪,灿然毕举。”

⑥ 土苴:比喻微贱的东西。《庄子·让王》:“道之真以治身,其绪余以为国家,其土苴以治天下。”陆德明释文:“司马云:土苴,如粪草也。李云:土苴,糟魄也,皆不真物也。”宋戴复古《谢萧和伯见访》:“江湖尊白发,土苴视黄金。”

⑦ 黄麻:古代诏书用纸,借指诏书。古代写诏书,内事用白麻纸,外事用黄麻纸。杜甫《赠翰林张四学士垍》:“紫诰仍兼绾,黄麻似《六经》。”杨伦笺注引《唐会要》:“开元三年,始用黄麻纸写诏。”宋叶适《直院中书莫公殂往哀痛不能成文辄留小诗灵几并致鲈鱼金柑为奠》:“阁老今无地上身,黄麻紫诰两沉沦。”

## 乘舆服御[①]物

冠裳象乾坤之制,轮辂昭金玉之文。故倡优后服,贾傅[②]生悲;而嬖佞娇乘,明王必禁。今其徒事奢淫,罔思顾忌。非赵王之假节[③],罔拟金翘[④];效董贤[⑤]之横恣,漫夸[一]珠襦[⑥]。七章之文徒灿,三等之制藐然。加之以刑,彼其何说?

(《明清档案卷·明代》)

**【校】**

[一]“夸”,原作“誇”,今改。

**【注】**

① 乘舆服御:乘舆,古代特指天子和诸侯所乘坐的车子。《孟子·梁惠王下》:“今乘舆已驾矣,有司未知所之。”贾谊《新书·等齐》:“天子车曰乘舆,诸侯车曰乘舆,乘舆等也。”郦道元《水经注·荡水》:“惠帝征成都王颖……乘舆顿地,帝伤三矢。”杜甫《朝献太清宫赋》:“营室主夫宗庙,乘舆备乎冕裘。”服御,服饰车马器用之类。《史记·孝文本纪》:“帝加惠,令诸侯毋入贡,弛山泽,减诸服御狗马,损郎吏员,发仓庾以振贫民。”曾巩《殿中监制》:“总监六尚之官,以供服御之事。”《资治通鉴·汉献帝兴平二年》:“弃御物、符策、典籍,略无所遗。”胡三省注:“凡乘舆服御之物,皆为御物。”

② 贾傅:贾谊,曾官长沙王太傅,故称。

③ 假节:虚伪的节操。《逸周书·官人》:“言行不类,终始相悖,外内不合,虽有假节见行,曰非成质者也。”

④ 金翘:金制的一种妇女首饰,形如鸟尾上的长羽。毛熙震《浣溪沙》:“晚起红房醉欲消,绿鬟云散袅金翘。”柳永《荔枝香》:“笑整金翘,一点芳心在娇眼。”

⑤ 董贤:《汉书·董贤传》:“董贤字圣卿,云阳人也。父恭,为御史,任贤为太子舍人。哀帝立,贤随太子官为郎。二岁余,贤传漏在殿下,为人美丽自喜,哀帝望见,说其仪貌,识而问之,曰:‘是舍人董贤邪?’因引上与语,拜为黄门郎,由是始幸。问及其父为云中侯,即日征为霸陵令,迁光禄大夫。贤宠爱日甚,为驸马都尉侍中,出则参乘,入御左右,旬月间赏赐累巨万,贵震朝廷。”

⑥ 珠襦:贯珠为饰的短衣,古代帝、后所服。《汉书·霍光传》:“太后被珠襦,盛服坐武帐中。”

## 不操练军士

兵为□□□□□□□时战日危机操□□以□办□擅制将之权,必动训兵之略。今某藉口昆明习战，在武帝为穷兵，不思郡国撤藩。即晋主为总战，宿卫[①]目骇于《韬》《钤》[②]，何以御敌？士卒色变于金鼓[③]，是为弃之。怠惰如斯，典刑宜正。

（《明清档案卷·明代》）

**【注】**

① 宿卫：皇帝的警卫人员，禁军。北魏崔鸿《十六国春秋·前赵·刘聪》："九月犬与豕交于宫门，有豕着进贤冠，升聪御坐，犬冠武冠带绶，与豕并升，俄而斗死，殿上宿卫莫有见其入者。"

②《韬》《钤》：古代兵书，《六韬》和《玉钤》。《六韬》，旧题周吕望撰，分文韬、武韬、龙韬、虎韬、豹韬、犬韬六卷。《庄子·徐无鬼》："吾所以说吾君者，横说之则以《诗》《书》《礼》《乐》，从说之则以《金板》《六弢》。"成玄英疏："《金版》《六弢》，《周书》篇名也，或言秘谶也。本有作'韬'字者，随字读之，云是太公兵法，谓文武、虎豹、龙犬六弢也。"

③ 金鼓：四金和六鼓。四金指錞、镯、铙、铎。六鼓指雷鼓、灵鼓、路鼓、鼖鼓、鼛鼓、晋鼓。《左传·僖公二十二年》："三军以利用也，金鼓以声气也。"杨伯峻注："庄十年《传》云'夫战，勇气也'，此气即勇气；又云'一鼓作气'，足见金鼓所以励勇节气者。金鼓以声为用而制其气，故曰声气。"沈约《齐明帝哀策文》："伐金鼓以清道，扬悲笳而启路。"梅尧臣《送王道粹学士知亳州》："金鼓鸣两旁，壶浆拥通逵。"何景明《送季公从地官》："城边金鼓花时发，海畔楼船日夕过。"

## 依告状鞫狱[①]

明罚[②]敕法[③]，议狱[④]乃以缓刑[⑤]；政简刑清，原情[⑥]必须析理[⑦]。公平庶无冤抑[⑧]，而偏听即以生奸。今某全无明决，一味模糊[一]。既不风清案牍，如二芮之质成[⑨]；且不电烛[⑩]幽遐[⑪]，致八法[⑫]之紊乱。三字[⑬]谁昭其枉，一钱微恣其私。民将益辜，上难逃罪。

（《明清档案卷·明代》）

**【校】**

[一]"模糊"，原作"糢糊"，今改。

**【注】**

① 鞫狱：审理案件。《魏书·广川王略传》："性明敏，鞫狱称平。"《旧唐书·职官志二》："凡鞫狱官与被鞫人有亲属雠嫌者，皆听更之。"

② 明罚：严明的刑罚。任昉《奏弹曹景宗》："是知败军之将，身死家戮，爰自古昔，明罚斯在。"明刘若愚《酌中志·内臣职掌纪略》："有隋失道，九服沸腾，朕亲总元戎，致兹明罚。"

③ 敕法：整饬法令。葛洪《抱朴子·用刑》："《易》称明罚敕法，《书》有哀矜折狱，爵人于朝，刑人于市，有自来矣。"刘勰《文心雕龙·诏策》："故授官选贤，则义炳重离之辉……明罚敕法，则辞有秋霜之烈，此诏策之大略也。"

④ 议狱：断狱，审议狱案。《易·中孚》："君子以议狱缓死。"《魏书·刑罚志》："议狱定律，有国攸慎，轻重损益，世或不同。"

⑤ 缓刑：放宽刑罚。《周礼·地官·大司徒》："以荒政十有二，聚万民：一曰散利，二曰薄征，三曰缓刑。"贾公彦疏："三曰缓刑者，谓凶年犯刑缓纵之。"汉刘向《说苑·贵德》："孝宣皇帝初即位，守廷尉吏路温舒上书言尚德缓刑。"明方孝孺《凝命神宝颂》："上帝之心，恶杀好生。皇宜慈惠，任德缓刑。"

⑥ 原情：推究本情。《说郛》卷二引《京氏易传》："诛不原情，则霜附木不下，不教而诛，其霜反在草下。"《后汉书·邳彤传论》："斯固原情比迹，所宜推察者也。"《唐律·名例二》："议者原情议罪，称定刑之律。"明刘基《郁离子·灵丘丈人》："氏无以为生，而官不能恤，于是乎有犯，虽难以为常，原情而贷之

可也。”

⑦ 析理：剖析事理。嵇康《琴赋》：“非至精者不能与之析理也。”萧统《〈文选〉序》：“论则析理精微，铭则序事清润。”元稹《献荥阳公诗五十韵序》：“推案析理，次至数联，应若前定。”明吴承恩《申鉴序》：“其辨疑而析理也精而确，信哉，其能名家也。”

⑧ 冤抑：冤屈。东方朔《七谏·怨世》：“独冤抑而无极兮，伤精神而寿夭。”《新唐书·杨瑒传》：“所论者民冤抑也，位高下乎何取？”

⑨ 质成：公正地判断是非。《诗经·大雅·绵》：“虞芮质厥成，文王蹶厥生。”毛传：“质，成也。成，平也。蹶，动也。虞芮之君，相与争田，久而不平，乃相谓曰：‘西伯，仁人也，盍往质焉？’乃相与朝周。”《金史·萧玉传》：“朕思海陵肆虐，先杀宗本诸人，然后用汝质成其事。”

⑩ 电烛：如电光照耀，形容洞察一切。

⑪ 幽遐：僻远，深幽。《晋书·礼志下》：“故虽幽遐侧微，心无壅隔。”唐包融《武陵桃源送人》：“武陵川径入幽遐，中有鸡犬秦人家。”

⑫ 八法：周代管理百姓的通法。《周礼·天官·大宰》：“以八法治官府：一曰官属，以举邦治；二曰官职，以辨邦治；三曰官联，以会官治；四曰官常，以听官治；五曰官成，以经邦治；六曰官灋，以正邦治；七曰官刑，以纠邦治；八曰官计，以弊邦治。”《南史·宋武帝纪》：“九伐之道既敷，八法之化自理。”

⑬ 三字：三字狱，冤狱的代称。《宋史·岳飞传》载，秦桧诬陷岳飞，岳飞下狱，韩世忠不平，诣桧诘其实。桧曰：“飞子云与张宪书，虽不明，其事体莫须有。”世忠曰：“‘莫须有’三字，何以服天下？”明唐顺之《岳将军墓》：“谁将三字狱，堕此万里城？”

## 私借官车船

乘辂乘缦，名器[1]攸存。《采齐》《采和》[2]，分位以列。惟稽古[3]之桓荣[4]，始称辎车[5]之重；必有道之郭泰[6]，方同京兆[7]之舟。今其溺意私交，任情假借。玉辇[8]金根[9]，徒奢孟郊家具[10]；牙樯[11]巨舰，尽装米氏图书。彼既敢于市恩[12]，我当加以常法[13]。

宣德四年八月十四日，昌稿。

（《明清档案卷·明代》）

**【注】**

① 名器：名号与车服仪制，用以别尊卑贵贱的等级。《左传·成公二年》：“唯器与名，不可以假人，君之所司也。”杜预注：“器，车服；名，爵号。”《后汉书·来歙传》：“愚闻为国者慎器与名，为家者畏怨重祸，俱慎名器，则下服其命；轻用怨祸，则家受其殃。”元稹《论谏职表》：“陛下若以为臣等无所裨补，不足参侍从，固不当假以名器，立之于朝。”

②《采齐》《采和》：《采齐》或作《采荠》，古乐曲名，或为逸诗名。《周礼·春官·乐师》：“行以《肆夏》，趋以《采荠》。”郑玄注引郑司农曰：“《肆夏》《采荠》皆乐名。或曰：皆逸诗。”《礼记·玉藻》：“趋以《采齐》。”郑玄注：“齐，当为楚荠之荠。”贾谊《新书·容经》：“行以《采荠》，趋以《肆夏》，步中规，折中矩。”归有光《明君恭己而成功》：“步中《采齐》，行中《肆夏》。”《采和》，以文意看，亦当为乐曲名。

③ 稽古：考察古事。《书·尧典》：“曰若稽古，帝尧曰放勋。”《汉书·武帝纪赞》：“高祖拨乱反正，文景务在养民，至于稽古礼文之事，犹多阙焉。”《晋书·裴頠传》：“博学稽古，自少知名。”《明史·邓继曾传》：“割恩以定礼，稽古以崇孝。”

④ 桓荣：桓荣（？—约59）字春卿，谯国龙亢（今安徽省怀远县西）人，东汉经学大师，《续汉书》载：“荣本齐人，桓公之后，以谥命氏，迁于龙亢，至荣六叶。”《后汉书》卷三七有传。

⑤ 辎车:古代有帷盖的车子,既可载物,又可作卧车。《史记·穰侯列传》:"穰侯出关,辎车千乘有余。"《后汉书·桓荣传》:"即拜佚为太子太傅,而以荣为少傅,赐以辎车、乘马。"杨炯《唐同州长史宇文公神道碑》:"辎车就列,化洽于二州。"释文莹《玉壶清话》卷七:"朝廷亟遣大将李继隆,发镇定卒万余,护送刍粮数千辎车,将实其廪。"

⑥ 郭泰:郭泰(128—169),字林宗,太原介休(今属山西)人。身长八尺,相貌魁伟,绣衣博带,周游列国。与李膺等交游,名重洛阳,太学生推为领袖。第一次党锢事起,被士子誉为"八顾"之一,言能以德行导人。官府召辟,皆不就。虽褒贬人物,不危言骇论,故不在禁锢之列。后闭门教授,有弟子千人。

⑦ 京兆:京兆尹,官名。汉代管辖京兆地区的行政长官,职权相当于郡太守。《汉书·百官公卿表上》:"内史,周官,秦因之,掌治京师。景帝二年分置左(右)内史。右内史武帝太初元年更名京兆尹。"韩愈《司徒许国公神道碑铭》:"其葬物,有司官给之,京兆尹监护。"《汉书·张敞传》:"敞为京兆,朝廷每有大议,引古今,处便宜,公卿皆服,天子数从之。"韩愈《与祠部陆员外书》:"有韦群玉者,京兆之从子,其文有可取者,其进而未止者也。"

⑧ 玉辇:天子所乘之车,以玉为饰。潘岳《籍田赋》:"天子乃御玉辇,荫华盖。"杜牧《洛阳长句》:"连昌绣岭行宫在,玉辇何时父老迎?"

⑨ 金根:金根车,以黄金为饰的根车,帝王所乘。汉蔡邕《独断》卷下:"上所乘曰金根车,驾六马,有五色安车、五色立车各一,皆驾四马,是为五时副车。"《后汉书·舆服志上》:"秦并天下,阅三代之礼,或曰殷瑞山车,金根之色。"刘昭注:"殷人以为大路,于是始皇作金根之车。殷曰桑根,秦改曰金根。《乘舆马赋》注曰:'金根,以金为饰。'"《旧唐书·舆服志》:"金根车,朱质,紫油通幰,油画络带,朱丝网,常行则供之。"唐章孝标《蜀中赠广上人》:"曾持麈尾引金根,万乘前头草五言。"

⑩ 孟郊家具:孟郊《借车》:"借车载家具,家具少于车。借者莫弹指,贫穷何足嗟。百年徒役走,万事尽随花。"

⑪ 牙樯:象牙装饰的桅杆,一说桅杆顶端尖锐如牙,故名。借指舟船。庾信《哀江南赋》:"苍鹰赤雀,铁轴牙樯。"倪璠注:"《埤苍》曰:'樯,帆柱也。'《古诗》曰:'象牙作帆樯。'"杜甫《秋兴》:"珠帘绣柱围黄鹄,锦缆牙樯起白鸥。"仇兆鳌注《埤苍》:"樯尾,锐如牙也。"曾巩《送双渐之汉阳》:"何年南狩牙樯出?六月西来雪浪浮。"

⑫ 市恩:以私惠取悦于人。《新唐书·裴耀卿传》:"今朕有事岱宗,而怀州刺史王立饩牵外无它献,我知其不市恩也。"宋叶适《故知枢密院施公墓志铭》:"不鸣善以收誉,不炫荐以市恩。"《明史·余子俊传》:"大臣谋国,当身任利害,岂得远怨市恩为自全计。"

⑬ 常法:固定的法律、制度。《左传·文公六年》:"宣子于是乎始为国政,制事典,正法罪,辟狱刑,董逋逃,由质要,治秩礼,续常职,出滞淹。既成,以授大傅阳子与大师贾佗,使行诸晋国,以为常法。"《韩非子·饰邪》:"家有常业,虽饥不饿;国有常法,虽危不亡。"《魏书·刑罚志》:"诸在议请之外,可悉依常法。"

## 第三场

直隶苏州府吴县儒学附学生员周顺昌,习《易》。

直隶苏州府吴县儒学附学生员周顺昌应万历四十年应天府乡试,本身并无刑丧过犯,亦不系冒籍顶名之人。今将本身姓名、年貌、籍贯并所习经书开具于后,计开:

一、本身年二十二岁,身长,面白微须,系吴县十三都十三图民籍。

一、习《易经》。

# 第一问

常伦[一]①世道②之否泰，君臣造之；而君臣之否泰，君心造之。君心也者，是臣下精神命脉之所聚，而疏通壅隔③之所关也。故君心不可不操，第患以操之过而以刻核④削臣下之气。君心固不可过操，犹患以操而成厌，以厌而覆之于操，而以似勤似倦者疑臣下之心。何也？操之失人，得而明见之，而不操而操之失人，不得而明见之。厌之名人，得而摘发之，而以厌托操之名人，不得而摘发之。顾操与厌相仇者也，而不知过操实生于过厌也。吾实厌成德⑤之助，则不得不操内史⑥之权，而使任经筵⑦者不得以规讽⑧进。吾实厌经邦之策，则不得不操宰相之权，而使酌元斗者不得以政理⑨进。吾实厌批奏之陈，则不得不操台谏⑩之权，而使司封驳⑪者不得以纠绳⑫进。抑思夫君犹天也，臣犹风雨露雷[二]也，天未有厌风雨露雷之分其职而操之，使五行无职而得成其为天。君犹心也，臣犹耳目股肱也，心未有厌耳目股肱之分其灵而操之，使百体无灵而得成其为心。□□□□□□□□□□□□□□□□灵之过于操者也。

我皇上励精图治已四十年于兹，明良⑬一德⑭之交，似不必眷怀[三]⑮于异代矣。而何以始之？急考覈者，□归缺员始之；重调变者，□归掣肘⑯始之；勤批答⑰者，□归亩中，而人人怀釜鬲⑱之忧也。操耶，厌耶？抑怠而励精耶？久而因仍⑲耶？吾恐操极而成厌，使狐鼠⑳得乘其怠而夺之柄，则为上弛厌极而又托之于操，使公卿百执事明知其怠之实而阳惮夫操之名，百无所关其口，则为下离愈弛愈壅，使君日以秦越㉑视臣下，而臣下为覆盆㉒、为积薪㉓，其病为腓为痿痹㉔，害不可言也。愈离愈隔，使臣日以鬼神疑君，而君且为孤注㉕、为赘庞㉖，其病为疽为溃心，害犹不可言也。则虽有陆贽㉗、李泌㉘之忠贞，亦无能起泰交㉙矣。圣明之忧，果何时而已也？

（《明清档案卷·明代》）

**【校】**

［一］“常伦”，原作“常仑”，今改。

［二］“风雨露雷”，原缺“雷”字，据后文补。

［三］“眷怀”，原作“睠怀”，今改。

**【注】**

① 常伦：常序，常类。左思《魏都赋》：“缪默语之常伦，牵胶言而踰侈。”江淹《杂体诗·嵇中散》：“远想出宏域，高步超常伦。”明宋濂《新注楞伽经后序》：“唯柏庭法师善月依天台教旨，着为通义，夐然绝出常伦。”

② 世道：社会道德风尚。沈约《与何胤敕》：“兼以世道浇暮，争诈繁起。”宋赵与时《宾退录》卷六：“寓言以贻训诫，若柳子厚《三戒》《鞭贾》之类，颇似以文为戏，然亦不无补于世道。”

③ 壅隔：阻隔。曹植《愍志赋》：“思同游而无路，情壅隔而靡通。”《南史·孔靖传》：“齐遣东方老、萧轨来寇，四方壅隔，粮运不继。”《明史·彭时传》：“万安同在阁，结中贵戚畹，上下壅隔，时颇怀忧。”

④ 刻核：苛刻。《南史·恩幸传·吕文显》：“文显临事以刻核被知。”苏轼《省试策问》：“凡省冗官八百员，吏千四百员，民以少纾，而上下相安，无刻核之怨。”

⑤ 成德：盛德。《易·乾》：“君子以成德为行。”《左传·成公十三年》：“不谷恶其无成德，是用宣

之，以惩不一。”韩愈《唐故中散大夫少府监胡良公墓神道碑》：“年几八十，坚悍不衰，事可传载，可谓成德。”王安石《枢密使张昪父惠赠太师可赠中书令制》：“积仁之庆，实在其子，终有成德，为吾宗工。”

⑥ 内史：官名。隋文帝改中书省为内史省，置内史监、令各一员。隋炀帝改为内书省。唐高祖武德初复为内史省，三年改为中书省。后亦用以称中书省的官员。唐皇甫冉《韦中丞西厅海榴》：“海花争让候榴花，犯雪先开内史家。”

⑦ 经筵：汉唐以来帝王为讲论经史而特设的御前讲席。宋代始称经筵，置讲官以翰林学士或其他官员充任或兼任。宋代以每年二月至端午节、八月至冬至节为讲期，逢单日入侍，轮流讲读。元明清三代沿袭此制，而明代尤为重视。除皇帝外，太子出阁后，亦有讲筵之设。宋沈作喆《寓简》卷二：“神宗皇帝御经筵，时方讲《周官》。”《元史·吴澄传》：“泰定元年，初开经筵，首命澄与平章政事张珪、国子祭酒邓文原为讲官。”明焦竑《焦氏笔乘·经筵面奏》：“我朝经筵日讲，非徒辩析经史，为观美也；谓当旁及时务，以匡不逮。”

⑧ 规讽：规劝讽谕。刘勰《文心雕龙·辨骚》：“讥桀纣之猖披，伤羿浇之颠陨，规讽之旨也。”金王若虚《文辨》：“王元之《待漏院记》文殊不典，人所以喜之者，特取其规讽之意耳。

⑨ 政理：为政之道。《鬼谷子·本经阴符》：“原人事之政理，不出户而知天下。”韩愈《应所在典帖良人男女等状》：“鞭笞役使，至死乃休。既乖律文，实亏政理。”陈亮《书欧阳文粹后》：“公之文根乎仁义而达之政理，盖所以翼‘六经’而载之万世者也。”

⑩ 台谏：唐宋时以专司纠弹的御史为台官，以职掌建言的给事中、谏议大夫等为谏官。明初废谏院，以给事中兼领监察与规谏，两者开始合流。宋李纲《上渊圣皇帝实言封事》：“立乎殿陛之间与天子争是非者，台谏也。”《宋史·萧服传》：“服文辞劲丽，宜居翰苑。朕爱其鲠谔，顾台谏中何可阙此人！”

⑪ 封驳：封还并对诏敕之不当者加以驳正。此制汉时已有，但无专职掌管。《汉书·王嘉传》载，西汉哀帝益封董贤，丞相王嘉“封还诏书，因奏封事”。《后汉书·钟离意传》载，东汉明帝时，钟离意为尚书仆射，亦“独敢谏争，数封还诏书”。至唐始由门下省掌管，对有失宜诏敕可以封还，有错误者则由给事中驳正。五代废。宋太宗时复唐旧制。明罢门下省长官，诏敕有不便者，由六科给事中驳正。白居易《郑覃可给事中制》：“给事中之职，凡制敕有不便于时者，得封奏之；刑狱有未合于理者，得駮正之。”司马光《乞合两省为一札子》：“盖以中书出诏令，门下掌封驳，日有争论，纷纭不决，故使两省先于政事堂议定，然后奏闻。”王鏊《震泽长语·官制》：“唐初，始合三省。中书主出命，门下主封驳，尚书主奉行。”顾炎武《日知录·封驳》：“明代虽罢门下省长官，而独存六科给事中，以掌封驳之任。”

⑫ 纠绳：督察纠正。《魏书·高恭之传》：“自顷以私铸薄滥，官司纠绳，挂网非一。”司空图《成均讽》：“掖庭弦吹，先罢赏于材人；司隶纠绳，次申严于权右。”

⑬ 明良：贤明的君主和忠良的臣子。《尚书·益稷》：“元首明哉，股肱良哉，庶事康哉！”诸葛亮《便宜十六策·考黜》：“进用贤良，退去贪懦，明良上下，企及国理。”沈括《贺枢密吕侍郎启》：“明良协契，远迩均欢。”

⑭ 一德：始终如一，永恒其德。《易·系辞下》：“恒以一德。”孔颖达疏：“恒能始终不移，是纯一其德也。”《旧唐书·裴度传》：“外茂九功，内苞一德，器为社稷之镇，才实邦国之桢。”苏轼《司马温公神道碑》：“非至诚一德，其孰能使之？”

⑮ 眷怀：眷顾，关怀。曾巩《节度使制》：“惟亮天功，待汝守四方之劾；无轻民事，副予安百姓之心。尚体眷怀，岂烦多训。”明唐顺之《答夏桂洲相公书》：“明公与国为体，恐未能忘江湖之忧；而圣主眷怀耆旧，亦恐不能得允遂东山之卧耳。”

⑯ 掣肘：从旁牵制。《吕氏春秋·具备》：“宓子贱治亶父，恐鲁君之听谗人，而令己不得行其术也。将辞而行，请近吏二人于鲁君，与之俱至于亶父。邑吏皆朝，宓子贱令吏二人书。吏方将书，宓子贱从旁时掣摇其肘；吏书之不善，则宓子贱 为之怒。吏甚患之，辞而请归……鲁君太息而叹曰：‘宓子以此谏

寡人之不肖也。’”《北齐书·源彪传》:“若不推赤心于琳,别遣余人掣肘,复成速祸,弥不可为。”唐陆贽《论缘边守备事宜状》:“若谓志气足任,方略可施,则当要之于终,不宜掣肘于其间也。”

⑰ 批答:君主对百官章奏书面批示答复,后多由专职大臣代行。陆龟蒙《说凤尾诺》:“既肯其行,必有褒异之辞,若今之批答。”《新唐书·百官志一》:“玄宗初置翰林待诏,以张说、陆坚、张九龄 等为之,掌四方表疏批答、应和文章。”宋赵升《朝野类要·文书》:“执政以上,有章奏请,则降批答,以下则降诏。”明徐师曾《文体明辨序说·批答》:“按吴讷云:‘批答者,天子采臣下章疏之意而答之也。’古者君臣都俞吁咈,皆口陈面命之词,后世乃有书疏而答之者,遂用制词,若汉人答报玺书是已。至唐始有批答之名,以谓天子手批而答之也。其后学士入院,试制诏批答共三篇,则求代言之人,而词华渐繁矣!”

⑱ 釜鬲:泛指炊器。鬲,陶制,圆口,三空心足。《史记·范雎蔡泽列传》:“(蔡泽)之韩魏,遇夺釜鬲于涂。”裴骃《集解》:“《尔雅》曰:‘款足者谓之鬲。’郭璞曰:‘鼎曲脚。’”柳宗元《非国语上·三川震》:“夫釜鬲而爨者,必涌溢蒸郁以糜百物。”

⑲ 因仍:因袭,沿袭。《三国志·魏志·程昱传》:“转相因仍,莫正其本。”王禹偁《五哀诗》:“文自咸通后,流散不复雅,因仍历五代,秉笔多艳冶。”

⑳ 狐鼠:城狐社鼠,喻小人,坏人。沈约《奏弹王源》:“虽埋轮之志,无屈权右,而狐鼠微物,亦蠹大猷。”李善注引《晏子春秋》:“景公问晏子曰:治国亦有常乎?对曰:谗佞之人,隐在君侧,犹社鼠不熏也,去此乃治矣。”文天祥《御试策一道》:“此何等狐鼠辈,而陛下以身庇之。”顾炎武《蓟门送子德归关中》:“蓟朝士多狐鼠,旧日须眉化儿女。”

㉑ 秦越:秦在西北,越居东南,相距极远,常以喻疏远隔膜,互不相关。韩愈《争臣论》:“(阳子)视政之得失,若越人视秦人之肥瘠,忽焉不加喜戚于其心。”《续资治通鉴·宋理宗嘉熙三年》:“四川急则荆阃援之,和濡急则江阃援之,真泰急则淮阃援之,务要脉络贯通,毋或秦越相视。”

㉒ 覆盆:阳光照不到覆盆之下,喻社会黑暗或无处申诉的沉冤。葛洪《抱朴子·辨问》:“是责三光不照覆盆之内也。”李白《赠宣城赵太守悦》:“愿借羲皇景,为人照覆盆。”

㉓ 积薪:喻隐伏危机。《汉书·贾谊传》:“夫抱火厝之积薪之下而寝其上,火未及燃,因谓之安,方今之势,何以异此!”《后汉书·黄琼传》:“前白马令李云,指言宦官罪秽宜诛,皆因众人之心,以救积薪之敝。”宋庄季裕《鸡肋编》卷中:“于戏!邦势若此,念积薪之已然;民力几何,惧奔驷之将败。”

㉔ 痿痹:肢体不能动作或丧失感觉。《汉书·哀帝纪赞》:“即位痿痺,末年寖剧,飨国不永。”李商隐《行次西郊作一百韵》:“筋体半痿痺,肘腋生臊膻。”

㉕ 孤注:把所有的钱并作一次赌注,比喻仅存的可资凭借的事物。司马光《涑水记闻》卷六:“(王钦若)数乘间言于上曰:‘澶渊之役,准以陛下为孤注与敌博耳。’”

㉖ 赘庞:累赘臃肿。王守仁《高平县志序》:“州县之吏,不过具文书,计岁月,而以赘庞之物视图志。”明罗懋登《西洋记通俗演义叙》:“稗官野史谓何?此《西洋记》所由作;布帛菽粟谓何?此《西洋记》所由通俗演义。赘庞云乎哉?耳食云乎哉?”

㉗ 陆贽:陆贽(754—805),字敬舆,苏州嘉兴(今属浙江)人。大历八年(773)进士,中博学宏辞、书判拔萃科。德宗即位,召充翰林学士。贞元八年(792)任宰相,后因与裴延龄有矛盾,被贬充忠州(今重庆忠县)别驾,永贞元年卒于任所,谥号宣。有《陆宣公翰苑集》二十四卷传世。

㉘ 李泌:李泌(722—789),字长源,京兆(今西安)人。天宝中,自嵩山上书论施政方略,深得玄宗赏识,令其待诏翰林,为东宫属言。为杨国忠所忌,归隐名山。安禄山叛乱,肃宗即位灵武,召他参谋军事,又为幸臣李辅国等诬陷,复隐衡岳。代宗即位,召为翰林学士。

㉙ 泰交:天地之气相交,物得大通,后用以谓上下不隔,互通声气。《易·泰》:“天地交,泰。”《明史·余珊传》:“由是大臣顾望,小臣畏惧,上下乖戾,寖成睽孤,而泰交之风息矣。”

# 第二问

人臣之所以效诸君者，惟此心耳。心诚忠也，方且臣吁君咈，君□臣和，以相得于宸枫[①]紫陛之间，即盘盂[②]几牖之规不必有也，而况于章疏乎？□□不足以喻而托之于言，言恐其中隔而托之以面陈，至面陈之不得而转托之以章疏，亦人臣之所甚不获已也。故圣主必待贤臣以弘其化，贤臣必待圣主以显其德。王褒[③]之所为《颂》也，冕旒在目而视于无形，旒□塞耳而听于无声，蕴古之所为箴也。是二者，非不要领，是挈而要，亦心之仅寄于言者也。而抑知君之心终非可以口舌诤乎？而抑知九阍[④]万里之君心，尤非可以口舌诤乎？吾朝奏一疏，夕未报也，而金吾小吏之辈得媒孽[⑤]吾短，君且未以为直同于折槛，反以为博声于鸣凤矣。吾夕奏一疏，朝未报也，而龙阳[⑥]燕尾[⑦]之流得以蛊惑其志，君且未以为矢诚于补牍[⑧]，而以为怒激于投石矣。然则章疏竟何益乎？

皇上丕成久道之化，从谏勇于成汤，止辇同于汉代，而间者转圜[⑨]之听，似未及于曩时。深宫隔欤？献纳疏欤？万几[⑩]为之丛□欤？貂珰[⑪]为□□□□□□□□□□□□□□□□□□□□□□□□□以为人主之与臣隔者，不过堂帘咫尺之地，而臣之与君通者，惟此忧盛危明之心。尝试征心于天人之应，有心之正可以为石心之一，可以为碧心之怒，可以为波涛心之灵，可以为列星心之怨，可以为霜为不雨，而况积诚之所感动、矢念之所维持？有不可以通帝座之高转虚己之怀乎？而又何取于章疏为也？得是道也，虽谓褒之《颂》蕴古之箴、九龄之金鉴毕彻□忠臣之一心可也，而区区逆耳果何补矣？

（《明清档案卷·明代》）

**【注】**

① 宸枫：枫宸，宫殿。宸，北辰所居，代指帝王居所。汉代宫庭多植枫树，故称。何晏《景福殿赋》："芸若充庭，槐枫被宸。"

② 盘盂：圆盘与方盂，用于盛物。古代亦于其上刻文纪功或自励。《韩非子·大体》："豪杰不著名于图书，不录功于盘盂，记年之牒空虚。"《墨子·尚贤下》："书之竹帛，琢之槃盂，传以遗后世子孙。"王充《论衡·乱龙》："楚叶公好龙，墙壁盘盂皆画龙。"《后汉书·崔骃传》："远察近览，俯仰有则，铭诸几杖，刻诸盘杅。"李贤注："杅亦盂也。"

③ 王褒：王褒，字子渊，西汉人，生卒年不详，蜀资中（今四川省资阳市）人。文学创作活动主要在汉宣帝（公元前73—前49年在位）时期，著名的辞赋家，写有《甘泉》《洞箫》等赋十六篇，与扬雄并称"渊云"。

④ 九阍：九天之门，亦指九天。刘禹锡《楚望赋》："高莫高兮九阍，远莫远兮故园。"

⑤ 媒孽：酒母，比喻借端诬罔构陷，酿成其罪。《汉书·司马迁传》："今举事一不当，而全躯保妻子之臣随而媒孽其短。"颜师古注引臣瓒曰："媒谓构合会之，孽谓生其罪衅也。"《周书·宇文孝伯传》："臣知齐王忠于社稷，为群小媒蘖，加之以罪。"陈亮《王珪确论如何》："君既知而用之矣，同列之人相与媢其长而媒孽其短，周旋四顾，无与共此乐者。"

⑥ 龙阳：战国魏男宠龙阳君，指男色。《战国策·魏策四》："魏王与龙阳君共船而钓，龙阳君涕下，王曰：'何为泣？'曰：'为臣之所得，鱼也。'王曰：'何谓也？'对曰：'臣之所得，鱼也，臣其喜，后得又益大，臣欲弃前得鱼矣。今以臣之凶恶，而得为王拂枕席，今四海之内，美人亦甚多矣。闻臣之得幸于王也，必褰裳趋王。臣亦曩之所得鱼也，亦将弃矣。臣安能无涕乎？'魏王于是布令于四海之内曰：'敢言美人者，族！'"阮籍《咏怀》："昔日繁华子，安陵与龙阳。"

⑦ 燕尾:燕尾分叉像剪刀,因用以摹状末端分叉的东西。《后汉书 · 舆服志下》:"负赤幡,青翅燕尾,诸仆射幡皆如之。"李善注司马相如《子虚赋》"蜚襳垂髾":"司马彪曰:'襳,袿饰也;髾,燕尾也。'襳与燕尾,皆妇人袿衣之饰也。"梅尧臣《送少卿知宣州》:"鸭头吴荡绿,燕尾楚船轻。"苏轼《谢人惠云巾方鞋》:"燕尾称呼理未便,剪裁云叶却天然。"王十朋《集注》引林敏功曰:"燕尾,谓巾也。"

⑧ 补牍:谓忠贞事君。《宋史 · 赵普传》载,赵普曾荐贤于太祖,不用。屡奏,太祖碎其牍,普仍缀补破牍复奏,太祖省悟,最终用其人。

⑨ 转圜:挽回。《明史 · 黄道周传》:"且陛下岂有积恨道周,万一圣意转圜,而臣已论定,悔之何及。"

⑩ 万几:帝王日常处理的纷繁的政务。《尚书 · 皋陶谟》:"无教逸欲有邦,兢兢业业,一日二日万几。"孔传:"几,微也,言当戒惧万事之微。"葛洪《抱朴子 · 论仙》:"(帝王)思劳于万几,神驰于宇宙。"刘禹锡《唐故朝散大夫崔公神道碑》:"建中初,德宗始亲万几。"《明史 · 韩文传》:"是时青宫旧阉刘瑾等八人号'八虎',日导帝狗马、鹰兔、歌舞、角觝,不亲万几。"

⑪ 貂珰:貂尾和金、银珰,古代侍中、常侍的冠饰,借指宦官。梅尧臣《和谢希深会圣宫》:"龟组恭来诣,貂珰肃奉承。"《明史 · 彭汝实传》:"弃燕闲于女宠,委腹心于貂珰。"

# 第三问

天下有乱形,有乱而似治之形;有治形,有治而实乱之形。何谓乱形?是已死之灰、既枯之木也,而孰知夫积薪于其侧而火未燃、本颓于其下而条犹丰者之为乱而似治之象也?何谓治形?是难撼之山、未波之水也,而孰知夫疽未溃而发必伤心、鼎虽安而汤欲沸腾者之为治而实乱之象也?察微者欲杜宗社未萌之变、固国家不拔[①]之基,每不于治乱两分之介,而于治乱互倚之机。于是,当五位[②]之逸豫[③]也,不为进万年之觞,而为虑日中之昃。当群生之咸若[④]也,不为侈鼓腹[⑤]之歌,而为哀鸿雁之苦。公卿大夫欢然于其间也,不为结弹冠[⑥]之庆,而为廑标榜之忧。纪纲法度犁然[⑦]而具备也,不为诵庶绩[⑧]之熙,而为抱颠覆之叹。边无烽火、海无扬波也,不为鸣四夷来王之盛,而为戚长城倾圮之思。图乱于其治,防治于未乱,此汉唐宋一统之业远过于秦隋元也。

我国家腥洗胡天,治隆燕鼎,真所谓勇略迈汉高、功烈轶唐宗、神武超宋代者也。至于今日,非所称金瓯[⑨]无缺之天下。兴□□于内外之乱形,其重足[⑩]而立、侧目[⑪]而盼也。而草泽将有唐瑗盈之思,其南北异交、左右异袒也。而士大夫将有汉唐党人之患,其脱巾四起、攘袂奋呼也。而军吏将有唐藩镇之变,其岁输金幣、日□膏脂也。边廷将有宋辽金之祸,□□□□□□□□□□□□□□□□□□□□□□□□□□非任廉士以舒蹙额、倚介胄以当千城。愚未知今日之治乱何如也。

(《明清档案卷 · 明代》)

**【注】**

① 不拔:不可拔除,不可动摇,形容牢固。《老子》:"善建者不拔,善抱者不脱。"《汉书 · 扬雄传》:"娄敬委辂脱挽,掉三寸之舌,建不拔之策,举中国徙之长安,适也。"颜师古注:"不拔,谓其坚固不拔也。"

② 五位:侯、大夫、卿、公、辟五等。《后汉书 · 朱穆传》:"天气郁冒,五位四候连失正气,此互相明也。"王先谦《集解》引惠栋曰:"五位,谓侯、大夫、卿、公、辟。"

③ 逸豫：安乐。《诗经·小雅·白驹》："尔公尔侯，逸豫无期。"余冠英注："逸豫，安乐也。"曹植《临观赋》："乐时物之逸豫，悲予志之长违。"欧阳修《新五代史·伶官传序》："忧劳可以兴国，逸豫可以亡身，自然之理也。"

④ 咸若：万物皆能顺其性，应其时，得其宜。称颂帝王之教化。《尚书·皋陶谟》："皋陶曰：'都！在知人，在安民。'禹曰：'吁！咸若时，惟帝其难之。'"唐李邕《春赋》："律何谷而不暄，光何容而不灼。植也知归，动焉咸若。尔乃杨回曲沼，李杂芳园。"归有光《嘉靖庚子科乡试对策》之三："古者百姓太和，万物咸若。"

⑤ 鼓腹：拍击腹部，以应歌节。

⑥ 弹冠：比喻相友善者援引出仕。晋葛洪《〈抱朴子〉自叙》："内无金张之援，外乏弹冠之友。"孙光宪《北梦琐言》卷七："唐襄阳孟浩然与李太白交游，玄宗征李入翰林，孟以故人之分，有弹冠之望，久无消息，乃入京谒之。"

⑦ 犁然：自得貌。《庄子·山木》："孔子穷于陈蔡之间，七日不火食，左据槁木，右击槁枝，而歌猋氏之风，有其具而无其数，有其声而无宫角，木声与人声，犁然有当于人之心。"

⑧ 庶绩：各种事业。《尚书·尧典》："允厘百工，庶绩咸熙。"孔传："绩，功也；言众功皆广。"《旧唐书·薛登传》："故尧资八元而庶绩其理，周任十乱而天下和平。"

⑨ 金瓯：比喻疆土之完固，亦用以指国土。《南史·朱异传》："（武帝）尝夙兴至武德阁口，独言：'我国家犹若金瓯，无一伤缺。'"司空图《南北史感遇》："兵围梁殿金瓯破，火发陈宫玉树摧。"

⑩ 重足：迭足不前，形容非常恐惧。汉桓宽《盐铁论·周秦》："死者相枕席，刑者相望，百姓侧目重足，不寒而栗。"《魏书·恩幸传·王椿》："椿性严察，下不容奸，所在吏民，畏之重足。"李东阳《题丁御史同年墨竹走笔长句》："浙江之东县新昌，乃在千岩万壑之中央。侧身重足恐无路，五步一涧十步冈。"

⑪ 侧目：不敢正视，形容畏惧。《战国策·秦策一》："妻侧目而视，侧耳而听。"李白《武昌宰韩君去思颂碑序》："惠如春风，三月大化，奸吏束手，豪宗侧目。"

## 第四问

忧乐者，一人之情也，实非一人之情也。天地得之而为惨舒剥复，万物得之而为开落枯荣，国家得之而为平陂盛衰，则吾儒忧乐实与天地、万物、国家相关者也。然后之乐，必从先之忧始。天地非先为剥、先为惨，必无以发舒其阳和之气，而天地之乐不见。万物非先为枯、先为落，必无以畅遂其生育之机，而万物之乐不见。国家非先为衰、先为陂，必无以振作其昌明之象，而国家之乐不见。吾儒既与之同脉而共体，而奈何可私忧私乐，如秦越之不相通、肌瘠之不相一哉？是故天柱未宁，地维未奠，则吾心为之戚然悲，非忧天地也，忧吾之位天地者有未全而天地为之坠也。匹夫匹妇之嗟，草木禽鱼之□，则吾心为之怅然感，非忧万物也，忧吾之育万物者未全而万物为之郁也。一纲一纪之未张，一方一境之未平，则吾心为之愀然念，非忧国家也，忧吾之奠国家者未全而国家为之坏也。夫然后清宁之景、安阜之休、綦陆之盛并集，而邕吾一心之乐，而非忧何以致之？此平成[①]粒食[②]之乐，有封濬胼胝[③]之忧，禹稷之先忧也。此曲肱疏水之乐，有东西南北之忧也，孔颜之先忧也。吾固知忧者正吾儒共乐之意结而未什之忧，而乐者正吾儒同忧之意什而不复结者乐也。士君子处圣明之世，固云乐矣。而孔颜、禹稷之忧，尚亦有志者之所为杜剥于其后及瘁于其荣、防衰于其盛欤？甚矣，诸葛武侯之鞠躬尽瘁，陆宣公[④]之委曲艰难，李文靖之水旱奏闻，司马文正[⑤]之身殉社稷，有得于先忧之义也。如置忧而徒言乐，无论乐必难臻，无乃非终日戒之旨乎？

（《明清档案卷 · 明代》）

【注】

① 平成：万事安排妥帖。《左传 · 文公十八年》：“舜臣尧，举八恺，使主后土，以揆百事，莫不时序，地平天成。”《尚书 · 大禹谟》：“地平天成，六府三事允治，万世永赖，时乃功。”杨慎《别陈玉泉》：“平成绍禹绩，玄圭献尧天。”

② 粒食：以谷物为食。《礼记 · 王制》：“北方曰狄，衣羽毛穴居，有不粒食者矣。”陈澔集说：“西北地寒，少五谷，故有不粒食者。”沈约《均圣论》：“嘉谷肇播，民用粒食。”韩愈《送浮屠文畅师序》：“圣人者立，然后知宫居而粒食。”

③ 胼胝：手掌脚底因长期劳动摩擦而生的老茧。《荀子 · 子道》：“夙兴夜寐，耕耘树艺，手足胼胝，以养其亲。”《史记 · 李斯列传》：“禹凿龙门，通大夏，疏九河，曲九防，决渟水致之海，而股无胈，胫无毛，手足胼胝，面目黎黑。”陆龟蒙《樵人十咏 · 樵叟》：“自小即胼胝，至今凋鬓发。”

④ 陆宣公：陆贽（754—805），字敬舆，苏州嘉兴（今属浙江）人。大历八年（773）进士，中博学宏辞、书判拔萃科。德宗即位，召充翰林学士。贞元八年（792）任宰相，后因与裴延龄有矛盾，被贬充忠州（今重庆忠县）别驾，永贞元年卒于任所，谥号宣。有《陆宣公翰苑集》二十四卷传世。

⑤ 司马文正：司马光（1019—1086），初字公实，更字君实，号迂夫，晚号迂叟，原籍陕州夏县（今属山西夏县）涑水乡人，世称涑水先生。历仕仁宗、英宗、神宗、哲宗四朝，卒赠太师、温国公，谥文正，著有《司马文正公集》。

## 第五问

人必知至常之变而后可以济天下之变，亦必知不变之常而后可以不□□之常。□曰道之常者，如方中于矩，圆[一]之于规，离则为畔经；道之变者，如权之轻重各得，镜之妍媸互换，泥则为拘滞。是常与变相反者也。然方圆[二]规矩各随其器而为之因，轻重妍媸各因其质而为之定。是常与变又相合者也。夫唯大圣人能于大常中窥大变之用，又能于大变中妙大常之体。是故周公弟也而诛管蔡，孔子布衣也而托二百四十二年之大权，成汤臣也而为南巢之放[①]。彼三圣人者，岂不能斟之酌之，衡之于当时，质之于后世，而为千古不韪之举哉？彼所为，从乎《易》之时，约于《书》之中，而要于时中[②]之极者也。其余偏才浅业，何可望诸圣典刑[③]而谋国之猷？烨然声施[④]，亦有雅自负以济变而竟尔不振。即才如管子能辅相桓公，而终不能翼戴[⑤]共主；智如子房能成汉一统之业，而不免失鸿沟[⑥]之约。是徒知济一时之变而未贞万世之常也，王道诸臣尚何言哉？固知变非圣人不能用，大常中之大变，非时中之圣、天人合焉者不能善用也。

今天下至势之孔□□□□波扬心火□一仕□□□者□一钱孔而穿者□□。大臣操□□之舟，小臣吹金沙之□。□道□□□□名而□□□是□能至功者□□□□□不知□□□□功□□之托□□之□以道□□诵□志□□时中□□□□今□则□不□此□□□□而成□□之□□不至大谬于常道□圣□□人必知至常之□□□□以□天□之□□为知不□之常□可以不□圣之常也。

（《明清档案卷 · 明代》）

**【校】**

[一][二]“圆”,原作“员”,今改。

**【注】**

① 南巢之放:《尚书·仲虺之诰》:“成汤放桀于南巢,惟有惭德。”《史记·夏本纪》:“桀走鸣条,遂放而死”,张守节《正义》引《括地志》:“庐州巢县有巢湖,即《尚书》‘成汤伐桀,放于南巢’者也。”南巢,古地名,在今安徽巢湖市西南。

② 时中:儒家谓立身行事,合乎时宜,无过与不及。《易·蒙》:“蒙亨,以亨行,时中也。”孔颖达疏:“谓居蒙之时,人皆愿亨,若以亨道行之,于时则得中也。”《礼记·中庸》:“君子之中庸也,君子而时中。”孔颖达疏:“谓喜怒不过节也。”归有光《孟子叙道统而不及周公颜子》:“性善时中之论,义利王伯之辨,孟子之自任以道,非僭也。”

③ 典刑:旧法,常规。《诗经·大雅·荡》:“虽无老成人,尚有典刑。”郑玄笺:“犹有常事故法可案用也。”苏轼《次韵子由送蒋夔赴代州学官》:“功利争先变法初,典型独守老成余。”

④ 声施:名声流传。《淮南子·修务训》:“段干木不趋势利,怀君子之道,隐处穷巷,声施千里。”《史记·萧相国世家》:“淮阴、黥布等皆以诛灭,而何之勋烂焉。位冠群臣,声施后世,与闳夭、散宜生等争烈矣。”

⑤ 翼戴:辅佐拥戴。《左传·昭公九年》:“文之伯也,岂能改物?翼戴天子,而加之以共。”《汉书·晁错传》:“辅天子之阙,而翼戴汉宗也。”《辽史·世宗纪》:“以崇德宫户分赐翼戴功臣。”

⑥ 鸿沟:古运河名,在今河南省。楚汉相争时曾划鸿沟为界,后亦借指疆土的分界。《史记·项羽本纪》:“项王乃与汉约,中分天下,割鸿沟以西者为汉,鸿沟而东者为楚。”庾信《拟咏怀》:“长坂初垂翼,鸿沟遂倒戈。”

# 附　录

## 附录一　周顺昌手迹题跋与相关书册序跋

## 周顺昌手迹题跋

### 跋周忠介手迹册

翁方纲

右《明周忠介公手致姚文毅札》,后人绘忠介公像于前,并同时诸人札二十有一通,合装为册。诸札有忠介手记札到之年月者,亦有记札到之年月而非出于忠介手书者凡十处,用"苏斋"印记之,盖皆周氏家所旧藏也。惟末一吕札与林封司者,是忠介身后所作,内列叙诸人,缪当时,"缪"讹"言"旁,岂其原稿又经誊写欤?惜不得公子端孝先生请恤之血书副稿同装于此耳。然其时忠义之祸,惨至于此,纵有追赠祖考之典,正复何益之有!君子道消,小人剥庐,未有若明季之甚者。此内李仲达一札云"冬气不极,春旸不鬯",二语虽切其时事,然不知造物者直欲以挽回修复元气之局,有待于我熙朝乃交春旸泰运也。读《明史》至此,岂止如观象占爻于"剥""复"之际乎?此册今归于南海叶云谷,持来属为题后。册后有人详记书札诸人史传有无之概,盖装册所记者。云谷亦并附装为册,以当题跋。而方纲又就所见忠介二札,补录于此第一札之后,后有观者,得并资考焉。

(沈律辑《翁方纲题跋手札集录》[1])

右《明周忠介公致文毅手札》,后人因绘忠介公像于前,并同时诸手札廿有二通,合装为册。诸札有忠介手记札到之年月者,亦有记札到之年月而非出于忠介手书者凡十处,用"苏斋"印记之,盖皆周氏家所旧藏也。惟末吕札与林封司者,是忠介身后所作,内列叙诸人,缪当时,"缪"讹"言"旁,岂原稿又经誊写欤?惜不得公子端孝先生请恤之血书副稿同装于此耳。然其时忠义之祸,惨酷于此,纵有追赠祖考之举,正复何益之有!君子道消,小人剥庐,未有若明季之甚者。此内李仲达一扎云"冬气不极,春阳不鬯"二语,虽若

[1] 沈律辑《翁方纲题跋手札集录》,桂林:广西师范大学出版社,2002年,362页。

切其时事,然不知造物者直欲以挽回修复元气之全局,有待于我熙朝乃交春阳泰运也。读史至此,岂止如观象玩占于"剥""复"之际乎？此册今归于南海农部云谷斋中,持以见示,属为题识其后。嘉庆丁丑四月九日,方纲。

(翁方纲《苏斋题跋》[1])

## 书周忠介公手札后

曾国藩

往余读《史忠正公集》,见其乙酉四月十九日遗书五通,又廿一日绝笔一纸,其言至深痛,不可终读。盖视杨忠悯公狱中家书,犹或过之。乾隆四十二年,我高宗皇帝命摹勒史公绝笔于扬州梅花岭祠壁。而杨公手书亦于迩岁摹刻于京师松筠庵祠中。忠臣、志士或郁屈于一时,其精光终将大显于世,不可得而闷也。门人潘生伯寅,顷以周忠介公被逮时手札视余。乃与前杨后史若出一辙,虽号为三仁,殆无愧色。

世多贬明代诛锄绪绅,而怪后来气节之盛,以为养士实厚使然。余谓气节者,亦一二贤臣倡之,渐乃成为风会,不尽关国家养士之薄厚也。当忠介公吴中就逮之时,其骈首殉难之五人者,颜佩韦等皆市人,周文元则舆隶耳。彼岂尝邀朝廷,一日之豢养尚且慷慨赴义如彼,况乎士大夫有纲常风教之责者?

(曾国藩《曾国藩全集》第十四册《诗文》卷[2])

## 周忠介公尺牍跋

彭启丰

吾乡周忠介公以吏部员外郎家居,适当天启时宦寺弄权,流毒荐绅。公既引告家居,而清议激发,终撄奇祸。其浩然刚大之气,彻乎宇宙,顽廉懦立,百世而下,有余慕焉。

公生平尺牍,流布人间,得者靡不珍重,其形模颇似从篆书出,屈曲圆转,力透纸背,往往似颜鲁公。"唯其有之,是以似之",信矣。邵生璋得公手札四幅,装成一卷,属予为之跋。第一首言"闭户息交,应酬已废",当在家居时。后一首言:"羁宦数千里",当在福州做推官时。其他无可考。

公生平志节之高,意气之笃,要可于此见其凡焉。昔先王父慕公甚笃,尝为公刻《烬余集》,残篇断简,登录无遗,而卷中诸札尚未及收,是尤可宝也。《诗》曰:"昔我有先正,其言明且清",邵生读公之言,当知慕公之人勿徒以好古自豪可矣。

(彭启丰《芝庭先生集》卷一八)

---

[1] 翁方纲《苏斋题跋》,影印《丛书集成初编》本,北京:中华书局,1985,367。
[2] 曾国藩著,钱仲联主编《曾国藩文选》,苏州:苏州大学出版社,2001,94—95。

### 周忠介公山水跋

罗振玉

忠介公以天启六年死珰难，年四十三。此署天启二年，是年三十九。忠介书迹传世至稀，而峭逸俊妙至此，置之宋元名迹中，不复可辨，即以六法论，亦当独有千古，矧大节岳岳，昭如日星耶？吾世世子孙，其永宝之。

（罗振玉《罗雪堂先生全集》续编二）

## 《烬余集》《忠介遗事》序跋

### 《烬余集》跋

周　靖

先忠介公之被逮也，指床头衍箧谓先端孝曰："吾此行必死，一生品节，俱在于是，善藏。"去之。先端孝从行至京口始返，则讹传籍没，已悉付烈焰。先端孝终身抱痛，遇片纸只字，必罗而致之。凡公移、尺牍、诗文若干卷，而《寻声谱》则汤潜庵中丞抚吴时所贻者也。访濂彭太史见之曰："岂可使吾苏人士不得一读是书乎？"遂付之剞劂。太史大父集公先生，受经于先忠介之门，累世孔李，渊源有自。太史立身行己，动以先儒为法，故一见倾心，有水乳之合也。昔韩退之之文遇欧阳永叔而显，先忠介公之文得访濂太史而传，夫岂偶然也哉！

冢孙靖百拜谨跋。

（《四库全书》本《烬余集》卷三）

### 跋《周忠介公烬余集》

张海鹏

余观《碧血录》所载，罹珰祸诸公二十一人，其遗书，注缺者十有五人，吾郡吏部周公其一也。公殁二年，嗣君端孝先生刺血上疏，初稿已见于《碧血录》中，而公生平著作，则灰烬于锒铛逮系之余，良可慨已。《血疏》定稿，及公《年谱》，与《五人传》等，足补《碧血录》之所未备，为亟梓之，以作文山先生《正气歌》读。原共三卷，今以所载《年谱》、《血疏》等附为一卷云。

同郡后学张海鹏识。

（《借月山房汇抄》本《烬余集》卷四）

### 周忠介《烬余集》序

彭定求

《烬余集》者，周忠介公遗书也。当公被逮时，箧衍①著作颇多，仓卒间，为友人投火灭迹。冢嗣端孝先生终身隐痛，或遇片纸只字，必摹而勒之石。暨其孙靖辈，复从戚友家搜录一二而成是集，故名《烬余》。定求受而读焉，亟加校订而梓之，以与公年谱并行。集编为三卷，其首卷为纪事公移，次卷为尺牍，末卷为杂文及诗，而附以鹿忠节公所序之《寻声谱》。

公虽无意为文乎，其精神意气淋漓吐露，具见于残编断简中，几以深忧社稷之多，故慎持搢绅之大闲[②]，视富贵如鸿毛，等生死如蝉蜕，读之有不涊然汗下者，非人情矣。昔诸葛武侯谨以出师一表传世，忠孝之言有多乎哉。彼夫骚人墨士、风流宕逸之徒，往往遇好事者道扬幽隐，夸为艺林美谈，亦欧阳子云"文章丽言、语工，若草木、荣华之飘风，鸟兽、好音之过耳"[③]已耳，孰与夫扶纲常、厉风俗？言出而炳如日星、坚如金石，又何忍使之湮没不彰也？定求尝过公之遗居，见其门扉留题联句曰："半榻偶悬从懒性，一门深掩得闲权"，追想公当年杜门扫轨[④]景象。

序斯集也，并识之以寄慨慕云。康熙辛巳春，通门小子彭定求谨书。

（唐文治重刊本《烬余集》卷首）

【注】

① 箧衍：方形竹箱，盛物之器。《庄子·天运》："夫刍狗之未陈也，盛以箧衍，巾以文绣，尸祝齐戒以将之。"陆德明释文引李颐曰："衍，笥也，盛狗之物也。"明宋濂《〈笔记〉序》："濂从公游者最久，既受此编以归，乃私序卷端，寘诸箧衍，而择善学授焉。"

② 大闲：基本的行为准则。《论语·子张》："大德不逾闲。"《新唐书·卓行传赞》："节谊为天下大闲。"陆游《自勉》："节义实大闲，忠孝后代看。"

③ "文章丽言、语工，若草木、荣华之飘风，鸟兽、好音之过耳"：欧阳修《送徐无党南归序》："予窃悲其人，文章丽矣，言语工矣，无异草木荣华之飘风，鸟兽好音之过耳也。"

④ 扫轨：扫除车轮痕迹，比喻隔绝人事。《后汉书·党锢传·杜密》："同郡刘胜，亦自蜀郡告归乡里，闭门扫轨，无所干及。"李贤注："轨，车迹也。言绝人事。"陆游《穷途》："全躯希碌碌，扫轨厌纷纷。"

## 重刻周忠介《烬余集》叙

唐文治

有明周蓼洲先生《烬余集》三卷，年谱一卷，遗事一卷，得自京城书肆。庚子之乱，携以自随，未敢暂弃。辛丑冬月，始与曹君夔一、章君甓庵重谋授梓。癸卯夏五月，杀青既竟，爰谨叙其简端。

呜呼！气节之晦，至今日而极矣。搢绅之士，峨博其冠、脂韦[①]其辞者，既不可以胜数。其甚者，欢咋桀黠[②]，鼓其暴慢不靖之气，倡为犯上作乱之行，无贵贱，无尊卑，叫嚣隳突[③]，佂攘恣睢，沾沾焉自号于众曰："吾以为气节也。"横目之民，怐愗[④]罔识，臆决唱声，万口附和，无名分，无等差，亦沾沾自号于众曰："吾以为气节也。"

呜呼！吾观于今人之行，益思发明气节之说，以告天下万世。周文王之词曰："臣罪当诛兮，天王圣明。"屈原之词曰："余固知謇謇之为患兮，忍而不能舍也。"夫古之忠臣，所为惓惓于其君，出九死而不悔者，固以君臣之义无所逃于天地间，而亦由其离忧悱恻之情固结于中，实有忍而不能舍之故。是以精诚之志可排九阍，而浩然之气亦遂充然塞乎宇宙之内。此其操存涵养邃于居恒，成仁取义决于俄顷隐微之际，实无一毫名利之私芥蒂其间,而一时之同声相应、同气相求者,云从影附,亦且不顾死生利害,为之赴汤蹈火而无逡巡。盖自有此气节而尊卑于是益定,贵贱于是益明,名分、等差于是益正。昔周子通书言刚善曰:"为直、为义、为严毅、为干固[5]",此所谓真气节是也。刚恶曰:"为猛、为隘、为强梁[6]",词所谓伪气节是也。综览有明一代人才升降消长之数,东林真气节之士也,复社真伪参半者也。

今试读蓼洲先生之书,其言论则蔼如粹如,仁人之言也;其学术则敦朴纯实,程朱之真传也;其操守则一介不取一介不与,玄圣[7]之心法也。夷考[8]朱完天、颜佩韦诸君子,其义勇之气,亦皆发于至诚,要非叫嚣隳突、唱声附和之流所能比拟其万一。然则先生之书出而气节之说当可益明于天下万世,且士大夫立身行己,苟不辨乎似是而非之隐,则往往迷溺于歧途,至于终身由之,罔克自拔。鲁论《阳货》一篇,详言人心风俗之本原,而特大书圣人之所恶曰:"恶称人之恶者,恶居下流而讪上者,恶勇而无礼者,恶果敢而窒者。"夫周末文胜其有蹈阳刚之恶者,讵不足以激扬人心,而圣人必深恶痛绝之者,惟值文胜之后,民气疲苶骤不得舒,则必有伪气节之徒煽厥浮辞以蛊萌庶[9]。在上者偶一不慎,进而用之,则生心害政,颠倒国是;在下者偶一不慎,引而近之,则剥床噬肤,至于蔑贞之凶,而悔之无极。遐稽往史,近验世情,运会之消息,品类之纯驳,士气之盛衰,悉系于此。吾是以续蓼洲先生之书于气节之真伪,不惮三复言之。盖愿世之人皆束身于道义之途,而毋为虚骄判换之词所动也。

光绪二十九年五月,后学太仓唐文治谨叙。

(唐文治重刊本《烬余集》卷首)

【注】

① 脂韦:比喻阿谀或圆滑。南朝梁刘孝标《广绝交论》:"金膏翠羽将其意,脂韦便辟导其诚。"唐独孤及《为杨右丞祭李相公文》:"危言献可,未尝脂韦取容;直躬而行,不为权幸改操。"陆游《和陈鲁山》:"时情竞脂韦,家法独肮脏。"

② 桀黠:凶悍狡黠。《史记·货殖列传》:"桀黠奴,人之所患也。"庾信《哀江南赋》:"尔乃桀黠横扇,冯陵畿甸。"《旧唐书·罗艺传》:"艺性桀黠,刚愎不仁,勇于攻战,善射,能弄矟。"

③ 隳突:横行,骚扰。汉陈琳《为袁绍檄豫州》:"操又特置发丘中郎将、摸金校尉,所过隳突,无骸不露。"柳宗元《捕蛇者说》:"悍吏之来吾乡,叫嚣乎东西,隳突乎南北。"

④ 怐愗:愚昧。《楚辞·九辩》:"然潢洋而不遇兮,直怐愗而自苦。"韩愈《南山》:"茫如试矫首,堛塞生怐愗。"

⑤ 干固:干练坚持。明李东阳《山西布政司修造记》:"使无陈公廉直干固之能,节用爱民之惠,谋深虑远之计,而任劳举重苟焉而为之,祇见其烦,未见其益也。"

⑥ 强梁:强横凶暴。《墨子·鲁问》:"譬有人于此,其子强梁不材,故其父笞之,其邻家之父举木而击之。"唐刘知几《史通·品藻》:"此乃凶险之顽人,强梁之悍妇。"

⑦ 玄圣:孔子。《文选·班固〈典引〉》:"悬象暗而恒文乖,彝伦斁而旧章缺,故先命玄圣,使缀学立制,宏亮洪业。"李善注:"玄圣,孔子也。"

⑧ 夷考:考察。《孟子·尽心下》:"夷考其行,而不掩焉者也。"赵岐注:"考察其行,不能掩覆其言。"明叶盛《水东日记·司马欧阳两公荐士》:"司马温公尝手书其所荐士为一册,隶其端曰'举贤才'。此纸百年前尚在人间,夷考其人,失之者十不一二。"

⑨ 萌庶:百姓。《宋书·礼志一》:"宰守微化导之方,萌庶忘勤分之义。"

## 征刻周忠介公《烬余集》启

唐文治

《烬余集》三卷，明周端孝先生所辑忠介公遗著也。呜呼！明至天启，运际百六，宫邻金虎[①]，柄归阉寺，钩党之祸，殆甚甘陵，固君子险德辟难之时，亦居邦危行言逊之会。而公求仁得仁，志毋苟免。名士禁锢，抱皇甫不与之耻；县令解绶，有滂死祸塞之语。至于毕命鞠室[②]，沉魂圜扉[③]，横目之民[④]，至今于邑顾其立朝之年，义形于色。千载之下，凛然生气，仅赖斯集得征。献仪臧孙有言："既没言立"，公之谓矣。方今俗尚偷薄[⑤]，将遂陵迟[⑥]。先正明清，藉示坊表。敢取旧椠重付杀青，尚希同志助成役费，凡书出泉，例放碑阴，非徒导扬前芬，将以振厉往俗。诵诗读书，即尚友于古人；立懦廉顽，从我师于百世。世之君子，当亦有乐乎斯也。苏州曹元忠、松江章士荃、太仓陈宝书、顾思义、唐文治谨启。

（唐文治重刊本《烬余集》卷末）

**【注】**

① 宫邻金虎：比喻国君所亲厚的小人。《文选·张衡〈东京赋〉》："始于宫邻，卒于金虎。"李善注："应劭《汉官仪》曰：不制之臣，相与比周。比周者，宫邻金虎。宫邻金虎，言小人在位，比周相进，与君为邻，贪求之德坚若金，谗谤之言恶若虎也。"杜牧《昔事文皇帝三十二韵》："金虎知难动，毛厘亦耻言。"钱谦益《癸未元日》："禁城云护铜龙晓，阁道风回金虎清。"

② 鞠室：蹴鞠的区域、场所。《汉书·霍去病传》："而去病尚穿域蹋鞠也"，颜师古注引汉服虔曰："（穿域）穿地作鞠室也。"司马光《资治通鉴·魏明帝青龙元年》："洛阳宫鞠室灾。"胡三省注："鞠室者，画地为域以蹴鞠，因以名室。"

③ 圜扉：狱门。南朝齐王融《三月三日曲水诗序》："稀鸣桴于砥路，鞠茂草于圜扉。"骆宾王《狱中书情通简知己》："圜扉长寂寂，疏网尚恢恢。"陈熙晋笺注："圆扉，狱户以圆木为扉也。"明张煌言《祭四叔父文》："今逆虏弃天经，斁人彝，株连波累，致叔父毕命圜扉。"

④ 横目之民：百姓。《庄子·天地》："夫子无意于横目之民乎？愿闻圣治。"成玄英疏："五行之内，唯民横目。"韦庄《小将张彦射虎歌》："海内昔年狎太平，横目穰穰何峥嵘。"陆游《寓叹》："虚名但可欺横目，薄俗何时复结绳。"

⑤ 偷薄：浇薄，不敦厚。《后汉书·廉范传》："建初中，迁蜀郡太守，其俗尚文辩，好相持短长，范每厉以淳厚，不受偷薄之说。"《新唐书·韩琬传》："贞观、永徽之间，农不劝而耕者众，法施而犯者寡，俗不偷薄，器不行窳。"

⑥ 陵迟：败坏，衰败。《诗经·王风·大车序》："《大车》，刺周大夫也。礼义陵迟，男女淫奔，故陈古以刺今。"孔颖达疏："陵迟，犹陂阤，言礼义废坏之意也。"《史记·张释之冯唐列传》："以故不闻其过，陵迟而至于二世，天下土崩。"韩愈《石鼓歌》："周纲陵迟四海沸，宣王愤起挥天戈。"

## 跋唐文治刻本《烬余集》三卷《年谱》一卷《遗事》一卷

郭象升

文秉《先拨志始》载倪文焕劾周公（即周顺昌）疏云："周顺昌给假南归，坐三大船，资货充盈，沉压其舟，狼藉河千，白镪暴露，通州人至今掩口。"文氏附论曰："当时奸恶之疏不可胜书,独存此疏者,以其指责为跖,亘古所无也。”余按,魏阉(即魏忠贤)熏天之时,举世之士大夫如饮狂泉,在珰固索性到地,一不做二不休,而附逆之人亦遂索性到底,一不做二不休,彼倪文焕者尚留一分余地耳!若再进一步径云:“周顺昌南归之日,行李一肩,天下称其清节,彼清节值得分立耶?此等清节之人实为盛世所不容,应立行治罪以警廉吏而伸贪酷。庶我上公改易世风,为千古独出之圣政。”如此岂不更加痛快,乃但能昧心说谎,不克直口诛贤,使孟夫子“性善之说”仍得立于天地之间,是则诸奸之不济也。(扉页)

明世呼同知为二府,亦日军厅,呼通判为三府,亦曰粮厅,呼司理为四府,亦曰邢厅,而粮厅亦有时称馆。此文所云阻饭,若县者言阻,止通判及闽县也。司理例用甲榜为之,故权力远出同知、通判之上,以此二官又例不用甲榜也。即太守在上,权力声势亦远不如司理,以司理行取考选,即为给事或御史转,盼出为巡按,而太守则无此捷径也。大守虽有甲镑,然是甲镑之不红者,盖一走太守之路,升转反迟耳!若乙榜为之,更不在司理眼中矣。按使出巡,弹劾无所避,州县望风而靡,惟司理得与之周旋,按使亦不敢不加礼,以按使皆由推知来也。州县考课府道之权出于司理,此司理所由得行其志也。(卷一)

吾谓忠介能抗士大夫之流俗而不察小民之流俗者,此事是也。小民之发愤呼冤,或逐贪官,或留清官,大抵非安分之良民,特市井游棍冒公道之名耳。即使出于良民,其中不明事理,糊涂之心思,传闻之谣谤,自私自利之隐情,或冷或热之举动,亦不堪一按也。因其在可恕之列,处可怜之位,正人君子往往偏徇其言,则不悟彼辈鼓起风潮,乃亦四顾目皇,昧却本来矣。福州税珰一事,抚按同参已成可胜之局,稍稍惩办抢物之游手,非失策也,而周公必不肯奉行,以此大得小民之誉。彼小民固亦有其巧处,兹得拥树一台,清官吵闹不休,使衙门自成水火,无暇问及抢物不抢物耳。士大夫之虐民久矣,焚之抢之未尝不有天道,孟子所谓“击民今而后得反之也”。然身在政途,则不可逞快作此议论,宋子罕取讴歌己者而扶之曰:“一国之中有诅有祝,乱之本也。”政治之识过于孟子多矣。忠介学佛人也,又耿耿持名节,生平慈惠下民,力抚绅弁,故所至得百姓之哗戴,终有颜佩韦五人之事以结一生之局。佩韦等五人亦游棍也,一时好义,诚足以愧士大夫,然使此五人者不死,可以族门表之,拔擢用之乎?一处富贵,行为立变,期其贤于前,此依阿唯嗒士大夫决不能也。天下事本是就一段说一段,五人之义可保其终也哉?夫以五人之伸头就斩、赴义若渴,推其情犹不离乎市井无赖,况福州首鼠之乱民哉?吕纯如诸人皆有文章记述本末,邹公维琏更世之所谓清流廉吏,赵高邑倚之以主计典者,而亦为忠介之所凌藐,几几置之流俗之中。斯则劫于闽民之口语,籍籍一时,不免徇之耳。平心衡量此案,亦宜有公道也。

《左光斗集》有《与姚希孟书》云:“兵部邹匪石,向闻之,周蓼志者甚悉,曾一称其边才,大冢宰①因调人铨司。”按,匪石即维琏之字,由延平司李人为兵部郎也。据左书,忠介甚称许其品行,左因以边才荐,赵因以铨司调,则忠介固不昧人之长也。(卷一)

《幸存录》言阉祸诸君子独周吏部为最高,所谓“忠中之忠,清中之清也”。叔②按,吏部人品诚卓绝,然亦有晰义不清处,即如当时纵尉驾帖出于东厂,谁不知之,吏部对簿时,大骂不休,亦谓此非君旨耳。然舍生就逮,乃云:“雷霞雨露,均属圣思”,既曰圣恩,不可骂垢乎?《左传》:叔仲惠伯明知襄仲之召非出君命,且往必杀身,而甘心赴之,以埋身于马矢,顾亭林曰:"此匹夫匹妇之勇也"(《日知录》卷四),此正目睹苏城开读之事,见士大夫所以自处者而借古以为刺也。全谢山不解顾意,大为论说,以伸惠伯之忠,岂知顾氏之旨不在惠伯乎?

或曰:"如子之言,忠介当时如何措词乃当事理乎?"曰:"忠介当云:'冲圣高拱宫廷,万无枉杀无辜之事,此不过魏阉矫诏耳!然某不就逮,将贻累苏城,且以大势论之,亦岂有脱身之理,但当对簿锦衣,慷慨骂贼,一雪六君子委曲迁延之耻,使彼阉竖知天下有不畏死之男子,而恶既盈贯.公论益昭,某之此行庶不为无补也。'忠介《与文湛持书》云:"欲以一身之胆,消诸君子之隐病"③,即是此意矣,正不必更引"臣罪当诛,天王明圣"④等腐说也。夫忠介感戴关恩,在此事原非君意也,若谓逮诏非矫而已,以过厚处之,自附于古者纯臣之义,是处其君者太薄矣,况本非当时事实哉?(卷二)

此事幸未举耳,果使群众一逞,则以忠义始者,以叛乱终,周顺昌不几于祸首耶?清流愤激之谈,往往为匹夫窃取,彼之见于言者,此欲见之事矣。有桀骜负异志者出焉,天下乱端由是始也,董卓之入洛也,尔朱荣之下太行也,温明会议,河阴歼官,举数十年名士酒后之高谈、笔端之愤论见之行事矣,然天下亦遂不可言矣。黄巾数万遇郑康城于道,相率罗拜车下,人以为美谈,不知果黄巾拥康成以为魁,康成当如何自脱也。幸而汉法宽耳,使在明季,言路立即相弹,纵骑立即往逮矣。身为叛人,则代我发愤之群众为之也。君子观于五人之义,而知明之亡也不远,以孤愤之情不可任彼匹夫耳。野史所记,当时江南之民相率共屏天启钱不用,阅二年乃解,其去叛乱也几何?然而,事由忠臣,则岂浅夫所能溯洞本末、识其利害哉?(遗事卷)〔1〕

**【注】**

① 大冢宰:称吏部尚书为冢宰。《明史·职官志一》:"(吏部)尚书掌天下官吏选授、封勋、考课之政令,以甄别人才,赞天子治。盖古冢宰之职,视五部为特重。"

② 叔:郭象升,字可阶,号允叔,晚号云舒、云叟。

③ "欲以一身之胆,消诸君子之隐病":周顺昌《与文湛持书六》:"弟此行方欲以一身之胆,消诸君子之隐祸。"

④ "臣罪当诛,天王明圣":"周顺昌《与孙锺元孝廉书》:"'臣罪当诛兮,天王圣明',古人之言殆非欺我也。"韩愈《拘幽操》:"目窈窈兮,其凝其盲。耳肃肃兮,听不闻声。朝不日出兮,夜不见月与星。有知无知兮,为死为生。呜呼!臣罪当诛兮,天王圣明。"

## 四库提要·《周忠介遗事》提要

《周忠介公遗事》,国朝彭定求撰。定求,字访濂,长洲人,康熙丙辰进士第一,官至翰林院侍讲。是书述周顺昌忤珰被逮本末,首载顺昌历官敕诰,次载顺昌子茂兰鸣冤、请祠谥二疏,末载书传碑记并茂兰传,兼附朱祖文及颜佩韦等五人传于后,定求皆为之跋。

(《四库全书总目》卷六〇)

---

〔1〕 袁长江主编,王开学辑校,山西省图书馆编《郭象升藏书题跋》,太原:山西古籍出版社,2007,375—377。

# 《乾坤正气集》序跋

## 《乾坤正气集》序

潘锡恩

两间[①]一积气也，气有正，不能无邪。圣人扶正抑邪，乾以之清，坤以之宁，故配天地为三才。太平之世，正气常伸，邪气尝伏。君子犹惧邪气之潜进也，时有履霜之忧。矧世方有事，阴阳相争，邪气竞进，正气所存几于不振矣。苟无人焉出全力扶持而振起之，乾坤不其毁欤？正气者，公而无私，计一国不计一家，为天下不为一身。人至舍其身家以为国，而及天下，气之正孰大乎是？此《乾坤正气集》辑之不可缓也。是集也，其人皆忠孝节义、身际艰难、不贪富贵、杀身成仁。见其事，咨嗟而涕泗；闻其风，感奋而兴起。世之娼嫉[②]奸佞、谄谀苟且、阴狠诈伪者流，对之泚然内愧，可消其邪慝之心，邪心消则其气沮，邪气沮则正气自伸而纲常名节可扶乾坤正矣。人虽至不肖，未有肯自承为小人者，惟富贵之念胜则娼嫉之念生。自彼观之，若诚有见于正人君子之可恶者，以正人君子不便者，无不为之。故君子目小人为邪，小人目君子为邪，惟私欲陷溺，其心有以蔽之也。《乾坤正气集》成，则立照胆之镜，使自窥之，毋庸与辨而良心自发，其功于万世甚大，故梓是集尤不可缓也。道光十八年(1838)，莹过吴门，时既刻史忠正集，又属顾君湘洲[③]刻左忠毅公集，见其家藏前代忠义诸公遗集甚多，属为目录，考其卷次，编为《乾坤正气集》，约至台后筹资梓行，乃军事叠兴，此事不果，甚以为恨。

右余同年生桐城姚石甫[④]观察述其《乾坤正气集》之意如此。时道光二十三年(1843)，石甫缘事入都，道经袁浦，谈次谆谆，以梓是集为属，余慨然任之。及阅其目，仅六十三家，且有《四库》著录之书未经列入者，爰从文宗阁所藏补抄，并属顾湘洲广为搜访，节次付梓，起自癸卯讫于戊申，凡六年殆竣事，公得集一百一家，每集各冠以小传，为卷五百七十有四。剞劂既毕，即以石甫编辑是书之意旨弁诸简首云。道光二十八年(1848)八月，泾县潘锡恩芸阁氏书于袁江节署之求是斋。

(《乾坤正气集》卷首)

【注】

① 两间：谓天地之间。韩愈《原人》："形于上者谓之天，形于下者谓之地，命于其两间者谓之人。"《宋史·儒林传五·胡安国》："愿强于为善，益新厥德，使信于诸夏，闻于夷狄者，无曲可议，则至刚可以塞两间，一怒可以安天下矣。"

② 娼嫉：嫉妒。《逸周书·皇门》："是人斯乃谗贼娼嫉，以不利于厥家国。"柳宗元《与肖翰林俛书》："年甚少，自御史里行得礼部员外郎，超取显美，欲免世之求进者怪怒娼嫉，其可得乎？"

③ 顾君湘洲：顾沅(1799—1851)，字澧兰，号湘舟，又自号沧浪渔父，苏州长洲县人。

④ 桐城姚石甫：姚莹(1785—1853)，字石甫，号明叔，晚号展和，安徽桐城人。

## 《乾坤正气集》序

顾　沅

余自束发受书，即慨慕古人行事。稍长，搜罗历代名人事迹及遗像，汇而成帙，为《吴郡名贤像传赞》，荷安化陶文毅公序而行之，所以志景仰也。已复留意搜辑古来忠臣义士著作，或从各家后裔访获全集，或从他集中求得一二吉光片羽，珍若球图[①]，以谓当日成仁取义、视死如归洵历千载而不敝，阅万世而常新，辄思刊布以传，而力弗逮。癸卯秋，桐城姚石甫廉访道出金阊，相与话旧及之，石甫谓同年潘芸阁河帅性伉爽好义，当以捐资商之。河帅慨然应允，遂将各公古今体诗先付梓，名曰《乾坤正气诗集》，仍复加意搜访各文集，汇萃付刊，共得一百有一家，分为五百七十四卷。吁，可谓广且备矣，集内诸公或亮节著于疆场，或直声震于朝野，或被诬放斥而守身不二，或遭时变故而矢志靡他，虽行藏不一，其志节则同。非皆得天地之正气以生、为斯世斯人之楷模，何以异世犹足动人景仰如斯也耶？

是役也，工巨费繁，得好义如芸阁河帅独力任之，遂克成此盛举。沅初为搜访，继为襄校，实始终其事，而助余校理者，则陈小松明经（彬华）、儿子（文保）与有力焉。刻既成，因为述其缘起于简端以识幸云。长洲顾沅湘舟氏谨序。

（《乾坤正气集》卷首）

**【注】**

① 球图：天球与河图，皆古代天子之宝器，见《尚书·顾命》。《清朝野史大观·清宫遗闻·纯庙题东坡玉带诗》："东坡玉带，留镇金山寺，僧寮宝护，有如球图。"

## 《乾坤正气集》跋

吴坤修

《乾坤正气集》五百七十四卷，计一百有一人，始于楚屈原，至胜国[①]末年殉节诸公止，为泾县潘芸阁先生所手辑，久闻是书，以未得披阅为憾。乙丑冬，晤嗣君梅园部郎于芜湖，始知先生前督南河时镂板，六年告成，旋即谢病归故里，未及印行而贼氛猝至，家藏书甚富，均付劫灰，独此书版幸存无恙，得非忠义之气冥漠中有呵护之者耶？梅园即以全书板片见付，适奉命臬皖江，急醵金刷印一百部以公海内，以广其传，以成先生之志。忆二十年前曾见吴门顾湘舟茂才有《乾坤正气集》之刻，所辑存诗无文，先生此集有文无诗，虽人名详略互异，其表彰忠介之功则一。吴门兵燹之余，顾刻存否未知，当世不乏扶植世教之人，倘得搜辑残毁，两集并行，当亦先生闻之，尤为心慰者也。

同治丙寅三月，新建吴坤修跋于皖江臬署。

（《乾坤正气集》卷首）

**【注】**

① 胜国：已亡之国，为今国所胜，谓前朝。《周礼·地官·媒氏》："凡男女之阴讼，听之于胜国之社。"郑玄注："胜国，亡国也。"明宋濂《故翰林待制承务郎兼国史院编修官柳先生传》："隆山牟公应龙，得太史李心传史学端绪，且谙胜国文献渊源之懿，仪章、官簿、族系，如指诸掌。"

# 《乾坤正气集》序

博尔济吉特恭镗

泾县潘文慎[①]公出先文勤公[②]门下，镗官冬曹，又与文慎诸子彬卿、廉访谟卿、梅园观察雅故相得，独恨生晚，不获一侍文慎，亲见言论风采，并知文慎有《乾坤正气集》之刻，尤以未见是书为憾。光绪四年奉命简放[③]徽宁池太广道[④]，莅任芜湖，始识文慎从子荐臣光禄（蕴藻），询知《正气集》书板故藏于家，先是，是书襄辑既成，文慎于南河总督任所命工剞劂，工竣即谢病归，未及印行而皖南被粤贼之忧，板庋空舍中，贼退，他书籍焚毁略尽，而是板独完，谓非正气之自为呵护耶？新建吴竹庄[⑤]方伯曾命工刷印百部，今又十余年矣，镗与潘氏有旧，窃喜是书无恙，见正气之不可或息于两间，而文慎在天之灵亦实有以默相之也。谨选□鸠工[⑥]刷印如干部以广其传，并粗叙缘起用志景仰云。

光绪七年（1881）五月中澣，长白博尔济吉特氏恭镗书于皖南道署。

（《乾坤正气集》卷首）

【注】

① 潘文慎：潘锡恩，谥文慎。

② 文勤公：博尔济吉特琦善，谥文勤。

③ 简放：清代谓经铨叙派任道府以上外官。林则徐《奏参因循不振之镇将分别勒令休致降补折》："其所遗南澳镇总兵员缺紧要，并请旨迅赐简放，以重职守。"

④ 徽宁池太广道：清代地方行政区划，"徽"指徽州府，"宁"指宁国府，"池"指池州府，"太"指太平府，"广"指广德州，府衙在芜湖。

⑤ 吴竹庄：吴坤修（1816—1872），字竹庄，江西永修县人。

⑥ 鸠工：聚集工匠。唐黄滔《泉州开元寺佛殿碑记》："乃割俸三千缗，鸠工度木。"

# 附录二　戏剧《清忠谱》二种(节选)

## 清忠谱正案

### 《清忠谱正案》题词

董　榕

在昔赤伏尽钩党(渔阳句),腐□□蠹政宗府。幽王甫解愍孟博,司隶终快来阳球。异哉□启独魏大,罗织忠亮恣虔刘。陨虹堕月割箕斗,残虐彤管神人愁。天下男子故吏部,愤叹远送吴江舟。百叩御史(倪文焕)媚颐指,李瑀继劾行捕收。缇骑至吴县令泣,云栖笑洒甘拘囚。万人执香为乞命,五人奋臂称同仇。匿测中丞飞告变,掌刑锻炼为首彪。忠臣血噀见高帝,义士掌□归山丘。未几人与国俱灭,百年事□余沙鸥。当时诛赏未快意,鸾枭同尽天悠悠。吴阊社赛演歌舞,荣僇亦未传真诹。徒令观者气填臆,酸鼻洒涕枯双眸。琵琶亭主擅雄藻,等身著作皆阳球。静夜澄心通帝座,仿佛玉诏来琼楼。忠介荪宜为民正,翠旍孔盖骖苍虬。五人前驱作游□,奕犀抚彗操兵钩。伍胥潮边看弭节,要离墓畔听鸣驺。此方事非惟侯王,北司旧案先校雠。唤起穷奇与梼杌,牢石累累均囊头。穷治极勘莫辞瘁,职本帝命同爽鸠。东华仙人语亭主,授君丹篆纪几周。笔花开绽老愈横,秋霜斧钺寒光遒。笙簧典籍阐心性,鼓吹史传宣鸿猷。此事不以属郊岛,恐彼寒瘦思难抽。君其体此作正案,以告万世为国谋。亭主笑颔谱宫徵,下笔神助灯花稠。是皆实语非幻设,判坚山狱垂镌锼。草罢授歌歌已遍,听观舞蹈谁能休?贤者快心顽者惧,不觉忠孝生油油。余埋案牍尘眼暗,对此开朗闻琅球。汉书党锢传可削,几番浮白千番讴。大江东去吴练白,惟闻风雨声飕飕。

乾隆十九年岁在甲戌孟春月题于古江州之庾楼,庚溪董榕。

(《明清抄本孤本戏曲丛刊》)

### 清忠谱正案·阴勘

蜗寄居士填词

(净、末、丑、正小旦披褂上)

**【点绛唇】**(唱)**义激身捐,头颅拚断。同心汉,含笑归泉,五墓千秋案。**(白)壮哉!五丈夫义烈堪千古,若食斗升禄,宁徒杀阉腐。(净)我乃姑苏义士颜佩韦是也。(末)我乃杨念如是也。(旦)我乃马杰是也。(小旦)我乃沈扬是也。(丑)我乃周文元是也。(净)我等弟兄五人，生前结拜，义勇过人。因本郡吏部周公无辜被逮，为此共怀不忿，率领着阊城那些好义有肝胆的多人，打死官骑十余名，被毛一鹭那斯强捏作乱民，公案将我五人为首申奏朝廷，奉旨处斩。我想生死人所不免，谁似我们五个人，烈烈轰轰，做了这场快心的勾当？虽死何恨？只可怜那吏部周公押解到京，惨遭冤考，狱底囊头。上帝怜他正直清忠，已封他为苏郡城隍，职司赏罚；又念我等五人愚诚好义，即降敕为周公殿庭力士，玉音已下。今日周公奉敕南归姑苏赴任，我等护卫随行，须是在此伺候者。

（生上，众仪仗随上）

【前腔】（生唱）**舌断常山，头囊阉宦。孤忠叹，公道青天，故国归神转。**（白）心忠性介守迂疏，义子干儿笑不如。忧国仇奸拚一死，只因真读圣贤书。吾乃姑苏周顺昌是也。出身皇榜，职列铨曹，嫉恶如仇，坚刚不屈。只因怒骂了权阉魏忠贤的生祠，命遭惨死。蒙上帝矜怜，敕封为苏郡城隍。又有义民颜佩韦等五人，怒忿不平，击死官骑，被当道诬捏乱民，同时骈斩。上帝怜其愚诚大义，亦加优典，敕为本郡城隍殿亭力士。吾神今奉玉旨前往苏州上任。嗳，想我周顺昌忠义满腔，遭横死，精诚不泯作神灵。试看那些权奸阉狗逞一时之爪牙，堕万劫之轮回，冤冤相报毫发无差，真令人可恨可怜也。力士们！（众）有。（生）就此起马，往姑苏到任去者。（众）领法旨。

【新水令】（生）**飚轮豹尾驾高轩，趁风云、鞭雷驱电九天叨，封拜转瞬到人间。早过了淮水江天，又来到莽姑苏伤心里闬。**（下）

（外捧玉旨杂随上）

【步步娇】（外）**衔来玉旨凌霄殿，报应新公案。只为清忠格上天，试看正气诛邪、把奸魂严断。**（白）我乃东斗星官是也，只因姑苏周顺昌清忠孤介，怒触阉奸，非刑拷掠，命丧无辜，玉帝怜其忠耿，降敕封为苏郡城隍。目今新主登基，奸徒贯满，分忠列佞诏报人天。特降玉旨，令冥府勾取魏忠贤并毛、李、许、倪等众恶阳魂，即发周顺昌在苏州严审定罪，以彰善恶权衡。须是驾云前去。（唱）**到如今、威权总枉然，怎逃业镜分明现。**

（生、众上接旨介）

（外白）玉旨到！来跪听喧。读敕曰：

天道无私，赏善罚恶，咨尔周顺昌清操持世，骂逆捐生，已降敕旨封授苏郡城隍。其魏忠贤、李实、毛一鹭、倪文焕、许显纯等，恶贯满盈，天讨用彰，着明府勾取众恶阳魂，发苏州城隍司周顺昌严勘罪款，从重定罪，令其受诸苦恼，永失人身，以慰同时被害忠魂，显示逆党作恶之报。

尔其遵敕，施行谢恩。

（生）圣寿无疆。（外）请过玉旨，就此告别。忠奸分赏罚，天地有循环。（外下）（内吹打，生拜印介）（杂扮吏上）

（生）掌案吏过来。（杂）有。（生）本府今日上任，所有应审诸件，俱俟另日听审。先将钦奉玉旨一件，即着冥曹官将各犯押齐，先提首恶元凶魏忠贤案前听审。（杂）领法旨。（向内介）冥曹官将玉旨发下，各鬼犯押齐，先将首恶元凶魏忠贤到案听审。

（杂扮鬼，押副扮魏忠贤上）

（吏）听点。（生）魏忠贤。（副）有。（净众）原来这就是魏忠贤，仇人相见，分外眼睁，生前不能见你杀你，一般的也有今日，众弟兄们来呀，我们且打娘个稀烂解解恨再讲。（打魏介）

(生)力士们,休得动手,既奉玉旨勘问,自有律法处断,尔等勿得逞忿私打,触犯天条,且自下阶伺候,有事呼唤再上殿庭。(丑)只是便宜了这秃尾巴的狗弟子。(众)在生原义侠,做鬼也英雄。(下)

(生)魏忠贤,你罪大弥天,擢发莫数。今日里阴司勘断,还用得着你那往日的威权么?(副)但不知我有何罪,勘断些什么来?(生)你乃刑余贱辈,谬窃宠恩,蛊惑朝廷,擅作威福,这不是你弥天大罪么?(副)城隍老爷道我魏忠贤谬窃宠恩,蛊惑朝廷,擅作威福,只因我忠君爱国,所以圣上言听计从,若说威福,出自朝廷,与我何干?(生)啶,胡说。

**【折桂令】**(唱)**怪伊行恶焰弥天,蒙蔽君听,擅作威福**。(白)你又内结乳妪,秽迹昭彰,外布群凶,赃私狼藉,还有什么辩么?(副)若说我内结乳妪,那客氏是皇上的乳母,又生得风流倜傥,知趣在行,满朝文武的官员哪一个不爱他、敬他,就是我魏忠贤与他内结也?算做有窍无□的风月相与,怎么又说是秽迹昭彰?又道我外布群凶,赃私狼藉,不过是几个不费气力的义子干儿,他们都是些识时务、懂眼色、说一是二、要一奉十的好人,哪里有什么赃私狼藉之处?(生)啶,掌嘴。(杂打介)

(生唱)**溷深宫乳妪淫宣,罗布群凶,搜括金钱**。(白)你这贼枉杀朝臣,流毒百姓,神人共愤,罪大恶极,还有什么抵赖?(副)啊呀!城隍老爷说我枉杀朝臣,流毒百姓,这就是冤枉杀我魏忠贤了,请问城隍老爷,哪一个朝臣是我亲手杀的?还是拿刀杀的,是拿枪杀的,就是那些百姓,我在深宫之内,只知道服侍皇上,并不曾见一个百姓的影儿,怎么好端端说我流起毒来,我这毒是从哪里流出去的。(生)你这厮风雷号令,言出如山,谈笑藏刀,苍生流血,哪里还用着你亲自动手么?

(唱)**假传喧,驱雷掣电杀朝臣,祸结株连,四海含冤**。(白)最惨者,冤构东林一案,忠良尽被网罗,更是可笑,盖造生祠,穷奢极欲,把万民的膏血苦遭吞吸,明明罪款,更有何辩?(副)啊呀,城隍老爷,若说起那东林一案,都是那些假道学先生们,呆头呆脑自己毫无实济,专要管别人家的闲事,又张着口儿议论国政,毁谤朝廷,都是他们自取其祸,与我什么相干?至于盖造生祠,说我吞吸膏血,我越发有辩了。天下十几省,我从不曾亲身到过一省,又与他们无亲无故,哪个见过我的形容,难道是我央求逼勒他们不成?就是盖造生祠也,是他们感激我的恩德,一片好心,城隍老爷,你是极高明的,犹如你们外家官员们,有好子孙的替父母传行乐画影像,留传久远的意思。我若不是个好人,谁肯像孝顺他娘老子一般的待我?(生)啶,再掌嘴。(杂打介)

(生唱)**奢祠宇吞吸脂膏,构东林网尽英贤**。(白)叫左右将这厮重打一百棍。偿还当日假旨午门廷杖朝臣之报。(杂打介)禀老爷,魏忠贤受刑不过,气绝了。(生)

传炼形使者用黑风吹炼这厮,使他原形复聚,再受诸般罪苦。(杂)炼形使者上殿!(杂扮鬼执黑旗上)人间一死无余痛,地府千年有孽身。司主老爷有何法旨?(生)可将黑风吹炼魏忠贤的原形复聚,以便加刑受罪。(杂)领法旨。(杂用黑旗围绕副三次,副作醒介,杂鬼下)

**【江儿水】**(副唱)**箠楚官骸绽,零星皮肉掀,魂飞又被风吹转。我只道阴阳无凭验,哪知循环报应如操券。悔杀当初差念,只求放我生还,愿涤肺洗肠行善**。(生)你这恶贼,罪恶贯盈,还想出世为人作孽么?左右将他割舌敲牙,断手刖足,以证他左右谗口毒手之报。(杂作割舌敲牙、断手刖足介)(生)想你这贼,生前作恶多端,毒过狼虎,不知何等肺肠,奇凶

至此？左右将这厮押到抽肠狱内剖腹抽肠，看其何等心胆。（杂众抬副下）

（生）带毛一鹭、李实二犯来。（杂吏）带毛一鹭、李实听审。（杂押丑、老扮毛、李上）（生）开了刑具。（丑老跪介）（生立拱手白）嘎，老公祖可还认得治生么？（丑）呀，原来是周老先生。（众）哈。（丑）周老爷，周老爷，望祈开恩，超豁万代公侯。（生笑白）老公祖恕治生今日钦承玉旨，秉公勘问，不敢徇私枉法，多有得罪了。（丑）周老爷，常言道，何官无私，人情大于王法，还求念故旧之情，格外超生。（生坐拍案介）唗，毛一鹭，你这厮受爵公朝，拜恩私堂，身为封疆大吏，甘作阉狗的干儿，前苏民殴打校尉一案，不过数十人，一时之义愤，于阊郡人民何辜？你就捏作乱民，奏请屠城，要把数十万生灵作你奉承那阉狗一心之快。若不是神灵感应，几乎把苏州弄成个尸山血海，好一个乐只君子、民之父母，今日到此案下，有何分辩？（丑）嗳呀，周老爷，犯官不过是功名念重，权势认真，到如今尚有何辩？（生）就是我骂祠一事也，不过为纲常名教起见，何至捏入东林一党，与左杨周魏诸君子毒拷惨死，亏你是个须眉丈夫，反做了狐媚女子。叫左右把他的须眉捋拔了，重打一百棍，腰斩一次，依旧炼形发落。（杂作拔须打丑介，打毕押丑旁跪）（杂鬼持心肠上白）禀司主，取得魏忠贤的心肠呈验，肠是曲的，心是黑的。（丑、老作偷看怕介）（生）撂在奈何桥下喂那些铜蛇铁狗去。（杂）领法旨。（下）（生）李实你有何辩？（老旦）周老爷，念我是个无知初犯，下次再不敢了。（生笑白）好个初犯，左右把这厮重打一百棍，斩头一次，依旧炼形发落。（杂作打毕押丑、老同下）（生）你看这二贼，狐假虎威，穷凶恶极，到今日，一旦无常，英雄安在？

**【雁儿落带得胜令】**（生唱）**恨这厮恶同心、似狼狈奸，恨这厮附权门、如鹰犬，一味价、阿谀取媚荣，全不顾万姓遭蹂践。**（白）带倪、许二犯过来。（杂押副扮倪、末扮许上）（副末合白）周老爷在上，求看生前同朝之谊，开一面之网罟。（生）我把你这两各恶贼，你今日也知同朝之谊、开网之仁么？（唱）**呀，说什么同朝谊、法网宽，用严刑可曾念同朝面？生擦擦敲牙割舌尖，惨砢砢囊首咽喉断。**（副、末白）这些事都是魏忠贤的使令，我们不过钦奉遵依，与我们无干的。（生）掌嘴。（杂打介）（生）魏贼固然作恶，审讯之下，非刑锻炼，岂不是你二人擅作威福？还要巧辩！左右也，将二贼重打一百棍，敲牙割舌，以偿杀人媚人、鹰犬权门之报。（众作敲牙割舌打介）（生唱）**欺天业、临头难强辨，循环也，教你结舌口儿箝。（副、末）周老爷，我二人生前深心苦力挣下的宦囊甚是丰富，只求放我们还阳，转世愿将宦囊家产尽数济贫，力行善事。**（生）咳，你这二贼好痴，你道那家产宦囊还是你们的么？自你们死后，那写不义的家产宦囊已奉旨籍没，妻孥都发遣边方去了。你还要想生还假言行善么？（副、末哭介）嗳呀，罢了，罢了，这些家产宦囊，都是一点汗、一点血，不知杀了多少生、害了多少命挣将来的，如今都没相干了。可惜嘎，可惜嘎！

**【侥侥令】**（合唱）**生前失检点，身死破家园。万劫冰山逢炎日，今日里、算乘除冤报冤。**

**【收江南】**（生唱）**呀，说什么算乘除冤报冤呵？有昭昭头上天，俺遵奉天心勘断怎违延。**（杂鬼持断尸首级上）禀司主老爷，毛一鹭、李实身尸首级呈验。（副、末作怕介）阿弥陀佛，阴司报应这等厉害，可不唬死人也。（生）也撂在奈何桥下与铜蛇铁狗吃去。（杂应下）左右将倪、许二贼押赴冰山铁炕地狱受罪，以证他炎凉酷毒之报。（杂押副、末下）（生判案介）

堪得魏忠贤窃权惑主，混乱朝纲，爪牙群凶，惨害善类，罚其十世为猪，以受粉骨碎身、炙烙煎熬之罪，十世孽满，永堕恶鬼道，万劫不赦。毛一鹭、李实虎威狐假，祖逆诛良，吞食天下膏血，狼谋屠戮，苏州事难未行，心恶已极。毛一鹭罚其七世为羊，李实罚其五世为犬，少牢凶膳，人人食肉寝皮，食粪司阍，世世狗屠开剥，孽满打入阿鼻地狱，永世不得翻身。倪文焕、许显纯为逆阉之鹰犬，同类伤残，诚冠盖之豺狼，非刑锻炼，尸山血海，逞其捷足，扬帆肉雨刀风，不管魂飞魄散。倪文焕罚其九世为牛，许显纯罚其九世为马，炎耕雨种，老惫时分，尸刮骨遇庖丁，驿路疆场。□疫瘦后，古道西风嘶冷月，九世业满，转入泥犁地域，永远受罪。

(唱)**一个个披毛戴角饱锋铦，受汤烧火煎。才知道，天堂地狱转瞬间**。(内白)力士颜佩韦启事。(生)传上殿庭。(净上)欲雪清忠忿，来看奸逆魂。启上司主，今有魏、杨二位老爷，奉玉旨敕封为东岳考查善恶司主，今巡行天下，考查东林一案的漏网奸雄、遭冤忠义，路过苏州，特来拜访。(生)吩咐殿前整顿威仪，待我出迎。

(外、小生，杂扮仙童持节上)

**【园林好】**(合唱)**奉天符、褒忠辨奸。御长风、云帆月轩。为查察东林一案**。(外白)我乃魏大中是也。(小生)我乃杨涟是也。(外)生前遭魏贼之害毕命同时。(小生)死后蒙上帝之怜共加优敕。今奉玉旨命我二人巡行宇内，考查忠奸，忠者福其子孙，奸者殃其后裔，用彰赏罚以证报也。今已来至江南姑苏地方，闻知蓼洲公亦奉玉旨敕封为苏郡城隍，须是一同探访。(合唱)**访故旧、话生前。访故旧，话生前**。(众)二位老爷到了。(生)原来二公驾到，失于迎迓，多有得罪。(外、小生)岂敢，忠介公。新君登极，诸恶剪除，东林被害诸贤，奉旨俱加旌表。今玉帝有旨，命我二人巡行天下，考查那些忠佞的后裔，赏功罚罪。忠介公生前清正，今已位正明神，可喜可贺。(生)身死忠孝，臣子职分当为。叨沐天恩，实切惶恐。(外、小生)适闻恶党元凶俱奉敕旨发在案下勘问，不知作何发落了？(生)奉敕严勘恶党，因此辈穷凶极恶，孽贯满盈，俱已罚入畜生道去了。(外、小生)咳，生前作孽，死失人身，天道无虚，报施不爽。但不知作何色相，可能证因一见，替东林同难诸君子作一快心大笑乎？(生)因心现相，推性化形。生生不脱本形，世世总遭杀劫。力士可将五畜押上殿庭。

(杂应押五畜上)

(外)忠介公，此五畜已失人形，不知可能辨别么？(生)乍入转轮，未经出世，本来犹在，呼应尚灵。待我各呼其名，二公自知分晓。魏忠贤。(副作点首乞怜状介)毛一鹭。(丑作前状介)(生)李实。(老旦如前妆介)倪文焕。(杂如前介)(生)许显纯。(末如前介)(外、小生)因人幻相，毫发无差。足见忠介公勘断之明，诸孽亦当首肯。(生)着力士押下去。(众押五畜绕场跳舞下)

**【沽美酒带太平令】**(合唱)**看轮回，事果然。看轮回，事果然。报分明，在眼前。失却人身，万劫难。变猪的郎称黑面，变羊的虎皮触藩，变犬的杀身羹献。马牛儿戴角披鞍，总不免髓敲肉烂。他呵，还受那油煎火燃、皮穿骨镌。呀！折算那弄威风、当年颜面**。(外、小生)别过了。(细乐引下)

(生)勘断已毕，力士们，收拾威仪，遂吾神上覆天地，缴旨去者。(众)领法旨。

**【清江引】**(合)**惩奸旌善天心断，了结清忠案。如山铁判司，万劫难翻转。抱不平、快人心，添此段**。(同下)

(《明清抄本孤本戏曲丛刊》)

# 清忠谱传奇

## 《清忠谱》序

吴伟业

先朝有国二百八十余年,其间被寺人祸者凡三:王振、刘瑾专恣于前,魏忠贤擅窃于后,驯致流毒天下,而国家遂亡。然振、瑾之专,势皆岌岌,所以危而复安者,以众贤聚于朝廷,其一二大臣及内外大吏,尚未敢显为阉寺私人也。至魏忠贤之擅则不然,上自宰辅禁近,下暨省会重臣,非阉私人莫参要选。时倾险之士思逞志于正直者,亦愿为之爪牙,供其走噬,甚至自负阿父养子而不惜,而东林之难作矣。故自辛酉至丁卯七季之中,在朝诸贤,无不遭其坑戮,而国家之气以不振。吾郡周忠介公,初吏闽,即裁税阉高寀,以强项闻。及立朝,又无所回避。文文肃以新进,疏得失,语攻东厂,与公同邑相善,贤党深忌之。公既免归,文肃亦削逐,犹不释憾。乃以巡抚起元周公减袍价一案,罗织公毙诏狱,文肃蓄毒药待命。思陵嗣位,群凶伏辜,东林君子幸存者,相继起用。文肃推时重望,讼公冤独力,至今邦邑人士逮于妇稚咸识公名,称述遗事如当日者,以文肃为之友,而表之于其后也。方公被逮时,宣诏于郡西察院,民随而号泣,请救者万人。见公将就桎梏,咸戟手愤詈,因直前击缇骑,

几为变。赖郡守寇公、邑令陈公抚之而后定。事闻,诏捕首乱,颜佩韦等五人毅然诣官府自列,赴死无改容。呜呼!公之节义能使人感奋至此,可谓难矣!闻公在诏狱,贤党虐胁之者万端,五毒备尝,辞色不少屈,率以不可屈而私毙之。公长嗣曰茂兰。缇骑之挟公入都也,兰愿徒步从公,反复喻之,因痛哭而止。及逆贤败,刺身血书疏,伏阙鸣父冤,请即加诛贤党某某等,时称其孝。逆案既布,以公事填词传奇者凡数家。李子玄玉所作《清忠谱》最晚出,独以文肃与公相映发,而事俱按实,其言亦雅驯,虽云填词,目之信史可也。余所惜者,先朝列圣相承,思陵躬亲菲恶,焦劳勤政者十有七季。而逆寇射天,神京沦陷,追维始祸,起于延西二抚之贪婪,皆逆贤党也。当是时,逆布其党宇内,秦中要地。二抚实阉腹心,肆虐纵贪,莫之敢指,胎祸全秦者数岁。终于贼焰燎原,灾弥窄壤,一败而不可救,真可痛也。尤扼腕者,思凌图治,相文文肃仅两月,忌之者,即以事中之去位,国政愈不可为。甲申之变,留都立君,国是未定,顾乃先朋党后朝廷,而东南之祸亦至。噫!彼为阉党漏网之孽,固无足怪,谁为老成,丧心耄及,更可痛也。假令忠介公当日得久立于熹庙之朝,拾遗补过,退倾险而进正直,国家之祸宁复至此?又使文肃之相不遽罢,扶衰救弊,卜季或可再延。而一误再误,等于汉唐末造之覆辙。始信两公干阉党之事,决然以死生去就争之,其有关宗社非细也。余老矣!不复见他季事,不知此后填词者,亦能按实谱义,使百千岁后观者泣,闻者叹,如读李子之词否也?

(《古本戏曲丛刊·一笠庵汇编清忠谱》卷首)

# 清忠谱传奇(节选十二折)

李　玉

## 谱　概

**【满江红】珰焰烧天,正亘古、忠良灰劫。看几许、骄骢嘶断,杜鹃啼血。一点忠魂天日惨,五人义气风雷掣。溯从前、词曲少全篇,歌声咽。　思往事,心欲裂。挑残史,神为越。写孤忠纸上,唾壶敲缺[1]。一传词坛标赤帜。千秋大节歌《白雪》。更锄奸、律吕[2]作阳秋[3],锋如铁。**

**【满庭芳】**(副末上场)**吴郡周公,丹心介性,十年清宦空囊。缔姻骂像,奸党中奇殃。假旨横行缇骑,不平事、震动金阊。声公愤,五人仗义,含笑赴云阳[4]。忠臣遭锻炼,图圄囊首,惨死堪伤。羡、登闻[5]血疏,孝子名彰。珰败群奸正法,旌庐墓、宠锡幽光。《清忠谱》,词场正史,千载口碑香。**

## 第一折　傲　雪

**【黄钟引子】【传言玉女】**(生三髯、方巾[6]、色服上)**劲骨钢坚,天赋冰霜颜面。守齑盐,穷通不变。微官敝屣,只留得清风如剪。忧怀千缕,忠肝一片。**

**【菩萨蛮】生来不具封侯相,揭天富贵非我望。忠孝自根心,君亲魂梦钦。　一身轻似叶,所重全节名。莫笑老常山[7],奸邪闻胆寒。**下官周顺昌,字景文,别号蓼洲,苏郡人也。忝中万历癸丑科进士,初任福州理刑,历迁吏部员外。荆妻吴氏,有子四丁。琐琐[8]家门,何须齿及。下官内凛四知[9],外严一介。冰心独抱,挺然傲雪孤松;介性不和,矻尔颓波一砥。读圣贤书,凛凛纲常昭日月;负须眉气,冲冲忠义满乾坤。司李破税

---

〔1〕 形容心情忧愤或感情激昂。刘义庆《世说新语·豪爽》:"王处仲(王敦)每酒后辄咏'老骥伏枥,志在千里。烈士暮年,壮心不已',以如意打唾壶,壶口尽缺。"

〔2〕 古代校正乐律的器具,后用以指乐律或音律,此处谓曲词。

〔3〕 褒贬。《晋书·褚裒传》:"谯国桓彝见而目之曰:'季野有皮里阳秋。'言其外无臧否,而内有所褒贬也。"

〔4〕 行刑之地。《史记·秦始皇本纪》:"韩非使秦,秦用李斯谋,留非,非死云阳。"张守节《正义》引《括地志》:"云阳城在雍州云阳县西八十里秦始皇甘泉宫在焉。"汉桓宽《盐铁论·毁学》:"李斯相秦,席天下之势,志小万乘,及其囚于图圄,车制于云阳之市。"

〔5〕 登闻鼓院,宋景德四年置登闻鼓院,专掌臣民奏章,明以后置于通政院。宋叶适《陈秀伯墓志铭》:"绍兴六年,上书登闻,陈策十二。"宋吴处厚《青箱杂记》卷十:"于是承珪乃为键改名中正,俾诣登闻,始得召见。"

〔6〕 明代文人、处士所戴的软帽。明沈德符《野获编·礼部二·仕宦谴归服饰》:"故相商淳安召还时,尚未复官,及诣阙……见朝及陛见,戴方巾,穿圆领,系丝绦,盖用杨廉夫见太祖故事。"

〔7〕 颜杲卿。安史之乱,常山太守颜杲卿起兵讨伐,满城响应,后安禄山攻破常山,俘虏颜杲卿,因斥骂安禄山而被害。《旧唐书》卷一百九十四、《新唐书》卷二百十五有传。

〔8〕 形容人地位卑微。《诗经·小雅·节南山》:"琐琐姻亚,则无膴仕。"郑玄笺:"琐琐姻亚,妻党之小人。"高亨注:"琐琐,卑微渺小貌。"《北史·崔浩传》:"浩曰:'但恐诸将琐琐,前后顾虑,不能乘胜深入,使不全举耳。'"

〔9〕 天知,神知,我知,子知,后用以形容廉洁自持、不受非义馈赠。《后汉书·杨震传》:"当之郡,道经昌邑,故所举荆州茂才王密为昌邑令,谒见,至夜怀金十斤以遗震。震曰:'故人知君,君不知故人,何也?'密曰:'暮夜无知者。'震曰:'天知,神知,我知,子知。何谓无知!'密愧而出。"

珰之胆，闽海冰条[1]；秉铨却暮夜之金[2]，吴门铁面。菜根咬尽，依然寒士家风[3]；茅屋萧条，抹杀豪门故态。疾恶如仇，梦里叫阍思痛哭；怀忠莫展，家居拍案恨头颅。目今圣主当阳，权奸蔽日。魏贼肆虎狼之吻，客妖逞狐鼠之奸，收崔、许为腹心，纵田、杨为牙爪。群小横行，正人短气。下官选事甫毕，给假归家。不意倪文焕疏逐东林，致下官株连削夺。咳！我周顺昌一官何惜，三黜奚辞！只是闻得迩来国事日非，朝政渐去。杨大洪、左浮丘诸君子纷纷逮系，万元白廷杖杀身[4]，必欲一网忠良、尽诛善类。更可异者，魏贼练兵禁内，置帅九边，定然大肆逆谋，指日潜移国祚。咦！若我周顺昌在京，誓当碎首殿廷，力请尚方，诛此逆贼。怎奈、君门万里，空流血泪千行；一点孤忠，徒付数声长叹。如何是好？今日寒雪飘空，朔风入室，萧然环堵，神骨俱清。不免请夫人出来，与她一谈心事。茂兰孩儿哪里？请母亲出来。(旦上)

**【前腔】**(旦)**清吏名传，清彻女中原宪**[5]。**老荆钗，萧萧宦眷**。(贴上)**女红**[6]**日习，更娴却《椒花诵》**[7]**献**。(小生上)**鲤庭双训，萤窗千卷**。(见介)(旦)相公，如此风寒雪冷，你开着窗儿，自言自语，说些什么来？(生)夫人，我白雪肝肠，坚冰骨格，生平不肯附势趋炎。对此冰花玉树，转觉兴志爽然。(旦)相公，你居多载，如洗空囊。(指小生、贴介)儿女辈姻亲未就，更兼他们衣无重絮、食止菜羹。值此寒天大雪，有何意味？(生)夫人，古人说得好："六花飞降，锦帐醍醐[8]、浅斟低唱，不如陶家风味、扫雪烹茶[9]更自有致。"

**【黄钟过曲】【啄木儿】**(生)我**清霜操，白雪篇，坐此彻骨冰壶聊自遣**。(旦)那雪有何好处？(生)**助高人闭户安眠，济忠臣餐毡饥喘**。(合)怕只怕**弥漫白占江山遍**。何日里**雪消见日冰山变？**少不得**有脚阳春遍九天**。[10](付青衣、小帽持贴上)县主饿成干瘪鲝，农民冻似落汤鸡。

---

〔1〕《古本戏曲丛刊》本《清忠谱》眉批曰："税监高寀与公相左，公绝意挂冠，士民垒城以留，抚按题疏奉旨撤寀，民害以除，公在闽七年，弊绝风清，闽人称曰'冰条先生'。"黄道周《周顺昌神道碑》："在吾乡五载，日惟市蔬。既秉铨归，四壁萧然，人称之曰'冰条'。"

〔2〕《古本戏曲丛刊》本《清忠谱》眉批曰："公掌铨事，屏绝一切馈遗，自言五升米、十文钱便可饱餐一日，何用金为？"周顺昌《与文湛持孝廉书》："弟租一小房于石虎胡同，除趋朝谒客而外，黎明入部，薄暮归来，既不赴席，亦不招饮，家奴六人，十文钱、五升米便可饱餐一日。有以馈仪及门者，一切谢绝。"

〔3〕周顺昌蓼庵联曰："咬菜留先泽，焚香问自心。"

〔4〕杨大洪，杨涟；左浮丘，左光斗；万元白，万燝。

〔5〕孔子弟子，自子思，安贫乐道，清静自守。

〔6〕女功。《汉书·景帝纪》："雕文刻镂，伤农事者也；锦绣纂组，害女红者也。"颜师古注："红读曰功。"《旧唐书·代宗纪》："戊寅，诏：'纂组文绣，正害女红。'"

〔7〕《椒花颂》，新年祝词。《晋书·列女传·刘臻妻陈氏》："刘臻妻陈氏者，亦聪辨能属文，尝正旦献《椒花颂》。其词曰：'旋穹周回，三朝肇建。青阳散辉，澄景载焕，标美灵葩，爰采爰献，圣容映之，永寿于万。'"唐戴叔伦《二灵寺守岁》："无人更献《椒花颂》，有客同参柏子禅。"

〔8〕比喻美酒。白居易《将归一绝》："更怜家醖迎春熟，一瓮醍醐待我归。"明徐复祚《投梭记·救女》："但愿杯行无数，开怀畅饮醍醐。"

〔9〕《绿窗新话》卷二引宋无名氏《湘江近事》："陶谷学士，尝买得党太尉家故妓。过定陶，取雪水烹团茶，谓妓曰：'党太尉家应不识此。'妓曰：'彼粗人也，安有此景，但能销金暖帐下，浅斟低唱，饮羊羔美酒耳。'谷愧其言。"

〔10〕《古本戏曲丛刊》本《清忠谱》眉批曰："袁安卧雪，苏武啮雪，人号宋璟为'有脚阳春'。"李贤注《后汉书·袁安传》引晋周斐《汝南先贤传》："时大雪积地丈余，洛阳令身出案行，见人家皆除雪出，有乞食者。至袁安门，无有行路。谓安已死，令人除雪入户，见安僵卧。问何以不出。安曰：'大雪人皆饿，不宜干人。'令以为贤，举为孝廉。"《开元天宝遗事》："宋璟为太守，爱民恤物，人谓之'有脚阳春'。"

此间已是周吏部门首，不免径入。有人么？（外扮老仆顾选上）门清似水，人冷如冰。是哪个？（付）吴县陈老爷，来拜周老爷，望大叔禀知。（递贴介）（外）少待。（作入介）吴县陈老爷到门拜谒。（生看贴介）道有请。（外）晓得。（生）夫人、孩儿回避。（二旦、小生下）（外作出介）请陈老爷相见。（付急下）（末短胡、冠带、素服上）（生着行衣介）

**【黄钟引子】【西地锦】**（末）**冒雪特敲门扇，非关访戴猷船。六花堆满河阳县**[1]**，相看共庆丰年**。（生出迎进介）（末）老师请上，门生有一拜。[2]（生）治生[3]也有一拜。（共拜介）（末）北斗泰山，儿童尽钦君实[4]。（生）秋风明月，盗贼俱畏彦方[5]。老父母，如此雪天，何事光降？（末）昨奉府文，有李公到苏，特来迎迓。因行旌未至，故此泊舟叩谒老师。（生）什么李公？（末）是内监李公。（生）既是内监，为甚接他？古来曹节、王甫倾危汉祚[6]，程元振[7]、鱼朝恩[8]几覆唐宗，童贯、梁师成[9]凌夷宋室。就是我朝，王振、汪直、刘瑾辈，流毒三朝，诛戮善类。阉宦之祸，今古皆然。我辈读孔圣之书，正宜绝此匪类，岂可纳交迎迓？（末）他职掌税务，奉旨驻扎苏州。宪檄频催，不得不出廓迎接。（生怒介）这又是魏贼所遣矣。咦！魏忠贤！魏忠贤！

**【黄钟过曲】【啄木儿】**（生）**嗟元恶，毒焰燃，蔽日矇天，忠直剪**。他**踞官闱，肆恶京畿**，又**纵刀余，飞殃茂苑**[10]。（末）今日里**呼雷吸电妖氛炫**。（向生拱手介）少不得**补天浴日奇功建**。（生叹气介）咳！可怜我**草莽孤臣徒泪涟**。（末）如此大雪，老师何不向火，少敌寒威？（生）薪桂堪嗟，突烟常冷，何暇作围炉迂事。况我一介寒儒，十年清宦，这几根穷骨头是冻惯的，何藉炎威薰灼。（末）门生有一句不识进退的话儿，特恳老师。（生）有何见教？（末）门生舟中，为风雪所苦，乞赐卮酒，聊以暖寒。（生）只恐贫家粗物，不堪供奉上宾。（末）师生犹父子也，老师幸勿费心。（生）苍头哪里？（外上）老爷有何分付？（生）你沽白酒一壶、生腐一方，我与陈老爷共享。（外）晓得。（下）（生）正所谓百年粗粝腐儒餐也。（外侍腐摆桌介）（外斟酒介）（末、生饮介）

---

〔1〕 潘岳任河阳县令，满县栽种桃花，春天花开遍地。

〔2〕《古本戏曲丛刊》本《清忠谱》眉批曰："陈文瑞，闽人，久困萤窗，公扶之入泮，遂联飞登节，年已老矣，故感恩特甚。"泮，古代的学校。

〔3〕 古代部属对长官或旅外官吏对原籍长官的自称，始于明代。明黄瑜《双槐岁钞·名字称呼》："书简称人以阁下明公，自称不过侍生而已……相去未久，乃有治生、晚生与门下、台下诸称。"

〔4〕 司马光，字君实。《宋史·司马光传》："凡居洛阳十五年，天下以为真宰相，田夫野老皆号为司马相公，妇人孺子亦知其为君实也。"

〔5〕 王烈，字彦方。《后汉书·王烈传》："少师事陈寔，以义行称乡里。有盗牛者，主得之，盗请罪曰：'刑戮是甘，乞不使王彦方知也。'烈闻而使人谢之，遗布一端。或问其故，烈曰：'盗惧吾闻其过，是有耻恶之心。既怀耻恶，必能改善，故以此激之。'后有老父遗剑于路，行道一人见而守之，至暮，老父还寻，得剑，怪而问其姓名，以事告烈。烈使推求，乃先盗牛者也。诸有争讼曲直，将质之于烈，或至涂而反，或望庐而还，其以德感人若此。"

〔6〕 后汉灵帝时宦官，谋害窦武、陈蕃二人。

〔7〕 唐代宗时宦官，冤杀大将军来镇，斥逐宰相裴冕，诋毁李光弼。

〔8〕 唐肃宗、代宗时宦官，肃宗时典神策军，掌握兵权，代宗时领国子监事，兼鸿胪、礼宾等职，封郑国公，置北军大狱，冤杀忠良。

〔9〕 宋徽宗朝宦官，"六贼"之一。

〔10〕 古长洲苑别名，亦作苏州的代称。晋左思《吴都赋》："造姑苏之高台，临四远而特建。带朝夕之濬池，佩长洲之茂苑。"白居易《初到郡斋寄钱湖州李苏州》："霅溪殊冷僻，茂苑太繁雄。"文徵明《次韵履仁春江即事》："洞庭烟霭孤舟远，茂苑芳菲万井明。"

**【三段子】**(生、末)**村醪味腆,饮三杯如封酒泉。太羹味玄,未盐梅**[1]**天真自全。嚼时齿颊冰霜溅,吞来肺腑清芬遍,洗涤炎氛体欲仙**。(末)门生待罪贵地,词讼繁剧。老师若有见谕,定当竭力以佐郇厨[2]。(生正色介)老父母差矣!我周顺昌自为诸生以至铨部,何曾轻受人一钱,轻与人一事?

**【归朝欢】**(生)我**贫穷命,贫穷命,囊无半钱。断不肯轻污一线。迂痴性,迂痴性,闭门寡言。那世缘怎代向公庭剖辨?**(末起揖介)是门生得罪。**高风盖世真堪羡,清名亘古称独擅。佩服师言弗敢谖**。(付上)禀上老爷,李老爷船已顶关。太爷和长洲县张老爷都行到下津桥了,请老爷快下船,前去迎接。(末)既如此,门生告别了。(生)改日再会。(末)与师一席话,胜读十年书。(别下)(外上)老爷在上。外边人沸沸扬扬,说文老爷在京劾了魏太监一本,圣旨削籍,即日归家了。(生作惊介)有这等事?你速到文老爷家中,问个明白,快来回覆我。(外应下)

**一柱擎天独望公,又遭斥逐作冥鸿。**

**无限心中不平事,肯教分付与东风。**(下)

## 第二折 书 闹

**【字字双】**(丑扮老男上)**阊门好汉我为头,名旧。飞鸿六顺好拳头,传授。赌场到处惯拈头,打就。人人认得老扒头,年幼。**[3]自家姑苏城外有名的周老男周文元便是。少年无赖,独霸一方。城中玄妙观前,有一个李海泉,说得好《岳传》,被我请他在此间李王庙前开设书场,每日倒有一二千钱拉下。除了他吃饭书钱,其余剩下的,尽够我买酒吃、赌场玩耍。昨日说过金兀术破鄜延洲了,他说今日要说童贯起兵,甚是热闹。此时日已过午,不免催促他来,撑起布逢,聚人开说则个。正是:要知千古兴亡事,须听当场评话来。(下)

(净衣、帽上)年年花酒阖闾城,不爱身躯不爱名。说到人间无义事,搥胸裂眦骂荆卿。自家颜佩韦的便是。生平任侠,意气粗豪。闪烁目光,不受尘埃半点;淋漓血性,颇知忠义三分。闻得李王庙前日日在那里说《岳传》,我想岳爷是个忠孝的人,他的书儿,必定好听,因此与老母说知,前去听他一回。你看那边有几个朋友踱将来了,想是也去听书的。

(末、旦、贴俱衣、帽上)相逢何必曾相识?都是蟠桃会里人。(向净拱手介)朋友可是去听书的?(净)正是。(末)既如此,就此同行。(共走介)(合)行过施茶亭,就是李王庙。(作到介)(丑拿布篷上场撑介)(丑向内介)听书的人齐了,快些搬椅、桌、木凳出来。(杂应,搬桌摆介)(众)这时候怎么先生还不来?(丑)就来了。(付衣帽、短胡,执扇摇摆上)兴来舌战词坛上,赢得腰缠作酒钱。(与众拱手介)列位请了。(丑)请坐了开讲。(外、小生扮客人急闯上)逢场来作戏,闹里去夺争。(向付拱手介)李海老,我们是淮安人,在这里枫桥卖豆。久慕你的大名,我们众朋友请你到寒山寺开讲一日,书钱从厚相谢。去!去!(丑)我们还讲不多几日,怎么到你们那里去?

---

〔1〕 盐和梅子。盐味咸,梅味酸,调味所需。《尚书·说命下》:"若作和羹,尔惟盐梅。"孔传:"盐咸梅醋,羹须咸醋以和之。"

〔2〕 郇公厨,《新唐书·韦陟传》载,唐韦陟,袭封郇国公,性侈纵,穷治馔羞,厨中多美味佳肴,后以"郇公厨"称膳食精美的人家。唐冯贽《云仙杂记》卷三:"韦陟 厨中,饮食之香错杂,人入其中,多饱饫而归。语曰:'人欲不饭筋骨舒,夤缘须入郇公厨。'"王世贞《王学士元驭留饮花下作》:"毋惊百徧相过语,若到郇厨体自轻。"

〔3〕《古本戏曲丛刊》本《清忠谱》眉批曰:"飞鸿六顺,皆手搏名色。扒头,吴人方言,以壮年未包网巾者为扒头。"

(付)且待此间讲完了《岳传》,小子就来请教。(外、小生)等不得,等不得!(净、末)凡事自然有个先后,也要个终始的。(付)三位且在这里听了今日的书,明日再议。(众)有理,有理。(各坐介)(丑将茶壶、茶锺放付桌上介)(付拉钱介)(众各银钱交付,争论少介)(付)且听了半回再找。(众闲话介)(丑)列位朋友,知趣些便好。不可闲话喧嚷。帮衬,帮衬。(外、小生)讲话的加倍罚他。(众)有理,有理。

(付将醒木拍桌介)(众作听书、随意点头低语介)(净作逐段恼怒、渐作不平状介)(付开讲介)徽宗无道坐龙亭,宋室乾坤不太平。蔡京、王黼真奸相,杨戬、高俅两贼臣。朱勔弄权花石运,童贯称王掌大兵。金邦百万雄师至,万里江山一旦倾。话说宋朝太祖兵变陈桥,得了周家天下。以后七代皇爷,都四海升平、黎民乐业。传至第八代徽宗皇帝,却不理朝政,信任奸臣,宠用内监童贯。他舞弄威权,滥封了广阳王之位,满朝文武尽出其门。又挑动边衅,惹得金人时常攻打边关。

那边上极要紧的所在,叫做雄州关,却得一位足智多谋、勇力善战的招讨大元帅镇守。那元帅姓韩,双名世忠。其时秋高马肥,金人统领百万人马,杀进了贺兰山,冲过了宁夏卫,大胜了离虎山,攻破了鄜延州,看看直到雄州了。夜不收飞报韩元帅,连夜奏闻朝廷,候旨发兵征战。隔了几天,却沸沸扬扬传说朝廷差了一位孙总兵领十万人马来退金人了。报入中军,韩元帅道:"我在此镇守,怎么又差别人?况且朝中大将,并没有一个姓孙的,如今他奉旨到我地方,礼无不接。"急急差四员将官去接孙总兵。去了一日,那四员将官一齐奔到堂前跪下禀道:"奉爷将令,小将们去接那孙总兵,就是本营向日的孙高,他犯了军令,老爷将他捆打四十,赶出营中。他到京投在童贯麾下,今日领兵到此。小将们到彼营中,他却喝道:'本府奉万岁爷圣旨、广阳王令旨统兵到此,你主将多大的官儿,不来迎接?本该把你们一捆四十,且待我破了金人,与你主将计较。'喝叫军士乱棒打出。"韩元帅道:"有这等事!小人得志,一至于此。"话声未了,只听得轰雷炮响、鼓角齐鸣。拨儿马报入中军道:"孙总兵大队人马已从飞龙岭出门去了。"韩元帅道:"且住!那孙高有甚本事退得金人?此去必然大败。关隘难保,却怎么处?速传前营韩彦直上堂。"元来韩彦直是韩元帅的公子,年方一十四岁,有万夫不当之勇,惯用两柄金锤,重一百二十斤,现为前营先锋大将。传不多时,只见韩公子头戴金冠,身穿铠甲,腰悬宝剑,手执金锤,当阶跪下道:"爹爹有何差遣?"韩元帅道:"金兵入寇,朝廷差孙总兵领兵出关交战,你可领五千铁骑,悄悄护送孙总兵。倘孙兵有失,你可杀入金营,救取孙高。不容金兵一人一骑进我关内。"把令箭付与公子,公子飞身往外,起兵去了。

且说孙高才出关前,只听得大队金兵一齐杀到。但见征尘滚滚、杀气腾腾。征尘滚滚,卷起四野乌云;杀气腾腾,冲满一天黑雾。拐子马〔1〕,奔突咆哮;铁浮图〔2〕,周围密

---

〔1〕 拐子阵,拐子马阵,古骑兵阵法名,宋曾公亮《武经总要 · 东西拐子马阵》:"东西拐子马阵为大阵之左右翼也。本朝西北面行营拐子阵并选精骑,夷狄用兵每弓骑暴集,偏攻大阵,一面捍御不及,则有奔突之患,因置拐子阵以为救援。"《宋史 · 岳飞传》:"初,兀术有劲军,皆重铠,贯以韦索,三人为联,号'拐子马'。"

〔2〕 铁浮屠,身披重甲的兵士。《宋史 · 刘琦传》:"兀术被白袍,乘甲马,以牙兵三千督战。兵皆重铠甲,号'铁浮图'。"《大金国志 · 熙宗三》:"兀术自将牙兵三千,往来为援,皆带重甲,三人为伍,贯韦索,号'铁浮屠',每进一步,即用拒马子遮其后,示无反顾;复以铁骑马左右翼,号'拐子马'。"

匝。儿郎凶狠，一个个罗刹夜叉；将帅雄强，一人人金刚揭帝。雁翎刀、偃月刀、泼风刀，光耀日月；飞龙旗、绣虎旗、豹纛旗，招飐云霄。漫天盖地杀将来，海涌山崩拦不住。孙总兵吓得手足无措，同着众将官正待抵敌，霎时间，金兵杀到：第一队，红袍、红铠、红缨、红甲，兀术四太子手执仙花月斧，匹马当先。孙总兵待要阻挡，早被兀朮劈头一斧，翻身落马。可怜得势行凶将，做了南柯一梦人。孙营各队，见帅字旗一倒，各自逃生。金兵围裹将来，杀得尸横遍野、血染成渠。

那个韩公子在后边，望见孙高兵败，喝叫军士："一齐随我上前厮杀。"公子就把紫金冠按一按，狮蛮带紧一紧，手执金锤，直望金营杀去。霹面撞着兀术，两马相交，兵器并举，大战三百回合。金营中三十六员大将，一齐来战公子。公子毫不惧怯，越斗越狠。锤起处，流星赶月；锤落时，弹打流莺。锤往锤来，似两轮红日；锤上锤下，如万点寒星。左一锤，苍龙献爪；右一锤，猛虎翻身。探马锤，大鹏展翅；撒花锤，彩凤腾云。锤着人，半天霹雳；锤着马，一命归阴。锤风刮处鬼神惊，锤响声闻天地震。公子斗了半日，杀翻了数员金将。粘罕闻知韩家兵马接应，急急鸣金收军。众将不敢恋战，各归营寨。韩公子三番杀入金营，砍了无数金兵，寻取孙高不见，金家人马，退了三十里之地。韩公子入关固守，即差飞骑，将捷音报知元帅去了。

不隔数日，只见提塘[1]飞报说："皇爷差了广阳王童贯，领二十万禁兵到雄州来了。"韩元帅闻言叹息道："如此用人，怎成的大功？"话声未绝，只见镇守三山口汛地将官，差飞骑来报："广阳王前站已到三山口了。"韩元帅分付："将牛、羊、酒、米等项，快送广阳王军前供应。"自己领着随身兵将，前往迎接。行了一会，望见广阳王大营已经扎定。韩元帅到了寨前，中军报进。只见里面走出十来个顶盔贯甲将官，说奉千岁爷令旨，传韩元帅一人进见。韩元帅走进中军，只见整千将佐簇拥着，广阳王头戴七曲缨冠，身穿大红蟒袍，腰系蓝田玉带，高高的坐在银交椅上。韩元帅站在账前，广阳王走出座外，问道："这就是韩招讨么？"韩元帅打躬道："是！"广阳王分付请圣旨过来，十来个将官抬出龙亭，里面又走出一位将官，捧着圣旨，立在中间。韩元帅躬身下跪。那官儿开着圣旨读道："韩世忠按兵不举，丧师辱国，失守封疆，囚解来京。"读招才完，众将官推着一辆囚车到帐。广阳王道："奉圣旨，速将韩世忠跣剥，上了刑具，钉入囚车。"众军士就将韩元帅剥下盔甲，上了镣杻，推入囚车，四面把铁钉钉了。韩元帅那时真个是浑身是口不能言，遍身排牙说不得了。

(净拍桌怒嚷介)讲这样歪书！讲这样歪书！(众共惊介)却是为何，这般乱嚷？(净)可恼！可恼！童贯这鳅狗，作恶异常，教我哪里按捺得定！(付)从来说书，有好有歹，何须动得肝经。(净)这等恶人，说他怎么？(付)既是恶人，你不要听他便了。(净踢翻书桌介)(付)这是哪里说起？(净)我就打你这狗弟子。(众拦劝介)他是说书的先生，为何打他？(付)可笑，可笑。(外、小生扯付介)去！去！去！我们自到寒山寺开讲去。(丑扯介)(付)我自去了，省得在这里

〔1〕清代官名，掌投递本省与京师各官署往来文书。清各省督、抚选派本省武进士及候补、修选守备等，送请兵部充补，驻于京城，三年一代，称提塘官。

淘气〔1〕。(外、小生)此处不留人。(付)自有留人处。(外、小生同付下)(丑怒指净介)好好一个书场,被你这狗头撒野火,赶散了我们的生意。我就打死你这狗头。(赶上打净介)(净)来!来!来!你敢和我放对么?(末、众两边劝介)(净、丑各脱衣介)(两边扯架子介)

**【锁南枝】**(净)我**冲冲气,贯斗牛,老拳奋时神鬼愁**。(丑摆势介)**饶伊勇力千斤,怎入区区手?**(净踢飞脚,丑做身法赶进拿住净脚介)(末、众劝介)二位不可认真。**逢场戏,无怨尤,又何须、强争斗**。(净)你要拿我么?买干鱼放生,好不知死活哩!(丑)不但拿你,还要打你落花流水哩!那边家打、少林打、太祖长拳,江湖上有名的十八家打法,我哪一家不熟的么!(又各摆势介)

**【前腔】**(丑)**拳师我为首**,你**班门莫浪挡**。(净)凭你哪一家打法,我只是沙家老实打〔2〕。**拿出沙家手段,一拳黑虎偷心,打得**你**翻筋斗**。(净一拳打倒丑介)(脚踏丑胸膛介)(丑在地喊介)(净提拳作打丑介)(末、众劝介)朋友不可如此,看我众人面上,放手,放手。**公言劝,须罢丢。愿赔情,望宽宥**。(老旦急奔上)

**【前腔】**(老旦)**听传报,急奔投**。(作见净指介)**果然与人争未休**。还不放手,打死了人,不要偿命的么?(净放丑立起介)(丑作叫痛喘介)(老旦扯净介)还不跪下。(净跪介)(老旦)**时常劝戒叮咛,不把良言守**。下次再不可如此。(净)再不敢了。(老旦)起来。(净立起介)(末、众)我们起先还道他是个好汉,却原来是个怕老婆的都头。这样人睬他怎么?(净)不是我母亲分付,我怎肯饶他。(末)这等说来,是令堂了。(老旦)适才小儿冒犯,老身特来请罪。(末向众介)众兄弟,方才他听见不平,忿忿大怒,道他是个义士。如今他尊奉母亲,又是个孝子了。(末、众向净拱手介)你**怀公愤**,是**忠义俦**。又**奉亲言,真孝友**。(老旦)小儿是个粗鲁之人,岂敢过承谬赞。(末向净介)请问尊姓大号?(净)在下颜佩韦。(末、众)原来就是颜大哥,失敬,失敬。(净向末介)请问尊姓贵表?(末)小弟杨念如。(净)原来就是杨大哥,久仰,久仰。(末指丑、旦、贴介)这三位就是周文元、马杰、沈扬,都是近边有兴的小朋友。(净拱手介)哈哈!相逢一笑皆知己,岂是区区陌路人!(末)颜大哥在上,今日小弟辈幸遇大哥这等孝义,众心钦服,欲屈大哥和弟辈四人共订一盟、结为兄弟,未知老伯母允否?(老旦)小儿得蒙众位提挈,是极妙的了。(净)这叫做不打不成相识也。(末)请问大哥尊庚多少?(净)小弟平头三十。(末)小弟二十五岁。(指丑、众介)这三个兄弟,都是二十三四的人,是颜大哥居长,小弟次之。(丑)我周文元第三。(旦)我马杰第四。(贴)我沈扬第五。(末)幸得伯母在此主盟,我们众兄弟就此对天一拜。(共拜介)

**【前腔】**(五人合)**盟言向天剖,精诚金石侔,不用乌牛、白马,依然义结桃园,骨肉恩偏厚**。(转拜老旦介)(老旦合)**金兰谊,生死周,弟兄情,地天久**。(老旦)我儿,请四位同归草舍杯酒谈心。(末、众)小侄等正要登堂奉拜,就此奉送伯母回家便了。

(合)**种树种松柏,结交结君子。**
**松柏耐岁寒,君子有终始**。(同下)

---

〔1〕 怄气。郑光祖《倩女离魂》第三折:"不是我闲淘气,便死呵,死而无怨。"《醒世恒言·蔡瑞虹忍辱报仇》:"那婆娘怒气冲天,要与老公厮闹;却又算计,没有许多闲工夫淘气。"

〔2〕《古本戏曲丛刊》本《清忠谱》眉批曰:"吴人有沙葫怀、姜白打,以故号'沙家打'。"

## 第五折　缔　姻

**【一江风】**(生上)(付扮船家摇上)**恨难平,大地风波横,南国忠良罄**。我周顺昌自从竹坞得晤文兄,始知近日权珰之恶,正以缇骑四出同抱杞忧。不想浙中魏廓园兄,竟尔独先被逮。那校尉前往槜李,此际定过吴门。我想魏兄生平狷介、视死如归,既无世俗牵情,必定片帆长往。我因此唤一小舟,每日胥江守候。只等他拘提过此,便好诀别一番。**后难凭,只此一刻相逢,紧守定一刻相厮并**。船家,看有现来的船,可再问一声。(付)咄!前面大哥,借问一声,你们一路来,可曾听得嘉兴魏爷的船,到也未到?(内)可是校尉提解上京去的?(付)正是。(内)今早同在吴江开船的,想必此时就到胥门了。(付)有劳了!(生)船家,既魏爷就到了,你快些摇到胥门,留心探望,不要错过了他的船儿!(付)晓得。(生)你看**滔滔怒浪,生生是英英伍相灵,敢素车白马来乘兴**。(付)前面来的船,可是嘉兴魏爷在内?(净、丑扮校尉上)我们正是提解魏宦上京去的,你问他怎的?(生)这等说来,果是魏兄到了。快须泊住了船,说我周顺昌要见。(净)圣旨紧急,谁敢逗留!(生)魏贼矫诏,说什么圣旨!我竟自上船,相见便了。(上船叫介)廓园兄,廓园兄!(丑)闻得苏州有个周顺昌,不是好惹的主顾,既已上船,且容他见见,且容他见见。或者送些盘缠使用也不可知。咄!分付水手泊住了船。(内应介)(付)我也在那边泊船伺候去。(下)(生)廓园兄!小弟在此,小弟周顺昌在此。(末苍髯、巾服、锁肘上)

**【三台令】已看西北天倾,谁望东南地宁**。(生)廓园兄,故人在苏,怎就扬帆不顾了?(末)蓼洲兄,小弟有罪了。**怕执手费叮咛,挂征帆,尽教心硬**。(丑)你们有话快说,即刻就要开船的!(净)哥,你在船头坐着,听他说些什么来。我在岸上去走走。(丑)晓得。(净下)(丑坐前场角介)(生)廓园兄,你今日一身就逮,四海知名。敬羡,敬羡!(末)小弟为劾权珰,放归田里,满拟杜门谢客、训子课孙,不意诬受熊、杨赃私[1],复遭罗织。此去粉身碎骨,恐不复与仁兄再会矣!

**【集贤宾】擎天有志力未胜,竟一事无成**。最可恨者,小弟生平不直熊、杨,今日反为熊、杨受屈!**污蔑忠贞驱陷阱,莫须有罪案招承**。(生)据弟所闻,那汪文言也不该妄扳。(末)兄还不知,许显纯逼打文言,身无完肤,文言翘首大叱,誓死不从。及至逼坐小弟赃银二万,他又极口叫冤,当不起又夹一夹棍,加上二百穿梭。**交加白挺[2],哪里管直言辩诤**!小弟一死罢了,只是有负吾兄。**怜孑影,再休想气求声应**。(生)阿呀!廓园兄。

**【莺啼序】斯文天丧忍独生,转顾影兢兢**。(末)多少同年好友,见弟被逮,无不畏祸深藏。今日不以生死介意者,惟吾兄一人耳。(生)兄说哪里话!前日一闻吾兄被逮,**醢鸾凤,万众称冤;哭麒麟**,我**独自心疼**。今日里呵,**虽不是楚囚对泣,也还似新亭指佞**。仁兄,只是一件,做小弟的一贫如洗,**何所赠,便洒鲛珠,也不堪多进**!(丑)听他们如此说,不像有什么相送的了。快些下来,撵他去罢。(生)廓园兄,今日事势如此,小弟既不能为刺

---

〔1〕《明史纪事本末》卷七一:“(魏)大中家徒四壁,卓然以名教自持。熊、杨之狱,大中力言宜寘重辟,谏草传布,而竟诬以熊、杨贿赂,坐赃死。”

〔2〕 白梃,大木棍。《吕氏春秋·简选》:“鉏櫌白挺,可以胜人之长铫利兵,此不通乎兵者之论。”《汉书·诸侯王表》:“ 陈吴奋其白梃。”颜师古注引应劭 曰:“白梃,大杖也。”

侠累之聂政，又不能为藏张俭之孔融[1]，负愧古人多矣！倘或仁兄有甚未了心事，弟当一力任之。(末)小弟也没甚心事，只是前日被逮之时，举家惊惶无措，弟以大义晓之，尽皆掩泪听命，独有小孙允柟，牵衣痛哭，昼夜不已，因此两日登程以来，还觉耳畔呵。

**【黄莺儿】隐隐作啼声，几回头，错唤名**。呸！对兄说这样话，一发不是了！**情牵儿女非骨鲠**。(生)令孙几岁了？(末)小孙年方十三。(生)曾卜姻否？(末摇手介)咳！哪里还作此想。覆巢已成，破卵可矜，小弟死后呵，**哀哀谁把红丝订**！(生)小弟恰有一女，年纪却也相当，今日即以奉配。一来文章声气，重新百世婚姻，二来患难死生，依旧一家骨肉。小弟主意已决，吾兄也不必见拒了。**这姻亲，不烦柯斧，何必卜年庚**。(末)阿呀，蓼洲兄哪。

**【簇玉林】蒙尊命，恐累卿**。小弟身在难途，**乏荆钗，当鹊屏**。(生)小弟方才说过的了，只须"道义"二字，便为聘仪，何待蹇修，何烦礼物！**丈夫一语如九鼎，堪作氤氲证**。(末)如此说，义不容辞了。亲家请上，小弟有一拜！(生)小弟也有一拜！(合)**缔同心，中流砥柱**，须不是**泛泛缔姻盟**。(净)哇，哇，哇！好大胆，唠唠叨叨，只管讲了去。(丑)好笑得紧，他是个钦犯，怎么与他联姻结党？(净)厂爷知道，不是当耍的。(生)哇！狗头，谁要你多管！你回去，就说与那阉狗知道，我周顺昌，不是怕死的人。

**【滴溜啄木】生平的，生平的，常拼躯命**。**今日个，今日个，猛张血性，狠骂声声响应**。(丑)我们也是好话，周爷只管寻死。担阁已久，大家请稳便罢。(生)什么大家稳便！我就送魏爷到京，你敢奈何我么？咦！碎剐你这般狗头便好。(末)这是驾上差来的人，与他什么相干？小弟既奉圣旨，理合慷慨就道。相送千里，终须一别，亲翁，小弟言尽于此了。**风波大狱吾承领，纲常大事君兼秉，生死同留千古名**。(生)亲翁去后，小弟知亦不免。相见在即，小弟就此拜别了。(同拜介)

**【猫儿坠】**(生)**行行相送，犹有一周生**。他日**逮及周生谁送行**！(末)**与君分手即幽明**。(合)**消停，无限牵肠，再一凝睛**。(净、丑)小船上船家，快把船摇上来！(付上)来了，来了！

**【尾声】**(末)**生还何意图侥幸，也不望上方剑请**。(生)但博个**李、杜**[2]**齐名，我志始成**。(别介)(付同生摇船先下)(净)好一个铁铮铮的狗头，回去对厂爷说了，看你活得成，活不成！明知岩穴虎方嗔。(丑)故作深山樵采人。(末)自古忠臣不怕死，由来怕死不忠臣。(净、丑)分付水手们，快些开船赶路去！(内应介)(俱下)(外扮中军赶上)为奉恩台命，来寻钦使舟。(望介)船儿不知往哪里去了？(向内叫介)浙江魏爷上京的船，可在前面么？(内应介)(外)请转来，有要紧言语要会哩！(内应介)(外)请船上北京下来的两位爷上岸讲话。(净、丑内应介)来了，来

---

〔1〕 裴松之注《三国志·魏书》引《续汉书·孔融传》："山阳张俭，以中正为中常侍侯览所忿疾，览为刊章下州郡捕俭。俭与融兄褒有旧，亡投褒。遇褒出，时融年十六，俭以其少不告也。融知俭长者，有窘迫色，谓曰：'吾独不能为君主邪！'因留舍藏之。后事泄，国相以下密就掩捕，俭得脱走，登时收融及褒送狱。融曰：'保纳藏舍者融也，融当坐之。'褒曰：'彼来求我，罪我之由，非弟之过，我当坐之。'"

〔2〕 东汉李膺、杜密，《后汉书·党锢传·杜密》："党事既起，免归本郡，与李膺俱坐，而名行相次，故时人亦称李杜焉。"东汉李云、杜众，洪迈《容斋四笔·四李杜》："弘农五官掾杜众，伤云以忠谏获罪，上书愿与云同日死。帝愈怒，下廷尉，皆死狱中。其后襄楷上言，亦称为李杜。"赵翼《陔馀丛考·六"李杜"》："李云、杜众以直通受诛，此又一李杜矣。"东晋杜预与北魏李冲，《魏书·王肃传》："诏曰：'……故杜预之殁，窆于首阳；司空李冲，覆舟是托。顾瞻斯所，诚亦二代之九原也。故扬州刺史肃 诚义结于二世，英惠符于李杜，平生本意，愿终京陵，既有宿心，宜遂先志。'"赵翼《陔馀丛考·六"李杜"》："《魏书》李冲、杜预，忠义相结，亦称李杜。"

了！(作跳岸上见外介)(外揖介)二位爷是提解魏乡宦的么？(净、丑)正是。(外)本军门毛老爷，多多拜上。方才驿中来报二位爷在此经过，毛老爷晓得圣旨紧急，不敢相留，特差小官将银二百两送二位爷路上买果儿吃。(出银送介)(净、丑)多谢，多谢！多谢上复毛老爷，你们苏州有个周顺昌，方才上船，与犯官唠唠叨叨，讲了半日的话，无非辱骂厂爷，两下又将儿女结了姻亲。你家老爷，也要留心了这个姓周的。(外)晓得。(净、丑)咱们开船要紧，竟自去了。有劳，有劳！(外)多慢。(净、丑)难得毛老爷这样好人。船家，打扶手！(内应介)(净、丑作上船介)开船！开船！(下)(外)就将方才的言语，急急去回复老爷便了。正是：烦恼不寻人，人自寻烦恼。(奔下)

## 第六折　骂　像

(末胡髯、罗帽、员领上)威势炎炎天地昏，人人孝敬效儿孙。未识祠堂崇奉后，更将何事报亲恩。自家堂长陆万龄的便是，蒙本衙门老爷与毛军门老爷委造魏千岁爷祠堂，已经完工。今日，各位老爷亲往虎丘迎接新塑的神像入祠。我这里挂红结彩，上膳进香，各项俱已完备，特在此伺候。若说起祠堂的好处，真个世间少有、天上无双。金银钱落，输将万万，一似尘土泥沙；木石砖灰，堆积千千，恰像峰峦山谷。日则鸣锣，锣响处，千工动手，一个个鬼运神输；夜则敲梆，梆打时，万桩齐下，一声声天摇地动。做匠的如狼如虎，好似罗刹临空；督工的喝雨呼风，赛过似哪吒降世。观看的闭口无言，还怕死监头上；过路的低头疾走，尚愁祸到当身。费尽了百万钱粮，才得个一朝齐整。雕龙插汉，镂凤飞云。画栋流霞，碧甍耀日。城墙坚固，赛过石头城、紫金城，万年基业；殿宇巍峨，一似皇极殿、凌霄殿，千丈辉煌。头门上，高题着："三朝捧日，一柱擎天。"两坊中，明写的："力保封疆，功留社稷。"威仪雄壮，浑似五凤楼前，行走的谁不钦钦敬敬；气象尊严，出入的如在建章宫里，哪敢嚷嚷喧喧！少顷的沉香像迎入祠堂，队队行行，尽拥着一人有庆；今日里普惠祠均瞻圣貌，挨挨挤挤，堪比着万国来朝。真是千载齐心来仰圣，百官何必去朝天。道犹未已，你听鼓乐声喧，想是神像迎将来了，不免进去整备登座则个。正是：平日但知天子贵，今朝才识厂公尊。(下)(外、小生、旦、贴扮执事、吹手，丑扮小监，付纱帽、红员领，老旦监帽、蟒服前行。三杂抬轿、抬魏像盘龙、监帽、蟒玉，一杂撑黄伞行上)

**【正宫过曲】【玉芙蓉】**(合)**勋名贯斗杓，功业凌苍昊。洵千秋间气，天挺人豪。今朝德望逾周、召。他日经纶翊舜、尧。神容肖，胜龙姿凤表。遍街衢，万人瞻仰拥如潮。**(作到介)(末暗上，扶像上座介)(付)厂爷登殿，礼应加冠。(老)有御赐的七曲缨冠在此，进上千岁爷。(丑递冠与老介)(老捧冠同付跪介)(老高声介)奉旨进上千岁爷七曲缨冠！(丑立台上，除像监帽，作戴冠不上介)(丑)头大冠小，戴不得。(老、付立起介)唤陆万龄！怎么爷的头塑大了？(末跪介)遵爷钧旨，头塑九寸九，这是宫中赐来冠小了，与小的何干？(付)如今怎么处？(老)这冠儿是上位赐的，又不好动他。(末)不难。塑像的在此，分付他将爷的头儿收一收便了。(老)有理。(末向净介)你把爷的头儿收这一分儿。(净)晓得。(作上台取像头、安膝上铲小介)(付、老跪介)(老哭介)咱的爷爷啊，头疼啊，了不得！了不得！(净作铲小加冠介)(付)好得紧，好得紧！(老)如今俨然是一位太庙中的神像了。(末)请爷上香进爵。(付)如今我们都行五拜三叩头的礼了。(老)不消，不消。别的要行这大礼，如今咱们两个，都是爷的亲生骨肉一般，不须行这大

礼，也不用礼生虚文，竟自多嗑几个头儿就是了。(付)有理。(杂众奏乐介，老、付进香、进酒介)(嗑头跪介)

**【前腔】**(合)**金樽玉液浇，宝鼎沉烟袅。着食前方丈，山海珍瑶。筵前祷祝祈三岛，云际嵩呼彻九霄。**(老、付又叩头介)(合)**儿纯孝，舞斑衣拜祷。望亲恩，天聪昭鉴孝思遥。**(作拜献完介)(末)请二位老爷偏殿进宴。(老)爷赐咱们的宴么？(末)正是。(老)毛哥，咱们去吃爷的赐宴，再来上午膳罢。(付)有理。(老)歌乐奏来三殿合。(付)酒杯连进万年欢。(老)分付孩子们，用心看守外边栅门，不许闲人闯入！千岁见了，要恼哩。(外)晓得。(共下)(生，方巾、白衣上)

**【北正宫】【端正好】首阳巅，常山峤，笃生来正气昭昭，**俺只是**冷清清坚守着冰霜操，**要**砥柱狂澜倒。**俺周顺昌，孤介性成，忠贞夙秉。血淋淋一点赤心，只是忠君为国；铁铮铮千寻劲节，不肯贪位求荣。如今阉贼专权，群奸附势，俺自削籍家居，恨不奋身杀贼。近来趋承谄附之辈，各处遍造逆祠，吾郡亦创祠于半塘。那些党羽，输金恐后。昨有传帖到来，说今日塑像入祠，公往叩贺。俺一时怒发冲冠，毁帖大骂。如今不免步到半塘，看他们恁般样光景！(行介)

**【滚绣球】恨奸邪，善类诛，逞凶图，国祚摇。数不尽拜门墙，一群狼豹。蓦忽地耸生祠，虎阜东郊。那一个贡沉香塑着头，那一个献玉带束着腰。那一个进珍珠缨冠光耀，那一个奉金炉降速香烧。纷纷的输金馈饷晨昏纳，挤挤的稽首投诚早晚朝。总是儿曹。**来此已是半塘了，果然是地侵阡陌，直恁奢侈僭拟也！

**【叨叨令】**见**参差楼儿和殿儿，直恁的巍巍峨峨的造。看多少门儿和栅儿，真个是重重叠叠的奥。遥望着灯儿和炬儿，闪的人辉辉煌煌的耀。猛望着身儿和首儿，活现出狰狰狞狞的貌。**(指介)咦，**兀的不恨杀人也么哥，兀的不恨杀人也么哥！**(外、小生扮家丁持红棍赶上)什么人在这里窥探？(生)**又只见牙儿和爪儿，向咱行喧喧磌磌的闹。**(外、小生见生立住介)(老、付、末同丑众上)千年桃进呈仙品，三祝声传效华封。(老)此时该上午膳了。(付)承应的乐人梨园，队舞撮弄的，都齐备在这里么？(末)都伺候久了。(老、付望介)什么人在外边窥望？孩子们，快些打啊！(二杂低禀介)是吏部周老爷。(老)什么周老爷？(付)一定是周顺昌了。(生直入介)老公祖〔1〕奉揖了！(与付揖介)(老)先拜了厂爷，然后作揖。(生)要俺周顺昌拜么？(冷笑介)

**【脱布衫】**(生)**俺生平劲节清操，怎肯向貂珰屈膝低腰！**(老)叩拜的也颇多，你怎地独自崛强？(生)**一任那吠村庄、趋承权要〔2〕，俺只是守孤忠、心存廊庙。**(付)厂公功德巍巍，也是合当钦敬的。(生怒介)咳！那魏忠贤么。

---

〔1〕 明清官场中对地方长官的尊称。孔尚任《桃花扇·辞院》："老公祖不知，他与左良玉相交最密，常有私书往来。"《儒林外史》第二六回："季守备道：'老公祖这一番考试，至公至明，合府无人不服。'"

〔2〕《古本戏曲丛刊》本《清忠谱》眉批曰："赵师睪齐鲁学犬吠村庄。"《宋史》卷二四七《赵师睪传》："韩侂胄用事，师睪附之，遂得尹京。侂胄生日，百官争贡珍异，师睪最后至，出小合曰：'愿献少果核侑觞。'启之，乃粟金蒲萄小架，上缀大珠百余，众惭沮。侂胄有爱妾十四人，或献北珠冠四枚于侂胄，侂胄以遗四妾，其十人亦欲之，侂胄未有以应也。师睪闻之，亟出钱十万缗市北珠，制十冠以献。妾为求迁官，得转工部侍郎。侂胄尝饮南园，过山庄，顾竹篱茅舍，谓师：'此真田舍间气象，但欠犬吠鸡鸣耳。'俄闻犬嗥丛薄间，视之乃师睪也，侂胄大笑久之。以工部尚书知临安府。"

**【小梁州】**(生)**他逞着产禄凶残胜赵高,比璜、瑗倍肆贪饕**[1]。(老怒介)嗄,这等放肆!(生)**他待学守澄、全诲瓷咆哮**[2],**凶谋狡,件件犯科条**。(老)厂爷有什么不好处来?(生)他的罪案多得紧哩!

**【么篇】【换头】**(生)**他诛夷妃后把皇储剿。杀忠良,擅置官操。结干儿,通奸媪。兀乱把公侯冒监**,他待要**神器一身叨**。(老)哇哇,一派多是胡言!(付)想多饮了几杯酒儿,敢是醉了么?(生)俺几曾醉来!

**【中吕】【快活三】**(生)俺待**学阳球伏阙号,效张钧请剑枭**。[3]**恨、不把奸皮冒鼓任人敲,倩、祢衡挝出《渔阳》调**[4]。(老怒介)孩子们,把棍儿乱打这厮!(众应介)(生)谁敢?谁敢!(付劝介)不要动手。且慢,且慢!(向生介)老先生请回罢,不要招灾惹祸了。(生大笑介)

**【朝天子】**(生)**任奸祠郁岧,任奸容桀□。枉费了万民脂、千官钞。羞题着"一柱擎天"、"封疆力保"。少不得、倒冰山,阳光照。逆像烟销,奸祠火燎。旧郊原兀自的生荒草。怪豺狼满朝,恨鸱鸮满巢。只贻着臭名儿千秋笑**。(作拂衣下)(老)可恼,可恼!今日是神像进祠吉日,撞着这狗弟子孩儿,闹嚷这一场。咱家方才叫孩子们毒打这厮一顿,又被毛哥劝止,胸中恼不过,怎么处?(付)凡事不可性急,方才就打他一顿,也干不得正经。如今连夜写成一疏,送到厂爷处,差着校尉拿他上去,了他的性命便了。(老)就把辱骂神像为题么?(付)不中用。他前日与魏大中结姻,我已具一密揭,报知厂爷了。如今就在周起元背违明旨、勒减袍价疏内,说与东林周顺昌等干请说事、婪赃剖分,一网打尽便了。(老)有理,有理。就写,就写。多谢毛哥指教!(付)俺们事关一体,自该同心合胆、画出恶策的。何须谢得!(老)周顺昌,周顺昌,我此本一上,教你浑身是口不能言,遍体排牙说不得了!陆万龄过来!咱老爷心上恼,也等不得上膳了,你们掩了神厨,好好在此看守。咱老爷和毛老爷,明日来候千岁的安罢。(末)晓得。(付)外厢去上轿了。(老)自然。(付)恨小非君子,无毒不丈夫。(老)纵使人如铁,难当法似炉。(俱下)

## 第八折　忠　梦

**【金菊对芙蓉前】**(生巾服上)**异愤难舒,孤忠独抱,抚膺倍觉心焦**。我周顺昌杀贼心坚,锄奸念切。今日偶至逆祠,因见逆像,不觉怒气填胸,被我大骂一场。咳!我周顺昌若身

---

〔1〕《古本戏曲丛刊》本《清忠谱》眉批曰:"徐璜、具瑗,俱宦者。"《后汉书》卷七十八《单超传》:"单超,河南人;徐璜,下邳良城人;具瑗,魏郡元城人;左悺,河南平阴人;唐衡,颍川郾人也。桓帝初,超、璜、瑗为中常侍,悺、衡为小黄门史",梁冀飞扬跋扈,桓帝与诸人合谋杀之,其后五人同日封侯,"超新丰侯,二万户,璜武原侯,瑗东武阳侯,各万五千户,赐钱各千五百万;悺上蔡侯,衡汝阳侯,各万三千户,赐钱各千三百万",单超先病卒,其后,"四侯转横,天下为之语曰:'左回天,具独坐,徐卧虎,唐两憧。'皆竞起第宅,楼观壮丽,穷极伎巧。金银罽毦,施于犬马。多取良人美女以为姬妾,皆珍饰华侈,拟则宫人,其仆从皆乘牛车而从列骑。又养其疏属,或乞嗣异姓,或买苍头为子,并以传国袭封。兄弟姻戚皆宰州临郡,辜较百姓,与盗贼无异。"

〔2〕《古本戏曲丛刊》本《清忠谱》眉批曰:"王守澄、韩全诲,俱唐时极恶宦者。"王守澄,唐宪宗时宦官,杀死宪宗,拥立穆宗;韩全海,唐昭宗时宦官,将昭宗逼往凤翔。事俱见《新唐书》卷二八〇。

〔3〕《古本戏曲丛刊》本《清忠谱》眉批曰:"阳球、张钧,俱后汉人,请诛宦官者。"事见《后汉书》之《阳球传》《张让传》。

〔4〕祢衡,东汉人,性格刚傲,曹操大宴宾客,令祢衡击鼓,欲羞辱他,祢衡三挝而去,面不改色,事见《后汉书·祢衡传》。《渔阳》调,即《渔阳三挝》。

在都门，定当连上几疏，劾奏逆贼，就是粉身碎骨也说不得，必须感悟君心，把魏贼碎尸万段，一则保全善类，二则肃整朝纲，三则扫清宫禁，四则奠安社稷，岂不快心！只为被劾家居，不能一展壮志，思之甚觉闷人！（拍案介）

**【驻马听】籍削蓬茅，盼断君门万里遥。**闷得我**叩阍无路，折槛空怀，草疏徒劳。**我若有日得仍到朝班呵，**万言长策献皇朝，谢恩诣阙诛奸狡**〔1〕。（脱巾放桌上介）那时我周顺昌死也瞑目，**一死鸿毛。**（作倦态介）**就是九泉之下，**也自**添欢笑。**（倚桌睡介）（内打一更介）（生魂出走介）一点丹心射斗牛，肯因家食漫淹留。今日得展擎天手，不斩权奸死不休。我周顺昌向欲锄击魏贼，只为削职在家，不能遂志。且喜皇上将我起复原官，仍居京邸。咳！我一官何足喜，所喜者，有此一官，得以面君杀贼耳。我此时不去哭奏皇上，更待何时！不免穿戴冠服，急急执笏入朝则个。（作取冠服穿戴执笏介）呀！且住。本还未写，怎么好去见驾。咳，我想魏贼罪恶多端，哪里写得尽！就是杨大洪所奏他二十四大罪，也说他不尽。我只是口疏便了。（作行介）

**【粉孩儿】冲冲的恨填胸、添懊恼。喜皇恩浩荡，弹冠**〔2〕**天表。余生久矣甘自抛，望天王日月光昭。**（立介）这里已是午门了，为何静悄悄？不免径入。（走介）我此一去呵，若得个**斩奸邪、碎首彤庭，煞强似、牖下空老。**（立介）呀！这里已是殿廷了，为何不见一人？（末扮内监上）九重青琐闼，百尺碧云楼。什么人在此窥探？（生）下官有重大事情，要面奏皇上的。（末）万岁爷不在宫中，驾幸海子去了。你速速出去！车驾东风外，星辰北斗边。（下）（生）圣上既在海子内，只索趱行到彼，号控便了。（行介）

**【福马郎】叫彻彤庭龙驭杳，**一霎里**热血难倾倒，肠寸搅。**急急**向行宫走，路迢迢。**（望介）那边想是海子了，天际五云高。遥瞻望，郁岧峣。（下）（外、末扮将士执旗，净、付扮内监执瓜捶，丑、老扮女侍执画桨，旦、贴扮宫女执羽扇，一杂撑黄盖拥小生冲天冠、蟒玉同行上）

**【红芍药】**（合）**翻滚滚海浪江涛，花簇簇桂楫兰桡。看万道旗旌水天渺，响笙箫龙舟飞绕。君王受尽宵旰劳，离深宫暂时行乐，享承平四海无虞，亿万年天下永保。**（生急奔上，跪喊介）臣吏部员外周顺昌，有事奏闻陛下。（连喊介）（小生、众作登陆排门，小生中坐介）（小生）是何官员，到此号控？（众传介）（生膝行入叩首介）臣吏部员外周顺昌，叩见陛下。愿圣上万岁，万岁，万万岁！（小生）你何事到此??

**【耍孩儿】**（生）**臣有荩忠沥血告，咫尺天颜觐。**（又叩首介）**谨拜舞，细悉丝毫。**（小生）你奏的是何人？（生）臣劾的是逆贼魏忠贤。（小生惊介）你怎么劾他？（生）那魏忠贤呵，**权珰毒狠狠，凶恶如三豹**〔3〕。**恨杀他、擅把威权盗。数罪恶，弥穹昊。**（小生）他历事两朝，功留社稷，有何罪恶来？（生号哭介）圣上呵，魏忠贤罪恶多端，普天痛恨，若一字有虚，臣甘寸斩。

**【会河阳】**（生）他**杀害忠良，干儿遍招。内庭屠戮、血痕漂。弄兵，祖制偏违，擅开内**

---

〔1〕《古本戏曲丛刊》本《清忠谱》眉批曰："诣阙谢恩而诛宦者王甫，见《后汉书·酷吏传》。"《太平御览》卷二五〇引《续汉书》："阳球，字方正，渔阳人也。少有勇气，尚书令中常侍王甫、曹节等秉权势，球常唾手拊髀曰：'阳球作司隶，此曹子何得尔耶！'寻为司隶，明日诣阙谢恩。甫时休下在舍，球报甫罪，收至洛阳诏狱，自临拷之。"

〔2〕指为官。颜之推《古意》："十五好诗书，二十弹冠仕。"陆游《忆昔》："早知虚起弹冠意，悔不常为秉烛游。"

〔3〕《古本戏曲丛刊》本《清忠谱》眉批曰："酷吏有'值三豹'之谣。"《新唐书·酷吏传·王旭》："时监察御史李嵩、李全交皆严酷，取名与旭埒，京师号'三豹'。嵩为赤，全交为白，旭为黑。里闾至相诅曰：'若违教，值三豹。'"

**操。摇国本，图倾挠。炎威胜恭、显施残暴。**[1]**凶谋比刘、韩危宗庙。**[2]（小生）魏忠贤既如此极恶穷凶，寡人即当明正典刑。卿家忠直敢言，指日不次超擢。（生拜介）万岁，万岁，万万岁！（起立介）（小生）分付内侍们，就此回朝！（众）领旨。（小生）龙虎旗旛残照里，凤凰楼阁暮云中。（同众下）（生作喜介）圣上面谕，将魏贼正法，真圣祖神宗之万幸，天下臣民之万幸也！且回到寓所静候好音便了。（作行介）（净蟒玉扮太监急奔上）

**【缕缕金】**（净）**闻奸党，逞狂飙。激起冲天怒，奔咆哮。鼠辈难容忍，擒来立剿。**（见生指介）原来是你，把我诳奏皇爷！**东林魁首又妆乔，除根定斩草，除根定斩草。**（生指怒介）哇！魏贼来得好，魏贼来得好，我正来寻着你！

**【越恁好】**（生）**相逢狭路，相逢狭路，斧钺怎轻饶！**（净）畜生，畜生！这等无礼！（生）我**哭陈帝座，少不得枭伊首，正天条。**（净大怒介）啊呀，啊呀！罢了，罢了！你要砍我么？只怕我先砍了你！（生）我就把朝笏击死你这奸贼！（将笏打净介）**聊将笏击当宝刀，奸邪荡扫。**（净被打，奔避介）（生赶打介）（生）**打碎**你**惯吞噬馋眼脑，打杀**你**被刀锯残躯老。**（净喊介）了不得，了不得！打死了，打死了！左右的，救我一救！（付、老扮小监奔上）

**【红绣鞋】**（付、老）**忽闻千岁呼号，呼号！奔驰两脚飞跑，飞跑！**（净指生介）**拿奸贼，速擒牢。除乌纱，剥红袍。紧绑缚，把头枭。**（付、老捉生剥冠服介）（外扮官，旦、贴扮刽子手拿绳索刀上）（外）奉圣旨，魏忠贤罪犯多端，着即绑赴市曹斩首。（旦、贴绑净介）（净）从前作过事，今日尽还来。（旦、贴押净同官下）（付、老逃下）（生）也有今日，也有今日！好圣上，好圣上！魏贼，魏贼！杀得好，杀得好！快活！快活！（大笑介）哈哈。（作跌在旧处坐介）（作睡去介）（内打三更介）（作醒介）（拍桌喊介）魏贼，杀得好！杀得好！（作开眼看介）啊呀！仍旧是家里。呸！原来是一场大梦。我想昼之所思，夜之所梦，只因我一心要杀魏贼，故此梦中幻出许多光景。（戴巾介）

**【尾声】朦胧一梦真奇奥，喜梦里剪除元恶。**咳！就是**梦景虚无**，也把我胸中**恨暂消**。不免进去说与夫人知道。

正是**蝴蝶梦中身万里，**
**杜鹃枝上月三更。**（下）

## 第九折　就　逮

（外扮中军上）九重魑地飞严旨，五夜俄然赐赭衣。自家毛老爷一个内中军便是。只为吏部周老爷，忤骂厂爷，又与嘉善魏宦联姻，斥辱校尉，报入东厂，厂爷大怒，就把周老爷名字，嵌入周起元一案，坐赃三千，严旨提问。缇骑已到苏州了。俺老爷奉命惟谨，连夜发下文书，着我前往该县投递。一路行来，这里已是吴县衙门了。不免传鼓进去。（传鼓介）

（丑扮门子提灯上）半夜三更，什么人传鼓？（外）快通报！抚院中军，有紧急文书投递。（丑）这等少待。容禀过老爷，请进私衙相见。（外）回复老爷要紧，不便耽搁，快快传进！我去也。只消几行字，勾取一员官！（下）（丑）不知何等文书，这样紧急。且送与老爷开看，自有分晓。老爷有请。（末上）子夜闻传鼓，中宵忙整衣。门子，如此深夜，何人传鼓？（丑）抚院

---

〔1〕《古本戏曲丛刊》本《清忠谱》眉批曰："弘恭、石显，西汉宦官。"二人得元帝宠信，擅权用事，诬杀忠良。
〔2〕《古本戏曲丛刊》本《清忠谱》眉批曰："唐昭宗为宦者刘季达所囚，又为韩全海劫迁。"

中军,有紧急公文投递。(末)快请进来。(丑)他说不便耽搁,传了文书进来就回去了。(末)取上来我看。(丑送上介)(末作拆看、大惊介)呀,不好了! 原来我周蓼洲老师。触忤魏珰,矫旨提问,缇骑已到。我还该乘此暮夜,飞骑出城,报他知道,好教他预作处置,料理家中未了之事,少尽师生之谊。门子,快带马来,悄悄随我到周老爷家里去。(丑提灯应介)(末上马介)

**【忆莺儿】月影微,星影稀,着紧加鞭促马蹄。他那里燕雀巢堂知未知? 风波恁奇,颠危怎持? 羞杀我位卑力薄难周庇**。这里已是老师门首,门子,带住了马,**路逶迤。衡门陋巷,急急叩双扉**。(下马叩门介)有人么? (不应,连叩介)(净内)什么人夜深了在此敲门打户? (末)有事要见老爷,快些开门。(净)为什么? 敢是杀将来,这样要紧! (末)快些,快些! (净)天爷爷,黑魆魆地,也等我摸个袄团着了,方好开门。且问你是什么人? (丑)吴县陈老爷在此! (净)是陈老爷! 这等来了! 来了! (反披衣奔上)啊呀! 摸着了一条裤子,认作衣裳,再也穿不上,刚刚披好,又寻蒲鞋弗着,真正要快反迟了。(丑)快快开门要紧! (净)好作怪,越是要紧,门儿越开弗开了! 啊呀! 啐! 原来失记开了门闩。(开介)(末进介)管家,快些通报一声,说我急急要见! (净)兄弟倒把灯儿照我一照,等我穿好了衣服。(丑)快通报去! (净)索性把灯儿借我,一发寻着了蒲鞋。(末)咦! 只管慢腾腾地,不顾误了大事! (净)老爷便是大事,难道我赤了双脚,倒是小事? (末)闲说! (净)不是吓! 怕里边没火,拿进去照看,好等老爷起身。(末)这等快取去! (净)老爷,请在黑头里坐坐罢! (丑)还要啰唆! (净下)(末)被他故意兜搭,担搁了这会。老师闻下官在此,吃这一惊可也不小。(净随生上)陈老爷哪里? (末)不敢! 门生在此。(生)

**【前腔】短梦回,密语催,倒屣匆匆忙展衣**。老父母,为何夜昏至此吓? 我晓得了。早上传说校尉来苏,想必轮着治生了。**独抢刀门舍我谁?** (末)门生适奉宪檄,才知借重老师。恐明早就逮,便不及将家事处分了,因此昏夜飞骑,报知老师。(生)治生已料定有这一日的了! **权奸焰飞,孤臣命灰,生涯本分原非异**。(末)宪檄森严,老师速自区处。门生恐有泄漏,就此告辞回县,明早再来奉请。(生)请便。(末)门生多多有罪了。**泪频挥,谈心此刻,何忍顿分离**。带过马来! (上马策行,下)(生)老苍头,且把门儿虚掩着。(净应下)(生进介)(旦、小生、贴上)啊呀,相公,这是哪里说起? (生)你们为什么来? (旦)相公,你一生刚愎,惹是招非。情知珰势难撄,故意虎须独撩。今日祸到临头,我母子们死无葬身之地矣。

**【五更转】项乌纱,千百辈**。你**一人独抗持,几声快骂全家泪**。今日里呵,**祸到临头,怎生回避?** (生)妇人家,说这样没志气的话来! **男儿事,有甚悲? 无他畏! 此身许国应抛弃**,夫人,我**如此收场,殊不惭愧**。(小生)啊呀,爹爹嗄! 此去身投虎吻,吉少凶多,倘有不测,怎么处?

**【江儿水】绕膝心肠碎,牵衣血泪垂。捐躯救父甘长逝**。(生)朝廷拿我,岂是你代得的? (小生)爹爹嗄! **子孝臣忠同一例**,可不道**全爹大节彰儿罪**。(贴)这个多是孩儿不孝,有累爹爹。(生)为何? (贴)**总为姻联祸起,生女何裨? 眼盼盼家门贻累**。(生)呀! 你们也可笑得紧。大丈夫心事,虽非儿女所知,只是你们,既做了周顺昌之妻,周顺昌之子。

**【玉交枝】颇知大义,却缘何狂呼惨啼? 未能鼓舞须眉气,徒然挠乱人意**。(旦)生离死别,只在顷刻,有甚未了事,还是分付我们一声。**烧残红烛心渐灰**,值不得**可怜两字将奴慰**。(合)**苦扳留,无非这回。细商量,无非这回**。(生)夫人,你说什么未了事? 是嗄! 是嗄! 有一桩未了事，案上恰有案纸，孩儿，快与我磨起墨来。(旦背介)好了，好了！相公有后语嘱付了。(小生)爹爹，有什么未了事，尽着写去。(生)我就写，就写。

**【五供养】展开素纸，骂贼真卿，书法宗伊**。[1]题着什么？好嗄，有了！(写介)**补完未了事，题作"小云栖"**。(众)"小云栖"这三个字什么意思？(生)前日龙树庵僧西崖嘱我题一匾额，连日不曾写得，今夜也完了一桩心事。**春秋绝笔，除此项无萦系**。(众)我们只道有甚嘱付，原来作此不急之事，兀的不痛杀我也！(合)**纷纭当此际，慷慨践僧期。三字留题**，直抵**长歌正气**。(净上)启老爷知道：文老爷步行求见。(生)既如此，你们暂退。(众应下)(生)就请文老爷进来！(净应下)(外上)

**【月上海棠】国士危，撄冠往救浑无计**。啊呀，蓼洲兄，不想你也有这日。(生)也是必然之事。(外)小弟闻此消息，正欲乘夜报兄，途遇县公，才晓得吾兄处先有实信了。天色一明，就要请兄入城开读，事在燃眉，吾兄作何区处？(生)小弟有何区处？**但闻呼即赴，君命难违**。(外)蓼洲兄，说哪里话！小弟为了吾兄之事，**等不到落月啼乌，禁不住刳心裂胃。冤声沸，只恐吴氓，素称尚义**。(生)住了。吾兄怎么说个吴氓仗义？(外)魏贼弄权，忠良屠戮。正类固所痛心，小民莫不切齿。况吾兄清名久著，士庶钦心。一旦罹此奇冤，桑梓必怀义愤。且此处金阊，尤多豪侠。倘然一倡百和，公恳上台，九阍虽遥，焉知不为民心感动？(生)咳！故人知君，君不知故人。若果有此事，反陷弟于不忠了。

**【三学士】**我**只此一身，值甚的惊天动地何为？**(外)吾兄虽具刚肠，他人定难坐视。小弟言及于此，也是或然之事，亦未可知。**一时公愤民之义**，不枉你**十载乡评众所推**。(生)吾兄有此一言，倘他人闻知，反为未便。(外)天色将明，当事者必来催促，可作急将家事料理。(生)有何料理？(外)小弟告别了。俟兄入城，另有商议。**患难关头存意气，金兰谊，狐兔悲**。(别下)(旦、众出介)啊呀，相公嗄！天色渐明，就逮在即。难道廿载夫妻，真个竟无一言嘱付么？(生)咳！只管多讲。我有什么嘱付来？自今以后，我自做我的事，你们自做你们的事便了。(旦、贴、小生哭介)(生)休聒絮！(向旦介)**鸟同林，各自飞。大丈夫视死如归！视死如归！**(向贴、小生介)**怎顾得儿啼女悲**。(内打五更介)(众)**响珰珰漏点催，血淋淋泪点飞**。(净上)啊呀！老爷，不好了！吴县陈老爷，奉候老爷公所开读，说天色黎明，延缓未便，现在外厢堂中，立候老爷起身哩。(生)既如此，你们快随我到家庙中，向祖宗英灵拜别去。(行介)(到，拜介)(生)

**【侥侥令】百年存血食，一旦失瞻依**。我那祖宗嗄！你只愿子孙忠孝，今日此去，烈烈轰轰，可也不负你的家教了。(笑介)**地下相逢无惭色**，你可也**踏着香云来帝畿，帝畿**。县公候久，理合轻身就逮。夫人请进，我就此出堂去也！(众)啊呀！相公嗄！爹爹嗄！(合)

**【尾声】生逢不似生离易，怎禁得放声挥涕**。(生)咦！你们还要哭些什么？啊，呸！我若是**一步回头品便低**！(竟下)(净)啊呀，我那好老爷嗄！(随下)(众哭介)

**【哭相思】不惜身家酬国恩，风波匝地一孤臣。从今痛定还思痛，狼藉衣衫半血痕**。(小生)母亲且免愁烦，请进少息。待孩儿急到县中，打听消息如何便了。(旦)我那相公嗄！

---

〔1〕《古本戏曲丛刊》本《清忠谱》眉批曰："公笔法逼真颜鲁公。"颜真卿，字清臣，京兆万年人，讨伐安禄山有功，封鲁郡公，官至尚书右丞，唐德宗时，李希烈反叛，朝廷派颜真卿前去劝说，言辞慷慨激昂，李希烈胁迫他投降，颜真卿威武不屈，后遂遇害，《旧唐书》卷一三二、《新唐书》卷一六六有传。

正是**世上万般哀苦事，**

**无非死别与生离！**(贴扶旦下)

## 第十折　义　愤

(净短胡、衣帽上)十年磨一剑，霜刃未曾试。今日把似君，谁有不平事？俺颜佩韦，一生落拓，半世粗豪。不读诗书，自守着孩提真性；略知礼义，偏厌那学究斯文。路见不平，即便拔刀相助；片言不合，哪肯佛眼相看？怪的是不孝不忠、不义之财毫不取，敬的是有仁有义、有些肝胆便投机。那专诸是市井屠夫，拼命献鱼肠，赢得雄名万古；要离乃吴门一介，残形施匕首，传来义气千秋。俺热血满腔，赤淋淋未知洒落何地；雄心一片，闹轰轰怎肯冷作寒灰！前日在李王庙前听说《岳传》，因听得童贯杀害忠良，一时怒起，把那说书的打得稀烂。倒在那里结识了杨念如等四个好汉。昨日纷纷传言说：上边差校尉到苏州来拿乡宦。我想这校尉一定是魏太监差来的，必然来拿与魏家作对的乡宦。只是与魏家作对的，不多几人，都是好乡宦。若是拿他，岂不伤了天理！但未知所拿何人，倒教俺一夜放心不下。如今不免到街上去打听个消息。一路行来，已是上塘街了。(走介)

**【北斗鹌鹑】**(净)**俺生来心性痴呆，一味介肝肠慷慨。不贪着过斗钱财，也不恋如花女色，单只是见弱兴怀。猛可也逢凶作怪，遇着这毒豺狼、狠驽骀。凭着他掣电轰雷，俺只索翻江搅海**。(望介)那边有一个汉子，飞也奔来了。听他说些什么。(末衣帽奔上)

**【南缕缕金】**(末)**心急遽，脚忙抬。一事天来大，实奇哉！**(净)原来是杨家兄弟，往哪里去？(末)颜大哥，不好了。(净惊介)为什么子？(末)**街市喧传遍，人人惊坏**。(净作急状介)你说为些什么来？(末)**北京校尉到苏台**。(净)我正要问你，校尉来拿哪一个？(末)**周家已提解，周家已提解！**(净)哪一个周家？(末)是林家巷内周吏部！(净怒介)嗄，有这等事！

**【北紫花儿序】**(净)**蓦听得、清官被逮。缇骑南来，都应是阉党私差。唬得俺神惊胆骇、意乱心乖**。(末)哥啊，真正一桩异事！公论也不服啊！(净)**飞也波灾！苦只苦九重阍，远隔云霄外**。(末)如今便怎么？(净)**早则是、广聚同侪。直入官阶，说个明白**。(末)有理，有理！我们且到前面，再拉些弟兄，同到城内，相机行事便了！(净)一心忙似箭，两脚走如飞。(同下)(小生、老旦衣巾急上)

**【南缕缕金】**(小生、老旦)**嗔、魏贼似狼豺。排陷东林党，绝根荄！又逮周铨部，忠良遭害。胶庠公愤、没安排。频将泪儿洒！频将泪儿洒！**(小生)小生王节是也。(老旦)小生刘羽仪是也。(合)周蓼老被逮，驾帖已到，今日在西察院开读。我辈尽怀公愤，快些进城去商量个善全之策便好。(行介)(净、末急上)原来是王、刘二位相公！(小生、老旦)原来是颜、杨二兄！(净、末)二位相公，来得极好。周爷被逮，我们众百姓，都抱不平，要去救他。只是我们都是粗鲁之人，草草莽莽，干不得正经。相公们定与周爷是好友，大家划个计策才妙。(小生、老旦)我们亦为此事而来，若得众位相帮，妙极的了。(净、末)方才，我们一面托兄弟马杰、沈扬，分头在阊、胥两门拉人入城，一面分付草庵内和尚，去敲梆催众，共到西察院前去了。(小生、老旦)难得二兄如此义气。(净)俺们呵。

**【北小桃红】**(净)**义侠吴门遍九垓，千古应无赛**。今日里**公愤冲天难宁耐，怎容得**

**片时捱？任官旗狼虎威风大，俺这里呼冤叫枉、喧天动地，管教您、一霎扫尘霾。**（丑拿香上）

**【南缕缕金】**（丑）**浑身汗，走鞋穿，各处人声沸闹咳咳。要救周乡宦，捧香奔快。一人一炷喊声哀，天心也回改！天心也回改！**（末）好了，好了！周家兄弟拿了许多香来了，我们到那边分与众人，大家好去求官府了。（净怒介）求他什么！他若放了周乡宦罢了，若弗肯放，我们苏州人一窝蜂，待我们几个领了头，做出一件轰轰烈烈、惊天动地的事来。众兄弟不可缩头缩脑，大家并力同心便好。（末、丑）自然，自然！快去，快去！（小生、老旦）列位不可造次。我们急急入城，拉了三学朋友，写一辩呈，同了列位，去求毛抚台，恳他出疏保留，这便才是。（净、末、丑）老毛是魏太监的干儿子，这番拿问也是他的线索，怎肯出疏保留？我们到那里自有个道理。走！走！（共奔介）

**【北秃厮儿】**（净）**心儿里满堆着祸胎，百忙里难保得和谐。冲冲怒气怎摆划，一步步奔长街。非騃！**（俱下）（付扮和尚敲梆上）阿弥陀佛，林家巷内吏部周老爷，清廉正直，万民感戴。如今校尉来拿，开读在即。一街两巷，众位老爷，都到西察院，执香恳求官府出疏保留。此系人民公举，不可迟延误事。（净复奔上）老师父，有许多人去了？（付）颜老爷，小僧到处敲梆叫喊，有无数的人入城去了。（净）妙！妙！妙！如今烦你再到削筋墩、社坛头、三官殿头，这几处，我们小兄弟极多，快快催他们进城。（付）晓得。（又敲梆喊介）（下）（末奔上）颜大哥，快去，快去！众人都在那里等你。（净）走，走，走！（走介）

**【此煞尾】**（净）疾忙奔走无耽待。看此去百万军中显将才。管教你漫天烟雾霎时开，遍地风波顷刻里解。（共下）

## 第十一折　闹　诏

（贴青衣、小帽上）苦差合县有，惟我独充当，自家吴县青带便是。北京校尉来捉周乡宦，该应吴县承值。校尉坐在西察院，本县老爷要拨人去听差，这些大阿哥，都叮嘱了书房里，不开名字进去，竟拿我新着役、苦恼子公人，点去承值，关在西察院内。那些校尉动不动叫差人，叫差人要长要短，偶然迟了，轻则靴尖乱踢，重则皮鞭乱打。一个钱也没处去赚，倒受了无数的打骂！方才攮了一肚子烧酒，如今在里边吆吆喝喝，又走出来了，不免躲在厢房，听他说些什么。（暗下）（付扮差官，丑、小生扮二校，喝上）〔1〕

**【梨花儿】**（付）**驾上差来天也塌，推托穷官没钱刮。恼得咱家心性发，**嗏！**拿到京中活打杀。**李老爷呢？（小生）李老爷睡在那里。（付）快请出来。（校向内介）张老爷请李老爷。（净内应介）来了！（净扮差官上）

**【前腔】**（净）**久惯拿人手段滑，这番差使差了瞎。自家干儿不设法，**嗏！**一把松香便决撒。**（付）李老爷，咱们奉了驾贴，差千差万，到处拿人，不知赚了多少银子。如今差到苏州，又拿一个吏部。自古道："上说天堂，下说苏、杭。"〔2〕岂不晓得苏州是个富饶的所在，

---

〔1〕《古本戏曲丛刊》本《清忠谱》眉批曰："自五人倡义之后，缇骑绝迹，不敢复出。击杀缇骑，毛一鹭风影捕十有六人俱下狱，后五人斩首，其余有卒于狱及遣戍者。"

〔2〕范成大《吴郡志》卷五〇："谚曰：'天上天堂，地下苏杭。'又曰：'苏湖熟，天下足。'"奥敦周卿《蟾宫曲》："春暖花香，岁稔时康。真乃上有天堂，下有苏杭。"

况且吏部是个美官，值不得拿万把银子送与咱们。开口说是个穷官，一个钱也没有，你道恼也不恼！难道咱们三千七百里路来到这里，白白回去了不成？(净)可笑那毛一鹭，做了咱家的官儿，咱们到来，他也该竭力设法，怎么丢咱们住在冷屋里边，自己来也不来？哥啊！若是周顺昌弄不出，咱们定要倒毛一鹭的包哩！(付)你老爷说的是！差人哪里？(连叫介)(丑)差人！差人！

(贴走出跪介)老爷有何分付？(付)差你在这里伺候，脸面子也不见，不知躲在哪里？(净)连连叫唤，才走出来，要你这里做什么！(付)李老爷不要与他说，只是打便了。(净)拿皮鞭来！(贴嗑头介)小的在这里伺候，求老爷饶打。(付)你快去与毛一鹭说，俺老爷们，奉了皇爷的圣旨、厂爷的钧旨，到此拿人，你做哪一家的官儿，不值得在犯官身上弄万把银子送俺们？若有银子，快快抬来，若没有银子，咱们也不要周顺昌了。咱们自上去，教他自己送周顺昌到京便了。快去说！就来回复。(贴)小的是个县差，怎敢去见都老爷？怎敢把许多言语去禀？(净、付大怒介)唗！你这狗头，不走么？(贴拜介)小的委实不敢说。(付)要你这狗头何用？(将皮鞭乱打介)(净乱踢介)(贴在地乱滚、叫痛哀求介)(付)这样狗攮的，不中用。(贴爬下)(付向丑介)你照方才的言语，快去与毛一鹭说！俺们立等回话。(内众声喧喊介)(丑望介)呀！门外人山人海，想是来看开读的。这般挨挤，如何走得！(付又与小生说介)你把皮鞭打开了路，送他出去便了。(向净介)咱家到里边喝杯凉酒，少不得毛一鹭定然自来回复。(净)有理。(付)只等飞廉传信去。(净)管教贯索就擒来。(同下)(小生)咄！百姓们闪开，闪开！咱家奉旨来拿犯官，什么好看！什么好看！(丑)闪开，闪开！让咱走路！(将皮鞭乱打下)(旦、贴扮二皂喝上)(外黑三髯、冠带，扮寇太守上)

**【西地锦】**(外)**民愤雷呼辕下，泪飞血洒尘沙**。(内众乱喊介)周吏部第一清廉乡宦，地方仰赖，众百姓专候大老爷做主，鼎言救援哩！(大哭介)

(末短胡髯、冠带，扮陈知县急上)(向内摇手介)众百姓休得啼哭！休得啼哭！**上司自有公平话，且从容，莫用喧哗**。(内众又喊介)陈老爷是周乡宦第一门生，益发坐视不得的呢！爷爷嗄！(又哭介)(末见外介)老大人，众百姓执香号泣者，塞巷填街，哀声震地，这却怎么处？(外)足见周先生平日深得人心，所以至此。贵县且去分付士民中一二老成的上前讲话。(末)是！(向内介)众面姓听着！寇太爷分付，士民中老成的，止唤一二人上前讲话。(小生、老旦，扮生员上)(作仓惶状介)(小生)生，生，生员王节。(老旦)生，生员刘羽仪。(小生、老旦)老，老，老公祖，老，老，老父母在上。周，周，周铨部居官侃侃，居乡表表。如此品行，卓然千古，蓦罹奇冤，实实万姓怨恫。老公祖、老父母在地方亲炙高风，若无一言主持公道，何以安慰民心？(净急上跪介)青天爷爷啊！周乡宦若果得罪朝廷，小的们情愿入京代死。(丑喊上)不是这样讲，不是这样讲！让我来说。青天爷爷啊，今日若是真正圣旨来拿周乡宦，就冤枉了周乡宦，小的们也不敢说了。今日是魏太监假传圣旨，杀害忠良，众百姓其实不服，就杀尽了满城百姓，再不放周乡宦去的。(大哭介)(内齐声号哭介)(外)众百姓听着！这桩事，非府县所能主张。少刻都老爷到了，你百姓齐声叩求，本府与吴县自然极力周旋。(内齐声应介)太爷是真正青天了。

(内敲锣、喝道声介)(净、丑)都老爷来了！列位，大家上前号哭去！(喊介)(小生、老旦)全赖老公祖、老父母鼎力挽回。(外、末)自然,自然!(小生、老下)(外、末在场角伺候,打恭〔1〕迎接介)(内喊介)(付胡髯、冠带,扮毛抚台,歪戴纱帽,脱带撇袍,众百姓乱拥上)(众喊介)求宪天爷爷做主,出疏保留周乡宦呢!(外、末喝退众下介)(付作大怒,乱喘乱喘大叫介)反了,反了!有这等事!皇上拿人,百姓抗拒,地方大变了,大变了!罢了,罢了!做官不成了!(外、末跪介)老大人请息怒。周宦深得民心,也是平日正气所感。或者有一线可生之路,还望老大人挽回。(付大怒介)咳!逆党聚众,抗提钦犯,叛逆显然了。有什么挽回?有什么挽回?(作怒状,冷笑介)

**【风入松】呼群鼓噪闹官衙,圣旨公然不怕。**你府县有地方干系,可晓得官旗是哪一家差来的?**天家缇骑魂惊唬,**(作手势介)**若抗拒,一齐搭咤。**(外、末拱介)是!(付低说介)且住了!逆了朝廷,还好弥缝。今日逆了厂公,(皱眉介)咦,比着**抗圣旨,题目倍加。头颅上,怎好戴乌纱!**(内众又乱喊介)宪天爷爷,若不题疏力救周乡宦,众百姓情愿一个个死在宪天台下。(外、末又跪介)老大人,卑职不敢多言。民情汹汹如此,还求老大人一言抚慰才是。(付)抚慰什么来?抚慰什么来?拿几个进来打罢了!(外、末又跪介)老大人息怒,众百姓呵。

**【前腔】**(外、末)**哭声震地惨嗟呀!**卑职呵,**不敢施威喝打。倘一言激变难禁架,定弄出祸来天大。**(末又跪介)老大人若无一言抚慰,就是周宦在外,卑职也不敢解进辕门。(付)为何?(末)**人儿拥,纷如乱麻。**就有**几皂隶,也难拿。**(付沉思介)嗄!也罢!既如此,快去传谕百姓且散。若要保留周宦,且具一公呈进来,或者另有商量。(外、末起介)是!领命!(即下)(付)哈哈哈!好个騃官儿。苦苦要本院保留,这本儿怎么样写?怎么样写?且待犯官进来,再作道理。(向内叫介)张爷哪里?李爷哪里?(叫下)(小生扮校尉上,扯住付立定介)毛老爷,不要乱叫。我们的心事,怎么样了?到京去,还要咱们在厂爷面前讲些好话的哩!(付)知道了!知道了!自然从厚。(携手下)

(生青衣、小帽,旦、贴扮皂押上)(生)平生尽忠孝,今日任风波。(净、丑、末拥上)周老爷且慢,我们众百姓已禀过都爷,出疏保留了。(生拱谢介)列位素味平生,多蒙过爱。我周顺昌自矢无他,料到京师,决不殒命。列位请回。(净、丑、末)当今魏太监弄权,有天无日,决不放周爷去的。(哭,唱)

**【前腔】**(净、丑、末)**权珰势焰把人挝,到口便成肉鲊。**周老爷啊,**死生交界应非要,怎容向鬼门占卦?**(老、小生急上)周老先生,好了!好了!晚生辈三学朋友,已具公呈保留,台驾〔2〕且回尊府,晚生辈静侯抚公批允便了。(生)多谢诸兄盛情。咳!诸兄,小弟与兄俱读圣书,君命召,驾且不俟。今日奉旨来提,敢不趋赴。顺昌此去,有日还苏,再与诸兄相聚,万分有幸了。(小生、老旦)老先生说出此言,晚生辈愈觉心痛了。(大哭介)(净、丑、末各抱生哭介)(小生、老旦)老先生,你看被逮诸君,哪一个保全的?还是不去的是。**投坑阱,都成浪花。见哪个得还家。**(生)列位休得悲哀。我周顺昌呵。

**【前腔】**(生)**打成草稿在唇牙,指佞庭前拼骂。叠成满腹东林话,苦挣着正人声价。**诸兄日后,将我周顺昌呵,**姑苏志休教谬夸。**我只是**完臣节,死非差。**(外扮中军上)都老爷分付,开读且缓,传请周爷快进商议。(净、丑、小生、老旦、末)有何商量?(外)列位既具公呈,自然要

---

〔1〕弯下身子作揖,表示恭敬。《醒世恒言·张廷秀逃生救父》:"廷秀走出门前,恰好太守下轿。两下一路打恭,直至茶厅上坐下攀谈。"

〔2〕尊称对方的敬辞。《说唐》第十九回:"伍天锡问道:'雄大王久不相会了,今日台驾前来,有何话说?'"

议妥出本的。(众)出本保留,是士民公事,何消周爷自议?不要听他!(生)列位还是放学生进去的是。(众)不妨,料无后门走了。(外扶生入介)(内)分付掩门。(内付掩门介)(众)奇怪!为何掩门起来?列位,大家守定大门,听着里边声息便了。(作互相窥听介)(内念诏介)跪听开读。(众惊介)列位,不是了!为何开读起来?(又听介)(内高声喊介)犯官上刑具。(众怒介)益发不是了!列位,拼着性命,大家打进去!(打门介)(付扮差官执械上)咄!砍头的,皇帝也不怕,敢来抢犯人么?叫手下拿几个来,一并解京去砍头!

**【前腔】**(付)**妖民结党起波查,倡乱苏城独霸。抢咱钦犯思逆驾,擒将去千刀万剐。**(众)咳!你**传假旨,思量吓咱!**(拍胸介)我**众好汉,怎饶他!**(付)嗄!你这般狗头,这等放肆,都拿来砍!都拿来砍!(作拔刀介)(净)你这狗头,不知死活!可晓得苏州第一个好汉颜佩韦么?(末)可晓得真正杨家将杨念如么?(丑、旦、贴)可晓得十三太保周老男、马杰、沈扬么?(付)真正是一班强盗!杀!杀!杀!(将刀砍介)(净)众兄弟,大家动手!(打倒付介)(付奔进介)(众赶入打介)天花板上还有一个。(众打进打出三次介)(二旦扛一个死尸上)打得好快活!这样不经打的,把尸骸抛在城脚下喂狗便了。(下)

(外扮寇太守扶生上)(生)老公祖,此番大闹,我周顺昌倒无生路了。怎么处?怎么处?(外)老先生休虑,且到本府衙内,再有商量。(扶生下)(末扮陈知县扶付上)(付)这等放肆。快走!快走!各执事不知哪里了,怎么处?(末)执事都在前面,只得步行前去,知县护送老大人。(付)走,走,走!(同末下)(净、丑、旦、贴内大喊,众复上)还有几个狗头,再去打!再去打!(作赶入介)(即出介)一个人也不见了,官府也去了,连周乡宦也不知哪里去了。怎么处?快寻,快寻!(各奔介)

**【前腔】**(合)**凶徒打得尽成杻,倒地翻天无那。逋逃没影真奇诧,空察院只堪养马。周乡宦,深藏哪家?细详察,觅根芽。**(共奔下)

## 第十四折　荫　吴

**【西地锦】**(外扮徐如珂冠服上)**夙夜趋跄玉陛,晨昏献纳银台,变生桑梓动忧怀,肘腋祸机怎解。**下官徐如珂,字念阳,裔本吴郡,官拜银台[1]。直谅公忠,作九重之喉舌;光明正大,宣万姓之隐忧。只为迩者权珰肆虐,屠戮忠良,周蓼洲兄亦为矫旨逮及。昨日驿递飞报,那差去缇骑,竟为吴民公愤,击毙一人。魏贼恐祸将及己,旋又激怒圣上。下官闻得此信,不觉栗栗危惧,桑梓隐忧,消弥无计,教下官如何是好?[2]

**【降黄龙】黑眚飞空,正类东林,一网牵害。淋漓公愤,赴义如狂,变起苏台。徘徊。**万一天威震怒呵,这**鱼虾满瓮,**谁索**把刀砧宽贷。禁不住浑身肉颤,陡上心来。**(丑上)排云叫阊阖,见日望长安。启老爷!应天巡抚毛,有奏章一通,差承差驰奏,求老爷验过挂

[1] 银台司,宋门下省所辖官署,掌管天下奏状案牍,司署设在银台门内,故名。《宋史·职官志一》:"银台司,掌受天下奏状案牍,抄録其目进御,发付勾检,纠其违失而督其淹缓。"黄庭坚《次韵子瞻武昌西山》:"黄州副使坐闲散,谏疏无路通银台。"任渊注引《国朝会要》:"银台司掌受天下奏状。"

[2] 《古本戏曲丛刊》本《清忠谱》眉批曰:"周公之逮,魏逆阉谋于崔呈秀而行,后有开读之变,归罪呈秀,呈秀惧,闭门而□月尽□,毛一鹭疏上,顾秉谦惊悸不敢票,至第二疏至,始有五人典刑之旨,逆党恨周公特甚,几有巢卵之危,幸徐公竭力周旋。"

号。(外)可有副本?(丑)有副本。(外)取来!(丑送上介)且住!我想毛一鹭原系东厂干儿,飞章入奏,必然加意中伤,我且展看一回,自知分晓。

**【前腔】疑猜**。他是**狺狺跖犬**,少什么**腹内干戈、笔端蜂虿**。(展看介)应天巡抚毛一鹭一本,为士民倡乱,殴死官旗,请旨屠城,以杜乱萌事。呀!**危词耸听,抹杀青天,私心称快**。你看中间情节,竟说吴民助周反叛,三吴有累卵之危。咳!此本一上,吾苏城百姓,殆无噍类矣!**哀哉!群然蠢动**,怎扭做**斩木揭竿一概**。咳!苍天,苍天!我**何忍见阖闾城畔,血裹苍苔?**这个怎么处?这个怎么处?(小生背本、鸣锣策马急上)

**【黄龙滚】兼程驿递来,兼程驿递来!只骑加鞭快,计里三千,已踏长安界**。(下马介)这里已是通政司衙门了。(丑)住着!(照前禀介)(外)唤进来!(见介)承差叩见老爷。(外)你老爷飞章到此,必为殴杀官旗一事。可晓得助周反叛,这是有的没有的?(小生)哪有这样事。**人虽跋扈,疾同疮疥**。(外)有副本没有?(小生)有副本。(外)取上来验过,与你传达便了。你去罢!(小生)晓得。**主命将,公事毕,天恩戴**。(下)(外)吾想苏松按院徐吉,官评素著,本中情节,决与毛一鹭所奏不同。我且看来!

**【其二】薰莸不共栽,熏莸不共栽,枭凤非同派。止沸抽薪,赖有良臣在**。(阅介)妙嗄!中间语气和平,甚为苏民回护,只将为首几人正法,其余一概免究。好!这个才是。咳!徐公祖,徐公祖!不枉了**轩轩衣绣,峨峨冠豸**。倘此本得准呵,**民之幸,吾之愿,天之赉**。嗄!也罢,我就将此本先上,待有温旨,然后将毛一鹭这本传达。圣上仁慈,自不免为先入之言所动,吴民尚可保全。即使魏贼深求,我徐如珂死也不憾矣!

**【尾】少偿一二纲常债,欺公罪,吾甘担带**。圣上!圣上!总望一霁天威,把**商罟三面解**〔1〕。说得有理。我先将徐疏即刻送进便了。

**玉石俱焚未可知,片云却为荫群黎。**
**当权若不行方便,如入宝山空手回。**

## 第十八折　戮　义

(付扮刽子持刀上)寻常结果千条命,本分生涯一把刀。自家苏州府吴县刽子的便是,祖传行业,官役行刑。红罩甲,火焰浑身;绿飘巾,威风出众。一条青索子,时挂腰间;三尺雪霜刀,常拿手内。入监门,吆喝几声,无数囚徒都丧胆。唤出阱,精光跣剥,饶伊好汉也消魂。两手反张,捆麻绳,好似夜叉凶狠;蓬松鬓发,插招旗,浑如罗刹狰狞。街坊行走,一记锣,一记鼓,声声霹雳交加;押到法场,站的站,跪的跪,个个鬼门先去。流星起处,惟闻官府先奔;劈颈刀挥,但见血光一片。正是:人生到此实伤心,撞着咱时真悔气。昨日奉本县出牌,今日要杀打校尉的这班人。我想,他们也是为好,一时高兴,谁知今日到这个田地!毛都爷主意,道是校尉在西察院打杀的,要绑在西察院前枭首示众。闻说监斩官是苏松道张老爷。上司监斩,不比寻常,差不得时刻的。怎么众兄弟还不见来?(向内叫介)众伙计快来!(内应介)来了。(外、小生扮刽子上)哥啊!又不是抢头刀,为什么这般要紧?(付)

〔1〕 网开三面,比喻法令宽大,恩泽遍施。《史记·殷本纪》:"汤出,见野张网四面,祝曰:'自天下四方,皆入吾网。'汤曰:'嘻,尽之矣!'乃去其三面,祝曰:'欲左,左;欲右,右。不用命,乃入吾网。'诸侯闻之,曰:'汤德至矣,及禽兽。'"

道爷监斩,恐怕误了时刻。(外、小生)既如此,快去!快去!(杂)还有几个呢?(外、小生)先到司门首去了。(众)走!走!走!走!(合)一群催命鬼,几个杀人星。(共奔下)(生帽、青衣上行介)

**【滴溜子】心忙乱,心忙乱,奔驰卤莽。行急遽,行急遽,神魂惚恍。爹行,情关疴痒。死生顷刻间,言难尽讲。永诀生离,趋赴法场。**自家杨英甫便是。爹爹杨念如,与颜佩韦等,只因周吏部无辜被逮,一时仗义,同众百姓打死官旗。那日整千整万人,一齐动手,不想官府竟将爹爹等五人,扭作乱民,开在本上,旨意倒转,今日将来处决。你道可不是极大的冤枉么?(老在内哭介)我那儿呵!(生)那边号哭之声,想是颜婆婆来了。(老哭上)昏天黑地阴风惨,有屈无伸怨气冲。(生)婆婆来了么?(老)孩儿今日行刑,老身一则去别他一别,二则去收他骸骨。你道惨也不惨?(生)我亦为送爹爹而来,不知那三家怎么不来?(老)自然来的,我和你先去罢!(生)竟到司前去便了。(共行介)

**【泣颜回】**(合)**痛哭断人肠,无罪轻罹法网。哀哀死别,那堪死别云阳。君门万里,呼冤叫屈难稽颡。**(内鸣锣击鼓介)(生)你听锣鼓之声,一定绑赴市曹来也!(急奔介)(合)**霎时间、天日为昏,百万姓、暗中称枉。**(下)(净、末、丑、旦、贴绑缚招旗,付、小生、外扮刽子押上)

**【前腔】**(五合)**刚强仗义久名扬,说甚身遭无妄。权珰肆虐,堪嗟毒流天壤。**(刽)自己惹出来的祸,说他怎么?(末)呸!我杨念如是怕死的么!(净)我颜佩韦打死校尉,万民称快,死也瞑目了。(合)**锄奸击贼,五人儿也不愧东林党。**只可惜救不得周吏部,死有余恨。**痛孤忠万里俘囚,枉吾侪一朝倾丧。**[1](老、生奔上)

**【千秋岁】**(老、生)**意慌忙,寸步难移上。一霎里,神魂惊荡。**(老)我儿在哪里?(生)爹爹在哪里?(各抱哭介)**饮血餐刀,饮血餐刀,早难道是伊前生孽障?**(净)孩儿不孝,不能奉养母亲终身,真罪人也。(刽)闲人闪开些!(老、生)**生离别,难轻放。亲骨肉,难抛向。怨气高千丈。定、三年不雨、六月飞霜。**(刽)奉旨典刑,这些狗男女,不知死活,还不快走!(打开老、生介)时辰已到,众犯人快些走动!(拉净、众下)(老、生)我们如今快赶到西察院去。(急奔介)

**【越恁好】**(合)**市曹忙赴,市曹忙赴!急煎煎,苦怎当!听神号鬼哭、添痛伤,倍凄怆。**(老跌介)(生扶起急行介)**苦颠连体僵,苦颠连体僵!见、乱纷纷万千人,流涕道傍。扑簌簌泪抛,扑簌簌泪抛。痛杀杀,一会儿割断寸肠。**(内鸣锣,刽提五人头绕场。老、生夺抱哭,刽推倒老、生,提头下)(老、生哭起后倒地介)

**【红绣鞋】**(合)**头囊三木,悲伤!悲伤!血流一派,汪洋!汪洋!魂缥缈,魄飞翔。情惨切,恨绵长。兄撇弟,子抛娘。**(生)婆婆,事已如此,哭亦无益。待我扶你前去,急急雇人到法场上收领尸骸,买棺盛敛,再作道理。(扶老旦行介)

**【意不尽】**(合)**侠肠一片知何向?热血淋漓恨满腔,一时卤莽,博**得个**义风千古人钦仰。**(共下)

---

〔1〕《古本戏曲丛刊》本《清忠谱》眉批曰:"五人之中,惟杨念如有神力,斩首时,大怒震呵,绳索俱绝,将刽子毒打几死,众复系之,将石曳其手乃就刑,犹骂不绝口。惟颜、杨为最者。"

## 第二十折　魂遇

**【红衲袄】**(净魂奔上)**俺本是,气冲冲、啸吴门一少年。倒做了,血淋淋、饱青锋黄沙面。**(末魂奔上)**又不是,刺王僚、筵上鱼肠献。**(丑魂奔上)**翻成了,裹鸱夷、胥关断首悬。**(旦魂奔上)**闪得俺,虚飘飘、一灵儿风雨旋。**(贴魂奔上)**恼得俺,怒轰轰、七魄儿雷霆战。**(共奔介)(合)**真个是,小小泉台,容不得、众杰神魂也,一任俺、渺渺遨游碧落边。**(净)俺颜佩韦是也。(末)俺杨念如是也。(丑)俺周文元是也。(旦)俺马杰是也。(贴)俺沈扬是也。(净)俺五人本姑苏任侠、吴市英豪,落拓不羁,轻生好义。因目睹清宦被逮,一时公愤,击杀官旗。不意官府竟将我等五人,扭作乱民,奏闻弃市。阴司矜念无罪,一任行游。俺想此事皆缘魏贼而起,衔恨九泉。但满朝臣宰,皆贪位慕禄,无人出头,诛此逆贼。俺等欲作厉鬼到彼杀之,以快神人公愤。(末)大哥!我们离了苏州,就往北京去也。(净)迤逦行来,前面已是长江了,不免飞渡则个。

**【倾杯赏芙蓉】【倾杯序】**(合)**滚滚长江浪拍天,难洗云阳怨。一望里、攘攘维扬,隐隐淮安。点点青齐,漠漠幽燕。【玉芙蓉】目如闪电能杀贼,气贯长虹会扫奸。英风煽,尽穿官入院。哪怕他、五侯七贵焰方燃。**(下)(生巾服扮魂上)

**【刷子带芙蓉】【刷子序】龙比作齐肩,捐躯黑狱,抱恨黄泉。贼在身亡,名传万口空言。**我周顺昌,为忤逆阉,杀身狱底。虽曾几次痛骂刑余,未得一剑扫除奸党。七尺徒捐,百年饮恨,既不能斩朝廷之蠹,又不克泄杨、左之冤。狐鼠盈廷,豺狼当道。一点幽魂,终怀耿耿。喜得逆数已尽,旦夕将受天诛,且乘风一返吴门,翘首候清皇路便了。**心坚,阴镇压、妖氛魑魅,默保护、皇家畿甸。【玉芙蓉】忠魂眷,眷天心回转。斩权珰,扫清宫阙慰重泉**[1]。(望介)那边腾腾黑气卷地而来,许多人纷纷至也。且看是何等人!(立高处介)(五魂上)

**【锦芙蓉】【锦缠道】**(合)**历山川,望尘寰纷纷闹喧。蚁队逐,**怎如我**众魂儿萧萧、杀贼连翩。俺本是骂孤城睢阳许远**[2]**,今做了泛天河博望张骞**[3]。(净)那边高岗上站的,好似吏部周爷!(众看介)果然是周爷。(生下介)列位是何等人?(净、众)我等是苏州颜佩韦、杨念如等五人。(生)原来就是列位。(众罗拜介)**【玉芙蓉】群心恋,恋清忠被冤。喜今朝,相逢中道得飘然。**(生还揖,扶众起介)(众)周爷往哪里去?(生)回家乡去。(众)周爷朝中事体完了么?(生)我到京后,被奸贼极刑拷炙,坐赃三千两,已处死狱中了。(众怒介)好恼!好恼!

**【普天插芙蓉】【普天乐】恨奸邪张毒焰,痛忠良遭奇变。**(生)列位如今为何到此?

---

〔1〕 九泉。江淹《效潘岳〈悼亡〉》:"美人归重泉,凄怆无终毕。"苏轼《祭单君贶文》:"云何不吊,衔痛重泉。"

〔2〕 许远,唐太宗时任睢阳太守。安史之乱,安禄山部下严子奇围城,张巡率兵前来援助,二人合力固守,后粮断城破,被俘至洛阳,临终犹詈骂不止,韩愈有《张中丞传后序》。

〔3〕 张骞,封博望侯。《汉书·张骞传》:"骞以校尉从大将军击匈奴,知水草处,军得以不乏,乃封骞为博望侯。"《博望志》:"天与海通,近世有人居海诸者,年年八月有浮搓去来不失期。人有奇志,立飞阁于槎上,多资粮,乘槎而去,至一处,有城郭状,居舍者甚严,遥望宫中多织妇。见一丈失牵牛诸次饮之。此人问:'此是何处?'答日:'君还至蜀郡,访严君平则知。'后至蜀,问严君平,曰:'某年月日有客星犯牵牛宿。'计年月日,正是此人到天河时。"梁宗懔《荆楚岁时记》引张华《博物志》:"汉武帝令张骞穷河源,乘槎经月而去,至一处,见城郭如官府,室内有一女织,又见一丈夫牵牛饮河,骞问云:'此是何处?'答曰:'可问严君平。'织女取榰机石与骞而还。"

(众)自周爷起身后,抚台毛一鹭竟欲请旨屠城,亏那察院徐吉,止将我等五人上本处斩。(生惊介)有这等事!**英豪辈,英豪辈,忠义身捐。权奸辈,罪恶滔天。**(众)我们去罢!(生)往何处去?(众)到北京去。(生)去做什么?(众)我等身虽斩首,魂不归泉,今作厉鬼,击杀阉贼。**【玉芙蓉】神鬼颤,颤长空腾遍。驾风雷,身为厉鬼杀忠贤。**(作共奔介)(生拉住介)不消去!不消去!魏贼大数将终,朝廷泰运即至,旦夕自有天条,奸党并当斩戮。不烦列位前往,我等一同回南便了。(众)只是心中气愤不过。(内喊介)玉旨下。(内作乐介)(生拱手介)你听天乐铿锵,羽旌飘飏,是有天曹来也。(小生、付捧袍冠,外扮天曹捧诏上)一凤衔书来绛阙,六龙扶日下青霄。玉旨已到,跪听宣读。(生前跪,众后跪介)(外)诏曰:"阴阳虽隔,彰瘅攸同。忠义天钦,华衮幽锡。兹尔阳官原任吏部员外周顺昌,忠贞秉性,正直根心,骂贼奋不顾身,囊首冤沉狱底。诚哉乾坤正气,允矣今古完人。特授汝为应天城隍,锡尔冠带袍服,即命天曹旛幢鼓乐,迎送上任。吴民颜佩韦、杨念如等五人,义击官旗,英风不泯,身冤骈首,侠骨犹香,并敕汝等为南畿城隍部下五方功曹,一同前往供职。钦哉谢恩。"〔1〕(生、众)谨叩谢玉音!(立起接诏介)(内鼓乐,生当场换冠服介)(众人内换袍帽出介)(外)分付众仪从,迎送新任都城隍周爷,赴应天府上任去!(众)领旨!(共行介)

**【朱奴戴芙蓉】【朱奴儿】**(合)**瑶天际,旛幢影翩;彩云畔,笛箫声串。凛凛忠臣授玉宣、掌城社,倍添风宪。【玉芙蓉】**(合)**天心现,现忠奸报显。**有日里**群凶电击斩骈连。**(共下)

## 第廿三折　吊　墓

(末扮院子上)扶忠扑焰痛捐身,侠骨新埋三尺坟。义风此日高千古,千古人人颂五人。自家文状元老爷府中院子是也。俺老爷为劾奏魏监,削籍归家,避静竹坞山中。吏部周老爷,为与嘉善魏宦联姻,又骂魏监塑像,被毛一鹭、李实谗谮魏监,拿至京中,惨受极刑,囊首身死。彼时,校尉到苏州提捉,有阊门外义民颜佩韦、杨念如等五人,公愤不平,同着阖城百姓,保留周老爷,打死校尉,被毛一鹭出疏,将五人斩首。近日新天子登极,魏贼正法戮尸,奸党尽皆骈斩,周老爷定有恩荫祭葬。本城乡宦吴会元老爷,将颜、杨等五棺合葬半塘,竖起石碑,题曰"五人之墓",又造石坊,镌着"义风千古"。〔2〕来往行人,无不称扬。俺老爷蒙圣恩三召还京,即日起程赴北。今早已奠别周老爷,方才又分付我整备祭礼,到半塘祭奠五人。正是:一介捐躯能仗义,王臣屈膝拜荒坟。(指介)你看黄盖飘飘,老爷早已来了,不免伺候则个。(外冠服苍三髯,二杂扮家丁,一杂撑黄伞,同行上)

**【北粉蝶儿】天日重光,欣遇着天日重光。今日里拜新恩,紫泥三降。惊醒了短梦黄粱。离山居,临官舫,又闯入红尘扰攘。**(外)这里是山塘了么?(末)正是。(外)**七里山塘,依旧的水天清旷。**(下)(付白髯扮生员上)

**【南泣颜回】圣主喜当阳,扫尽元凶奸党。普天欢庆,忠良泰运亨昌。丘园重贲,叹斯文幸不遭沦丧。**学生庠中朋友赵伯通是也。文老先生三召还京,今日来祭"五人之墓"。

〔1〕《古本戏曲丛刊》本《清忠谱》眉批曰:"倪文焕事败之日,家中见周公官服坐于中堂中,五人执兵侍列左右,庭中井干无故起舞。亡何及祸。"

〔2〕《古本戏曲丛刊》本《清忠谱》眉批曰:"吴会元,讳默。'义风千古'四字,系杨廷解元枢所题。"

那王贞明、刘渐羽、杨维斗、殷汝良辈诸兄[1]，为了周老先生，几遭不测，如今复了前程，两日忙忙碌碌、见官见府，今日料无暇来相陪了。文老先生文章山斗，极肯提拔士类。我辈邀其盼睐[2]，定然鼎力吹嘘[3]，不免急急到彼奉陪。(急行介)**敬王臣，廊庙圭璋。拂儒冠，追陪趋跄**。来此已是"五人之墓"了，文老先生还不见来，且到普福寺，与和尚讨些茶来解解渴，再来便了。若有素面或者线饼，饱餐他一顿，更通，更通。因过竹院逢僧话，又得浮生半日闲。(下)(外、末、杂同行上)

**【北石榴花】问奸祠、金碧在何方。险做了电影闪光芒。见一派、烟消灰灭，断础残桩。魏祠成瓦砾，遗址恁荒凉**。(末指介)前面就是"五人之墓"了。(外)**俺只见一堆堆，俺只见一堆堆，卜牛眠棋置新茔葬，石坊耸建，墓碑高广**。(作到介)(付急上)竭蹶迎先达，鞠躬望后尘。(见外揖介)(外)吾兄尊姓？(付)晚生是长庠赵伯通，在世宗末年案首游泮，历经穆宗、神宗二代，恭逢十六次科考，不得观场。至熹宗御极，就告衣衿终身了。凡有地方公事，无不为首具呈。一概乡绅富室开丧，日日陪宾指教。(外)久仰，久仰。(付)今日老先生光祭五义，晚生特来奉陪。(外)劳重。(向末介)摆设祭礼。(末)晓得。(外)**整备着奠椒浆，整备着奠椒浆。好滴向黄泉傍，禁不住血泪欲汤汤**。(净内喊介)你们众人，快些行走，一齐到坟上去。(丑、贴内应介)来了。(外、众作惊望介)(净、丑、贴扮百姓提人头奔上)

**【南泣颜回】【换头】**(净、众)**祠堂，焚毁尽如狂。才泄得公愤、冲天千丈**。(见外介)且喜文老爷在此。(外)列位就是昨日拆祠的么？(众)正是。(外)这就是魏贼的头了！(指介)咦！(外、付)**凶残眼脑，狰狞宛是豺狼**。(净、众)我们众人，昨日把这首级去祭了周老爷，今日拿来祭五位义士。(外)就摆在祭礼中间便了。(付)有理，有理。(净摆头介)(合)**头颅摆列，煞强断头沥血人心畅。奠忠臣，剑佩铿锵。祭义士，旌旗来往**。(末)请老爷拈香奠酒。(外拈香献酒介)(揖拜介)(付随外拜介)(净、丑、贴在后拜介)

**【北斗鹌鹑】**(外)**焰腾腾一瓣名香**。(众合)**焰腾腾一瓣名香，灿溶溶三杯佳酿。意殷殷，礼拜端庄。意殷殷，礼拜端庄。惨凄凄，情怀悒怏**。(各起介)(净、丑)我里五个大阿哥，真个是千古少有的了。(外)**想着您、击恶锄奸势怎降。更、含笑赴云阳**。(外)分付焚帛奠酒。(末)晓得。(净众向冢叫介)老颜、老杨众弟兄！今日，文老爷在此祭奠，阴灵不远，都要感谢文老爷啊！(末焚帛介)(外)**俺可也剩须眉、羞列冠裳。剩须眉、羞列冠裳**。(滴酒介)今日里呵，**奠杯酒，聊申瞻仰**。(净、众拿头介)文老爷，我们先去了。(外)嗄，你们去罢！(付扯住净介)拿这头来。(净)拿他何干？(付)我极恨这魏贼，要劈他一块，出一出气。(净、丑)劈不得的。我们要把他在城隍庙里去焚化。(付)闻得这头是沉香的，我有心头痛的病，待我咬他一块，拿回家去磨酒吃。(作扯头咬介)(净、丑推介)又不是馄饨，咬他做什么子？(推付跌介)(净、众随口白奔下)(末暗下)(付喊介)跌杀了！跌杀了！(扒起伯丑态介)(生衣帽扮杨英甫，老扮颜妈同奔上)

---

〔1〕《古本戏曲丛刊》本《清忠谱》眉批曰："王贞明，名节，善口辩，开读之变，毛一鹭不知所为，顿足曰：'君臣之分安在？'贞明抚其背曰：'老毛，老毛，父子之情何多？'以是恨之特甚。殷汝良，讳献臣，周公姻娅也。后乙酉之乱，不食而卒。"

〔2〕盼睐，眷顾，垂青。孙光宪《北梦琐言》卷一一："李都、崔雍、孙瑝、郑嵎四君子，蒙其盼睐者，因是进昇。"

〔3〕比喻奖掖，汲引。《宋书·沈攸之传》："卵翼吹嘘，得升官秩。"杜甫《赠献纳使起居田舍人澄》："扬雄更有《河东赋》，唯待吹嘘送上天。"

**【北扑灯蛾】**(生、老)**血淋淋、餐刀赴法场。草萋萋、义骨埋荒壤。**(生)文老爷在上，小的是杨念如的儿子杨英甫。(老)老妇人是颜佩韦的母亲郁氏。(生、老)闻知文老爷在此祭奠，我等赶来拜谢。(拜介)**喜孜孜冠盖来浇奠，**胜似那**颤巍巍玺书褒奖。**(外扶介)二位请起。(生、老起立介)(外)吴民仗义，自古由然，击逆全忠，天下所少。当魏贼嚣张之日，五君以市井一介，奋身杀尉，使奸党寒心，缇骑不敢肆出。先亡者慰忠魂于地下，后死者邀默佑于生前。善类得以保全，纲常为之少振。下官蒙恩三召，即当叩阙，为五位求旌了。(付)难得老先生一片热肠。(生、老)多谢老爷。(外)**威凛凛、名齐荆、聂，闹轰轰、义风千古口碑扬。**(外、付合)**挨挤挤、行人传播，听声声、五人侠烈骂权珰。**(小生巾服急上)

**【北上小楼】**(小生)**泪潸潸先灵恸，昏惨惨大劫殃。**(生)周公子来了。(小生向外)重蒙老伯光奠，小侄一来拜谢，二来送别。(揖介)**今日个国运重亨，今日个国运重亨。至治重新，奸邪重荡。喜得个正直荣褒，喜得个正直荣褒。父执荣迁，幽灵荣享。**(拜介)**不禁的鞠躬稽颡。**(外扶介)请起！圣鉴离明，巨憝正典。昨日，我甥姚孟长云，亦蒙钦召。念尊公同年好友，欲同贤侄北上，叩阙鸣冤。况且前日血疏，未经御览。今乘此机会，请祭葬祠谥。历陈毛一鹭、倪文焕、李实之罪，便可指日授首。急急去见孟长则个。(小生)多谢老伯。(外)学生尚有一言相告。(付)愿闻。(外)五君虽已埋土，家眷必苦饥寒。学生已托同志绅袍，醵金置买义田，以供祭扫。置买半塘房屋一所，以安顿五家眷属。还祈鼎达当道，恳求给帖立案。其田捐免差徭，其房不许土豪霸占。学生去后，赵兄乞为转致各位老先生。(付)领命。(生、老)多谢老爷。(外)请起。此公举也，何劳致谢？(末急上)禀上老爷：抚、按、道、府、厅、县及各位乡绅老爷，俱泊船在射渎，候送老爷。(外)既如此，学生告别了。(小生)小侄回去，禀过家慈，准附姚老伯舟，北上鸣冤也。(生、老)我等共送一程。(外向末介)我的小船在何处？(末)在虎丘山前伺候。(外)就此步行。(众)一齐奉送。(共行介)

**【北叠字犯】**(合)**匆匆的弹冠相向，侃侃的谠言直上。济济的善类扶，纷纷的奸党戕。垂绅正笏，朝纲儿独掌。赫赫的忠魂表彰，累累的义冢辉煌。累累的义冢辉煌。**(末)船在此了，请老爷上船。(外向众拱手介)**长江飞渡，燕山在望；急急的行旌，速赴帝王乡。**(外、末下)(众)文公已去，我们就此各自回去罢。

**【南尾】**(合)**孤坟祭奠神偏旺，尽仰高风万古长。惭愧煞、碌碌贪生名节亡。**

(合)**奸祠一旦已成灰，义骨常存万古堆。**

**人生自古谁无死？路上行人口似碑。**(共下)

（李玉《一笠庵汇编清忠谱传奇》）

# 附录三　周氏后人诗词文

## 周茂兰诗四首

### 追和采芝歌

薄言采芝，于彼涧东。苟免折躯，委心持穷。薄言采芝，深入于嵩。聊以实腹，可傲三公。烨烨紫芝，草中之灵。黄皇不作，深谷潜形。烨烨紫芝，植物之瑞。哀哀浊世，如何献媚。山有芝，亦可采也。荆棘载途，何可扫也。不可扫也，吾何归也。

### 黄孝子端木寻两亲于滇中迎归故里(二首)

#### 其　一

端木称纯孝，忘身历百蛮。寻亲涉滇海，弃子别吴山。暮宿干戈里，朝游烽火间。故乡非作梦，惊喜泪潸潸。

#### 其　二

孝思神鬼阁，万里不愁长。渡水蛟龙隐，登山虎豹藏。未来白盐井，先到碧鸡坊。十载言离别，明朝又束装。

### 王五痴积制钱为佛像五躯送供虎丘禅院

姑苏城中王五痴，心藏妙义人不知。大明钱法将改革，千贯万贯徐收之。或谓王子实谋利，计算必及铢与锱。岂其肮脏存胸次，恭成法相系所思。法相满月真微妙，光莹洁净如琉璃。非一非三列为五，海涌[1]峰头俨在兹。天女天花散若雨，鹤涧[2]永作青莲池。

（卓尔堪《明遗民诗》卷一五）

【注】

① 海涌：虎丘山，古名海涌山。

② 鹤涧：虎丘山有养鹤涧。

## 周茂藻诗二首

### 送母乌程就养子向舍弟

一母四男儿，有弟能养亲。在鸣鸠诗[1]，其母不见桑蓁。其子各异木，或在梅或在榛。

子飞自分枝，母尝用心均。赞叹不如鸟，茂然集于薪。子言菰城好，汀州连白蘋。苕水鸭头绿，翳翳桑苧淳。麦蚕蝡蝡②碧，花脯炙来新。板舆既怡游，夫妇亦恂恂③。洵美或不如，故土自可新。子往即遄来，睽母已数辰。望望野人舟，母为使我呻。六院同一庖，讵非淳古人。

（卓尔堪《明遗民诗》卷一四）

【注】

① 鸣鸠诗：《诗经·小雅·小宛》："宛彼鸣鸠，翰飞戾天。我心忧伤，念昔先人。明发不寐，有怀二人。人之齐圣，饮酒温克。彼昏不知，壹醉日富。各敬尔仪，天命不又。中原有菽，庶民采之。螟蛉有子，蜾蠃负之。教诲尔子，式谷似之。题彼脊令，载飞载鸣。我日斯迈，而月斯征。夙兴夜寐，毋忝尔所生。交交桑扈，率场啄粟。哀我填寡，宜岸宜狱。握粟出卜，自何能谷？温温恭人，如集于木。惴惴小心，如临于谷。战战兢兢，如履薄冰。"

② 蝡蝡：蠕动貌。归有光《陈伯生字说》："人生于寅，寅者，言万物之生蝡蝡然也。"

③ 恂恂：温顺恭谨貌。《论语·乡党》："孔子于乡党，恂恂如也，似不能言者。"陆德明释文："恂恂，温恭之貌。"《汉书·李广苏建传赞》："李将军恂恂如鄙人，口不能出辞。"司马光《石昌言哀辞》："昌言为人纯素忠谨，望之俨然，以律度自居，即之恂恂温厚。"

### 桐川赋别诸子

来时杨柳正依依，去日春归花尽飞。为客淹留思独苦，故人消息意多违。江淹赋别怜春草，谢朓登山对落晖。从此桐川一回首，自拚霜鬓且忘机。

（朱彝尊《明诗综》卷七六）

## 周靖、周旦龄等联句诗一首

### 狮子[一]林联句

勾吴[二]之门曰葑曰娄（宝坻王煐紫诠），猗彼狮林[三]在城东陬（长洲文点与也）。或柅其车或系之舟（吴县金侃亦陶），有菀者松有丰者葆（吴江潘耒次耕）。**有峰有岫有□有湫（吴县周靖敉□）**，降观深窟忽焉崇丘（秀水朱彝尊锡鬯）。**空嵌乖合莫知其由（吴县周旦龄汉绍）**，巨者狻猊小类獶狸（长洲张士俊吁三）。或偃其背或昂其头（吴县陆漻其清），卧紫丝毯戏黄金毬（嘉定张大受日容）。攫拏爪利□鬖□髟（长洲顾嗣立侠君），其眸土眯厥尾棘钩（昆山徐昂发大临）。古苔疣瘢细泉泡溲（秀水朱甫田袭□），音声地籁乳滴山□（江陵释元祚木文）。勇贾踸踔气竭嘘咻（嘉定张士琦天申），孙孙子子小大挽搂（华亭高不骞查容）。引之栈阁锢以铁镠（煐），讵愁飙拔不虑贪偷（点）。□有僧伽营北夷犹（侃），碑题至正作者危欧（耒）。**青莲华界十友倾投（靖）**，北郭徐贲绘图以留（朱）。**暨逃虚子赋诗迭酬（旦龄）**，日月逾迈经三百秋（士俊）。之子卜宅宛在中洲（漻），写心求友结珮绸缪（大受）。舍尔钟鱼斗我觥筹（嗣立），维时仲春风和日柔（昂发）。江梅白脱兰草青抽（甫田），池浮舒雁屋拂鸣鸠（元祚）。纤鳞鲂鲏丛竹修修（士琦），载咏载歌聊以忘忧（不骞）。

（《狮子林纪胜续集》卷中）

【校】

［一］“狮子”，原作“师子”，今改。

［二］“勾吴”，原作“句吴”，今改。

［三］“狮林”，原作“师林”，今改。

# 周靖词二首、跋一篇

## 杨柳枝

### 其 一

桃李中间出一枝，恰逢寒食冶游时。好风尽日吹香雪，紫蝶黄蜂总不知。

（《荆楚岁时记》：“去冬至一百五日即有疾风甚雨，为之寒食。”李白诗：“风吹柳花满店香。”①温庭筠诗：“万枝破鼻团香雪。”②李商隐诗：“紫蝶黄蜂俱有情”③，又，“黄蜂紫蝶两参差”④。）

### 其 二

翳叶露蝉吟嘒嘒，衔花风燕翅双双。日长欲试庄生梦，多谢浓阴满北窗。

（《庄子》：“睹蝉方得美荫，螳螂执翳而搏之。”⑤《诗经》：“菀彼柳斯，鸣蜩嘒嘒⑥。”胡后《杨白花歌》：“春去秋来双燕子，愿衔杨花入窠里。”⑦《庄子》：“昔庄周梦为蝴蝶栩栩然。”陶潜《与子书》：“夏日高卧北窗之下。”⑧）

（周枝楙编，周靖笺注《姑苏杨柳枝词》）

【注】

① 风吹柳花满店香：李白《金陵酒肆留别》：“风吹柳花满店香，吴姬压酒唤客尝。金陵子弟来相送，欲行不行各尽觞。请君试问东流水，别意与之谁短长。”

② 万枝破鼻团香雪：温庭筠《春江花月夜》：“玉树歌阑海云黑，花庭忽作青芜国。秦淮有水水无情，还向金陵漾春色。杨家二世安九重，不御华芝嫌六龙。百幅锦帆风力满，连天展尽金芙蓉。珠翠丁星复明灭，龙头劈浪哀笳发。千里涵空照水魂，万枝破鼻团香雪。漏转霞高沧海西，颇黎枕上闻天鸡。蛮弦代雁曲如语，一醉昏昏天下迷。四方倾动烟尘起，犹在浓香梦魂里。后主荒宫有晓莺，飞来只隔西江水。”

③ 紫蝶黄蜂俱有情：李商隐《二月二日》：“二月二日江上行，东风日暖闻吹笙。花须柳眼各无赖，紫蝶黄蜂俱有情。万里忆归元亮井，三年从事亚夫营。新滩莫悟游人意，更作风檐夜雨声。”

④ 黄蜂紫蝶两参差：李商隐《闺情》：“红露花房白蜜脾，黄蜂紫蝶两参差。春窗一觉风流梦，却是同袍不得知。”

⑤ 睹蝉方得美荫，螳螂执翳而搏之：《庄子·山木》：“睹一蝉方得美荫而忘其身。螳螂执翳而搏之，见得而忘形。异鹊从而利之，见利而忘其真。”

⑥ 菀彼柳斯，鸣蜩嘒嘒：《诗经·小雅·小弁》：“菀彼柳斯，鸣蜩嘒嘒。”毛传：“蜩，蝉也。嘒嘒，声也。”晋陆机《拟明月皎夜光》：“翻翻归雁集，嘒嘒寒蝉鸣。”

⑦ 春去秋来双燕子，愿衔杨花入窠里：唐姚思廉《梁书》：“杨华，少年勇力，容貌雄伟，胡太后逼通之，华惧及祸，及率其部曲降梁。胡太后思之，为作《杨白花歌》，使宫人连臂踏足歌之，声甚凄惋。其歌曰：‘阳春二三月，杨柳齐作花。春风一夜入闺闼，杨花飘荡落南家，含情出户脚无力，拾得杨花泪沾臆。春去秋来双燕子，愿衔杨花入窠里。’”

⑧ 夏日高卧北窗之下：《晋书·陶潜传》：“尝言夏月虚闲，高卧北窗之下，清风飒至，自谓羲皇上人。”

## 《姑苏杨柳枝词》跋

翁谓靖曰："著书易，注书难。子能为我注此乎？"靖唯唯。翁因详示旨趣所在，而靖为之援笔诠次，不数日告竟。盖此集皆系翁手选，凡杜撰里俗、绝无据依者悉不之入，故得速成如此。残膏剩馥[1]，其亦可果俭者之腹矣。

吴县周靖跋

（周枝楙编，周靖笺注《姑苏杨柳枝词》卷首）

**【注】**

① 残膏剩馥：比喻前人留下的文化遗产。《新唐书·杜甫传赞》："唐诗人杜甫，浑涵汪茫，千汇万状，兼古今而有之。他人不足，甫乃厌余，残膏剩馥，沾丐后人多矣。"

# 周旦龄词二首

## 杨柳枝

### 其　一

谁家杨柳覆江沙，风信凄凄日影斜。一簇垂条常不定，只应啼杀欲栖鸦。

（杜诗："桃花一簇开无主"。[1]）

### 其　二

雨濯风翻娲娲新，去季会此送行人。红楼今日含颦坐，惆怅长条又放春。

（张正见《柳》诗："风翻夹浦絮，雨濯倚流枝。"[2]）

（周枝楙编，周靖笺注《姑苏杨柳枝词》）

**【注】**

① 桃花一簇开无主：杜甫《江畔独步寻花绝句》："黄师塔前江水东，春光懒困倚微风。桃花一簇开无主，可爱深红爱浅红。"

② 风翻夹浦絮，雨濯倚流枝：张正见《赋得垂柳映斜溪》："千仞清溪险，三阳弱柳垂。叶细临湍合，根空带石危。风翻夹浦絮，雨濯倚流枝。不分梅花落，还同横笛吹。"

# 周廷耀词一首

## 杨柳枝

柳花澹白叶深青，鸭鸦飞鸣不暂停。最是城南好风景，一村烟树簇旗亭。

（《尔雅》：翼鸭鸦即祝鸠[1]也，江东谓之乌臼[2]，俗谓之驾犁[3]，农人以为候。）

（周枝楙编，周靖笺注《姑苏杨柳枝词》）

**【注】**

① 祝鸠：鸟名。即鹁鸪。

② 乌臼：鸟名。李时珍《本草纲目·禽三·伯劳》："鵧鸠，《尔雅》名鵯鵊……江东谓之乌臼。"

③ 驾犁：鵧鸠的别名，小黑鸟，又名祝鸠、铁鹦鹉等。

# 附录四　诸本《烬余集》存录诗文对照表

| | 乾坤正气集 | 借月山房汇抄 | 四库全书 | 唐文治重刊本 | 其他文献 |
|---|---|---|---|---|---|
| 福州高珰纪事 | 卷一 | 卷一 | 卷一 | 卷一 | |
| 申详税监变异缘由 | 卷一 | 卷一 | 卷一 | 卷一 | |
| 吏部揭帖 | 卷一 | 无 | 卷一 | 卷一 | |
| 与朱德升孝廉书一 | 卷二 | 卷二 | 卷二 | 卷二 | 又见卫泳《冰雪携》 |
| 与朱德升书二 | 卷二 | 卷二 | 卷二 | 卷二 | |
| 与吴公如内弟书 | 卷二 | 卷二 | 卷二 | 卷二 | |
| 与吴公如书二 | 卷二 | 卷二 | 卷二 | 卷二 | |
| 与吴公如书三 | 卷二 | 卷二 | 卷二 | 卷二 | |
| 与吴公如书四 | 卷二 | 卷二 | 卷二 | 卷二 | |
| 与文湛持孝廉书一 | 卷二 | 卷二 | 卷二 | 卷二 | |
| 与文湛持书二 | 卷二 | 卷二 | 卷二 | 卷二 | |
| 与文湛持书三 | 卷二 | 卷二 | 卷二 | 卷二 | |
| 与文湛持修撰书四 | 卷二 | 卷二 | 卷二 | 卷二 | 孙静庵《夕阳红泪录》卷一 |
| 与文湛持书五 | 卷二 | 卷二 | 卷二 | 卷二 | |
| 与文湛持书六 | 卷二 | 卷二 | 卷二 | 卷二 | |
| 与文湛持书七 | 卷二 | 卷二 | 卷二 | 卷二 | |
| 与高景逸总宪书 | 卷二 | 卷二 | 卷二 | 卷二 | 《历代名家尺牍·明代尺牍》 |
| 与鹿乾岳玺卿书 | 卷二 | 无 | 卷二 | 卷二 | |
| 与鹿乾岳书二 | 卷二 | 无 | 卷二 | 卷二 | |
| 与鹿乾岳书三 | 卷二 | 卷二 | 卷二 | 卷二 | |
| 与鹿乾岳书四 | 卷二 | 卷二 | 卷二 | 卷二 | |
| 与现闻姚太史书一 | 卷二 | 卷二 | 卷二 | 卷二 | 孙静庵《夕阳红泪录》卷一 |
| 与现闻姚太史书二 | 卷二 | 卷二 | 卷二 | 卷二 | |

续表

| | 乾坤正气集 | 借月山房汇抄 | 四库全书 | 唐文治重刊本 | 其他文献 |
|---|---|---|---|---|---|
| 字付大儿茂兰 | 卷二 | 卷二 | 卷二 | 卷二 | 孙静庵《夕阳红泪录》卷一、镇江博物馆藏手稿 |
| 与沈石帆别驾书 | 卷二 | 无 | 卷二 | 卷二 | |
| 与华仲通文学书 | 卷二 | 无 | 卷二 | 卷二 | |
| 与朱完天文学书 | 卷二 | 无 | 卷二 | 卷二 | 朱完天《北行日谱》附录 |
| 与范质公吏部书 | 卷二 | 无 | 卷二 | 卷二 | 原题作"与孙钟元孝廉书" |
| 送中丞绵贞周公南归序 | 卷三 | 卷三 | 卷三 | 卷三 | 蔡士顺《同时尚论录》卷一〇、金日升《颂天胪笔》卷八、顾沅《吴郡文编》卷一五五 |
| 龙树庵放生池记 | 卷三 | 无 | 卷三 | 卷三 | 崇祯《吴县志》卷二六、康熙《吴县志》卷三五、民国《吴县志》卷三六 |
| 募建弥勒阁文 | 卷三 | 无 | 卷三 | 卷三 | |
| 题竺坞募田疏 | 卷三 | 无 | 卷三 | 卷三 | |
| 题血书莲华经 | 卷三 | 无 | 卷三 | 卷三 | |
| 甲寅冬夜梦社中兄弟 | 无 | 卷三 | 卷三 | 卷三 | |
| 赴闽口占 | 无 | 卷三 | 卷三 | 卷三 | |
| 赠浒墅关尹 | 无 | 卷三 | 卷三 | 卷三 | 凌寿祺《浒墅关志》卷一 |
| 咏梅 | 无 | 卷三 | 卷三 | 卷三 | 朱彝尊《明诗综》卷六〇 |
| 愁 | 无 | 卷三 | 卷三 | 卷三 | 朱彝尊《明诗综》卷六〇 |
| 寄内 | 无 | 卷三 | 卷三 | 卷三 | |
| 壬戌南还留别文文起姚孟长二首 | 无 | 卷三 | 卷三 | 卷三 | |
| 其二 | 无 | 卷三 | 卷三 | 卷三 | |
| 寄怀鹿乾岳年兄二首 | 无 | 卷三 | 卷三 | 卷三 | |
| 其二 | 无 | 卷三 | 卷三 | 卷三 | 陈田《明诗纪事》庚签卷六 |

# 附录五　相关研究论文索引(选编)

1. 中文系三年级晚明戏曲文学研究小组《李玉的〈清忠谱〉及其他》,《北京师范大学学报》(社会科学),1959 年第 4 期。

2. 陈其相《〈清忠谱〉的思想和艺术》,《山东大学学报》(哲学社会科学版),1962 年第 S7 期。

3. 唐文《有关〈五人墓碑记〉的几则史料》,《教学与进修》,1979 年第 3 期。

4. 霍松林《反阉党斗争的赞歌——评〈五人墓碑记〉及其他》,《人文杂志》,1981 年第 1 期。

5. 傅同钦《魏忠贤乱政和客氏》,《故宫博物院院刊》,1981 年第 3 期。

6. 郭鲸鲲《张溥的〈五人墓碑记〉试析》,《绍兴文理学院学报》(社科版),1982 年第 1 期。

7. 黄岳洲,梁纪林《关于〈五人墓碑记〉的两个问题》,《北京师范大学学报》,1983 年第 4 期。

8. 王毅《周顺昌和东林党——读李玉〈清忠谱〉札记》,《武汉师范学院学报》(哲学社会科学版),1983 年第 1 期。

9. 张清华《论〈清忠谱〉》,《河北大学学报》(哲学社会科学版),1983 年第 4 期。

10. 陈美林《凌厉的抨击和壮阔的斗争——谈清忠谱的“骂像”和“义愤”》,《名作欣赏》,1984 年第 3 期。

11. 王毅《〈清忠谱〉南京图书馆藏本与傅惜华藏本的比较》,《文献》,1985 年第 4 期。

12. 丰家骅《历史的再现,艺术的创新——谈〈清忠谱〉中群众斗争的艺术描写》,《镇江师专学报》(社会科学版),1985 第 2 期。

13. 王毅《论〈清忠谱〉》,《湖北大学学报》(哲学社会科学版),1988 年第 6 期。

14. 郝玉珍《对〈五人墓碑记〉理解上的异议》,《新疆师范大学学报》(哲社版),1988 年 1 期。

15. 郭英德《论明清文人传奇的忠奸斗争主题模式》,《四川师范大学学报》(社会科学版),1990 年第 4 期。

16. 黄家龙,陈晓东《〈五人墓碑记〉中又一时间错谬问题》,《铁道师院学报》(社会科学版),1992 年第 3 期。

17. 段美华《李玉与他的〈清忠谱〉》,《海南大学学报》(社会科学版),1992 年第 3 期。

18. 王世声《〈清忠谱〉再现历史的艺术经验》,《河南大学学报》(社会科学版),1998 年第 1 期。

19. 陆精康《周顺昌被逮历史真相》,《语文教学与研究》,1995 年第 7 期。

20. 陆精康《周顺昌和“开读之变”》,《文教资料》,1995 年第 1 期。

21. 廖志豪,程德《试论周顺昌》,《苏州教育学院学报》,1999 年第 4 期。

22. 邹莹《李玉〈清忠谱〉的悲剧意蕴》,《语文学刊》,2004 年第 6 期。

23. 张永刚《东林党“七君子”的节义诗创作》,《湖南民族职业技术学院学报》,2008 年第 3 期。

24. 刘志刚《天变与党争:天启六年王恭厂大灾下的明末政治》,《史林》,2009 年第 2 期。

25. 张之薇《明清易代之际“士子献祭”戏剧审视——以〈宝剑记〉〈清忠谱〉为例》,《文艺研究》,2011 年第 11 期。

26. 陈斌《持大节,轻富贵,不畏死——明周顺昌其人其事》,《苏州日报》,2012 年 11 月 9 日。

# 附录六　校辑札记五则

## 一

是缘要了,是恩要报,有此心愿久矣。昔者,苦于资料的缺乏,遂搁置年月。而今方志类资料搜集又有所突破,真乃一快事!初出茅庐,班斧之拙,宜请教于大方。

——壬辰年二月十七,观自在菩萨生日前二日,车渡景周谨识

## 二

苏大炳麟图书馆古籍阅览室藏有唐文治重刊本《周顺昌文集》,钤有"无锡国学专修学校图书馆"朱文印、"无锡国学专修馆藏书"白文印,"苏州大学图书馆藏书"朱文印。忙中抽闲,前往校书。纪事公移三篇、尺牍二十五篇,由罗俊龙校过一遍;诗十一首,文五篇,由周游校过一遍。又,《周氏家藏三代诰命纪事》《跋周忠介手迹册》《明周忠介公顺昌手札》《思旧录·周茂兰》《周顺昌像赞》《周茂兰像赞》诸篇亦由罗录入。万分感激之至,不尽。

——壬辰三月十八日(明天启六年是日,吴中有开读之变),车渡景周谨识

## 三

乾坤者,天地之间也。乾坤正气,即天地正气。东吴大学校训有云:"养天地正气,法古今完人。"正气者,孟子所谓"浩然之气",文天祥有《正气歌》。读其书,想见其为人。是以《烬余集》及相关研究资料之整理不可怠惰也。

——壬辰四月初六,佛诞日前两日,车渡景周百拜谨识

## 四

童年时,见车渡村东庙堂匾额"周王庙"、供桌飘带上有"……周顺昌"等字,初不知何谓,高中读《五人墓碑记》及文后附录《明史·本传》,冥冥之中若有所悟,然苦于资料难寻。想知其为人、读其文章,遂成一大心愿,而今或可了矣哉!

——壬辰后四月初八日,车渡陈景周百拜谨记

## 五

标点、录入、校对,枯燥乏味,耗时费力,最伤者,眼力与心力。整理过程中,新资料不断出现,实属意料之外。既已发愿,此时不了,亦一愧心事耳。了之,心方释然。明熹宗天启六年丙寅六月十七日子时,周顺昌遇害于镇抚司狱中,囊首殒命。

——壬辰年六月十七,观音生日前二日,景周谨记

# 中编　周顺昌研究资料汇编六卷

车渡陈景周　汇编

# 卷一　周氏三代诰命

## 赠周顺昌祖父通议大夫太常寺卿诰命[一]

奉天承运,皇帝制曰[二]:

夫雨施天下,则知触石之功;水由地中,而明负芥之德[三]。故[四]范馨留砚而券后,魏謩献笏以章前。期励臣忠心,必追祖烈[五]。尔原任平湖县儒学[六]教谕周冠,乃吏部文选清吏司员外郎、赠通议大夫、太常寺卿周顺昌[七]之祖父,学本一诚,经穷三绝。时名[八]足则弥贵,阴德耳鸣自闻。毂满秋帏,听坦率于宋五;粲窥夜户,学不可于鲁男[九]。迨于鱣升伯起之堂,愈坚士节;麟见陈群之角,不堕家声。凡兹为臣尽命之终,谁非率祖攸行之德。譬之崧高仰岱,渎祭先河[十]。是用赠尔为通议大夫、太常寺卿,锡之诰命[十一]。省月惟卿,慰忠魂于碧藏;自天申命,发生气乎黄垆[十二]。

【校】

[一]题目,编者所加,《倪文贞集》作"祖父"。

[二]"奉天承运,皇帝制曰",《倪文贞集》作"制曰"。

[三]"夫雨施天下,则知触石之功;水由地中,而明负芥之德",《倪文贞集》作"天象之主,魁文以生杓而毓斗,先王之制,川祭每后海而先河。苟美孙谋,必推祖烈"。

[四]"故",《倪文贞集》作"所以"。

[五]"期励臣忠心,必追祖烈",《倪文贞集》无。

[六]"儒学",《倪文贞集》无。

[七]"吏部文选清吏司员外郎、赠通议大夫、太常寺卿周顺昌",《倪文贞集》作"具官某"。

[八]"时名",《倪文贞集》作"才名"。

[九]"毂满秋帏,听坦率于宋五;粲窥夜户,学不可于鲁男",《倪文贞集》作"盖以刘蕡下第,深愧李郃;而以鲁男闭门,善学柳下。澹凝之致,于斯可观"。

[十]"譬之崧高仰岱,渎祭先河",《倪文贞集》无。

[十一]"为通议大夫、太常寺卿,锡之诰命",《倪文贞集》作"某官至三世"。

[十二]"省月惟卿,慰忠魂于碧藏;自天申命,发生气乎黄垆",《倪文贞集》作"而莫京自天申锡,若九原之可作,微子谁归"。

# 赠周顺昌祖母韩氏淑人诰命[一]

制曰：

夫翼子者贻孙，忠贞之所以不坠，过祖而迈妣，蒸畀之所以[二]孔偕。王母介如，文孙是若[三]。尔韩氏，乃故吏部文选清吏司员外郎赠通议大夫、太常寺卿周顺昌[四]之祖母，名闺毓秀，硕士媲休。着孝衣衾枕席[五]之间，得意黄翻房敖之外。是使灞陵椎髻，伯鸾有耕织之俦；蒙山弃薪；莱子无功名之患，而于焉播穫受菑畬之泽，纬绩成黼黻之华。粤有闻[六]孙章其义问，发地下三年之血疏，民初百世之荣。用赠尔为淑人，锡之诰命[七]。临大节而不移，千秋正骨；播徽音其莫阙，一代芳模[八]。

制诰[九]

崇祯二年□□月□□日

□□之宝

（彭定求《忠介遗事》，又见倪元璐《倪文贞集》卷一）

【校】

［一］题目，编者所加，《倪文贞集》作“祖母”。

［二］“所以”，《倪文贞集》作“曰”。

［三］“王母介如，文孙是若”，《倪文贞集》作“岂必桎梏而死，举非正命之徒。若推瓜瓞所由，抑有初生之配”。

［四］“故吏部文选清吏司员外郎赠通议大夫、太常寺卿周顺昌”，《倪文贞集》作“具官”。

［五］“枕席”，《倪文贞集》作“簟席”。

［六］“闻”，《倪文贞集》作“文”。

［七］“锡之诰命”，《倪文贞集》无。

［八］“临大节而不移千秋，正骨播徽音，其莫阙一代芳模”，《倪文贞集》作“取忠义以报刘，何如令伯揽实枚而颂鲁，时维姜嫄”。

［九］“制诰”云云，《倪文贞集》无。

【札】

## 与诸同年祭周忠介公祖学博赠太常寺卿暨配韩太淑人合葬文

张世伟

嗟乎！先生命世奇才，轭于广文，何居乎赠官越三十载，俟其闻孙皇皇宠命，贲及祖考妣。配称淑人，功令三品勋家阶洊锡内外式，钧人道之常其来施施，其往陈陈，何居乎。先生孙郎天曹列卿，未登有化方碧有征，斯燐而顿荷殊恩。呜呼！际斯会者，匪家住复系国废兴，忆夫析木之岁，阉寺祸棘沸腾崒崩，撼之必碎，触之必灼，僇及反唇，谁明拚七尺，露龈裂眦，向累缔姻，且人死身死而兹义激闾侠骈首悬门，此之时，晁氏之危已矣。庭坚之祀，忽诸遑问夫兆域与丝纶，乃未几昊天悔祸，圣人御宇，章瘅聿行，磔阉定案，斩戉厥党，差罪重轻，罪既正只锡亦懋，只烨有斯旌。嗟乎！先生奇才不究，而以孙荣也，又以其死不以其生，然而斯荣斯哀，与天壤敝，与日月新，则夫奉之乎，如磐之室，厝之乎，若斧之丘，皆足以载黄仁浩荡而垂世世之德馨。

（顾沅《吴郡文编》卷一六七）

## 加赠周顺昌父吏部文选清吏司员外郎诰命[一]

奉天承运，皇帝敕曰

贤才之出，殆非偶然。元气孕蓄于家门，而桢榦克生与王国。诗有之："教训尔子，式谷似之。"①式谷之云，岂以辟咡②提诲为能事欤？赠具官周可贤乃具官周顺昌之父，蕴义生风，诚心为质。立身于名教之内，祖义而本仁；行己在儒侠之间，重义气而轻死。枕藉数卷，吾伊于菽水之余；挥斥千金，兀傲于蓬蒿之下。是生喆嗣，为我清郎。抵掌而谈节烈之风，须眉如在；奋身以柱倒邪之俗，风骨有传。是用加赠具阶官。于戏！鹤之在阴，宁知其子之和；燕之有翼，宁非厥考之诒。尔无悔寿后之勤，朕亦懋开先之报。

【校】

[一] 题目，编者所加。

【注】

① 教训尔子，式谷似之：《诗经·小雅·小宛》："中原有菽，庶民采之。螟蛉有子，蜾蠃负之。教诲尔子，式谷似之。"

② 辟咡：耳语。唐周繇《嘲段成式》："促坐疑辟咡，衔杯强朵颐。"

## 加赠周顺昌母张氏安人诰命[一]

敕曰：

江左之士，柔靡轻心，鲜有感概砥节者。非独士气使然，亦其铅华浮曼之习中于胚胎，而内教不立之故也。赠孺人张氏，乃具官周顺昌之母，茂矩有闻，朴心不改。事尊章于迟暮，黾勉齑盐；安君子于远游，躬亲操作。是生贤子，不愧母仪。如彼静姬，却丹华而不御，迨于膴仕，终白贲以为贞。兹加赠为安人。于戏！尔子为清吏为清郎，而尔为母师为内则。岂独可以易吴风，朕将以此教天下也。

敕命

天启□年□□月□□日

□□之宝

（彭定求《忠介遗事》）

【校】

[一] 题目，编者所加。

## 赠周顺昌父通议大夫太常寺卿诰命[一]

奉天承运，皇帝制曰[二]：

盖闻万年教谄，不能回触屏之听；郗愔竭忠，不能弥发箧之惭。原彼贞邪，乖于父子，若乃郑庆敦伦，子涵著直。天彝内茂，高节外搴。虽衮褐途殊，而弓箕道合。尔累赠吏部文选清吏司员外郎[三]周可贤，乃吏部文选清吏司员外郎、赠通议大夫、太常寺卿周顺昌[四]之父，道广而周，才闳以达，《周礼》六行，卓有兼资；《皋谟》九德，殆于具体。慕义如渴，安仁若山[五]。至于[六]维孝友于因心，庆笃砚田①力获，资为三釜之欢，原叹永怀，发彼双荆之润，曾操甘以娱志，薛推肥而解犹[七]，义报其天，有足多矣。《诗》曰："教诲尔子，式谷似之。"夫轮或师，蓬钓可通。御取尔孝义，教彼忠贞。泂酌注兹，岂有异乎？用特赠尔为通议大夫、太常寺卿[八]，锡之诰命[九]。有子死忠，显亲名于不奬；维王教孝，训臣节于来兹[十]。

【校】

［一］题目，编者所加，《倪文贞集》作"父"。

［二］"奉天承运，皇帝制曰"，《倪文贞集》作"制曰"。

［三］"累赠吏部文选清吏司员外郎"，《倪文贞集》作"尔赠某官"。

［四］"吏部文选清吏司员外郎、赠通议大夫、太常寺卿周顺昌"，《倪文贞集》作"具官某"。

［五］"道广而周……安仁若山"，《倪文贞集》无。

［六］"至于"，《倪文贞集》无。

［七］"犹"，《倪文贞集》作"忧"。

［八］"为通议大夫、太常寺卿"，《倪文贞集》作"某官"。

［九］"锡之诰命"，《倪文贞集》无。

［十］"有子死忠，显亲名于不奬，维王教孝训臣节于来兹"，《倪文贞集》作"扬名显亲之道，无如死忠；阐幽追远之文，所以教孝。呜呼！尔父尔子，国灵国荣"。

【注】

① 砚田：以砚喻田，谓靠笔墨维持生计。宋唐庚《次泊头》："砚田无恶岁，酒国有长春。"

## 赠周顺昌母张氏淑人诰命[一]

制曰：

义形于色，应知劲草之心；教始之胎，讵没遗棬之泽[二]。维[三]干逢①俊物以显忠臣，亦[四]李杜齐名而征母训。尔累[五]赠宜人张氏，乃吏部文选清吏司员外郎赠通议大夫、太常寺卿周顺昌[六]之母，在星为婳，如月几望[七]。言无出阃，斯饥季女之贞；苔不偃家，正位严君之教[八]。丸熊画狄，弥不为奇。断织截髢，并有其道。而勖成令子，作我贞臣范滂。立节于君宗，死复何恨？敬姜戒偷于童子，习有自成，讵阐幽忠而忘圣善[九]。兹用赠尔为淑人[十]，锡之诰命[十一]。天道有知，茀遂还于七日；孝思维则，庆斯申于百年[十二]。

制诰[十三]

崇祯二年□□月□□日

□□之宝

（彭定求《忠介遗事》，又见倪元璐《倪文贞集》卷一）

【校】

［一］题目，编者所加，《倪文贞集》作"母"。

［二］"义形于色，应知劲草之心；教始之胎，讵没遗桊之泽"，《倪文贞集》作"朕闻鲰胎珠于身，而其鳞即紫；虎袭气于母，而方生已超。故夫毛里相资，亦若主宾交酢"。

［三］“维”,《倪文贞集》作“况于”。

［四］“亦”,《倪文贞集》作“岂不”。

［五］“累”字,《倪文贞集》无。

［六］“吏部文选清吏司员外郎赠通议大夫、太常寺卿周顺昌”,《倪文贞集》作“具官某”。

［七］“在星为婻,如月几望”,《倪文贞集》无。

［八］“言无出阃……正位严君之教”,《倪文贞集》作“斯饥以明季女正位之日,严君所求乎子,可得而识也”。

［九］“丸熊画狄……讵阐幽忠而忘圣善”,《倪文贞集》作“夫人中材,咸资鼓劝。若乃道德所蒸,章其气决。刚大之塞,垂为彝常。诚乎鱼豚,声震天地。如斯之义,岂易为功。原夫生即天生,知其教必胎教。非徒丸熊画荻,勖以微名;讵若却鲊麾金,由于骤激。”

［十］“兹用赠尔为淑人”,《倪文贞集》作“是以奇尔,赠尔淑人”。

［十一］“锡之诰命”,《倪文贞集》无。

［十二］“天道有知,苐遂还于七日孝思,维则庆斯申于百年”,《倪文贞集》作“君子人与狥国艰贞之节,母氏天只倚闾忠孝之心。融泄黄泉,光辉彤管”。

［十三］“制诰”云云,《倪文贞集》无。

**【注】**

① 干逢:关龙逢,夏桀时忠臣,因谏被杀。比干,商纣时忠臣,因谏被杀。《庄子·胠箧》:“昔者龙逢斩、比干剖。”刘向《九叹·怨思》:“若龙逢之沉首兮,王子比干之逢醢。”《史记·殷本纪》:“纣愈淫乱不止。微子数谏不听,乃与大师、少师谋,遂去。比干曰:‘为人臣者,不得不以死争。’乃强谏纣。纣怒曰:‘吾闻圣人心有七窍。’剖比干,观其心。”

## 授周顺昌吏部文选清吏司员外郎诰命［一］

奉天承运,皇帝敕曰:

昔人之举郎吏,曰真素寡欲,万物不能移也。官人之职如镜,于水澄汰,于己辨论。有原称是选者,不亦难乎?具官周顺昌,介圭不饰,朱弦有音,肃然清庙之容,有先民之度。自其筮仕司理,一意守官,风清闽海之尘,气慑貂珰之魄,蔚为民誉。晋陟天曹,体望滋章,师言惟允,峭独自矢,寅协奉公。破藩篱厓岸之私,虚能鉴物;绝弓剑苞苴之问,廉非市名。盖将以裒王崔毛为心,非直著简要清通之望,乃以覃恩授具阶。于戏!予欲拔贞固而斥华伪,汝明予欲进公忠而抑阿党,汝翼以平心考覈人地,以实用储偫人才。虽在郎吏,予将以统均望尔,尔其念哉!

**【校】**

［一］题目,编者所加。

## 加封周顺昌妻吴氏安人诰命［一］

敕曰:

君子砥节,首公能以清强自奋,殆必有寝门之助焉。具官周顺昌妻封孺人吴氏,淑慎无仪,安贞有节。适舅姑之所温凊,无间于夏冬,竭奉养之劳,洗腼更兼于药物。迨相夫于典剧，益相警以御穷。衣有敝穿，尤称齑盐之淡泊；奁无粉泽，弥资水镜之清明。兹加封为安人。臣有义曰无私交，女有心曰无私谒。斯所谓相成者乎？尚益毖勤，以竟厥德。

敕命

天启□年□□月□□日

□□之宝

（彭定求《忠介遗事》）

【校】

［一］题目，编者所加。

## 授吏部文选清吏司员外郎周顺昌奉直大夫诰命［一］

奉天承运，皇帝制曰：

夫官不逾郎位，而铨衡庶品、区别九流，则选曹是也。非才望兼允，不在此地。尔吏部文选清吏司员外郎周顺昌，夷旷似玉，清平如水。为理有强直之誉，司勋高峻拔之名。简于朕衷，赞册俱在。已乃周流四署，靖共一心。辨官尽南北之长，惟其材不惟其域；启事极朝野之望，尸其举不尸其名。屏去棘篱，谢绝蹊径。疏寒为之色起，淹滞顿尔流通。至于直笔简稽韦商衡之称眉目，精心判析李栖筠之号神明。自古二厅之美谈，为今第一之清誉。兹以覃恩授尔阶奉直大夫，锡之诰命。夫山涛之启，不云乎吏部郎主选举，宜得能整风俗理人伦者。于戏！今日风俗之偷，人伦之斁，郎有责焉，固非徒门调户选之为为奉职也。而太史之制，所褒美于涛者，亦不过曰立身行己足以厉俗而已。惟尔行己信于诸曹，课今诱来，朕寄不浅，钦哉。

【校】

［一］题目，编者所加。

## 加封周顺昌妻吴氏宜人诰命［一］

制曰：

史称邓攸为吏部，妻息皆素食，而山涛之妻，时以伦鉴闻，一以操一以识也。朕有清郎，其闺门之助，不可无褒。尔吏部文选清吏司员外郎周顺昌妻累封安人吴氏，夙娴内仪，休有华问。机织相读，既黾勉以御穷；綦缟①从官，犹相忘于屏贵。及里门之居守，乃管钥之惟严。肃括家人，内言无出；训敕尔子，外交无人。则尔夫之蹇窦于竿牍而盛饰于簠簋也，尔不亦有助乎？是用加封尔为宜人。凡朕之所以褒尔，以其有素食之风也。尔夫多嵇阮之游，尔能鉴识，朕终以山公之业望尔夫矣。

制诰

天启二年□□月□□日

□□之宝

（彭定求《忠介遗事》）

【校】

［一］题目，编者所加。

【注】

① 綦缟：指平民妇女之服装，亦借指穿“綦缟”之平民妇女。《诗经·郑风·出其东门》：“缟衣綦巾，聊乐我员。”明吴甡《潭西王恭人墓》：“若令綦缟能偕隐，未必功名累此身。”

## 赠原任吏部文选司员外郎周顺昌通议大夫太常寺卿诰命[一]

制曰[二]：

夫孤情之所独抗，得死而成；正气之所不徂，造生弥永。所以屈平嫉俗，转快志于怀沙；苌弘殒身，遂飞华于化碧。资其扶世，宠以教忠。尔具官某器[三]，希圣得清，择节取苦。伍羞绛灌，哭是贾生之才；儿命融修，骂亦祢衡之气。当其出为从事，入典铨衡，并以晶心，章其茂节。会当龙亢，驯致虫拚。时则指鹿之恶，浮于望夷；出彘之威，极于北寺。来周罗吉，钳[四]纲四张。乔固膺滂，梏钛[五]相结。焚原荡岳，不可迩视。固有惧祸之夫，闭门而拒岑晊；讵无[六]知几之士，筑室以拟袁闳。而尔独持虎执猱[七]，冰汤席镬；班荆悲咽，尊酒豪摅。侠抗左儒，义依邹浩；忍捐爱息，以徇[八]累孥。本有荆轲湛族之心，不止郈成分宅之德。于是飞章告密，槛车下征。而众乃成城，吴几为沼。至于焚香进食以礼御囚，飞甓投竿而杀诏使。鱼惊兽散，釜沸波翻。讵止广汉被收，吏民守阙；鲍宣下狱，生徒聚幡而已哉！然而矶激难平，虎骑不下，卒不得脱，以罹于凶。而尔对簿不屈，绝命弥雄。虽复汉尉衔须、唐臣嚼齿，未有并其慷慨、俪此从容者矣。今捩轴既旋，衮钺并设。碑踣元祐，大升公正之群；墓显汤阴，恍见孤忠之气。用特赠尔为某官[九]，赐之诰命。国家谨严近寺，培养人才。而在旁之奸，烈于二正[十]；岁寒之节，见彼前贤。要以道极一时，义激天下。明兴以来，一人而已。呜呼！学圣人之中，宁存狂狷；睹忠臣之报，弥愧奸回。

（罹魏珰之祸者，半属非意。甘蹈不测，而与为□，则大洪、蓼洲两先生尤烈焉。故论明兴党祸，当以两先生为李、郭。文中字字生气，固不磨之介气所凭。[十一]）

（郑元勋《媚幽阁文娱》，又见彭定求《忠介遗事》、倪元璐《倪文贞集》卷一）

【校】

［一］题目，编者所加，《媚幽阁文娱》《倪文贞集》作“原任吏部文选司员外郎赠太常寺卿周顺昌”。

［二］“制曰”，《忠介遗事》作“奉天承运，皇帝制曰”。

［三］“具官某器”，《忠介遗事》作“原任吏部文选清吏司员外郎周顺昌”，《倪文贞集》作“具官某”。

［四］“钳”，原作“箝”，今改。

［五］“钛”，《忠介遗事》作“縶”。

［六］“讵无”二字，《媚幽阁文娱》《倪文贞集》无，从《忠介遗事》补。

［七］“猱”，《倪文贞集》《忠介遗事》作“玃”。

［八］“徇”，原作“狥”，今改。

［九］“某官”，《忠介遗事》作“通议大夫、太常寺卿”。

［十］“二正”，《忠介遗事》作“正二”。

［十一］“罹魏珰之祸者”云云，《忠介遗事》《倪文贞集》无。

# 封周顺昌夫人吴氏淑人诰命[一]

制曰：

夫殉国之忠，树其臣鹄；闲家之范，著其女贞。二者若剑合而璧双，譬宫鼓则商应。苟既流声于不朽，斯可释憾于未亡。[二]尔累[三]封宜人吴氏，乃故吏部文选清吏司员外郎赠通议大夫、太常寺卿周顺昌[四]之妻，于女则师，维士不栉。激庭谒小生之羞，而抗赵映；具墉视人伦之鉴，以佐山涛。至于钩党狱兴、清流祸作，而尔夫以不惧虎尾，遂罹雉罗、刘陶北寺之凶，杨震西亭之惨。将恐将惧，惟汝惟予。贾妻封发，已无开沐之期；阮妇作縻，永绝归还之望。当斯之际，不亦悲乎？今忠邪既辨，庶几小往而大来；存逝何殊，犹夫子祓而我佩。是用封尔为淑人，锡而诰命。岂必相从，已争光于日月；虽乖偕老，尚表度于山河。

制诰

崇祯二年□□月□□日

□□之宝[五]

（彭定求《忠介遗事》，又见倪元璐《倪文贞集》卷一）

【校】

[一] 题目，编者所加，《倪文贞集》作“妻”。

[二] “夫殉国之忠……斯可释憾于未亡”，《倪文贞集》作“盖闻一往之心不谋，妻子亦有百折之气，而牵帷？若，夫彼则刑，于此为顺。正相期遂志，并可流声。其死也荣，未亡何憾。”

[三] “累”，《倪文贞集》无。

[四] “故吏部文选清吏司员外郎赠通议大夫、太常寺卿周顺昌”，《倪文贞集》作“具官某”。

[五] “制诰”云云，《倪文贞集》无。

# 请祠谥三代诰封疏

周茂兰

原任吏部文选司清吏司员外郎、今赠太常寺卿周顺昌男生员臣周茂兰谨奏，为恭谢天恩并陈私悃、恳赐殊褒以妥忠魂事。

臣父周顺昌赋性中直，矢身报主。逆珰煽祸，横蹈杀机，种种惨死之状，不忍缕述。恭遇圣明御极，得膺优恤，荣哀胥备，赐赠荫文，赐祭葬，旋奉全给荫谥、建祠赐额之旨。虽同乡惨死诸臣未蒙允俞，而臣父独蚤下部覆矣。臣伏在草莽感激圣恩，辄凭棺恸绝。

夫臣子之身，君父生之。君父杀之，何干嗷嗷？渎控策第前，此三年间事。逆珰颐指于内，群奸迎奉于外。回想先帝，窈然紫禁，阒不闻声，曾知臣父为贞为邪、所以削所以逮、所以死之故否也？

顷臣匍匐入都，道出保定，有敕赐杨忠愍词，即先生杨继盛也，易名为千秋华衮庙，貌作四方瞻仰，凡过其地者，莫不下车矜式，忾焉兴叹。盖俎豆烝尝，关于人臣者小；而立懦廉顽，系于世教者大。昔圣王拨乱反治而式箕闾表、容墓，夫岂无頖宫璧水之侧，可为奉璋执爵之光，正欲置之万耳万目之地，使天下知如此而忠、如彼而逆、如此而恤、如彼而诛，为将来臣子之法戒，人主作忠之极则耳。今得比杨继盛例者，惟杨涟一人，而臣父固尝与涟并许易名崇祀者也。

臣痛念臣父虽获优恤，而榇暴郊原，魂游岸狱，污血蔑陨生，百身莫赎。臣拟于复仇之后，泣召先灵仍还蒿里，而敝庐数椽，朝风夕雨，生无栖止，死更何依？伏乞皇上广推锡类之仁，易名重典，蚤赐论定。至建祠一事，乡邦乐为义助，公帑不须厚给，亦非独臣一人之愿，实通国士民所延领而望者也。又伏读《大明会典》一款："凡百官死于忠谏已经赠恤者，其父母、妻室不限存没，俱给与应得诰命"，近李应升之父母与高攀龙之妻，皇上俱照赠官新衔给与诰命，而臣之父业赠之三品，例追三代，皇上既恤惨死诸臣之父母并及其妻，岂独靳于诸臣之祖？并乞全赐三代诰命，移荣九原，使臣得捧明伦归先陇，即耕读终身，永为忠廉之后裔，将世世辉映矣。臣不胜激切惶悚，待命之至。

奉圣旨：览周茂兰奏谢，知道了。周顺昌清忠惨死，洵足风世，著与他谥，请给三代诰命，该部查《会典》具覆。

崇祯元年十二月初三日奏。

吏部验封清吏司林彻昌覆前疏，奉圣旨准给与。

吏部验封清吏司徐大相覆前疏，奉圣旨是。

（彭定求《忠介遗事》）

## 周氏家藏三代诰命纪事

毛奇龄

明吏部文选清吏司员外郎周公顺昌既以死珰难，赠太常寺卿，其子茂兰刺舌血上书，请封三代。故事：赠官死忠谏经恤荫者，其父母、妻室俱准给封赠，予以应得诰敕，而不及其祖父母。故三代之请，有旨命所部查《会典》具覆，而《会典》无是例也。茂兰曰："嗟乎！当吾父从福州推官赴行取[①]时，尝缝布囊，贮所积俸银如干，为禄养[②]献，而潸然泪垂，顾茂兰曰：'安得即移封吾祖若父哉？'"茂兰闻其言。今追赠在迩，而例止父母，奈何？恸哭翻《会典》，自夜达曙，忽得一例云："凡以死勤事[③]、抗节不屈、身死纲常者，其恤典取自上裁。"踊跃曰："然则惟上优之耳。"遽揭所部丐据，覆而上，果破例，令所部从优给赠三代。一时死忠者，皆得援例请全给。其例从茂兰始，而易代而未之改也。

乙酉[④]，南都[一]破，茂兰捧诰轴，衔以黄绫，汇轴三而合袭之。告其季[⑤]曰："此地为东南四达，兵戈所经，盖藏不可保，茗溪岨而僻，倘免焚爇，吾守故庐，汝携家人入茗溪，负此行矣。"季曰："诺。"及其既也，故庐无恙，而在茗之受剽者，诰失其二。茂兰泣曰："先人之宠命，守之不卒，何以为子？且圣恩已全给，而今反不全。"摽呕出血。

无何，清兵自闽还，夺蓝大振凯者，帅介骑觅周氏庐，一里皆惊，家人有窜者。或劝茂兰勿出见，茂兰曰："吾安逃矣？"挺身前，夺蓝大者偻而拜，探箙出诰轴，捧还曰："此君家物也。"茂兰跪受之，既别而去，询其名，不告。以乞从者，曰："夺蓝大王得胜"云。

余初同杜陵蒋生过茂兰，茂兰语其事，索予记。既同姜京兆再过之，得观其诰轴三，真世宝也。时京兆作血疏书后，余为记之。方逆阉矫逮公，乡人击缇骑至死，公卒就道，后有书示茂兰曰："吾渡江后，凡邮夫、贩子、儿童、女妇，皆攀车哭泣，而狰狞愤恨若是曹，亦皆流涕。"然则大义之易感也。若王得胜者，则又至性过人者矣。诰轴外有黄宗伯道周所赠序，手书皆无恙。

（顾沅辑《吴郡文编》卷八〇）

【校】

［一］原本"南都"前多一"破"字，今删。

【注】

① 行取：明清时，地方官经推荐保举后调任京职。李贽《答焦漪园》："潘雪松闻已行取，《三经解》刻在金华，当必有相遗。"《初刻拍案惊奇》卷一六："稽清知县，已行取做刑科给事中。"《儒林外史》第十九回："未及数月，行取进京，授了给事中。"

② 禄养：以官俸养亲，古人认为官俸本为养亲之资。汉焦赣《易林·革之观》："飞不远去，法为罔待，禄养未富。"《魏书·辛雄传》："（辛雄）又为《禄养论》，称仲尼陈五孝，自天子至庶人无致仕之文……以为宜听禄养，不约其年。"司空图《卢公神道碑》："禄养之荣，孝敬之美，一时罕及也。"高明《琵琶记·风木馀恨》："你今日荣归故里，光耀祖宗，虽是他生前不能享你的禄养，死后亦得沾你的恩典。"

③ 勤事：尽心尽力于职事。《国语·鲁语上》："夫圣王之制祀也，法施于民则祀之，以死勤事则祀之，以劳定国则祀之，能御大灾则祀之。"《汉书·宣帝纪》："赐天下勤事吏爵二级。"

④ 乙酉：清顺治二年(1645)乙酉。

⑤ 其季：周顺昌第三子周茂葵，字子向。周茂兰《忠介公墓志铭》："子四人，曰茂兰、茂藻、茂葵、茂蕚"，周茂藻有《送母乌程就养子向舍弟》诗，吴肃公《跋周端孝先生血疏贴黄》："复出三代诰轴拜观之，谓予曰：'往改革，患兵燹，俾弟茂葵藏之霅水。'"

## 宝纶篇

魏允柟

余内兄周子茂兰，故吏部忠介公长子也。忠介公既罹难党祸，崇祯改元，周子与同难诸家子伏阙鸣冤，俱得褒恤。故事，追赠不及三代。周子引《会典》，凡死忠谏者，赠先世如其官，疏上，天子可其奏，给三代诰命，予先人亦蒙特恩焉。追赠之及三代，自周子始也。乙酉之变，避乱苕中，封诰尽失，周子呼天自责，以为宗社既沦，先人锡命不可复得矣。居无何，有武人缦缨双鞬[①]从甲骑[②]至门请见，周子度不可谢，延之入，则礼甚恭，曰："仆某标将领也，窃慕足下义甚高，部下卒从某处得先大夫封诰数通，欲归足下久矣，幸得谒。"因出持授周子，周子大喜，酬之以金，不受而去，人咸谓以为周子孝感云。余因作《宝纶篇》以纪其事。

奉阶不平三光[③]瞀，君门九重虎豹怒。吾祖时为珥笔[④]臣，朝上弹章夕禁锢。崇碑已列党人名，吏部周旋若畴素。金吾[⑤]使者来吴趋，少年投袂争相赴。公也慷慨谢故人，槛车北走长安路。阴阴土室对南冠，碧血青燐向谁诉。须臾帝座日月明，两观[⑥]诛窜鹓行清。赐环初雪九原恨，箕屋迢遥朝玉京。孤儿拜疏啮指血，天子动色群公惊。恤典下颁尺一诏，词臣彩笔抒生平。（系倪文正公视草[⑦]）重渊一介草茅土，珥貂[⑧]三叶[⑨]俱列卿。

椒浆[⑩]桂酹[⑪]吊没魄，万人会葬看佳城[⑫]。恤书丹凤[⑬]五云下，关西大鸟来悲鸣。只今荏苒二十载，白发朱颜不相待。牛衣犹是泣王章[⑭]，骏骨无人怜郭隗[⑮]。一朝吴会暗旌头，回首中原市朝[⑯]改。且留薇蕨卧西山，不降木石填东海。处处黄池桴鼓[⑰]鸣，萧条空有青毡[⑱]在。草阁俄觱篥惊吹，雕弓白马鲜卑儿。手持紫诏敬致辞，君家旧物还相贻。挥金出门去不顾，道旁观者皆称奇。我闻此事长叹息，世代受恩良不訾[⑲]。煌煌锡命不易得，诏语后人慎守之。夜深仿佛群龙趋，思朝神灵朝在兹。

（《柳洲诗集》卷四）

**【注】**

① 韔：马上的盛弓器。

② 甲骑：披甲的骑兵。《史记·匈奴列传》："士力能毌弓，尽为甲骑。"《魏书·姚兴传》："太祖诏毗陵王顺以精骑冲击，获兴甲骑数百，斩首千余级。"《宋史·岳飞传》："兀术、刘豫合兵围庐州，帝手札命飞解围，提兵趋庐，伪齐已驱甲骑五千逼城。"明高启《长洲苑》："甲骑从舆后，蛾眉侍幄中。"

③ 三光：日、月、星。《庄子·说剑》："上法圆天以顺三光，下法方地以顺四时，中和民意以安四乡。"《史记·天官书》："衡、太微、三光之廷。"司马贞索隐引宋均曰："三光，日、月、五星也。"班固《白虎通·封公侯》："天有三光日月星，地有三形高下平。"葛洪《抱朴子·仁明》："三光垂象者干也，厚载无穷者坤也。"元稹《有酒》："何三光之并照兮，奄云雨之冥冥。"

④ 珥笔：古代史官、谏官上朝，常插笔冠侧，以便记录。《文选·曹植〈求通亲亲表〉》："安宅京室，执鞭珥笔。出从华盖，入侍辇毂。"李善注："珥笔，戴笔也。"

⑤ 金吾：负责皇帝大臣警卫、仪仗以及徼循京师、掌管治安的武职官员。汉有执金吾，唐宋以后有金吾卫、金吾将军、金吾校尉等。《汉书·百官公卿表上》："中尉，秦官，掌徼循京师，有两丞、侯、司马、千人。武帝太初元年更名'执金吾'。"颜师古注："应劭曰：'吾者，御也，掌执金革以御非常。'金吾，鸟名也，主辟不祥。天子出行，职主先导，以御非常。故执此鸟之象，因以名官。"晋崔豹《古今注》："车辐棒也。汉朝'执金吾'，'金吾'亦棒也。以铜为之，黄金涂两末，谓为'金吾'。"白居易《东南行一百韵》："醉曾冲宰相，骄不揖金吾。"

⑥ 两观：行刑正法之所。宋李纲《上渊圣皇帝实封言事奏状》："罪实比于四凶，诛宜行于两观。"

⑦ 视草：代皇帝起草诏书。《明史·文苑传四·陈仁锡》："魏忠贤冒边功，矫旨锡上公爵，给世券。仁锡当视草，持不可。其党以威劫之，毅然曰：'世自有视草者，何必我！'忠贤闻之怒。"

⑧ 珥貂：指达官显贵。晋戴安公《释疑论》："比干忠正，毙不旋踵；张汤酷吏，七世珥貂。"韩愈《陪杜侍郎游湘西寺》："珥貂藩维番，政作类分陕。"明何景明《雷黄明凯旋图歌》："封侯拜将珥貂列，白金绯衣照云月。"

⑨ 三叶：三世。汉张衡《思玄赋》："尉龙眉而郎潜兮，逮三叶而遘武。"《南齐书·郁林王纪》："自我皇历启基，受终于宋，睿圣继轨，三叶重光。"杜甫《别李义》："丈人嗣三叶，之子白玉温。"仇兆鳌注："从义之父，上溯至道王为三世，故曰嗣三叶。"

⑩ 椒浆：以椒浸制的酒浆，古代多用以祭神。《楚辞·九歌·东皇太一》："蕙肴蒸兮兰藉，奠桂酒兮椒浆。"《汉书·礼乐志》："勺椒浆，灵已醉。"王维《椒园》："椒浆奠瑶席，欲下云中君。"

⑪ 桂酹：桂花酒，泛指美酒。南朝梁沈约《郊居赋》："席布骍驹，堂流桂酹。"魏征《五郊乐章·雍和》："苾苾兰羞，芬芬桂酹。"苏轼《新酿桂酒》："烂煮葵羹斟桂酹，风流可惜在蛮村。"明谢榛《七夕留别汪伯阳李于鳞王元美得知字》："桂酹还成醉，萍踪不可期。"

⑫ 佳城：喻指墓地。《西京杂记》卷四："滕公驾至东都门，马鸣跼不肯前，以足跑地久之。滕公使士卒掘马所跑地，入三尺所，得石椁。滕公以烛照之，有铭焉……曰：'佳城郁郁，三千年见白日。吁嗟

滕公居此室!’滕公曰:‘嗟乎天也!吾死其即安此乎?’死遂葬焉。”《文选·沈约〈冬节后至丞相第诣世子车中作〉》:“谁当九原上,郁郁望佳城。”李周翰注:“佳城,墓之茔域也。”唐李邕《云麾将军李府君神道碑》:“桐柏烈烈,碑阙崇崇。盛业何许?佳城此中。”明徐霖《绣襦记·慈母感念》:“叹老景谁奉肥甘,葬佳城谁举灵輀?”

⑬ 丹凤:喻下达诏书的使者,亦指诏书。南朝梁简文帝《汉高庙赛神》:“白云苍梧去,丹凤咸阳来。”唐黄滔《贺清源仆射新命》:“二天在顶家家咏,丹凤衔书岁岁来。”明高明《琵琶记·春宴杏园》:“九重天上声名重,紫泥封已传丹凤。”

⑭ 牛衣犹是泣王章:因家境贫寒而伤心落泪。汉王章在出仕前家里很穷,没有被子盖,生大病也只得卧牛衣中,他自料必死,哭泣着与妻子诀别。妻子怒斥之:“今疾病困厄,不自激昂,乃反涕泣,何鄙也。”事见《汉书·王章传》。温庭筠《上裴舍人启》:“今则阮路兴悲,商歌结恨;牛衣夜哭,马柱晨吟。”五代刘兼《中春登楼》:“王章莫耻牛衣泪,潘岳休惊鹤鬓霜。”宋陆游《和范待制秋兴》:“一生不作牛衣泣,万事从渠马耳风。”明叶宪祖《鸾镵记·京晤》:“也只为牛衣对泣怜同病,一向鱼书久绝谁堪倩。”牛衣,供牛御寒用的披盖物,如蓑衣之类。《汉书·王章传》:“章疾病,无被,卧牛衣中。”颜师古注:“牛衣,编乱麻为之,即今俗呼为龙具者。”《晋书·刘寔传》:“寔少贫苦,卖牛衣以自给。”宋程大昌《演繁露·牛衣》:“牛衣者,编草使暖,以被牛体,盖蓑衣之类也。”

⑮ 骏骨无人怜郭隗:郭隗,燕昭王客卿,给昭王讲千金买马骨的故事,劝谏昭王招揽贤才。

⑯ 市朝:市场和朝廷,此处偏指“朝”,谓朝廷,官府。陶潜《岁暮和张常侍》:“市朝凄旧人,骤骥感悲泉。”《旧唐书·隐逸传赞》:“结庐泉石,投绂市朝。”

⑰ 桴鼓:战鼓。《史记·田叔列传》:“田仁对曰:‘提桴鼓立军门,使士大夫乐死战斗,仁不及任安。’”刘禹锡《和乐天洛下醉吟寄太原令狐相公兼见怀长句》:“从容自使边尘静,谈笑不闻桴鼓声。”明徐复祚《投梭记·闺叙》:“把笳声桴鼓相呼唤,令群丑抱头窜。”

⑱ 青毡:清寒贫困者,亦指清寒贫困的生活。王禹偁《求致仕第一表》:“岂期陛下轸念青毡,重升黄阁。”明徐复祚《投梭记·闺叙》:“卑人绿蚁一生,青毡半世。志存丘壑,梦断岩廊。”

⑲ 不訾:亦作“不赀”,不可比量,不可计数。《管子·七臣七主》:“百姓之不田,贫富之不訾,皆用此作。”《史记·货殖列传》:“其先得丹穴,而擅其利数世,家亦不訾。”司马贞索隐:“谓其多,不可訾量。”《新唐书·康承训传》:“获器铠不赀。”宋李纲《辞免知枢院事札子》:“乏昔人之功业,而有不赀之谗谤。”

# 卷二　殷献臣《周吏部年谱》、朱祖文《北行日谱》合编

## 正　谱

【年谱】

公讳顺昌,诸生时以字行曰景文,其号蓼洲,盖成进士后痛禄养①之不逮,志蓼莪②之永感也,故题其书屋曰蓼庵,而缀一联曰:"咬菜留先泽,焚香问自心。"噫! 即此可想公之概矣。

【注】

① 禄养:以官俸养亲。古人认为官俸本为养亲之资。汉焦赣《易林·革之观》:"飞不远去,法为罔待,禄养未富。"《魏书·辛雄传》:"(辛雄)又为《禄养论》,称仲尼陈五孝,自天子至庶人无致仕之文……以为宜听禄养,不约其年。"司空图《卢公神道碑》:"禄养之荣,孝敬之美,一时罕及也。"

② 蓼莪:《诗经·小雅·蓼莪》:"蓼蓼者莪,匪莪伊蒿。哀哀父母,生我劬劳。蓼蓼者莪,匪莪伊蔚。哀哀父母,生我劳瘁。瓶之罄矣,维罍之耻。鲜民之生,不如死之久矣。无父何怙? 无母何恃? 出则衔恤,入则靡至。父兮生我,母兮鞠我。拊我畜我,长我育我,顾我复我,出入腹我。欲报之德,昊天罔极! 南山烈烈,飘风发发。民莫不谷,我独何害! 南山律律,飘风弗弗。民莫不谷,我独不卒!"诗歌表达子女对双亲抚养恩德的追思,后以"蓼莪"指对亡亲的悼念。《后汉书·清河孝王刘庆传》:"(诸王)常有《蓼莪》《凯风》之哀。"苏轼《谢生日诗启》:"《蓼莪》之感,追衰老而不忘。"钱谦益《蓼庵记》:"太仓曹子忍生痛其父母之蚤世而不及养也,又自伤其长而不遇,无以慰其亲于地下也,读《诗》至《蓼莪》,辄为废书泣下。文宫洗文起大书"蓼庵"二字以贻之,曹子颜于其读书之屋。"

【札】

### 蓼庵记

钱谦益

太仓曹子忍生痛其父母之蚤世而不及养也,又自伤其长而不遇,无以慰其亲于地下也,读《诗》至《蓼莪》,辄为废书泣下。文宫洗文起大书蓼庵二字以贻之,曹子颜于其读书之屋,而请余为之记。吾闻诸夫子:孝始于事亲,中于事君,终于立身。此卿大夫与士之孝,而人子之所当有事也。若夫《蓼莪》之孝子,致恨于失养,而以为鲜民之生不如死,此所谓庶人之孝也。曹子宜何居焉?《蓼莪》之诗,说《诗》者以为刺幽王也,其诗盖丽于《谷风》之什,而《北山》之独贤,《小明》之悔仕,怨嗟并作,盖莫甚于此时。今圣天子在

上，惟皇建极，阴阳和而万物理，《鹿鸣》以下之诗并兴，而《南陔》《白华》亦皆比笙歌而奏于堂下。居今之世，而悲忧穷蹇，退而称《蓼莪》之诗，吾窃悲曹子之志而惜其不遇也。虽然，曹子则可谓孝矣。古之人戒其君求贤而用吉士，必曰有孝有德，又曰如圭如璋，令闻令望。宣王之在内者，推张仲孝友。而萧望之谓张敞材轻，非师傅之器，亦此志也。曹子志气卓荦，议论天下事，滚滚如贯珠。顾其夙夜刻励，有终身之慕若此。其将进而为珪璋孝德之士，奋庸于休明之世，以矢来游来歌之盛事乎？吾知其不徒为《蓼莪》之孝子而足也。聊书之以广曹子之意。崇祯四年六月记。

（钱谦益《牧斋初学集》卷四三）

## 万历十八年庚寅（1590）　七岁

**【年谱】**

公生而岐嶷①，英姿劲骨，迥异凡儿。王父②广文③渭川公（讳冠）奇爱公，携之延平④公署，请仙，有"桂枝新发已迢迢"之句，时公才七龄。每应对，必称大父⑤旨[一]，以是渭川公有二孙，独属意公，以所疏《经书旨》及祖茔启土所得金带一瓣遗公，曰："吾试棘围⑥十有三，得隽⑦而复失者三，仅以广文老，不于吾身，必于汝，汝必勉之。"

**【校】**

［一］旨，原本作"指"，今改。

**【注】**

① 岐嶷：幼年聪慧。《东观汉记·马客卿传》："马客卿幼而岐嶷，年六岁，能接应诸公，专对宾客。"北魏杨衒之《洛阳珈蓝记·追光寺》："略生而岐嶷，幼则老成，博洽群书。"唐李颀《送刘四》："爱君少岐嶷，高视白云乡。"

② 王父：祖父。《尚书·牧誓》："昏弃厥遗王父母弟不迪。"孔颖达疏："《释亲》云：'父之考为王父'，则王父是祖也。"韩愈《清河郡公房公墓碣铭》："其大王父融，王父琯，仍父子为宰相。"

③ 广文：广文先生，泛指清苦闲散的儒学教官。宋叶适《鄱阳董季兴往游怀玉山》："广文偶来亦同病，买田施食殷勤请。"

④ 延平：福建南平，周冠任福建延平府尤溪县学教谕。

⑤ 大父：祖父。《韩非子·五蠹》："今人有五子不为多，子又有五子，大父未死而有二十五孙。"《史记·留侯世家》："留侯张良者，其先韩人也。大父开地，相韩昭侯、宣惠王、襄哀王。"裴骃《集解》引应劭曰："大父，祖父。"《梁书·王茂传》："茂年数岁，为大父深所异。"

⑥ 棘围：古代科举考场。唐、五代试士，以棘围试院以防弊端，故称。黄庭坚《博士王扬休碾密云龙同事十三人饮之戏作》："棘围深锁武成宫，谈天进士雕虚空。"

⑦ 得隽：及第，亦作"得儁"。元稹《和王侍郎酬广宣上人观放牓后相贺》："竞走墙前希得儁，高县日下表无私。"欧阳修《送徐生之渑池》："名高场屋已得儁，世有龙门今复登。"明沈德符《野获编·科场二·现任大官子弟登第》："南京兵部尚书李遂子材，亦以是科得隽。"

**【记】**

周茂兰《周忠介公墓志铭记》云："府君生于万历十一年甲申八月十七日子时"，景周谨按："十一"当是"十二"之误，殷献臣《周忠介公年谱》："公生于万历甲申"，万历甲申，即万历十二年（1584）。又，《东林同难录·周顺昌传》："万历十二年甲申八月十七日生"。

## 万历二十四年丙申(1596)　十三岁

**【年谱】**

万历丙申岁,公年十三,予长公五年。上元之夕,途中邂逅,即成莫逆①。公已善属文,予每读辄心折。间出王父所遗《经书旨》及带瓣见示,且诵王父勉励之语,永矢弗谖②。予壮其志,伟其才,益严重③公。尝与公同侍渭川公侧,公语微谑,渭川公遽正色呵止之,公自是一禀祖训。至交游惮其严峻,以为不和于俗云。渭川公有二子,公赠翁④冲宇公(讳可贤),其次也。渭川公罢广文归,喜读书饮酒,不治家人生产,青毡⑤俸余,又为公伯氏靡费殆尽。赠公及公母张夫人拮据奉养,公复百计委曲⑥,佐二人致洗腆⑦于渭川公,卒登上寿考终⑧。

**【注】**

① 莫逆:《庄子·大宗师》:"(子祀、子舆、子犁、子来)四人相视而笑,莫逆于心,遂相与为友。"沈约《七贤论》:"山王二公悦风而至,相与莫逆。"陈师道《送秦觏》:"结友真莫逆,论才有不如。"

② 永矢弗谖:发誓永远不忘记。《诗经·卫风·考盘》:"独寐寤言,永矢弗谖。"

③ 严重:敬重。《史记·游侠列传》:"诸公以故严重之,争为用。"《明史·魏骥传》:"正统中,王振怙宠,凌公卿,独严重骥,呼'先生'。"

④ 赠翁:父亲。

⑤ 青毡:清寒贫之士,亦指清贫的生活。王禹偁《求致仕第一表》:"岂期陛下轸念青毡,重升黄阁。"

⑥ 委曲:周全,调和。宋叶适《舒颜升墓志铭》:"不幸而难从,非贤者顺导委曲,而不抵突以败,寡矣。"《明史·杨廷和传》:"廷和与东阳委曲其间,小有剂救而已。"

⑦ 洗腆:置办洁净丰盛的酒食孝敬父母或款待客人。《尚书·酒诰》:"肇牵车牛,远服贾,用孝养厥父母。厥父母庆,自洗腆,致用酒。"蔡沈《集传》:"洗以致其洁,腆以致其厚也。"明李东阳《毛间翁墓表》:"汝为商以供吾养,遂致洗腆,安其高年。"

⑧ 考终:考终命,享尽天年。《尚书·洪范》:"五曰考终命。"孔传:"各成其长短之命以自终,不横夭。"白居易《策林一·兴五福销六极》:"于是乎三和之气,欣合细缊,积为寿,蓄为富,舒为康宁,敷为攸好德,益为考终命。"潘岳《杨荆州诔》:"诔德策勋,考终定谥。"陆游《求志居士彭君墓志铭》:"考终于新第。"

## 万历三十一年癸卯(1603)　二十岁

**【年谱】**

癸卯,公弱冠,补弟子员,与德升、虚王两兄弟订久要①,予兄弟藉公得蒙两兄教爱,则公之有大造②于予也。

**【注】**

① 久要:旧交。曹植《箜篌引》:"久要不可忘,薄终义所尤。"刘良注:"久要,久交也。"唐沈亚之《秦梦记》:"公谓亚之曰:'本以小女将托久要,不谓不得周奉君子而先物故。'"王安石《老人行》:"古来人事已如此,今日何须论久要。"

② 大造：大功劳，大恩德。《左传·成公十三年》："文公恐惧，绥静诸侯，秦师克还无害，则是我有大造于西也。"陈琳《为袁绍檄豫州》："则幕府无德于兖土之民，而有大造于操也。"

## 万历三十二年甲辰（1604）　二十一岁

**【年谱】**

甲辰，公年二十一。时赠公家酷贫，公藉馆谷奉养，曰："吾辈今日为诸生①，自束脩②外即无可取，设他日为宰官，自俸资外即不可取。"馆于予外家③蒋氏。初意公年少，已见公进止④有度，课督⑤有法，遂大叹服。性极敏，每遇目辄成诵，而不自满假⑥。克勤无怠，尝终日夜湛思⑦《经书旨》，旁证《大全语录》，一登讲席，名理玄言，得未曾有，从游者莫不虚往而实归，予与家季子狷多所质证⑧。其为文辄拟元脉，自瞿塘[一]、王薛，迄会稽、松陵、同安⑨，皆手录成帙。尝经数日构一义，成辄毁之，又或累月不作一字，盖其得力，有未易窥者。公虽糊其口于馆，而怜才念切，不计束仪厚薄，士争云集响应。其能文者，公贵后，为延誉⑩郡邑，门下士获游庠食饩⑪，知名者甚众。性不喜杯中物，偶在予坐醉归，母夫人让之，自是更不复饮，终身未尝一醉。

**【校】**

［一］塘，原本作"唐"，今改。

**【注】**

① 诸生：有知识学问之士，儒生。《管子·君臣上》："是以为人君者，坐万物之原，而官诸生之职者也。"尹知章注："谓授诸生之官而任之以职也。生，谓知学之士也。"《汉书·叔孙通传》："夫儒者难与进取，可与守成。臣愿征鲁诸生，与臣弟子共起朝仪。"南朝梁任昉《为范尚书让吏部封侯第一表》："臣本自诸生，家承素业。"

② 束脩：古代入学敬师的礼物。《论语·述而》："子曰：'自行束脩以上，吾未尝无诲焉。'"邢昺疏："束脩，礼之薄者。"《晋书·慕容廆载记》："平原刘赞儒学该通，引为东庠祭酒，其世子皝率国胄束脩受业焉。"五代王定保《唐摭言·两监》："龙朔二年九月，敕学生在学，各以长幼为序。初入学，皆行束修之礼。"

③ 外家：泛指母亲和妻子的娘家。《东观汉记·吴汉传》："（吴汉）尝出征，妻子在后买田业。汉还，让之曰：'军师在外，吏士不足，何多买田宅乎！'遂以分与昆弟外家。"《晋书·魏舒传》："（魏舒）少孤，为外家宁氏所养。宁氏起宅，相宅者云：'当出贵甥。'外祖母以魏氏甥小而慧，意谓应之。"

④ 进止：举止，行动。《汉书·薛宣传》："宣为人好威仪，进止雍容，甚可观也。"葛洪《抱朴子·行品》："声气雌弱，进止质涩。"北魏杨衒之《洛阳伽蓝记·追光寺》："江东朝贵，侈于矜尚，见略入朝，莫不惮其进止。"

⑤ 课督：督责，督促。《后汉书·樊宏传》："准课督农桑，广施方略，期年间，谷粟丰贱数十倍。"

⑥ 满假：自满自大。《尚书·大禹谟》："克勤于邦，克俭于家，不自满假。"孔传："满，谓盈实；假，大也。"孔颖达疏："言己无所不知，是为自满；言己无所不能，是为自大。"元稹《招讨镇州制》："逮我长理，何其远哉！岂朕之满假荒宁，自圣而不可教耶？"

⑦ 湛思：沉思，深思。董仲舒《春秋繁露·玉杯》："故因其所贤而加之大恶，系之重责，使人湛思而自省悟以反道。"凌曙注引颜师古曰："湛，读曰'沉'。沉，深也。"

⑧ 质证：核实验证。

⑨ 瞿塘、王薛、会稽、松陵、同安：来知德，字矣鲜，别号瞿塘，著有《周易集注》；陆梦龙，字君启，会稽人，著有《易略》；林希元，字茂贞，号次崖，同安人，正德丁丑进士，著有《易经存疑》十二卷。

⑩ 延誉：播扬声誉。《国语·晋语七》："使张老延君誉于四方。"刘义庆《世说新语·言语》："今晋祚虽衰，天命未改，吾欲立功于河北，使卿延誉于江南。"宋葛立方《韵语阳秋》卷十八："孟浩然诗名籍甚，一游长安，王维倾盖延誉。"

⑪ 游庠食饩：游庠，儒生经考试取入府、州、县学为生员。食饩，经考试取得廪生资格的生员享受廪膳补贴。

## 万历三十四年丙午(1606)　二十四岁

**【年谱】**

丙午，公年二十四。试金陵归，赠公暨母夫人相继抱病。尔时家无应门[①]，亦鲜弟兄，独与吴夫人侍养二人。稍愈，即至馆。已又病，即从馆中徒步遄归。越二载，遂以积劳呕血。赠公竟不起，母夫人亦踵赠公即世。哀毁骨立，几成死孝。历六年所未尝见其一开口而笑也。居两丧，悉预请束仪为附身附棺之具。即至戚间，毫无所受。有贵介子弟以金赙[②]，坚却之，曰："贫者士之常，臭味不同，何暇与之征逐于酒肉歌舞之场哉？"偶偕予访友馆中，其馆家出歌舞侑酒，酒未三行，忽念二尊人，涕泗交下，握予手促同归。后予丁外艰，公突入幕中，讯予里衣，见纯布素，始色喜，曰："昔予居两丧时，举色者尽质之，易素，此极琐事，不如是心不安也。"

**【注】**

① 应门：守候和应接叩门的人，亦泛指使唤的僮仆。《庄子·让王》："原宪华冠纵履，杖藜而应门。"李密《陈情事表》："外无期功强近之亲，内无应门五尺之童。"杜甫《秦州杂诗》："晒药能无妇，应门亦有儿。"

② 赙：拿钱财帮助别人办理丧事。

## 万历三十六年戊申(1608)　二十六岁

**【年谱】**

戊申，公年二十六。时公伯氏贫甚，以祖茔地私售严氏仆，公为之白于吴县曾公（讳汝召），祖茔获全。伯氏愤甚，讼公于学师，公终不失犹子[①]礼，伯迄感悟。已没，为之殡。公自连遭大丧，一切世事，俱谢屏迹。馆中独与德升、虚王两兄及予兄弟过从，予祗以硁硁[②]，蒙公教爱，遂与德升辈互结姻好。

**【注】**

① 犹子：侄子。《礼记·檀弓上》："丧服，兄弟之子，犹子也，盖引而进之也。"南朝梁任昉《为齐明帝让宣城郡公第一表》："太祖高皇帝笃犹子之爱，降家人之慈；世祖武帝情等布衣，寄深同气。"文天祥《寄惠州弟》："亲丧君自尽，犹子是吾儿。"

② 硁硁：形容浅陋固执。《论语·子路》："言必信，行必果，硁硁然小人哉！"葛洪《抱朴子·逸民》："昔夷齐不食周粟，鲍焦死于桥上，彼之硁硁，何足师表哉！"唐陆贽《请许台省长官举荐奏》："唯以硁硁浅近，不克宏通。"

# 万历三十九年辛亥(1611)　二十八岁

【年谱】

辛亥,公年二十八。是冬服阕[①],赴科举。府列公名稍后,院试日,袖笔砚,冀挨补,为县役拦阻,咫尺不得见县,公径拂衣出,曰:"本图进取,为慰二人九京[②]计,今反得辱,吾过矣,吾过矣。"以故公贵后,驭厮役极严,待士必以礼,盖惩此也。

【注】

① 服阕:守丧期满除服。阕,终了。汉蔡邕《贞节先生陈留范史云铭》:"举孝廉,除郎中君莱芜长,未出京师,丧母行服。故事,服阕后还郎中君。"《旧唐书·王丘传》:"丁父忧去职,服阕,拜右散骑常侍,仍知制诰。"

② 九京:泛指墓地。黄庭坚《送范德孺知庆州》:"平生端有活国计,百不一试薶九京。"

# 万历四十年壬子(1612)　二十九岁

【年谱】

壬子,公年二十九,赴遗才[①]试,公久不与试,都忘院中规条,遂为熊太宗师罚跪,欲加责,已从火光中凝瞩良久,见公青年,雄姿英发,始释。先试期,公冒风寒,三日不食,是早枵腹[②]进院,三题一挥而就,满志而出,病已霍然,遂以遗才拔置宾兴[③]前茅。时公与德升、虚王暨予同寓长干里[一][④]中,聚首论心,每及世风日下、人情日浇,公愤然出矢言[⑤]曰:"使弟得志,必不改素心。作富贵荣、为身家计,以为吾党羞。"夜梦大父渭川公衣冠状貌,宛若平生,手持色补[⑥]指公曰:"汝补有进于此者,勖哉。"已与德升同举于乡,捷音至,人咸为公庆,公以二人不及见,唏嘘泣下,悲不自胜。计偕[二][⑦]时,有以厚赀附载,冀免税(时税尚未蠲),计酬仪可百金,公与德升固却之,曰:"始进之日,岂可便作欺君负心事,长干矢言,犹在知己耳,敢食之自肥耶?"

【校】

[一] 长干里,原误作"长千里",今改。

[二] 计偕,原作"偕计",今改。

【注】

① 遗才:秀才参加乡试,先要经过学道的科考录送,临时添补核准的,称为"遗才"。《警世通言·唐解元一笑姻缘》:"虽然免祸,却不放他科举,直至临场,曹公再三苦求,附一名于遗才之末。"周顺昌《乡试卷》尚有部分留存至今,见《明清档案卷·明代》。

② 枵腹:空腹。《明史·福王常洵传》:"王府金钱百万,而令吾辈枵腹死贼手。"

③ 宾兴:科举时代,地方官设宴招待应举之士,亦指乡试。元许谦《送尉彦明赴开化教谕序》:"诵《诗》《书》六艺之文,以广见闻;孝弟忠信之实,以敦德行。故宾兴以示劝,简绌以致罚。"

④ 长干里:古建康里巷名。故址在今江苏省南京市南。《文选·左思〈吴都赋〉》:"长干延属,飞甍舛互。"刘逵注:"江东谓山冈间为'干'。建邺之南有山,其间平地,吏民居之,故号为'干'。中有大长干、小长干,皆相属。"宋王象之《舆地纪胜》卷一七:"长干是秣陵县东里巷名。江东谓山陇之间曰干。"

⑤ 矢言:正直之言。《宋书·刘怀肃传》:"情不违顺,屡进矢言。"南朝梁刘勰《文心雕龙·铭箴》:

"然矢言之道盖阙，庸器之制久沦。"

⑥ 色补：即补子，明清时官服上标志品级的徽饰，以金线及彩丝绣成。文官绣鸟，武官绣兽，缀于前胸及后背。清梁绍壬《两般秋雨庵随笔·补子》："品级补子，定于洪武，行于嘉靖，仍用至今，汪韩门《缀学》言之详矣。"

⑦ 计偕：举人赴京会试。柳宗元《宜城县开国伯柳公行状》："开元中，举汝州进士，计偕百数，公为之冠。礼部侍郎韦陟异而目之，一举上第。"

## 万历四十一年癸丑(1613)　三十岁

【年谱】

癸丑，公年三十。连登甲榜。廷对时微雨，有一内官延之入室，兼进汤饼[1]，公固却之，曰："此辈安可比哉。"又一内官假之馆，亦不就。赁数椽以居，仅蔽风雨。盖攻苦茹淡，自其天性，而与阉人枘凿，亦其生来具此劲骨浩气，断不欲假之为捷径也。

自京师寄予五人书[2]有云："今日之举，书生业债似已了却，但世上许多难了事，不知后来能了得几分否？能了则了之，不然，长林深壑[3]之性故在，仍以老蠹鱼[4]终身足矣。至求田问舍、积玉堆金，视头上乌纱若捧夜光珠行九折坂中，惟恐失之，实不能也。京中百费如流，床头如洗。归来人事，惟《试录》一册，墨卷七首，即兰婿（予次子祐宁）亦不能有别赠，兰婿四五岁便自异人，当必不讶乃岳父也。"

又一书[5]有云："长安娶妾者如市，弟鳏居如故，始知鲁男子[6]原非绝德。念吾糟糠妇同养二人，室无小婢，亲操井臼[7]，以迄浣濯，每冬月，手为之龟，实不敢作此薄幸事也。"

又一书[8]，谈时局，见本怀甚悉，末及同籍鹿公（讳善继）相得事甚奇，全刻。（迨丙寅公被逮北上，鹿公及令嗣[9]解元公暨吴桥范公讳景文，俱如救焚拯溺，令公初坐赃，时获免。此语详朱完天《北行纪事》[10]中，完天讳祖文。）

寓京师，有以阿堵物相贷者，愿借此缔交，公私念非我族类，更他贷偿之，及抵家，终不往拜。已得闽福州司李，便道还家，予兄弟从德升、虚王候之浒关，其容有戚，讯之，则曰："适思二人，方在舟中痛哭一场耳。"已谒两尊人柩前，拜不能起，悲感行路。时有市井中援附公外家葭莩[11]，欲得公为光宠，公以妇翁家素无此客，且廉知其人富不可比也，竟不一顾。苍头辈有以财进、色进、心计进者，皆笑而不纳。诸游船画舫梨园之属、财利之薮，欲得公一示、一牌、一灯，俱不可。有与公同姓者，因醉犯司城禁，将闻于院，其人故饶于赀，其母叩首请公，愿以百金为寿，冀免，或谓："大中丞徐公，闽人也，知公贫，不妨缓颊[12]。"公坚不可。

先是，赠公有田若干，售公伯氏之妻党俞姓者，其人故无良，价未半而厮赖[13]，赠公往索，反被殴，公欲明之官，虑开釁阋墙[14]，熟谏[15]赠公，竟隐忍以没。至是恐甚，谒公谢罪，公曰："科第非修怨之具，此人贫而老，徒伤伯母心，无为也。吾翁长者，九原[16]可作，谅不介介[17]。"命之诣灵几前首过释之。时伯母尚在，更以称贷所得，给伯母月米，复为其子觅婚儒家女，曰："吾大父止有二子，不可使伯氏无后。"

癸丑冬仲，携家之闽。予兄弟从德升、虚王送之塘西。别时，以察假冒为嘱，已思三党之贫而无以自给者，曰："不得已，稍宽童试一途，聊为举火[18]资。"秋毫未尝有所自润。

【注】

① 汤饼:水煮的面食。《释名·释饮食》:"蒸饼、汤饼、蝎饼,金饼、索饼之属,皆随形而名之也。"《初学记》卷二六引晋束皙《饼赋》:"玄冬猛寒,清晨之会,涕冻鼻中,霜凝口外,充虚解战,汤饼为最。"宋黄朝英《缃素杂记·汤饼》:"余谓凡以麪为食具者,皆谓之饼,故火烧而食者呼为烧饼,水沦而食者呼为汤饼,笼蒸而食者呼为蒸饼。"

② 自京师寄予五人书:此书已佚,不见诸本《烬余集》。

③ 长林深壑:长林,高大的树林,喻隐逸者的居处。嵇康《与山巨源绝交书》:"此由禽鹿少见驯育,则服从教制,长而见羁,则狂顾顿缨,赴蹈汤火,虽饰以金镳,飨以嘉肴,逾思长林而志在丰草也。"范晔《乐游应诏诗》:"探己谢丹黻,感事怀长林。"王维《与魏居士书》:"长林丰草,岂与官署门阑有异乎?"深壑,深谷,喻隐逸者的居处。《艺文类聚》卷六八引北周王褒《刻漏铭》:"玄仪西运,逝水东流;甘川浴日,深壑藏舟。"

④ 蠹鱼:虫名,蛀蚀书籍、衣服。白居易《伤唐衢》:"今日开箧看,蠹鱼损文字。"陆游《箜篌谣寄季长少卿》之一:"卷书置箧中,宁使饱蠹鱼。"用以指嗜好读书,明胡应麟《少室山房笔丛·经籍会通四》:"枕席经史,沉湎青缃,却扫闭关,蠹鱼岁月,赏鉴家类也。"

⑤ 又一书:此书已佚,诸本《烬余集》均未收。

⑥ 鲁男子:《诗经·小雅·巷伯》:"哆兮侈兮,成是南箕。"毛传:"鲁人有男子独处于室,邻之厘妇又独处于室。夜,暴风雨至而室坏,妇人趋而托之,男子闭户而不纳。妇人自牖与之言曰:'子何为不纳我乎?'男子曰:'吾闻之也,男子不六十不闲居。今子幼,吾亦幼,不可以纳子!'妇人曰:'子何不若柳下惠然?妪不逮门之女,国人不称其乱。'男子曰:'柳下惠固可,吾固不可。吾将以吾不可,学柳下惠之可。'"

⑦ 井臼:汲水舂米,泛指操持家务。刘向《列女传·周南之妻》:"亲操井臼,不择妻而娶。"柳宗元《送从弟谋归江陵序》:"足其家,不以非道;进其身,不以苟得。时退则退,尊老无井臼之劳。"

⑧ 又一书:周顺昌《与朱德升孝廉书》。

⑨ 令嗣:才德美好的儿子。唐孙过庭《书谱》:"代传羲之《与子敬笔势论》十章,文鄙理疏,意乖言拙,详其旨趣,殊非右军……岂有贻谋令嗣,道叶义方,章则顿亏,一至于此!"王禹偁《五哀诗·故尚书兵部侍郎琅琊王公祐》:"鲤庭有令嗣,凤阁登仙署;两制列门生,九原应自许。"

⑩《北行纪事》:朱祖文《北行日谱》。

⑪ 葭莩:芦苇里的薄膜,比喻亲戚间的关系疏远淡薄。杨炯《李舍人山亭诗序》:"葭莩为汉帝之亲,枝叶为周公之裔。"

⑫ 缓颊:婉言劝解或代人讲情。《史记·魏豹彭越列传》:"(汉王)谓郦生曰:'缓颊往说魏豹,能下之,吾以万户封若。'"《周书·刘璠传》:"璠正色曰:'卿欲缓颊于我耶?我与府侯,分义已定,岂以宠辱夷险易其心乎?'"苏轼《与钱济明书》:"所问已得其端,通缓颊否?不倦日烈,见顾为望。"

⑬ 厮赖:抵赖。赵令畤《侯鲭录》卷四:"宋韩子华宴客,有姬人鲁生舞罢,为游蜂所螫;旋持扇向苏东坡乞诗。坡书云:'窗摇细浪鱼吹日,舞罢花枝蜂绕衣'云云。上句记姓,下句书蜂事。坡谓:'惟恐他姬厮赖,故云耳。'"

⑭ 阋墙:兄弟相争于内。《诗经·小雅·常棣》:"兄弟阋于墙,外御其务。"

⑮ 熟谏:宛转地劝说。《朱子语类》卷二〇:"人臣之谏君,亦有个宛转底道理,若暴扬其恶,言语不逊,叫唤狂悖,此便是干犯矣。故曰:'人臣之事君当熟谏。'"

⑯ 九原:九泉,黄泉。《旧唐书·李嗣业传》:"忠诚未遂,空恨于九原。"苏轼《亡妻王氏墓志铭》:"君得从先大人于九原,余不能,呜呼哀哉!"

⑰ 介介:不能忘怀。《后汉书·马援传》:"但畏长者家儿,或在左右,或与从事,殊难得调,介介独

恶是耳。”李贤注:“介介,犹耿耿也。”

⑱ 举火:生火做饭。《礼记·问丧》:“水浆不入口,三日不举火,故邻里为之糜粥以饮食之。”《庄子·让王》:“三日不举火,十年不制衣。”

## 万历四十二年甲寅(1614)　三十一岁

**【年谱】**

甲寅,公年三十一岁。首出行,忽舆扛折仆地,公颜色不异,曰:“是过非故。”竟不之责。初下车,左右循旧例以请,谓公宜先谒税监,公不许。已税监两遣使诘公见期,且云设馔以须,公不许。时中丞袁①与公有桑梓之谊,税监再四致意,袁欲公一见,公愈不许。一日,遇诸途,呵公引避,公驱车直前,仅一交手相过。

阅三月,税监以横取仇敛,民民②弗忍,群聚索价,税监窘甚,计出火攻,比屋延烧,遂成大变。诘朝,税监率其党挟匕首劫中丞,质其二子。已而释之,愿得公代而甘心,公曰:“此身许国,非许上官。必君父有难,方可身殉。吾素不与彼狎,四丧未葬,敢轻一死于鸿毛耶!”遂大忤当途意,听公改教,公拂衣就道,士民骈肩塞途,至运石扃城门,相聚数千[一],围绕中丞辕门大哗,中丞百计挽驾,公不得已,为地方复留。时邑符府篆递属公,公计税监以浚民致变,若复左袒③以胥,戕虐百姓,有死不能,用是税监凡有请求,每事裁抑,而苦心斡旋,直捐一身为万民请命,呕血病复发。时为神庙之季,虽倦于勤,太阿④独握,卒得旨撤回税监,辑宁地方,而公所全活者甚众。嗟乎,公之祸机,已兆于此矣。

**【校】**

[一] 千:原本作“干”,今改正。

**【注】**

① 中丞袁:袁一骥,字希我,江阴人,万历十一年(1583)癸未科三甲进士,任福建巡抚。

② 民民:众多的样子。民,通“绵”。《诗经·周颂·载芟》:“绵绵其麃”,陆德明释文:“《韩诗》作‘民民其麃’。”

③ 左袒:指偏向一方,汉高祖刘邦死后,吕后擅政,大封吕姓以培植势力。吕后死,太尉周勃谋诛诸吕,行令军中:“为吕氏右袒,为刘氏左袒”,军中皆左袒。事见《史记·吕太后本纪》《孝文本纪》等。

④ 太阿:古宝剑名,喻权柄。《明史·阉党传序》:“凶竖乘其沸溃,盗弄太阿。”

## 万历四十三年乙卯(1615)　三十二岁

**【年谱】**

乙卯,公年三十二。入乡闱,私念曰:“为国求贤,岂敢草草。”每一牍,必数番谛阅,更祷之天,期不枉不漏,差可自慰,以故公所得皆夙望。凡两署府县试,其家人自闽归,闻之途人云:“今岁周公秉衡,湮郁贫窭之气一伸。”至有歌《子衿》①而泣下者。

公殚精法比②,讫富讫威,毫无假借③。又性极慈,尝曰:“吾为刑官,每念用刑非以饰怒,六年来,从不敢一用夹棍周内人也。”有缙绅欲占青衿墓及田,公廉,得其情,断还青衿。已公归而案翻,青衿复间关至吴恳公,公笑曰:“此世态也,可奈何。”慰而遣之。

有广文以私憾下石[④]一生，业责而黜矣，公为请于道，再四审克，则首诬奸占某氏，乃老妪也，及细访之，此生直以贫，曾一肆酒于广文之子。已而，广文谒公，必欲公实之，公怒，惭而退，卒白生之冤。公曰："吾念大父亦广文，接若辈未敢稍慢，当尔时不觉形于色，盖杀人以媚人，实不敢也。"

闽地有草名断肠，人食之辄死。两造[⑤]交恶，贫而无赖[⑥]者辄食之，例断十金。公曰："人命至重，孰强之食，况官所断十金，而其家所费不赀，破产者多矣。"遂不断金，闽俗为之丕变[⑦]。

**【注】**

①《子衿》:《诗经·郑风》中篇名。葛洪《抱朴子·勖学》:"汲汲于进趋，悒闷于否滞者，岂能舍至易速达之通涂，而守甚难必穷之塞路乎！此川上所以无人，《子衿》之所为作，愍俗者所以痛心而长慨，忧道者所以含悲而颓思也。"

② 法比:法律条例。文征明《明故嘉议大夫都察院右副都御史沈公行状》:"公宅心仁恕，虽官法比，而审画详慎，必求当允。"

③ 假借:宽假，宽容。《战国策·燕策三》:"荆轲顾笑武阳，前为谢曰:'北蛮夷之鄙人，未尝见天子，故振慑，愿大王少假借之。'"《三国志·蜀志·魏延传》:"(延)性矜高，当时皆避下之，唯杨仪不假借延。"《新唐书·田悦传》:"德宗立，不假借方镇，诸将稍惕息。"

④ 下石:往井下丢石块，比喻乘人之危加以陷害。韩愈《柳子厚墓志铭》:"落陷穽，不一引手救，反挤之，又下石焉者，皆是也。"陈鹄《耆旧续闻》卷六:"已挤沟壑，犹下石不休;方困蒺藜，尚弯弓而相射。"

⑤ 两造:诉讼的双方，原告和被告。《尚书·吕刑》:"两造具备，师听五辞。"孔传:"两，谓囚、证;造，至也。"唐元稹《戒厉风俗德音》:"语称讪上之非，律有匿名之禁，皆所以防三至之毁，重两造之明。"《明史·叶向高传》:"今两造具在，一讯即情得。"

⑥ 无赖:没有仰仗和依靠，无可奈何。汉焦赣《易林·泰之丰》:"龙蛇所聚，大水来处，滑滑沛沛，使我无赖。"《三国志·魏志·华佗传》:"彭城夫人夜之厕，虿螫其手，呻呼无赖。"苏轼《策别二一》:"彼皆知其不过十年而复为平民，则自爱其身，而重犯法，不至于叫呼无赖，以自弃于凶人。"

⑦ 丕变:大变。《尚书·盘庚上》:"罔有逸言，民用丕变。"孔传:"民用大变从化。"刘禹锡《新修驿路记》:"近者尝为王所，百态丕变。"

## 万历四十七年己未(1619)　三十六岁

**【年谱】**

己未，公年三十六。在闽几七载，长安贵人，绝不通一问，而遗爱在口碑，直道在人心。媒孽[①]公者举税监事，有闽中巨公与公同调者矍然起曰:"正此难耳。"遂以考最[②]内召，福州绅衿暨民，相率祖送[③]，至有三百里而遥者，诸如建祠塑像勒碑易靴之事，一切不许。行李萧然，视初莅任时，不增一夫。时家季子狷已故，予从德升、虚王侯之松陵，一见即讯及，相与出涕，且曰:"吾自闽寄子狷诗有'从来学道者，不以药尊生'之句，诚药石也。惜哉!"既而曰:"相别已久，差不愧畴昔之言，为吾党羞。"继谈税监事甚悉，岌岌[④]乎有履霜[⑤]之忧焉(公自有纪[⑥])。

**【注】**

① 媒孽:酒母，比喻借端诬罔构陷，酿成其罪。《汉书·司马迁传》:"今举事一不当，而全躯保妻子

之臣随而媒孽其短。"颜师古注引臣瓒曰："媒谓构合会之，孽谓生其罪衅也。"《周书·宇文孝伯传》："臣知齐王忠于社稷，为群小媒孽，加之以罪。"宋陈亮《王珪确论如何》："君既知而用之矣，同列之人相与媢其长而媒孽其短，周旋四顾，无与共此乐者。"

② 考最：政绩考列上等。古代考核政绩军功，上等曰"最"，下等曰"殿"。《旧唐书·职官志二》："凡承旨撰集文章，校理经籍，月终则进课于内，岁终则考最于外。"

③ 祖送：饯行，送行。《文选·〈荆轲歌〉序》："燕太子丹使荆轲刺秦王，丹祖送于易水上。"张铣注："祖者，将祭道以相送。"《后汉书·东平宪王苍传》："有司复奏遣苍，乃许之……于是车驾祖送，流涕而诀。"唐封演《封氏见闻记·礼遣》："（张延赏）先自下拜，立与之辞，即令郡官祖送。"明刘基《送月忽难明德江浙府总管谢病去官序》："辛卯六月以病去，荐绅之士咸祖送北门外。"

④ 岌岌：危急貌。《孟子·万章上》："天下殆哉岌岌乎？"《汉书·韦贤传》："弥弥其失，岌岌其国。"颜师古注："岌岌，危动貌。"苏轼《东坡志林·秦拙取楚》："三晋亡，齐盖岌岌矣。"

⑤ 履霜：事态发展已有产生严重后果的预兆。《易·坤》："初六，履霜坚冰至。象曰：履霜坚冰，阴始凝也；驯致其道，至坚冰也。"《魏书·释老志》："始知祖宗叡圣，防遏处深，履霜坚冰，不可不慎。"《旧唐书·忠义传上·王义方》："臣恐履霜坚冰，积小成大，请重鞠正义死由，雪冤气于幽泉，诛奸臣于白日。"王明清《挥麈后录》卷三："伏维陛下留神听览，念艺祖创业之难，思履霜坚冰之戒，今日冰已坚矣，非独履霜之渐。"

⑥ 公自有纪：周顺昌《福州高珰纪事》，见《烬余集》卷一。

## 泰昌元年庚申（1620）　三十七岁

**【年谱】**

庚申，公年三十七。家居俟考选[①]旨，曰："吾今日急务，孰有逾葬亲者。"因以数金置浮园（公舟名，文太史[②]题），与堪舆家[③]往来登涉，以一力自随。田夫野妇，初不知公为贵人也。尝有他船来触舟，舟人谓舟坏宜令修，不则应偿所修之值，其人唯唯惟命，公曰："若然，是以舟为家人利薮[④]也。"纵之使去，益严策家人。有一使以公刺[⑤]投县幕，公痛惩之，曰："吾以防渐也。"舆人与人相殴，徒跣肤诉激公，公笑曰："有是事乎？"禁不许较。尝置一女使，女故有婿，因婿与妇翁相失，转售之公家，公知其情，呼其人与婿，以情理喻之，令归复合，逾年生一子，亦不汲汲责其值。

所居湫隘甚，初归自闽，邻舍适欲弃，遂称贷数十金易焉，因其陋，塈之茨之，两楹对峙，若三间状，深不盈丈，去头不盈尺，以为中堂，庭中杂植卉木，曰："吾视此有广厦之安矣。"闽中一巨公过之，谓当入之画图以砭土木膏肓[⑥]，殆非虚语。公之先，素以赀雄里闬，所居颇巨，因家中衰售人，至是为一势家纲纪[⑦]所得，更极壮丽，其人妄测公意，托人传语云："赎价不能骤集，不妨渐偿。"且虚其室以待，公笑而谢之。或以复祖业讽，公曰："此三字名美而实秽，吾诸生时，所居室仅四间，今纵狭陋，不犹愈于昔乎？况屋大必须多仆从以实其中，食指既多，将焉取之？浸假而生事剥民，吾不忍也。"

时庚申秋，吾吴米价腾踊，嗷嗷之众，千百为群，所在攘臂，米肆昼掩。公素不谒府县，至是，亟命驾陈救荒便宜，力赞擒首恶置之法，且宽其余党，以安众心，地方底宁。故事，里居者，值万寿节[⑧]，例不奉朝贺。公谓非吉月[⑨]必朝之，旨遂倡诸乡绅往拜。里居者之奉朝贺，自公始也。会神庙甫宾天，光皇继晏驾。公所觅葬亲地尚未有吉壤，而铨部[⑩]

之命已下，徘徊久之，念国家多大故[11]，君命不可违。

**【注】**

① 考选：通过考查或考试选用人员。《宋史·选举志三》："及两京皆置敦宗院，院皆置大、小学教授，立考选法，如《熙宁格》出官，所涖长二或监司有二人任之，乃注授。"明沈德符《野获编·词林·选庶吉士之始》："今会试后，考选庶吉士，人谓始于文皇帝永乐甲申科。"

② 文太史：文震孟。

③ 堪舆家：占候卜筮者，以相地看风水为职业者，即风水先生。《史记·日者列传》："孝武帝时，聚会占家问之，某日可取妇乎？五行家曰可，堪舆家曰不可。"明宋濂《〈葬书新注〉序》："堪舆家之术，古有之乎？《周礼》：'墓大夫之职，其法制甚详也，而无所谓堪舆家祸福之说，然则果起于何时乎？盖秦汉之间也。'"

④ 利薮：财利的聚集处。

⑤ 刺：名刺，名片。《梁书·江淹传》："永元中，崔慧景举兵围京城，衣冠悉投名刺，淹称疾不往。"元稹《重酬乐天》："最笑近来黄叔度，自投名刺占陂湖。"明陈宏绪《寒夜录》卷下："嘉隆以来，往还名刺居上者傲而无礼，处卑者逊而可笑。"

⑥ 膏肓：比喻难以救药的失误或缺点。《世说新语·俭啬》："王戎俭吝"，刘孝标注引晋王隐《晋书》："戎性至俭，不能自奉养，财不出外，天下人谓为膏肓之疾。"

⑦ 纲纪：称管理一家事务的仆人，亦称"纲纪仆"。宋赵与时《宾退录》卷六："（智士）心郁然不乐，召纲纪仆让之曰：'此第高广而圊不称。'"

⑧ 万寿节：君王的生日。《册府元龟·帝王·诞圣》："后唐庄宗以光启元年十月癸亥生于晋阳宫……同光元年十月壬辰万寿节，百官斋会于开封府。"

⑨ 吉月：指正月。《后汉书·马融传》："乘舆乃以吉月之阳朔，登于疏镂之金路。"李贤注："阳朔，十月朔也。"

⑩ 铨部：主管选拔官吏的部门。唐代文官由吏部铨选，武职由兵部铨选。宋初吏部铨选官员，仅限州县官及幕。文官少卿、监以上中书主之，京朝官由审官院主之；武官刺史、副率以上内职由枢密院主之。至明代，文归吏部，武归兵部。历代吏部职掌甚重，故常以"铨部"指吏部。周辉《清波别志》卷下："铨部类出见次，士大夫乐从远宦。"《宋史·选举志四》："在朝廷则当量人才，在铨部则宜守成法。"

⑪ 大故：重大的事故，多指对国家、社会有重大影响的祸患，如灾害、兵寇、国丧等。《周礼·地官·小司徒》："凡国之大事，致民；大故，致余子。"郑玄注："大故，谓灾寇也。"《汉书·匈奴传下》："自黄龙、竟宁时，单于朝中国辄有大故。"颜师古注："大故，谓国之大丧。"欧阳修《与富文忠公书》："朝廷新有大故，时事多艰。"明张居正《杂著》："虽历命二百有余，累经大故，而海内人心宴然不摇，斯用威之效也。"

## 天启元年辛酉(1621)　三十八岁

**【年谱】**

辛酉春，公年三十八。遂不携家，单车就道，盖原不为久据津要计也。在部时，一切问遗[1]俱谢。时东林诸名公，布列当途，公皆与之胶漆[2]，城社[3]之奸，已眈眈[4]睨而伺之矣。予尝讯公："兄后进[5]，何缘遽入东林？"公曰："曩吾司李福州，其人之与吾同调者，皆东林一脉，盖臭味所投，自有不谋之合，岂真揭揭[6]焉若建鼓而求亡子[7]，以相互标榜乎哉？"予因申郭有道、申处士及吕大防独无党之说，公颔之。呜呼！孰知杀公者竟以东林之目耶！寓京邸，有以女愿备妾媵者，公固却之，曰："吾盟心久矣，义不负吾糟糠妇也。"

盖吴夫人雅与公同心，身无纨绮，首无珠翠，食无甘旨，所举男子四、女子四，俱自乳，宗党间称为贤媛云。

【注】

① 问遗：馈赠。《汉书·娄敬传》："阶下以岁时汉所余彼所鲜数问遗，使辩士风谕以礼节。"颜师古注："问遗，谓饷馈之也。"《乐府诗集·鼓吹曲辞一·汉铙歌》："有所思，乃在大海南。何用问遗君？双珠玳瑁簪，用玉绍缭之。"

② 胶漆：比喻情谊极深，亲密无间。汉邹阳《狱中上书》："感于心，合于意，坚如胶漆，昆弟不能离，岂惑于众口哉！"白居易《和〈寄乐天〉》："贤愚类相交，人情之大率；然自古今来，几人号胶漆？"

③ 城社：靠山。唐李邕《又驳韦巨源谥议》："托城社之固，乱皇家之基。"《旧唐书·薛存诚传》："僧鉴虚者，自贞元中交结权幸，招怀赂遗，倚中人为城社，吏不敢绳。"《旧五代史·梁书·太祖纪二》："中官视胤眦裂，以重赂甘言诱藩臣以为城社。"

④ 眈眈：瞪目注视貌。宋刘斧《青琐高议·善政》："行未二十里，果见巨虎，眈眈由道而来。"陆游《十月二十六日夜梦行南郑道中》："眈眈北山虎，食人不知数。"

⑤ 后进：后辈，指学识或资历较浅的人。《论语·先进》："先进于礼乐，野人也；后进于礼乐，君子也。"邢昺疏："后进，谓后辈仕进之人也。"唐张继《送顾况泗上觐叔父》："吴乡岁贡足嘉宾，后进之中见此人。"

⑥ 揭揭：疾驰貌。汉焦赣《易林·需之小过》："猋风忽起，车驰揭揭。"

⑦ 建鼓而求亡子：《庄子·天运》："吾子使天下无失其朴，吾子亦放风而动，总德而立矣，又奚杰然若负建鼓而求亡子者邪。"《汉书·何并传》："林卿既去，北渡泾桥，令骑奴还至寺门，拔刀剥其建鼓。"颜师古注："建鼓，一名植鼓。建，立也，谓植木而旁悬鼓也。县有此鼓者，所以召集号令，为开闭之时。"

## 天启二年壬戌(1622)　三十九岁

【年谱】

壬戌，公年三十九。偶以铨补事与省中议论相左，遂不俟任满请告南归，曰："此官谁不欲得之，况四丧未葬，岂可不勇退以取众忌也？"别姚、文二太史[①]诗有"中朝豺虎方盈阙"[②]之句。呜呼！公已预灼其方炽之焰矣。会白莲贼披猖邹、滕间，公自土中假道所至，警夜者柝[③]声彻曙，公忧时感怀，抱影[④]无眠，自哂曰："此辈意我从羶途归，有阿堵物也，岂知依然穷措大本来乎？"因赋《赠内》诗，有"无愧旧齑盐"[⑤]之句。呼呼，孰知镪[⑥]重舟沉，弹者已挟白简[⑦]议其后耶！

先是，公别时以觅地托虚王。晤时首以地讯，曰："弟此番归，不葬亲不出，即葬亲亦不出矣。"时事有大可虞者矣。比抵家，日夕竟以觅地为事，而地猝不可遇。世人何知，妄意公位高必金多，辄昂其价以求售，公实贫甚。比甲子，始得贞山地，公喜欲狂，曰："吾愿毕矣。"会形家所选月日与峰峦左，竟不克葬而公及。嗟乎！兹岂非数耶！公自铨部归，念世受国恩，又蒙先朝特简[⑧]无以报，愈束修砥砺，危言危行，以澄清一世为己任。偶过予，色若不豫，曰："早间有恶客，欲以千金托吾居间[⑨]，吾自讼素不足孚人，人得尝之也。"

壬戌冬，文起先生以直言归，公喜曰："吾固知其不默默取容[⑩]也。"两人深相得，择地而蹈。门无杂宾，非公正不发愤，非地方大利弊不陈说。意所不可，即缙绅先生欲一晤，夷然不屑。至小民覆盆[⑪]，无辜吁天，即触忤当道，豪无顾忌。

【注】

① 姚、文二太史:姚希孟,字孟长;文震孟,字文起。

② 中朝豺虎方盈阙:周顺昌《壬戌南还留别文起、孟长二首》中句,见《烬余集》卷三。

③ 柝:古代打更用的梆子。

④ 抱影:守着影子,形容孤独。汉严忌《哀时命》:"廓抱景而独倚兮,超永乎故乡。"左思《咏史》:"落落穷巷士,抱影守空庐。"南朝宋王微《杂诗》:"朱火独照人,抱景自愁怨。"唐褚亮《晚别乐记室彦》:"抱影同为客,伤情共此时。"周邦彦《法曲献仙音》:"向抱影凝情处,时闻打窗雨。"

⑤ 无愧旧齑盐:周顺昌《寄内》:"脾疾每惊新齿发,空囊无愧旧虀盐。"

⑥ 镪:钱串,成串的钱,多指银子或银锭。

⑦ 白简:古时弹劾官员的奏章。《晋书·傅玄传》:"玄天性峻急,不能有所容;每有奏劾,或值日暮,捧白简,整簪带,竦踊不寐,坐而待旦。"陆游《送杜起莘殿院出守遂宁》:"白简万言几恸哭,青编一传可前知。"

⑧ 特简:皇帝对官吏的破格选用。

⑨ 居间:处于双方之间调解或说合。《史记·魏其武安侯列传》:"宾客居闲,遂止,俱解。"

⑩ 取容:讨好别人以求自己安身。《吕氏春秋·似顺》:"夫顺令以取容者,众能之,而况(尹)铎欤?"高诱注:"容,悦也。"《新唐书·崔元翰传》:"(元翰)性刚褊,不能取容于时,孤特自恃。"

⑪ 覆盆:以喻社会黑暗或无处申诉的沉冤。晋葛洪《抱朴子·辨问》:"是责三光不照覆盆之内也。"李白《赠宣城赵太守悦》:"愿借羲皇景,为人照覆盆。"

## 天启三年癸亥(1623)　四十岁

【年谱】

癸亥,公年四十。时元凶窃柄,羽翼已成。叶相公[①]以索逋[②]引退,万工部[③]以直谏杖死。海内重望,斥削几尽,公曰:"吾恨在野,不得踵万公抗疏,吾耻之。

【注】

① 叶相公:叶向高,字进卿,福清人。《明史·叶向高传》:"万历三十五年五月,擢向高礼部尚书兼东阁大学士,与王锡爵、于慎行、李廷机并命。十一月,向高入朝,慎行已先卒,锡爵坚辞不出。明年,首辅(朱)赓亦卒,次辅廷机以人言久杜门,向高遂独相……四十二年二月,皇太后崩。三月,福王之国。向高乞归益数,章十余上。至八月,允其去。"

② 索逋:催讨欠债。明沈德符《野获编·果报·守土吏狎妓》:"璧成在南中游狎邪,所携金不足,则贷之魏公府,凡数千金,比还,索逋者踵至。"

③ 万工部:工部郎中万燝。《明史·叶向高传》:"杨涟上疏劾忠贤二十四大罪。向高谓事且决裂,深以为非。廷臣相继抗章至数十上,或劝向高下其事,可决胜也。向高念忠贤未易除,阁臣从中挽回,犹冀无大祸。乃具奏称忠贤勤劳。朝廷宠待厚,盛满难居,宜解事权,听归私第,保全终始。忠贤不悦,矫帝旨叙己功勤,累百余言。向高骇曰:'此非阉人所能,必有代为草者。'探之,则徐大化也。忠贤虽愤,犹以外廷势盛,未敢加害。其党有导以兴大狱者,忠贤意遂决。于是工部郎中万燝以劾忠贤廷杖,向高力救,不从,死杖下。"《明史·万燝传》:"万燝,字暗夫,南昌人,兵部侍郎恭孙也。少好学,砥砺名行。举万历四十四年进士,授刑部主事。尝疏论刑狱干和。天启初元,兵事棘,工部需才,调燝工部营缮主事。督治九门垣墉,市铜江南,皆勤于其职。迁虞衡员外郎,司鼓铸。时庆陵大工未竣,费不赀。燝知内府废铜山积,可发以助铸,移牒内官监言之。魏忠贤怒,不发,燝遂具疏以请。忠贤益怒,假中旨诘责。

熿旋进屯田郎中，督陵务。其时，忠贤益肆，廷臣杨涟等交击，率被严旨。熿愤，抗章极论，略言：‘人主有政权，有利权，不可委臣下，况刑余寺人哉？忠贤性狡而贪，胆粗而大，口衔天宪，手握王爵，所好生羽毛，所恶成疮痏。荫子弟，则一世再世；赉厮养，则千金万金。毒痡士庶，毙百余人；威加搢绅，空十数署。一切生杀予夺之权尽为忠贤所窃，陛下犹不觉悟乎？且忠贤固供事先帝者也，陛下之宠忠贤，亦以忠贤曾供事先帝也。乃于先帝陵工，略不厝念。臣尝屡请铜，靳不肯予。间过香山碧云寺，见忠贤自营坟墓，其规制弘敞，拟于陵寝。前列生祠，又前建佛宇，璇题耀日，珠网悬星，费金钱几百万。为己坟墓则如此，为先帝陵寝则如彼，可胜诛哉！今忠贤已尽窃陛下权，致内廷外朝止知有忠贤，不知有陛下，尚可一日留左右耶？’疏入，忠贤大怒，矫旨廷杖一百，斥为民。执政言官论救，皆不听。当是时，忠贤恶廷臣交章劾己，无所发忿，思借熿立威。乃命群阉至熿邸，捽而殴之，比至阙下，气息才属。杖已，绝而复苏。群阉更肆蹴踏，越四日即卒，时四年七月七日也。忠贤恨犹不置，罗织其罪，诬以赃贿三百。”

## 天启四年甲子(1624)　四十一岁

**【年谱】**

甲子，公年四十一。时杨、左诸公[①]相继被逮，骈首就死，罗织者俱以汪文言为词[②]，公曰：“此匪之傍，贤者不免，此人曾来谒吾，峻绝之有故也。”呼呼！孰知倾公者亦以汪文言耶。

**【注】**

① 杨、左诸公：杨涟、左光斗等。

② 罗织者俱以汪文言为词：汪文言，即汪守泰，南直隶徽州府歙县(今安徽歙县)人，与杨涟、左光斗、魏大中等皆有往来。赵翼《廿二史札记》：“歙人汪文言有智术，负侠气，入京输赀为监生，用计破齐、楚、浙三党。察东宫伴读王安贤，倾心结纳，与谈当世流品。光、熹之际，外廷依刘一燝，而安居中，以次行诸善政，文言交关力为多。魏忠贤既杀安，府丞邵辅忠遂劾文言，革其监生。既出都，复逮下吏，得末减。益游公卿间，舆马常填溢户外。大学士叶向高用为内阁中书，韩爌、赵南星、杨涟、左光斗、魏大中皆与往来。会给事中阮大铖与左光斗、魏大中有隙，遂与给事中章允儒定计，嘱同官傅櫆劾文言，并劾大中通文言为奸利。魏忠贤大喜，立下文言诏狱。御史黄尊素语镇抚刘侨曰：‘文言不足惜，不可使缙绅祸由此起。’侨是之。狱词无所连，文言廷杖褫职，牵及者获免。已而魏忠贤势益张，尽逐诸正人赵南星等，梁梦环遂再劾文言，下诏狱。镇抚许显纯自削牍以上，赵南星、杨涟、左光斗、魏大中、李若星、毛士龙、袁化中、缪昌期、邹维琏、夏之令、王之寀、顾大章、周朝瑞、李三才、惠世扬等，无不牵引，而以涟、光斗、大中、化中、朝瑞、大章为受杨镐、熊廷弼贿。时显纯逼令文言牵引诸人，文言五毒备至，终不承。显纯乃手作文言供状，文言垂死大呼曰：‘尔莫妄书，异时吾当与尔面质！’显纯遂即日毙之于狱。”

## 天启五年乙丑(1625)　四十二岁

**【年谱】**

乙丑，公年四十二。先是，织监李实与吾吴二府杨公不相能[①]，并憾大中丞周公左祖属官，相继削夺，公曰：“阉人操纠劾[②]大僚之权，天下事可知矣。中丞以忤阉失官，荣行也，同好者可无一言相祖耶？”遂援笔为序[③]，备道二正[④]之季，逆珰煽虐，与阿珰胁权者，指斥不遗余力，议论侃侃，有关世教。二三兄弟谓：“此文当与胡澹庵《上高宗封事》[⑤]并传,然为兄送死之媒未可知,盍少逊[一]?”公曰:“吾甘之矣。”公文出甫浃月,流传长安,憾公者愈侧目欲挤公。会孔时⑥魏先生被逮过吴门,公独与留连三日,许曰:“真吾辈也。”遂以幼女字其孙。嗟乎!公之祸益决于此矣。

乙丑夏,姚太史丁艰⑦归。中途削籍,公益愤懑,矢口激烈。时阉焰愈炽,削逮之命无虚日。又矫旨毁拆天下书院,而大内深严,且为操练之场,公忧形于色,又见附阉者颂功德,甘讥骂之语,发指眦裂,曰:“同籍中乃有此人!”

居无何,阉党诬公与汪文言交好,且援缔姻事,诋公贪横无上,遂捏旨削籍,公曰:“吾视一官如敝屣,第国恩未报,目击逆珰,不能请剑尚方,生不如死矣。”遂往营贞山地,亟选葬期,更称贷数金,卜泾南小筑茅屋三间,环以小池,为杜门终隐计。时织监李实至苏,旧例缙绅先生与之款洽⑧,公与文、姚两公倡言不可,遂无敢往者。织监不浃月复返武林⑨,甫三月而难作。

【校】

[一] 逊,原本作“孙”。

【注】

① 相能:彼此亲善和睦。《左传·襄公二十一年》:“(范鞅)与栾盈为公族大夫而不相能。”《史记·萧相国世家》:“何素不与曹参相能。”叶梦得《石林燕语》卷七:“(吕溱)知真定,李参为都转运使,不相能。”

② 纠劾:举发弹劾。《晋书·周处传》:“凡所纠劾,不避宠戚。”北齐颜之推《颜氏家训·涉务》:“至乃尚书郎乘马,则纠劾之。”《宋书·刘康祖传》:“前后屡被纠劾,太祖以勋臣子,每原贷之。”宋庞元英《文昌杂录》卷一:“违是令者,执政官委御史台弹奏,尚书已下,听长官纠劾以闻。”

③ 序:周顺昌《送中丞绵贞周公南归序》。

④ 二正:正统、正德,明英宗、武宗年号。

⑤ 胡澹庵《上高宗封事》:胡铨《戊午上高宗封事》,抗议与金构和并请斩秦桧、王伦、孙近之疏。

⑥ 孔时:适时。韩愈《欧阳生哀辞》:“友朋亲视兮药物甚良,饮食孔时兮所欲无妨。”岳珂《桯史·淳熙内禅颂》:“惟我寿皇,圣孝孔时。”方孝孺《郊祀颂》:“自唐之衰,夷擅中国,迨于有元,人胥于狄,赫赫太祖,受命孔时。”

⑦ 丁艰:丁忧,丁家艰。《晋书·周光传》:“陶侃微时,丁艰,将葬,家中忽失牛而不知所在。”邵伯温《闻见前录》卷四:“初以秘书丞吕公大忠为副使,命下,大忠丁家艰,诏起复未行。”

⑧ 款洽:亲密,亲切。《隋书·长孙平传》:“高祖龙潜时,与平情好款洽,及为丞相,恩礼弥厚。”

⑨ 武林:杭州别称,以武林山得名。苏轼《送子由使契丹》:“沙漠回看清禁月,湖山应梦武林春。”

【札】

## 戊午上高宗封事

胡　铨

臣谨按:王伦本一狎邪小人,市井无赖,顷缘宰相无识,遂举以使虏。专务诈诞,欺罔天听,骤得美官,天下之人切齿唾骂。今者无故诱致敌使,以诏谕江南为名,是欲臣妾我也,是欲刘豫我也!刘豫臣事金国,南面称王,自以为子孙帝王万世不拔之业,一旦金人改虑,捽而缚之,父子为虏。商鉴不远,而伦又欲陛下效之。

夫天下者,祖宗之天下也,陛下所居之位,祖宗之位也。奈何以祖宗之天下为金人之天下，以祖宗之位为金人藩臣之位乎？陛下一屈膝，则祖宗庙社之灵尽污夷狄，祖宗数百年之赤子尽为左衽，朝廷宰执尽为陪臣，天下之士大夫皆当裂冠毁冕，变为胡服。异时豺狼无厌之求，安知不加我以无礼如刘豫也哉！夫三尺童子，至无识也，指仇敌而使之拜，则怫然怒；堂堂大国，相率而拜仇敌，曾童孺之所羞，而陛下忍为之邪？

伦之议乃曰："我一屈膝，则梓宫可还，太后可复，渊圣可归，中原可得。"呜呼！自变故以来，主和议者，谁不以此说啖陛下哉？然而卒无一验，则敌之情伪已可知矣。而陛下尚不觉悟，竭民膏血而不恤，忘国大仇而不报，含垢忍耻，举天下而臣之甘心焉。就令敌决可和，尽如伦议，天下后世谓陛下何如主也？况敌人变诈百出，而伦又以奸邪济之，则梓宫决不可还，太后决不可复，渊圣决不可归，中原决不可得。而此膝一屈，不可复伸，国势陵夷，不可复振，可为痛哭流涕长太息矣。

向者陛下间关海道，危如累卵，当时尚不忍北面臣敌，况今国势稍张，诸将尽锐，士卒思奋。只如顷者敌势陆梁，伪豫入寇，固尝败之于襄阳，败之于淮上，败之于涡口，败之于淮阴，较之往时蹈海之危，固已万万。傥不得已而至于用兵，则我岂遽出敌人下哉？今无故而反臣之，欲屈万乘之尊，下穹庐之拜，三军之士不战而气已索，此鲁仲连所以义不帝秦，非惜夫帝秦之虚名，惜夫天下大势有所不可也。今内而百官，外而军民，万口一谈，皆欲食伦之肉。谤议汹汹，陛下不闻，正恐一旦变作，祸且不测。臣窃谓不斩王伦，国之存亡未可知也。

虽然，伦不足道也，秦桧以心腹大臣而亦为之。陛下有尧、舜之资，桧不能致陛下如唐、虞，而欲导陛下为石晋。近者礼部侍郎曾开等引古谊以折之，桧乃厉声责曰："侍郎知故事，我独不知！"则桧之遂非愎谏，已自可见。而乃建白，令台谏侍臣佥议可否，是盖畏天下议己，而令台谏侍臣共分谤耳。有识之士，皆以为朝廷无人，吁，可惜哉！顷者孙近附会桧议，遂得参知政事。天下望治有如饥渴，而近伴食中书，漫不敢可否事。桧曰敌可讲和，近亦曰可和；桧曰天子当拜，近亦曰当拜。臣尝至政事堂，三发问而近不答，但曰"已令台谏侍从议之矣"。呜呼！参赞大政徒取容充位如此，有如敌骑长驱，尚能折冲御侮耶？臣窃谓秦桧、孙近亦可斩也。

臣备员枢属，义不与桧等共戴天。区区之心，愿断三人头，竿之藁街。然后羁留敌使，责以无礼，徐兴问罪之师，则三军之士不战而气自倍。不然，臣有赴东海而死耳，宁能处小朝廷求活邪！

（刘跃进主编《唐宋名篇·唐宋文卷》）

## 天启六年丙寅(1626)　四十三岁

【年谱】

丙寅，公年四十三。

三月五日，有旨逮周、缪两公，公举命服[①]质典中，各赠二金。时心知不免，促堪舆家急选葬期，咸谓非冬不可，遂不果。

十三日晚，予长儿祚巩及次儿祐宁谒公，公留夜话，历举古今忠孝节义事以相勉励[一],次举胡纮弹晦翁章②,笑曰:"朱子且不免,何况我。"又及文信国③传,一一指示,曰:"汝所看鉴,尚多未悉。因思少年八股束人,不能多读书,汝兄弟颇夜坐否?吾每夜四鼓为率,苦油贵,用桐油,人谓能昏目,吾转觉炯然。"嗟乎!公之克勤克俭如此,其引进后生如此,能不令人盡伤心哉!(是夜,长儿梦随公行一险道,只身徒步,风沙刮面,举目无人。诘朝,公遂逮不返。丁卯仲冬十三日,长儿亦逝。长儿小时了了,蒙公眷爱,每过予,必入儿辈书室,索所课文,谆谆教诲。未弱冠,府县俱荷公提奖,或游庠,并书志感。)

十五日,途中喧传驾帖④又至,薄暮,果逮公。予率儿辈踉跄至公所,公笑曰:"早知尔尔,何足介意,止恨四丧未葬,然吾扪心无愧,即死亦可见先人于地下。"呼长公子,止以急葬亲、守家庙为嘱,且曰:"幸家无余财,烦汝兄弟经营。读书固穷,不愧乃父清白家风,即吾死犹生矣。"黄昏时,令公陈父师⑤持牒至,陈公出公门,唏嘘泣下,衣袂尽湿。公囚服出,肃曰:"自揣未尝得罪朝廷百姓,不可见人,乞迟明⑥往。"县役遽持公,陈令公叱之,揖公入。时夫人诸孤皆相继闷绝,公徐令唤醒,正色喻之。径入书斋,亲知毕集,咸愤惋泣下。公意色愈闲日间⑦,为僧书"小云栖"⑧三字,命小奚磨墨,濡毫写竟。已而曰:"令公在舍,不能成主人礼,奈何?"命僮煮粥以进,陈令公不忍啜。

【校】

[一] 励,原本作"厉",今改。

【注】

① 命服:原指周代天子赐予元士至上公九种不同命爵的衣服,后泛指官员及其配偶按等级所穿的制服。唐权德舆《奉送孔十兄宾客承恩致政归东都旧居》:"角巾华发忽自遂,命服金龟君更与。"

② 胡纮弹晦翁章:晦翁,朱熹,号晦庵。《宋人轶事汇编》卷一七:"蔡元定博学强记,通术数。游晦翁门,极喜之。晦翁以道学不容于时,胡纮章疏并及蔡,谓之妖人,谪道州以死。"

③ 文信国:文天祥(1236—1283),吉州庐陵人,祥兴元年(1278)封为少保、信国公。

④ 驾帖:明代,秉承皇帝意旨,由刑科签发的逮捕公文。明沈德符《野获编·禁伪·驾帖之伪》:"祖制,锦衣卫拿人,有驾帖发下,须从刑科批定,方敢行事。"《明史·杨涟传》:"片语稍违,驾帖立下,势必兴同文馆狱而后已。"

⑤ 令公陈父师:吴县县令陈文瑞。父师,对长者的尊称。《汉书·叙传上》:"是所望于父师矣。"颜师古注:"齿为诸父,尊之如师,故曰父师。"

⑥ 迟明:黎明,天快亮时。《史记·卫将军骠骑列传》:"迟明,行二百余里,不得单于,颇捕斩首虏万余级。"唐曹唐《望九华寄池阳杜员外》:"戴月早辞三秀馆,迟明初识九华峰。"陈继儒《珍珠船》卷四:"穆宗禁中杏叶牡丹开,夜有黄白蛱蝶万数飞集花间……上令张网空中,得数百,迟明视之,皆金玉也。"

⑦ 日间:白天。

⑧ 小云栖:张世伟《小云栖题额记》:"小云栖题额者,故吏部郎周忠介公为龙树庵主西崖传公题也。"

【年谱】

十六日昧爽,辞家庙。夫人诸孤,牵衣泣别,略不一顾。予与德升、虚王、贺德甫(讳言)、吴公如(讳尔璋)俱不觉失声。公意气自若,遂以肩舆①从陈令公往。初寓公于抚院公廨②中,士民骈肩塞途,咸来谒公,皆抱人之云亡③之恨。抚台④虑人多有变,旋迁公县署中,从之者如院前。时已拟十八日开读。公囊中有银七钱,十五日早,业以三钱赙贫交徐胤开，止余四钱，而缇骑索金颇奢，公曰："七尺之躯，今日已委若辈，即不送一文，奈我何?"会杨惠庵（讳大溁）、袁熙甫（讳尚缉）、袁公白（讳征）、公清（讳衡）、杨维斗（讳廷枢）、公干（讳廷桢）共募金义助，以饱缇骑之欲，冀公途中无恙。越二日，约千金，缇骑侦知之，索金愈奢，传语云："不尔则周某途中且不保，纵枉死孰敢叩阍[⑤]耶?"于是道路哗然，佥[⑥]曰："廉吏安可为?"人怀攘臂[⑦]矣。平时，陈令公驭下极严，衙役皆意公赞成，颇憾公，至是，有一役扬言于众曰："快哉，周爷亦有今日耶!"忽一人捽其首曰："吾辈皆愤，汝何独快?"众争殴之，几毙。已，徐讯之，即颜佩韦等也。

**【北行日谱】**

三月之十有六日，天方曙，忽闻公被逮，大骇出门。彼时便已心念公此行谁与偕往，意者其文乎？第长子馆于浙，次子病于床，季子身为督课，不能脱。然比至通衢，遇公西席[⑧]邹君虚王（名谷），涕泗沾襟，欲偕北往，文念邹体弱不堪，力为之阻而身遂任之。公闻亦喜动颜色，因目吴君公如曰："子其为我一行?"公如唯唯。乃议文与公如偕公之子子佩行，已有成说。是日，诸君子便欲文与缇骑议所需，文曰："既文北行，不当使缇骑识面，以便彼中趋事。"遂以斯事他属。

**【注】**

① 肩舆：轿子。刘义庆《世说新语 · 简傲》："谢中郎是王蓝田女婿，尝着白纶布，肩舆径至扬州听事。"

② 公廨：官署。郦道元《水经注 · 淇水》："汉光武建武二年，西河鲜于冀为清河太守，作公廨未就而亡。"宋郭彖《睽车志》卷一："李知已任永嘉教官，公廨有一楼，怪不可居。"

③ 人之云亡：用来怀念身系国家安危的贤人。

④ 抚台：明清时期巡抚的别称。明王世贞《觚不觚录》："戊辰，起兵备大名，抚台为温公如璋。"

⑤ 叩阍：吏民因冤屈而直接向朝廷申诉。《资治通鉴 · 唐昭宗大顺元年》："方且轻骑叩阍，顿首丹陛，诉奸回于陛下之扆座，纳制敕于先帝之庙庭。"

⑥ 佥：众人，大家。

⑦ 攘臂：捋起衣袖，伸出胳膊，形容激奋貌。《老子》："上礼为之而莫之应，则攘臂而扔之。"宋叶适《郭氏种德庵记》："一夫攘臂，万人裂其肘矣。"

⑧ 西席：古人席次尚右，右为宾师之位，居西而面东，后用以尊称受业之师或幕友。清梁章巨《称谓录》卷八："汉明帝尊桓荣以师礼，上幸太常府，令荣坐东面，设几。故师曰'西席'。"

**【年谱】**

十七日，公在县署，士民谒公者弥众。已望公颜色，聆公议论，不沮不挠，诧为天人，恨不能叩阙请命，无不洒泪而出。日暮，予率两儿从朱完天、朱德升、邹虚王、邢子下（讳伯高）伴公寝，相看泪垂，公曰："此会一别千古，岂可作楚囚相向[①]?"幼子牵衣泣于旁，公正色呵之。少焉，陈令公出酒肴奉陪，公辞，独与予辈饮，曰："古人以囹圄为福堂，弟今以桁杨缧绁[②]为寝处，饮食即不能如古禅师，临刑如剑斩春风，亦必不乞怜苟免，对簿时当痛骂鼠辈矫旨胁权之罪，死则诉之二祖列圣之灵，以诛此贼。"时予辈更抱杞忧，公曰："先朝如汪、刘辈，与附汪、刘辈，燎原之势，不可响迩，旋就扑灭，国家有道之长正未艾，勿忧。惜弟不及见耳。"虚王素皈依空王，语公曰："今日之事，亦往因中定业，此辈何能为，愿兄冤亲平等，勿起嗔心，如忍仙肢解时，则忠孝节义，皆眼中金屑，兄真出世丈夫矣。”公颔之，握虚王手曰：“弟亦有所嘱，弟去后，乞兄仍馆吾家以课督诸子，使有所矜式[③]。”因谓德升与予曰：“两兄同志之，勿使虚王别就也。”虚王良久始诺。（公去后，风波大作，虚王与德升、不肖，俱在危疑震撼中，或讽虚王辞馆，不应。学宪[④]范公及素封[⑤]罗，俱以厚币延之，坚不就。）子夜，忆旧作，各书一箑[⑥]，曰：“以志赠别。”

【北行日谱】

十七日，文念十八日开读，公身一属缇骑便难披沥[⑦]，复造公所，冀得询所欲言，而诸君子无论识与不识，或挥泪或怀金，或欲一望清辉而至者，踵接肩摩，声如蚊聚，形如蚁拥，无须臾之暇。维时有贫士某，乃公素所恤者，不胜痛，向公而泣，公笑曰：“我一去不复返，谁恤尔者？我应哭尔，尔反哭我哉？”会有蒋兄（名钺）者语及传神一事，文跃然曰：“是乌可已。”即托蒋促丹青君，丹青至，文为道意于侧，公断断不可，再四揖丹青君出，若将浼者。噫！公视此身为何物，曾有几微儿女子态耶？午余，诸议者至，云与缇骑讲许八百金，苦不能就，必欲文一行。文知诸君非为舌战不敌，特以文为公所信，其势不能无增，姑借作一证据耳。不得已乃行，然既已登场，不能不认真一讲，乃以公之冰蘖[⑧]告，而诸旗亦盛称公之冰蘖，且云：“倘公而不冰蘖其操也，必且列卿寺、拥节钺矣。自苦尔，何与人事？吾侪奉命而来，只论官局索金，不问其贫不贫也。”文曰：“然则金从何来？”诸旗曰：“独不有乡绅在乎？”文曰：“否。法网严密，觇视者多，一为捐助，惧有起而议其后者，俦[一]敢以身试哉？”诸旗又曰：“然则独无亲友乎，彼其至亲安在？”文曰：“言至此，则尔所谓自诒伊戚，予亦不能不为三叹息也。亲莫亲于子女之好逑，公且为贫交是求，即如长子之配，于时巨富兼阀阅者多愿与公联好，而公谢客曰：‘乃公如欲富，则历官二政，尽足自润，何必借润他人？而今富女入贫家，其与我均茹荼乎？抑与我荠荼分茹乎？且使我父子姑媳有大不得其所者，幸勿复言。’假使公当日肯为俯就，则今日之费，问之姻家足矣，又何必烦吾辈之喋喋为？”诸旗不无心动，然似已诇诸好义者之乐助者多，乃于八百之外渐增，数以千计矣，而坚执如故，遂各含泪而别。是日，文即宿公署。人散，一灯荧荧，文方欲叩公所欲言，公且出竹箑六七柄，从容挥毫，书至二柄，漏下已几二十刻。文不能复待，力止公书，公乃略言数事，无宛转叮咛也。文因笑语公曰：“今夕光景，千古希觏，何幸躬逢其盛耶！”

【校】

［一］“俦”，原作“畴”，今改。

【注】

① 楚囚相向：《世说新语》：“过江诸人，每至每日，辄相邀新亭，藉卉饮宴，皆相视流泪，惟王丞相愁然变色，曰：‘当共戮力王室，光复神州，何止作楚囚相对？’”楚囚，春秋时被俘到晋国的楚人钟仪，后借指被囚禁的人，也比喻处境窘迫、无计可施的人。《左传·成公九年》：“晋侯观于军府，见钟仪。问之曰：‘南冠而縶者，谁也？’有司对曰：‘郑人所献楚囚也。’”王昌龄《箜篌引》：“九族分离作楚囚，深溪寂寞弦苦幽，草木悲感声飕飕。”

② 桁杨缧绁：桁杨，加在脚上或颈上的刑具，泛指刑具。《庄子·在宥》：“今世殊死者相枕也，桁杨者相推也，刑戮者相望也。”方孝孺《郊祀颂》：“霈泽是施，大赉是庸。桁杨不陈，囹圄虚空。”缧绁，捆绑犯人的绳索，引申为牢狱。《论语·公冶长》：“子谓公冶长可妻也。虽在缧绁之中，非其罪也。”《史记·

太史公自序》:“七年而太史公遭李陵之祸,幽于缧绁。”柳宗元《上江陵严司空启》:“伏惟悯怜孤贱,特赐抚存,则缧绁之辱,有望蠲除。”

③ 矜式:敬重和取法。《孟子·公孙丑下》:“我欲中国而授孟子室,养弟子以万钟,使诸大夫、国人皆有所矜式。”赵岐注:“矜,敬也;式,法也。欲使诸大夫、国人皆敬法其道。”柳宗元《与太学诸生书》:“乃仆亦失其师表,而莫有所矜式焉。”

④ 学宪:学政。张居正《答陕西学道王麟洲》:“而三秦重地,学宪要秩,非假重望,不足以当之。”

⑤ 素封:无官爵封邑而富比封君的人。《史记·货殖列传》:“今有无秩禄之奉,爵邑之入,而乐与之比者,命曰‘素封’。”张守节《正义》:“言不仕之人自有田园收养之给,其利比于封君,故曰‘素封’也。”沈德符《野获编·户部·海上市舶司》:“今广东市舶,公家尚收其羡以助饷。若闽中海禁日严,而滨海势豪,全以通番致素封。”

⑥ 忆旧作,各书一箑:书《壬戌南还留别文起、孟长诗》二首赠别,诗序云:“丙寅三月十五日,余被逮,越宿,朱德升、朱完天、邹虚王、殷汝劼同卧县署,相对谈笑,虚王、汝劼各出素扇索书,遂录壬戌南还留别文起、孟长之作。嗟乎,在今日又增一罪案矣。”箑,扇子。

⑦ 披沥:吐露,明示。明王廷相《与彭宪长论学书》:“昨奉执事高论……教仆多矣,恐非知仆之心也,乃披沥闻见,再为陈说。”

⑧ 冰蘖:冰蘖,比喻寒苦而有操守。唐刘言史《初下东周赠孟郊》:“素坚冰蘖心,洁持保贤贞。”苏轼《次韵王定国南迁回见寄》:“十年冰蘖战膏粱,万里烟波濯纨绮。”

**【年谱】**

十八日早,缇骑索金愈急,众心愈愤。时太阳戢[①]曜,阴雨蔽空,若为公饮泣。午刻,公出自县治,百姓夹道执香,哭声干云,自县至西察院,肩摩踵接,抚按[②]宪台[③]及府县舆不得行,所至民遮道呼曰:“愿救我周爷。”时已有詈骂甘心一击者矣。会王贞明(讳节)、刘渐于(讳羽仪)、沙子升(讳舜臣)、王玄迈(讳景皋)、文启美(讳震亨)、邹虚王、吴公如、朱完天抗言两台前,恳以申救,语气激烈。颜佩韦五人等,从后攘臂大呼曰:“周爷既死,民亦不愿生。”夺缇骑鞭转向之,缇骑恐甚,曰:“实非诏旨,出自魏公耳。”五人瞋目怒曰:“果非圣天子意,吾辈共击假旨者。”于是,蜂拥云集,人各奋勇直前,遂成千古未有之变。时公伏仪门[④],愀然曰:“雨露雷霆,皆属君恩。百姓披猖如此,吾一身不足惜,如贻害地方士民何?”予亦念愈赠公罪案[⑤],从众中痛陈不可,被悍民以香刺面,几饱其老拳。时变起仓卒,官府法不得行,遂不果开读。两台佯命公回,公曰:“回安之?”固请囚,乃以肩舆命吴县学许、金两师,掖送公宪台公署中。时薄暮,民渐散。复有缇骑乘船[一]往越中者,过胥江,索供亿[⑥],百姓贾其余勇更肆毒殴,并舟亦焚毁几尽,府县仓皇禁谕,二鼓始定。

比时,予与虚王立宪台门屏间,锁钥甚严,公饥甚且寒,予两人从门隙中市饼解衣以进,公受饼却衣曰:“使兄寒,即予寒也。”且曰:“此地非罪人所居,姑俟陈父母来,即当请归狱。”时夜将半,公不得已,宿宪台治中,予子祐宁侍公宿。

**【北行日谱】**

十八日,天将曙,诸议者复走使从公所促文,文计不一二时且开读,事急矣,其敢有辞,乃复匍匐往,则诸君子邀有魏某者,云是故锦衣书记之子,言当易投,遂与偕入。魏人不措一辞,便慨然以一千三百金许之,先交四百,于是诸旗满志。报命于公时,公伯子泪从心下,强颜相对,公仲子年方总丱[⑦],见公将出署就逮,泪不自禁,公怡然曰:“我天君[⑧]

方泰，反为若一哭所累，其速去，毋扰我！”时已报午，诸司毕集，士民填委⑨而直指中丞，且先后至，讵意忽有官旗之变。于时变出仓卒，赴义如狂，文以亵服⑩不便入晤，踯躅竟日。比暮，知公请囚不得，乃归公所，公所为兵宪行台⑪，防守甚密，文惟外望而已。

【校】

[一] 船，原误作“传”，今改。

【注】

① 戢：收敛，收藏。

② 抚按：明清时期巡抚和巡按的合称。明王世贞《觚不觚录》：“当时抚按不留郡守令坐；司理县令行取，亦只立待茶而已。”

③ 宪台：对上官的尊称。清袁枚《随园随笔·称谓》：“鄂西林相公云：‘唐龙朔二年改御史台为宪台，是宪台之称，内惟都御史，外惟总督巡抚当之耳。今通称司、道、府为宪台，误矣。’余按……唐虽改御史台为宪台，而亦改中书为西台，祕书为蜇台，不专以御史所属为台，则以宪台称上官，似可通融。”

④ 仪门：明清官署、邸宅大门内的第二重正门。《明会典·礼部十七·官员礼》：“新官到任之日……先至神庙祭祀毕，引至仪门前下马，具官服，从中道入。”《江宁府志·建置·官署》：“其制大门之内为仪门，仪门内为莅事堂。”

⑤ 罪案：罪状，罪名。清纪昀《阅微草堂笔记·滦阳消夏录一》：“不知李林甫、秦桧即不倾陷善类，亦作宰相，徒自增罪案耳。”

⑥ 供亿：指所供给的东西。前蜀杜光庭《莫庭又为张副使本命甲子醮词》：“四郊多垒，两镇称兵，物力将虚，经费逾广；厚敛则生灵必困，薄赋则供亿不充。”《资治通鉴·后汉高祖天福十二年》：“晋主每闻使至，举家忧惧。时雨雪连旬，外无供亿，上下冻馁。”

⑦ 总卯：古时儿童束发为两角，借指童年。颜之推《颜氏家训·勉学》：“梁朝皇孙以下，总丱之年，必先入学，观其志尚。”胡应麟《少室山房笔丛·经籍会通二》：“余自总丱之岁，溺志斯途，南北东西，访求余二十载，经史子集，类次赢三万编。”

⑧ 天君：心。《荀子·天论》：“心居中虚，以治五官，夫是之谓天君。”苏轼《沉香山子赋》：“嗟吾知之几何，为六入之所分，方根尘之起灭，常颠倒其天君。”

⑨ 填委：纷集，密集。周密《武林旧事·元夕》：“京尹乘小提轿，诸舞队次第簇拥前后，连亘十余里，锦绣填委，箫鼓振作，耳目不暇给。”

⑩ 亵服：家居时穿的便服。《论语·乡党》：“君子不以绀緅饰，红紫不以为亵服。”何晏《集解》引王肃曰：“亵服，私居服，非公会之服。”刘向《列女传·周宣姜后》：“脱朝服，衣亵服，然后进御于君。”《旧唐书·刘子玄传》：“专车凭轼，可擐朝衣；单马御鞍，宜从亵服。”

⑪ 行台：地方大吏的官署与居住之所。黄庭坚《送顾子敦赴河东》：“揽辔都城风露秋，行台无妾护衣篝。”

【年谱】

十九日，迁公于理刑别署。时缇骑被伤甚，至有毙者，府县具医药衣食，兼为之殡，严兵守之。人情汹汹，上下疑惧，道路讹传两台已于十八日暮拜疏，会须大创。先是，开读之变，王贞明等语侵抚台，抚台大怒，密访姓名及百姓之奋臂者，城内外士若民，人人自危。

【北行日谱】

十九日，文念公已无生理，而重以斯变，其谓之何。造宪署，苦不得入。至晚，当事者复移公入县署,始得晤公。公是时了无怖惧,但多一番烦恼,曰:“如无此变,则斯时我已从容就道,奈何由此纷纷。”少选[①],公坐帷中,呼文耳语,曰:“谁为我语当事者,严兵卫我,间道夜半驰出城乎?”而一时友生爱公特甚,哭声震天,中有倡高景逸[②]先生之说者,文谓公事与高先生微不同,高无民变,一自裁毕矣,公则多此一节,事须徐议。于时万民拥塞,公赴阙之心如焚。文宽之曰:“俟民心稍息,公始可定行期。此时一动,变更不测。”公乃首肯,复事笔砚[一]为一僧书扇、书斋额寄去,曰:“事虽小,不可负诺也。”门外汹汹,门内萧萧。被逮之始,亲朋云集,自民变后,皆畏祸不前,时来询问者,不过畴昔莫逆,寥寥数人而已。是夕,文仍陪宿县公署。

**【校】**

[一] 笔砚,原作“笔研”,今改。

**【注】**

① 少选:一会儿,不多久。《吕氏春秋·音初》:“覆以玉筐,少选,发而视之,燕遗二卵,北飞,遂不反。”高诱注:“少选,须臾。”《梁书·元帝纪》:“黔首岂可少选无君,宗祐岂可一日无主。”

② 高景逸:高攀龙(1562—1626),初字云从,更字存之,别号景逸,南直隶无锡人,万历十七年进士,授行人。因疏论辅臣王锡爵,谪官广东揭阳县典史。卸职后归故里,与顾宪成修复东林书院,讲学其中。天启元年,入朝为光禄寺少卿,因弹劾魏忠贤而削籍。天启六年,锦衣卫追捕东林党人,从容赴水而死。

**【年谱】**

二十日至二十四日,予率儿祐宁从公理刑公署中。扃钥甚严,非公亲知不得入,绅衿虑缇骑物色[①],咸微服以进。或劝公须两台疏下乃行,公曰:“是要君也,罪莫大焉。”或传锡山高公[②]自裁,讽公引决,公曰:“吾小臣也,生死惟命。”二十四日,讹言愈起,乡绅鼓栗,四民失业,咸不宁厥居。公曰:“吾不赴,祸必不弥,我岂以一身累一邑哉。”力请于两台,求速起驾。两台疑公途中或有变,赖陈令公素信重公,力保无他,遂定计启行。是晚,公密语予曰:“兄何以直陈姓名于宪台前,使两台皆知,保无借兄以实吾,因吾以及兄耶。予去后,兄虑不免。”予曰:“宪台故长者,不敢诡对,亦自信无鸩[一]人羊叔子[③]耳。”公曰:“世人尽如兄之拙直耶?欲加之罪,何患无词?”予时先慈年高病剧,实恐甚。公曰:“诘朝启行,缇骑眈眈[二]睨视,二三兄弟,请从此长别,不必远送。”会德升尊人[④]亦病笃,予三人遂别公。时廿五日也。

**【北行日谱】**

二十日早,公乃笑向文曰:“患难相依,我两人真堪合传。”文曰:“公当此际而神情不动,乃堪不朽,若文之栖栖[⑤],特情不能已,何足道哉!”自是日为行计,乃命同人佯播候旨之说,以息众嚣,而民亦稍稍解矣。是夕,文归密为束装。彼时讹言,孔将[三]诸亲知,方促文趋避,何暇议及北往。内人一见,惊相谓曰:“祸且旦夕,闻公椒兰[⑥]咸栗栗惧及,而比邻已东奔西窜,巷为之空。汝速祸,乃尔,如一家生命何?”时文承爵之子寿康新膺卫秩,伏枕传语曰:“祖勋[⑦]不易,父此行或有他失,如祖勋何?”文笑曰:“事果株连,岂一避能免,奔窜特愚事,智者不为。乃若北行,业已心计,其忍相负?倘果缘是而及于难,亦命数使然,非予所得主也。”其止勿复言。惟是,内人喃喃谓:“公往必死,死必惨,奚不死于故乡,而务往罹惨毒?”则文中心不能不为动,就枕踌躇,竟夕诘朝。

二十一日，往关庙，私以自裁之说卜之，真君签若劝行，而自卜从行，则颇有危语。然念事势至此，义无中止，复自奋曰："司马公有云：'天若祚宋，必无此事。'[8]今天若悯我，亦必无此祸。岂得以或然之祸，而夺必然之义？"遂不复介胸中，则往文太史支十金为行装，往别本学吴师（名麟征），吴师曰："民变之疏，十九已发。公即往，无与于旨之温不温，公身一往，万一毙于严刑，已无足证，而金吾于公狱词以民变事株连一二缙绅为彼党所心恨者，则一网尽矣。何不从容旬日，处分后事，以一死了局，祸止公身，以全诸缙绅为愈乎？"文念株连之说，实彼党所有，然在吾公惟有赴阙为正，故前说谓之忠于诸缙绅则可，其为吾公谋，犹似有未尽善也。然不敢以一己之见傍挠其间，遂唯唯。

二十二日早，公驰使相召，则已迁寓理刑公署（公署旧名金乡书院），若为候旨者然。文意公或为前说所动，至则促装耳。于时，驰一价[9]以力阻公行者言娓娓，公则计不反顾，毅然以一身甘鼎镬[10]，且曰："若辈为所欲为，若无大人君子张胆明目教诲之耳，我且甘身齑粉[11]，正言教诲若辈。"是日，文复驰归，计彼时文虽足迹不至变所，然朝夕吾公，必已为觇伺者物色，其能免于吏议，倘此往或有起而议其后者，不能分身相应，必且以逃匿相加，实其罪案，遂草一呈，直以同公子追随吾公明告本学，以为异日张本[12]，嘱家中一侯发足即投，而文子寿增尚未冠，见此行不可止，遂力请从，曰："父老矣，长途左右其可无儿？"文笑曰："儿念甚佳，然此苦趣[13]非儿所能尝，万万不可。"力止乃已。

二十三日，为合饯明卿太史[14]之日，文为倡于旬日前者，文念知己在难，何忍衔杯，遂不赴，而即于时日赴公署，为长行计。公之长行，实惟二十五日子夜，文恐栖迟家中即有刚肠或为儿女子所挠，遂一出不复归。寿增苦欲识公，遂与偕入。此儿因文在署，连造三日，炙[15]公清辉，不可谓非幸也。又，公见此儿持有竹箑，特为之题，手泽宛然，不犹幸乎？

二十四日早，公呼长子拜文，文曰："若然，是以不肖待文矣。"公乃止而反躬为之叩，顾长公曰："从此以伯呼之。"文遑遽不敢当。是日，闻申中丞元翁罢官归，文与中丞为旧宾主，且为先大夫生平知己，大夫身后，先年百战勋得徼横金世爵，惟中丞力，义无不往候也者，复念此身一出公署，更复牵缠，公之今日，是何光景，文既恋恋于此，即不往，不为恝然[16]，乃第以一函致意。是日，公语文曰："弟别无一事牵肠，独先人未葬，此死不瞑目之事。盖筮仕[17]之日，既所不及。里居数年，营有马鬣[18]，一切地下之事，已为毕办，第以年月未宜，故为稍待。今不幸值此，干父之蛊[19]，有吾子在，兄其辅襄大事。"无一语及妻孥，自被逮迄今如一日也。文因谓公："此行存亡未卜，且与家人永诀矣。就道之日，尊夫人携诸幼子登舟，可得一别。"公摇手曰："徒乱人思，不可。"复询公："以公今日有此奇祸自反历官，亦有一二冤狱为公隐衷所不自安者否？"公随声应曰："此弟一生可自信者。今日之事，盖往因中业，如不通释典[20]，几不能自解矣。"

二十五日，长行[21]。馆于浙之长子，因呼迟约其归嘱家事，而尚未至，遂不复待。是日，文计公此行绝无生理，文岂能别效一臂，惟有一抵长安，速治棺椁以待，一有不幸，则躬为含敛，以效友朋之义，以慰孤寡之心，此出门作想也。是夜漏下二十余刻，遂行。彼及舟，彼时兵士戒严胥江之浒，几无隙地。地既泥泞，人复蹂杂，昏黑中忽失长公所在，盖使者唐元恐为缇骑所物色，私与偕归。公忽出意外念甚，呼文觅之，乃与儿寿增昏黑中自胥江至洞泾，匍匐将十里。抵家，已漏下四十刻矣，知公子已归，悬旌始定。

【校】

［一］“鸩”，原作“酖”，今改。

［二］“眈眈”，原作“耽耽”，今改。

［三］“孔将”，疑当作“孔蒋”。

【注】

① 物色：端详，辨认。

② 锡山高公：无锡高攀龙。

③ 鸩人羊叔子：《资治通鉴》卷七九：“（羊）祜与陆抗对境，使命常通。抗遗祜酒，祜饮之不疑；抗疾，求药于祜，祜以成药与之，抗即服之。人多谏抗，抗曰：‘岂有鸩人羊叔子哉！’”

④ 尊人：对他人或自己父母的敬称。《旧唐书·王重荣传》：“雁门李仆射，与仆家世事旧，其尊人与仆父兄同患难。”

⑤ 栖栖：忙碌不安貌。《诗经·小雅·六月》：“六月栖栖，戎车既饬。”朱熹《集传》：“栖栖，犹皇皇不安之貌。”《论语·宪问》：“丘何为是栖栖者与？无乃为佞乎？”

⑥ 椒兰：椒与兰，皆芳香之物，比喻亲朋好友。《荀子·礼论》：“刍豢稻粱，五味调香，所以养口也；椒兰芬苾，所以养鼻也。”

⑦ 祖勋：朱祖文祖父朱先，以御倭有功，累升都督佥事，世袭苏州卫指挥。

⑧ 天若祚宋，必无此事：《宋史·司马光传》：“天下之民，引领拭目以观新政，而议者犹谓‘三年无改于父之道’，但毛举细事，稍塞人言。光曰：‘先帝之法，其善者虽百世不可变也。若安石、惠卿所建，为天下害者，改之当如救焚拯溺。况太皇太后以母改子，非子改父。’众议甫定。遂罢保甲团教，不复置保马；废市易法，所储物皆鬻之，不取息，除民所欠钱；京东铁钱及茶盐之法，皆复其旧。或谓光曰：‘熙、丰旧臣，多憸巧小人，他日有以父子义间上，则祸作矣。’光正色曰：‘天若祚宗社，必无此事。’于是天下释然，曰：‘此先帝本意也。’”

⑨ 价：派遣传递东西或传达事情的人。

⑩ 鼎镬：古代刑罚。《汉书·郦食其传赞》：“郦生自匿监门，待主然后出，犹不免鼎镬。”文天祥《正气歌》：“鼎镬甘如饴，求之不可得。”

⑪ 齑粉：齑、粉均为碎末状，比喻粉碎之物。《旧五代史·汉书·苏逢吉传》：“自是将相失欢。逢吉欲希外任，以纾（史）弘肇之怒。既而中辍。人问其故，逢吉曰：‘苟领一方镇，祇消得史公一处分，则为齑粉矣。’”《明史·李善长传》：“当元之季，欲为此者何限，莫不身为齑粉，覆宗绝祀，能保首领者几何人哉？”

⑫ 张本：为事态的发展预先做的安排。吴曾《能改斋漫录·议论》：“宣和四年，金人攻大辽，遣王纬来乞师。宰相王将明主其议，以童贯为宣抚使，蔡居安副之。蔡元长作诗送其行，有曰：‘百年信誓宜坚守，六月行师合早归。’元长之为是诗也，盖欲为他日败事张本耳。”

⑬ 苦趣：苦处，苦难。洪迈《夷坚丙志·南岳判官》：“（婢）谓赵曰：‘已蒙道力，得脱苦趣，犹当为异类，只在郡城某桥下。’”

⑭ 明卿太史：陈仁锡（1581—1636），字明卿，号芝台，苏州长洲县人，天启二年（1622）进士，授翰林编修。

⑮ 炙：受到熏陶。

⑯ 恝然：漠不关心貌，冷淡貌。辛弃疾《醉翁操》词序：“又念先之与余游八年，日从事诗酒间，意相得欢甚，于其别也，何独能恝然。”明朱鼎《玉镜台记·新亭流涕》：“二帝在北，不宜恝然，须当时复遣问起居，以尽臣子之义。”

⑰ 筮仕：初出做官。王禹偁《感流亡》：“因思筮仕来，倏忽过十年。”

⑱ 马鬣:坟墓封土的一种形状,亦指坟墓。李白《上留田行》:"蓬科马鬣今已平,昔之弟死兄不葬。"刘克庄《沁园春》:"叹、苕溪渔艇,幽人孤往,雁山马鬣,吊客谁径。"

⑲ 干父之蛊:继承父志,完成父亲未竟之业。《易·蛊》:"干父用誉,承以德也。"孔颖达疏:"奉承父事,惟以中和之德,不以威力,故云'承以德'也。"苏辙《次韵子瞻特来高安相别》:"迟年最长二十六,已能干父穷愁里。"

⑳ 释典:佛经。《晋书·何充传》:"性好释典,崇修佛寺。"

㉑ 长行:远行。《旧唐书·穆宗纪》:"上于驭军之道,未得其要,常云宜姑息戎臣。故即位之初,倾府库颁赏之,长行所获,人至巨万,非时赐与,不可胜纪。"

**【年谱】**

廿六日漏下二鼓,府县陈兵卫护,公及缇骑间道出浒关,乡绅士民,无一敢送者。至望亭驿开读时,所义助金已满缇骑望。又惧甚,不敢困。公北渡江,诸孤皆幼,不能从,独公友朱完天与长公子佩在,公呼长公曰:"吴民待缇骑实甚,必将逞志于汝。吾命汝急葬亲,守家庙,此乃真孝也。止一完天追随足矣,汝可急回。"长公泣而受命。公随缇骑兼程赴京,所过道途驿传,无问识公不识公,皆曰:"惜哉!廉吏部。"有泣下者。

**【北行日谱】**

二十六早,于公家发舟。是时,公内弟公如吴兄(名尔璋),以有太夫人在堂,恐遗母氏忧心而止,乃独与公长子子佩行。是时,送文登舟者,则惟张氏孟舒(名世俊)、异度(名世伟)两伯仲耳。

二十八日早,至云阳[①],公已有成命立趋子佩归矣。逆料公心,民变日伤其少年缇骑一人,未必不为报复,而又戒心于江浒相失之事,故深为之虑。子佩含泪向文曰:"父决不欲我往,奈何?"文曰:"尊公有深意,父命其敢有违,且斯何时也,母夫人柔肠欲断,兄归苦慰母夫人,孝自在耳。"力劝之归。已而,四月初旬,奸人忽造伪旨,谓籍没[②]公家,家人一时星散,夫人几欲自尽。微子佩力为宽解,夫人已归泉壤矣。子佩此归,不可谓非彼苍默佑也。于时,文私转一念,公之子,公且坚不欲往,则事之危殆可知,然少生退怯,如一己之生平何?遂独任不辞,偕公使唐元、严秀二人先公而往。拟从云阳登陆,而唐元以骡贵欲走瓜洲[一][③],会此时彼地诸旗群集,恐为物色,遂从其说。至瓜洲[二],则天雨泥泞,而又计从清江浦登途为便,乃遂往清江浦。

二十九日,舟抵维扬候关,两仆登岸,有长髯呼之曰:"尔已来乎?"不为应,则又曰:"尔苏州人也。"若素相识者然。回述于文,殊为之异。

(四月)初二,从清江浦登陆,有差骑一人,马已驰过,忽复驰回,向文亦曰"尔已来乎?"不为应,则又曰:"尔苏州人也。"为之唯唯,始去。方宿逆旅,唐元私语文曰:"顷之差骑,寓适相对,又复相问,而其语若知我等踪迹。"文疑此必织造之使物色偕来者,此时有公致鹿职方、孙孝廉[④]两函,遂欲焚之以灭迹,而又念非此无以取信二公,方扰扰胸中,忽有群捶逆旅之门者,其声甚厉,则谓必差骑我擒无疑,静听乃县役呼里役也。抵寐,便梦先都督至,文急诉以北行之故及商焚书之事,先都督熟视不言。比醒,私念不言者似可付之无言也,乃不焚而以书入唐元卧具,盖搜必先文,文之行囊,彼所注意,元之卧具,彼之所忽,万一可幸脱耳。

初三日，始知此人昨偶乘差骑，早已雇骡而去，惊心始定。及之前途，乃舟宿处曾一识文，故尔相问，心始帖然。

初十日，宿阳谷，觅有民变明旨，旨甚温，为颂天王圣明也。

十六申刻，文枉道[5]抵江村，日将暮，托为公之内昆弟谒鹿公（名善继，号乾岳，定兴人，住江村），盖公长子既不往，非至戚恐不便吐肝膈[6]耳。鹿公一见，泫然[7]相对，嘱以铺堂之事，恳其至亲一往，鹿公即刻驰使邀孙公相议。孙公（名奇逢，字启泰，容城人）居容城之北，相去二十五里，比至，子夜矣。

十七早，会孙公，以无可效力颦蹙相告。先是，魏廓翁[8]被逮，吾公曾致书二公以魏事托之，时孙以兄往，鹿以使往。文曰："魏公事两家俱得借重[9]，而独不可为吾公一行乎？"孙公曰："正为往而无益耳。"文曰："然则魏之铺堂谁为讲者？"孙曰："此时最易为人欺，维时有金吾王公名湴民，受恩于廓翁者也，密会公子于某所，公子以是托之，王宾私为料理，吾两家初不能效一臂也。今周因魏而逮，王既德魏，未有不图报于魏之椒兰者，意者其于此处一图之乎？"文遂跃然就道。

十八晚，抵都门，念都中戒严，必先得藏身之所乃可。有宗都督者，其父讳礼，于世庙时死国难，先都督因与定交，文与宗氏有世讲[10]谊，妄意此可暂为居停。

十九卯刻，及其门，诡以他事往，求为信宿[11]，于时都督伯子宦游，惟仲子太医、叔子文学在舍，两君相对颦蹙，告曰："此间大非昔比，即戚里侯门，无不惴惴危惧，倘客非其人，十家连坐，君以异乡入吾门，比邻已有密为觇伺者，君其务就逆旅乎？"即求一宿且不可，即欲行装暂入其门，亦不可。不得已，主仆三人反扬鞭长安道上，索客肆而解征鞍焉。于宗氏阅邸报，得"周某既已就道、不必深求"之旨，深为公庆，又有"密擒首恶"之语，又不能不为桑梓隐忧。而见宗氏一番光景，便知京师气象。于时有五百余金会票在身，会票无姓名，而所会之家，别有家报，恐存周氏字样，亟往其家付书以灭迹。念公一到，惟铺堂一事最为吃紧，而京师多巨猾，重信恐误事，轻信或受欺，敢以此事问人乎？必得当道缙绅密为区画，计非王金吾不可，而苦莫为介绍。又公所嘱二三金石之交宦于京邸者，其非吾乡，既难轻谒，而一属吾乡，又恐缉事于彼出没，必得一人焉，密达于公金石之乡绅乃便。于时有蒋士衡（名秉铨，号台宇）者，文之通家[12]友也，以贡馆于京，遂踪迹而往。蒋一见，密闻斯事，不觉失声曰："此乾坤何等时，兄奈何自投此地？"文亟止勿言，已为门弟子所物色矣。是日，即宿士衡馆，嘱其托御史王纯甫，则王公已奉削夺归矣。嘱其托念阳徐公、岩叟顾公，并托二公转致罗、孙诸公，求为助一臂，又求徐、顾两公问王金吾，特为铺堂之地，其会票金并求二公司之，盖文生平不敢与人出纳[13]，且此地出金，于何作证，一与斯事，生平扫地耳。士衡曰："为此公用情及转致数人，两公之所必然，至会票出纳，此必不得之数。"文曰："兄第往商，无妨一问也。"是夕，与士衡同榻，士衡连起询问，无非一片热场，其馆使诈酣属耳，文力止勿言，士衡不悟，此其家喧传之所自来也。

二十日昧爽，士衡亟往徐、顾两家，文复叮咛曰："客肆只可片时，不宜久处。"不审两公能为我旬日主人俾得暂匿其身否。良久，士衡至，欢然报命曰："两公正为此公深虑，不虞兄之慨然来也。王金吾亦削夺去矣，铺堂事，顾公已身为任之，立刻多方觅问，不必再计，所欲致意诸公，已为详谈，不负所托。至于会票之金，入此出彼，于缙绅自属不便，有吾苏朱荩吾[三]者（名汝忠，参戎⑭），向固交好于公者也，今以补官将出都门，正有一事借重两公，两公为暂留以待周至，了此铺堂一局，会票即以付之，乃若居停信宿，则斯时觇伺者多，两公俱以为不可，且嘱兄勿往谒。"事既粗有梗概，遂别士衡而走荩吾朱寓，以会票交之，因询有藏身之处否，则指二闸之观音庵。时已薄暮，移寓须俟诘朝。而文寓门以内，朱寓门以外，禁门森严，正阳尤甚，一出一入，殊有戒心。求宿朱寓，朱以寝所不便辞。

二十一日，留唐元于正阳门外候吾公至，而文则移于二闸。道经前门关庙，虔祷得签，遂决往所指寓。入别朱，适岩叟顾公为吾公事造朱，知文在寓，入密室私会，文再恳铺堂一事，顾出手书相示，正为此事与诸公往返者，颦蹙而谈，不能百余言，即颦蹙别曰："弟亦不敢久留。"盖恐为从役所窥耳。是日，往庵。

二十二日，复造朱寓，呼唐元探公音问⑮，尚属杳然，抵暮而返。

二十三日，唐元至庵，云："公使钱真已至，公旦晚抵国门，盖真中途先行者，有八行⑯相通乎？"文曰："尔主人左右皆缇骑，此时初至，正觇探者群伺之秋，八行或入其手，执简索人，吾事偾矣。钱真既至，正可托真面复，语不必多，多恐传误，今止有三言寄语尔主人，曰：'定兴以无益不来铺堂，顾公已身任停妥⑰，会票已交付朱处的当。'"言之至再，元遂衔命语真。其不直令唐元将命⑱者，则文既潜身，而公随身之使，亦相戒不轻来寓，以防踪迹，特留唐元一人介于两间，为通音问计，不欲使缇骑识一面耳。

**【校】**

［一］［二］瓜洲：原作"瓜州"，今改。

［三］荩吾：原作"尽吾"，今改。

**【注】**

① 云阳：古县名，今江苏省丹阳市。李白《丁都护歌》："云阳上征去，两岸饶商贾。"王琦注："《元和郡县志》：'江南道润州丹阳县，本旧云阳县。'"此处代指镇江。

② 籍没：登记所有的财产，加以没收。《三国志·魏志·王修传》："太祖破邺，籍没审配等家财物赀以万数。"司马光《涑水记闻》卷六："于是麻氏或死或流，子孙有官者皆贬夺，籍没家财，不可胜纪。"

③ 瓜洲：镇名，在江苏扬州市邗江区南部、大运河分支入长江处，与镇江市隔江斜对，为长江南北水运交通要冲。张祜《题金陵渡》："潮落夜江斜月里，两三星火是瓜州。"陆游《书愤》："楼船夜雪瓜洲渡，铁马秋风大散关。"

④ 鹿职方、孙孝廉：鹿职方，鹿善继，字伯顺，号乾岳。职方，官名，兵部设职方司。孙孝廉，孙奇逢，字启泰，号钟元。

⑤ 枉道：绕道。曹丕《与吴质书》："今遣骑到邺，故使枉道相过。"岑参《送卢郎中除杭州之任》："知君望乡处，枉道上姑苏。"苏轼《送海印禅师偈》："公以三诗赠行，复枉道过某于齐安。"

⑥ 肝膈：肺腑，比喻内心。《三国志·吴志·周鲂传》："拳拳输情，陈露肝膈。"曾巩《寿丘山》："我与二三友，欢言同几席；神清轶埃壒，趣合尽肝鬲。"王安石《辞仆射第二札子》："区区所陈，备出肝膈。"

⑦ 泫然：流泪貌。《礼记·檀弓上》："孔子泫然流涕曰：'吾闻之，古不脩墓。'"梅尧臣《淮南遇梵才吉上人》："叹逝独泫然，怀悲情岂堪。"

⑧ 魏廓翁：魏大中，字孔时，号廓园，浙江嘉善人，"东林前六君子"之一。

⑨ 借重：请人帮忙的敬词。

⑩ 世讲：两姓子孙世代有共同讲学的情谊，后称朋友的后辈为世讲。吕本中《官箴》："同僚之契，交承之分，有兄弟之义；至其子孙亦世讲之。前辈专以此为务，今人知之者盖少矣。"明王琼《双溪杂

记》："户部尚书孙交，湖广人，与李东阳为同乡相厚，又与杨廷和父杨春同中辛丑科进士，有世讲之好。"

⑪ 信宿：连宿两夜。《诗经·豳风·九罭》："公归不复，于女信宿。"毛传："再宿曰信；宿，犹处也。"

⑫ 通家：世交。《后汉书·孔融传》："语门者曰：'我是李君通家子弟。'"卢照邻《哭明堂裴主簿》："绨欢三十载，通家数百年。"

⑬ 出纳：财物的支出和收入。《墨子·号令》："收粟米、布帛、钱金，出内畜产，皆平直其贾。"秦观《安都》："大贾之室，敛散金钱以逐什一之利；出纳百货以收倍称之息。"

⑭ 参戎：明清武官参将。李贽《追述潘见泉先生往会因由付其儿参将》："夫文武不同，而忠孝则一……况堂堂国之参戎欤！"

⑮ 音问：音讯，书信。《汉书·匈奴传下》："郅支单于遣使上书求侍子。汉遣谷吉送之，郅支杀吉。汉不知吉音问。"唐刘长卿《石梁湖有寄》："烟波日已远，音问日已绝。"

⑯ 八行：信纸一页八行，因以代称书信。王勃《宇文德阳宅秋夜山亭宴序》："云委八行，抒劳思于彩笔。"梅尧臣《王公慥东归》："莫嫌牛马隔，走别八行稀。"

⑰ 停妥：停当妥贴。明李贽《与友人》："此非一两年之力，决难停妥，是以未甘即死也。"

⑱ 将命：传命。《论语·宪问》："童子将命。"朱熹集注："将命，谓传宾主之言。"司马光《与王介甫书》："光居常无事，不敢涉两府之门，以是久不得通名于将命者。"

**【年谱】**

越四月廿四日，公抵京。

**【北行日谱】**

二十四日，遣严秀至朱寓，则朱以奉敕不能久留，二十五日且行。召文至寓，以已支之银、未支之票转托吾苏查君献可，文复驰往而士衡适至，同付查君。文约查以五百金，非徐、顾两公命不可动。其五十金，则听钱真零支，但须取有支票存照。士衡密传顾公嘱公之语于文，语外复曰："闻厂卫专为吾公密遣缉事者三十余辈，缉其用事之人，兄其善为藏身之计。"是时，频出入东直门及往来正阳门外，大非易事，乃特来寄宿朱寓。朱以是夕移樽①饯者若而②人，于文不便为解，力为之拒，不得已而始纳。究竟无一人至者，一时彼此畏祸景象可知也。于时朱欲壮文胆，以好语相宽，谓周、缪两家亲友亦有徜徉[一]长安道上者。文不信，续据钱真面述，吴江周只有四仆，别无亲友，其子至德州而返。黄公白安③封翁④抵京，为逻卒所获，罄其腰缠六十余金，犹欲送问⑤，赂以五百金始脱。父其如此，他人可知。朱所教，不几败乃公事乎⑥？是夕，吾公至京。相违咫尺，不敢走晤，徒有肠痛耳。

二十五日，回庵中。念庵为车马往还之区，耳目实繁，当此网罗严密，可不几先藏匿，乃于二十六日走张湾，而与唐元相期，倘有相闻，当于彼地旧关庙相寻，亦莛吾所指也。

**【校】**

[一]"徜徉"，原作"倘徉"，今改。

**【注】**

① 移樽：端着酒杯喝酒。庾信《周祀宗庙歌》："受厘彻俎，饮福移樽。"戴叔伦《抚州处士胡泛见送》："移尊铺山曲，祖帐查溪阴。"

② 若而：若干。《左传·襄公十二年》："夫妇所生若而人，妾妇之子若而人。"归有光《同州通判许半斋寿序》："予与同县之士试于南宫者若而人。"

③ 黄公白安：黄尊素，字真长，号白安，浙江余姚人，"东林后七君子"之一。

④ 封翁：因子孙显贵而受封典的人。

⑤ 送问：送交官府审问。明何良俊《四友斋丛说·史五》："天台夏进士镲以省亲违限，例当送问。"

⑥ 几败乃公事乎：《汉书·张良传》："汉王辍食吐哺，骂曰：'竖儒，几败乃公事！'令趣销印。"乃公，对人自称的傲慢语。《史记·郦生陆贾列传》："高帝骂之曰：'乃公居马上而得之，安事诗书？'"

**【年谱】**

廿八日，奉旨严刑究问，坐赃①二千。

**【北行日谱】**

二十八日，不闻音问，乃遣秀入京探听。是时，特为民变一事万分过计，走书查君献可，嘱其预备[一]后事以待。惜也！查君惟望其生，以为必不至此。乌知其究竟至此也。

二十九日，严秀至，始知公已于二十八日受刑，侥幸无恙。

是月无三十日，乃于五月初一复回二闸。而唐元来寓，云已坐赃银二千两，计无所出，有雨泣②泥首大士前而已。是夜，竟夕不寐，则拟先作书寄报房达知家中设处③，而遣元归家为赍来京会票计。又恐别有差失，则叮咛填写查、蒋二丈面兑，非此二丈不得擅支，以寓其提防。然自北而南，自南而北，遥遥数千里之程，又无中生有，处此多数，夫岂易事？大约以五十日为期。倘公五十日之内缘此而毙，何以自解？乃拟身走定兴，乞鹿公转贷，以应一时之急，乞孙公昆季入京，预备后事，以防不测。

**【校】**

[一] 预备，原本作"豫备。"

**【注】**

① 坐赃：判贪污罪。《汉书·景帝纪》："吏及诸有秩受其官属所监、所治、所行、所将，其与饮食计赏费，勿论。它物，若买故贱，卖故贵，皆坐臧为盗，没入臧县官。"明沈德符《野获编·台省·台省之玷》："守制御史唐震，以欺取官物，诬陷人罪，逮至京，坐赃为民。"

② 雨泣：泪下如雨。《诗经·邶风·燕燕》："瞻望勿及，泣涕如雨。"曹植《王仲宣诔》："延首叹息，雨泣交颈。"唐张说《为河内王作祭陆冀州文》："救兵适来，涉血犹湿，三军雷叹，百城雨泣。"

③ 设处：安排，处置。明唐顺之《凤阳等处灾伤疏》："嘉靖三十三年，又复截留扬州等府起运漕粮数万以赈淮北，是时江淮之民实赖存活。今当兵戈扰攘，灾伤异常，尤宜比例设处。"

**【年谱】**

越二日，又增一千。

**【北行日谱】**

谋既定，初三日，方遣唐元发报房书。是时，会票金已他属，欲染指者不无垂涎。而钱真忽至，以处赃金为名，苦促文归，且曰："此公意也。厂卫缉访，果有其人，且五十余辈也。"因出公书与真书，有"火烧速去"之语。盖文居火烧坊下，故作隐语。且曰："不归恐有奇祸。"文念此行，实受公生死之托，即有奇祸，亦是数应同尽。乃若敛金，自有异度、文起诸君子在，而须文往为？复念公濒行，其相托何如郑重，乃忽于此时反命之归，意必有误之者，因问："我有三言传语，曾一一达尔主人否？"真即随声以应，乃曰："主人甚怒，铺堂不敢回复矣。"已而,命唐元将文之言复告于真,令其止达二语,不必提起铺堂,真又不欲元归,大有相角之意。文苦口曰:"斯何时也,而暇修一时之怨为也?且彼此归,专为赃银,一归即来,酷日中往返五六千里,较之安坐旅邸者,甘苦劳逸奚啻霄壤,予何所庸心于其间哉?"因悟真与元不睦,不免翻异其间,应归而不使之归,并前百方促文归,盖有全非公意者,为作色不怡,真乃唯唯。又与语及欲往定兴一节,真又以为不可,大指以前既虚往,再往何益,而且为公语以阻之。然鹿、孙两公,文所得于觌面,知其囊之不来,盖屈于势而情则有余者,非恝也,乃坚持欲往。是日,兼闻赃金复加一千,五日一比,初七起限。当此之日,两千且不知于何措办,岂堪更加?为之苦极。初三,钱真别去。

初四早,唐元持钱真片纸留文往定兴,而命唐元往苏,云此徐公意也,当即达知主人。噫!文未尝归也,而又何有于留乎?是早,三人从二闸发足。彼时,文付唐元达诸公书,皆为隐语,不敢明言,盖恐为逻卒所得耳。而钱真不知此窍,直以公与真书寄归,凡诸隐语,详为训诂,文有难色。唐元曰:"请留在便可赍,则赍倘有他虞,即刻毁去,何如?"文勉为之应。不敢入便门出张义,乃取城外他道行。行不二十里,即有番卒三人叱下骑搜检。是时急甚,文与严秀先以行囊与此三人一一简视,而更以他语支吾,唐元则乘此之隙将前书嚼去,毫无踪迹,乃免于难。噫!亦危矣哉。

初五日午刻,抵涿州,遣元归苏,而文则分道走定兴。

**【年谱】**

会京师回禄[①]示警,毁庐舍、伤人畜以万计。人咸谓天垂戒[②],意实在公。王大司马[③]有停刑疏。

**【注】**

① 回禄:火神。《左传·昭公十八年》:"郊人助祝史除于国北,禳火于玄冥、回禄。"杜预注:"回禄,火神。"《国语·周语上》:"昔夏之兴也,融降于崇山,其亡也,回禄信于聆隧。"《旧五代史·钱镠传》:"元瓘幼聪敏,长于抚驭,临戎十五年,决事神速,为军民所附,然奢僭营造,甚于其父,故有回禄之灾焉。"

② 垂戒:垂示警戒。司空图《疑经》:"纵天王制用失节,多取于诸侯,如欲垂诫,即书于周史可矣。"王鏊《震泽长语·经传》:"若夫子意在垂戒,一二篇足矣,何取于多若是。"

③ 大司马:兵部尚书的别称。

**【札】**

## 玉镜新谭·地鸣

钦天监占为本年五月初六日丁未巳时,候得地鸣如霹雳之声,从东北艮方来,行至西南方,有云气障天未散。占曰:地鸣者,天下起兵相攻(时有奴酋作难,黔南、八闽继乱),妇寺大乱(魏忠贤、客氏)。又曰:地中汹汹有声,是谓凶象,其地有殃(随王恭厂、朝天宫之回禄,一月三地震,倾城人死,水溢禾伤之灾)。

五月初六日巡视京营工科等衙门给事中杨文岳等,看得城中,从西北上地鸣,声如巨雷,由西南而起,遥望烟雾障天,震声动地。随星驰入城,始知王恭厂火药被焚,附近民居倒塌,人命死伤,难以计数。

王永光疏略云:"王恭厂不戒于火,岂奸细所致?夫奸细伎俩,不过使火药延烧已耳,何能使坤维震撼,数十里作霹雳之声?此非徒药之力也。目前稽察防范,不可不严,若委之失火,甚非上天垂戒之意与圣明修省之谆虑矣。夫好生之德,每是平和,请自今以往,轻重罪囚,悉付法曹(三法司也,此言镇抚司之恶)。此时者,幸徼祝网之恩,罪拟惟轻者,或开其蠲除减免之一线;罚当其咎者,仍念其子孙父兄之无辜。肃杀之秋,继以阳春,此其时矣。"

王永光第二疏略云:"上天一怒,而地震如雷,万象倾覆;再怒,而祸融为虐,朝天宫付之烈焰矣。以四方辐辏之地,半属丘墟;千官呼祝之坛,尽为灰烬。即行路为之惋惜,况臣子能无疚心也?故思水旱盗贼之变,尤得章疏之奏闻;即日月薄蚀、星辰之行,亦烦太史之占验。兹独谴告于都城之内,迭证于旬日之间。甚至霪雨未收,而冰雹随之,乖戾之象,显示相左。今诸臣上封事,自停刑、罢税之外,卒未能思免何项,宽恤何人,概以'知道了'三字应之。夫委之不知,尤俟有悔悟之日,知而不改,何时是苏息之期?但上天之谴告愈殷,人情之汹涌益甚,患生叵测,可难缓须臾。皇上当思天变之可忧,或召于人情之未辔,今能使人情帖服,便可望天意挽回也。"

王绍徽疏略云:"夫人主以好生为德,故朝廷以忠厚立国,而三代有道之长,独称成周。今逮讯毙狱诸臣化为异物者勿论矣,至赃追未完者,妻孥不无可念。若一一严追,势必株连蔓引,安知棰楚之下,不相继而登鬼录乎?甚非罪人不孥之意也。昔匹妇含冤,三年不雨,此是伤天地之和而酿此异变者。伏惟皇上体上帝生生之德,效大禹泣罪解网,凡可矜疑者,悉从赦宥。庶人心悦而天意可得,此皆挽回天变者也。"

(朱长祚《玉镜新谭》卷五)

## 玉镜新谭·筑城(北京)

丙寅五月初六日辰时,北京城中,从西北上震天动地霹雳之声,如云雾黑气冲天,倒塌房屋,平地方圆有六七里,东至萧家桥,西至平子门、城隍庙,南自顺城门,摇动城墙戍楼,掣起砖瓦半天,复从空中飞如雨点打下,压死男女老幼有万人,驴马尽行伤死。若死尸枕藉街衢,俱裸形,焦头烂额,四肢不全者甚多。男子尚有单裩,妇人皆无寸丝掩羞,至婴孩若齑粉矣。惨不忍见闻,况目击之耶。其工部衙门至十驸马一带,四五条胡同,官员死伤者难以记数。又象房倾倒,象出发狂。甚至震动乾清宫,声如雷鸣,中外恐惧。朝廷下诏修省。内灵台占曰:地鸣者,阴有余也,主弱臣强。一曰:下谋上,政在妇寺作乱,杀戮不由上,政令从下出云云。魏忠贤大怒,登时仗死占候官。说者以为:魏忠贤串同客氏,表里为奸,擅杀大臣,诛戮忠义之士无算,此天人共怒,以示警戒也。

王永光疏略云:"迩者,都城之变,雷轰电掣,屋覆墙倾,死者尸横枕籍,伤者呻吟载道,流离残破之景,不忍见闻。此上天垂戒之意。有可得而言者,如刑狱,系人生命,今累囚半归诏狱,追赃即以毕命,衔冤莫辩,而于好生之德,有未忍乎?"

(朱长祚《玉镜新谭》卷六)

## 颂天胪笔·天变邸抄(选录)

天启丙寅五月初六日巳时,天色皎洁,忽有声如吼,从东北方渐至京城西南角,灰气涌起,屋宇动荡。须臾,大震一声,天崩地塌,昏黑如夜,万室平沉,东至顺城门大街,北至刑部街,长三四里,周围十三里,尽为齑粉,屋以数万计,人以万计。王恭厂一带,糜烂尤甚,僵尸层叠,秽气熏天,瓦砾盈空而下,无从辨别街道门户,伤心惨目,笔所难述。震声南自河西务,东自通州,北自密云、昌平,告变相同。城中即不被害者,屋宇无不震裂〔1〕,狂奔肆行之状,举国如狂,象房倾圮,象俱逸出,遥望云气有如乱丝者,有无色者,有如灵芝黑色者,冲天而起,经时方散,合科道意火药局失火,缉拿奸细,而报伤甚多。此真天变,大可畏也。

钦天监占语曰:候得五月初六日巳时地鸣,如霹雳之声,从东北艮位上来,行至西南方,有云气瘴天,良久未散。占曰:地鸣者,天下起兵相攻,妇寺大乱。又曰:地中汹汹有声,是谓凶象,其地有殃;地中有声混混,其邑必亡。(魏忠贤即时打死此官)

后宰门火神庙,栋宇殊巍焕。初六日早,守门内侍忽闻音乐之声,一番粗乐过,又一番细乐,如此三叠。众内侍惊怪巡缉,其声出自庙中,方推殿门跳入,忽见有物如红毯从殿中滚出,腾空而上,众共瞩目。俄而,东城震声发矣。

哈哒门火神庙庙祝见火神飒飒行动,势将下殿,忙拈香跪告曰:"火神老爷,外边天旱,切不可走动。"火神举足欲出,庙祝哀哭抱住,方在推阻间,而震声旋举矣。

张家湾亦有火神庙,积年扃锢不开,此日,锁钥俱断。

潘云翼夫人虽同来京已十年,夫妻不相见,夫人独住后方一带,日事持斋诵佛。变起之时,夫人抱一铜佛跪于中庭,其房片瓦不动。前房十妾,俱压重土之下。

北城察院此日进衙门,马上仰面见一神人,赤冠赤发,持剑坐一麒麟,近在头上,大惊,坠马伤额,方在喧嚷间,东城忽震。

初六日五鼓时,东城有一赤脚僧沿街大呼曰:"快走！快走!"

草厂在东城,巡更逻卒见一白须老人忽出忽入,知是草场土地。

都城隍庙中道士,初五夜闻殿中喧嚷叫呼,绝似唱名之声。

王恭厂一小太监,初五日给假城外省亲。初六日早至厂,见团团军马围住,听得内边云:"来一个,缚一个。"疑是驾上拿人。此天监飞奔回家,行出城,响声大震。

五月初一日,山东济南知府往城隍庙行香,及庙门,忽然官吏舆从俱各昏迷。有一皂隶之妻,来看其夫,见其前夫,已死多年,乃在庙管门,前夫曰:"庙里进去不得,天下城隍在此造册。"

(金日升《颂天胪笔》卷二二)

## 明熹宗实录·兵部尚书王永光疏

兵部尚书王永光言:诸臣谓王恭厂不过火药延烧已耳,何能使坤维震撼数十里作霹

〔1〕"裂",原作"烈",今改。

雳之声？若徒诿火药之力也？目前稽查失火甚非上天垂戒意矣。今我皇上减膳撤乐，诸臣素服角带，遂足当修省乎？臣试问之，诸臣招权纳贿者已伏其辜矣，今果能大法小廉否？断送封疆者已伏其辜矣，今果能协力敌忾否？骗官盗饷者已伏其辜矣，今果能清白自砥否？修省职业端不外此，即我皇上方祖述尧舜，宁有缺事？然一二剥复之过，亦有可得而言者。刑狱至重事也，乃累囚半归诏狱，追赃即已毕命，甚至秋后与不时并律囊首与绞斩同毙痛快之事每足于和，请自今以往，轻重罪囚，悉付法曹，使罹法者瞑目，附比者徼恩，或开其湔除减之一线，仍念其子孙父母之无辜。肃杀继以阳春，此其时矣。至于急土木不如急军储，议搜括不如议节省，今无可搜括，凌杂入告，窃恐焚林竭泽之后，宁无鱼惊鸟散之忧，请自皇极工程暂停工作，悉以海内之物力并于军前之输挽，寝其屑瑟之诛，求益见圣心之敦大，俟疆宇廓清，再完堂构，未为晚也。若夫传宣诏，或以误而成讹，不如以票拟归还政府，甄别流品，或以疑而成溷，不如以邪正尽付公评，此皆举朝所欲言者。臣受先帝凭几之命，与皇上特达之知，故敢沥血陈之。得旨，这修省事宜知道了。三殿渐已就绪，不碍军需。票拟自属阁臣，原未讹误。

兵部尚书王永光以朝天宫灾上疏言，今者以四方辐辏之地，半属丘墟；千官呼祝之场，尽归煨烬，即行路为惋惜，况臣子能无疚心？因思水旱盗贼之变，犹待章之奏闻；即日月薄蚀、星辰逆行，亦烦太史之占验。独谴告于都城之内，叠征于旬日之间；甚至雨泽未沛，冰雹随之，乖戾之象，显示相左。皇上亦既耳闻目击，悚惕不宁矣，亦既传示诸臣，共图消弭实政矣。自诸臣条上封事，自停刑、罢税之外，卒未能恩免何项，宽恤何人，概已“知道了”三字应之。夫委之不知，犹俟有悔悟之日，知而不改，何时是苏息之期？皇上当思天变之可忧，或兆于人情之未畅。今能使人情帖服便，可望天意挽回。若圣意未回，天威愈赫，为臣子者即欲耕食凿饮，以农夫没世，亦不易得，而况能保有崇阶，长与皋夔稷契共事尧舜之主哉？得旨：今疆圉未靖，你部能悉心运筹，矢图安攘，即系修省实政，何必合词求罢？况进言有体，大臣尤宜详慎，内以危言激聒，明是要君，为首的姑不究。

（《明熹宗实录》卷七一）

**【北行日谱】**

初六，至鹿公所。鹿公一闻文至，不待通谒，即趋至门外相迓。告以乞为转贷应一时之急，并办后事以防不测。公于转贷立为首肯，其于后事，则以为事不至此。文泫然曰：“有备无患也。”鹿公颔之，立刻驰使邀孙公。孙公至，便立刻召两家金石之交，分道问金。盖孙公之贫，不减原宪，而鹿公躬耕自给，别无长物[①]耳。

次日，鹿公颦蹙相询曰：“有如公或不讳[②]，此金得微徒纳乎？”文曰：“公即不讳，赃无不完，是周氏必出之物也。文请自立一券，吾公得生，吾乡金至，固立偿而去，设有不幸，文自在也，其忍负公？”公笑曰：“事不得不详问耳，安用券为正尔。先为贷计，续商后事。”

乃初八日忽闻初六京师王恭厂地雷之变。嗣阅邸报，而知是变也，地列一十三丈，火药腾空，不焚寸木，而倾覆屋宇以万计，压死男女以千计，声震宫阙，为今古所未有。朝廷修省定刑之旨且先后下，则妄意吾公不死矣，遂置后事不讲，而专心称贷一事。彼地凉薄，富家绝少，又非素所往还，难以告急，一时不能辏集。文则此衷急于星火，然不敢形诸齿颊,盖恐急则数不及额,非特来一番意耳。

逾旬至二十日,始得三百金入手。二十金,定兴令王公(名永吉,无锡人)所助。五十金,乃鹿之姻家罗公(名万象),因知其弃产,往贷二百,罗以五十应,且云不必报复。鹿公则以贷而得助,与自至之助不同,仍应作贷。又五十,则诸君子赙左公浮丘奠金,未入左囊而敛存孙公处者也。其八十,则孙公之亲某不问子钱而以其本缓急者也。其一百,则贾人某之母钱,月索利二金者也。共三百金。未付金前,孙公已知文非内昆弟,第见文纯悫,乃不他虑,而直以金付。文因借鹿使一人护行,盖吾辈书生,非得干仆左右,恐为多金所误,且使两公知此金着落耳。公以老仆赵姓者往。

二十一早,疾驰。是晚,宿琉璃河。闻是日朝天宫灾,无端起火,正殿悉焚。不两旬而两以灾告,何天心仁爱至此。

二十二午,抵京入国门,门税较之前月忽已加倍,气象更觉刻急。一抵寓,立刻赍金付查君献可(名□□,太学生),查君问文于何寓,文不为告。盖此金之司,有苛求金之所在者,查君若为金穴,亦在罗网中,前金之交,查君亦有难色,恐其知文寓,则我能往、彼亦能来,必为完赵耳。即坐查寓,呼周使一面,周成至,询知公禁中起居,稍慰,问前者票金,正于二十七日一限将完,来金适承空乏,此后便有乡绅助金接续,文担似可少弛。先期,再四叮咛严秀,勿引诸使来寓为人踪迹。乃秀于是日乘文在查寓,反饮周成于文寓,愚人不知利害至此,文之不为番卒所获,特天幸耳。是日,欲发八行候公,不敢。特索公与钱真手书,见公十八九日之书,欲差周成回苏催银甚急。

二十三日,文复作书寄报房促金。是午,走蒋士衡寓,知曩者明旨所云"漏网巨魁"意有所属,为之大骇,窃以是时文之往还,更为稠密,益不胜惴惴。而士衡复曰:"兄与某同姓,一为番卒所缉,其祸叵测,不可不慎。"文心感士衡爱我。

二十五日,遣鹿使赵姓者归,劳以白金半两,坚辞不受,曰:"公所处何时而敢领也?主人知之,宁免督责,不与主人言此金,如没公之德何,断乎不可。"比届行,又私语严秀曰:"金虽不受,归必达知主人,以表朱公之意也。"嗟哉!此使其真使乎,使乎?是日,严秀道经锦衣卫,见黑气一道从卫前起,直透空中,风不能动,因知二十四日亦有是气,不可谓非大异事也。

二十六日,始得公与文手书,慰劳外,以吴桥之行见委,然不言吴桥,而第云:"有一远行,不审可否。"得钱真字而始知为吴桥也。于时,第以公急赃金,且天变后定无死法,可以暂离,乃立刻作书奉复,且云:"奚止吴桥,凡可效力,不妨多委,更不必惜文之劳。"

乃于二十七日得公与范公、鹿公两书。鹿则文得于觌面,故曩者之往,无烦再计。范公初未识荆[③],且钱真面传公旨云:"范与张侍御为姻家,张与公曩日相左,书可投则投,不可投宁持回不投,勿生多事。"文计京师去吴桥,往返一千三百里,委身于不可知之域,而念业已许公,难以中止,正徘徊间。

二十八日,闻黄极殿前阶石费帑金如干,经年累月而始至者,大工方待之告成,甫及殿忽断。都人骇传一月之内灾异频仍[④],意当事者必为动念,吾公万无死法矣。

二十九日,钱真始遣周成回苏。是日,往别查君,适顾公旧西席王君原裕在坐,偶语及公,谓从公来京之使喧传六人,且曰:"此六人者,征逐酒食,犹似居恒时[⑤],倘厂卫缉知,不以清吏相目，败乃公事不浅，兄可不思善为之计。”文因悟公使三人，曰钱真，曰顾选，曰周成，三人者，原寓锦衣卫邻近，以便承值[6]，公入狱后，钱、周两使留顾选于旧寓，而两人移玉河桥，与吴江周公四仆同寓，既同郡又同姓，误传公使六人所自来也。公使俱俭薄，岂其有此征逐事，但非分寓，何以自解。

乃于三十日晤蒋士衡，详语其故，嘱士衡转达徐公令之分寓，且托之风闻，勿直告以语所自来也。是日午刻，即出都门，居京旬日。逆旅主人见文谢绝宾客，而又与周使时时密语，业有猜意。畴昔之夕，已有长髯居然闯入四顾其行装者。时公与范、鹿两公书，文先期折成指大，糊之壁间，用是无恐。是时届行，偿主人日费，严秀计及秋毫，主人几出猜语。文乃解行装一事为赠以惬其意，始释。

六月初一抵暮，至江村晤鹿公，以往吴桥事商之。鹿公击节称善曰：“此天下第一流人物也，径往勿疑。至于侍御为姻家，金兰之谊岂为葭莩[7]所夺，必不其然，无相妨也。”因求公一函介绍，立为首肯，讶无公书，文曰：“书中无非致谢语。范公书正在俯仰间，与公书有金且有数，恐为禁门搜去，大属不便，已付祖龙[8]。即范公一函，折成指大粘之敝袜底中，持至不易也。”鹿公唯唯。

初二早，呈范柬于鹿公。时鹿公子孝廉（名化麟，字仁卿）在侧，见书不署名、不填号，曰：“此柬无范年伯字号，得微以与吾父者移之范公乎，事若卸担，奈何？父书似乎难发。”文少选[9]进曰：“前与公书，有‘雷霆雨露，无非君恩’，今与范公亦有此语，宁有与一人书而重复者，请以前书同此柬函去，则较然[10]矣。”公徐曰：“我柬自发，前书不必同往，总为至交，未为不可。”噫！公之肝胆何如哉！

初三早，鹿公发柬。是日，以初二日大雨，潴水[11]难行。

乃于初四日发足，便道过孙公，以己意恳孙公致意于鹿，求其再多方一处，孙公唯唯。因曰：“前鹿公原欲以五百金相应，措处不及耳。”是日，即宿孙公家。

初五寅、丑之际，地大震，文卧炕上，几为堕地，已而，知是日京师亦震，盖震者千有余里，苍苍之儆戒何如？文生平不惯鞍马，前者长途，每日驰驱不能五舍[12]，至此炎威日炽，仅行一百余里，途中遇泉，饮之不啻甘露。

行至初八，始为张盖[13]。盖为一手持辔[14]，一手执鞭，仅仅支吾[15]。至此暑极，无可奈何，乃为弃鞭擎盖，烦苦可知。即欲求如曩者之行，止于鞍马之劳顿，不可得矣。苦楚中常常作想，不幸而生于三韩发难[16]，彼时逃窜，惴惴恐有兵刃之及，莫必其命，求如今日，岂可得哉，则尘劳为之顿忘，因自笑此一想真一贴清凉散也。

初九早，至吴桥谒范公[17]（名景文，号质公，景州吴桥县人），先以鹿公书往，鹿书中亦不明言吾公也，第云：“与丈同年同官，弟识其手书甚真”，末云：“一腔心事向谁说，令人徒忆平原君”[18]。书入，范公急索书，文曰：“书非面呈不可。”因问：“书系何人所发？”文以公对，其使即蹙额曰：“我主人正为公焦劳，苦无音耗也。”亟延入。曩文之谒鹿公也，不觉酸鼻，因其使者相戒，恐傍人窥伺，泪为之忍然。彼时之泪，犹能相忍不下，独至此，则泪如涌泉，不能复禁。盖与公就义之期不能数日，神者先告之矣。范公相对泫然，不能为情。良久，方出公书，书中所恳，乃为赃金甚急求为转贷。览毕，即曰：“此项自是友生事，敢不殚力？”即命移寓别业，因识其西席康用舟（名允济，选员）兄。曩文之寓鹿氏也，去京二百余里，鹿之北间，无非阉宦，主仆二人，深藏如处子，不敢一窥户外。至此，则去京几七百里矣，范公亦相戒勿入市中。噫！世道至此，真可畏哉！

初十早，范公走使赵姓者，将命许贷三百金，而令文回鹿公处候金。盖文与公无一面，所凭者，吾公之片纸，所信者，鹿公之一函，金送鹿处，在彼出纳，始有着落，深服范公作用之妙。是日宴，文又识其西席李仲昌（名应期，济南临邑人）兄，盖康课其族子，馆于别业，李课其长君（名元超，子君平，年十八，已廪），馆于家。二兄俱笃行君子，而李更饶意气，私庆得朋云。

十一日，范长君奉公命先施[19]，闻此兄于朋从一切谢绝，惟有闭户读书，而得一再交臂，即其师仲昌亦叹为异数[20]。

十二日，入别。知范公已有柬为吾公求于东光，盖东光乃时局中要人，居相去仅二舍，因留候回音。前文初至，公便询及张侍御按苏与吾公龃龉[21]之事，且曰："近有柬入京，曾以蓼兄事为托，语语见报而独此语未报，想忘之耳，必无芥蒂理。"文念侍御与公为姻家，不敢直达。至是，已悉公肝胆，遂直告曰："侍御万分芥蒂，近日，京师一闻民变，便扬言曰：'闻此事乃周公子所为，纠众抗旨，大是异事。'诸绅相顾错愕，不敢发一语。时徐公念阳在坐，独抗言曰：'周子年未弱冠，能干此许大事耶？'方入蓼洲于死地，又坐其家以族诛。呜呼！可芥蒂可知，望公力为之救。"范公骇然，立许解纷。因问："金至鹿处，二十前后不迟乎？"文屈指曰："金之比，五日一限，每限百金，可以支吾。自六月初七日比起，前有会票[22]五百，已完五月之事。今有鹿公贷金三百并吾苏及吾公知己之宦京者，闻可得五百，计可支持至二十左右，不为迟也。"范公颔之。盖知公之金问之他人，他人为政，一迫便不能多，不敢聊且塞责，且屈指扣数，自是如此。初，吾公手书称文至戚，而文亦以内昆季自居，且更姓名为。余至是，见范公情真意恳，便以实告。公为再三叹息，因以苏郡人物下询，矢口而对，与公畴昔所衡颇相符合。公复垂询："兄往还定兴，彼地有杨椒山先生祠、汉张桓侯翼德故里，曾一谒否？"文过两公祠，曾默以吾公生还为祷，幸无虚公之明问，因自念，忠臣义士，令人景仰若斯，真虽死犹生、烈烈千古，吾侪可不知所以自勉哉？

十三日，再别范公，见东光回柬外，兼得与使者口传之语，许与诸要人处缓颊[23]，为之欣慰。临别，文正欲泥首以谢，乃范公先呼童设毯，曰："同为友朋，而兄独任其劳，敢不再拜？"为之稽首。文不胜惶遽，惭愧别出，鹿公之赵家幹已奉公命至矣。盖文为贷金，非得护行者不可。先期与借，至此来耳，不虞范公自为遣使，虚其往返。范公复以程仪二金为赠，文既仰其贷，又拜其贶，不可，乃坚辞，使者三为往返。已而，仲昌移樽相就，使者以公命乞仲昌一言，文直告以不敢拜之故，而仲昌犹相强不已，文乃曰："请留公所，为归途壮行色，不可乎？"乃止。

十四日，从吴桥发足。天既炎甚，又计金至之期尚有数日，乃从容徐行。

**【注】**

① 长物：多余的东西。刘义庆《世说新语·德行》："（王大）见其坐六尺簟，因语恭：'卿东来，故应有此物，可以一领及我。'恭无言。大去后，即举所坐者送之。既无余席，便坐荐上。后大闻之，甚惊曰：'吾本谓卿多，故求耳。'对曰：'丈人不悉恭，恭作人无长物。'"白居易《销暑》："眼前无长物，窗下有清风。"

② 不讳：死亡的婉辞。《管子·戒》："管仲寝疾，桓公往问之曰：'仲父之疾甚矣，若不可讳，不幸而

不起此疾，彼政我将安移之？'"《汉书·丙吉传》："君即有不讳，谁可以自代者？"颜师古注："不讳，言死不可复讳也。"

③ 识荆：初次识面的敬辞。李白《与韩荆州书》："白闻天下谈士相聚而言曰：'生不用封万户侯，但愿一识韩荆州。'何令人之景慕一至于此耶！"唐牟融《赠韩翃》："京国久知名，江河近识荆。"

④ 频仍：连续不断。庾信《周上柱国宿国公普屯威神道碑》："再为连率，频仍衣锦。"秦观《边防中》："怨祸构连，饥馑频仍。"

⑤ 恒时：平时。韩愈《送李翱》："揖我出门去，颜色异恒时。"

⑥ 承值：当值，侍奉。《新唐书·百官志上》："凡府马承值，以远近分七番，月一易之。"

⑦ 葭莩：新戚的代称。《梁书·武帝纪上》："萧领军葭莩之宗，志存柱石。"温庭筠《病中书怀呈友人》："浪言辉棣萼，何所托葭莩。"

⑧ 已付祖龙：付之一炬。祖龙，指秦始皇。《史记·秦始皇本纪》："（三十六年）秋，使者从关东夜过华阴平舒道，有人持璧遮使者曰：'为吾遗滈池君。'因言曰：'今年祖龙死。'"裴骃《集解》引苏林曰："祖，始也；龙，人君象。谓始皇也。"

⑨ 少选：一会儿，不多久。《吕氏春秋·音初》："覆以玉筐，少选，发而视之，燕遗二卵，北飞，遂不反。"高诱注："少选，须臾。"《梁书·元帝纪》："黔首岂可少选无君，宗祐岂可一日无主。"

⑩ 较然：明显貌。《史记·刺客列传论》："自曹沫至荆轲五人，此其义或成或不成，然其立意较然，不欺其志，名垂后世，岂妄也哉！"司马贞《索隐》："较，明也。"唐刘知几《史通·核才》："文之与史，较然异辙。"

⑪ 潴水：蓄水。沈括《梦溪笔谈·权智》："瓦桥关北与辽人为邻，素无关河为阻，往岁六宅使何承矩守瓦桥，始议因陂泽之地，潴水为塞。"沈德符《野获编·户部·西北水田》："皆浙东人牟利，堰荒积不毛之地，潴水生育，以至蕃盛耳。"

⑫ 五舍：一百五十里，古三十里为一舍。

⑬ 张盖：张开伞盖，打伞。《史记·商君列传》："五羖大夫之相秦也，劳不坐乘，暑不张盖。"《晋书·天文志上》："天圆如张盖，地方如棋局。"李贺《瑶华乐》："列旆如松，张盖如轮。"

⑭ 辔：驾驭牲口的嚼子和缰绳。

⑮ 支吾：对付，应付。司马光《涑水记闻》卷十一："西贼奸计，大未可量，朝廷当奖励逐路帅臣，豫作支吾。"

⑯ 三韩发难：黄道周《节寰袁公传》："于时辽左新溃，三韩余众大东焉，依东人，遇辽众，不相主客，时时夜惊，赖公（袁可立）抚绥无事也。"三韩，指朝鲜。汉时朝鲜南部有马韩、辰韩、弁辰（三国时亦称弁韩），合称三韩。《后汉书·东夷传·三韩》："韩有三种：一曰马韩，二曰辰韩，三曰弁辰……马韩最大，共立其种为辰王，都目支国，尽王三韩之地。"

⑰ 范公：范景文（1587—1644），字梦章，号思仁，别号质公，河间府吴桥（今属河北）人，万历四十一年进士，历官东昌府推官、吏部文选郎中、工部尚书兼东阁大学士。

⑱ 令人徒忆平原君：高适《邯郸少年行》："未知肝胆向谁是，令人却忆平原君。"平原君，赵胜，战国赵武灵王子，惠文王弟，封于平原，相惠文王及孝成王。秦围邯郸，危急，用毛遂计，与楚定纵约，又求救于魏信陵君，使赵转危为安。喜宾客，食客多至数千人，太史公称为"翩翩浊世之佳公子"，事见《史记·平原君虞卿列传》。平原君，后泛指尚义重士的在位者。明边贡《赠尚子》："浩歌翩然却归去，眼底谁是平原君？"

⑲ 先施：指先行拜访或馈赠礼物。《礼记·中庸》："所求乎朋友，先施之。"孔颖达疏："欲求朋友以恩惠施己，则己当先施恩惠于朋友也。"元稹《酬段丞》："赤心芳苦斗，红烛以先施。"

⑳ 异数：特殊的礼遇。唐钱珝《代史馆王相公谢加食邑实封表》："无补艰难，方怀惭惧。讵谓圣

慈,忽被异数。"《宋史·岳云传》:"杨幺平,功亦第一,又不上。张浚廉得其实……奏乞推异数,飞力辞不受。"

㉑ 龃龉:不相投合,抵触。扬雄《太玄·亲》:"其志龃龉。"范望注:"龃龉,相恶也。"韩愈《答窦秀才书》:"又不通时事,而与世多龃龉。"

㉒ 会票:明清时期商人发行的一种异地支付钱款的凭证。原为在一地交款领票,到另一地兑现,后因金属货币不足,加以发行者的信用良好,会票渐渐代替货币在市场流通。顾炎武《日知录·钞》:"唐宪宗之飞钱,即如今之会票也。"

㉓ 缓颊:婉言劝解或代人讲情。《周书·刘璠传》:"璠正色曰:'卿欲缓颊于我耶?我与府侯,分义已定,岂以宠辱夷险易其心乎?'"苏轼《与钱济明书》:"所问已得其端,通缓颊否?不倦日烈,见顾为望。"

**【年谱】**

而下石公者愈急,遂以前六月十六日,与周、缪二公,先后死锦衣卫狱。死之状,不得详,亦不忍详。

**【北行日谱】**

十七,宿雄县。是夕,夜方半,文卧室之门发异响,如捶击。急起四顾,寂无人迹,惟明月满庭而已,为之大骇。自离故乡,绝无音耗,而出门时,次子病甚,且为民变一事,罪罟方张,深虞波及,则以为文家必有他故,宁知吾公之变正于十七日之早。由斯言之,非公之英爽而谁也?痛哉!

十八,至容城过孙公。是时,文之出入京师者再矣。自闻渠魁之事,十分戒心,当此逻卒密布之日,曾几何时,而禁门频出频入,恐为物色,宜留此行以防公之不测。且吾苏之金,或不及数,鹿公处毕竟可为曲处,前已露意,孙公所宜潜踪静听。而赍金往京,非得一的当友不可,乃恳孙公,慨然应允,议其弟启美兄(名奇彦,号思皇,选贡)往,且曰:"此间多中贵,亦有一二相识者,此行兼可一询其中喜怒,则私心益慰。"

十九,至江村。

二十一日午刻,范公使者赍金二百至,不能如三百之数。迨文归途谒范,范告以前约三百,盖为某二千石曾戴德于我可贷,不虞竟虚所往,乃不得已托李仲昌扣之中丞王公(名洽,山东临邑县人),得金一百,又扣之某某,凑金一百。不啻沿门持钵,殊不自慊。是日,兑封范公金,鹿公复出金一函,计三十两,曰:"此止生茅君助金也。"

**【年谱】**

廿二日,出公尸,狱卒颜朱尚索金不已。义仆顾宣痛哭泥首,请血衣回,固弗与。顾宣遂敛公奉柩归。

**【北行日谱】**

二十二日,孙启美兄偕鹿使赵家幹暨严秀同行。往还之资乏,已叮咛严秀,乃鹿公则命赵家幹赍金支应,孙兄又坚持不可,主仆二人已具有资斧[①],推让良久,乃议各自支给。孙兄赤贫,与公未识一面,既任其劳,又损其橐。濒行,文向孙兄稽首以谢曰:"此弟之事,以累吾兄,敢不拜送?"前文之往吴桥而过孙公也,孙公私语曰:"兄之至江村者三矣,彼地邻近俱中贵，不可不慎。昔魏公子之来，亦各处潜踪，无定居也。兄此回有弟椒兰某某，俱可暂寓，兄其图之。”文心妄疑，或者意出于鹿而命孙转致耳，颔之。是时，应向鹿公请曰：“文其移寓以防踪迹乎？”公之封翁成宇公（名正）毅然曰：“畴无友生，患难相依，情理必至，而烦仆仆转徙，其安居勿动。”噫！文此来，凡知其事者，皆以不祥人目之，惟恐或近，即信宿，亦人情所难，乃不嫌暱就[②]若此。今人称交谊，辄云肝胆，“胆”之一字，妙矣哉！盖非有胆则惴惴，惟恐祸及。即欲全此一段交情，不可得已。于时，文为盛暑积劳所苦，身既病热，肠复病寒，日仅一餐，困顿殊甚，方服药饵，偷安床褥。

乃二十四日午时，严秀奉公讣音至矣。自天变叠至，圣心修省，以为吾公必生，故吴桥之行，敢于身往，不意忽有此变，为之痛极，不觉失声于鹿公之堂。鹿公相顾错愕[③]，恐左右传闻，乃为强忍饮泣[④]。严秀云：“公之丧，已于二十二日之张湾登舟矣。”文计钱真未必待我，哀痛之际，一切都捐，则欲直走吴桥，以候丧舟，少展护丧之念。盖吴桥去桑园一十八里，桑园者，南北舟楫之所必由，于此相候甚便耳。痛少定，徐读蒋士衡来柬，则传念阳徐公意召文入京，而鹿公亦向文问转贷之金作何区处[⑤]。是时，范公及茅之助金，严秀与赵使已复赍转，文已交之鹿公，曰：“转贷二百八十金，今有茅助三十、范公所贷二百先行交纳，尚少五十，再作区处。范公之金，文自于京中问公助之金偿之，何如？”鹿公曰：“二百自是质翁之金，予何敢过而问焉。闻前者此处之金尚未用，予命一价相随，入京赍回原物可矣。”文曰：“前金必用，文所知者，只元宝一锭，不便于纳，托查君变易，或此犹存耳。”数刻中，公三问而文三以是对，不知未用之语从何而来。已而入京，会蒋士衡，文为述：“严秀报讣，弟急索兄书，秀以乌有对，连索而坚执乌有，弟作色曰：‘蒋即不发书，汝独不可立索片纸以报我乎？如许大事而仅凭口传数语！’懊恼良久，已而见秀手中片函，则兄书也。盖是时秀痛其主，形神俱丧耳。”士衡因笑问严秀曰：“若临行，我曾密语尚有用存之金可来取去，亦忘之否？”始知用存而误传未用，此语已忘于严秀之口，而先入于鹿使之耳，故频烦鹿公之问耳。阿堵一物，易起猜疑，可轻与哉？是日，范公之金托鹿公转璧，而以茅君助金先清鹿公三十。带鹿使偕行，以便偿金，力疾起程。鹿氏父子祖孙暨孙公见文不堪之极，强相宽解而别。

二十七早，入京。先会孙兄，约其携金，盖孙兄尚留京也。随偕蒋士衡谒念阳徐公，而知吾公十六日尚健饭，没于十七之昧爽[⑥]，尸出于二十一日，丧发于二十二日，入殓惟顾选一人在，而钱真则有候之舟中而已。四体五官幸不全坏，第面似有物压之者，鼻为之平，已不可认，惟须与手足为血肉不能变处，则顾选犹能识之，所备之衣，已不能服，弟安置棺中。噫！文此来，虽妄意公之生，然出门时原意公之必死，只为躬亲含敛计，故有此行。所以报吾公者此，所以慰公之孤寡者此。初不为处金来也，乃竟大复本怀，徒令顾选一人结公之局。出门之意，谓何痛哉！随以鹿公之贷商之徐公，公曰：“有鹿氏原金一百存查处可偿。”文曰：“此外作何处分，意者其公助之金一为取偿乎？”徐公以无存对，文又曰：“意者其续到会票之物以践宿诺乎？”徐公亦以为不可。噫！斯贷也，非助也。虽鹿公义富有助，然宁我以金如数往，鹿公以心之欲助者，却其如干以归我，则彼此两尽。今逆其欲助之意，而听其多方借贷，竟自偿补，夫乃非所以自处乎？于时，资斧已罄，告急于公。盖文之来也，文与唐元、严秀各持十金。唐元十金，已于四月十六日至江村用尽。文之十金，为唐元支去六金，乃以文自有一金，复支查处会票五金，凑足十金，并严秀十金者公二十金，自四月十七日用起，频往频来，车马糇粮，一切犒劳，种种诸费，咸于是取给，至此无复存余耳。是夕，即宿查寓，士衡曰："即动鹿氏十金，为兄资斧，不可乎？"文曰："偿不如数，方切愧心，其可复损百斤之内乎？计归费须十金，弟自有一金，而范公处有不受二金所必馈者，今得于徐公处称贷五金，便可勉强就道。"乃书五金之券与士衡。

二十八日，孙兄与士衡先后至查寓，士衡掷回昨券，而以徐公命从查处支十金（此十金之支，出自徐公，文不与闻，随付严秀）付文，为归途资斧。意者其续到会票之物乎？文即分一金密付孙兄，以劳鹿使，且嘱其俟至良乡付之，恐其来璧耳，随交与孙。其五十果元宝一锭之未用者，其四十九两五钱，则曩留为吾公零用之金，而非鹿氏之金也。曩文之称贷于鹿也，原无片纸，至此不敢不以一券为信，乃书一百五十金之券，封至鹿公，与孙公相别，仍泥首以谢之，便为赶丧之计。于徐公处知公使于二十四日尚至徐寓，于查君处知公使于二十六日尚至查寓，盖一为买漆，一为欲与吴江周使偕行耳。计丧舟不远，乃从水陆赶丧，奈二丈方别，大雨如倾，周行半成，巨浸不可行。是月无三十日。

闰月初一，驰驱泥泞中。抵张湾，闻丧舟已发矣，复为疾驰。至此则泥泞转为滂沱，求其驰驱不可得矣，有匍匐于滔滔已尔。是夕，抵河西，务觅丧舟，了不可得，方谋兼程趋势。

乃初二晨起，水已遍于街衢，男妇老稚，携筐篚而逃窜者已载道矣，则移寓高阜。

不一日，高阜之寓，水复浸淫而至，恐复不免，则求附运艘，几有性命之忧。

初五日，水势稍定，乃附舟至天津，舟中有扬州运军云："于二十九日于河西务见有二丧舟，乃南艘，相并偕行，其为公与吴江周公之舟无疑。"噫！丧舟而肯稍为我待，不二日文已至矣。

初六日，从天津附往德州之舟。水势逆甚，竟日不能二舍。

十一日，复登陆。

十二薄暮，至吴桥别范公。盖意丧舟过桑园，必入问范公，范公必为我留，不虞音信之杳然也。甫及门，知范公闻讣之日，正欲开宴，一阅邸报，不胜痛，为撤宴，抱疴者累日。入谒，相对挥泪，且稽首称谢，文不胜惶遽惭愧曰："文不得视含，大负周公，乃公之罪人，反加礼耶？"因告公以前金下落，且悉周氏之艰难，及鹿公之逋负⑦，意欲公俟金至稍割以偿鹿公。公于文一语，一为凄然，知其于此金必有所助。

十三早，仲昌来晤，文以情恳之曰："前金旦晚且至，质翁大有割助意。而鹿公转贷尚有一百五十未偿，倘得随公之所乐助者，即以偿鹿公，甚便，兄其为我图之。"仲昌曰："两家之物，皆出于贷，鹿公欲偿贷，则吾公亦欲偿贷，恐必不得之数，惟是直捐以助周氏，所乐从耳。"文大为首肯。是日赴公饭未半，鹿使二人已赍金至矣。饭毕别出，鹿使纳金，公不纳而亟召文，欲尽付持归。文局促曰："周固不足，公非有余，稍割则可，其可全捐而以此重逋为公累耶？"公蹙额泫然曰："所处固不足，然弟幸有此身在，犹易处耳。"文曰："公言至此，不敢辞矣。但二百金数不为少，长途或有他虞，亲赍断乎不可，公其别致。"公乃止。初，文之为水阻道也，深悔奚弗从陆取道良乡涿州，便可刻期至桑园俟舟，胡乃自为水苦。询鹿使以孙兄出京光景，始知孙一出京，至芦沟，民居已漂没殆尽，沉浮五日，始达江村，主仆三人几于不免。噫！斯行也，伊谁之事而乃以累孙兄至此乎？而文之得免于难，不可谓非幸。鹿使之来璧范金者，其一人仍昔之赵老家幹也，往返于京者凡三，往返于吴桥者凡两，屈指程途三千有余，矧灾月尤为不易，前者区区一金，何足稍酬其劳哉？

十四日，入别，范公眷眷，一饭再饭，不能为别。滨行，文再拜稽首，公起执文之手曰："弟亦有四叩欲申。"叩曰："弟相去数千里，徒有其心，不能为力，兄与咫尺，周氏诸孤，所望朝夕一顾。"文为泥首受命曰："绵力所及，其敢自爱。"噫！范公于友谊，真千古一人耳。流盼曩者将命之赵使，见其形容骨立，询何以至此，则以畴昔东光之行，刻期报命，为中途暑雨所中，方尔抱疟。斯行也，不独诸君子竭其心思，即诸君子之仆从，亦殚其筋力，真足为友道光。别出，范公以前二金为赆，文乃不敢复辞。使者复传公命曰："所处二百斤，既不持去，不得不一归原主，倘收，当再为设处。"盖金非己物，公自有微机焉，非有他也。是日，原拟登途，而日已昃，骑且无可问矣。仲昌用舟，各治具强游公之小筑，以一解文之悲哀。然杯在手而痛在心，时时弹泪，殊不成欢而别。

十五日，发足。是时，妄意丧舟经闸必有稽留，且从此至分水龙王，水势俱逆，而我以骑往，必可追及，则为策蹇而驰。

十六，至茌平。是夕，复大雨如倾，水复阻道，不可行，留茌平者两日。

十八，发足。每行不数里，非深泥则巨浸，稍浅则以骑代舟，稍深便以足代骑，裸形匍匐。当此一番生平未尝之苦，即欲求如曩者之行，仅止于炎热，又不可得矣。又每作三韩被难想，于滔滔中如乘安车、如坐夏屋，忘其为困顿也。此一想，又真一贴药逍遥散哉！自吴桥发足以来，驰驱跋涉中念范公之金一归原主，或不能如其前数，又念吾公之家，餔糜不给，茕茕诸孤，以养以教，以婚以嫁，良非易事，目前赃金虽急，然当人心哀痛之际，自能勉强竣事，必不至累其孤寡，独是日后，教育等事，大属难处，虽吾苏好义者不少，然当此两番大助之后，岂堪再助，即有金石、椒兰如文、姚太史诸君子，均非有余之家，岂能种种仰给[⑧]，此年年苦楚、事事艰难之局，而子姓失学，并失其先人故步之根也。贤者之后，以空乏二字固其穷者几人？必得置一恒产，乃为永远计。前金二百，仅足为一顷谋，而读范公所惠款[一]议[⑨]诸书，见公于宦游，每遇凡可经久事，不遗余力，间有捐己俸为之者，则斯议也，惟公可告，乃以前意作柬，从逆旅主人寄范公。

二十二日，至济宁，询之闸上，则丧舟又已过矣。沿途阻碍，使文不得登舟一护，少尽其心，何天之厄[二]我至是。是日，遇公使周成自南而北，与之登舟偕归。

**【校】**

[一] 款，原本作"窾"，今改。

[二] 厄，原本作"阨"，今改。

**【注】**

① 资斧：旅费、盘缠。《易·旅》："旅于处，得其资斧。"

② 暱就：亲近，接近。《左传·成公十三年》："不穀恶其无成德，是用宣之，以惩不一。诸侯备闻此言，斯是用痛心疾首，暱就寡人。"

③ 错愕：促仓促间感到惊愕。韩愈《曹成王碑》："错愕迎拜，尽降其军。"周密《齐东野语·王宣子讨贼》："卒睹官军，错愕不知所为。"

④ 饮泣：泪流满面，进入口中，形容极度悲痛。司马迁《报任少卿书》："然李陵一呼劳军，士无不

起，躬自流涕，沫血饮泣，更张空拳，冒白刃，北向争死敌者。”

⑤ 区处：处理，筹划安排。《汉书·黄霸传》：“鳏寡孤独有死无以葬者，乡部书言，霸具为区处。”

⑥ 昧爽：昧爽：拂晓，黎明。《尚书·牧誓》：“时甲子昧爽，王朝至于商郊牧野。”《孔子家语·五仪》：“昧爽夙兴，正其衣冠。”

⑦ 逋负：拖欠，短少。元稹《才识兼茂明于体用策对》：“今之课吏者，以赋敛无逋负为上。”王禹偁《监察御史朱府君墓志铭》：“盐铁奏秦州银坑冶，比多逋负，未入之数，不减万计，请择朝臣以主之。”

⑧ 仰给：依赖。《史记·平准书》：“七十余万口，衣食皆仰给县官。”宋葛立方《韵语阳秋》卷二〇：“夫士人既无常产，为饥所驱，岂免仰给于人？则奔走道途，亦理之常尔。”

⑨ 款议：和议。

【年谱】

先是，公行后，府县获颜佩韦等数十人，置之狱。两台初疏上，阉虑民变，且公未即至，矫为温旨。公谒狱后，更矫严旨，而颜佩韦五人遂拟大辟①。疏上，矫旨索漏网渠魁，于是，刘渐于、王贞明、王玄迈、沙子升与予俱降黜，而予与朱德升、文启美[一]尤几濒于殆。

【校】

[一] 启美，原作“起美”，今改。

【注】

① 大辟：古五刑之一，死刑。《尚书·吕刑》：“大辟疑赦，其罚千锾。”孔传：“死刑也。”孔颖达疏：“《释诂》云：辟，罪也。死是罪之大者，故谓死刑为大辟。”苏轼《拟进士对御试策》：“夏禹之时，大辟二百，周公之时，大辟五百，岂可谓周治而禹乱耶？”

【年谱】

后六月晦日，公之柩至泾南小筑。

【北行日谱】

三十日，舟泊黄河，一夕中盗之来劫者三，幸客众预防，不能登舟而止。因自幸范公之金坚辞不携，不为过计。

【年谱】

七月朔，雷电风雨竟一日夜，拔大木、坏民舍无算。呜呼！昊天亦为公震怒哉！

【札】

崇祯《吴县志》卷一一：“（天启）六年丙寅七月朔，大风拔木倾垣。”

【北行日谱】

七月初一，登内河之舟。是日午余，飓风大作，几为之覆，倘在黄河，宁免于难？幸矣，幸矣。已而，闻是日吾苏风更甚，数百年合抱之木，有为平折拔去者，不可胜数，盖公之柩至苏之第三日也。天怒激发所致，亶其然乎。

初二，复为飓风停舟。

初九抵暮，至吾公家，登其堂，不见其人。

初十日，凭公之棺而哭，不独痛公之死，盖痛公死而不得视含。公则大有造于先慈之苦节，文则无毫毛之益于吾公之死也。诸公子方遵曩日吾公之命，以伯相呼，为再四辞谢。虽诸公子奉公命相称如故，然于文只重其忸，所谓耳受而神实不受者也。是日，归家，幸得举家无恙，而病子呻吟于床，然阿翁已归，自足相慰，乃仅聚首百日而亡，痛哉！诸儿为述闰月二十八日之更深，有鬼啸于庭者三，其声甚厉，意周公之丧已归，诘朝往询，公柩果于是日至家，公实相报，有何疑焉。

【年谱】

十二日，颜佩韦五人就戮，大呼曰："吾从公地下足矣。"噫！吾辈不死而五人死耶！

后一年，朱完天亦以从公积劳成疾，呕血终。

【北行日谱】

十三日，以一杯哭公，而详在京之事，名九京报命，复之吾公，随以资斧三十金费数交公之子子佩兄，且言范公当有后讯。

八月二十二日，范公使者赍奠十金至苏，发函深是文恒产之说，约以明春付金，因闻王中丞之金业已收去。念范公橐中甚窘，乃致书李仲昌，嘱于中丞处从臾其间，盖仲昌与中丞为椒兰之好耳。或谓范公此金，异日即以清鹿公，于计甚便。噫！文既倡恒产之说，而范公慨然以为己任，则此金者，乃范公为周氏诸孤长久计者也。若鹿公之金，定当另为区处耳，岂可以游移其间以负两公意哉？谱至此而北行之事毕矣。

【年谱】

公生于万历甲申，终于天启丙寅，享年四十三。呜呼！四十三年一刹那耳，而公之神直与星辰河岳千古在天地间。彼逆珰与五虎、五彪之辈，距公死才浃岁，岂公不生而诸人长不死耶？公论久而自定，天网恢而不漏，亶其然呼！

是役也，佥谓公与吾吴不幸中之最幸者，实惟陈令公是藉，微令公，能以父母之尊衣冠假寐于蓼庵、俟公迟明行乎？能于逮公后饮食饔飧无缺于供，并公亲知亦沾厨传、共慰公于羁绁乎？能于民变后毫无猜忌与公同心、从当事前力赞公之间道行以遂公赴义乎？能于公行后恳恳两台前、不多及无辜而众心以宁乎？能令诸生仅从黜降宽政，不为五人续乎？能于公没后不以追比击一人、责一板，而赙奠者问馈、备极丰腆，令存没衔恩、旁观感泣乎？能于诸阉相继守祠日每事裁抑、不至扰害吴民乎？此与公司李闽福时遇高寀之变后先一揆，而陈令公所处尤难。

至公初逮至锦衣狱，密为左右得不即毙，则念阳徐公、岩叟顾公。捐赀倡义，如殉身首之急，则具茨毛公、文姚二公、张异度、德升、虚王三兄与张天如先生、徐九一太史①、德清胡公（讳公胄）。余不尽知，不能悉志云。

（殷献臣《周吏部年谱》〔1〕）

〔1〕 殷献臣《周吏部年谱》，北京图书馆藏珍本年谱丛刊本，北京：北京图书馆出版社，1999年，607—666页。

【注】

① 徐九一太史：徐汧（1597—1645），字九一，号勿斋，江苏长洲县人。

【北行日谱】

噫！公之被逮也，万姓为之号呼，至捍法纲，丧其元而不顾。公之就狱也，天地为之震怒，奇灾异变，先后叠见，夫岂细故[①]。公之已没也，洪水滔天于京师，大风刮地于桑梓，为百年未有之灾。天人之际[②]，一至于此，则公之为公何如？乃痛公之深者，或以等死耳，奚弗自裁于苏，乃多此缇骑赃金之费，而投身于至惨之地。噫！公何人乎？肯泯泯而死、自同于匹妇之经沟渎者[③]乎？故关真君之签兆，每为劝驾，非不灵也，正欲公之烈烈而死，以奇节与公也，此岂寻常所能测哉？

乃若吾公闻逮之诘朝，橐中所存白镪不能一两，以三钱奠贫交徐胤开，以二钱买桐油为继晷资，谓其价稍廉耳，以灯火之需而计及于此，其家之贫可知。比晚闻逮，所付公子之金仅四钱耳。问糊口之产，仅仅半顷之污莱；问栖身之所，仅仅数椽之陋室。五年司理，数年铨部，而光景若斯，吏之廉，未有如公者，乃能偿赃金三千耶？藉非吾公之品，吾苏之义，则公之孤寡有为赃金立毙耳。斯民自有直道，千载自有公评，可不具论。闻吾公为狱吏考掠时，见其刑酷甚，则高声呼曰："尔不畏天地耶？奈何必欲处吾辈以死？且天下忠臣义士多矣，从来翻日后之案者，正不属目前之所忌也。非谓吾辈死而天下遂断忠义之脉也。"公所谓教之诲之者，其在斯言乎？且捶且詈，愈折愈奋，被逮诸公无能比其烈者。噫！味斯言，一时挺然不屈之光景，又岂见闻可得一二哉！

犹记公公署候行，灯下朗吟于忠肃[④]公"粉骨碎身浑不怕，独留清白在人间"[⑤]及杨忠愍[⑥]公"风吹枷锁满城香"[⑦]诸诗，津津有味乎其吟之，神若为之弥壮，气为之弥扬者。公于临难激烈乃尔，岂非真正奇男子？壮哉！壮哉！公之构祸，固由于与廓翁联姻一事，而倪文焕首逢珰恶，后更有阴为之构者。然闻缇骑之逮廓翁，廓翁饮之虎阜，缇骑且从虎阜解维[⑧]，廓翁为联姻一事欲姑为一日留，缇骑难之，公大叱缇骑，而且语侵魏贼，复曰："若其直致我语，余非畏死之人。"噫！撩虎头履虎尾矣。奇祸之至，何怪其然？非吾公，断无此胆。闻公于被逮之夕，县令守于厅，妻孥哭于室，公拜辞家庙，从容取笔为僧题"小云栖"额，此其神情之定，何如不死于苏死于都？真知所以处死者矣。

吾公之抵京也，以四月之二十四日。公之入狱也，以是月之二十八日。未入狱前，处东司房，彼时诸缙绅无一人敢至，而诸旗则左右惟谨。盖诸旗中途闻京师以其需索激变，将如周、缪两家追比诈金，曾于驿中密室环跪，以前金完璧，公则仍以授之，誓不泄言，故感激若斯耳。二十八日，另有一旨开读，开读毕，裸形加绑以解理刑。一至理刑，彼时公随身之仆俱不克睹矣。闻公于理刑，陈词侃侃，声振一堂，挞棍四十，继之以夹，水火棍六十，又继之以拶，三梭一百二十，诬坐赃金二千两。续奉严旨，五月初，又加以夹，复诬赃银一千。公至此不死者，亦几希矣。续有非常天变，刑为之停。比至六月初旬，又挞十棍，数虽少而惨更甚。十六，公犹强饭。十七子丑之际，不知用何物镇压公首而亡。动手者，则锁头颜紫也。闻杨、左诸公之死，皆出此人手。顾选每日送饭，与狱卒颇狎，故得其情实乃尔，不敢不详志以记彼时之残毒。

公之德容,曩公坚不欲写,有公门弟子龚兄名汝虬者,知不可明告⑨,即于候逮之十七日,私携丹青君王明谷从旁私窥,图公貌藏之,其肖特甚。不惟俾公之子若孙有所瞻依,且使吾公之容,异日与诸名公之像共垂不朽,俾后人有所寄其高山仰止之思,亦似有天意。

此皆吾公之事,所应备记,故谨附录于此。

(朱祖文《丙寅北行日谱》〔1〕)

【注】

① 细故:细小而不值得计较的事。《史记·匈奴列传》:"朕与单于,皆捐往细故,俱蹈大道,堕坏前恶,以图长久。"杜甫《赤霄行》:"丈夫垂名动万年,记忆细故非高贤。"

② 天人之际:天道与人事相互之间的关系。《史记·司马相如列传》:"披艺观之,天人之际已交,上下相发允答。"《汉书·司马迁传》:"亦欲以究天人之际,通古今之变,成一家之言。"刘义庆《世说新语·文学》:"何平叔注《老子》,始成,诣王辅嗣,见王注精奇,乃神伏,曰:'若斯人可与论天人之际矣。'"

③ 匹妇之经沟渎者:《论语·宪问》:"子贡曰:'管仲非仁者欤,桓公杀公子纠,不能死,又相之。'子曰:'管仲相桓公,霸诸侯,一匡天下,民到于今受其赐。微管仲,吾其披发左衽矣。岂若匹夫匹妇之为谅也,自经于沟渎而莫知之也?'"

④ 于忠肃:于谦(1398—1457),字廷益,号节庵,浙江杭州钱塘(今杭州)人,弘治赐谥肃愍,万历改谥忠肃,有《于忠肃集》。

⑤ 粉骨碎身浑不怕,独留清白在人间:于谦《石灰吟》:"千锤万凿出深山,烈火焚烧若等闲。粉骨碎身浑不怕,要留清白在人间。"

⑥ 杨忠愍:杨继盛(1516—1555),字仲芳,号椒山,直隶容城(今属河北)人,谥忠愍,有《杨忠愍文集》。《明史》卷二一九有传。

⑦ 风吹枷锁满城香:杨继盛《朝审途中口吟》:"风吹枷锁满城香,簇簇争看员外郎。岂愿同声称义士,可怜长板见亲王。圣明厚德如天地,廷尉称平过汉唐。性癖从来归视死,此身原自不随杨。"

⑧ 解维:解开缆索,指开船。唐黄滔《送君南浦赋》:"采蕨山前,忍看解维之桂檝。"

⑨ 明告:明白告知。《楚辞·九章·怀沙》:"明告君子:吾将以为类兮!"洪兴祖补注:"告,语也……故以此明白告诸君子。"

【札】

## 满江红

### 题杨椒山先生祠壁

陆次云

不畏批鳞,请剑把、佞臣头斩。遭大杖、蚺蛇何用,椒山有胆。问舍豺狼心不可,斗断寻霹雳人谁敢?任风吹、枷锁满城香,光生脸。　　岩岩石,轻摇撼。履虎尾,宁辞险。看东楼西市,终将天感。庙范须眉霜露肃,气还天地风云惨。未了事、自许补忠魂,曾何歉?

(《全清词·顺康卷》第十二册)

〔1〕 朱祖文撰《丙寅北行日谱》,知不足斋本。

# 沁园春

## 读明史杨椒山传

王崇炳

直谏英才，祖宗培养，冠世人龙。痛金吾重杖，顿成朽骨，秋官黑狱，莫白孤忠。天作黄霾，地膏碧血，驱入逢于一队中。君何憾，有千秋信史，齿颊生风。　　垂衣鉴比重瞳。只元恺、非贤贤四凶。惜气凌河岳，节标金石，志存社稷，名缺钟镛。边寒频惊，君臣无策，难起诸贤抔土封。君休矣，也曾青蒲伏泣，白简披蓑。

（《全清词·顺康卷》第二十册）

# 诸家序跋

## 重刻《周忠介公年谱》序

彭定求

《周忠介公年谱》，为公友人殷氏所作[一]。未尝提纲标注，第综举生平事实，用识梗概[二]，岁久板毁。定求访得一编，珍若拱璧[三]，因[四]与公之[五]冢孙靖重谋授梓，亦未敢僭加增修，以易前人之旧[六]，而载入[七]思宗赠恤《诰命》三道，及[八]石斋黄公撰[九]《神道碑》、汪编修[十]拟《明史·本传》一篇，附以公冢子茂兰诣阙刺血上疏二通[十一]，于是尘埋蠹蚀焕然一新。

览斯编也，则知公之行己①服官②，凛凛从慎独中来，所以慷慨赴难，激发人心，而[十二]不能自已，诚非一朝夕之故矣。按[十三]熹宗初，忠直名臣，播列在朝，奋身排击魏珰者，或抗疏讨无将之辜，或执简纠助虐之罪[十四]，权奸侧目，其势诚不容两立。若公既解组归田，稍自引遁，以洁其身[十五]，亦足为[十六]特立独行之君子，乃必危言核论，不婴[十七]凶锋而不止者何哉？盖公之心，深恫夫宗社之将倾、乾坤之几毁，徒以一[十八]身隐忍自全其间，托为明哲煌煌、旁瞩③无疆之说[十九]，则耿耿孤衷，食息靡宁，故必助众正而乐从之也。及其义激乡邦，倾城号救，锒铛络绎，忽若兽奔鸟散。是时[二十]彪虎羽翼[二一]之徒，骎骎向厂臣图九锡④、谋劝进。闻吴中变起，相视色沮，谓天下人心，未可一旦摇夺也。自此缇骑不出，犹令二三巨公削籍田间者获免于难。转瞬见晛雪消，逆党贯盈之诛，曾不旋踵。则公不惜其身之死，以报国恩而存士气者，其烈不綦伟欤[二二]？夫天而既[二三]厌明德矣[二四]，实生渠魁，职为厉阶[二五]⑤，群奸比附[二六]，如水附壑。然又必生公等，独制造物之命[二七]，而[二八]阴夺乱臣贼子之魄。岂不以阴阳消长，固气数之所必然，不能使之有治无乱，存而不亡，独是三纲九法，决不可无人焉挽救于人心糜溃之时，此志士仁人所以不辞灭顶之凶、速彼剥庐[二九]之祸。视诸功成事济者，所履弥坚，所肩弥巨也。

呜呼！计公之生，仅四十三年已尔[三十]。凡人视之，亦附流萤之末光，逐过驹之余隙，应时销落，无德而称[三一]。而公自束发⑥受书[三二]，绾带论交，筮仕闽南，抵牾[三三]税监,典铨厘弊[三四],拂衣早归,挟风霜茹冰檗,其养成浩然之气,不以死生利害参虑者,一息皆堪千古[三五],遂得成仁取义而[三六]为天地间不可磨灭之人,核其行,镜其心[三七],孟子所云"百世之师,闻风者顽廉懦立"⑦,不于兹攸属欤?

定求后生暗劣⑧,何足为公谱序,惟[三八]自幼侍祖父⑨侧,闻述公之风声气烈[三九],辄为之唏嘘陨涕,以为乔固膺滂⑩之贤,近在桑梓[四十],赫赫若前日事。荏苒垂老,瞻望门闾,趋跄祠庙,实切瓣香⑪之托焉,故[四一]亟愿是谱之流传。谨缀一言,以应靖之请。

康熙辛巳⑫季春,通门小子彭定求撰[四二]。

(殷献臣《周吏部年谱》卷首,又见顾沅《吴郡文编》卷二一二)

【校】

[一]"《周忠介公年谱》,为公友人殷氏所作",《吴郡文编》作"《周忠介公年谱》者,公友人殷氏所作也"。

[二]"未尝提纲标注,第综举生平事实,用识梗概",《吴郡文编》无。

[三]"珍若拱璧",《吴郡文编》无。

[四]"因"字,《吴郡文编》无。

[五]"之"字,《吴郡文编》无。

[六]"亦未敢僭加增修,以易前人之旧",《吴郡文编》无。

[七]"载入",《吴郡文编》作"冠以"。

[八]"及",《吴郡文编》作"附"。

[九]"撰",《吴郡文编》作"所撰"。

[十]"汪编修",《吴郡文编》作"汪编修琬"。

[十一]"附以公冢子茂兰诣阙刺血上疏二通",《吴郡文编》作"暨公冢子茂兰血疏二通"。

[十二]"而"字,《吴郡文编》无。

[十三]"按"字,《吴郡文编》作"考"。

[十四]"奋身排击魏珰者,或抗疏讨无将之辜,或执简纠助虐之罪",《吴郡文编》作"先后排击客魏"。

[十五]"稍自引遁,以洁其身",《吴郡文编》作"稍自韬晦,以安其身"。

[十六]"亦足为",《吴郡文编》作"要不愧为"。

[十七]"婴"字,《吴郡文编》作"撄"。

[十八]"一"字,《吴郡文编》无。

[十九]"托为明哲煌煌、旁瞩无疆之说",《吴郡文编》无。

[二十]"是时",《吴郡文编》作"于时"。

[二一]"彪虎羽翼",《吴郡文编》作"附羶逐臭"。

[二二]"欤"字,《吴郡文编》作"哉欤"。

[二三]"而既"二字,《吴郡文编》无。

[二四]"矣"字,《吴郡文编》无。

[二五]"实生渠魁,职为厉阶",《吴郡文编》作"实生厉阶"。

[二六]"群奸比附",《吴郡文编》作"一唱百和"。

[二七]"独制造物之命",《吴郡文编》作"以扶持正气"。

[二八]"而"字,《吴郡文编》无。

[二九]"速彼剥庐",《吴郡文编》作"剥肤"。

［三十］“计公之生，四十三年已尔”，《吴郡文编》作“计公之年，才四十三”。

［三一］“凡人视之，亦附流萤之末光，逐过驹之余隙，应时销落，无德而称”，《吴郡文编》无。

［三二］“而公自束发受书”，《吴郡文编》作“自束发励志”。

［三三］“抵牾”，《周吏部年谱》《吴郡文编》原作“抵梧”，今改。

［三四］“典铨厘弊”，《吴郡文编》作“典司铨政”。

［三五］“一息皆堪千古”，《吴郡文编》作“有素矣”。

［三六］“而”字，《吴郡文编》无。

［三七］“核其行，镜其心”，《吴郡文编》无。

［三八］“惟，《吴郡文编》作“唯”。

［三九］“闻述公之风声气烈”，《吴郡文编》作“窃闻公之风声义烈”。

［四十］“以为乔固膺滂之贤，近在桑梓”，《吴郡文编》无。

［四一］“故”字，《吴郡文编》无。

［四二］“康熙辛巳”云云，《吴郡文编》无。

**【注】**

① 行己：立身行事。《论语·公冶长》：“子谓子产有君子之道四焉：其行己也恭，其事上也敬，其养民也惠，其使民也义。”

② 服官：为官，做官。《礼记·内则》：“五十命为大夫，服官政。”

③ 旁瞩：遍视。苏轼《延和殿奏新乐赋》：“延英旁瞩，念故老之不来；讲武前临，消群慝之交构。”

④ 九锡：魏晋六朝掌政大臣夺取政权、建立新王朝率皆袭王莽谋汉先邀九锡故事，后代指权臣篡位。杜牧《和野人殷潜之题筹笔驿十四韵》：“三吴裂婺女，九锡狱孤儿。”《新五代史·孔循传》：“太祖曰：‘我不由九锡作天子可乎？’”

⑤ 厉阶：祸端。《诗经·大雅·桑柔》：“谁生厉阶，至今为梗。”毛传：“厉，恶。”《诗经·大雅·瞻卬》：“妇有长舌，维厉之阶。”郑玄笺：“阶，所由上下也。”苏轼《代张方平谏用兵书》：“从微至著，遂成厉阶。”《明史·郑履淳传》：“阍寺潜为厉阶，善类渐以短气。”

⑥ 束发：古代男孩成童时束发为髻，因以代指成童之年。贾谊《新书·容经》：“古者年九岁入就小学，蹍小节焉，业小道焉；束发就大学，蹍大节焉，业大道焉。”唐鲍溶《苦哉远行人》：“去时始束发，今来发已霜。”陆游《上执政书》：“某小人，生无他长，不幸束发有文字之愚，自上世遗文，先秦古书，昼读夜思，以求圣贤致意处。”

⑦ 百世之师，闻风者顽廉懦立：《孟子·尽心下》：“圣人，百世之师也，伯夷、柳下惠是也。”《孟子·万章下》：“故闻伯夷之风者，顽夫廉，懦夫有立志。”赵岐注：“顽贪之夫，更思廉絜；懦弱之人，更思有立义之志也。”朱熹《与王龟龄书》：“诚不自意，充顽廉懦立之效，乃于吾身见之。”《明史·钱一本传》：“大臣既无难进易退之节，天下安有顽廉懦立之风。”

⑧ 暗劣：愚昧无能。《三国志·魏志·杜恕传》：“忠能者进，暗劣者退。”唐陆贽《请许台省长官举荐属吏状》：“臣以暗劣，谬当大任。”顾炎武《日知录·三场》：“盖救今日之弊，莫急乎去节抄剽盗之人，而七等在所先去；则暗劣之徒无所侥幸而至渐少，科场亦自此而清也。”

⑨ 祖父：彭德先（1590—1665），字敬舆，彭汝谐长子，倜傥有奇气，晚号游湖渔史、玉遮山樵，苏州长洲县人。嘉庆《吴门补乘》卷五：“周忠介公顺昌忤逆珰削籍，德先往受业，及被逮，愤发欲与同难，率二子再谒系所，几不脱虎口。”

⑩ 膺滂：东汉李膺、范滂的并称。两人均因党锢被害。

⑪ 瓣香：师承，敬仰。

⑫ 康熙辛巳：康熙四十年（1701）辛巳。

## 《北行日谱》序[一]

张世伟

自古忠臣义士，烈烈而死，令人追攀，千百世之下，欲仿佛其咳唾①涯略②而不得，则有意为摹而响为附者，所传闻异词，所征述异状，而疑信参焉。于是，门弟子及私淑之徒，有《年谱》之作，间系以月以日，而考信者始有所凭而不眩。若夫天地晦明，狂飙骇电，瞬息百态，年月有所不及详，而身其事者，按日而谱之，则若《北行日谱》是已。《日谱》者何？完天先生之书也。《日谱》而系之北行者何？因周吏部行也。吏部为天启名臣第一人，凡缘吏部受险艰者，例得大书特书，不一书，相率牵连以书，而况身其事者之自为书乎？

余三复而悲之，书之面与吏部往复者十三，与吏部往复于寸楮丸帛、飞出棘端犴吻之际者十二，去来畿辅间与吏部心知、默为拮据相往还者十之五。大抵与吏部语皆萧疏慷慨，如在鼎镬百沸中而翛然嘘之以清风者也；与吏部诸相知语沉冥惨淡[二]，如薮逋匿亡，曲为求全之路，不敢大声疾呼为德而类之耳鸣者也[三]；至于寸楮丸帛之传，在吏部则为狄公去絮之衣，在家人则为苏公误进之炙，如新鬼荐羹，巫史纷若③，几几于肸蚃[四]④之一线，而或咻之或怵之者也。

嗟乎！言至此而朱先生周旋之情事，尚忍言哉？宋文信国公前后《指南录》，备述时日，且各系之以诗；我朝杨忠愍公，亦于狱中作年谱。须眉俯仰，至今炳烺⑤如见。然主[五]方虚相位以待，而嘉靖中叶，柄臣祇偷于骊龙之睡以弄其太阿⑥，两公得间而自为书也，固宜。乃魏阉炽焰时何如[六]也？以逆阉之炽焰，猝发于天下第一人。而开读激变，死伤狼藉，其奔疾⑦于吴人与诇吴人之周旋于吏部者，将何所不至？朱先生既身其事，而又能于倥偬⑧中按时日而谱之，使千百世之下，不苦于亲炙⑨私淑之无人，及它[七]传闻异词征信异状者，犹得有所折衷焉。朱先生之为吏部，可称死交矣。

先生之死，盖得于忧与劳，幸获首丘而终牖下。然及离照⑩之升而不及霆威之震，先生实赍恨[八]以死也。身为世爵，又为名诸生，而家故酷贫，没[九]而棺敛餔糜，皆藉同人取给，即是刻亦余辈醵金为之。

生平多懒行不书，书其为吏部者。

崇祯己巳秋，泌园人张世伟顿首撰。

（朱祖文《北行日谱》卷首、又见顾沅《吴郡文编》卷二一二）

【校】

［一］题目，《吴郡文编》作“朱完天《北行日谱》序”。

［二］“沉冥惨淡”，《吴郡文编》作“惨淡沉冥”。

［三］“如薮逋匿亡，曲为求全之路，不敢大声疾呼为德而类之耳鸣者也”，《吴郡文编》作“凄凄汲汲，如恶影畏迹而到处迷阳不能就阴而止者也”。

［四］“肸蚃”，《吴郡文编》作“盼蚃”。

［五］“主”，《吴郡文编》作“虏主”。

［六］“何如”，《吴郡文编》误作“何时”。

［七］“它”，《吴郡文编》作“他”。

［八］“赍恨”，《吴郡文编》作“赍恨未了”。

［九］“没”,《吴郡文编》作“殁”。

**【注】**

① 咳唾:称美他人的言语、诗文等。《庄子·渔父》:“窃待于下风,幸闻咳唾之音以卒相丘也。”《汉书·淮阳宪王刘钦传》:“大王诚赐咳唾,使得尽死,汤禹所以成大功也。”

② 涯略:概要。杨慎《封君乐隐李公墓志铭》:“涉猎书史,了其涯略,以承耆家政,不终儒业。”

③ 纷若:盛多貌。《易·巽》:“巽在床下,用史巫纷若,吉无咎。”孔颖达疏:“纷若者,盛多之貌。”

④ 肸蚃:散布,弥漫,多指声响、气体的传播。左思《吴都赋》:“光色炫晃,芬馥肸蚃。”引申为联绵不绝。清褚人获《坚瓠广集·林方伯妾》:“女生七子,三甲榜,四孝廉,簪笏肸蚃不绝。”

⑤ 炳烺:光辉照耀,高攀龙《〈瞿元立先生集〉序》:“先生之学……遂卓卓炳烺宇内。”

⑥ 太阿:宝剑,喻权柄。《明史·阉党传序》:“凶竖乘其沸溃,盗弄太阿。”

⑦ 弃疾:加害,遗患。《左传·哀公七年》:“吴来徵百牢……景伯曰:‘吴将亡矣,弃天而背本。不与,必弃疾于我。’”杨伯峻注:“弃疾,犹今言加害。”《左传·哀公十二年》:“吴徵会于卫……子木曰:‘吴方无道,国无道,必弃疾于人。吴虽无道,犹足以患卫。’”

⑧ 倥偬:事情纷繁迫促。《后汉书·卓茂传论》:“建武之初,雄豪方扰,虓呼者连响,婴城者相望,斯固倥偬不暇给之日。”南朝齐孔稚圭《北山移文》:“敲扑諠嚣犯其虑,牒诉倥偬装其怀。”

⑨ 亲炙:亲受教育熏陶。《孟子·尽心下》:“非圣人而能若是乎?而况于亲炙之者乎?”朱熹集注:“亲近而熏炙之也。”曾巩《抚州颜鲁公祠堂记》:“闻其烈,足以感人,况拜其祠而亲炙之者欤?”

⑩ 离照:比喻帝王的明察。岳飞《辞男云特转恩命札子》:“伏望陛下揭离照之明,体干健之断,特赐睿旨,追还告命。”

## 《北行日谱》序

朱陛宣

《北行日谱》,朱完天先生为周吏部[一]北行时谱也。余读而感怆[二],恫乎其[三]有余悲焉。曰:

嗟乎!祸患之际,岂不难言之哉。方是时,贼珰焰实张甚,所以密布耳目而诇人动息者,前后数百辈而未已也[四]。于是[五],诸凡与吏部周旋者,咸或[六]避匿,弗敢以名迹见矣。群情汹汹,恫疑日甚,吏部旦暮[七]且北,而欲为捍牧圉职橐馆者,环视而或难其人也[八]。一二同人辈[九],乐为吏部死,非不人百其身,顾其势,又各有所牵阻,独先生一人,能脱然奋身,负羁绁以相从于孤危迫厄之中,而无所难焉。斯其事,即于吏部非有分毫关损益,而吾党友朋之谊,不深嘉赖之哉?且先生与吏部,初亦非深相识,独以母夫人[十]旌节一事,感吏部之相成,故遂委心①许以驱驰。夫世人修小[十一]意气,抢攘感慨之中,辄相然信[十二]以死,间亦有之,而[十三]要其所为结心矢报,大都不出声名利禄、相煦相沫之间耳[十四]。而先生之所为致感于吏部,而几几乎必欲得一当者,顾独在此。此又何也[十五]?先生始北归,为我道吏部死事,而独扼腕于不获含敛,以为深憾。嗟乎!此于先生奚憾也?先生是时方有吴桥之役,安能复与其后事相及哉?且先生早知吏部不免,然亦庸讵知其仓卒至此,不复少须臾也。此于先生奚憾也[十六]?先生归未几,而以先时在道劳瘁疾,遂不起。先生真以死报吏部矣。此于先生亦奚憾也?余独记吏部别去时,余复寄声②,谓恨不能髡钳③从行,使田叔、孟舒辈独有千古,以为心中一大欠事。嗟乎!若先生者,其高谊岂复出田叔、孟舒诸人下哉?而[十七]余心中欠事,亦若藉以少补万分一。

此余所以读谱而重有感也,而因为之论著若此[十八]。至于谱之所以作,与谱之不可不作[十九],先生自有序,嗣长公有序,吾友异度有序,序详矣,余不复及云。

时崇祯巳巳秋日,朱陛宣稽首撰[二十]。

(朱祖文《北行日谱》卷首,又见乾隆《吴县志》卷一〇二、顾沅《吴郡文编》卷二一二)

【校】

[一]"周吏部",乾隆《吴县志》《吴郡文编》作"周吏部顺昌"。

[二]"余读而感怆",乾隆《吴县志》《吴郡文编》作"余读之"。

[三]"其"字,乾隆《吴县志》《吴郡文编》无。

[四]"而未已也"四字,乾隆《吴县志》《吴郡文编》无。

[五]"于是"二字,乾隆《吴县志》《吴郡文编》无。

[六]"或"字,乾隆《吴县志》《吴郡文编》无。

[七]"旦暮",《北行日谱》乾隆《吴县志》《吴郡文编》作"旦莫",今改。

[八]"环视而或难其人也",乾隆《吴县志》《吴郡文编》作"环视而难其人"。

[九]"一二同人辈",乾隆《吴县志》《吴郡文编》作"即一二同人辈"。

[十]"母夫人",乾隆《吴县志》《吴郡文编》作"其母"。

[十一]"小"字,乾隆《吴县志》《吴郡文编》无。

[十二]"信",乾隆《吴县志》《吴郡文编》作"诸"。

[十三]"而"字,乾隆《吴县志》《吴郡文编》无。

[十四]"之间耳"三字,乾隆《吴县志》《吴郡文编》无。

[十五]"此又何也"四字,乾隆《吴县志》《吴郡文编》无。

[十六]"此于先生奚憾也",乾隆《吴县志》《吴郡文编》无。

[十七]"而"字,乾隆《吴县志》无。

[十八]"而因为之论著若此"句,乾隆《吴县志》《吴郡文编》无。

[十九]"与谱之不可不作"句,乾隆《吴县志》《吴郡文编》无。

[二十]"朱陛宣稽首撰",乾隆《吴县志》《吴郡文编》无。

【注】

① 委心:倾心。《史记·淮阴侯列传》:"仆委心归计,愿足下勿辞。"《新唐书·窦建德传》:"不如委心请命,无为涂炭生民也。"

② 寄声:托人传话。《汉书·赵广汉传》:"界上亭长寄声谢我,何以不为致问?"陶潜《丙辰岁八月中于下潠田舍获》:"司田眷有秋,寄声与我谐。"

③ 髡钳:古代刑罚,剃去头发,用铁圈束颈。卢照邻《咏史》:"髡钳为台隶,灌园变姓名。"

## 《周吏部年谱》小引

殷献臣

天启丙寅,吾吴蓼洲周公以台中倪①、织监李②先后横诬,逆珰矫旨逮至锦衣狱,被极刑,坐赃银三千两,瘐死③。又明年,岁在戊辰,为圣天子龙飞之会,大憝归元,逆珰殄歼。圣主加恩冤死诸臣,公备极优典。殷献臣曰:"惜哉!蓼洲忠孝之性植于天,金玉之德砺于己，冰檗之操矢于独，恺悌之行被于众。闻善若赏，嫉恶如仇。行即有稍亢，亦今人所不敢为；语间有微激，亦今人所不敢言。令留诸今日，上佐圣明中兴之治，于以表仪一世，砥柱末俗，即古之名世，何以加兹？而位不配德，遇非其时，仅以司李历铨曹，稍见一班，而卒冤死也。悲夫！

说者佥以照雪速恤荫渥为公幸，献臣谓此正公之大不幸也。推公之志，竟公之才，为所欲为，得一当报国，岂徒博身后名、为子若孙奉祀计者耶？虽然，直道之民，至捐头颅、膏鈇钺殉公。而彼苍者天，先后动威以彰公之冤。公真可死矣，公真不死矣。公之长女，为予介妇[4]，荷公知独深，知公亦独早，且悉开读之日，因不能晦，几罹不测。痛定思痛，犹得以惊悸余魂。视息人间，获游尧天舜日，而公音徽终邈，三祀来，频奉公颜色于落月屋梁之际。觉来觅笥中所藏公初第时寄德升（讳陛宣）、虚王（讳谷）、予（献臣）、弟（献民）书，及闽中寄怀予四人长篇一、县治中所书七言律二，对之潸然，辄不自揆，敢叙次年月，纪公议论行事，作《年谱》，聊以志高山之仰，并以当西州之恸。若曰夫夫也，不文且贱，是聒聒[5]者何足重公，则县署中握手话别，业有成言，知公必不以予为赘矣。

【注】

① 台中倪：御史中丞倪文焕。

② 织监李：织造太监李实。

③ 瘐死：在狱中因饥寒而死。《汉书·宣帝纪》："今系者或以掠辜，若饥寒，瘐死狱中，何用心逆人道也！"

④ 介妇：嫡长子之妻为冢妇，非嫡长子之妻为介妇。《礼记·内则》："舅没则姑老，冢妇所祭祀宾客，每事必请于姑，介妇请于冢妇。"

⑤ 聒聒：多言喧扰貌，无知而拒善自用。《尚书·盘庚上》："今汝聒聒，起信险肤，予弗知乃所讼。"孔传："聒聒，无知之貌。"陆德明释文："马及《说文》皆云拒善自用之意。"

## 《北行日谱》小引

朱祖文

日谱者何？谱北行也。北行奚为而谱？盖斯行也，实为蓼洲先生。先生被逮，从容慷慨之气象，宜谱。不意细民无知，以哀控而至愤激。其间斟之酌之，不为自裁，而为赴阙，甘心鼎镬之气节，宜谱。吾苏诸君子之游于京者，争为先生效一臂，一种之肝胆，宜谱。北方诸君子急先生之难，虑无不殚之力，千秋之意气，宜谱。未也。与先生未识一面者，靡胜秉彝之好，或为竭蹶醵金，或为捐躯趋事，以庶几先生之一生，不宜谱乎？与先生为金石交者，既为妄觊其生，复为深痛其死，思为先生孤寡永远计，不宜谱乎？未也。先生之仆，匍匐赤日，往来如织，更有只身孤旅，拮据含敛，以结先生此身之局者，自有斯谱而为其忠不泯。即诸君子之仆，憔悴征途，至有缘是骨立者，自有斯谱而其劳不泯。不宁惟是。谱及彼地之芳踪，而名公之家范，宛然足为吾党取法也。谱及彼时之睹记，而当年之人事，犁然足为后人考镜也。异日者，公论既定，太史氏秉如椽之笔，为先生不朽。先生之品，昭于日星。滨行一段光景，诸君子雅有能言之者。初不以斯谱为有无，然凡诸为先生殚厥心力者，必且旁及此，则文实与闻，诸君子未必知也。则斯一谱，亦采择之所必资,其可少乎?独是文实拜先生明赐,竟于含敛不及躬亲。北行之意谓何,何以谢先生于地下?则斯谱也,初无解于文之惭负也。第先生者,时局之所深忌。其为先生者,时局之所深求。所宜深藏勿露,留为日后张本可耳。慎之哉!慎之哉!

丙寅一阳月,三复居士朱祖文识。

(朱祖文《北行日谱》卷首)

## 题《北行日谱》

周茂兰

《北行日谱》者何?完天先生谱先忠介被逮始末也。载其行事,日月具悉。岁久,原板残缺,将不能垂后。令子叔高,广搜镌补,其孝思足尚焉。先生懿行,《颂天胪笔》传中略见一斑,宜列篇首,俾阅是谱者,知先生楷模士林,不独信友一事而已。先忠介被逮,在天启之丙寅,距今四十余年。其间沧桑陵谷,真如梦幻,追思昔年情实,非所谓抗节死王事者耶?读之不胜泫然流涕也。

时康熙丙午中秋前,周茂兰谨识。

(朱祖文《北行日谱》卷首)

## 《北行日谱》跋

朱寿阳　朱寿增

呜呼!此先君从难次第北行之事,父执诸公读之泣下者也。周先生建忠抗节,忠愍公后一人。被逮开读,郡人士奋迅感慨,哭声震天,而匹夫慕义,视死如归者五,直道不亡,真足褫大憝之魄,而伸忠孝之气。顾当事者,忿嫉益甚,锻炼之谋,益以刻深。当斯时也,岌岌殆哉!先君独毅然从先生往,戚友无不重为惴恐,屹不为动。周先生严气正性,覆折而逾坚,既以完节高千古,而先君以一身周旋其间,临难不慑,知无不为。遂至病中肺腑,慷慨矢曰:"公舍我死,我何用生为?欲伏阙为公鸣冤,念徒死无裨,且公以先人葬事见托,诸公子后事,百未及一图,无以瞑公目,姑后死以了公事。故于九京报命,书有云'不久且当从公地下'。"随以窀穸商之桑梓诸公,恒产谋之吴桥范公,延师肄业,则任之旧西席邹虚王先生。事差有绪,而先君病日重矣,血时呕矣。裹疾以竟斯谱,谓:"公忠孝大节,日月常鲜,至于从容就义,威武不屈之概,非此不悉,且诸公急难之谊,有不徒付之咏叹者,咸于斯可考焉。"谱成,遇圣天子临御,乾坤重辟,喜曰:"不图垂瞑,尚及见兹。"伏床北叩,诵圣明,迨易箦之辰,犹呼寿阳扶掖,手书上文、姚两先生,促叩阍洗冤、急表忠魂曰:"今而后,吾有以谢良友矣。"投笔而逝,无一语及家事。

呜呼痛哉!先君砥砺廉隅,以名教为己任,生平大行,更仆未易数,寿阳另当详述,用乞大君子一言以垂不朽。独计斯谱,周先生杀身成仁之义,乐天知命之诚,披览如见,情形不隔,尤先君没世苦心所寄。今周先生谊动圣主,特表清忠,而先君见背,忽已二祀,士无贤不肖,不没其亲之志,各有同怀。余先镌斯谱,遍呈巨公,窃愧萧然不能剞劂,异翁张先生慨然任曰:"此尔先人一段精诚,其可泯灭乎?"疏诸好义,自两如顾先生始,而维斗、天如、吉士诸兄,咸从同社纠金,克成是集。此皆张先生好义之倡,而诸君子声气之应也。中心藏之,何日忘之。

先君于理学经济诸书,纂述百种,不肖所以靦有面目,每生于世者,以悬梨有待,未成厥志耳,罪人哉!

不肖男寿阳、寿增百拜谨跋。

(朱完天《北行日谱》卷末)

【札】

## 《丙寅北行日谱》跋[1]

黄　裳

此朱祖文完天记周顺昌狱始末之书。前有崇祯己巳朱陛宣序,张世伟序(邵弥手书上板),金日升撰《任侠传》《朱文学传》。传后有康熙丙午周茂兰识语,略云:"岁久原板残缺,将不能垂后,会子叔高,广搜镌补……"是崇祯原刻,康熙补板。然颇不易辨,于此可觇板刻风气继承变化之迹。卷中经旧人墨笔删定。鲍氏知不足斋本即据此翻出。卷后附周蓼洲、文湛持、姚现闻、范质公、鹿乾岳诸君书,颇记当时史事。毛汲古为茅止生刻《江村筒寄》,所收皆崇祯中人函札,与此对读,晚明史事乃历历可数。

(黄裳《清代版刻一隅》)

〔1〕题目,编者所加。

# 卷三　周顺昌传记资料汇编

## 本传、纪事与颂赞

### 东林列传

周顺昌，字景文，吴县人。万历癸丑进士，授福州府推官。时税监高寀横敛虐民，激变，劫巡抚匿私署为质，民情汹汹不测，顺昌仗义抗寀，众始解散。上闻，撤寀归，顺昌以清直得最，擢吏部主事，谢绝请托，人不敢干以私。请假还里，葺旧居数椽，读书其中。

顺昌素与珰忤，天启甲子①，忠贤窃政，罗织忠良，顺昌每阅邸报，辄发愤叹息。适嘉善魏大中被逮过吴，顺昌独往款语累日，临别涕泗，许女字其孙，买舟远送，校尉呵止之，顺昌张目叱曰："若不知世间有不畏死男子耶？若曹归语尔[一]忠贤，吾即故吏部周顺昌也。"御史倪文焕诇得之，诬劾顺昌贪横，归道潞河，舟重漏发，白金浮露，矫旨削夺。顺昌曰："求仁得仁，正吾今日事，吾何憾哉？"继而，内臣李实疏参。缇骑至，知县陈文瑞，其门人也，怀牒诣顺昌，泣下，顺昌曰："吾办逮久矣，此特意中事，毋效楚囚对泣。"颜色不变。令请顺昌入治装，举家号恸，顺昌笑曰："无事乱人怀也。"顾案上有素榜，徐曰："此龙树庵僧属我书者，我向许之，今日不了，亦一负心事。"乃题"小云栖"三字，后识年月，投笔而起，改囚服出门。

顺昌居乡素有名，士民哀愤聚以万计，焚香呼冤，声彻十余里，拥抚按车请疏留，议日中不决。旗尉素骄横[二]，掷锒铛厉声曰："东厂拿人，鼠辈何敢尔？"于是，颜佩韦等大呼曰："吾等谓天子诏耳，东厂何得逮官？"即前奋击。尉毙一人，余俱逾墙走脱。顺昌曰："是益重吾罪也。"知府寇慎委曲调护，士民乃安。或有劝顺昌自裁者，顺昌叹曰："予小臣也，岂敢引大臣不辱之义乎？固知此行必死，死见高皇帝，请殛元凶，以肃清朝廷，此愿毕矣。"乃间行赴诏狱。拷掠惨毒，抗詈不屈。许显纯搥其齿尽落，顺昌噀血溅其面，詈益厉，因触石碎首。其夜，为狱卒颜紫所害。

崇祯元年，赠太常寺卿，谥忠介。而参顺昌之倪文焕，都人所传百叩御史也，家居维扬，白昼见五人严装仗剑，容状甚厉，驰入中堂。已而，旌旗卫从数十人导尊官来，登座，官服俨然，文焕大惧，率妻孥叩头祈哀。庭下石井栏自起舞空中良久，坠地声如霹雳，乃腾空而去。亡何，文焕以党逆伏诛。

（陈鼎《东林列传》卷三）

【校】

［一］“尔”，原作“而”，今改。

［二］“骄横”，原作“矫横”，今改。

【注】

① 天启甲子：天启四年（1624）甲子。

## 东林同难录

周顺昌，直隶苏州府长洲县人，吴县籍，字景文，号蓼洲，治《易》，行四，万历十二年甲申①八月十七日生。壬子②乡试一百四名，癸丑会试五十名，廷试三甲二十名，本年授福建福州府推官。乙卯③本省同考，己未④行取，暂拟礼部主事，候考选。泰昌庚申八月改授吏部⑤。天启辛酉⑥填□稽勋司，三月调验封司⑦，七月调考功司。壬戌调文选司，五月升本司员外，随给假回籍。乙丑⑧，倪文焕疏劾削夺。丙寅，李实疏劾被逮，坐赃银三千两，追比严酷，于六月十七日毙狱。崇祯戊辰⑨，赠太常寺卿，恩封三代，赐特祠，祭葬荫，谥忠介。

曾祖峦

祖冠（平湖教谕，升任龙游知县，赠太常寺卿）

父可贤（累赠文选司员外郎，加赠太常寺卿）

母张氏（累赠宜人，加赠淑人）

兄道通、道行、道祚

娶吴氏（累封宜人，加封淑人）

子茂兰（恩荫）、茂藻、茂葵、茂萼（俱庠生）

孙靖（庠生）、廷耀（庠生）、諓、旦龄（岁贡，潜山训导）

（《东林同难录》）

【注】

① 万历十二年甲申：万历十二年（1584）甲申。

② 壬子：万历四十年（1612）壬子。

③ 乙卯：万历四十三年（1615）乙卯。

④ 己未：万历四十七年（1619）己未。

⑤ 泰昌庚申八月改授吏部：范景文《鹿忠节公集序》：“余庚申入吏部，引景文为同舍。”泰昌庚申，泰昌元年（1620）庚申。

⑥ 天启辛酉：天启元年（1621）辛酉。

⑦ 三月调验封司：周顺昌《与文湛持孝廉书一》：“弟自二月廿七日到京，三月初五日入署，今转封司矣。”

⑧ 乙丑：天启五年（1625）乙丑。

⑨ 崇祯戊辰：崇祯元年（1628）戊辰。

## 东林同难列传

周顺昌,字景文,吴县人。万历癸丑进士,授福州府推官,捕治税监高寀爪牙,不少贷。寀横敛虐民,激变,劫辱巡抚袁一骥,质其二子,并质副使吕纯如,或议以顺昌代,顺昌不可,曰:“此身许国,非许上官,必君父有难,方可身殉,敢轻一死于鸿毛耶?”纯如以此衔顺昌,然卒赖顺昌仗义抗寀,众始解散。上闻,撤寀归,顺昌以清直得最,擢吏部稽勋主事。天启中,历文选司员外郎,署选事,力杜请寄,抑侥倖,清操皭如。乞假归。

顺昌为人刚方贞介,疾恶如仇。巡抚周起元忤魏忠贤削籍,顺昌为文送之,指斥无所讳。魏大中被逮过吴门,顺昌出饯,款语累日,许女字其孙。买舟远送,旗尉呵止之,顺昌瞋目曰:“若不知世间有不畏死男子耶?归语忠贤,我即故吏部郎周顺昌也。”因戟手呼忠贤名骂不绝口,旗尉归以告忠贤。御史倪文焕者,忠贤义子也,诬劾同官夏之令致之死,顺昌尝语人:“他日,倪御史当偿夏御史命。”文焕闻大恚,遂承忠贤指劾顺昌与罪人婚,且诬以赃贿,忠贤即矫旨削夺。先所忤副御史吕纯如,顺昌同郡人,以京卿家居,挟前憾数谮于织造中官李实及巡抚毛一鹭。已,实追论周起元,遂诬顺昌请属,有所干没,与起元等并逮。

缇骑至,邑令陈文瑞,其门人也,怀牒诣顺昌,泣下,顺昌曰:“吾办逮久矣。此特意中事,毋效楚囚对泣。”颜色不变。令请顺昌入治装,举家号恸,顺昌笑曰:“无事乱人怀也。”顾案上有素榜,徐曰:“此龙树庵僧属吾书者,吾向许之,今日不了,亦一负心事。”乃题“小云栖”三字。投笔而起,改囚服出门。

顺昌好为德于乡,有冤抑及郡中大利害,辄为所司陈说,以故士民德顺昌甚。至是,众咸哀愤,聚以万计,爇香呼冤,声彻[一]十余里,拥抚按车请疏留。旗尉素骄横,掷锒铛厉声曰:“东厂拿人,鼠辈何敢尔?”于是颜佩韦等大呼曰:“吾等谓天子诏耳,东厂何得逮官?”即前夺击,尉毙一人,余俱逾墙走。顺昌曰:“是益重吾罪也。”知府寇慎委曲调护,士民乃安。或有劝顺昌自裁者,顺昌叹曰:“予小臣也,岂敢引大臣不辱之义乎?固知此行必死,死见高皇帝,请殛元凶,以肃清朝廷,此愿毕矣。”乃间行赴诏狱,拷掠惨毒,抗詈不屈。许显纯搥其齿尽落,问曰:“复能骂魏上公否?”顺昌噀血溅其面,骂益厉,因触石碎首。其夜,为狱卒颜紫所害。

崇祯元年,赠太常寺卿,赐祭葬,予特祠,荫一子,谥忠介。

（缪敬持《东林同难列传》）

**【校】**

[一]“彻”,原作“撤”,今改。

## 东林党籍考

周顺昌,字景文,号蓼州,又号蓼洲,南直隶吴县人。万历四十一年(癸丑)进士,授福州推官,擢吏部稽勋司主事,历文选员外郎。引归,时魏忠贤势渐炽,顺昌以文送周起元、魏大中,为御史倪文焕所劾,遂削籍。已而,缇骑逮问,吴民大愤劫击之。顺昌间道赴诏狱，拷掠惨毒，毙于狱。崇祯元年赠太常寺卿，谥忠介。（参《明史》二四五、《东林列传》三、《东林书院志》一〇、《剥复录》、《尚论录》、《两朝遗诗传》）

（《东林党籍考》）

## 启祯两朝剥复录

原任巡抚应天周起元，左都御史高攀龙，吏部员外郎周顺昌，御史李应升、黄尊素俱缇骑逮治，以李实参之也。实不识字，素与忠贤忤。时传蜚语，谓苏人谋反。顺昌等既对人骂忠贤，而尊素居湖上，时实尝投刺往谒，素居不见。会刑部侍郎沈演奏记，魏珰称其事有迹，珰差亲信密访者数四，实司房适左都，闻之大惧，遂代实具参疏，珰从中下其事，诸人一时俱逮。奏疏即不出实手而七臣骈戮，冤动神人，实死有余辜矣。或曰忠贤赚印信空本，李承贞代为之。先是，魏大中逮过苏州，顺昌饯送之，且以女结婚，忠贤闻而衔之，倪文焕参之削职。至是被逮，吴门遂有击杀缇骑之变。忠贤闻之颇恐，一鹭又奏杀五人以解珰怒，一鹭之死于阴殛，犹幸也。

（吴应箕《启祯两朝剥复录》卷三）

## 东林登科录

万历四十一年癸丑科周延儒榜（三十二人），是科周顺昌、方震孺、缪昌期、周宗建最有名。

周顺昌，贯直隶苏州府吴县民籍，廷试三甲第二十名。

（《东林登科录》）

## 静志居诗话

周顺昌，字景文，吴县人。万历癸丑科进士，除福州推官，征授吏部主事，转员外郎。死珰祸，赠太常寺卿，谥忠介，有《烬余录》。

忠介之逮，在天启丙寅三月，校尉至，知吴县事陈文瑞持檄诣公，公从容谈笑，入书斋理图籍，见案有素楮，为龙树庵僧乞书者，泚笔挥洒。拂袖而出，入县廨。越三日，宣诏，聚观者累万人，巡抚立于左，巡按立于右，诸生王节等肃而前曰："大人有事地方，讵不知吏部居乡立朝者，今日人情如此，明公独不为青史计乎？曷不据实上闻，请外台勘治？"抚按股栗不敢诺。缇骑手银铛掷之地，大呼："囚安在？"众怒，奋跃而登，攀阑折楯，殴诸校尉，诘曰："旨何从出？"曰："魏上公。"于是众共击持伪旨者，时大雨，堂下万屐齐掷。缇骑伏抚按胁下，一尉匿梁上，惊堕而死。是夜，抚按具疏告变，捕十三人下于狱。

论五人大辟，五人者，颜佩韦、马杰、杨念如、沈扬、周文元。文元，公舆丁也。佩韦临刑，告知府寇慎曰："囚等为周吏部死，死于义，非为乱也。"公既毙于锦衣狱，归葬白莲桥南马家墩。崇祯初，吴人毁魏忠贤普惠祠，购佩韦等头颅，合尸葬于是，曰"五人之墓"，太仓张溥为作碑记。

先是,御史倪文焕首劾公,及败,昼见五人戎装带剑入其室。须臾,旌旆导公来。庭中石井阑忽飞起,轰震而去,亦异事也。

公子茂兰,字子佩,尝啮指沥血书疏草讼公冤,故邀恤典特优渥。子佩高隐不仕,乡人私谥端孝先生,其血书副本尚存于家,予曾见之,为跋其尾。

(朱彝尊《静志居诗话》卷一七)

## 天启崇祯两朝遗诗小传

天启中,珰焰灼天,流毒缙绅。死杖、死狱、死戍及闻命自裁者二十余人,率皆以立朝排击权奸。或有部党之目,触忌得祸。若夫杜门里居,与朝局了不相涉,又素不立门户,而牵连逮至,惨死诏狱者,则吾吴周忠介公是也。

公讳顺昌,字景文,别号蓼洲,吴县人。中万历癸丑进士,授福州府推官,守法不挠,考功最,擢吏部主事,历文选员外郎。署选事,力以进贤退不肖为己任,杜绝苞苴[①],虽寻常交际,皆不启缄而反之,都人以为数十年来为吏部者未之有也。尝推一大僚,失要人意,遂引归。

归后,珰势渐炽,公每与人言,义形于色。会巡抚周公以忤珰落职,公为赠言,指斥不讳。给事中魏公以首攻逆珰被逮过吴,公与之流连三日,因以女字其孙。于是,珰党台臣倪文焕、织监李实先后劾公,初得削籍,已复逮问。缇骑至吴,公神色不变,慨然就道。而合郡士民,咸怀痛愤奔走,诣开读所,向抚按号呼称冤者以万计。缇骑斥之,吴民遂大哗,健儿数辈起,奋臂击官旗,公苦言谕止之。

后四日,虑复致变,以昏夜行。至都,下诏狱,诬赃拷比,血肉淋漓,身无完肤。公瞋目骂珰,极口竟死,死状秘莫能详。及尸出狱,皮肉皆腐,惟存头颅须发。士林闻者,无不流涕。

其明年,珰败,与其党皆伏诛。追赠公太常寺卿,谥忠介,建特祠。先是,公在北司,有王恭厂之变,毁庐舍、杀人民无算。时诸贤系狱者六人,而士民痛公冤特甚,以为公所致居多。先帝慎重名器,罹珰祸诸君子,自九卿外不尽得谥,公独得之者,诚以公身在事外而横被酷祸,尤可哀也。

公平生崇尚气节,视文艺夷然不屑,诗尤少。公子茂兰兄弟,皆忠义自矢,能不坠家声。余与索公遗集,云当被难时讹传抄没,遂举箧藏尽付诸火。兹仅于鹿忠节所刻《寄怀诗》并案头所存录数首,以志景仰。

公之被逮也,其友人朱祖文,间行至都,变姓名,周旋橐馆。公既坐赃,祖文为奔走告急于吴桥范公,山东王公。及还,则公已毙,乃为经纪其丧以归。跋涉劳蝻,遂得疾以卒。祖文,字完天,私谥孝廉先生。

(陈济生《天启崇祯两朝遗诗小传》)

【注】

① 苞苴:馈赠的礼物。《庄子·列御寇》:"小夫之知,不离苞苴竿牍。"钟泰《发微》:"古者馈人鱼肉之类,用茅苇之叶,或苞之,或藉之,故曰'苞苴'。"贾谊《新书·礼》:"苞苴时有,筐篚时至,则群臣附。"

## 明贤蒙正录

吏部周忠介公顺昌(江南吴县人,万历癸丑进士),生而岐嶷,英姿劲骨,迥异凡儿。祖渭川公(名冠)奇爱之,携之延平广文公署,请仙,有"桂枝新发已迢迢"之句,时才七龄,应对必称渭川公意,遂以所疏经书之旨授之。(后公登第,缀一联于书屋曰:"咬菜留先泽,焚香问自心。"居官清廉刚正,卒抗魏珰,至死不变,感动乡闾,慷慨赴义。有明名节之臣,烈烈轰轰著于我苏者,莫与先生匹焉。钟灵山川,争光日月,良非偶然。)

(彭定求《明贤蒙正录》卷下)

## 明名臣言行录

吏部周忠介公顺昌,号蓼洲,吴县人。万历癸丑进士,官至吏部郎中。天启六年,以珰难卒于狱。烈皇御极,追赠太常寺卿,谥忠介。

授福州司李,将之官,时抚吴者闽人也,弟杀人当死,百计缓颊求公生之,公不可。比至闽,卒按如法。时税监高宷为横,公初至,不与相见。珰役犯法者,悉按之。珰所问罪赎,属县追理,或加严刑,公争之力,民赖以少苏。已而,宷以民变劫抚臣,质其二司,或议以周司理代,公曰:"此岂吾所哉?"卒不往。擢吏部文选员外郎,署选事,力以进贤退不肖为己任,所汲引皆孤特士,反是,虽要人为请托,不顾。尝推一大僚,忤权贵意,自引归。

巡抚周公起元,疏攻阉党被削,公作序送之云:"人臣之去留,与国家之治乱每相应。巡抚大吏,天子不轻议去,况议削,更以参属削也?虽然,能夺公以官,讵能夺公以名乎?公去而郡邑守有所恃,不敢以身殉珰;监司有所畏,不敢以刑快意。继公抚吴者,终不能趋炎附羶,翻一成之案。而即今因公参得美官者,亦色沮色怵,负世大诟。而海内秉钺之臣,犹必以察吏安民挺特乎震风凌雨之中,谓公以削去报天子可也。"文成无不啮指。

珰焰日炽,缇骑四出。嘉善魏公大中被逮过吴,公与魏公非深交,至是,独出郭迎之,与留连三日,即以女许配其孙允柟。缇骑促大中行,语侵公,公张目叱之曰:"若不知世间有不畏死男子耶?若曹归语尔[一]忠贤,我即故吏部郎周顺昌也。"大中下狱,御史倪文焕即以缔婚事劾公削籍。内臣李实复疏参周起元、顺昌、攀龙、应升、尊素、宗建共六人,俱矫旨逮系。

缇骑挟威横行,所至索金数千。宗建逮行未三日,而逮公者复至,吴中沸然。士民素德公,闻其逮,不胜冤愤。吴令陈文瑞,公所拔士也,夜半扣户求见,抚床为恸。公曰:"吾固知诏使必至,此特意中事耳,毋效楚囚对泣。"颜色不变,语良久。令请公入治装,举家号恸,公笑曰:"无事乱人怀也。"顾案上有素榜,徐曰:"此龙树庵僧属我书者,我向许之,今日不了,亦一负心事。"乃题"小云栖"三字,后识年月。投笔而起,改囚服出门,士民拥送者不下数千人。

公出赴使署开读,巡抚毛一鹭至署,诸生五六百人,王节、杨廷枢、刘羽仪、文震亨等遮中丞,恳其疏救,一鹭流汗不能一语。缇骑见议久不决,手掷锒铛于地,厉声曰:"东厂逮人,鼠辈何敢置喙?"于是,市人颜佩韦等前问曰:"旨出朝廷,乃东厂耶?"缇骑曰:"旨不出东厂，将谁出？”众怒，轰然而登，丛殴缇骑，立毙一人。时有谓公者曰：“公不幸遭清流之祸，忠良无得全者，矧今日变因公起，恐徒自苦。”公叹曰：“以我一人贻祸桑梓，死且目不瞑，我岂不知自裁？然顺昌小臣也，岂得引高公不辱之义乎？今我赴都必死，死则诉高皇帝，速殛元凶，以清君侧之恶。”手书别亲友，以三月二十六日行，人无知者。就诏狱，显纯拷比倍酷，身无完肤，骂不绝口，无一语哀乞。好义者醵金代纳诬赃，显纯令狱卒私殒之。临死短章①，祈以尸谏，狱卒见而毁焉。烈皇御极，逆珰与其党俱伏诛。赠谥，祭葬，赐荫，称备典焉。

公遭珰祸北上日，与文文肃公书云：“弟行即在此两日矣，一生向志节一路着力，是弟不济处，故出门便与宦官作仇，毕竟以此辈结局，然不可谓非天之所以成吾也。此时工夫，正欲使亲怨平等、贪恋俱忘，急消却一段愤激之心，欢喜顺受，方是实地。至于掀天揭地事，亦不在多，临时尚可做耳。”

（徐开任《明名臣言行录》卷八二）

【注】

① 短章：篇幅较短的诗文篇章。南朝宋颜延之《五君咏》：“颂酒虽短章，深衷自此见。”韩愈《送权秀才序》：“寂寥乎短章，舂容乎大篇，如是者阅之累日而无穷焉。”

## 续表忠记

逆阉屠戮缙绅，大都射隼高墉反遭毒喙者居多，若远处里门，不与朝局，又素不立门户，而以忠愤所激，卒死诏狱，则周忠介顺昌是也。

顺昌，字景文，号蓼洲，吴县人。为诸生，即砥砺名行。少善饮，母夫人戒之，终身不复醉。成万历丁未进士，理福州，明习法比如老吏，性又方鲠。税阉高寀在闽势横甚，郡邑进谒者，手板庭参如属吏。顺昌抵任，独不往，又廉，其役犯法者，辄捕治之，积与寀忤，不恤也。

擢司文选，乞假归。苏抚周起元[一]以忤阉削夺，顺昌为文送之，多所指斥。继之者，阉党也。莅任后，顺昌以送起元[二]文示之，新抚愠。魏大中被逮过苏，顺昌往慰之，流连三日，因以女字其孙，诸校屡叱[三]之，瞋曰：“若不知世间有不畏死男子耶？归语忠贤，吾乃吏部郎周顺昌也。”因呼忠贤名，骂不绝口，人皆咋舌。阉党倪文焕劾顺昌不当与罪人连姻，且诬其署选时赃罪。矫旨削籍，顺昌犹向人剌剌骂忠贤不止。前抚周起元[四]之狱起，与御史周宗建等次第被逮。

顺昌故廉吏，慷慨敢言事。既家居，数与有司争论闾阎疾苦及他冤抑状，吴人德之甚。故事，缇骑至檄，县官自诣主名。吴令陈文瑞，顺昌所拔士也，叩门抚床而泣，顺昌曰：“此意中事也，毋效楚囚为。”夫人吴恸绝而苏者再，诸子伏地哀号，声彻衢市。顺昌神色自若，内兄吴尔璋曰：“范孟博嘱子数语，千古酸鼻。”公独艴然乎笑曰：“无[五]事乱人怀也。”文瑞亦请稍了家事，曰：“吾无家事可了。”旁有一素榜，曰：“此龙树庵僧属题者，先已许之，乃一不了事。”呼笔书“小祇园”，字大如斗，体法遒劲，投笔而起。

甫出门，士民号冤聚送者已数百人，顺昌囚服[六]小帽诣军门。舆夫周文元先闻被逮信,连日夜泣不止,将走长安,自到棋盘,街上鸣冤。是日,亦随往。士民聚益众,抚按属有司数易置顺昌,然远近闻风至者愈多。

开读日,百姓无虑数万,诸生四五百人迎顺昌于县署。日午,至西察院。抚按来,百姓执香,伏地呼号,声如奔雷泻川,轰轰不辨一语。诸生王节、刘羽仪、杨廷枢、文震亨、殷献臣等迎于门,曰:“周吏部清忠端亮,以忤权珰被逮。士民怨痛,万心若一。明公为天子重臣,请雪其冤。”士民皆恸哭,抚按惶骇,流汗满面,不能出一语。旗尉文之炳等,持械击百姓,且厉声曰:“东厂严旨逮官,岂容鼠辈置喙?”颜佩韦等哗曰:“众谓天子诏耳,乃出自魏忠贤耶?”旗尉曰:“速刵若舌,旨出东厂,将如何?”佩韦等大呼击之炳,从者雨集。诸校或匿斗拱间,或升屋走,而李国柱以重伤毙矣,余皆哀号,跪而乞命,惟云:“罪在东厂,我等皆为东厂所误。此丙寅三月十八日也。

是日,城中正沸,他尉逮余姚黄御史尊素者泊舟齐门,登岸凌侮街市。一人偏袒大呼,击者如蝟,沉其舟。始知城中有变,踉跄逃归。由此缇骑不敢再出。先是,逮周御史宗建者,廷辱二千石,势同狼虎,人心久郁,至是乃快。顺昌自系官廨中,客引高忠宪讽其自裁,谢曰:“昌小官也,安敢援大臣不辱之例乎?此行必死,死见高皇帝,当请殛元凶,以报天子耳。”中夜,乘间开读于野次,偕诸校尉去。

下诏狱,忠贤衔之甚。许显纯迎阉意,搒掠顺昌无完肤,坐赃三千两。五月初六日,京师王恭厂火。王恭厂者,贮置火药局也。是日辰时,忽大震一声,天拆地裂,尘土四飞,栋梁窗壁,纷飘如落叶,人皆昏晕不知所出。乾清宫窗棂坠,毙一小阉。象房群象狂奔,石驸马街石狮子,重数千觔,飞至四十里外,坠于通州之大教场。毁庐舍、杀人民无算,哭声震天,阉党胆落,独忠贤以不杀顺昌则威且中詘,必欲死之。顺昌被拷,必极骂忠贤如故。同时入狱者,语或稍逊,即怒叱之。显纯令以椎击其齿,齿尽落,问曰:“能复骂否?”顺昌噀血溅显纯面,骂益厉,竟□死狱中。旨下领埋,已逾三日。天暑,皮肉皆腐,仅存须发,闻者无不流涕。丧至吴,大风拔木,三昼夜乃止。

崇祯改元,子茂兰刺血讼冤[七],赠太常寺卿,予祭葬,特祠,又加谥忠介。崇祯慎重名器,罹阉祸诸君子,九卿下不尽得谥,惟顺昌身在事外,而横被惨酷,尤为可哀,故恤之倍渥,与魏大中同。

击校事闻,阉矫旨下抚按,逋颜佩韦等论死,诸生王节等亦被黜,几成大狱。佩韦等系圄中,闻顺昌丧至,曰:“吾辈死无所恨,惟愿侍相公左右耳。”临刑,皆谈笑慷慨,佩韦语知府寇慎曰:“公好官,当知我等死义,非死乱也。”

明年,逆贤、显纯、文焕等皆伏法。苏人合瘗佩韦等五人于虎丘山塘上,树穹碑,大书“五人之墓”,张太史溥为碑记,杨解元廷枢题墓门以表之。五人为颜佩韦、杨念如、沈扬、马杰、周文元,墓即抚按所建忠贤普惠祠故址也。而是时为顺昌死者,又有庠生朱祖文。狱急间,行走长安,纳橐饘,输赃无所出,奔走于定兴、吴桥,醵金代输,复经纪其丧以归,亦愤懑发病而卒。祖文字完天,学者私谥孝介先生。

(王贞明曰:江都人言,倪文焕家白日见忠介冠带坐堂上,旁有五人,皆武装侍,焕家大怖,叩头乞哀。或言:“公正人,岂作厉?”然《史记》载灌将军事,则冤仇报复自古已然矣。)

（赵吉士曰：忠介以忤要人得请归故里，素独立无党，固非逆阉所侧目也。而忠节盛时，亦未尝投契，及就逮过吴，知交缩颈蒙面，抚军素奉忠节惟谨，亦不敢通一字，公独挺身周旋，以女许字其孙，复痛骂忠贤不已，遂杀其身。呜呼！当天柱将折，地维欲缺时，非得公等搘拄其间，凡此人类，不几被猸貐啖尽乎？迨椎齿尽落，犹噀血奸面，元城铁汉于今再见矣。若五人奋臂一呼，而缇骑不敢复出，障狂澜而熄凶焰，为功于世道人心，岂浅鲜哉？）

（张太史溥《五人墓碑记》曰：五人之当刑也，意气扬扬，呼中丞之名而詈之，谈笑以死。悬其首于城上，颜色不少变。有贤士大夫，发五十金买五人之头而函之，卒与身合，故今之墓中，全乎为五人也。贤士大夫者，冏卿吴公默、太史文公震孟、姚公希孟也。）

（李逊之《三朝野记》曰：崇祯元年九月廿六日秋决。旧例，必以民犯强盗、叛徒及真正人命列于前，候上勾决几名而止，若官犯则列名于后。是年，御笔独将后开，逆案倪文焕等五人勾决。先是，中宫以诞有元子大庆，请停刑，上曰："生子固大庆事，诛有罪亦大庆事，当并行不悖。"旨下，政府揭救面救再三，上曰："不杀此辈，则逆案为无名。"政府曰："此辈不过是患得患失之鄙夫耳。"上曰："既是患失，便可以无所不至。"政府乃不敢言。时方久旱，行刑后大雨。）

（赵吉士《续表忠记》卷三）

【校】

［一］［二］［四］"起元"，原作"启元"，今改。

［三］"叱"，原误作"昵"，今改。

［五］"无"，原作"毋"，今改。

［六］"囚服"，原误作"因服"，今改。

［七］"讼冤"，原误作"颂冤"，今改。

【记】

按，"万历丁未进士"，误。蓼洲周公中万历癸丑科进士。公为龙树庵僧题"小云栖"额，张世伟作有《小云栖题额记》。校尉逮黄尊素路过苏州，泊舟胥门，而非齐门。"时方久旱，行刑后大雨"，天人感应，盖真有之乎？

## 恩恤诸公志略

蓼洲，清骨挺立，是目中仅见。人在铨部，每日自给不过钱六文。寻病，告归僦屋，居不六七间。每府县司道过，或竟日，不过茗一杯。而魏逆祸蔓甚，尝抚案愤曰："吾尚偷息此时者非人。"闻《点将录》罗织多人，大以己各不与党为耻。会周都院以事触织监李实，因相与疏纠再三，终不能庇一同知杨姜。都院夺职去，蓼洲益不堪，作文张其行，盛称节概功绩，大有造地方，明激继者一鹭。鹭乃党中呼魏七哥者也，搜知蓼洲与魏廓园泣别连姻，并官旗前大骂魏贼状，罗入东林六人逮中，蓼洲惨死。

当此时，林下贤人祸烈极矣，然皆曾疏及内事，或有关德清者，便不得免。惟蓼洲一无有，若肯浮沉，一无言，无所为，未必不免。予尝与人议之曰："使姻在日前，则万不可讳，死旦甘之。若姻在逮日，何不私许之，约以不负？何苦使往返，日月行途，自以七尺躯抗九重隆怒耶？然蓼洲料逆焰无已终，且夕邑郁死矣，等死耳。其与无言、无所为者，竟何如？蓼洲亦人杰也哉！方苏门噪，闻四月五日夜，先有人逮，余及一翰林行至良乡，逆令人追回，日未午也。自后半年间，南都逮者一人，余俱以抚按解，则公与苏民力也。倘在长安者其是心，逆未必不少戢，等死耳。其与一无言、无所为者，竟何如？蓼洲真大有见也哉！"

公名顺昌，姑苏人，意度宏远。为闽推官，力折豪右。文章闳恺，世所推服。有稿数千，人传诵之。大凡有真心者，必有壮气；有壮气者，必有远识。近死忠诸公，文章为世推服者居多。先是，乙丑，吾与景逸俱夺矣，高有侄欲与侄孙女姻，余谓侄曰："先而姻也，何可讳东林？若其未也，何必急？"而景逸复以书先曰："此时吾辈做事也，顾不得出头。"吾终谢之，心谓出头以殉义，以国家则可，若婚姻事，何为？又先是，廿年前，高有侄请姻，景逸欲吾女他人女以婚，吾终谢之。后闻周公逮旨专以婚故，侄乃幸祸不先，而吾却自笑吾之懦，非过也。

（孙慎行《恩恤诸公志略》卷一）

## 罪惟录列传

周顺昌，字景文，别号蓼洲，直隶吴县人，成万历癸丑进士。司理福州，值税阉高寀之变，至劫抚院，质二司。顺昌独倡言，宜鸣鼓声罪。上闻之，为撤寀。以卓异擢吏部主事，历员外郎。性清坚，尝饮汤，觉有殊味，异，询之，知吏人参少许，严绝之。于时局雅无所向背，而臭味自别。尝推一大僚，失要人意，因叹曰："君子与小人，势分水火。即君子中亦自为水火，安能曲逢诸指？"谒告在籍。

天启乙丑，给谏魏大中被逮，顺昌轻舠候款曲，相持哭，与约婚姻去。会织监李实用私怨奏罢府丞杨姜，巡抚周起元以为非制，疏争之，忤珰，并见罢。时无敢手板候于起元途者，顺昌独为文以饯之，声情淋漓，指斥不少逊。忠贤怒，授指新巡按毛一鹭阴伺顺昌短。顺昌素贫，祖遗山田二十亩，不益一抔，蔽风雨数椽，寒暑也。夫人吴，生不知金与珠，银钗一二，岁强半在质。惜干牍字，等南金，而独为其乡身利弊最力，盖清白一辞矣。一鹭无所指，忠贤乃嗾其党御史倪文焕杂采怨家言，诬奏夺官。顺昌偶见所为《点将录》未列己名，大以不与党人为耻。

丙寅，珰借织监李实为名，追论故巡抚起元朋立门户，滥干请。所中周宗建、缪昌期已先被逮，复逮起元及高攀龙、李应升、黄尊素共顺昌五人。缇骑甫至吴，顺昌不内顾。初，许龙树庵僧为之额其堂，久不付，时乃大书"小云栖"三字，笔法遒劲，徐书年月于后，投笔出就诏，则士民为号冤者已千人。中丞毛，自度不协舆情，数易置顺昌，一日三五迁。而远近愈相声摇，十百为伍，动数万，或议，或泣，或怒骂，或搏颡吁天，或买卜推吉兄，或主敛资助供亿，至有不言姓名质衣投金而去者。或拟趣装走都闻冤。有不识吏部面，得一见叩头，如睹祯瑞。其挤塞不前者，从门外遥拜，唏嘘不忍去。通国皇皇，如赴父母之难也。于是，诸生王节、刘羽仪、文震亨等，谓当为吏部计万全，勿过激。百姓许诺，咸执香雨中，烟塞几不辨咫尺。群伏使者署，王节等前曰："万口一心，愿为吏部死。明公东南重臣，何以回天意而慰民心？”中丞语支离，固无意顺昌，思开读毕事。御史徐吉语中丞：“龙逄、比干亦人耳，今日吾尔两人当勉之。”兵使者张孝为赞力，中丞俯欲托故还台，众拥抱不得去。诸生五百人哭，百姓群应之，声如雷鸣。下至舆隶，亦掩面悲不胜。忽旗尉咆哮持械出，厉声：“东厂拿人！”意莫大东厂，可以夺众怒。于是颜佩韦等挺前诘旗尉：“旨出朝廷，乃由东厂哉？即东厂，安能逮[一]吏部？”群袒呼，忽如山崩徂，砉然而登，攀折栏楯，手批缇骑文之柄，垂绝。诸旗抱头东西窜，升木登屋，或匿厕中，或蔽丛棘。一人匿署阁，惊堕，格杀之，余皆泥首乞命，身被重伤，无一免。其逾墙而出者，墙外人复痛箠之，或蹴以屐，屐齿入脑，一人立毙。中丞大怖，须介士舞刀入。众益愤，以为中丞行杀我，争投瓦石，如飞蝗。兵道孝急缚介士挞之，众稍定。顺昌彷徨[二]无所属，徒步自诣巡抚，巡抚不能可否，以属县令。

是日也，别尉之逮尊素者，舟过吴门，就驿，闻变，尚不以为然，横索如故。驿卒心易之，皆偃蹇不应命。怒而詈，则亦詈。诸旗不得已，身出市，强勒酒脯。市中人大呼：“缇骑复至矣。”哄焚其二舟，所赍驾帖亦烬。诸旗迫，扶木泅对岸田中。田父老持耰锄代挺逐之，复浮沉数里，至僻处，乃敢登岸。郡邑夜使人从血肉中扶初伤痍者起，奄奄不胜。稍闻人声，别股栗求救。中丞出甲士卫之，而密开读旷野人不迹之地。或微言讽顺昌：“覆水莫济矣，无徒自苦。”顺昌叹曰：“以小臣冒大臣不辱之义，非礼。此行必死，死必作厉鬼为高皇帝杀贼。幸存此言入他日顺昌本传。”走书故人：“吾惟炼此一片铁，以不负所知。”①时独诸生朱祖文从左右无遗力。逆阉闻变，亦颇悸，归罪崔虽秀，以呈秀之常赞李疏也，呈秀至欲自缢。而李实闻变，闭门哭，目为肿，失声。已而有旨：“周某逮到酌议，小民果即日解散，免究。”已而中丞疏再三上，谓渐得首事姓名，三吴以安。阉乃复肆，欲兴大狱，方与党密谋室中，忽地震，及厂灾，当坐鸱吻忽堕，所幸二小珰皆被击死，心疑且止。诏褫王节等布巾，而肆颜佩韦五人于市。顺昌入镇抚狱，烦锻炼，诬坐赃一千两，身无完肤。顺昌骂不绝口，许显纯槌落其齿尽。顺昌犹含血喷其头面。狱卒颜紫，以珰指，手殒之。

魏败，赠顺昌太常寺卿，谥忠介，荫一子茂兰，祠乡贤，祠乡贤，复祠闽名宦。诸生王节等咸复黉序。诏毁逆阉祠虎丘，吴人因毁祠基殓佩韦等遗骸以葬，树碑巃然，题曰“五人之墓”。五人者，佩韦及马杰有殊力，杨念如故业鬻衣，沈扬牙侩，其一吏部舆夫周文元也。有渤海渔人者，过吴门，适毁魏祠，遂为文哭祭五人。一鹭既得迁秩，还家，方对客读邸报，默然入内，客遂别，闻哭声，暴卒矣。广陵人言，倪文焕白昼见有五人□□貌甚厉，突中堂，须臾旌旗导顺昌至，文焕惧，率妻子叩头请命。庭下石井栏，忽起舞空中，良久坠地。寻逮狱拟辟矣。

朱祖文，字完天，与顺昌同里。母节，顺昌以闻大吏，得旌，感之。既周旋狱中，为间关乞贷捃摭，所坐赃稍就，而顺昌已死，无及。

论曰：吏部非有箅器之惠于其乡也，与阉忤，舌出祸入，非寻常仇比也。王节五百人，读书解大义故尔。佩韦等孱然井市，初未奉姓氏于吏部，生平见县尉薄，面赤声颤不成语，一亘临难，气雄百失，搤虎吭而徒手斥辱之，竟使权珰气沮，缇骑不复出都门。五人即不生吏部，生如吏部者功归焉。而吏部得五人不死，死有生气。

（《罪惟录列传》卷一五）

【校】

［一］“逮”，原误作“速”，今改。

［二］“彷徨”，原作“傍徨”，今改。

【注】

① 吾惟炼此一片铁，以不负所知：周顺昌《与现闻姚太史书》：“临时事尚当竖起脊梁，作一个生铁铸就的人，以不负知已。”

## 明　书

周顺昌，字景文，吴县人。为诸生时，与友辈相砥砺，每感人情日浇，慨然有振起流俗之志，多发之笔舌。万历壬子领乡荐，癸丑成进士。廷对时，微雨，有珰延之入室，固谢却之。授福州府推官，殚精法比，一切请嘱，略无所徇。性极慈，尝曰：“吾为刑官，每念用刑非以饰怒，六年中未尝用重刑。”时税珰高寀为横，顺昌初至，不与相见。珰役犯法者，悉捕置之法。珰所问罪赎，属郡县追理，或加严刑，顺昌争之力，民赖以少苏。已而，寀以民变劫抚臣，质其二司，或议以周司理代，顺昌曰：“此岂吾死所哉？”誓不往。而与监司之媚珰者相左，欲弃官去，一郡大哄，抚按固留之，乃止。操履清惠，媒蘖者终莫能难。

秩满，擢吏部主事。铨郎一人，以数吏供之，穷极侈汰，后以美缺偿之，顺昌一切谢绝。尝饮汤，觉味有异，叩之，则吏所供人参剂也，出金酬之，戒勿再进，严绝馈遗，都人以为从来所希。至进退人才，侃侃不让，所汲引多孤特之士，其人皆不知所往来。历文选员外郎，署选事。顺昌臭味既别，不能无左右袒，人遂得因而位置之。因推举大僚，失要人意，遂引归。时逆珰魏忠贤已骎骎向用矣。

既归，而一时相与者相继去国。已而，珰焰日炽，顺昌与人言，义形于色，其语渐闻。天启五年乙丑，巡抚周起元以忤珰削籍，顺昌为赠言，指斥不讳。嘉善魏大中被逮过吴门，顺昌过之，流连三日，因以女字其孙。于是，御史倪文焕疏劾顺昌不应与罪人婚，因言顺昌署选时，货贿狼籍，至漕湾，舟为之沉，而顺昌实取道中州归。疏出，闻者咸唾骂，然顺昌竟落职，而阉怒未已。

丙寅三月，织监李实疏论顺昌及周起元党比。于是，以缇骑驰逮。闻命之日，亲知毕集，咸为泣下，顺昌意气自若。明日，人情汹汹。盖顺昌廉，又时时为上官言民间利病，吴人爱之如父母。缇骑至，胁贿，众助至千金，而胁者望益奢。民间喧传魏太监矫旨杀顺昌，宣旨次，士民聚而与抚按抗言，缇骑叱之，众遂大哄，殴击缇骑至死，抚按诸官皆匿散。顺昌立不移，请囚于狱。又三日，始以昏黑行，所过道路，无论识与不识，皆曰：“清官，清官。”有泣下者。

下诏狱，顺昌对簿不屈，强坐赃三千，五日一比。会火起王恭厂，停刑。至六月，复严比。众皆委顿，顺昌独瞋目骂珰极口，遂死。顺昌为人笃孝，少时尝与友人饮醉，母夫人戒之，自是终身不饮。居恒持论平恕，而独与珰事义愤激烈，乃以口语致祸。

明年，逆珰败。又明年，倪文焕戮死。李实以疏非其出，末减。追赠顺昌太常寺卿，荫一子，谥忠介。殴击缇骑民颜佩韦等五人坐斩，后吴人怜而葬于魏忠贤生祠之基，立碑题曰“五人之墓”，奠酒浆者不绝。佩韦就讯，主者问谁为首，对曰：“是日举事者皆可为首,何问为?”及赴市,扬扬不变色,告郡守曰:“公知我等抱义死,非乱民也。”郡守颔之。监司张孝以下皆为流涕。五人者,颜佩韦、杨念如、周文元、马杰、沈扬。

(傅维鳞《明书》卷一一〇)

## 明史稿

周顺昌,字景文,吴县人。举万历四十一年进士,授福州推官,捕治税监高寀爪牙,不少贷。寀激民变,劫辱巡抚袁一骥,质其二子,并质副使吕纯如。或议以顺昌代,顺昌不可,纯如以此衔顺昌。擢吏部稽勋主事,天启中,历文选员外郎,署选事,力杜请寄,抑侥幸。清操皭然,乞假归。

顺昌为人刚方贞介,疾恶如仇。巡抚周起元忤魏忠贤削籍,顺昌为文送之,指斥无所讳。魏大中被逮道吴门,顺昌出饯,与同卧起者三日,许以女聘大中孙。旗尉屡促行,顺昌瞋目曰:“若不知世间有不畏死男子耶?归语忠贤,我故吏部郎周顺昌也。”因戟手呼忠贤名,骂不绝口,旗尉归以告忠贤。御史倪文焕者,忠贤义子也,诬劾同官夏之令,致之死。顺昌尝语人:“他日倪御史当偿夏御史命。”文焕闻大恚,遂承忠贤指,劾顺昌与罪人婚,且诬以赃贿,忠贤即矫旨削夺。先所忤副使吕纯如,顺昌同郡人,以京卿家居,挟前憾,数谮于织造中官李实及巡抚毛一鹭。已,实追论周起元,遂诬顺昌请嘱,有所干没,与起元等并逮。

顺昌好为德于乡,有冤抑及郡中大利害,辄为所司陈说,以故士民德顺昌甚。及闻逮者至,众咸愤怒,号冤者塞道。至开读日,不期而集者数万人,咸执香为周吏部乞命。诸生文震亨、杨廷枢等前谒一鹭及巡按御史徐吉,请以民情上闻。旗尉厉声骂曰:“东厂逮人,鼠辈敢尔!”大呼:“囚安在?”手掷银铛于地,声琅然。众益愤[一],曰:“始吾以为天子命,乃东厂耶!”遂蜂拥上,势如山崩。旗尉东西窜,众纵横殴击,毙一人,余负重伤,逾垣走。一鹭、吉不能语。知府寇慎、知县陈文瑞素得民,曲为解谕,众始散。顺昌乃自诣吏,又三日北行。一鹭飞章告变。东厂刺事者言吴人尽反,谋断水道,劫漕舟,忠贤大惧。已而,一鹭言缚得倡乱者颜佩韦、马杰、沈扬、杨念如、周文元等,乱已定,忠贤乃安。然自是缇骑不出国门矣。

顺昌至京师,下诏狱。忠贤嗾许显纯锻炼,坐赃三千,五日一酷掠。每掠治,必大骂忠贤。显纯椎落其齿,自起问曰:“复能骂魏上公否?”顺昌噀血唾其面,骂益厉,遂于夜中潜毙之,时六年六月十有七日也。

明年,庄烈帝即位,文焕伏诛,实下吏,一鹭、吉坐建忠贤祠,纯如坐颂珰,并丽逆案。顺昌赠太常卿,官一子。给事中瞿式耜讼诸臣冤,称顺昌及杨涟、魏大中清忠尤著。诏谥忠介。

长子茂兰,字子佩,刺血书疏诣阙诉冤,诏以所赠官推及其祖父。茂兰更上疏,请给三世诰命,建祠赐额。帝悉报可,且命先后惨死诸臣,咸视此例。茂兰好学砥行,不就荫叙。国变后,隐居不出,以寿终。

诸生朱祖文者,都督先之孙。当顺昌被逮,间行诣都,为纳饘粥汤药。及征赃令急,奔走称贷诸公间。顺昌槺归,祖文哀恸发病死。

佩韦等皆市人,文元则顺昌舆隶也,论大辟。临刑,五人延颈就刃,语寇慎曰:"公好官,知我等好义,非乱也。"监司张孝流涕而斩之。吴人感其义,合葬之虎丘旁,题曰"五人之墓"。其地即一鹭所建忠贤普惠祠址也。

(王鸿绪《横云山人集》,又见《东林书院志》卷一〇)

【校】

[一]"益愤",《东林书院志》作"愤愤"。

## 史　外

公讳顺昌,字景文,号蓼洲,吴县人。性刚直,疾恶如仇,好清节,日惟市一蔬,人称为冰条先生。万历壬子、癸丑联捷,授杭州司理,时福清叶向高为相,谓:"吾邑难治,是宜借周君。"即改公福州。以最擢吏部主事,进文选司员外郎,忤权贵人意,自引归。

魏忠贤乱政,故给事中嘉善魏公大中被逮过苏,公周旋累日,奉酒炙,约为婚姻,缇骑促行,语侵公,公张目叱曰:"若不知世间有不畏死男子耶?归语尔忠贤,我即故吏部周顺昌也。"语闻忠贤,嗾御史倪文焕劾公削籍。已而,与周公起元俱被逮。

缇骑至吴,举家号恸,公笑止之,曰:"知已久矣,何事乱人怀也?"顾案上有素榜,曰:"此龙树庵僧属我书,向许之,今日不了,亦一负心事。"题"小云栖"三字,识年月毕,囚服出门。士民素德公,争为公呼冤,遮巡抚毛一鹭,诟责之,比读诏,众喧不复闻。缇骑手锒铛掷之地,厉声曰:"魏公命,谁稽者?"众忿怒曰:"然则伪旨也?"当是时,天大雨。万屐齐掷,棍梃[一]瓦石杂上,㕔声殷天,怨气坌涌,昼为晦,立毙官旗数人,余皆东西鼠窜,升木登屋,或匿厕中,皆战栗乞命。

是日也,有逮黄公尊素于浙者,道胥门,市人群殴之,走焚其舟,投橐装于水,官旗泅而免。而江阴李公应升,亦以是日就逮常州西察院,有发垂肩男子十辈,大呼杀魏忠贤校尉。一卖蔗童子拉一肥尉,举蔗刀脔其片肉,掷街前狗啖之。

一鹭大惊,流汗不能出一语,诸司面如土,足不能举步。次日,一鹭飞章告变,将屠其民,而颜佩韦、杨念如、沈扬、马杰、周文元五人者,前自承曰:"杀校尉独吾属为之,他皆无与。周吏部贤者,独杀五人可也。"攘臂发上指,竞取锒铛自系就狱。当此之时,五人之名震天下,而珰势稍杀,缇骑不复四出矣。

公至京,下诏狱,坐赃,拷掠无完肤,极骂忠贤。镇抚许显纯椎击其齿,齿尽落,显纯起曰:"能复骂否?"噀血溅显纯面,骂益厉,显纯令狱卒私殒之,掷尸夹道中。巡卒割其股,血喷而生,复荷械至锦衣堂,触石碎首,骂不绝,被重刑而死。于是,忠贤杀佩韦等五人,杖戍马信等七人,黜诸生王节等五人。

崇祯元年,忠贤败,公长子茂兰刺血上疏白公冤,诏赠公太常寺卿,谥忠介,予特祠。一鹭以忠贤党被罪家居,白昼见公乘舆,佩韦等骑而从,直入坐中堂,一鹭大怖死。倪文焕亦白昼见五人严装仗剑,导公登座,率妻孥叩头乞哀。庭下石井栏,自起舞空中,良久坠地,声如霹雳,乃腾空而去。无何,文焕伏诛。

汪有典曰：

呜呼！自古无道之君，蔑不受宦官之祸，惟明则累叶不悛，至于神宗以降，民怨愤盈，岌乎不可遏矣。

马堂榷税临清，白昼攫人，井邑骚然，市民王朝佐率众噪而攻之，火其居，其党三十七人，尽毙煨烬中，堂仅以身免。高寀至闽，扑一诸生父，众击之，火其所。建望江亭，武昌民变，围税使陈奉，执委官六人，投之江。辽东兵变，欲杀税使高淮，几致乱。云南军官变，击杀内臣杨荣。苏州民变，擒织造孙隆党殴死，裂其尸，至天启遂有颜佩韦等事。而推原祸本，则自永乐秀才骂内使皆充军、成化三学骂内使几罹辟始。

呜呼！君暗臣奸，珰焰燎原，至于庶人奋梃以维太阿之穷，斯亦倾否之至变已。而彼昏不知日醉，益富莫可，何如也？周公既逮，苏人互戒不用天启制钱，天下从而和之，京师驰谕各省，卒莫能夺，盖废格天启制钱无算也。吁！可畏哉！

宣德时来内官罗太监横甚，太守动遭捶挞，缚同知卧于驿边水次。至苏州，以事杖吴县主簿，况钟径往执其两手，大怒曰："汝何得打吾主簿？"来惧为谢罪，不敢犯。呜呼！此千载一时有明之希觏也。（有典识）

（汪有典《史外》卷二）

【校】

［一］"梃"，原作"挺"，今改。

【札】

嘉庆《吴门补乘》卷一〇："苏州逮周忠介公顺昌，民变击毙校尉，后苏民倡议天启无道，互戒天启钱不用，各府县从而和之，积天启钱无算，后传至京师，各省出示晓谕，乃复幸。私禁凡十阅月。"

## 启祯野乘

公讳顺昌，字景文，号蓼洲，直隶吴县人也。好清节居，恒以冰雪自砥砺。万历中壬子、癸丑联举乡会。初授福州司李，将之官，时抚吴者闽人也，弟杀人当死，百计缓颊求公生之，公不可。

比至闽，卒按如法。庭空若水，一切请嘱，概无徇顾，意主平恕，不务为锻炼周内之术。时税珰高寀横甚，公独抗不为礼，珰役作奸者，辄捕置之狱。珰所科罪，鍰下郡县征理，或峻刑督责，公争之力，民赖少苏。已而，珰以民变劫中丞，质二司，或议以司李代，公曰："此岂吾死所哉？"固不往，因与监司之媚珰者左，几挂冠去，然声价因是益高。

行取为吏部主事，历文选员外郎，署选事，力以进贤退不肖为己任，所汲引皆孤特士，反是，虽要人为请托，不顾。公于门户，故无所标榜，而薰莸不同，遂不能无左右袒，尝推一大僚，忤权贵人意，自引归。

已，珰忠贤焰日炽，公每与人言，义形于色。乙丑，吴抚周公起元以忤珰落职，公为赠言，感慨淋漓，指斥不讳。嘉善魏公大中，为珰所切齿，被逮过吾。公与魏公非深交，至是，独出郭迎之，与留连三日。缇骑群侍，公戟手詈忠贤不绝口，或劝公无多言，公笑语诸缇骑曰："尔归告忠贤，亦知吴下有不畏死男子周顺昌乎？"临别，复以女字魏公孙。于是，御史倪文焕遂疏论公不应与罪人缔姻，因言署选时受贿不可胜数，至张家湾，舟为之沉，因取中旨削公籍。不知公归取道中州，装仅二抬，未尝由水。中外传其事以为笑。复有吴绅衔公刺其反覆者，因中公于织监李实及新抚毛一鹭，实遂与一鹭谋，因论周公并文致公等。

缇骑至，吴令陈文瑞怀牒告，公神色不动，慨然曰："久知此矣。罪臣因在籍，不得控尺五纾所欲言为憾，倘囚得上书，或得责数当事，使诸奸知世间忠义不可尽杀，则一死以报上耳。"陈令请公入室为别，公笑却之，顾案上有素榜，乃某僧属书庵额者，亟命笔，题"小云栖"三字，书法遒劲，后识年月，投笔而起，意气浩然。甫出门诣逮所，百姓号呼拥送者以万计。盖公自通籍，荜门蓬户，蔬食布衣，不取一介，又时时为当事言民间利病，以故吴人德之，倚之为天。同邑贤者吾公默、文公震孟、姚公希孟、朱公陛宣与诸生徐公汧、杨公廷枢、王公节、文公震亨等躬扞大难，为敛赀治装，而颜佩韦等五人一旦闻忠贤矫旨杀廉吏，遂争击缇骑，立毙其二，而五人亦卒论死。

呜呼！丑寅之间，矫诏四出，钩党之捕遍于天下，诸君子自分无生理，既骈首就系无复辞，而其乡之士若民，固诚发竖眦裂，冀一大奋击，稍慑珰焰，卒蓄缩畏忌而不敢发。自五人奋臂一击，义声薄天，珰至胆落，大狱以止，虽五人，义烈不可磨灭哉！微公有以致之，不及此，或有讽公自裁者，公叹曰："顺昌小臣也，敢引大臣不辱之义乎？知此行必死，死见高皇帝，请殛元凶，以清海内，此愿毕矣。新君第记吾言，他日为作忠臣传可也。"又手书别相知，有云："唯有竖起脊梁炼成一铁汉，期不负知己。"①

越三日，取间道行，独文学朱祖文策蹇从之，所以左右之者备至，后卒以劳悴卒于京邸。公既行，所过无论识与不识，皆为泣下。至京，下诏狱，公对簿不屈，瞋目噀血，极口骂珰而死。

逾年戊辰，逆珰与其党以次伏诛。徐公汧成进士，读中秘书，为时名臣。庚午，杨公廷枢举第一人，为南闱盛事，亦不可谓天之报施善人，或爽也。公赠太常寺卿，谥忠介，予祭葬，赐荫子。

茂兰负才藻，有声诸生间，念公忠义冤死，弃荫职不就。所罪五人，另有传。

论曰：周公死义，与诸公同而有二异焉。诸公昌言盈廷，身履虎尾，以争胜负，势既剥肤②，难免同尽。公以局外林间之身，耻不与党人，举世喑哑，一人谔谔，以及于难，一异也。槛车四出，闻者掩涕，然亦在贤士大夫则然，独公自单门穷巷、东西南北，贩夫、樵笠咸咨嗟愤发，甘与俱死，二异也。由前言之，则椒兰之性不可移；由后言之，则冰蘖之操不容涅耳。思宗慎重易名，珰难诸君子，自九卿外获谥者，仅公与杨忠烈、魏忠节时服其允当，然则公于三人中尤五岳之泰岱、四渎之河伯哉！

（邹漪《启祯野乘》卷五）

**【注】**

① 唯有竖起脊梁炼成一铁汉，期不负知己：周顺昌《与现闻姚太史书》："临时事尚当竖起脊梁，作一个生铁铸就底人，以不负知己。"

② 剥肤：灾祸已迫其身《周易·剥》："剥床以肤，切近灾也。"韩愈《郓州溪堂诗序》："剥肤椎髓，公私扫地赤立，新旧不相保持。"

## 烟艇永怀

周忠介公，讳顺昌，别号蓼洲，长洲人。公初节推福州，藩臬[①]有邪正异品者，公与正合，与邪忤，然操如冰檗，邪亦无奈之何。予闻而心仪之，任满归吴，遂相结纳。其居第湫隘，宦囊惟兰蕙三四盆。布衣青鞋，出则徒步。至地方利病，则对当道凿凿不休，声望藉甚。

犹记庚申秋，予别桐城出都，桐城曰："贵乡铨部将属谁？"予曰："闻属周某。"桐城又曰："公与相信否？"予曰："交颇深。"桐城颔之。无何，擢主事吏部。公谓予："居此官者，例当沉默。吾性谔谔[②]，当奈何？"予曰："沉默自是俗套，未闻陆庄简拘此套也。"公将两苍头入署，日用仅费七文钱，蓄幣一切揽绝。

壬戌之役，数与周旋，但觉爽爽干霄耳。乙丑夏，孟长治丧河浒，巡抚毛某虽吊不诚，公面诮之。又有东鲁巡抚某者，郡人也，故与孟长暱，而遣弟代吊，公呼其仆唾骂焉。是时，予方有闽行，公枉舟中话别，予讽曰："危行言逊[一]，古道宜然，君不念太刚则折耶？"公曰："吾筮仕之初，不知何以与某合而与某忤，人固各有神也，且祸福有命，吾任吾性而已。"

居半载而难作，予奔讣还家，凭公棺，有邦国尽瘁之感。尔日珰焰方张，亲朋尚有裹足不赴吊者。要之，罹难诸贤，俱虑局内，公独从局外触藩，气格尤倬，所以匹夫发愤，缇骑就殪，颜佩韦辈虽勇，得公而名始彰也。

（龚立本《烟艇永怀》卷二）

【校】

［一］"逊"，原作"孙"，今改。

【注】

① 藩臬：藩司和臬司，明清两代的布政使和按察使的并称。明何景明《省中公宴》："劝酬尽是文武士，列坐俱为藩臬臣。"

② 谔谔：直言争辩貌。《韩诗外传》卷十："有谔谔争臣者，其国昌；有默默谀臣者，其国亡。"《晋书·傅玄传论》："抗辞正色，补阙弼违，谔谔当朝，不忝其职者矣。"归有光《送吴纯甫先生会试序》："夫趋俗之士师师，持正之士谔谔。"

## 姑苏名贤续纪

公名顺昌，字景文，万历壬子、癸丑连捷，两尊人已不及见，故号蓼洲，志永思也。

筮仕福州府推官，时税监高寀横甚，有司往谒者执手板廷参，公独不往。后寀激变地方，监司行查首乱，欲尽法惩治以求媚，公得牒，坚持不可，欲直以官徇，合郡士民遮留满道，夜即露宿公署，如是几昼夜，无有退者。巡抚袁公一骥迫于舆论，慰留切至。适神庙纳福清相公之请撤寀，公益得展布其四体。其他理冤抑绝干请，皆为余事，由是强项冰霜之称直彻帝畿。

迨行取，归里，屏绝交际，从无片纸入长安中。适江南司官缺选郎，陆公卿荣廉其治状为天下最，遂以推补。盖推举之公，二百年所创见也。守官年余，力却候问，即空函亦不启。壬戌六月，以副郎署选事，预叙诸应选者以次挨授，吏无能上下其手，给谏赵时用有隐语相侵，公即拂衣归。往来驿路，仅行李三抬而已，旁观者皆咨嗟叹息，有泣下者。

及居家，而高风劲节又不可殚述。魏公大中逮过吴门，公以女字其孙，且指斥逆珰，不少避忌，遂为倪文焕疏劾为民。后又以语触当事怒，罗入织监李实疏中，与高忠宪公皆被逮。吾民义愤一呼，群起奋击，缇骑有死者，公卒不免于行。

逮至，拷死诏狱，坐赃三千。家极贫，无从措办，远近缙绅士民咸倾所有以助，始克报。

完烈皇帝即位，公子茂兰刺血鸣冤，帝览其疏而哀之，特赠太常寺卿，赐祭葬，荫一子入监，予谥忠介。茂兰又疏，请得邀，特恩给三代诰命，于是被难诸公俱援以为例，真异数也。

论曰：忠介公奇节伟行，他人分其绪余，即可义助海内，称朝廷名臣，公兼而有之，而毫不以自负也。又居官以廉峭著者，类多伤于刻礉，公又宽然长者，持身宁刻，待人宽恕。以若居心行事，当获厚福，竟蒙惨祸以死。天道无亲，惟与善人，是耶？非耶？

当公之被逮也，突有缇骑之变，众怒成城，吴几为沼，为开读未有之异。公之下狱也，突有王恭厂之变，昼晦地坼，枕尸百里，为京师未有之异。迨公柩归时，又有风雹之变，暴风狂号，雨注水涌，为吴门未有之异。天怒于上，人怨于下，公虽惨死诏狱，足不朽矣。

有友朱祖文，躬冒危险，随身赴逮，往来定兴、吴桥间，所以为公谋者不遗余力，而以不及视公含敛赍恨以殁。

（文秉《姑苏名贤续纪》[1]）

## 姑苏名贤续记

周蓼洲先生，讳顺昌，字景文。少负志，攻苦问学，浮沉诸生者数年。登万历壬子乡书，癸丑联第进士。授福州府推官，未数月，得简亢声，政素民和，豪强屏迹。时税监高寀横敛虐民，激成揭竿之变，寀劫巡抚匿私属为质，民情汹汹不测，先生仗义抗寀，众遂解散。比见江广抗阉诸臣俱逮治，人为先生危，而先生怡如也。神宗明圣，撤寀归，先生以清直得最，召拜吏部主事，谢绝干请，有以仪交者，概却不启封，人不敢干以私。

壬戌，请假还里。葺旧居数椽，仅可容膝，灌木读书其中。先生素与阉忤，徇至天启甲子，逆珰魏忠贤窃大柄，荼毒忠良，缇骑纷出，先生每阅邸报，辄发愤叹息。适嘉善魏给事大中以清节忤阉，被逮过吴门，公与约婚姻，奏酒炙，相持恸哭。是时，逆焰灼天，宇内宛舌固声，摇手触禁，而公感慨不休，以此撄忠贤怒。逆党御史倪文焕肆含沙之口，劾先生贪横，归道潞河，舟重漏发，白金浮露。乙丑，得旨削夺，先生曰："求仁得仁，正吾今日事，吾何憾哉？"

丙寅三月，缇骑果至。故事，诏使至郡檄，县官自诣主名。时吴邑侯陈文瑞，公于福州所拔士也，夜半叩户求见，抚床而恸，公曰："吾故知诏使必至，此特意中事耳。因在籍

〔1〕 文秉《姑苏名贤续纪》，甲戌丛编本，《明代传记丛刊》第148册。

削夺，不得尺五控天，抒所欲言，为天下笑。倘囚可上书，或得责数当事，使诸奸知世间忠义男子不可尽杀，则一死尚有瘳乎？毋效楚囚对泣为也。”悉召故人与饮别，妻孥环向，哭声彻街市，公不顾，神色自若。临行，所知曰：“范司隶属子数语，千古酸鼻，君独恝然长往乎？”公笑曰：“无事乱人怀也。”顾左右，有一素榜，曰：“此龙树庵僧属吾书者，向已许之，今日可了，不了亦一负心。”乃呼笔题之，字大如斗，体法遒劲，后识年月日，投笔而起，意气浩然。

甫出门，百姓号冤聚送者不下数千人，皆言：“吏部清忠亮节，何罪而朝廷逮之？”如昔人不解司马相公为党人者。或悻悻若怒，或愀愀若悲，或茕茕若无告，或昏昏若梦魇，而无以自明，盖通国皇皇也。

至开读，则士民相送者无虑数万，相聚谋曰：“吾侪小人，无由上达天子，须当投哀两台，恳其疏救。”或曰：“此皆东厂陷害忠良，虽抚按可奈何？吾辈一死耳，无足惜者。”语气激烈，有识者惧生变，稍加慰曰：“朝廷圣明，君等皆忠义，欲活吏部，当为吏部门户计，不如乞命两台为得。”于是百姓皆执香迎先生于县署，号声震天，桧汗如雨。县官马不得前，诸生乃迎两台于门，痛哭而陈曰：“周铨部清忠端亮，百姓悲痛，万心若一。夫民心，国之本也；贤士大夫，民之望也。《诗》曰：‘人之云亡，邦国殄瘁。’言失民心，丧股肱也。况不由台谏论列，而出于刑臣，尤人心愤懑不平之极者。今东南赤子，咸愿百身以赎，明公为天子重臣，何以慰汹汹之众？使无崩解之患。”言讫，诸生皆恸哭，毛中丞一鹭，恐怖流汗被面，惴惴不敢出一语。缇骑犹妄尊大，百姓颜佩韦等不胜愤，振臂大呼，奋击之，从者千计，几成斩木揭竿之势。毛公益恐怖失色，急请兵自卫，撤读。人谓吏部曰：“公不幸，遭清流之祸，忠良无得全者，矧今日变因公起，恐徒自苦。”吏部叹曰：“以我一人贻祸桑梓，死且不瞑目，我岂不知自裁？然我小臣，岂得引大臣不辱之义乎？今我赴都必死，死则诉高皇帝速殛元凶，以清君侧之恶，公等他日为我作忠臣传可耳。”乃间道入都就狱。辇下地震，死者以千数，神乐观灾，天谴屡告，而逆珰怙恶如故。先生身被拷掠，肤发销尽，慷慨骂贼而已。

越明年，今上即位，诸逆皆伏法诛，诏复公原官，赠太常寺正卿，谥忠介，予祭赐荫，典特隆渥。先生性磊落，负气持介节，喜急穷交，缓急无所悋，每以忠义勖免后进，人以为得遂其志云。

论曰：予观丙寅开读之变，窃慨然有感于刘忠宣也。忠宣忤逆瑾，瑾借岑濬狱词，以激变论死。时王文恪居政府，从容言于瑾曰：“岑氏未叛，何名激变？”于是忠宣得减戍，出都日，观者如堵，所在罢市，士民携筐进饮食，父老涕泣，有焚香密祷祝公生还者。草野公心，今古一辙，周蓼洲先生其券也。先生行谊，绝类忠宣，昔人谓忠宣通达治体，如贾太傅、陆敬舆刚正廉洁，又如汲长孺、包希仁先生有焉。然忠宣以戍免，而先生则酷刑锻炼以死。嗟乎！痛哉！闻瑾之逮杨一清也，文恪争之曰：“一清高才重望，为国修边，可为罪案也耶？”瑾辞屈，一清乃得什还。君子曰：“洵也，如文恪者，宜有后于吴也。”

（文秉《姑苏名贤续记》〔1〕）

---

〔1〕 文秉《姑苏名贤续记》，据王氏海粟楼厚稿本迻录本，可园书库藏。

## 崇祯《吴县志》

周顺昌，字景文，少负志，攻苦问学，浮沉诸生者数年，登万历壬子乡书，癸丑联第，授福州府推官。未数月，得简亢声，政素民和，豪强屏迹。[一]时税监高宷横敛虐民，激成揭竿之变[二]，宷劫巡抚匿私属为质，民情汹汹不测，顺昌仗义抗宷，众遂解散。比见江广抗阉诸臣俱逮治，人人为顺昌危，而顺昌怡如也。[三]神宗明圣，撤宷归。顺昌以清直①得最，召拜吏部主事。谢绝请托，有以仪交者，概却之不启封，人不敢干以私。[四]

壬戌②，请假[五]还里，葺旧居数椽，仅可容膝，灌木读书其中。顺昌素与阉忤，徇至[六]天启甲子③，逆珰魏忠贤窃大柄，荼毒忠良，缇骑纷出，顺昌每阅邸报，辄发愤叹息。适嘉善魏给事大中以清节忤阉被逮，过吴，顺昌独与殷勤，许女字其孙，执袂祖送。乙丑，御史倪文焕诇得。为奇货，劾顺昌贪横，归道潞河，舟重漏发，白金浮露。奉旨削夺，顺昌曰："求仁得仁，正吾今日事，吾何憾哉？"

丙寅三月，缇骑果至。知县陈文瑞怀牒诣顺昌，顺昌曰："吾办逮久已，因在籍④削夺，不得尺五[七]控天，抒所欲言，为天下笑。倘囚可上书，或得责数当事，使诸奸知世间忠义男子不可尽杀，则一死尚有瘳乎？"自荣厥行，诣逮所，不以昧而以明。士民哀恸动以万计，爇香前道呼冤，声彻十余里。先期，有官旗挟数十人逮吴江周御史宗建，止院署宣旨，人心忿憾。至是，官旗索重贿，愈肆猖獗，众遂一呼百应，义激成变，几至叵测。顺昌曰："是益重吾罪也。"知府寇慎与文瑞委曲调护，士民得安。顺昌逮赴锦衣狱，拷掠惨毒，犹慷慨厉声不屈。悬坐赃三千金，酷刑追比，身无完肤，竟死于狱。慕义者醵金代输悬赃，嗣属得无恙。

圣主御天，诛逆伸正[八]，谕诏复原官，赠太常寺卿，谥忠介，予祭锡荫，典特优隆。顺昌性磊落，负气持介节，喜急穷交，缓急无所恡，每以忠义勖免后进，故得遂其志云。[九]（昌起宗《传略》[十]）

（崇祯《吴县志》卷四三，又见康熙《吴县志》卷四六）

**【校】**

[一]"未数月，得简亢声，政素民和，豪强屏迹"，康熙《吴县志》无。

[二]"激成揭竿之变"，康熙《吴县志》作"激变"。

[三]"比见江广抗阉诸臣俱逮治，人人为顺昌危，而顺昌怡如也"，康熙《吴县志》无。

[四]"谢绝请托，有以仪交者，概却之不启封，人不敢干以私"，康熙《吴县志》无。

[五]"请假"二字，康熙《吴县志》无。

[六]"徇至"二字，康熙《吴县志》无。

[七]"尺五"二字，康熙《吴县志》无。

[八]"圣主御天，诛逆伸正"，康熙《吴县志》作"思宗即位，逆阉伏诛"。

[九]"顺昌性磊落，负气持介节，喜急穷交，缓急无所恡，每以忠义勖免后进，故得遂其志云"，康熙《吴县志》无。

[十]"昌起宗《传略》"，康熙《吴县志》无。

**【注】**

① 清直：清廉正直。《晋书·应詹传》："清直之风既浇，糟粃之俗犹在。"白居易《故巩县令白府君事状》："自鹿邑至巩县，皆以清直静理闻于一时。"沈德符《野获编·吏部一·用违其才》："沉思孝清直

名臣,使其建牙内地,将见一路风清。”

② 壬戌:天启二年(1622)壬戌。

③ 天启甲子:天启四年(1624)甲子。

④ 在籍:居于本籍。《明史·忠义传七·席上珍孔师程等》:“贼陷富民……在籍知县陈昌裔不受伪职,为贼杖死。”

## 乾隆《苏州府志》

周顺昌,字景文,吴县人,万历四十一年进士。授福州推官,捕治税监高寀爪牙不少贷。寀激民变,劫辱巡抚袁一驥,质其二子,并质副使吕纯如。或议以顺昌代,顺昌不可,纯如以此衔顺昌。擢吏部稽勋主事,天启中,历文选员外郎,署选事,力杜请寄,抑侥幸,清操皭然,乞假归。

顺昌为人刚方贞介,疾恶如仇。巡抚周起元忤魏忠贤削籍,顺昌为文送之,指斥无所讳。魏大中被逮,道吴门,顺昌出饯,与同卧起者三日,许以女聘大中孙。旗尉屡促行,顺昌瞋目曰:“若不知世间有不畏死男子耶?归语忠贤,我故吏部郎周顺昌也。”因戟手呼忠贤名,骂不绝口。旗尉归,以告忠贤。御史倪文焕者,忠贤义子也,诬劾同官夏之令,致之死。顺昌尝语人:“他日,倪御史当偿夏御史命。”文焕大恚,遂承忠贤指,劾顺昌与罪人婚,且诬以赃贿,忠贤即矫旨削夺。先所忤副使吕纯如,顺昌同郡人,以京卿家居,挟前恨,数谮于织造中官李实及巡抚毛一鹭。已,实追论周起元,遂诬顺昌请嘱有所干没,与起元等并逮。

顺昌好为德于邻,有冤抑及郡中大利害,辄为所司陈说,以故士民德顺昌甚。及闻逮者至,众咸愤怒,号冤者塞道。至开读日,不期而集者数万人,咸执香为周吏部乞命。诸生文震亨、杨廷枢、王节、刘羽翰等,前谒一鹭及巡按御史徐吉,请以民情上闻。旗尉厉声骂曰:“东厂逮人,鼠辈敢尔!”大呼:“囚安在?”手掷锒铛于地,声琅然。众益愤,曰:“始吾以为天子命,乃东厂耶!”蜂拥大呼,势如山崩。旗尉东西窜,众纵横殴击,毙一人,余负重伤,逾垣走。一鹭、吉不能语。知府寇慎、知县陈文瑞素得民,曲为解谕,众始散。顺昌乃自诣吏。又三日北行,一鹭飞章告变。东厂刺事者言吴人尽反,谋断水道,劫漕舟,忠贤大惧。已而,一鹭言缚得倡乱者颜佩韦、马杰、沈扬、杨念如、周文元等,乱已定,忠贤乃安。然自是缇骑不出国门矣。

顺昌至京师,下诏狱。许显纯锻炼,坐赃三千,五日一酷掠。每掠治,必大骂忠贤。显纯椎落其齿,自起问曰:“复能骂魏上公否?”顺昌噀血唾其面,骂益厉。遂于夜中潜毙之,时六年六月十有七日也。

明年,庄烈帝即位,文焕伏诛,实下吏,一鹭、吉坐建忠贤祠,纯如坐颂珰,并丽逆案。顺昌赠太常卿,官其一子。给事中瞿式耜讼诸臣冤,称顺昌及杨涟、魏大中清忠尤著,诏谥忠介。又从其子茂兰请,以所赠官推及其祖父,给三世诰命,请建祠赐额。

佩韦等皆市人,文元则顺昌舆隶也,论大辟。临刑,五人延颈就刃,语寇慎曰:“公好官,知我等好义,非乱也。”监司张孝流涕而斩之。吴人感其义,合葬之虎丘旁,题曰“五人之墓”。其地即一鹭所建忠贤普惠祠址也。(《明史》)

(乾隆《苏州府志》卷五四)

## 苏州府学明伦堂匾额志

顺昌，字景文，吴人，万历四十一年癸丑进士，授福州府推官，累迁吏部文选司员外郎。乞假归，魏大中以忤魏忠贤被逮，道吴门，顺昌出饯，与同卧起者三日，许以女聘大中孙。旗尉屡促行，顺昌瞋目曰："若不知世间有不畏死男子耶？归语忠贤，我故吏部郎周顺昌也。"因？手呼忠贤名，骂不绝口。旗尉归以告忠贤，御史倪文焕，忠贤义子也，诬劾同官夏之令致之死，顺昌尝语人："他日倪御史当偿夏御史命。"文焕闻大恚，遂承忠贤指劾其与罪人婚，且诬以赃贿。忠贤矫旨逮，下诏狱，许显纯锻炼，坐赃三千，五日一酷掠，每掠治必大骂忠贤，显纯椎落其齿，自起问曰："复能骂魏上公否？"顺昌噀血唾其面，骂益厉。遂于夜中潜毙之。时天启六年六月十有七日也。明年，庄烈帝即位，赠太常寺卿，谥忠介，官其一子。

（《苏州府学明伦堂匾额志·忠臣》）

## 横溪录

公讳顺昌，字景文，吴县人，万历癸丑进士登第后号蓼洲，识所感也。司李福州，首忤税阉，久之，以清直得最，召擢吏部。逆阉魏忠贤窃大炳，谋不轨，荼毒诸贤。周中丞起元被削，公援笔作送序，魏给谏大中被逮过苏，公许女字其孙，最触阉忌。丙寅三月十五日遂逮公，逮之前二日，公犹以节序来祀墓。后三日开读，吴民义激成变。然公竟惨死锦衣卫狱。熹庙宾天，圣人御极，诛逆贼，伸正伦，复公原官，晋秩赠太常寺卿，谥□□，荫一子，恤典特优。

（徐鸣时《横溪录》卷二）

## 居士传

周景文，名顺昌，江南吴县人也。万历四十一年登进士第，痛禄不逮，亲署所居曰"蓼庵"，题其壁曰："咬菜留先泽，焚香问自心。"选福州推官，强直与税监高寀忤，几得祸。会寀罢去乃解。临民慈，尝曰："吾为刑官六年，从不敢一用夹棍周内人也。"擢吏部主事，天启初官文选司员外。署选事，绝请托，抑侥幸，馈问一无所受。素信奉佛法，其在官暇则称佛号，日课千声以为常。不携妻子从，家奴六人，日需米五升钱十枚而已。顷之告归，家居城西，里有龙树庵，僧传公修云栖之教，景文为倡募，广其放生之池。又尝与竹坞僧断言善，一日请断言演瑜伽施食法，有假寐于侧者梦所散粟皆化为莲华，断言尝以血书《莲华经》，景文见而赞曰："是血是经，非血非经。为无着华，为如意宝。书者诵者，皆从空现向之所梦，亦若是而已矣。"会魏忠贤擅权，党祸作。嘉善魏大中被逮过苏，景文往饯之，与同卧起三日。旗尉屡促行，景文怒骂忠贤不已。旗尉归以告忠贤，御史倪文焕承忠贤旨，劾景文不当与罪人连姻，且诬景文署选郎时赃罪。忠贤即矫旨削籍。前巡抚周起元以忤忠贤罢，至是织造李实追论起元并诬景文请属有所干没[1]。天启六年三月，与起元次第被逮。景文闻意色甚闲，徐为僧书“小云栖”三字额，已出诣有司。将发，与文湛持书曰：“弟一生向志节一路着力，是弟不济处，出门便与宦官为仇，毕竟以此辈结局，然不可谓非天之所以成我。此时工夫，正欲使怨亲平等、贪恋俱忘，急消却一段愤激之心，欢喜顺受，方是实地也。”景文家居，行义甚高，又数为有司陈说闾阎疾苦状及白他冤抑甚众，以故士民甚德之。逮者至，士民莫不愤。宣诏日，士民不期而集至数万人，咸执香为周吏部乞命。诸生王节、文震亨等前谒巡抚毛一鹭，请以民情上闻。众遂直前逼缇骑，缇骑厉声叱之，众怒，大噪殴缇骑，有死者。城中沸腾，一鹭仅得免。景文中夜乘间就道。或劝以自裁。景文曰：“大丈夫末后一着，定当俊伟。且若辈为所欲为者，苦无大人君子张胆明目教诲之耳。吾不可以徒死也。”既发，复与湛持书曰：“二鼓登舟，旌旗戈戟相望于道，周生此行亦可谓不落寞矣。朔日已渡江，回首阊关，不胜赃然。然日来得素患难学问，朝夕与虎狼为伍，亦觉无入而不自得也。”既至京，下诏狱，坐赃三千金。被考时大声呼曰：“汝不畏天地耶！奈何必欲置吾辈死？天下忠臣义士多矣，汝能尽杀耶？”更极口骂忠贤。镇抚官许显纯命椎击其齿，齿尽落。显纯自起问曰：“复能骂魏公否？”景文噀血唾其面，骂益厉，遂于夜中潜毙之。明年庄烈即位，诛魏忠贤，倪文焕、毛一鹭等连坐有差。赠景文太常卿，谥忠介。（《年谱》《烬余集》《明史》《北行日谱》）

（彭际清《居士传》卷四九）

【注】

① 干没：投机谋利。《汉书·张汤传》：“（汤）始为小吏，干没，与长安富贾田甲、鱼翁叔之属交私。”颜师古注：“服虔曰：‘干没，射成败也。’如淳曰：‘豫居物以待之，得利为干，失利为没。’”顾炎武《日知录·干没》：“干没，大抵是徼幸取利之意。”

## 吴都法乘

周景文，名顺昌，吴县人，选福州推官。天启初，官文选司员外，绝请托，抑侥幸，馈向一无所受。素信奉佛法，日课千声。顷之，告归家居，城西洞泾浜里有龙树庵，僧传公修云栖教，景文为倡募广其放生池。会魏珰擅权，党祸作，天启六年三月被逮，景文意色甚闲，徐为僧书“小云栖”三字额，至今犹存。将发，与文湛持书曰：“弟一生向志节一路着力，是弟不济处，出门便与宦官为仇，毕竟以此辈结局。然不可谓非天之所以成我。此时工夫，正欲使怨亲平等，贪恋俱忘，急消却一段愤激之心，欢喜顺受，方是实地也。”至京，下诏狱，坐赃，被拷，毙于狱中。庄烈即位，赠太常卿，谥忠介。

（周永年《吴都法乘》卷二五）

## 福建通志

周顺昌，字景文，吴县人，万历进士。任推官，税珰高寀暴闽十六年，大吏俯首不敢出气，顺昌擒其党最为民害者，寀恚甚。会诸行户踵税监门索值，寀尽系之，门闭，观者愤激，聚益众，寀登阁发矢雨集，掷火焚民庐，忽策马操刃，直入军门，劫巡抚袁一骥，手示散众，质其二子及屯田道李思诚、兵道吕纯如。顺昌急捕凶党六人送狱。于是，寀出质请易六人，命因付之而赞。巡抚疏寀罪状，撤归，民呼万岁，顺昌寻内召，民闻之，罢市还治而泣者数万人。

（陈寿祺《福建通志》卷一三一）

## 乾坤正气集

公讳顺昌，字景文，号蓼洲，吴县人。性刚直，疾恶如仇。日市一蔬，以清节自励，故有冰条先生称。万历壬子举于乡，癸丑联捷成进士，授杭州司理。时福清叶向高为相，以邑难治，改公福州。报最，擢吏部主事，进文选司员外郎，忤权贵，自引归。魏忠贤乱政，嘉善魏公大中被逮过苏，公奉酒炙累日，约为婚姻，缇骑趋魏公行，语侵公，公张目叱曰："若不知世间有不畏死男子耶？为语忠贤，我即故吏部周某也。"语闻忠贤，嗾御史倪文焕劾公削籍，已而与周公起元俱被逮。缇骑至吴，举家号恸，公笑止之曰："我知久矣，勿乱人意。"顾案上有素榜，曰："此龙树庵僧属我书者。"为题"小云栖"三字，识年月毕，囚服出门去。士民素重公，争为公呼冤，巡抚毛一鹭诟责之。比读诏，众喧不复闻。缇骑手锒铛掷之地，厉声曰："魏公命，谁敢稽者？"众愤怒曰："然则伪旨也。"是日也，天大雨，万屐齐掷，怨气坌涌，昼为之晦，立毙官旗数人，余皆窜走，战栗乞命。次日，一鹭飞章告变，将屠其民，而颜佩韦、杨念如、沈杨、马杰、周文元五人者，前自承曰："杀校尉者，吾侪也，他皆无与。周吏部贤者，独杀五人可也。"竞取锒铛自系就狱，众义之。于是，珰势稍衰，缇骑亦不敢稍出矣。公至京，拷掠无完肤，极骂忠贤，阉党许显纯椎击其齿，齿尽落，显纯起曰："能复骂否？"噀血溅显纯面，骂益厉。显纯令狱卒私陨之，掷尸夹道中，巡卒割其股，血溃而生，复荷械至锦衣堂，触石碎首，骂不绝，被重刑而死。崇祯元年，忠贤败，公长子茂兰刺血上书白公冤，诏赠太常寺卿，谥忠介，予特祠。

按，公清介自守，嫉恶出于天性，发为文章，可歌可泣，直与日月争光矣。所著《烬余集》行世，今刻三卷。

（《乾坤正气集》卷首）

## 明 季 北 略

周顺昌，字景文，号蓼洲，吴县人。万历四十一年癸丑进士，授福州府推官。考满，擢吏部主事。吏有以人参汤进，公酬之金，戒勿再进。尝推一大僚，失要人意，遂引归。时逆珰日炽，巡抚周起元以忤珰削籍，公为赠言指斥不讳。嘉善吏科都垣魏大中被逮，道经吴门（批云："胥门"），公过之，以女字其孙，奉酒炙，相持恸哭，流连三日，且云："大丈夫视死如归，幸勿为儿女牵怀。使千秋而下，知有继杨椒山而起魏某，亦不负读书一场。所可恨者，椒山为权相所害，公为权珰所害，又有些不同处。然而忠臣无二道，止行其所志可也。"且詈魏忠贤。鸡鸣而别，临行云："适联姻语，小弟决不食言。周顺昌是个好男子，老先生请自放心。"乃去。校尉俱闻其言。倪文焕疏劾公不应与罪人结婚，因言"署选时受贿不可胜数，至张家湾舟为之沉。”不知公取道中州，归装仅二担而已。疏出，闻者咸唾骂。然公竟落职，而珰怒未已，公对人语剌剌亦未已也。

天启六年丙寅，苏杭织造太监李实欲得忠贤欢，乃借织造事，以“欺君蔑旨”参诬诸臣。奉圣旨：“周起元有违明旨（批云：“周起元，苏州巡抚。”），擅减袍段数目，又掯勒袍价，以致连年误运。且托名道学，引类呼朋，各立门户，一时逢迎附和，有周宗建、缪昌期、周顺昌、高攀龙、李应升、黄尊素，尽是东林邪党，与起元臭味亲密，干请说事，大肆贪婪，吴民恨深切齿。除周宗建、缪昌期已经逮解外，其周起元等五人，都着锦衣卫差的当官旗，扭解来京究问。李实仍安心供职。该部知道。”此三月忠贤所捏旨也。锦衣卫掌堂田尔耕，遣官旗张应龙、文之炳等六十余人分拿公等。十五至苏州，吴县令陈文瑞，公所拔士也，夜半叩户求见，抚床而恸。公曰：“吾固知诏使必致，毋效楚囚对泣。”乃悉召故人，与决别。而夫人吴氏号泣昏迷，绝而复苏者再。诸子环地而哭，声彻街市。公不顾，神色自若。临行，妻舅庠士吴尔璋曰：“昔范司隶嘱子数语，千古酸鼻。若独恝然长往乎？”公笑曰：“无事乱人怀也。”顾左右，有一素榜，曰：“此龙树庵僧属书者，向已许之，今日不了，亦一负心。”乃呼笔题“小云栖”三字，字大如斗，体法遒劲，复书“周顺昌题”，并识年月日，投笔而起，意气浩然。甫出门，百姓号冤聚送者已数百人。公囚服小帽诣军门，士民聚益众。巡抚毛一鹭，浙人也，檄有司数易置公，毋使赘聚。一日四五迁，然远近闻风相继至愈多，皆言：“吏部清忠亮节，何罪而朝廷逮之？”相守至昏夜犹不散，旦则复聚。自十五日至十八日，盖通国皇皇也。

开读之日，郡中士民送者数万，相聚谋乞两台，恳其疏救。于是皆执香迎顺昌于县署，号声振天，县官马不得行。日午，至西察院，诸生五百余人，公服立门外。顷，巡抚毛一鹭、巡按徐吉至，百姓执香伏地，呼号之声如奔雷泻川，轰轰不辨一语。诸生王节、杨廷枢、刘曙、郑敷教、刘羽仪、文震亨、殷献臣、王景皋、袁徵、朱隗、沙舜臣、王一经等，乃迎两台于门，痛哭而陈曰：“周铨部清忠端亮，舆望久归，一旦以触忤权珰，遂下诏狱，百姓怨痛，万心若一。明公为天子重臣，何以慰汹汹之众，使无崩解之患？”言讫，诸生皆恸哭。一鹭流汗被面，惴惴不敢出一语。旗尉文之炳等妄自尊大，不察民情，持械击百姓，且厉声曰：“东厂严旨逮官，乃容鼠辈置喙？”百姓颜佩韦等闻之，还问曰：“而言东厂逮官，则此旨出魏监耶？”诸旗虎面豹声曰：“速剜若舌！旨出东厂将何如？”佩韦等不胜愤，振臂大呼曰：“吾辈谓天子诏耳，东厂何得逮官？”首击之炳，百姓从者千计，以伞柄击缇骑，诸生皆惊避。毛一鹭恐怖失色，急请兵自卫，与徐吉散去。兵备张孝、太守寇慎，陕西人，甚得民心，再三晓谕，至夜分，百姓始渐散。从尉李国柱死，余或匿斗拱间，或升屋走，因得全。公立不动，请就狱中，当事者命宿署中。是日，城中正沸，而锦衣逮黄尊素者，由吴入浙，泊舟胥江，罔知也。登岸扬扬，凌轹市民。一人偏袒呼曰：“是何得独纵！”一招而击者云集，遂沉其舟，焚其衣冠，所得辎重，悉投之于河。诸旗仅以身免，始知城中有变，踉跄而逃。唯曰：“东厂误我！”越二日，民情稍定。公谓所知曰：“今我赴都必死，死则诉高皇帝速殛元凶，以清君侧之恶，君等他日为我作忠臣传可耳。”乃以三月廿六日黑夜潜行，远郡城百里，于野次宣读矫旨，防民心愤愤生变也。自是旗校相戒，不敢复出，故有本处抚按起解之义。公至都，下狱，对簿不屈，强坐赃三千，即欲杀公。天意示儆，火起王恭厂，奉旨停刑。六月酷暑，复五日一严比。公大骂许显纯，显纯将铜锤击公齿，齿俱落，公犹极骂，喷血于显纯面，遂死。

明年逆珰败，追赠公太常寺卿，荫一子，谥忠介。

公下狱，生员王节、刘羽仪、王景皋、殷献臣、沙舜臣五人黜退，而颜佩韦、杨念如、沈扬、马杰、周文元五人下狱。太守寇慎叹泣语司狱曰："此俱是仗义人，不须拘禁，即家属送饭，亦不可阻。"至七月[一]，公柩至阊门河下，马杰云："周吏部忠臣已死，速杀我等，去辅彼作厉鬼击贼。"颜佩韦云："上本是毛都堂，今本下，生杀在彼，我辈杀了，先去寻他。"毛闻之大怒，适报升兵侍，即委理刑斩五人于阊门吊桥。时颜、马等四人俱不畏，独周文元本舆夫，大哭。马杰笑曰："大丈夫譬如病死，与草本同腐。今我等为魏贼恶党所害，未必不千载留名。去，去，去！"时法场上观者数千人，佩韦笑谓众曰："列位请了，我学生走路去了。"（批云：颜佩韦父兄为贾，家千金，与有力者马杰善，遂传香盟众，马杰击柝号召。而杨念如故业鬻衣，及牙侩沈扬，俱不习顺昌，佩韦，亦偕众求疏免逮。时缇骑以械击沈扬，而顺昌舆夫周文元闻难泣詈，三日不食，至是直前夺械，缇骑复伤其额，于是众起云云。）殁后五人为神，苏人有疾，必祭赛之。毛一鹭，严州遂安县人，一日在家，对客读邸报，忽见五人来追，默然入内，客讶之。已而，闻内哭声，一鹭大叫一声而死。虎丘东有石竖于道旁，题曰"五人之墓"。或谓状元文震孟书也。墓门额云："义风千古"，乃解元杨廷枢笔。墓内碑云："颜佩韦……。"至今莫不称之。康熙二年癸卯季冬十八日，予过而欲谒之，以门扃不得入焉。

（计六奇《明季北略》卷二）

**【校】**

［一］"七月"，原误作"十月"，今改。

## 玉镜新谭

周顺昌，五年节推，四载铨曹，出入京华，唯一肩行李，涉历宦途，止廿亩山田。寒门布素，萧垒藜藿，贤名高月旦，清望满天下。刚肠激烈，面叱权奸，侠气昂藏，心怀忠义。怜冤臣而婿遗孤，骂恶珰以征高文。及其被逮时，县尹登门，即收束书帙，拜别宗祠，禁止妻孥哭泣，毅然登车。合郡士民如堵，执香号呼，声若轰雷，扳辕叩道，舆情共愤，鼓噪奔拥，攘臂争登，欲殴官旗以排难。仰遵府道之开谕，昌乃鞠躬谢众云："原系不肖，故遭天谴，与若辈无干。倘有所损，反致我族灭也。"众方帖然，尤绕护不散。抚按两台，许以"明晨出疏保留，无烦尔众纷嚣聚哄。朝廷有法，官府有方，然汝等欲何为，是将遗害周宦，尔等亦独不思保身耳"。众意稍解，随送昌于别署安辑而散。越四日，由夜半寂无人知，随缇骑轻舠如飞而去。逮至，下镇抚司，极刑捶楚，诬赃拷比，骨断皮开，血溅肉飞，面如土色，身无肌理。昌惟啮指睁目，不闻哀乞之声，只是骂不绝口，有张睢阳之大节，天日为之无色。时有好义者，闽中旧治士民，吴中交游姻党，一时醵金钱，代其完赃，冀其生全。而昌已被监司肆毒，随毙矣。临死具短章，祈以尸谏，不果。而领埋时，皮肉已腐，无寸丝掩骼，面目俱消，止见头颅须发，英气凛冽，尚自逼人，见之胆寒股栗。有人心者，无不为之肠断掩泣也。士民追慕不已,制词吊之者。

（朱长祚《玉镜新谭》卷二）

## 先拨志始

巡城御史倪文焕责治门军,为提督太监金良辅所参,有旨切责,仍着回话,书吏长班等俱逮问。文焕惧,投崔呈秀门下,父事之,言于逆贤以为孙,事乃解。回奏疏上。有旨:"念系新进,姑不究。"文焕既投诚逆贤,即疏参李邦华、李日宣、林枝乔、周顺昌,内云:"周顺昌给假南归,坐三大船,资货充盈,沉压其舟,狼藉河干,白镪暴露,通人至今掩口。"有旨:"李邦华、李日宣等,着俱削夺。"

周公顺昌苦节,为天下最。南归之日,行李一肩,都门叹为希有,且从涿州陆路。今云白镪三船,通人掩口,真载鬼一车矣。时诸君子弹射殆尽,而不皆书者,邪正不两立,薰莸不同器,必然之理也。因弹射而被逮、遣戍则书者,清流之祸,千古同痛也。荐擢必书者,实其为逆贤之私人也。举劾并列备书者,因彼以及此也。倪文焕、卢承钦两疏独书者,一则指夷为跖,亘古之奇诬;一则胪列党与,《要典》之开先也。诸奸章奏,大都类此。

苏杭织造太监李实疏参前任应天巡抚周起元及乡绅高攀龙、周顺昌、李应升、黄尊素。有旨:"周起元等俱着锦衣卫差的当官旗扭解来京究问。"诸公先后逮至,俱下镇抚司。各坐赃追比,拷掠惨酷。死狱数日,始有旨领埋,而肌肤毁烂,不可识别矣。

李实龌龊不识字,然非忠贤党。黄尊素时至湖上,不避形踪,与实往来,人遂谓诸君子将以实为张永也。此语流传都下,忠贤疑之。实司房知其事,大惧,求解于李永贞。永贞代草此疏,司房出实空头本上之。

周公顺昌,吴县人,癸丑进士,筮仕福州府推官。时税监高宷势凌郡邑,晋谒者如抚按体。公抵任,独不往,宷恨甚。其帐下某者,以他事逆抚军,委周公往捕。同官皆难之,太守劳永嘉约与同见辞其事,公诺之矣。既退,自思一衙役不能擒,何颜称司理,遂谢太守,独往执其人以解抚。宷大怒,趋入辕门,与抚大哄,监司吕纯如为和解之。宷执纯如归署,须周推官至乃释。抚以谓公,公不可,宷卒无如何,以是得强项声。俸满,行取留授礼部,寒素如贫儒,不特干谒屏谢,即交际亦峻拒不纳。至地方利病,又必明目张胆上说下教,必见之施行然后已。吴中士民无不爱戴之。江南司官缺,选郎中陆荣卿采舆望以公荐。公既入吏部,饮冰茹蘖,较前加励。壬戌署选,预叙诸应选人以次挨授,吏无能上下其手,盖百年所希见也。给事赵时用揭中有微语相及,即决意乞假。出都之日,真八百孤寒,齐下泪矣。归里后,操守更峻,申说利病更勤,士民爱戴亦更切。嘉善魏公大中被逮过吴门,公与周旋,复以季女字其孙,口斥逆贤不稍避忌。缇骑还归,尽以实告。又以他事痛詈新抚毛一鹭及吕纯如两人,比而媒蘖其短,漕储道朱国盛复左右之。于是李实之疏列公名矣。

开读之日,一郡罢市,不期而集者数万人,号冤之声,上彻云霄,求抚按特疏保奏。抚按以套语支吾,众拥持不得进。缇骑候久不耐,以刑具列堂下,大呼:"囚安在?"且以巨梃击诸人。众心愤极,即夺巨梃反击缇骑,瞬息间万声鼎沸,虽黄童白叟皆攘臂奋勇。抚按不能禁，与郡邑俱披靡以出。缇骑毙者二人，余皆四下逃窜。而缇骑之至浙逮黄尊素者，挟势需索如故。众复走胥江城下，焚其舟，投其橐于河。缇骑仓皇星散，所赍驾贴遂失，不知所在。时众怒如城，公哀辞谕令解散，众弗应。当事乃匿公别署，扬言候旨始发。而俄以一夕调兵，水陆整旅，护公乘小舟渡关，泊旷野间，乃敢宣诏，从草莽毕事。

时忠贤所遣侦事人在吴者，踉跄星驰告曰："江南反矣！尽杀诸缇骑矣！"次至者曰："已劫顺昌而竖旗城门，门昼闭矣！"又次至者曰："已杀都贤史，绝粮道而劫粮艘矣！"忠贤闻之大恐，以咎呈秀，跪而数之曰："若教我尽逮五人，今且激变矣，奈何！"呈秀惶怖叩首请死，忠贤叱之出。李实闻变，亦闭门痛哭，两目尽肿。比中承疏至，昆山适病悸不能出，贵池当代拟。忠贤至阁，强为厉色，语曰："上怒甚，必欲尽诛为乱者。"贵池曰："公误矣！夫京师仰东南漕粟以百万计，今运期在迩，地方有事，正当示以宽大，而复以严旨激之，果有他故，谁任其咎？"忠贤不应而入，涿州意独不然，当拟票时，从贵池手攘去，握笔欲书，而意绪忽茫然，不能措一辞。忠贤促之迫，贵池复拟旨以进，有"本日解散，姑不深究"之句。迨中丞再疏三疏至，会贵池以病卒，昆山出视事，复有"漏网渠魁"等语。邵辅忠贻书毛抚："急以文某、姚某入告，少宰虚席以待。"盖指文文肃、姚文毅两公也。毛抚勿为动，止擒颜佩韦、杨念如、周文元、马杰、沈扬五人，具狱斩之。五人当讯鞫，无一语自辩，第曰："周吏部受祸若此，我等小人，当为之死，又何言哉！"皆谈笑受刑。

周公既下诏狱，忠贤与其党密谋宫中，意更有所罗织。时忽地震，当坐处鸱吻无故自坠，所幸二小珰皆击死而逆贤得免。俄顷有声如轰雷，从西北起，震撼天地，黑云乘之簸荡，坏民居室数里无存。巨石从空飞，注如雨，男妇死者以数万计，驴马鸡犬殆尽。断臂折足破头抉鼻者，枕藉街衢。又王恭厂藏旧火药发，惊象，象狂走，民人遭践踏，死者更无算。忠贤辈因是咸有戒心，缇骑亦相戒不敢南下。即黄尊素驾贴已失，第行抚按起解，不复差官旗矣。

（文秉《先拨志始》卷下）

## 皇明通纪集要

（天启二年壬戌正月）周顺昌转文选主事。

（陈建《皇明通纪集要》四七）

（天启五年乙丑七月）御史倪文焕疏论东林渠魁尚伏，奉圣旨，李邦华东林高足，向与李三才结为死党，同侄李日宣狡计阴谋，倾害善良。周顺昌窃附东林营，入吏部，贪横异常，仇逐朱童蒙，不安其位，厚结汪文言，呼吸相通，又与魏大中构党同盟，逮过姑苏，留连十日，以女许配婚，目中罔知国法。林枝桥改调署选，惟赎是间，纵子林尧世私藏庵观，收银卖官，凿凿有据。都着削了籍为民，当差仍追夺诰命，内有私狼藉者，还着抚按提问，追赃充饷，其私创书院，扁额虽去，碑记犹存，着礼部即时毁碎回奏，以为植徒聚党之戒。

（陈建《皇明通纪集要》卷五六）

（天启六年丙寅二月）织造太监李实以欺君篾旨奏诬诸臣，奉圣旨，周起元背违明旨，擅减原题袍段数目，又措勒袍价，以致连年误运，且托名道学，引类呼朋，各立门户，一时逢迎附和，有周宗建、缪昌期、周顺昌、高攀龙、李应升、黄尊素，尽是东林邪党，与起元臭味亲密，于请说事，大肆贪婪，吴民恨深切齿，除周宗建、缪昌期已经逮解外，其周起元等五人，都着锦衣卫差的当官旗扭解来京究问，李实仍安心供职，该部知道。

（陈建《皇明通纪集要》卷五七）

（天启六年丙寅四月）应天巡抚毛一鹭疏题，犯官周顺昌奉旨下逮，臣等齐赴公所，正开读间，忽士民拥入鼓噪，变起仓卒，势甚危迫。臣等相顾错愕，唯以身为捍蔽，力谕道府诸臣喊示功令，幸顺昌拘击无虞，而奉差官旗辈遂把捉不定，惊偾却走，众益挥号攘臂，直入后堂，致踊跻践踏，扳援扑跌，几成狼狈决裂矣。臣等速调防御官兵，以次鳞集，众稍奔轶，而从役内有李国柱者，因惊窜独先踏伤，偶毙矣。臣等窃念事莫凛于王言，法莫严于三尺，讵意清平世界有此异常大变？举国若狂，几于不可收拾。何人情之汹汹，而时事之叵测至此甚也？方周顺昌奉旨被逮，县官往即就系，当令府县为促开读，而官旗不应逗遛需染，订期十八日，致生远迩之心，此变之所由肇也。除一面将犯官周顺昌交发官旗即日起解至京外，仍次第擒缉猖跟渠魁另行正法，以重国典，以尊君命。奉圣旨，愚民狂逞至于挤伤旗尉，虽云变起仓卒，抚按等官平日禁约谓何？据奏，犯官既已前来，姑不深究，还着密拿首恶以正国法，不得累及无辜。其苏常等处私造书院，尽行折毁，刻期回奏，该部知道。

先是，吏科都垣魏大中被逮，顺昌闻而哭之，道经吴门，公与约婚姻，奉酒炙，相持恸哭，以此撄忠贤怒。李实欲得忠贤欢，乃借织造事罗织公等，疏上，忠贤遂揑旨，遣官旗逮顺昌。诏使至郡，檄县官自诣主名，时吴邑侯陈文瑞，公所拔士也，夜半叩户求见，抚床而恸，公曰："吾固知诏使必至，此特意中事耳。毋效楚囚对泣。"乃悉召故人，与诀别。而夫人吴氏号泣昏迷，绝而复苏者再，诸子环地而哭，声彻街市，公不顾，神色自若。临行，所知曰："范司隶属子数语，千古酸鼻，君独慈然长往乎？"公笑曰："无事乱人怀也。"顾左右，有一素榜，曰："此龙树庵僧属书者，向已许之，今日可了，不了亦一负心。"乃呼笔题之，字大如斗，体法遒劲，后识年月日，投笔而起，意气浩然。甫出门，百姓号冤聚，选若已不下数百人。公囚服小帽诣军门，士民聚益众，大中丞毛公自揣不协舆情，檄有司数易置公，毋使赘聚，一日四五迁。然远近闻风相继至愈多，至数百人皆言："吏部清忠亮节，何罪而朝廷逮之？"如昔人不解司马相公为党人者，或悻悻若怒，或愀愀若悲，或茕茕若无告，或昏昏若梦魇，而无以自明，相守至昏夜犹不散，旦则复聚。自十五日至十八者，盖通国皇皇也。

开读之日，郡中士民送者无虑数万相，聚谋曰："吾侪小人，无由上达[一]天子，顷当投哀两台，恳其疏救。"或曰："此皆东厂陷害忠良，虽抚按可奈何？吾辈六□耳，无足惜者。"语气激烈，有识者惧生变，稍加慰曰："朝廷圣明，君等皆忠义，欲活吏部，当为吏部门户计，不如乞命两台为得。"于是，百姓皆执香迎顺昌于县署，号声震天，挥汗如雨，县官马不得行。日午，至西察院。时抚按未至，人情汹迫，天地阴惨。诸生五百余人，公服立门外，私忧曰："人心怒矣，特以天子诏不敢发耳。抚按至，事未可知，我辈代为请命，差足慰百姓,无贻桑梓忧。”诸生皆诺项。巡抚毛公一鹭、巡按徐公吉至,百姓执香伏地,呼号之声如奔雷泻川,轰轰不辩一语,诸生王节、刘[二]羽仪、文震亨、杨廷枢、殷献臣、王景皋、袁徵、朱隗、沙[三]舜臣、王一经等,乃迎两台于门,痛哭而陈曰:“周铨部清忠端亮,舆望久归,一旦以触忤权珰,遂下诏狱,百姓怨痛,万心若一,明公为天子重臣,何以慰汹汹之众,使无崩解之患?”言讫,诸生皆恸哭,毛公流汗被面,惴惴不敢出一语。旗尉文之炳等妄自尊大,不察民情,持械击百姓,且厉声曰:“东厂严旨逮官,乃容鼠辈置喙?”百姓颜佩韦等闻之,还问曰:“尔言东厂逮官,则此旨出魏监耶?”诸旗虎面豹声曰:“速剜若舌,旨出东厂将何如?”佩韦等不胜愤,振臂大呼曰:“吾辈谓天子诏耳,东厂何得逮官?”首击之炳,百姓从者千计,而覆水不收之势成矣。时变起仓卒,诸生皆惊避,毛公益恐怖失色,急请兵自卫,撤读。至夜分,百姓渐散。从尉李国柱死,余或匿斗拱间,或升屋走,因得全。是日,城中正沸,而锦衣逮黄尊素者由吴入浙,泊舟胥江,罔知也,登岸扬扬陵轹市民,一人偏袒呼曰:“是何得独纵?”一招而击者云集,遂沉其舟,焚其衣冠,所得辎重,悉投之于河。诸旗仅以身免,始知城中有变,踉跄而逃,唯曰:“东厂误我。”

越二日,民情稍定,人谓吏部曰:“公不幸遭清流之祸,忠良无得全者,矧今日变因公起,恐徒自苦。”吏部叹曰:“以我一人,贻祸桑梓,死且目不瞑,我岂不知自裁?然顺昌小臣也,岂得引高公不辱之义乎?今我赴都必死,死则诉高皇帝,速殛元凶,以清君侧之恶。公等他日为我作忠臣传可耳。”乃以三月廿六日间行,人无知者。

……

癸巳子时白雾,占曰:“臣下擅权”,又曰:“主兵丧下”。下李应升镇抚司,严究追赃……命浙江抚按解黄尊素来京究问。时吴中有开读之变,于是,旗较相戒,不敢复出,故有本处抚按起解之议。下周顺昌北镇抚狱。

(陈建《皇明通纪集要》卷五七)

【校】

[一]“达”,原作“建”,今改。

[二]“刘”,原作“蜀”,今改。

[三]“沙”,原作“泻”,今改。

(天启六年丙寅六月)初六辰时,皇子薨逝,发银一万两,赈恤王恭厂一带居民。辽东巡抚袁崇焕以贼情暂缓,题请赞画孙元化回部,元化以所颁赏银五十两缴还贮库助饷,上嘉其急公,准令回部。周顺昌卒于狱,周宗建卒于狱。

(陈建《皇明通纪集要》卷五八)

## 周忠介公传

汪　琬

周顺昌[一],字景文,吴县人,万历四十一年进士,授福州府推官。税监高寀殊横,顺昌廉,其役有犯者,辄捕置于法。由是与寀及监司媚寀者忤,不恤也。擢吏部主事,进文选司员外郎，署选事，俱以廉直知名。未几，引疾归。嘉善魏大中被逮过苏，顺昌往饯之，与同起卧者累日，且许以爱女配大中孙。官旗屡促行，语侵顺昌，顺昌张目叱曰："若不知世间有不畏死男子耶？若归语魏忠贤，我故吏部郎周某也。"因呼忠贤名，骂不绝口。在旁者愕眙，率相顾，咋舌避去。其语颇闻忠贤，于是，御史倪文焕劾顺昌不当与罪人连姻，且诬其署选时赃罪，有旨削籍矣。顺昌犹剌剌向人骂忠贤不止也。既而，前巡抚周起元之狱起。天启六年三月，顺昌与周宗建等次第俱被逮。

顺昌故廉吏，慷慨敢言事。既家居，数为有司争论闾阎疾苦及他冤抑状，以是吴人德顺昌甚。官旗逮顺昌者至，民间籍籍哗语："魏太监矫旨杀周吏部！"皆大诟恨。方宣诏，次诸生力言于巡抚毛一鹭，请抗疏[二]雪顺昌。是时，吴人环集为顺昌乞哀留者数万。官旗威怒叱之，众大哄争殴击，官旗有死者，一鹭仅得免。已遂拘顺昌官廨中，众犹数千人守顺昌，涕泣尼其行。客讽谓："事迫矣，盍早引决？"顺昌谢曰："某小官也，敢援大臣不辱例乎？此行必死，死见高皇帝，当请殛元凶，以报天子。"竟以中夜乘间出，偕官旗赴京师，遂下诏狱。忠贤衔顺昌次骨，坐赃银三千两，至榜掠无完肤，顾每被拷，顺昌必极骂忠贤如故，镇抚官许显纯命椎击其齿，齿尽落，显纯自起问曰："能复骂否？"顺昌噀血溅显纯面，骂益厉，与宗建相继瘐死狱中。丧至吴，吴人趋逆皆哭失声。是日，吴中大风拔木，凡三昼夜乃止。

愍帝即位，顺昌子茂兰刺指血上书讼于朝，赠太常寺卿，谥忠介，予特祠。于是，给事中瞿式耜亦特疏称顺昌及杨涟、左光斗三臣者，其立行最高，得祸亦最惨。故天子恤顺昌倍渥云。

同县诸生朱祖文雅敬仰顺昌，顺昌狱急，祖文匿京师，为纳饘粥汤药甚谨，及谋输赃，无所出，又为奔走假贷诸公间。然顺昌竟死，祖文亦遂愤郁发病死。

方五人之殴缇骑也，一鹭飞章告变，且捕械首乱者颜佩韦等十余人以闻。有旨，黜[三]诸生数人，而斩、戍乱民有差。佩韦等濒刑，皆大呼："为周吏部死，可勿憾！"佩韦尤阳阳不色变，语知府寇慎曰："公好官，当知我死义，非喜乱也。"忠贤败，吴人合瘗其棺于虎丘东，号五人墓。五人为颜佩韦及杨念如、周文元、马杰、沈扬。墓即一鹭所疏建忠贤普惠祠故址[四]也。好事者每岁时往酹酒焉。

论曰：

闻诸太刚必折，其顺昌骂阉之谓矣。顾相传被祸之日，至于倾城耄倪①炷香流涕以送，匪贤而能致然乎？若颜佩韦之属，则又皆[五]荷担鼓刀者耳，犹且捐躯截头，不惜殉顺昌于死。任侠尚义如是，孰云吴俗浇靡②哉？

（彭定求《忠介公遗事》，又见《吴郡文编》卷一三五）

**【校】**

［一］"周顺昌"，《吴郡文编》作"公讳顺昌"。

［二］"抗疏"，《吴郡文编》误作"亢旱"。

［三］"黜"，《吴郡文编》作"斥"。

［四］"故址"，《吴郡文编》无。

［五］"又皆"，《吴郡文编》误作"犹加"。

【注】

① 耄倪：老少。《孟子·梁惠王下》："王速出令，反其旄倪，止其重器。"赵岐注："旄，老耄也。倪，弱小，緊倪者也。孟子劝王急出令，先还其老小，止勿徙其宾重之器。"明宋濂《故东吴先生吴公墓碣铭》："先生推牛酾酒，集里中耄倪，谕以祸福，皆稽首听命。"

② 浇靡：浮薄奢侈。

## 周忠介公遗事

汪　琬

周忠介公顺昌，字景文，明万历中进士，历官吏部文选司员外郎，请告归。

是时，太监魏忠贤乱政，故给事中嘉善魏忠节公忤忠贤，被逮过苏，公往与之饮酒三日，以季女许嫁其孙[一]。忠贤闻之，恚甚。御史倪文焕承忠贤指劾公，遂削籍。而会苏杭织造太监李实与故应天巡抚周公起元及公有隙，追劾起元，窜公姓名其中，遂遣官旗逮公。公知之，怡然不为动[二]。

比宣旨公廨，巡抚都御史毛一鹭、巡按御史徐吉及道府以下皆在列，小民聚观者数千人，争为公呼冤，声殷如雷。诸生王节等直前诘责一鹭，谓："众怒不可犯也，明公何不缓宣诏书，据实以闻于朝？"一鹭实无意听诸生，姑为好语谢之。诸生复力争，稍侵一鹭，一鹭勃然曰："诸生诵法孔子，知君臣大义，诏旨在，即君父在也，顾群聚而哗如此？"皆答曰："岂惟君父，二祖十宗，实式凭焉。诸生奉明公教，万一异日立朝，不幸遇此等事，决当以死争[三]。明公奈何教人谄邪？"巡按御史见诸生言切，欲解之，乃语诸生曰："第无哗，当商所以善后者。"众方环听如堵。官旗见议久不决，又讶抚按官不以法绳诸生也，辄手锒铛掷之地有声，大呼："囚安在？"且曰："此魏公命，可缓邪？"众遂怒曰："然则伪旨也。"争折阑楯，奋击官旗，官旗抱头东西窜，或升木登屋，或匿厕中，皆战栗[四]乞命，曰："魏公误我。"有死者。巡抚幕中诸将率骑卒至，或拔刃胁众，众益怒，将夺刃刃一鹭，备兵使者张孝鞭卒以徇，始稍定。知府寇慎、知县陈文瑞素得民，复数为温言解之，众乃去[五]。或谓："公盍返私室？"公不可，遂舍一鹭署中。

是日也，他官旗之浙者，道胥门入城，强市酒肉，瞋目叱市人，市人复群殴之，走焚其舟，投橐装于水，官旗皆泅水以免。一鹭惧，召骑卒介而自卫，夜要御史上疏告变，檄有司捕民颜佩韦等十余人系之[六]。越八日，公竟就逮。既至京师，下诏狱，坐赃考掠，瘐死[七]狱中。而忠贤复矫旨杀佩韦等五人，杖戍马信等七人，又黜诸生王节等五人。

崇祯元年，忠贤败，公之长子茂兰刺血上书白公冤，诏赠太常寺正卿，谥忠介，予特祠。一鹭亦以忠贤党被罪家居，白昼见公乘舆，佩韦等骑而从，直入坐中堂，一鹭大怖，遂病死。

汪琬曰：亡弟搢九尝私次《忠介公事》，予以示公之孙旦龄，以为信，乃稍节其冗者，参以殷氏所作《年谱》，授其家俾藏[八]之。

（蓼洲先生事见之《碧血录》，或据此为言。写官旗伏匿状，曲尽小人情态。[九]）

（林纾《林氏选评名家文集·汪尧峰集》，又见顾沅《吴郡文编》卷一五一）

【校】

[一]"以季女许嫁其孙"，《吴郡文编》作"以委季女许嫁其孙"。

［二］“不为动”,《吴郡文编》作“不动为”。

［三］“争”,《吴郡文编》作“争之”。

［四］“战栗”,《吴郡文编》作“战慄”。

［五］“去”,《吴郡文编》作“解去”。

［六］“系之”,《吴郡文编》作“系之狱”。

［七］“瘐死”,《汪尧峰集》《吴郡文编》均作“庾死”,今改。

［八］“藏”,《吴郡文编》作“弆”。

［九］“蓼洲先生事见之《碧血录》”云云,系林纾评语,《吴郡文编》无。

## 书周司理事

姚希孟

当税监之发难于闽也,周司理景文方摄闽县篆。是日,税监持刀负敕,从骁勇数十人至,抚院与其子同出,至宪台公署。屯道李碧海、兵道吕绎轩并两阃司俱到,相与劝解,抚院倖脱虎口。税监随挟两道同步行,送归留茶,时已黄昏矣。至四鼓后,税监忽开门送出屯道,仍留兵道在内。次日下午,屯道在抚院前责令运府县官前诣税监,欲以一人为质,赎归兵道。众议欲得甲科一人往,意属司理,司理计之,以为君父有难,臣子捐躯赴之,义也,只为上官而死,毋乃轻死,且是时抚院既免,两道原可无送其相随而归者,闻两公颇与税监交欢,故税监得狎而持之,不知堕其阱中也。众无以藉手,乃以陈二守往,兵道始得归,而二守为税监所拘縶,等于奴虏矣。前此,司理履任时,闽中旧规,凡地方诸公初至,谒各台竣,必谒税监,税监因出酒食相劳,极欢而罢。胥吏以故事请于司理,司理叱弗往。税监闻有新司理来,饬厨传治具两日,竟不得一刺也,恚甚,每欲甘心焉。若使司理挺身为质,正如肉投喂虎,不止屈辱如陈二守矣。此事固为明哲保身,然持论甚正。识者闻而韪之,兵道出而颇闻前议,不无憾于司理,至每每讼言之,谓:“周司理无避事之心,而有其迹。”司理遂欲投劾归,其呈牒中有“进礼退义”之句,抚院见之以为刺己也,阳为慰留,而语意多不然,且语人:“周司理亦欲义退,得毋未卯求夜耶?”亡何而司理又摄郡篆,治税府之贻祸于民者,咸正厥辜。有群盗劫税棍而事败者,兵道以尺一来,欲追赃以还税棍,司理谓:“盗固盗也,税棍亦盗也,取之盗而还之盗,于义何居?”陈其锦缯珠宝于庭,呼烈炬焚之,口角间又颇有微词,而兵道之怒积不可解矣。然而,清风载地,仁闻四达,每一萌归志,则号呼攀辕者动以千万计。虽躭躭二憾,诇知人情若是,犹未敢肆其毒也。

后司理为名吏部,益侃侃行其志,而钩党祸作,遂与李元礼①、范孟博②比坊媲烈,乃一时为逆阉媚子而下之石者,即前共事于闽之二憾也。今忠介名揭曾霄,而逆党罪成铁案。于戏③!人之立身居官,可苟也哉?

(姚希孟《松瘿集》卷二,又见彭定求《忠介遗事》)

【注】

① 李元礼:李膺(110—169),字元礼,东汉颍川襄城(今属河南)人,为官清正冷竣,惩治阉人宦官贪污腐败手不留情。

② 范孟博:范滂(137—169),字孟博,汝南征羌(今属河南)人,少厉清节,举孝廉。曾任清诏使、光

禄勋主事。按察郡县不法官吏,举劾权豪。见时政腐败,弃官而去。桓帝延熹九年,以党事下狱,释归时士大夫往迎者车数千辆。灵帝初再兴党锢之狱,诏捕滂,自投案,死狱中。

③ 于戏:感叹词。《礼记·大学》:"《诗》云:'于戏!前王不忘。'君子贤其贤而亲其亲,小人乐其乐而利其利。"《史记·三王世家》:"皇帝使御史大夫汤庙立子闳为齐王。曰:'于戏,小子闳,受兹青社!'"司马贞《索隐》:"于戏,音呜呼。戏,或音羲。"

## 周顺昌谥议

姚希孟

周顺昌,直隶吴县人,吏部员外郎,赠太常寺卿。以进士司理福州,耿介绝伦。税监高寀煽虐,闽中不投一刺。抚臣被执,监司有媚寀以身投穽者。顺昌主镇,静持之,与监司左,乃声价从此愈高。入吏部,其门如水,即持赫蹏[①]通寒暄者,望之却走矣。壬戌[②]佐外计,贪墨[③]一洗。顺昌律己峻刻,而宅心坦虚于篱棘町畦之间,旷如也。乃是非、真赝,皎如矣。乞假归,襆被图书一两肩,抵家仍敝庐数椽,与二三故人日夕雄谈为乐。至地方利弊,必呕心区画,为当事畅言之。凡孤根寒士及贩夫、负卒,莫不倚之为天。乙丑[④]夏,逆珰矫旨逮魏给事中大中。大中志行峭劲,顺昌雅重之,见其锒铛在途莫有问者,遂以女字其孙,又搤腕时事,拍案叫詈。缇骑归,闻之于珰,倪文焕遂劾顺昌,得削夺。而向之闽中相左及吴中大吏有私嗛者,与文焕诸奸比征。入诏狱,慷慨骂贼而死。就逮时,吴中震动,所倚为天者,一呼数千人,击杀缇骑,几至揭竿。逮至京中,遂有王恭厂之变,都城崩裂,其感动天,人或以为他君子所未曾有云。

拟谥忠介(廉方公正,执一不迁),又拟端烈(精礼,守义,刚正),得旨谥忠介。

(姚希孟《公槐集》卷五,又见彭定求《忠介遗事》)

【注】

① 赫蹏:书写的小幅绢帛,后亦以借指纸。《汉书·外戚传下·孝成赵皇后》:"(籍)武发箧中,有裹药二枚,赫蹏书。"颜师古注:"邓展曰:'赫音兄弟阋墙之阋。'应劭曰:'赫蹏,薄小纸也。'"赵彦卫《云麓漫钞》卷七:"《赵后传》所谓'赫蹏'者,注云'薄小纸',然其寔亦缣帛。"明谢肇淛《五杂俎·事部二》:"三代之人必习为词命,童子入小学则教以应对,盖赫蹏未兴,赤牍未削,一切利害事宜皆面陈而口宣之。"

② 壬戌:天启二年(1622)壬戌。

③ 贪墨:贪污。《左传·昭公十四年》:"贪以败官为墨。"杜预注:"墨,不絜不称。"元稹《叙奏》:"会潘孟阳代砺为节度使,贪墨过砺。顾炎武《日知录·除贪》:"宋初郡县吏,承五季之习,黩货厉民,故尤严贪墨之罪。"

④ 乙丑:天启五年(1625)乙丑。

## 赠太常寺卿周公传略

金日升

公讳顺昌,字景文,别号蓼洲,直隶吴县人,登万历癸丑科进士。六年节推,四载铨曹。出入京华,唯一肩行李。涉历官途,止廿亩山田。寒门布素,萧萧藜藿。贤名高月旦,清望满天下。刚肠激烈,屡经面叱权奸;侠气昂藏,恒自心怀忠义。

天启甲子之后,熹庙以冲疾居深宫,致移听睹于中涓,于是群奸类引,假党锢以网天下士,图逞不轨。魏给谏大中以首攻逆珰被逮过吴门,浙直士民,咸不难溅血明廷,以白其冤。公以有道之悲,为度辽之耻,惟不得与之俱赴大理为憾,遂尔许婚孱遗,以壮孤臣忠党,其群奸之侧目尤甚。及怜诬黜之抚台,制峻词以触织监,乃速其毒矣。

缇骑逮时,即收束书籍,拜别宗祠,徐题僧庐楔额,禁止妻儿哭泣,毅然登车。合郡士民,追随闭市,执香呼号,声若轰雷。扳辕叩道,舆情共愤。鼓噪奔拥,攘臂争登,欲殴官旗以排难,仰遵府道之开谕。公乃鞠躬谢众云:“原系不才,故遭天谴,与若辈无干系,倘有所损,反致我族灭也。”众方帖然,尤绕护不散。抚按两台,许以明晨出疏保留。府县面尉:“无烦尔众,纷嚣聚哄。朝廷有法,官府有方。今汝等欲何为?是将遗害周宦。尔等独不思保身乎?”众意稍解,随送公于别署安辑而罢。越四日,由夜半奔命,人不及知,轻舠如飞而去。

至下镇抚司,彪恶许显纯极刑捶楚,诬赃拷比,骨断皮开,血溅肉飞,面如土色,身无完肤。公惟齿指瞋目,不闻哀乞之声,只是骂不绝口。显纯恐逆珰移怒于己,尽搥落其齿,公犹喷血大詈,有张睢阳之大节,天日为之动色。时有好义者,闽中旧治士民,吴中交游姻党,一时醵金钱代其完赃,冀其生全,而公已被缇抚肆毒,遂毙亦。临死,具端章,祈以尸谏焉,狱卒见而毁之,惜乎不传。及奉旨领埋,恶升,故置之狱底。□□数日,皮肉已腐,无寸丝掩骼,面目俱消,止见头颅须发,英气凛冽,尚自逼人,见之胆寒股栗,有人心者无不为之断肠掩泣也。士民追慕不已,制词吊之者盈帙。

幸逢圣明离照当阳,日月重光,优恤忠魂,宠贲泉壤。赠公太常卿,赐谥建祠,荫子入监读书。学使者疏请祀公于乡贤,福闽亦请祀名宦。俱奉俞旨,得列圣宫俎豆。公真不朽矣。

(金日升《颂天胪笔》卷八)

## 周吏部纪事

张世伟

### 前　序

吴郡周吏部,真千古间出之人。被逮而小民千百人,为乡绅持香号冤,哄击缇骑,至枭磔[①]不悔,真千古绝无之事。吏部死诏狱甫一年所,而圣天子登极,徧恤冤死诸臣,吏部以六品官超得全典,群情其惬,千古冤横之伸,真亦未有若斯之捷速者也。宜得高文巨笔,照耀史册,又必得乡里知厚,能通其志,考其世之人,按此本末,克佐惇史[②]。

伟愧无似,然以臭味之雅,粗识去取,草创其何敢辞。窃维世间名贤,有累牍不能摹其精神,颊益三毛[③]乃得之写生点缀间者,即唐忠臣义士,入韩柳两大家手笔何限,而《张中丞传后》《段大尉轶事》独炳烺千古,读之凛凛有生气,岂非提要者易工,铺文者难肖耶?伟才不足差拟。及观唐记司刑卿徐公如潘主簿好礼,卢舍人若虚深有意,其为人极笔阐扬，不以记传，而以论稽考时地，设为问答，确不得与寻常持平者比。

心窃慕效节，摅所见著之于篇，更其端为五，集其成有七，岂云遽探骊珠，第于鳞甲爪齿间，当不至未睹生面耳。昔《唐史》载《邺侯传》寂寥不称，司马公《通鉴》多取家传参入。《张中丞传》，旧史亦不足观，新史采《李翰传》及韩书《传后》成之。今伟言断断不阿，操笔者毋以非其人下遗于圣天子旌恤之全典。考厥本末，庶几足备万一焉。

（金日升《颂天胪笔》卷八，又见徐鸣时《横溪录》卷八）

**【注】**

① 枭磔：诛戮。《陈书·高祖纪下》："昙朗噬逆，罪不容诛，分命众军，仍事掩讨，方加枭磔，以明刑宪。"

② 惇史：有德行之人的言行记录。《礼记·内则》："凡养老，五帝宪，三王有乞言。五帝宪，养气体而不乞言，有善则记之为惇史。"孔颖达疏："言老人有善德行则纪录之，使众人法则，为惇厚之史。"

③ 三毛：指发、眉、须。苏轼《十八大阿罗汉赞·第七迦理迦尊者》："佛子三毛，发眉与须。既去其二，则有余因。"

## 忤阉始末

人生丽于五行，即有相克相制相胜相害之数存乎其间，天生地成而不可易，如周吏部于群阉是已。吏部盖生而与阉忤者也，司理福州，玄黄战血，战胜登朝，孚号[①]夬决[②]，一蹶而坠，陷阱摧拉，返于物极，睍见消雪，阴阳互争，无往不复，岂不然哉？

吏部成癸丑进士，任福州不半岁，值税阉高寀之变，至劫抚院，质二司，吏部以司理署县篆，独倡议鸣鼓，声罪不当，牵率诣税廨请命。其时，视江广抗阉诸臣例得逮，蒙神祖特不逮，且撤阉。吏部遂得毕任，以异等[③]擢今所称官。国家再更大故，光庙德政，浃不崇朝。循至天启甲子而阉祸作，作由魏逆忠贤。其夏，杨副院涟具疏数二十四大罪攻之。始疑走险，继则乘墉[④]。冬十月乃异肆，尽削杨作等诸大臣官，且议逮甘心焉。

而吴抚周适疏攻阉党，并被削。故事，抚院行必有送序，序无敢属笔者，吏部奋曰："削行最荣如周公，可无赠耶？"亟其稿略曰："人臣之去留，与国家之治乱每相应，廵抚大吏，天子不轻议去，况议削，更以参属削也？虽然，能夺公以官，讵能夺公以名乎？公去而郡邑守有所顾忌，不敢以身殉珰。继公抚吴者，终不能趋炎附膻，翻一成之案。而即今因公参得美官诸人，亦色沮心怵，负世大诟。海内仗节秉钺之臣，犹必以察吏安民，挺特乎震风凌雨之中。谓公以削去报天子可也。"文成，无不啮指。吏部愤发，顾叱自如。

时缇逮纷出，自杨涟外，如左如魏如周如袁如顾皆逮。而诸君子中，魏给谏以清节特相引重，过吴门时，许女字其孙。言路诇得，为奇货，疏极挑激，得旨削夺。吏部阅疏语，知中怒深祸不止然。久之而相应和，罗劾前周抚疏中。逮毙者，则织阉李实疏也。故曰吏部生与阉忤若相克相制相胜相害而不可易也。

伟交吏部晚，契在己未为福州最召时。相与言税阉事，指董司空记非实录。伟初谓："和解、抗执不妨互济。"吏部言："税阉非叛，直以民变劫质救死耳，诸藩臬郡县一心声义致讨，遂敢害大吏耶？业已相率代质，受命税廨，而又欲掠靖。乱名不审，朝论不测，使和者当之乎？使抗者当之乎？非独此也，士气益卑暗习，劫质利去，异时尤而效之，将为朝廷大忧。”吏部具远识，轻徇人以官，不轻徇人以名。每谈及，辄介介不平，以此观送周抚院削夺序，可概见。若送序，更难言之矣。夫杨疏出后，攻阉疏百，即后来媚珰诸奸，亦与焉，何独侈言吏部序？嗟乎！以其时考之，可矣。时盖乙丑灯夕⑤也。履霜坚冰有渐，独任狂风怒号，排山倒海无渐。盖先时众正盈朝，醖毒未发，一得外廷宵小之助，溃决稽天，不惟庸人喑哑，即素号慷慨者，敢一字斥言耶？吏部此时奋笔，正非天结其性、奇其构以与阉抗不得。嗟乎！名以之成，祸以之兴，殆斯序也。夫殆斯序也。夫税阉事在往时，吏部别有纪，不录，录其系近事者。[一]

（金日升《颂天胪笔》卷八，又见徐鸣时《横溪录》卷二）

【校】

[一]“伟交吏部晚”云云，《横溪录》无。

【注】

① 孚号：君王的号令或诏命。《周易·夬》：“扬于王庭，孚号有厉。”孔颖达疏：“‘孚号有厉’者，号，号令也，行决之法，先须号令。夬，以刚决柔，施之于人，则是用明信之法而宣其号令。”

② 夬决：决断。司马光《奏弹王安石表》：“伏愿陛下独奋干刚，专行夬决，一遵祖宪，无用邪谋。”

③ 异等：超出一般，特等。《汉书·循吏传·王成》：“治有异等之效。”颜师古注：“异于常等。”苏轼《厚货财策》：“今之土兵，所以钝弊劣弱而不振者，彼见郡县有禁兵而待之异等，是以自弃于贱隶役夫之间，而将吏亦莫之训也。”

④ 乘墉：登上城墙。虞羲《咏霍将军北伐诗》：“羽书时断绝，刁斗昼夜惊。乘墉挥宝剑，蔽日引高旍。”李善注引杜预《左氏传》注：“乘，登也。”吕向注：“墉，城墙也。”

⑤ 灯夕：正月十五日元宵节夜张灯游乐，故称。欧阳修《与王懿敏公书》：“灯夕却在李端懿家为会，诸君皆奉思也。”《宋史·吕蒙正传》：“尝灯夕设宴，蒙正侍。”

## 逮行始末

天启丙寅三月朔越五日，邸报见旨从张侍御永成疏中波逮江阴缪翰林、吴江周侍御。即日，官旗逮周者至郡，止西察院。越五日开读，先期，索贿逾十金，读时，侍御伏受诏，杻械加项绊手足。又二日，贿足乃行。金鼓导前，驱侍御囚服步道中，官旗乘舆马夹之。旁观无不掩泣，爬搔痒心，心知魏逆所为与朝命逮讯，人情逈异。嗣是，无日不相惊以缇逮，辄曰：“某日某时复至矣。”又曰：“某日已驻某地矣。”又曰：“某日至逮某某矣。”大率指逮某某，皆一时名负忠义被削夺者。且意之曰；“魏逆将为所欲为，与诸奸谋，尽杀天下不己附者，而后举事。”其说大喧，喧指周侍御事为证。又曰：“侍御行至某所，毒死，弃尸某所。”总之，矫旨无俟狱讯，民间多信之。

至月之十五，而逮者复至。漏下一鼓，吴县令陈怀牒旨吏部，吏部慨然曰：“吾办逮久矣，因在籍削夺，不得控尺五纾所欲言为憾，倘囚得上书，或得责数当事，使诸奸知世间忠义男子不可尽杀，则一死尚有瘳乎?”自荣，厥行诣逮所，不以昧而以明。士民千百人哭从之，呼冤沸天，俱不知所从来，到处麇聚，风日惨澹，沉霖浃旬，天意亦若与应者。吏部初舍县署，众从之县署，日立语，对千百人称说古今忠义，勖勉后进，毫无倦色。谒而出者，谓：“吏部不惟却恐怖，并绝忿悁，独以满腔精诚，庶几电光石火之一照。”然而，斥阉愈甚，岂真望尺五上自有天听耶？抚按拟即日开读，官旗责赂如周侍御，时数未易盈，遂定十八日。

午刻，吏部从县署出，执香哭者填户溢衢，从之西院，则诸地方官皆在，博士诸生亦在，诸生抗言两台宜疏救，慑不应。官旗叱速读，且手银铛杻械，作势将加吏部，众执香者哄起，官旗拔剑击，或从后掣得，乃跽请命。掣者靳之曰："前传逆魏矫旨，真矫耶？"官旗怖死，唯唯。忠益信，喧传语，挤排哄击，有死者。是时，诸士恐重祸吏部，皆先出。吏部不得两台命，不便出。郡县喻众出，则云："必返吏部于家乃可。"嗟乎！愚民不达事，变吏部不能要，若使来，能徇若与出耶？兵使者翼归空署中。迄申，哄小已。

次日，两台合疏。闻吏部日请台檄护行，间道归死。司寇当事不敢仕，且虑行时复变。郡县守令宿相信者，就吏部共谋秘之。居有顷，以子夜出胥门，别为伪饰出阊门。官旗踉跄趋，无复前舆马鼓吹景象。亦会阴雨，众不及聚，乃得达。时月之二十五日也。

伟读史有所弗信，弗信得人心异甚，无间男妇愚黠者。彼为邦牧守相或然，何足大怪？独怪窭乡绅得之。吏部筮仕未久，七八年在外，其为德于乡者，三四年所耳。算器饮食，不能有所嬴千人，即时为伸抑衰，益所及几何？一朝忤阉，逮讯所犯，非寻常执对也。舌出祸人，然而穷巷荜门，或为嫠泣，或为孺慕，苏苏①相对掩袂，壮者乃不胜拳洶奋臂，遂为戎首，则今骈斩五人是已。五人生平无称乡党，亦未达姓名于吏部，即颜姓稍稍著闻，不过市井之侠。诸同志不死，而令若辈死耶？佥谓此举殆有天意。变闻而逆阉改计，拟数月铲除者以累年渐除之。迄阉死，缇逮无闻焉。殆为同志，诸贤憖留②如线。伟谓不然，吏部之洁守峻节，坦衷笃谊，其得心真有不期然而然者。非斩头陷胸之五人，不足表嫠泣孺慕之概，吏部得此死而名益光耳。虽然，总一天也。天祚社稷，借吏部以激众愤，见天下忠义之不可尽除也。于以阻逆阉所欲为，顾不大哉？[一]

（金日升《颂天胪笔》卷八，又见徐鸣时《横溪录》卷二）

【校】

［一］"伟读史有所弗信"云云，《横溪录》无。

【注】

① 苏苏：簌簌，眼泪纷纷落下貌。高攀龙《缪仲淳六十序》："儿忽得异疾殆矣。一日夜半，余夫妇泪苏苏相语曰：'是儿非仲淳不活。'"

② 憖留：愿意留下，后作为哀悼老臣之辞。《诗经·小雅·十月之交》："不憖遗一老，俾守我王。"《左传·哀公十六年》："孔丘卒，公诔之曰：'旻天不吊，不憖遗一老，俾屏余一人以在位。'"秦观《曾子固哀词》："天不憖遗一老兮，固缙绅之所伤。"黄宗羲《祭冯铧卿文》："天不憖遗，彤轩遂扃。"

## 狱毙始末

吏部间行之即日，众拟台疏先报行期，乃不报行期而豫报挤死姓名，且缉诸哄击者。人心皇骇，讹言益兴，士民鸟兽窜，缉故不敢多及。亦日榜散乌合，众弗信。信心所自忖，至阅月讹旨传而城中几空其半矣。顾日搏颡北望，为吏部祈不死。

月之十八日，距前事匝一月，竟奉宽旨，大率言："周某逮到当酌议，小民即日解散免究。"盖阉初闻变，亦甚恐，恐阻绝租赋地，不便为所欲为，乡衮家近惧延，若诱吏部到京，即可从容塞责者。众喜纾死渐弛，有识仍忧之。意当时阉审惧变，台疏固以民情请，阁议固恃之不轻下，诸大臣言路固以争，徼天之幸，即时事或不遂，拉拶[①]而阉焰障天，时有是哉？且台疏再上三上，言渐得首事姓名，地方且靖，阉愈肆无忌。

月之二十五日，仍下吏部诏狱，距行时亦匝一月。二十八日，刑讯如常，坐贼二十金，再讯增十金，特旨如前狱死七贤，即狱追比。家属以比纳怀金入见，吏部坐狱庭中，慷慨厉声滋甚，后得死更惨。语具瞿给事、叶御史疏中。

未死前，五月六日，适值王恭厂之变。时狱情正急，忽黑烟起京城隍庙，亘坠王恭厂，厂故蓄硝黄窖中，火无从入，得天火轰震，飞驳横空，远及大内。狱所距五六里许，坠石折柱，亦亘黑气应之。是日，圮屋以万计，伤人以千计，上天示变极异，媚阉者辄指药发，独王大司马疏请议狱缓死，且明指诏狱当移。

二十一日，朝天宫灾，为京师第一祝厘[②]地，禳火得火，都人大哗。拟阉容有悔祸心，诸贤可不死。而阉悍甚，诸媚者谀亦益甚，乃更不如苏城民变闻也。不日，谕帖出，概驳前司马疏于吏部不言贼，顾多深文，众拟定死矣。死为六月十七日，盖不死追比。先一日，阉呼许指挥语，出，即其夜死，死状狱秘不详，大约台省疏为确惨甚，亦不欲详也。

缇逮民变，固也。五月六日之变，狱系多贤，都人多归吏部，何哉？盖吏部增赃，疏下在三日，起限追比在七日，天变夹出其间，而赃加极廉，冤易上口，人人首指之，良是独异。目击号冤，台疏不及一字也。虽然，自来阉祸，无极斯时者，地方官皆有死忧，奈何寻常？望之中旨，诘责渠魁，台疏即指五人者，应笔无剩语，卒以枭悬结案，未可抹此苦心，独谓此五人何欤？吏部死六月十七，丧以闰六月廿七日抵家，舟行不四旬。七月朔，天乃大风，风起连雨，后自东南扫西北，近海淹千百家，水腾涌丈余，山中百余年木偃仆殆尽，大耋之老所未见也。七夕，邸报至，两台诸公共秘之。众疑叵测，所指目诸绅衿，各办死法。呜呼！危矣。幸郡守寇，众素所仗，稍露其端，得小安。然至行法之期，人号鬼泣，苏城真岌岌乎殆哉！嗟嗟！令风早三日，吏部舟浮骇浪中，即归骨不可问，且京都异变，何与比风前后错见也？一小臣死，而天人互征，吏部足死矣。[一]

（金日升《颂天胪笔》卷八，又见徐鸣时《横溪录》卷二）

【校】

［一］“缇逮民变”云云，《横溪录》无。

【注】

① 拉拶：崩塌。刘义庆《世说新语·任诞》：“任恺既失权势，不复自检括。或谓和峤曰：‘卿何以坐视元裒败而不救？’和曰：‘元裒如北夏门，拉拶自欲坏，非一木所能支。’”辛弃疾《贺新郎》：“北夏门高从拉拶，何事须人料理。”沈德符《野获编·台省·吏垣都谏被弹》：“而国体与垣规，拉拶坏尽，不可收拾矣。”

② 祝厘：祈求福佑，祝福。《史记·孝文本纪》：“今吾闻祠官祝厘，皆归福朕躬，不为百姓，朕甚愧之。”《明史·阉党传·阎鸣泰》：“华奎、诚铭辈，以藩王之尊，戚畹之贵，亦献谄希恩，祝厘恐后。”

## 捐助始末

《易》曰：“挠万物者，莫疾乎风。”[①]而史臣论赞，亦有称“蕴义生风”[②]者，然则义而不风,亦其义之未至也。吏部奋乎一世之中,而士民蒸蒸[③],至捐其所甚惜,意者殆有风焉。初解福州任时,弛装可百余金,雅不欲。瓮牖[④],语人稍斥,故所蹴舍,傍矮屋二楹,灌木读书其中。人谒之,每坐谈久,清风稷稷[一][⑤],无不惘然自失者。众计司理原非羶官,然岁时属县有馈,奉委行县有馈,最召时,诸寮各属有馈,即署篆无纤染,何得尽谢馈遗令交际都废哉?然吏部司理时,宁得简亢声,诸馈不启缄,立授刺,辞无令入门内者。虽大忤税阉,因阉并忤诸当事,而无可谁何,亦由清声流闻,故用异等竟擢吏部。

自来吏部,诸司有不通书贽得者乎?且当时非有肺腑交扼要为之推,亦非有声气交居中为之挽,徒手得异擢,宿习几为一洗。任部操不加厉,第当羶地操愈见,馈遗数亦愈丰,不启缄刺,辞名亦愈著。先时,诸司初入部时,循默养重,莫敢搀言得失。吏部一无所顾,于邪正消长名实混淆之际,极口别白,时时剂以和平,不轻左右袒,以故名硕。委心诸稍异同者,亦随声和之,无不称廉平吏部焉。

天启壬戌七月予告归,归止行李四台,取道中州。交际赠遗,不启缄刺,辞如故。归弛其装,无异司理时也。性喜急穷交,缓急无所悋,然每以囊空羞涩止。不三年而阉祸作,缇逮至时,囊无一钱,官旗京邸习廉名,私访其所居,见陋巷数椽,湫敝甚,贿心大减。会阖城衿绅及诸不识姓名士民,无不怀金钱诣县署投赠者,不日得数百金,吏部亟命亲知籍记之。官旗闻乃更索重贿,屡淹其期,贿日益增,众怒亦日益积,不虞届期决裂如是也。夫士民向风慕义,捐其所甚惜,岂安然厌若属壑耶?

伟窃疑,世界尽为金钱世界也,即今圣主加意洗刷,欲挈秽浊而清泠[⑥]之不审。视近出都时,其所惩革[⑦]几何?私谓吏部不死,仍佐统均之任,于以领袖百寮,风动有位,盛治不大有光哉?夫金钱既世所共惜,第用为趋附资,不惜耳。输货博祸[⑧],愚夫不为,乃至填壑靡悔,父勉其子,妻勉其夫,寻常居室间,忠义所不出也。吏部前为伟言:"诸不启缄刺,辞者亦有籍记。"叩其齿,与远近输助正等。嗟乎!同一金钱也,曩受为趋炎附羶之资,今助为旌廉表义之实,天道往复,不疾而至,亦真有司之者耶?往兵使得诏狱悬坐赃数,蹙额对郡县,计无所出,询:"有田宅,可转易否?"郡县曰:"田不百亩,宅则现存。"兵使更蹙额曰:"此蜗牛居,堪值几许?"即司理归所斥旁舍是。已式其庐,想见其人,应不乏闻风兴起者,然不可谓非寝丘[⑨]遗意云。[二]

(金日升《颂天胪笔》卷八,又见徐鸣时《横溪录》卷二)

**【校】**

[一] 稷稷,原作"叟叟",今改。

[二] "伟窃疑"云云,《横溪录》无。

**【注】**

① 挠万物者,莫疾乎风:《周易·说卦》:"神也者,妙万物而为言者也。动万物者,莫疾乎雷;桡万物者,莫疾乎风;燥万物者,莫熯乎火;说万物者,莫说乎泽;润万物者,莫润乎水;终万物始万物者,莫盛乎艮。故水火相逮,雷风不相悖,山泽通气,然后能变化,既成万物也。"

② 蕴义生风:《后汉书·李膺传》:"李膺振拔污险之中,蕴义生风,以鼓动流俗,激素行以耻威权,立廉尚以振贵埶,使天下之士奋迅感厮,波荡而从之,幽深牢破室族而不顾,至于子伏其死而母欢其义。"

③ 蒸蒸:纯一宽厚貌。《汉书·酷吏传序》:"而吏治蒸蒸,不至于奸,黎民艾安。"颜师古注:"蒸蒸,

纯一之貌也。”张居正《答陈节推书》：“首事于今四年，碌碌无以自效，所赖主德日明，宫府清穆，百司蒸蒸奉职。”

④ 甕牖：瓮牖，以破瓮为窗，指贫寒之家。《礼记·儒行》：“筚门圭窬，蓬户瓮牖。”郑玄注：“以瓮为牖。”孔颖达疏：“又云：以败瓮口为牖。”《庄子·让王》：“桑以为枢而瓮牖。”成玄英疏：“破瓮为牖。”邵雍《安乐吟》：“收天下春归之肝肺盆池，资吟瓮牖。”

⑤ 稷稷：盛多貌。《素问·宝命全形论》：“见其乌乌，见其稷稷，从见其飞，不知其谁。” 张景岳注：“稷稷，言气盛如稷之繁也。”

⑥ 清冷：指人的风神俊秀或心地清洁。梁武帝《净业赋》：“心清冷其若冰，志皎洁其如云。”庾信《周上柱国齐王宪神道碑》：“仪范清冷，风神轩举。”

⑦ 惩革：鉴于前失而有所改变。《后汉书·西域传序》：“车师后王复反攻屯营。虽有降首，曾莫惩革，自此浸以疏慢矣。”唐刘知几《史通·曲笔》：“隐侯《宋史》多妄，萧武知而勿尤……故令史臣得爱憎由己，高下在心，进不惮于公宪，退无愧于私室，欲求实录，不亦难乎？呜呼，此亦有国家者所宜惩革也！”

⑧ 博祸：多种祸害。贾谊《新书·铜布》：“今博祸可除，七福可致……今顾退七福而行博祸，可为长大息者，此其一也。”

⑨ 寝丘：春秋时楚地名，以贫瘠著称，后常以喻贫瘠的土地。《吕氏春秋·异宝》：“孙叔敖疾将死，戒其子曰：‘王数封我矣，吾不受也。为我死，王则封汝，必受无利地。楚越之间，有寝之丘者，此其地不利，而名甚恶。荆人畏鬼而越人信禨，可长有者唯此也。’”《史记·滑稽列传》：“于是庄王谢优孟，乃召孙叔敖子，封之寝丘四百户，以奉其祀。”钱谦益《漳浦刘府事墓志》：“先尹分甘让肥，所自予者，皆寝丘之田。”

## 枉奏始末

吏部逮，在丙寅三月。先一年乙丑八月四日，得倪御史劾疏。凡邸报，抄旨每先，全疏再，日独此疏先疏后旨。疏言：“吏部贪横著闻，出都，舟抵潞河，货重舟沉，白镪①浮露，笑破人口。”又言：“汪文言杖逐归广陵，周某舟造之。”又：“魏某逮过苏，欢饮十日，以女许婚其孙，深相结而别。”他诬不足言，第许婚一事为真，最触阉忌，旁观皆虑不止削夺者。

吏部初见“贪横”等语，大愤，喷口肆詈，欲籍行李数并覆道出河南、从陆不从舟具疏辨，因发舒素所欲言阉逆状。如逮时，后见旨下，洒然曰：“求仁得仁，正吾今日事。”盖吏部自乙丑冬知逆阉肆虿，偶得所谓《点将》等录，阅之未列己名，大以不与党人为耻，坦胸受矢，固亦无憾。独其“伏机太毒，如目中尚有朝廷”诸语，阉方谓。举世草靡而间存崛强如斯人者乎？即御史一疏中有“就抚按坐赃者皆无恙，而独逮无所坐之吏部”，可知也。

会御史别疏论御史夏，竟逮死。夏盖先年杖阉所爱小阉，故亦授意焉。吏部每对人曰：“倪御史异日不当抵夏御史命耶？”语闻，固已眈眈。未已，而苏有察处甲榜觊补上林簿，投身御史幕中，满用吏部为贽，相与引绳批根②，其事日构，后罗入织监李实疏，除缪、周先逮外，与巡抚周、左都高、御史李黄先后俱不免。

倪何人斯[一]？即京师所传百叩御史者。是开罪门军崔挈受责，百叩头阉阶。□之此疏，殆其谢过质耶？所传汪之为人，想亦古朱家□夸者，死权不足深论，一时名公卿交之稍贻口实③，独吏部无一刺通也。闻汪颇心恨，乃亦摭入疏中耶？字魏，千古高义，古人割肉西市[④]之中，奠酒藁街[⑤]之下，真于国典未闻蒙私议也。御史虽甚糊心，岂懵于此？真非此不足大触阉忌，杀人媚人，小人固无不至耳。“白镪浮露”等语，识者置之一□。虽然，谓山盖卑为冈为陵，夫奸雄欲为所欲为者，必令人手足易置、头目旋舞，而不知盛世有此，章奏岂细故[⑥]哉？何怪乎织阉应和悍坐居间也。

（金日升《颂天胪笔》卷八，又见徐鸣时《横溪录》卷二）

【校】

［一］“倪何人斯”云云，《横溪录》无。

【注】

① 白镪：白银。明沈璟《埋剑记·妇功》：“旧赐青蚨犹在箧，又蒙白镪济蚕月。”

② 引绳批根：比喻合力排斥异己。《史记·魏其武安侯列传》：“及魏其侯失势，亦欲倚灌夫引绳批根生平慕之后弃之者。”颜师古注：“言婴与夫共相提挈，有人生平慕婴夫，后见其失职而颇慢弛，如此者，共排退之，不复与交。譬如相对挽绳而根格之也。”

③ 口实：俸禄。《左传·襄公二十五年》：“臣君者，岂为其口实？社稷是养。”杜预注：“臣不徒求禄，皆为社稷。”

④ 西市：古时帝都西部商贾聚集贸易的特定商市。《汉书·惠帝纪》：“（六年夏六月）起长安西市，修敖仓。”《旧唐书·肃宗纪》：“己卯，京兆尹崔光远、长安令苏震等率府县官吏大呼于西市，杀贼数千级，然后来赴行在。”

⑤ 藁街：汉时街名，在长安城南门内，为属国使节馆舍所在地。陆机《饮马长城窟行》：“振旅劳归士，受爵藁街传。”元稹《授牛元翼深冀州节度使制》：“苟获戎首，置之藁街。”

⑥ 细故：细小而不值得计较的事。《史记·匈奴列传》：“朕与单于，皆捐往细故，俱蹈大道，堕坏前恶，以图长久。”杜甫《赤霄行》：“丈夫垂名动万年，记忆细故非高贤。”

## 后　序

伟纪吏部事粗毕，而皮笔自问也，生平不习为谄，每誉人，踌躕四顾，惟恐溢情无当者。纪吏部，津津言之，而不能达所欲言，且覆按其言而觉未肖也，何哉？真能为人死亡，故能与人生存，其吏部谓耶。当许婚给事时，撩阉熖，万无生理，自谓：“尔日真可代死”，语伟，非贸然为之者。然与给事清节相许，其襟期[①]未全委也。

自吏部逮死后，伟同人每相聚，间辄自愧云：“吾辈不审于世情交态何如？然何敢拟吏部，令易地而处臧洪同日，岂再计哉？且吏部死与前后诸贤小异。诸贤履尾[②]在先，剥肤莫避，以死殉国，亦事势之无可奈何。独吏部身在局外，养高待清，何所訾其品望，顾不死不已，捐糜七尺以系九鼎之一丝也。当时辕蹄北上，间有造庐问讯者，听其慷慨议论，或毛立若履积雪，或汗浃如覆重裘。盖举世喑哑，一人昌言，虽得祸最酷，而国家神气所留，宁直千百之什一哉！读汉《党锢传》，仲举为君之末，元礼作俊之首，汝南孟博齿爵不及诸贤，独以义愤倍人，生光党籍，不啻凌陈李而上之，及观“埋骨首阳”数语，则清风寄脉可知。即此知吏部所处矣。嗟乎！汉祚与党祸俱尽。今帝命不爽，圣主当阳，戴盆见天，犹之反掌。皇明非汉唐可几，又非其章明[③]最著者耶？”

吏部名顺昌，苏州吴县人，今赠太常寺卿。称吏部者，不独以生时始终之职，伟畸人[④]

也，退不辞诸贤之祸，进不籍诸贤之荣，仍其故称，追痛往事，征信止此耳。若夫稽谱系、详谥号，高文典册，垂之无穷，以俟载大笔显当世者，伟何容赘焉。

崇祯元年戊辰秋九月九日古吴张世伟书于百花洲上[一]

（金日升《颂天胪笔》卷八，又见徐鸣时《横溪录》卷八）

【校】

[一]“古吴张世伟书于百花洲上”，《横溪录》卷八无。

【注】

① 襟期：襟怀，志趣。北齐高澄《与侯景书》：“缱绻襟期，绸缪素分。”《北史·李谐传》：“庶弟蔚，少清秀，有襟期伦理，涉观史传，兼属文词。”唐寅《游焦山》：“乱流寻梵刹，洒酒泻襟期。”

② 履尾：踩踏虎尾，喻身蹈危境。《晋书·袁宏传》：“仁者必勇，德亦有言，虽遇履尾，神气恬然。”元稹《授杨元卿泾原节度使制》：“是以陷豺狼之穴，履尾甚危；蓄鹰鹘之心，卑飞待击。”

③ 章明：昭著，显扬。《管子·版法解》：“使君德臣忠，父慈子孝，兄爱弟敬，礼义章明。”《国语·越语下》：“用力甚少，而名声章明。”方孝孺《与郑叔度书》：“其道德章明，声名震一世。”

④ 畸人：有独特志行之人。《庄子·大宗师》：“子贡曰：‘敢问畸人？’曰：‘畸人者，畸于人而侔于天。’”成玄英疏：“畸者，不耦之名也。修行无有，而疏外形体，乖异人伦，不耦于俗。”陆游《幽事》：“野馆多幽事，畸人无俗情。静分书句读，戏习酒章程。”

## 周忠介公夫人六十序

钱谦益

忠臣义士，天地间之元气，国家之优恤而崇奖之者，非为其私也，所以自实其元气，不使之沍伏而重伤也。虽然，不独忠臣义士之身后有运命也，亦视国家之福焉。有如天命不常，而景福不再，运祚促数，祸乱洊仍，虽有忠臣义士，理之无其人，而恤之无其候，则国家从可知矣，故曰“视国家之福”也。三代而下，忠臣义士之最多者，莫如汉、宋。汉之李固，死十余年，得见存录，其女犹惴惴戒其弟无一言加于梁氏。而党锢诸贤，收掠诛徙，涂炭于阉寺之手。其后以黄巾贼起，大赦党人，亦未闻有所褒恤也。有宋之党禁，错互于绍圣、元符、崇宁之间，其中一再牵复，继以禁锢。迨于绍兴改元，始顾念追复，在南宋偏安之时，而社稷之灰烬已久矣。宋自元祐以后，乾坤宇宙，如在雾霁晦蒙之中，日出而阴云不驳，雨止而轰雷犹殷。此所谓“天命[一]不常，而景福不再”者也。

我国家深仁厚泽，度越汉、宋，疾雷迅霆之下，亦有毕命致身之徒。其甚者，莫如二正之季，而褒恤之优且亟者，亦无如二正之季。若天启寅、卯之事，则余所身历也。当是时，士大夫蹈逆阉之祸，几遍天下。而吾郡周忠介公为最烈。当其得祸之时，锒铛错互，牢户嗔咽，沸腾恟惧，曾不可以终日。不及三年，圣天子施生僇死，区明风烈，漆书俨星辰，绰楔薄云汉，恤典之尤异者，亦莫如忠介。方祸之殷也，如骄阳盛夏之时，雷电发作，天地冥晦。俄而云解雨息，天清日朗，支颐伏枕之余，促数如小劫，而依稀如昔梦，岂不快哉？

忠介恤后之十五年，而其夫人年六十。忠介之墓门祠庙，俨然如神明，而其子姓兰玉森茁，高明显融。里之亲戚朋旧，相与醵钱具羊酒往贺，而征余文以为序。夫人于设帨之日，悼碧血之如新，嗟白首之不作，固将流涕沾襟，停杯而叹息也。已而睹家门之吉祥，思国恩之高厚，又将炷香执爵，北向而百拜也。余故略祝嘏之常词，而称述国家之深仁厚泽，迥异于汉、宋，以佐夫人百年之觞与万年之颂焉。若夫人之内行，金玉以相庄，齑盐以自励，所以相其夫而昌其子者，当有刘子政①、范蔚宗②之徒序而传之，固无所事于余言也。

（钱谦益《牧斋初学集》卷三九，又见彭定求《忠介遗事》）

【校】

［一］天命，原作"大命"，今改。

【注】

① 刘子政：刘向（约前 77—前 6），字子政，沛县（今属江苏）人。西汉经学家、目录学家、文学家。

② 范蔚宗：范晔（398—445），字蔚宗，顺阳（今河南淅川东）人。官至左卫将军，太子詹事。

## 周顺昌改任福州

周忠介蓼洲先生初释褐，选杭州司李，杭人在都者，置酒相贺。演岳武穆事，至奸相东窗设计，先生不胜愤怒，将优人捶打而去，举坐惊愕，疑有所开罪。明日，托友人问故，先生曰："昨偶不平，打秦桧耳。"时叶台山为相，闻而异之，谓："吾邑刁顽难治。"改任福州。

先生还过吴门，抚公徐民式，福州人，其子以杀人系狱，徐至先生家，卑词下礼，求先生释罪。先生曰："假则自当立释，若真，官可弃，招不可开。"徐惶遽而别。先生即日束装，行至湖州，徐命中军赍书与金馈先生。先生怒，将中军呼斥，而并责徐，徐亦无可如何。先生到任，首问此事。徐子问成大辟。徐怒甚，日夜欲伺先生短，思中伤之。先生在任廉明清正，竟无由也。

（褚人获《坚瓠集》辛集卷四）

## 周顺昌怒打秦桧

相传周忠介蓼洲先生初释褐，选杭州司理，杭人在都者，置酒相贺。演岳武穆事，至奸相东窗设计，先生不胜愤怒，将优人捶打而退。举座惊骇，疑有开罪。明日，托友人问故，先生曰："昨偶不平，打秦桧耳。"

（焦循《剧说》卷六）

## 周顺昌所造慧文庵沉香普贤像

慧文庵，在莲华峰西南，万历乙卯慧庆寺僧炤中初草，构一室，刺血法华经，后渐成庵。文阁学震孟题今额，庵有沉香普贤像，周忠介公顺昌所造。

（崇祯《吴县志》卷二六）

## 周忠介公像题识

龚汝虬

天启丙寅三月,吾忠介周师以伪旨被逮,暂留吴署。时忠良焚炙,度不能生还,因私绘一影。六月十七日,遂遇害。密网吹毛,秘不敢发。明年,珰败,始出于子佩昆玉世兄共哭之。后之瞻拜者,亦有感于师弟之际矣。门人龚汝虬百拜谨识。

(《国粹学报》,光绪三十一年,上海)

## 孔继尧绘周忠介公像赞

张应麐

公姓周,讳顺昌,字景文,吴县人,居阊门外之林家巷。万历四十一年进士,授福州推官。时税监高寀横敛,虐民激变,劫巡抚匿私署为质。民情汹汹,公仗义抗寀,众遂解散。上闻,撤寀归。公以清直为最,召拜吏部主事,假还里。天启甲子,嘉善魏给事大中被逮过吴,公执袂祖送,许女字其孙。御史倪文焕伺得之,诬劾公贪横,削夺。丙寅,税监李实复诬劾巡抚周起元,牵连逮公。缇骑至苏,士民哀愤,万众呼冤。义民颜佩韦等五人奋前击缇骑,毙其一人,余皆踉跄奔窜。知府寇慎委曲调护,士民得安。公赴锦衣卫狱,拷掠惨毒。许显纯椎其齿尽落,因触石碎首而卒,年仅四十有三。崇祯元年,赠太常卿,谥忠介,建清忠风世坊。墓在白莲泾马家墩,谕葬。赐祠,在苏州府东,道光五年,中书尤兴诗捐修。

赞曰:缇骑到门,邦人赴义。身殒名存,清忠风世。

(顾沅《吴郡名贤图传赞》卷一二)

## 群小谋陷正人

傅櫆、梁梦环曰:“叶向高用徽州门子汪文言为中书,即可罗织此辈矣。”忠贤使许显纯勘文言,问:“杨涟、左光斗等十七人过赃多少?”文言曰:“我不认得。此俱是正人,如何有赃?”五刑备极,文言呼天,宁死不扳累。显纯无如之何,自为狱词以进,即索文言气绝,使无所证。天启五年四五月,逮杨涟、左光斗、魏大中、周顺昌、袁化中、顾大章等,后俱死于狱。

(计六奇《明季北略》卷二)

## 赠谥诸臣

群臣奏曰:“杨涟之死,为参逆贤二十四罪。缪昌期之死,为代杨涟删润本稿。万燝为劾忠贤,李应升为申救万燝及阻忠贤陵工叙功。魏大中不肯通谱魏广微,周顺昌为魏大中寄子。左光斗、袁化中、周朝瑞等俱不附逆。高攀龙为劾崔呈秀,夏之令为奸细传孟春事与贤忤。苏继欧因送饭杨涟，又与崔呈秀有隙。周起元为与织造大监争论同知杨姜，因波及黄尊素。受害各官，俱无辜屈死。”遂各赠谥及荫云。

（计六奇《明季北略》卷三）

## 门户杂志

当忠贤盛时，举国皆狂，最甚者为“五虎”、“五彪”，然皆由崔呈秀以进。或谓李夔龙不应在“五虎”之数。尚有甚焉者，如周应秋为“十狗”之首，其贪鄙不可言，其罪亦不在虎、彪下。与之合局而不同污者，如高弘图首言诏狱削夺之非，王志道召用终不出，王永光上疏力言淫刑以致天变，王业浩、张捷赴召即忤珰黜归，此皆能力振拔者。崇祯之朝，诸贤即宜与之捐成心，偕大道，而诸终亦落落不合，此则诸贤之过也。惟崔呈秀为戒首，其致死力于清流，因巡盐维扬时，总宪高攀龙特纠其贪，几致之死。因呈秀之纵恶，愈成攀龙之知人矣。诸贤之受珰祸也，惨绝一时，名高千古。然亦有向来揽权好事，自致此祸者。其高卑不等，最高惟周顺昌，生平至清，亦独立无党。当魏大中盛时，顺昌未尝与合。大中逮，过吴门时，向来交好皆星散，抚臣毛一鹭素奉大中，至是不与大中通只字。顺昌愤甚，以女许嫁大中孙，且呼缇骑而詈之曰：“若归语忠贤，此乱臣所为，受诋万代，向来未有正人端语之者，故至此。当以吾言告之。”每见人，辄痛语时事，遂及于祸。使顺昌稍默默，必不及此，此真铁汉也。缇骑至时，吴士民发愤击之，十存一二，拥顺昌不令去。以夜跳身入都，下诏狱，受刑至酷，词不少挠。刑已，即痛骂忠贤辈。加刑时，则呼高皇帝。同时入狱者语或少巽，顺昌即怒骂之。忠义所激，遂致王恭厂异变，举朝骇愕，合疏讽谏，忠贤之党亦多畏而逡巡者。然忠贤以不杀顺昌，则威不张，故终不免。伟哉！其清中之清，忠中之忠乎。

（计六奇《明季北略》卷二四）

## 天监录

崔呈秀作献逆阉，指东林党。

叶向高、孙承宗、韩爌、刘一燝、赵南星、杨涟、高攀龙、左光斗、孙居相、李邦华、乔允升、王洽、曹于汴、钱谦益、姚希孟、李腾芳、孙鼎相、徐良彦、文震孟、侯恪、熊明遇、沈惟炳、熊奋渭、周宗建、王心一、顾宗孟、姚士慎、张振秀、顾大章。

又有非东林，为人正直不附魏党，亦一网打尽。

孙慎行、邹元标、韩继思、易应昌、冯从吾、陈宗器、申用懋、陈仁锡、毛士龙、黄尊素、刘芳、李应升、张慎言、房可壮、惠世扬、章允儒、刘弘光、蒋允仪、侯恂、游士任、张光前、贺烺、孙必显、汪始亨、周顺昌、侯震阳、张澄、刘宗周、邹之麟、刘时俊、解学龙、瞿式耜、邹维琏等。

（计六奇《明季北略》卷二）

## 东林点将录

杨、左既逐,奸党益无忌惮,遂肆行诬陷。于是魏广微手写所欲起用之人黄克缵、王绍徽、王永光、徐大化、霍维华等五六十人目为正人,各加两圈或三圈。又将《缙绅便览》中如韩爌、缪昌期、曹于汴、李邦华、郑三俊等约百余人目为邪党,重者三点,次者二点。托内阉王朝用转送逆贤处,以行黜陟。而绍徽复造《东林同志录》罗列诸贤姓名,又韩敬造《东林点将录》计一百八人,邮致都门,按籍搜索。于是诸贤受祸,无一人遗漏矣。

《点将录》旧传王绍徽所作,而《同志录》未见抄传,或是韩敬因绍徽原本而增改之者耶?

**东林点将录**

开山元帅托塔天王南京户部尚书李三才

**总兵都头领二员:**

天魁星及时雨大学士叶向高

天罡星玉麒麟吏部尚书赵南星

**掌管机密军师二员:**

天机星智多星左谕德缪昌期

天闲星入云龙左都御史高攀龙

**协同参赞军务头领一员:**

地机星神机军师礼部员外郎顾大章

**正先锋一员:**

天杀星黑旋风吏科都给事中魏大中

**左右先锋二员:**

天暗星青面兽浙江道御史房可壮

地周星跳涧虎福建道御史周宗建

**马军五虎将五员:**

天勇星大刀手左副都御史杨涟

天雄星豹子头左佥都御史左光斗

天猛星霹雳火大理寺少卿惠世扬

天威星双枪将太仆寺少卿周朝瑞

天立星双鞭将河南道御史袁化中

**马军八骠骑八员:**

天英星小李广福建道御史李应升

天捷星没羽箭陕西道御史蒋允仪

天空星急先锋山东道御史黄尊素

天退星插翅虎浙江道御史夏之令

天凶星没遮拦吏科给事中刘宏化

天满星美髯公刑科给事中解学龙

地猲星毛头星刑科给事中毛士龙
地镇星小遮拦工科给事中刘懋
**总探声息走报机密头领二员：**
天速星神行太保尚宝司丞吴尔成
地速星中箭虎光禄寺少卿丁元荐
行文走檄调兵遣将头领一员：
地囚星旱地忽律广西道御史游士任
**掌管钱粮头领二员：**
天富星扑天雕礼部主事贺烺
地狗星锦毛犬尚宝司卿黄正宾
**定功赏罚军政司头领二员：**
地正星铁面孔目左佥都御史程正
地奴星催命判官左通政涂一榛
**掌管行刑刽子手头领二员：**
地损星一枝花礼部尚书孙慎行
地平星铁臂膊刑部侍郎王之寀
**捧把帅字旗将校一员：**
地贼星鼓上蚤内阁中书汪文言
**守护中军大将十二员：**
天寿星混江龙大学士刘一燝
天微星九纹龙大学士韩爌
地短星出林虎大学士孙承宗
地转星立地太岁吏部尚书周嘉谟
地角星独角龙吏部尚书张问达
天伤星武行者左都御史邹元标
天贵星小旋风右都御史曹于汴
地轴星轰天雷礼部尚书王图
天牢星病关索刑部尚书乔允升
地强星锦毛虎工部尚书冯从吾
地巧星笑面虎吏部左侍郎陈于廷
天巧星浪子左春坊左谕德钱谦益
**四方打听邀接来宾头领十二员：**
地明星铁笛仙户部左侍郎郑三俊
地壮星母夜叉礼部右侍郎张鼐
地妖星摸着天光禄寺少卿史记事
地全星鬼脸儿光禄寺寺丞李炳恭
地文星圣手书生翰林院修撰文震孟

地阔星摩云金翅翰林院检讨姚希孟
地阴星母大虫翰林院检讨顾锡畴
地异星白面郎君翰林院庶吉士郑鄤
地满星玉幡竿吏部员外郎周顺昌
地兽星紫髯伯吏部员外郎张光前
地惠星一丈青吏部员外郎孙必显
地暗星锦豹子礼部主事荆养乔

**马步三军头领四十六员：**

天慧星拼命三郎刑部尚书王纪
天孤星花和尚兵部左侍郎李瑾
天暴星两头蛇兵部右侍郎孙居相
地勇星病尉迟兵部右侍郎李邦华
地恶星没面目兵部右侍郎刘策
地佐星小温侯兵部右侍郎何士晋
地奇星圣水将户部右侍郎陈所学
天哭星双尾蝎左副都御史孙鼎相
天佑星金枪手右佥都御史徐良彦
地刑星菜园子右佥都御史周起元
地丑星石将军右佥都御史张凤翔
地火星独火星右佥都御史朱世守
地巧星玉臂匠右佥都御史程绍
地暴星丧门神右佥都御史王洽
地健星险道神右佥都御史李若星
天异星赤发鬼左通政使刘宗周
地俊星铁扇子大理寺少卿韦藩
地定星小霸王太常寺少卿韩继思
地会星神算子太常寺少卿赵时用
地佑星赛仁贵太常寺少卿李应魁
地阖星火眼狻猊太常寺少卿程注
地稽星操刀鬼光禄寺少卿沈应奎
地飞星八臂哪吒吏部郎中夏嘉遇
地走星飞天大圣吏部郎中邹维琏
地察星青眼虎吏科给事中陈良训
地煞星镇三山兵科给事中甄淑
地雄星井木犴户科给事中郝土膏
地杰星丑郡马兵科给事中沈惟炳
地幽星病大虫户科给事中薛文周

地孤星金钱豹子兵科给事中萧基
天罪星短命二郎湖广道御史刘芳
天败星活阎罗江西道御史方震孺
地僻星打虎将山东道御史李元
地微星矮脚虎福建道御史魏光绪
地捷星花项虎四川道御史练国事
地威星百胜将河南道御史谢文锦
地数星小尉迟云南道御史李日宣
地猛星神火将贵州道御史张慎言
地乐星铁叫子山东道御史刘思诲
地伏星金眼彪湖南道御史刘其忠
地隐星白花蛇河南道御史杨新期
地耗星白日鼠湖广道御史刘大受
地遂星通臂猿山西道御史侯恂
地灵星神医手云南道御史胡良机
地魔星云里金刚四川道御史宋师襄
地理星九尾龟河南道御史熊则祯

**镇守南京正将一员：**

地然星混世魔王操江右佥都御史熊明遇

**分守南京汛地头领六员：**

天竟星船火儿南京广东道御史王允成
天损星浪里白条南京吏部郎中王象春
地英星天目将南京江西道御史陈必谦
地进星出洞蛟南京山西道御史黄公辅
地退星翻江蜃南京四川道御史万言扬
地劣星活闪婆南京工科给事中徐宪卿
天启四年甲子冬归安韩敬造

（文秉《先拨志始》卷上）

## 吊周忠介公诗三首

### 其　一

蓼洲以许姻谏议，益奸党之忌，而速其毒。人或以莫赎之悲，激而有自取之怨。噫！先生自揣生平，蔑不可告人，不无以危言行媒忌于朝野。若以抚谏议之孤为先生疵，将平日之慷慨扪心，一旦见危而褰袵恐浼者即为明保乎？予思廓园先生之被逮也，浙直士民，咸愿骈首吁阙，碎登闻以鸣其冤。先生忠愤在心，何借含血射奸雄之魄？与诸忠含叹入地,得谓捱泪分衿,便结道交之局。夫朝服救杨公祖,郊送临贺,其谊一也。一见杀,一见赏,遇不遇耳,于先生又何言。

男儿自感义,刎颈不为名。谏死忠臣事,孤存石友情。并游声自重,殉节叶于轻。矫矫西川泪,千秋骨再荣。

### 其 二

甲子之后,闻上以冲疾居潭宫,致移听睹于中涓。于是群奸类引,假党锢以网天下士,图逞其不轨。廓原先生以首攻权珰,被逮过吴门,浙直士民,咸不难溅血明廷,以白其冤。吾蓼洲先生以有道之悲,为度辽之耻,惟不得与之俱赴大理为憾。于是,抚其孱遗,以壮孤臣忠胆。孰知群奸之侧目先生久矣,特以清节满天地,党言之舌僵,至是,益其惧而速其毒。缇骑一出,胥江之士女,衔吁无从,兼之官校鸱张,民不胜愤,因而有西院之役。先生固不以卧辕留也,昏夜奔命,人不及知,聊赋短章以志怀焉耳。

从古事如此,眼前曷可论。折辕空有恨,吁阙已无因。岂乏朝衣救,还疑吉网缤。大风昭冲德,疏慢识忠臣。

### 其 三

蓼洲先生赴逮,当事复衔西院之憾,黜五士,诛五人,以为先生罪案。先生竟不为群奸所容矣。黄鸟余悲,百身奚赎?聊滴泪和墨,赋此以吊。

士耻不与党,先生已得仁。匹夫能徇义,当路岂无人?帝急天衡选,人悲国纪湮。胥江千古泪,添涨蓼洲滨。

(朱长祚《玉镜新谭》卷二)

## 周忠介公祠赞

虞景星

### 其 一

板荡忠臣剧有明,岁寒松柏倍晶英。盛称周子同杨子,不让真卿与杲卿。外逆煽威难扑灭,内珰宣秽易狂酲。常山骂贼[①]公其匹,舌本余香享大烹。

### 其 二

在天在地见精诚,河岳星辰共混成。一片丹心扶社稷,两间正气属先生。捐躯终是形骸论,抗疏徒将口舌争。只有忠魂依日月,春秋风雨动愁声。

(五人墓书条石)

**【注】**

① 常山骂贼:常山太守颜杲卿。《新唐书·颜杲卿传》:"杲卿昼夜战,井竭,粮、矢尽,六日而陷,与履谦同执。贼胁使降,不应。取少子季明加刃颈上曰:'降我,当活而子。'杲卿不答。遂并卢逖杀之。

杲卿至洛阳,禄山怒曰:‘吾擢尔太守,何所负而反?’杲卿瞋目骂曰:‘汝营州牧羊羯奴耳,窃荷恩宠,天子负汝何事,而乃反乎?我世唐臣,守忠义,恨不斩汝以谢上,从从尔反耶?’禄山不胜忿,缚之天津桥柱,节解以肉啖之,骂不绝,贼钩断其舌,曰:‘复能骂否?’杲卿含胡而绝。”

【札】

## 吴郡西山访古录·周忠介公祠赞

周忠介公祠赞,正书,东皋虞景星草,次南宗海书。丹书条,砌五人祠壁。

(李根源《吴郡西山访古记》卷五)

## 人尚典型

乾隆御制诗

周(谥忠介,顺昌)文(谥文肃,震孟)诸正士,清节有同称。名教苟不久,艰危避岂曾。顾(谥端文,宪成)高(谥忠宪,攀龙)逢后进,杨(谥忠烈,涟)左(谥忠毅,光斗)已先登。谁作东林传,应推哲匠能。

(乾隆《长洲县志》卷三〇)

## 十三君子表忠诗并序·周忠介公顺昌

毛兆镁

予以公务抵兴化,得览汪蓉洲明府表忠诗。夫十三公之孤忠劲节,并遭珰祸,为予曩日读史所悲愤而欣慕者。各赋一章,聊作纪略,非效颦也。

忤阉遭削夺,摛文赠起元。流连慰忠节,以女字其孙。男子不畏死,呼珰出骂言。诬赃缇骑至,僧榜书祇园。投笔辞闾里,聚送士民喧。五人大奋击,旗尉逃无门。诏狱惨拷掠,毕命冤覆盆。恤典邀殁后,未足答忠魂。洞泾古桥上,英风奕世存。

(黄诚主编《清漾毛氏族谱·艺文选》)

## 周顺昌

罗惇衍

周顺昌,字景文,号蓼洲,吴县人,官吏部员外郎,死时年四十三,追赠太常卿,谥忠介。

东厂炎威莫敢干,五人一击奋忠肝。义声已使权奸挫,冤狱何辞榜掠残。舌尚存时言自厉,齿当椎后血难干。望夷不兆官中变,公论汹汹逆胆寒。

(罗惇衍《集义轩咏史诗钞》卷五九)

## 雨霖铃

### 数峰阁祀启祯两朝殉节诸臣

朱茂晭

数峰依旧。对平湖晚，泪点襟袖。凄凉往事堪念，阑干倚处，不堪回首。漫洒英雄，热血说、同堂俎豆。壮怀可、许暗销沉，打空塘怒涛东走。　　愁烟莫莫长堤甃。懒登楼、问取垆头酒。茫茫几许伤情，魂断处、一痕横瘦。故国经年，应是湖山，憔悴难久。听韵鼓、急管声催，更是何人奏。

（《全清词·顺康卷》第八册）

## 贺新郎

### 谒周忠介公祠

张玉谷

委鬼当头坐。叹盈朝、干儿义子，蚁攒蛆裹。偏是休官公愤激，骂指生祠高座。宁不识、将撄奇祸。颜舌嚼穿张齿碎，总浩然、正气难摧挫。公肯惜，卵巢破。　　狰狞校尉来江左。骨崚嶒、不辞鼎镬，岂愁枷锁。最有五人能附骥，一鹭狐群遭唾。成枉狱、身倾名播。试看奸祠随眼灭，剩辉煌、榱桷公祠大。凭吊泪，不须堕。

（《全清词·雍乾卷》第七册）

## 特表忠清疏（节选）

瞿式耜

题为特表忠中之忠，清中之清，惨中之惨，仰祈圣明特赐殊旌，以风颓运，并乞优恤冤狱幽魂，以回天和事。

盖闻褒忠奖直，帝王励世磨钝之大权；拔异旌尤，圣人微显阐幽之妙用。自阉贼魏忠贤与奸相魏广微表里为奸，罗织忠臣，诛锄义士，一时惨死诸臣，讵可置短长于其间哉？顾就其中屋漏盟心，纯乎君父；家如悬磬，节比秋霜；诏狱之际，开千古廷尉所未有之刑；毕命之时，受千古忠臣所未经之痛；则于诸臣中，职独揭三人焉，曰杨涟，魏大中、周顺昌。三臣以公正发愤，而遇祸灾，天下亦了了见之矣。然亦混迹于同死诸臣之中，而未有能发起幽光者。

……

若顺昌之死，则又异焉。顺昌赋性清严，嫉恶如仇，即亲朋不少假借。官福州司理，墨吏[①]望风，咸解绶去。值税监高寀肆毒，顺昌方署府篆，挺身抗其凶锋，民赖以靖。忤珰之声，喧播朝野。擢居吏部，一洗陋习，四方竿牍[②]，绝弗敢通。请告归籍，止用肩舆一乘，行李二台而已。里居时，微臣时一过访之，见其田无数亩，室无数楹，萧然如老衲寒僧，意豁如也。魏大中逮过阊门，顺昌以大中必死，亲诣其船，缕缕问其家事，遂以女许大中之孙。缇骑以闻，珰衔之最毒，遂假手李实一疏，逮贤臣七人，而顺昌与焉。

顺昌居乡，不畏高明，不侮鳏寡，等之大中。以故俄顷之间，吴阊数万士民，狂号乱哭，众愤所激，击死官旗，几成大变。顺昌跪而哀求，谓："尔杀官旗，而又不散，贻我不忠，且灭我族。"小民无奈顺昌之哀辞，而后散去。民诚无知，而顺昌之生平，亦略可见矣。

初，诸臣之逮至也，魏贼使人给左光斗曰："尔辈第不辨一言，当俾尔等生还。"于是，光斗诫诸臣："我辈留此身，异日尚可为朝廷用，今日徒死何益？"是以诸臣无一言，然终以死。顺昌实愤之，故至镇抚司而唾骂者惟昌耳，而昌因此被刑尤烈。昌已死，逾墙而掷其尸于夹道中。狱中巡卒抚其尸，以磁锋[③]割其股，血溃而苏，复械至锦衣堂上，昌触石碎首，血溅几案，骂魏贼不绝，复加重刑，立时陨命。使诸臣之死尽如昌，魏贼或亦为之寒心也。

此三臣者，其清风高节，无愧于高攀龙、邹元标，而死事之奇惨过之。死事之奇惨，诸臣多有相同，而清之至极，忠之至纯，三臣似尤觉振衣千仞之上。今杨涟既已荫谥祭葬，无弗兼举，天下感国家待大臣之礼不薄。而大中与顺昌，仅蒙赠荫祭葬，而未有谥祠。职愚以为圣王御宇，必有一番越格超常之典，以优忠节之士。如涟，如大中，如顺昌，方之前代，则杨震、范滂之流；即求之本朝，亦刘球、海瑞之匹。此即得一人焉，已足砥峙颓波。乃三人既并生于一时，而三人被祸之惨，亦并集于一时，上下古今指不多屈。似应将三臣特加旌表，于赠官荫谥之外，总敕赐一祠，仍给匾额，俾三臣生前为第一清忠之品，死后亦邀第一褒恤之恩。且三臣臭味一同，英灵不散，其尽忠以报皇上，固不以存殁而殊。而且使薄海内外，知大圣人待纯忠亮节，如此其殊异优崇，孰不刳肠沥血以图报称？其所为鼓舞激劝之方，尤迥出于寻常旌典万万也。抑职于是而有感于天时之骄亢不雨也，岂以皇上之精诚，而不能格之冥漠？

昔有匹妇含冤，而六月飞霜者，今魏忠贤之冤狱，岂止匹妇而已乎？其已蒙皇上之恤录者，大抵皆官僚也。而青衿之立毙，穷民之横死，独非天地生之，君父有之者乎？其毙于镇抚司者，或犹得而知之，其无端而毙于东厂者，不但人不知其事，抑不知其姓名矣。杳杳游魂，其肯瞑目乎？职谓宜下令镇抚司与东厂衙门，凡魏忠贤六、七年中所杀之人，尽数查出，或有其夫已死，而其妻不能自存；或其子已死，而其父不能自活；皆令所在有司，略与优恤。或竟有父子、兄弟尽无所存，而魂魄茫无所归者，则下礼部为坛以招谕之。昔伯有未厉，子产立后而厉息，况帝王之临天下也，明以治臣民，而幽以治鬼神，其道不能偏废。且昔日无辜之臣民，横受魏贼之惨死，而今日无辜之百姓，又以死者之怨气，受天灾之旱疫，是何魏贼之流毒无穷期也！故吊死理冤，又今日挽回天意之要义也。伏乞我皇上允职所请，即敕该部速议具覆，立见施行。职无任激切惶悚待命之至。

崇祯元年六月初二日具题。本月初六日奉圣旨：这本说杨涟、魏大中、周顺昌之死最惨，宜全给荫谥、建祠、赐额着该部议覆。又说逆珰七年中，厂卫毙死多命，大干天和，良是。即着顺天府于祈雨坛侧共为一祭，以慰幽魂。该部知道。

（瞿式耜《瞿式耜集》卷一）

【注】

① 墨吏:贪官污吏。《明史·魏观陶垕仲等传赞》:“太祖起闾右,稔墨吏为民害,尝以极刑处之。”

② 竿牍:书札。《庄子·列御寇》:“小夫之知,不离苞苴竿牍。”陆德明释文引司马彪曰:“竿牍,谓竹简为书,以相问遗。”陆游《与建宁苏给事启》:“小夫之竿牍自见,姑少述于万分。”《明史·丘橓传》:“(御史巡方)甫临所部,而请事之竿牍,又满行台。”

③ 磁锋:瓷器碎片的尖端。

## 相关奏疏与纪实

### 万历四十六年

(万历四十六年九月)福建巡抚王士昌奏,候选司吏林长春以假印解部审究,今复回籍福清,细查其回咨与提咨印信花押粗细不同,行福州府推官周顺昌提审,因得解官赵承勋与林时中、赵玄同买放伪咨状,相应题参,乞敕刑部提问正罪。从之。

(《明神宗实录》卷五七一四)

### 天启五年

(天启五年七月)御史倪文焕诬劾原任兵部右侍郎李邦华,御史李日宣,吏部文选司员外周顺昌、林枝桥等,并请碎讲院石碑。得旨,李邦华等都著削籍为民,仍追夺诰命,内有赃私狼籍者,著抚按提问,追赃充饷,其私创书院扁额虽去,碑记犹存,著礼部即时毁碎。回奏。以为聚徒植党之戒。

魏大中死于镇抚司狱。大中嘉善人,万历丙辰进士,由行人行取给事中移宫事,与杨、左同议,为傅櫆所挤。生平介特,有令某,遗之金,大中奏劾之,其廉直如此。被逮至吴门,自知必死,托妻子于吏部郎中周顺昌,顺昌以女许其子孙,愈触珰怒,并逮顺昌。崇祯元年予赠荫祭葬,谥忠节。

(《明熹宗实录》卷六一)

### 天启六年

(天启六年二月)戊戌提督、苏杭织造太监李实,参原任应天巡抚周起元违背明旨,擅减原题袍段数目,掯勒袍价,又不容臣驻彼地方,故纵苏、松二府连年误运,且起元抚吴三载,善政罔闻,惟以道学相尚,引类呼朋,而邪党附和逢迎者,则有周宗建、缪昌期、周顺昌、高攀龙、李应昇、黄尊素,俱与起元臭味亲密,每以私事谒见,言必承顺起元之意,不曰内监文移,何足准行,则曰袍段钱粮,只宜缓处,起元因是愈恣暴慢,乃假名铸钱,以太、安、池三府协济袍段银十余万两,铸造滥恶薄钱,眩人耳目,将皇上急需之袍价,尽入私囊,致机匠苦于陪累,迄今吴民恨不能食其肉而寝其皮也。然黄尊素愈为可恨,辄与臣掌案司房黄自新，以其桑梓，甘为侄辈，俾自新倚势西台，凌轹机匠，臣业将自新严刑拷鞫，正拟具疏，候旨定夺，而自新惧法，缢死，则尊素之罪，固可逃乎。更如周宗建等罪恶多端，奉有明旨提问，乃敢肆无忌惮，不拜龙亭，不服讯勘，色衣方巾，公行出入，目中何知有君父，亦何知有法纪耶。周顺昌等俱系，奉旨削夺官诰，不思潜身引咎于林泉，尤然冠盖招摇于故里，乃复布散流言，簧惑机匠，闭门逃躲，不行机织，臣恐再罹误运之愆，若不预为奏明，临时何以解溺职之罪也。得旨，周起元背违明旨，擅减原题袍段数目，又掯勒袍价，以致连年误运，且托名道学，引类呼朋，各立门户，一时逢迎附和有周宗建、缪昌期、周顺昌、高攀龙、李应升、黄尊素，尽是东林邪党，与起元臭味亲密，干请说事，大肆贪婪，吴民恨深切齿，除周宗建、缪昌期已经逮解外，其周起元等五人，都著锦衣卫差的当官旗，扭解来京究问，李实仍安心供职。

（《明熹宗实录》卷六八）

（天启六年四月）应天巡抚毛一鹭、巡按徐吉疏言，本年三月十五日，因削职为民，犯官周顺昌奉旨被逮，星夜谕苏州知府寇慎，着落吴县知县陈文瑞将顺昌拘到发该县，用心堤防，候期开读。随据钦差、锦衣卫千户张应龙、文之炳约以本月十八日午时开读，臣等同赴公所，沿途见士民如堵，车拥不前，汹汹嘈杂莫辩声陪随进公所，正开读间，纷纷士民号呼一拥而入，疾声大噪，事出仓卒，臣等以身捍蔽，率道府县谕以名法惕以祸福，奈奔雷掣电之势几成斩木揭竿之形，彼时心口俱穷，智勇交困，陵厉叫号，莫可名状，冲突撞击，势甚决裂，谨将犯官周顺昌仍前拘获候解外，似此仓卒异变情景可骇，除一面安辑人心、查缉倡乱以俟，另疏报闻。得旨，周顺昌逮到，朝廷自有酌量处分，小民无知何得拥众号呼几成鼓噪，法纪安在，如本日解散，姑不深究，再有抗违，为首的定行拏究正法，且益重本犯之罪，抚按官另疏奏闻。

应天巡抚毛一鹭、御史徐吉复奏。周顺昌之被逮也，主持自有宸断勘问，自有法司分宜，逮到之日，官旗即行开读，而不虞其以三日淹也。比传开读，臣等亟趋公所，见聚观者如堵，即行呵斥。而各官以为向者周宗建等开读日，光景亦是如此。且传鼓相催，遂辟除从人，上阶行礼，不意呼号之声如疾雷响应，莫可向迩。执香稠众一涌而上，势如鼎沸。臣等相顾错愕，唯以身为捍蔽，力谕道府诸臣喊示功令。幸顺昌拘系，无虞而奉差官旗辈遂把捉不定，惊溃却走。众益挥号攘臂直入后堂。致涌跻践踏，攀援扑跌，几成狼狈决裂矣。臣等速调防御官兵，以次鳞集众，稍稍奔轶，乃乌合之众。乘风鹤之惊，复闻河下有旗从需扰若辈，遂如狂如颠，随奔閧城外，臣等复急促府县正官立刻严拏禁戢而旋亦散逸。此十八日真情景也。次日，讹言偶语遍街塞巷。臣等惟有密加防护严行申饬。自辰至酉，方始解散。距三日而从役内有李国柱者，因惊窜独先踏伤偶毙矣。窃念事莫廪于王言，法莫严于三尺，岂意清平世界有此异尝大变。举国若狂，几于不可收拾，何人情之汹汹而时事之叵测至此甚也。方周顺昌奉旨被逮，县官往即就系，当令府县力促开读，而官旗不应逗遛，需索订期十八，致生远迩之心，此变之所由肇也。苏郡法纪陵夷，已非朝夕。臣等德不足以绥民，威不足以肃众，抑何辞于溺职之罪，除一面将犯官周顺昌交发官旗，即日起解至京，伏候圣明处分外，仍次第擒缉倡乱渠魁，另行正法，以重国典。得旨。

愚民狂逞，至挤伤旗尉，虽云变起仓卒，抚按等官平日禁约，谓何据奏犯官，既已前来，姑不深究，还着密拏首恶，以正国法，不得累及无辜，其苏常等处私造书院，尽行拆毁，刻期回奏。

锦衣卫百户张国栋等疏言，臣同史宗邦带领旗尉提拏黄尊素，至苏州地方经过即闻城内周顺昌家属人等倡变，集众多人分布城外将臣等拦截，乱打分尸抛水，并将驾帖信牌衣服抢毁一空。臣等身带重伤，央本处寇知府找查，旗尉六人杳无下落，臣等昏迷。前往行至平望桥，又遭众恶截打，无路只得雇觅小船从小路逃生，奔赴入京，奏闻。得旨。黄尊素着彼处抚按，速差的当员役扭解来京究问。

庚子下周顺昌北镇抚司狱。

（《明熹宗实录》卷七〇）

（天启六年五月）乙巳，镇抚司许显纯疏言，周顺昌招赃二千两。得旨。周顺昌招出赃银，不言何人付授，含糊未明还，着审确严追。

（《明熹宗实录》卷七一）

（天启六年六月）壬午，圣谕。皇祖隆士盛心却又以薪俸作赃，认莫须有之罪，郡县扶同并以侮朕。周顺昌始则逗挠诏狱，以女婚魏大中孙。继则奉旨逮问纠党称乱，蔑旨欺君，虽遣役贪狠半由自取，而故婚重犯，显倡不臣。

原吏部主事周顺昌毙于狱。顺昌，直隶吴县人。万历癸丑进士，授福建福州府推官，升吏部主事，以织监李实奏就逮竟死焉。后事白，赠太常寺卿予祭葬。荫一子入监读书，谥忠介。

（《明熹宗实录》卷七二）

六年，苏杭织造太监李实诬劾直隶巡抚周起元、松江知府张宗衡、同知孙应昆，并劾御史黄尊素、周宗建，编修缪昌期，吏部周顺昌，都御史高攀龙为东林邪党，疏入，命除周宗建、缪昌期已经逮解，周起元等五人，解京究问。俱罹惨祸。崇祯元年，械李实究问，织造停止。

（《苏州织造局志》卷一）

苏、杭织造太监李实疏云："题为欺君蔑旨、结党惑众、阻挠上供、亟赐处分以彰国法事。职奉命督织，旧例在于苏、杭二府，迭报驻札，以其便于督催趱织，不误每年春秋二运。向自应天巡抚周起元背违明旨，擅减原题袍段数目，掯勒袍价，又不容移驻彼地方，故纵苏、松二府连年误运。职于此时，畏伊横恶，无敢剖晰。讵料起元乃以邪党倾陷朱童蒙，荷蒙圣明洞瞩共奸，削职归里。始移檄苏、松二府，修葺衙宇机张。职于去年十一月初九日，移驻苏州府，会同抚、按诸臣督催今年春运。及至行催各府钱粮，而苏州府十解其二，松江府毫无解监。职因见惊，遂遍访根因，仍是起元拨弄，相沿不能改。且起元抚吴三载，善政无闻，惟以道学相尚，引类呼朋，各立门户。而邪党附和逢迎者，则有周宗建、缪昌期、周顺昌、高攀龙、李应升、黄尊素，俱系吴地缙绅，尽是东林一党，与起元臭味亲密，每以私事谒见起元，言必承顺。起元之意，不曰内监移文，何足准行，则曰袍段钱粮，只宜缓处。起元因是愈恣暴慢，大肆贪婪。乃假名铸钱，以太、安、池三府协济袍段银十余万两，铸造滥恶薄钱，眩人耳目，则将皇上急需之袍价，藉是而尽入私囊，致机匠若干累也。然黄尊素愈为可恨，辄与职掌案司房黄日新，以其桑梓，甘为侄辈，奴颜谄事，意图借贷银两，往来交际，意甚绸缪。俾日新狐假虎威，妄自尊大，倚势西台，凌轩机匠，鬻弊通同，罪盈恶极。职绩访最真，业将日新严刑拷鞫，发局墩锁。正拟具疏，候圣主定夺，而日新惧法，自缢身死，则尊素之罪，固可逃乎？更加周宗建等罪恶多端，奉有明旨提问，乃敢肆无忌惮，不拜龙亭，不服讯勘，色衣方巾，公行出入，目中何知有君父，亦何知有法纪。周顺昌等俱系奉旨削夺官诰，不思潜身引咎于林泉，尤能冠盖招摇于故里，乃布散流言，簧惑机匠，闭门逃躲，不行机织，恐再罹误运之愆。盖运期已迫，若不预为疏明，则职临时复何辞溺职之罪也。职虽无言责，仰叨万岁爷爷豢养，殊深简任，臣一腔忠愤之诚，何忍默默。况职务废弛，系职之掌，因是披沥直陈违误上供之颠末，而并及宗建等抗违明旨之罪，伏乞圣明亟赐处分，以彰国法。且职自知多言丛怨，必不能安处于地方，仍将职罢斥，以为奉职无能之戒。”

（朱长祚《玉镜新谭》卷一）

### 崇祯元年

（崇祯元年夏四月）追恤故左都御史邹元标、高攀龙、左副都御史杨涟、左佥都御史左光斗、工部尚书冯从吾、应天巡抚都御史周起元、谕德缪昌期、翰林检讨丁干学、给事中吴国华、魏大中、太仆寺少卿周朝瑞、御史吴裕中、周宗建、黄尊素、李应升、夏之令、袁化中、吏部郎中苏继欧、员外郎周顺昌、刑部员外郎张汶、工部郎中万燝、陕西按察副使顾大章、扬州知府刘铎，各赠荫有差。

（《崇祯实录》卷一）

（崇祯元年十二月）辛酉，周顺昌子茂兰讼冤。上愍之，赠顺昌太常寺卿。制有曰：“碑踣元佑，大升公正之群；墓显汤阴，炯监孤忠之魄。”又曰：“学圣人之中，宁存狂狷；睹忠臣之报，弥愧奸回。”

（《崇祯实录》卷一）

## 交游诸人

### 朱陛宣

朱陛宣，字德升，世为吴江人。高祖祥，宣德间以才行推，周文襄辟以相随，均平赋役。父焘，读书修行，爱西山之胜，移家于吴，陛宣遂为吴学弟子。万历壬子，登应天乡试。陛宣少无师，以父为师，无一刻离膝下。初，应童子试，以父子顾恋，不入者再，故四上公车①。壬戌、乙丑毕试，不待发榜，亟驰归。丑岁，途中心动，渡江抵家，母病遽卒，陛宣摧痛不已。无何，父病，节哀伴宿，扶将抑搔，彻夜不寐。至丁卯秋，父几殆，陛宣竟谢北上，一意养父。逾年，父殁，毁瘠如丧母。于是□力愈瘁，而病亦不支矣。**当丙寅、丁卯间，周忠介被逮，念少小同业同志，又同乡举，依依患难。方缇骑至，知县陈文瑞诣忠介室，及忠介趋县庭，陛宣晨夜周旋左右。追开读变，逆珰使人侦觇，几累陛宣，陛宣以义命自安，卒无恙**。生平孤介，为诸生，不受人怜，即乡举后，杜户西津故庐，绝不事干谒，有澹台灭明之风。陛宣初号汉瀛，亦号何山居士，殁后，门人拟谥纯恪，姚宫詹希孟曰："**天生孝介，以配忠介**。"作谥议。崇祯甲戌，巡按御史祁彪佳特疏表章，奉旨赠翰林院待诏。丙子，巡抚都御史张国维从多士请，置主金乡书院崇祀。（张世伟《志略》）

（崇祯《吴县志》卷四一）

**【注】**

① 公车：举人应试的代称。明王晫《今世说·雅量》："（李梦兰）弱冠举孝廉，公车不第，策蹇南归，务益砥砺读书。"

朱陛宣，字德升，本吴江人。父焘，读书修行，爱西山之胜，移家于吴。陛宣举万历壬子乡试，少以父为师，无一刻离膝下。天启乙丑会试毕，忽心动，亟驰归，而母病卒。以父多病，遂绝意进取。**少与周顺昌同学，又同乡举，及顺昌被逮，陛宣衰绖往送，周旋甚至**。未几，父殁。以哀毁卒，年五十六。门人拟谥纯恪，姚希孟定谥孝介，曰："天生孝介，以配忠介也。"崇祯七年，巡按御史祁彪佳特疏表章，赠翰林待诏。（张世伟《志》）

（乾隆《苏州府志》卷五四）

朱陛宣，字德升，邑同里人，父焘徙郡，遂为吴县诸生。万历壬子举于乡，时父年已高，陛宣阖门侍养，绝迹公府。尝言："士君子当以不贪为宝，能安贫则能不贪。甘食美服、高阁邃宇、娈童艳姬，皆败检堕名之具也。"为孝廉二十年，未尝以竿牍通守令，家益贫，布衣粝食，泊如也。惟奉亲则□□裘葛，无不赡具。母季先亡，父益老病几殆，陛宣所以奉侍无不至。戊辰，当上春官，以父疾不赴。居二亲丧，不如内、不茹荤者六年，竟以哀毁成疾，卒年五十六。

**陛宣先与周忠介公顺昌同业，又同举，气谊甚笃，皆以伦纪为己任。熹宗时，逆珰煽虐，缇骑逮顺昌，亲朋皆走匿，独陛宣经纪其家事，又周旋槛车追送之，人服其义**。巡抚都御史周起元叹为真孝廉，以银幣榜额，令长、吴二邑往旌之，竟不上谒也。没后，詹事姚希孟采群议，私谥之曰孝介先生。崇祯丁丑，巡按御史祁彪彪佳以陛宣与张基、归子慕三人行义，同表于朝，诏俱赠翰林院待诏，盖异数云。

（康熙《吴江县志》卷三四）

陛宣，字德升，万历壬子举人。少无师，以父焘为师，无一刻离膝下，四上公车，试毕，不待放榜，亟驰归。乙丑之后，途中心动，抵家，母病遽卒，陛宣摧痛不已。至丁卯秋，父病几殆,陛宣竟谢北上。逾年,父殁,毁瘠不支。

**当顺昌被逮时,亲故多避匿。陛宣念少同学,又同乡举,晨夕省视,依依不去左右。**迨开读之变,逆党使人侦视往来状,人或为之危,陛宣依然自若,仅而获免。殁后,门人私谥孝介。姚希孟曰:"天生孝介,以配忠介。"作谥议。崇祯甲戌,御史祁彪佳特疏表章,赠翰林院侍诏,祀金乡书院。

(陈鼎《东林列传》卷三)

崇祯甲戌冬,直指[①]按吴者为姚江祁公,以真孝廉三人疏请赠谥表章,用示风厉,得旨部议,次年再覆如请,旨多褒词。其一人则吴县朱先生也。首吴江张先生为余大父,次昆山归先生。随历年远近差序,远者六十余年,近不下三十年。朱先生即世甫小祥[②],遽列名,更奇,直指以创行重其事,移檄四郡,名缙绅斟酌久之,卒无以易也,命下舆论,翕然奉为皇明旷典[③]。于是,先生先一年冢嗣镒,勉力庀具,偕配顾硕人合窆何山之麓矣,仓卒未备志铭。

迨丁丑春,匍匐击颡诣泌园张子言曰:"先君子束脩穷巷,泯身灭迹,而竟得将□王庭,徼圣天子之纶綍,虽潜无弗耀,亦素所信友为之章彻者大也,既为闻于今,必为传于[一]后,惟是金石之业,以托永世者,敢徼延州心许之谊以请。"余曰:"是安敢辞,且余年七十矣。**尔父同志之朋四人,周忠介既前死,后死为文相国、姚官詹,并一两月间顿尽矣。**余笃老幸存,又安敢以衰贱辞,不亟为撰述也?"乃进其状,读之。按状:朱姓出邾附庸后,在吴为著姓。宋季,有将仕君避兵,隐谢里村,于是,吴江同川始有朱氏,数传及贵三公,世次乃具,再传有耕乐公祥,当周文襄公抚吴时,以才行推,择为上佐,佐文襄平均吴税,督修宝带桥,著劳应得官,不就,构耕乐轩娱亲,文襄与乡先生吴匏庵、赵半江诸公作诗歌美之。耕乐次子鲁庵公麟,以别子贵,赠文林郎、瑞安县尹,生六子,默斋公雯其四也,传子里中公椿,生三子,季为复中公焘,字世延,是为先生父。自复中公而上,皆称乡里善人。复中公益落拓不治生,读书教授为业,晚岁爱郡城西山之胜,移家焉,颐正保吉,克跻上寿。元娶顾,无子,继娶季,举一丈夫,子孝介先生是也。

先生讳陛宣,字德升,生数岁,随复中公徙郡山中。十九,补吴邑庠诸生。三十有五,举万历壬子应天乡试,四上春官[④]。戊辰,以父笃老,侍疾不赴。辛未,服阕[⑤]再赴,归三年,冬十月卒,得年五十有六,学者私谥为孝介先生。踰年,直指使者特以闻,钦赠翰林待诏,予勑命,此其大略也。

状称:少无师,以父为师,依依膝下,无刻离。童子试,见众拥踏,再以父子顾恋不入,比入,首录纯孝,盖天性云。壬戌、乙丑毕试,亟驰归,不俟榜放,皆念亲老故。丑岁,心动归,更亟渡江,浪骇不为止,抵家,两亲欢然。时复中公望九龄,虽不良于行,无恙。母季硕人少一纪,素强无疾,乃归聚十许日遽病,病十许日遽卒。先生摧痛倍人,茹素绝饮迄终丧。于至性固然,非难。酷贫,力构美材。无何,父病,忍痛伴宿,扶将抑搔,彻夜不寐,又不敢见涕泣容,难耳。身由是病脾。丁卯秋,几殆获济,谢公车,一意养父。伴宿,中夜数起,视衣被溲溺为恒。逾岁,竟亲含敛,哀毁如丧母时,筋力逾瘁矣,卒以是不胜病。始终事亲如此。

至叙述丙寅、丁卯间事。余废卷叹曰:“此余所目击,身尝无用状为也。”**先生故与忠介公少小同业、同志**。若余暨文、姚两公,犹乡荐后定交。方缇骑逮周至郡,县大尹抱牒往,则先生业闻报,待宾次[⑥]。时丙夜[⑦],忠介欲迟天明行,令道路属目荣之。侦者往来周之庭,惟先生庭焉,入堂,惟先生堂焉。具谓经纪周事,无如先生矣。迨开读变起,狙击[⑧]狼籍,先生方居忧,素车先后,其间易指目[⑨],事闻逆珰,将甘心[⑩]其人。台疏以五人应,驳求渠魁甚急。同乡顾侍御京归,密语余,余曰:“谨秘之,毋无泄。”无论文、姚两家,余家属垣[⑪]皆侦事也,幸珰卒问当国主名,未详郡中如哗,传者旦暮达京毂[⑫]矣,然不可不使先生知,稽三日,借他故招入城,视余病,余不食如其日数矣,先生闻次委命,夷然留共食,余差得食粥。侍御半月后他泄,哗腾郡中,则七夕报决五人,谕期矣。前此,虽文、姚亦不知也。已而,文谓余曰:“余早闻终不甚虑,盖祸患猝发,究有所召,周以死立憧,锐撩虎须,我辈在朝在野,俱有揭揭矜名,矫行之目,命尽一网,不可知,若朱氏[二]纯乎纯哉,天意必有默佑者。”果然。然耶,否耶?故余谓孝介先生孝则天下之真孝,廉则天下之真廉,慷慨急难则天下之真慷慨,敬谨好修则天下之真敬谨,总蔽之“真孝廉”一言,而无有毫厘夹杂其间,所以身殁之日,视敛三百许人,门生义故与半面初交,相向哭皆失声。葬日,余扶病长号,旁观尽簌簌泪下也。此岂可结约要契者乎?嗟乎!余亦终薰,其德莫名,其器汪汪[⑬],未易窥度矣。方逆珰索渠魁事后,余唁之曰:“兄归家,竟不言耶?”徐曰:“因妇计作酱。”乃曰:“不知及食酱否?”不觉饮泣;然亦竟不深言[⑭],恐惊老人床褥间也。状纪庭帏应对,皆实录。属纩[⑮]前,惟以经两大丧、男婚女嫁多举,责未偿及葬,不身亲为念。

孤镒时方弱冠,节量赙费,克襄厥事,慎辞受,类先人。吾不能卜其赤贫所终,或天有以佑之,如达人豫谶,不诬也。镒又曰:“先人之仰得尽养,俯毕儿女,累者抑由母氏顾硕人,不幸先二年卒。”再进状,状:顾姓父奉桥翁,母袁氏,长洲县人,世以农隐。翁力农致中产,无子,仲女年十七归朱。朱贫,不任礼。就顾授甥馆焉,先生不能三日阙定省[⑯],山中跋涉良苦,顾硕人?翁买一廛所居,侧奉舅姑。迁之今所发迹,西津桥其处焉。脱簪珥营租税,先生一意养志,无中馈[⑰]忧,兼不以砥节过苦至虞室人交谪[⑱],终身相敬无违言。世方之梁孟[⑲],犹信。卒年仅五十。方初度[⑳],得见镒婚,强起受嘉礼[㉑],差慰云。

男二人。长镒,吴庠生,娶顾文学伯麟女;次铉,聘殷文学汝劼女。先聘文相国女,卒,相国追载之元配,陆志不欲没其谊,及之。女二人,长嫁庠生钱凤祥,女先卒,有甥孙二人;次嫁庠生周茂藻,即忠介公仲子。皆顾硕人出。

先生初号汉瀛,亦号何山居士,殁后门人拟以纯恪易名,姚宫詹南都闻之曰:“天生孝介,以配忠介。”作谥议一篇,遂定今称。而张子铭其墓铭曰:“桐泾、莲泾两泾之间,忠介居斯、葬斯;狮山、象山两山之间,孝介居斯、葬斯。魄焉相依,魂同所之。百岁千秋,泾有竭时,山亦可夷,惟忠孝益久、益思。”

(张世伟《自广斋集》卷一二《钦赠翰林院待诏故孝廉朱孝介先生暨配顾硕人合葬墓志铭》)

**【校】**

[一]“于”,原作“丁”,今改。

[二]“未”,原作“朱”,今改。

【注】

① 直指:汉武帝时朝廷设置的专管巡视、处理各地政事的官员。汉荀悦《汉纪·武帝纪六》:"民力屈,财货竭,因之以凶年,群盗并起,道路不通,直指之使始出,衣绣衣,持斧钺,斩断于郡国,然后胜之。"

② 小祥:用于称一般死者的周年祭。唐鲍溶《过薛舍人旧隐》:"寝门来哭夜,此月小祥初。"

③ 旷典:前所未有的典制。王明清《挥麈前录》卷二:"国朝自外拜相者,文潞公、韩康公、章子厚,近年陈原公,亦旷典也。"

④ 春官:礼部的别称。杜甫《奉留赠集贤院崔于二学士》:"天老书题目,春官验讨论。"皎然《兵后送姚太祝赴选》:"名动春官籍,翩翩才少俦。"归有光《亡友方思曾墓表》:"既一再试春官不利,则自叱而疑。"

⑤ 服阕:守丧期满除服。蔡邕《贞节先生陈留范史云铭》:"举孝廉,除郎中君莱芜长,未出京师,丧母行服。故事,服阕后还郎中君。"《旧唐书·王丘传》:"丁父忧去职,服阕,拜右散骑常侍,仍知制诰。"

⑥ 宾次:接待宾客之所。《新唐书·礼乐志七》:"冠前一日,卫尉设宾次于重明门外道西。"范公偁《过庭录》:"(曹蒙)至大名见冲元,当厅下轿。冲元出,见其倨甚,复入,呼法司曰:'不知前执政作守监司,得当厅下轿否?'法司具条白之,不许。伫立曹甚久,复令白曹曰:'请就宾次,以全国体。'曹失措而退。"

⑦ 丙夜:三更时候。《南史·梁纪中》:"祀南郊……先是一日丙夜,南郊令解涤之等到郊所履行,忽闻异香三随风至。"陆游《书雨》:"仲冬候始寒,丙夜天正黑。"

⑧ 狙击:暗中埋伏,伺机袭击。《史记·留侯世家》:"秦皇帝东游,良与客狙击秦皇帝博浪沙中,误中副车。"《新唐书·李观传》:"是年,观入朝,前一日就道,虏至期出精骑狙击,不及,去。"

⑨ 指目:众所注视或从所指责。《史记·陈涉世家》:"旦日,卒中往往语,皆指目陈胜。"《新唐书·王承元传》:"年十六,劝承宗亟引兵共讨李师道,承宗少之,不用。然军中往往指目之。"司马光《辞接续支俸札子》:"而使臣违先事之义,重素餐之罪,四海指目,何以自安?"

⑩ 甘心:快意戮杀。《左传·庄公九年》:"管召,雠也,请受而甘心焉。"杜预注:"甘心,言快意戮杀之。"

⑪ 属垣:靠墙窃听。《诗经·小雅·小宛》:"君子无易由言,耳属于垣。"

⑫ 京毂:京辇,国都,京城。苏舜钦《送安素处士高文悦》:"旌帛三及门,不免至京毂。"苏轼《寄周安孺茶》:"越自少年时,低回客京毂。"

⑬ 汪汪:深广貌,广阔貌。班固《典引》:"汪汪乎丕天之大律,其畴能亘之哉。"陶潜《感士不遇赋》:"山嶷嶷而怀影,川汪汪而藏声。"方孝孺《蜀府敬慎斋》:"君于西土,厥壤汪汪。"

⑭ 深言:深谈,深切坦率的谈话。《战国策·秦策三》:"即使文王疏吕望,而弗与深言,是周无天子之德。"

⑮ 属纩:临终。鲍照《松柏篇》:"属纩生望尽,阖棺世业埋。"苏轼《张文定公墓志铭》:"公性与道合,得佛老之妙,属纩之日,凛然如平生。"

⑯ 定省:子女早晚向亲长问安。《汉书·杜周传》:"(陛下)亲二宫之饔膳,致晨昏之定省。"范成大《次韵陈融甫见赠》:"归骖不可驻,晨昏思定省。"

⑰ 中馈:家中供膳诸事。《易·家人》:"无攸遂,在中馈。"孔颖达疏:"妇人之道……其所职,主在于家中馈食供祭而已。"王粲《出妇赋》:"竦余身兮敬事,理中馈兮恪勤。"

⑱ 交谪:竞相责难。《诗经·邶风·北门》:"我入自外,室人交遍谪我。"郑玄笺:"我从外而入,在室之人,更迭遍来责我。"

⑲ 梁孟:东汉梁鸿、孟光夫妇,守贫高义,相敬如宾,后用为对人夫妇的美称。李商隐《重祭外舅司徒文》:"纻衣缟带,雅贶或比于侨吴;荆钗布裙,高义每符于梁孟。"

⑳ 初度:生日。宋赵蕃《欧阳全真生日》:“南风属初度,杯酒相献酬。”

㉑ 嘉礼:婚礼。唐薛用弱《集异记·裴越客》:“先是镐之在京,以次女德容,与仆射裴冕第三子前蓝田尉越客结婚焉。已克迎日,而镐左迁,遂改期来岁之春季。其年越客则速装南迈,以毕嘉礼。”

## 殷献臣

殷献臣,字汝劼,长洲诸生,**少与周顺昌、朱陛宣同学,友善一时**,人望有五奎之目。**顺昌被逮,献臣奔走周旋,几及于难**。国变后,不食死,乡人私谥孝终先生。(徐枋《书殷先生私谥议后》《逸史合纂》)

(乾隆《苏州府志》卷五六)

殷建中,字敏斋,居渎西(褒弟襄之后)。嘉靖辛酉举人,隆庆戊辰进士,官工部郎中。子献臣,字汝劼,长洲诸生,**尙气节,少与周顺昌、朱陛宣同学,友善一时**,人望有五奎之目。**及顺昌被逮,献臣奔走周旋,又与沙舜臣、王节、刘羽仪、文震亨等面斥巡抚毛一鹭,一鹭煨应之,会缇骑诃叱激众怒,遂有群击之事。狱兴,具傪颜佩韦等五人,而诸生俱被黜**。崇祯初,得解,献臣举乡饮介宾。**尝辑《周吏部年谱》一卷**。国变后,不食死,乡人私谥孝终先生。(《府志》,参《家乘》)

(张郁文《木渎小志》卷三)

## 邹谷

邹谷,字虚王,家阊西。**自幼食贫苦学,与周忠介公顺昌相砥砺**。色养娱亲,遇大故,毁几灭性。事兄恪,依依手足,不知有尔我。所交必端人,馆谷受徒,稍涉势利,峻绝不应。生平不衣纨绮,行不离影,笑不见齿。**忠介罹珰祸就逮县署,谷昼夜相随,不畏缯□之及**。崇祯初,以府学起贡大廷,未北上,遽卒。(陆铣《状略》)

(崇祯《吴县志》卷四七)

## 魏大中

大中,浙江嘉兴府嘉善县人。万历丙辰进士,吏科给事中,家贫如洗。相臣魏广微欲认为兄,大中不许,遂忤。及大中被逮,北门登舟,子大哭,公曰:“不须哭,自古云:‘死生有命’,为臣死忠,为子死孝,亦是分内事,哭亦枉然。”竟开舟去。子学洢闻“死孝”语,遂欲从公北去,改姓而行。七月七夕,公到京,即下镇抚狱。次日,提杨涟、左光斗六君子等,各打四十棍,拶敲一百,夹扛五十,狱成追赃,七月十三比起,杨涟须俱白,五日二限。御史张讷请废天下讲院,邹元标、孙慎行等俱削籍,一切书院尽行拆毁,变价入官。七月十九比,用全刑,涟等大号,却无回声。光斗声呦呦,如小儿啼。公体弱伏地受刑,竟似木人,叫不出矣。周朝瑞、顾大章二十棍,拶敲五十。袁化中亦拶敲五十。许显纯令收监。

公与家人曰:“我十五日已后,止可饮冷水一二矣,急买棺。”二十日,杨涟家人送饭,于茶叶中杂金屑送入,被狱吏搜获而去,自此杨竟无人侍矣。二十一,杨、左用全刑,公被三十棍,周、顾二十棍,袁病免。二十比,杨、左与公俱用全刑,顾拶敲五十,周、袁免。是夕,将杨、左与公俱令发大监,使狱卒叶文仲俱讨气绝,狱中谓死者为“壁挺”。二十六日,公死。二十七日,顾大章二十棍。八月十九,袁化中死,周期瑞帛曳死。九月十五,顾大章自缢。六君子俱死。

方逮周顺昌等时,田尔耕逻执游方僧本福,有诗扇,为扬州知府刘铎所书,讥刺时事,即逮刘铎杀之。

(计六奇《明季北略》卷二)

## 鹿善继

鹿善继,字伯顺,号乾岳,北直保定府定兴县人。**万历四十一年癸丑进士,与吴郡周顺昌、吴桥范景文幞被萧寺,鸡鸣风雨,以节义相期也**。选户部山东司主事。毅宗立,升太常寺少卿。未三载,告归。九年丙子七月,大清兵破定兴,善继方移疾村居,念定兴当涿南保北,背障神京,遂辞邱墓,令子化麟侍父于乡,援兵登陴。七日城破,善继守南门,兵从西北隅上,挟刀索衣,善继不可,兵怒,斫公三刀,复射一矢而死。明年正月,子化麟伏阙上书,言:“臣父以无备之城,必破之邑,独坚誓死之心,衡拒方张之敌,不独城存与存,效勿去之义,抑欲人战家守,折南下之谋。”疏上,下部,部覆,得旨赠大理寺卿,荫一子入监读书,专祠赐谥,予祭造坟,恤终之典无不备,盖异数也。是冬,化麟亦以苫次哀痛死。善继死时,年六十有二。甲申,谥忠节,赐祠额曰“忠烈”。

(计六奇《明季北略》卷一二)

鹿善继字伯顺,号乾岳,北直定兴人。万历癸丑进士。授户部主事。辽左缺饷请帑,疏皆不行。会广东解金花银至,先生与司农议札,纳太食转发辽左。而后上闻,上怒,降级调外任。先生因移疾去。金花银者,国初以备各边之缓急,俱解太仓,其后改解内府,宫中视为私钱矣。光庙御极,复官。改兵部主事。司马王象乾行边,请用废弁之以赃败者,耿职方不覆,司马又请旨,命司官不得违阻。先生寓书福清争之,无以夺也。高阳以阁臣督师,先生转员外郎中,皆在幕府。高阳解兵柄,先生亦罢归。家居四年。崇祯初,起为尚宝司卿,升太常寺少卿,未三载,复请告。九年七月,先生坚守定兴,城破死之。赠大理寺卿,谥忠节。先生读《传习录》,而觉此心之无隔碍也。故人问其何所授受,曰:“即谓得之於阳明可也。”先生与孙奇逢为友,定交杨忠愍祠下,皆慨然有杀身不悔之志。**尝寄周忠介诗云:“寰中第二非吾事,好向椒山句里寻。”**首善书院之会,先生将入,闻其相戒不言朝政,不谈职掌,曰:“离职掌言学,则学为无用之物,圣贤为无用之人矣。”遂不往。先生之学,近东林诸子,一无搀和夹杂,其斯谓之狂狷与?

(黄宗羲《明儒学案》卷五四)

【札】

## 鹿忠节公集序

范景文

**余自癸丑通籍,与定兴鹿伯顺、吴门周景文同试政司马署中,志意叶治,彼此以名节相砥,期为岁寒交。嗣余与景文先后出理齐闽**,而伯顺为计部郎,以争留金花左迁去。**余庚申入吏部,引景文为同舍**,而就家以原官起伯顺。辛酉,予休沐里居,移书长安,荐伯顺可入吏部,议既定。时高阳相公行边,伯顺自愿辞铨相随。五年,量移尚玺。已巳,转奉常,浸浸大用矣。心嫉要人柄政,竟移疾归。海内喁喁,方以公出处卜世道隆替。丙子遇变,竟殉城以死。呜呼!生平大概,若此矣。其人固无需文以传,而予又论定其文,梓之序之。岂其人之必待文以传哉?则固以为伯顺之文也。已爱其人者,即其人之词组只字,宝若天球琳琅。况伯顺之文,实足以传者乎?方今鸡坛错峙,鞶帨徒工,即使振起作者之林,步武先民之轨,以是而称词人之雄止耳,于世道人心,固未有赖也。今伯顺文具在,用意忠厚,摛词恳恻,与君父言慈仁,臣子言敬孝,兄弟言友恭,朋友言贞信,上自军国朝庙之容,下及闺闼帷房之故,言必究情,语无留指,笔光墨沖,剥露血腥,指拂残笺,剜剔肠肾,使读之者欢爱鼓舞,悲愤流连,忾然以思,卒然相感,而中正之心,油油乎以生,由是而究伯顺立言之意,不模古,不规今,发乎情,止乎义理,百世之下,闻者犹将兴起焉。然此伯顺之文,亦即伯顺之人也,垂白孺,慕四世,一庖家,无嘻嗃,人风静穆,其植本良厚矣。故帑可以无争也,以续三军之命,而毅然争铨;可以无辞也,以急君父之难,而洒然辞官,可以无去也,愤柄人之嫉,而飘然去。最后慷慨殉城,计不返顾,使素庇一廛,咄嗟遇难,或牵于难割之家累,徼夫幸全之金汤,又或怵功令,束文法,与存与亡,计无复之,乃死耳。伯顺有一于是哉?然则伯顺固可以无死也。夫可以无然者。圣人不以之律人,而贤者以之自见,至性所存,不可强抑,善学圣人者,孰如伯顺乎?然躯命不惜,浩气常存,扶进淳风,廉立顽懦,伯顺果死也哉?因是而覆绎集中忠孝之语,伯顺自为写生留照,人传文乎?文传人乎?则是集之有功于天下后世,匪浅尠矣,宁屑与缀文之士计工拙耶?

伯顺尝自题其草曰"认真",真故人与文两传矣。

吴桥范景文书于南枢之四友斋。

(鹿善继《鹿忠节公集》卷首)

## 范景文

崇祯十七年甲申三月十九日丁未,李自成陷北京,烈皇帝崩于煤山。文臣死难者二十有一人,内阁惟范文贞公。公讳景文,字梦章,号质公,北直河间府吴桥县人。父永年,南宁太守,为德于乡,有"佛子"称。公生而端亮,行醇谨。诸生时,即以天下为己任。登万历四十一年癸丑进士,授东昌府推官,署其门曰:"不受嘱,不受馈。"众称"不二"公,狱多平反。时值大饥,条荒政,躬自赈恤,全活以亿万计。己未,擢吏都稽勋司主事。庚申,署选事,历文选员外验封郎中。时光宗登极,旬月中,公所推擢,皆先朝耆旧,世所目"威凤祥麟”者。天启甲子，逆庵窃柄，公上疏请清仕路、养仕节，谓：“天地人材，当为天地惜之；朝廷名器，当为朝廷守之。天下万世是非公论，当与天下万世共之。”言皆剀切，为时所忌。南乐相魏广微以乡曲故，欲招致公，卒不可得。比当例推，珰先授意部堂，芟除清流周忠毅、李忠毅辈（批云：“周宗建、李应升”），公争执不少徇，忠贤大怒。寻移疾归，杜门却扫，视世荣一切澹如。**至感愤时事，则裂眦拳几案，痛惋交集。时周忠介被逮，锒铛就北寺狱，诬赃数千，公洗囊百计代偿，欲脱之于死。虽祸机不测，竟罔恤，其好义急难类如此**。毅宗初，起太常少卿，寻巡抚中州。己巳之难，公不待诏命，帅师勤王。京师围解，升少司马，移镇昌平。告归，久之。升南大司马，参赞机务。时贼在英、庐，留都岌岌。南额兵八万人，堪战者不满万。公定营制，简家丁，治楼船，练火器，部曲改观。于是乎有援池、援滁、援庐之师。江浦之役，贼烽夜照江水，不能以片羽飞渡，实慑公方略。公之建置，谓：“非战无以为守，非守江无以守京、守陵，非守江北无以守江南。”疏数十上，决机呼吸，了然列眉。时武陵相杨嗣昌夺情视事，词臣黄公道周等执义廷诤，杖谪累累。公抗疏力救，谓：“道周等国家有数人物，用之犹惧其晚，弃之何得其益！乃共推硕果，遂嗟抱蔓，殊堪惋惜。”疏上，先帝震怒，除名为民。已而复思之，特起为大司空。甲申，拜东阁大学士。时贼势已亟，公蒿目时艰，中夜辄涕零，谓：“身为大臣，不能仗剑为天子击贼，虽死奚益？顾非是无以报圣明于万一。”三月十七日，召对，公已绝粒三日矣。饮泣入告，声不能续。及京城陷，群哗上南迁，公赋绝命诗，有“翠华迷草露，淮水涨烟澌”之句，遂自经于妻陆氏灵前。家人赵兰芳解之，复赋诗二首，有云：“谁言信国非男子，延息移时何所为！”拜阙号哭，潜赴龙泉巷古井死。时死节二十余人，公为最先，绝不知上凶问云。其妾亦自经。南都赠公太傅，谥以文贞，首祀旌忠祠。公之诗古直豪迈，稜稜露爽，遇国步艰难，故多悽戾之辞，有《冰坚堂草》及《列朝诗选本》录若干首。

论曰：燕京之变，处鼎铉一席者累累也，鄙夫如井研者弗论，甚有对策大廷，先帝首拔第一人，不四年骤跻宰相，图国士报宜百倍豫让，一旦贼临，望风屈膝，卒死贼手，其为天子知人累大矣！微公一人，毅然不屈，蹈义而死，不几令万世笑烈皇帝时端揆无人哉！

又曰：公既不闻鼎湖之信，顾传蜀道之行，斯时倘以扈驾为名，尚可以无死。而公决然一死，不复狐疑，盖公素志定也。彼隐忍偷生者无论，亦有本欲死，而一时稍迁延，后遂不及死，卒不免辱身败名，然后知决然一死者之无憾也。夫成仁取义，固非怀濡忍之志、萌计较之私者所能为哉！公之一死，可与宋室文山并美千古。

（计六奇《明季北略》卷二一）

## 朱祖文

文学讳祖文，字叔经，完天，其别号也[一]，世为檇李人。祖先应募御倭，功最，累升都督大将军，世袭苏州卫指挥，以廉勇闻。文学幼孤，母刘[二]励节抚之，备集荼苦。文学幼长而端方颖异，雅不好武，被服躬行[三]，有古人之[四]风。弱冠，补博士弟子，痛母志节未扬，不遑寝食。吏部周公顺昌，初未识文学。会文太史（讳震孟，字文起）[五]为孝廉时与文学习谈其母贞操特详。吏部闻而怜之，慨然为白当道，得类题取旨，部牒下郡，而文学始知,乃为之感泣搏颡①,愿为公死。

无何,吏部忤珰被逮,变起仓卒,都人士惶惧不知所为,文学念此行必无全理,愿相随视其后事以图报,虑家人或相劝阻,遂不复归,与吏部同宿公所中。夜从容谓吏部曰:"公洒然就道,良善[六]。然事未可知,脱有缓急,谁可告者?吾当先往为地。"吏部首肯,良久曰:"徐银台②(讳[七]如珂,号念阳)肝胆如雪,必能相济。顾侍御③(讳[八]宗孟,号岩叟)新入台中,意气不薄,可与计事。此外,则定兴之鹿(讳[九]善继,号乾岳),吴桥之范(讳[十]景文,字质公),热肠急难,一言相诺,生死不渝,皆可告者。"文学遂别去,先走都下。

比吏部未至,有以灭门事中吏部者,得银台力辩而解。至橐饘薄鸠之事,侍御已先为之所矣。已而,悬赇数千。文学私幸旦夕告完,或得议狱缓死,百计丐贷,都门不足则走定兴,定兴不足则走吴桥。冒暑单骑,间关千余里,逗留数十日。捃摭④稍就,而吏部已毙狱矣。吏部毙命之日,文学夜宿野店[十一],有声魂然。精诚相感,岂其诬耶?

文学微服僻处,侦察动静。每一感动,闻者凄恻。凡往来津渡,出入禁门,时遭逻卒,徼幸获免,亦危矣。然以身滞长途,弗获视殓,有违初心,遂至郁以死。弥留之际,犹以吏部后人为念。嗟乎[十二]!文学之所以报吏部者,不已至乎?而总为一念孝思所激。夫以文学之至性笃行,固足不朽,矧其附青云之士哉?

(金日升《朱文学传》,见朱完天《北行日谱》卷首,又见金日升《颂天胪笔》卷二二、顾沅《吴郡文编》卷一三一、彭定求《忠介遗事》)

【校】

[一]"字叔经,完天,其别号也",《颂天胪笔》作"字□□,完天,其别号也",《吴郡文编》作"字完天"。

[二]"刘"字,《颂天胪笔》作"□",《吴郡文编》无。

[三]"被服躬行",《吴郡文编》作"佩服儒行"。

[四]"之"字,《吴郡文编》无。

[五]"文太史(讳震孟,字文起)",《颂天胪笔》作"文太史(名震孟,字文起)",《吴郡文编》作"文太史震孟"。

[六]"良善",《吴郡文编》无。

[七][八][九][十]"讳",《颂天胪笔》《吴郡文编》均作"名"。

[十一]"店"字,《吴郡文编》无。

[十二]"嗟乎",《吴郡文编》作"呜呼"。

【注】

① 搏颡:叩头。高攀龙《刘贞母墓表》:"母尝病痢殆矣,目中若见有神物,以语节卿。节卿遽搏颡号神,愿身代母。"

② 银台:银台司,宋门下省所辖官署,掌管天下奏状案牍。司署设在银台门内,故名。《宣和遗事》前集:"当有银台司范镇上疏,奏言青苗钱扰民不便。"沈括《梦溪笔谈·故事一》:"银台司兼门下封驳……寺监具申状,虽三司亦言上银台。"《宋史·职官志一》:"银台司,掌受天下奏状案牍,抄录其目进御,发付勾检,纠其违失而督其淹缓。"黄庭坚《次韵子瞻武昌西山》:"黄州副使坐闲散,谏疏无路通银台。"任渊注引《国朝会要》:"银台司掌受天下奏状。"明谢榛《夜话李孺长书屋因怀其尊君左纳言》:"岁暮银台应感叹,几人封事为苍生?"

③ 侍御:唐代称殿中侍御史、监察御史为侍御,后世因沿袭。李白《赠韦侍御黄裳》,王琦注引《因

话录》："御史台三院，一曰台院，其僚曰侍御史，众呼为端公；二曰殿院，其僚曰殿中侍御史，众呼为侍御；三曰察院，其僚曰监察御忠，众呼亦曰侍御。"

④ 捃摭：采取，采集。《史记·十二诸侯年表序》："及如荀卿、孟子、公孙固、韩非之徒，各往往捃摭《春秋》之文以著书。"《周书·儒林传·熊安生》："乃讨论图纬，捃摭异闻，先儒所未悟者，皆发明之。"

朱祖文，字叔经，一字完天，长洲诸生。祖先以御倭功累升都督佥事，世袭苏州卫指挥。祖文少孤，母刘励节抚之，及长，读书励行，痛母节未扬，居恒郁郁。周顺昌初未识祖文，文震孟言其状，心怜之，白之当事。得旌，部牒下郡，祖文始知，感激泣下，誓以死报。无何，顺昌忤魏忠贤被逮，时珰焰炽甚，亲友莫之敢近，祖文独诣顺昌所，愿先往为之地，遂间行至都，周旋往来，几为逻者所得，及征赇令急，祖文思贷金完之，以缓其死，都门不足，奔走定兴、吴桥，告急于顺昌之友鹿善继、范景文等，单骑冒暑间关千余里，捃摭稍就，而顺昌已毙狱矣。既念弗获视殓，哀恸发病，逾年而卒。弥留之际，犹以顺昌后人为念。有《北行日谱》记述甚详，乃病中作也。当时，与吴县朱陛宣称二朱先生云。（金日升《传》，参《北行日谱》）子寿阳，少补诸生，以应袭指挥让弟寿增。曾祖专祠在京口，逆阉变易天下祠院，都督祠亦在毁中，寿阳泣诉有司，得不毁。阉既诛，郡县重祖文行义，推德其子，赠官产五十亩，不受，赠金亦不受。崇祯壬午，有司应诏，将以五经博士荐，不就，卒于家。（《元和县志》）

（乾隆《苏州府志》卷五六）

顺昌之逮也，有友朱祖文、朱陛宣，皆能周旋患难以及于死，称二朱先生。

祖文，字完天，世袭苏州卫指挥，读书为诸生，幼孤，母守节未旌，祖文恒痛念之。顺昌先未识祖文，因文震孟言其母苦节，顺昌闻而怜之，慨然白当事题表。部牒下郡，祖文始知感泣，誓为顺昌死。

及顺昌被逮，祖文度此行必无全理，愿相随视其后事，遂诣同宿公廨中。夜从容谓顺昌曰："公洒然就道，良善。然事未可知，脱有缓急，谁可告者？吾当先往为地。"顺昌首肯，良久曰："徐银台如珂，肝胆如雪，必能相济。顾侍御宗孟，新入台中，意气不薄，可与计事。此外则定兴之鹿善继、吴桥之范景文，热肠急难，皆可告者。"祖文遂别去，先走都下。比顺昌未至，有中以灭门事者，如珂力辩而解。至櫜饘之事，宗孟已先为之所矣。已而，悬赇数千，祖文私幸旦夕告完，或得缓死，百计丐贷，都门不足则走定兴，定兴不足则走吴桥，单骑冒暑，间关千余里，逗留数十日，捃摭稍就，而顺昌已毙狱矣。毕命之日，祖文夜宿野店，有声魂然。至京，微服僻处，侦察动静。每一感恸，闻者凄恻。竟以劳悴愤懑发病死。

（陈鼎《东林列传》卷三）

【札】

## 书朱文学传后

彭定求

呜呼！友朋谊薄于今，吴俗为甚。余梓《忠介遗事》既成，因谓朱完天之高义，不可不并载于帙中也。《汉史》载张元伯独以范巨卿为死友，然考其当年非有蹈患难若赴汤火之事,而幽明响应固已皎如白日,况先生之于忠介,忘身弃家,卒至竭劳含愤以殉者哉?先生临殁,作《北行日谱》一编,中载忠介语曰:“患难相依,我两人真堪合传。”忠介不及自谱而先生谱其北行事特详,更当参观也。夏峰孙征君[1]《乙丙纪事》云:“余于朱完天更不能不再致意焉。”夫学洢(魏都谏长子)之随父,光明(左佥院弟)之随兄,孝子悌弟之情,皆天性不可已者。完天于周非有不可解之谊,以一显一悔之交,共死死生生之事,间关数千里,阅尽风波,备经令暖,卒无纤毫灰心,后因凑金,于鹿定兴、范吴桥两地奔驰,遂于蓼洲之变未及收尸,又未护丧,惭负之极,若不可自比于人。如完天者,古道照人,真不自负以负友者,斯语可作传赞之证云。

康熙辛巳孟夏,后学彭定求识。

(彭定求《忠介遗事》)

## 题朱完天先生募葬册

张世伟

完天先生为义之概,具诸文学疏中,余阅之重有感也,大率完天为义一生,结局在从周吏部北行事,吏部天挺正气,自不与逆珰邪气并立,然尔时忤珰之迹未著,珰党之忌不深,而所以首罹其难这,则许婚魏给事故也。夫临难字难孤,千古美谈,即相嵩未尝有加于王驾部,独吏部以忠死,亦以义死也。迨官旗出逮定死矣,当时无一交游从行,或行而第以琐琐碌碌辈不几为吾辈短气哉?且民情激变之后,从行必蹈不测,琐碌者安能行也?完天以疏交感知,毅然赴难,即其间关燕齐间,可以瘁死,可以忧死,幸不死而死于家,卒以忧瘁之余死也。佥谓完天于吏部可追尘吏部之于给事矣。嗟乎!斯人死而令贫无埋骨哉?且以大将世爵身为名诸生,而贫若此者哉?吾郡好义之风,于吏部事独著,吏部真有以动之也。诸君如念吏部者,请不以此册为鲁缟。(文成未行)

(顾沅《吴郡文编》卷一七五)

举人朱绂妻刘氏,年二十四而寡,断发抚孤。子祖文,读书砥行,为名诸生。祖文痛母节未彰,不遑寝食,会其友文震孟述之吏部周顺昌,顺昌慨然为白当道。天启初得旌。

(乾隆《长洲县志》卷二七)

朱寿阳,祖文子。**祖文,即以身殉周顺昌之祸者**。寿阳少岁,补府庠生。世袭应得苏州卫指挥,让于弟寿康。寿康死,让弟寿增,寿增未受也。适遭父大故,家贫无以给,执友文震孟劝袭职,辞曰:“吾与先子言矣,不可以贰。”坚使弟就官。当父之有疾也,尝封股肉代药。既殁,一言行唯恐违。曾祖都督,先以御倭寇功建专祠京口,逆阉矫旨变易天下祠院,都督祠亦在毁中。寿阳负病匍匐泣诉当事,祠赖以存。**阉既诛,郡县以顺昌故,重其父,推德其子,赠官产五十亩,弗受,又赠金,弗受,人益重之**。生平有《经世略尝条十七

〔1〕夏峰孙征君:孙奇逢。

议》，于抚臣张国维时见采用，著有《筹时迂论》。崇祯壬午，诏访庠序岩穴之士，抚臣黄希宪檄府保举，知府陈洪谧以寿阳荐，授五经博士，不就。崇祯末，终于家。

（乾隆《长州县志》卷二三）

## 彭德先

彭德先，字敬舆，明吴县进士，汝谐之长子也。生万历中，倜傥有奇气，以诸生贡太学。时天下方有事，遂究讨兵师、算数之略，及水利、边防、星占诸家，言习弓矢，慨然有四方之志。福王立，阮大铖当国，为汝谐同年进士，或劝德先往干之，笑而不答。巡抚祁忠敏公彪佳开礼贤馆，德先乃上书陈兵食事宜，并请蠲苛税，彪佳得书，惊异，延德先厘正赋役，综故籍，斟酌出入为书，书垂成，彪佳罢去。国朝定江东，故籍尽散失，司理沈以曦复请德先因前书为据。顺治二年，蠲恤赋额悉委德先裁定。晚岁出入震泽之滨，晨夕烟霭，啸歌自得，因自号游湖渔叟。已而，买地玉遮山，更号曰玉遮山樵。康熙四年卒，年七十有六。**初，周忠介公顺昌忤逆珰削籍，德先往受业，及被逮，愤发欲与同难，率二子再谒系所，几不脱虎口。**所著《赋役书》若干卷。子珑，孙定求，弟行先，行先孙宁求，并见志。（《二林居集》）

（嘉庆《吴门补乘》卷五）

## 徐洌

徐洌，字仲容，号鹿峤，家世巨富。曾祖雪井（疑即石泉），以乐善好施见称乡里。祖履祥，字子旋，号古石，官至尚宝卿。父申，号文江，官至南京通政使（殿中执法坊二在苏州下津桥为申）。叔泰时，字大来，号舆浦，官至大仆少卿。皆以进士起家。洌负高才，制举文尤超拔，独艰于遇。万历癸卯，始举京兆，屡试春官，不售。性孝友，父申居家严肃，同母三人，兄弟俱无故失爱，而独厚洌，母冯尤甚。季尝以事被挞，洌趋与偕跪，俟母怒解而后起。授产时厚薄悬殊，洌婉曲推让，得其平，申亦心赏之，由是诸子无异视。诗文落笔敏捷，晚年尽火其稿，故传世者甚少。平生重意气，恤孤归榇之事，指不胜屈。**一时闻人如徐声远、于玉立、王在公、李衷纯、钦叔阳、王士骏，文震孟、张世伟、朱陛宣、姚希孟、周顺昌，皆其金石交也。**无子，以同祖弟子芬为后。卒，世伟为之传。申赐葬尧峰山，洌祔，震孟志其墓。弟瀚，字季长，国子生，亦有文名，先洌卒。

（时宝臣、凌德纯《直塘里志》卷四）

## 倪千骥

倪千骥，字冲台，万历二十五年举人，授福建罗源知县，政务安静，不尚苛察，迁王府长史。**与同年周顺昌意气相合。**天启中，见政事日非，谢病归。时邑中领乡荐者，例有摘拨田千亩，骥尽数归公，不治生产。子孙多能继业者。

（嘉庆《直隶太仓州志》卷三一）

## 陈必谦

陈必谦，字益吾，号旦融，万历癸丑进士，授知辉县，仿古常平仓法，积谷赈饥，濬卓水、万泉等河，民利赖之。**秩满入觐，御史左光斗特荐，左都御史邹元标、吏部周顺昌辈争相引重**。以目眚故，为南京御史。值梃击、红丸二案罪人未得，特疏参戚臣郑养性及大臣之婿戚入阁者，群奸侧目，削籍归里。崇祯初，起补南京御史，当京察，陈六事曰：正纪纲，明职业，重操守，破情面，禁借端，息党议，疏入，称旨。申谕掌察诸臣，而逆案计典遂定。然而小人之恨益深，朋党之局不解矣。久之，擢巡抚河南。时汴宋汝洛之间，所在皆寇，必谦所部，兵不满千人，援剿边兵多驻洛西，必谦亟檄至，令主客兵分道杀贼，边将左良玉与贼战鄢陵之张桥，又战郏县之神垕山，部将李云程战鄢陵之彭祖店，皆斩首无算。部将赵柱战叶臧，其渠帅伪兴世王贼攻信阳，部将李国祯与知信阳州严栻击却之，部将陈永福自陈趋沈邱，攻贼无意，贼溃为两，奔颍上及巩洛之间，必谦曰："濠颍接壤，园陵不可再惊，而西贼又不容缓图。"乃自引兵而西，命陈永福率兵赴颍力战。贼走黄州，西贼亦奔西洛。时永宁、灵宝告急，必谦遣别将救永宁，而自救灵宝。贼依朱阳山而阵，我师薄之，贼溃走死，川谷皆满。别将亦败贼于河底村，两县得完。已而，贼帅伪号闯王者拥众出关，又有号八大王、整齐王者数万众共河南，必谦率边将祖宽、左良玉等救之，战于嵩之九皋山，又大战于汝州之□料镇，斩贼闯塌天、整齐王二魁，贼皆溃走，或西入秦，或南入楚。而闯王则由汝宁入南直界去。当是时，贼惟伪闯王最为枭雄，必谦谓先擒闯，余党自溃，遂上疏乞勅督师、总理、镇守诸文武大臣。会诸道兵先剿闯贼一部，总理兵部郎常州卢象升亦誓与必谦戮力讨贼，刻期进兵，会贼别部复自秦楚分道入寇，洛下大震，贼知我有西顾忧，复进窥归德、开封，必谦督诸君迎击，贼败走，西贼闻以气夺，必谦度闯贼必西，分兵汝洛，设险以待，贼果西，边将王进忠、祖大乐、左良玉，部将汤九州等前后夹击破之。会楚郧二抚不能同心，又京师戒严，边帅在河南者，皆召入卫，贼势复猖，必谦与贼转战宛洛之间，斩贼伪扫地王，擒伪军帅金龙腾，饶有劳绩。执政以门户计，忌其成功，必谦荐陈永福战功多，劾左良玉部将不用命，皆不报。遂以该抚堕计土寇不戢二事为罪，解任归。必谦归而河南益不可问矣。怀愍帝常书天下清官四人于御屏，首文震孟，次即必谦，次刘宗周、黄道周。久之，思必谦废弃非罪，召为工部侍郎，督修永陵暨皇贵妃坟，坟例费三十余万，必谦以军需孔急，奏请省三之二，疏荐祥符史可法可大倚任，晋工部尚书。未几，而三月十九日之难作矣。必谦被执，大清兵入自辽阳，得间亡归，发愤病死。必谦少有清望，与顾端文、高忠宪、文文肃诸正人交好，诸正人咸推许之。性好论时艺，河南归，犹与士子论文娓娓不倦。著《柴居漫语》行于世。於乎！同一死耳，而死有先后，此必谦所以祈死而卒死也。扬历中外，箧无余资，二子皆诸生，穷死可以，征其品矣。弟必诚，字拙生，少困童子试，镞厉名节，束脩自好。尚书门第鼎盛，其心如水，鸡窗雪案，泊如也。中崇祯己卯举人，尚书念必诚贫，为一教官美缺地，退朝，视砚底留一札，急踪迹之，已飘然出国门矣。其安贫，必欲自力于公车如此，举乡饮宾，年七十三而卒。所著《增广楚词》《南华经悟解》诸书藏于家。

（康熙《重修常熟县志》卷一八）

# 张世伟

张基，字德载，越来溪人，性至孝，嘉靖十九年举于乡。父铨卒南安任，基千里奔丧，哭踊几绝。服除，当计偕，念大母陈年高，不赴。寻大母卒，丧葬尽礼。既再试不第，遂屏冠服，为野人装，题其室曰“爱日”。奉母以居，朝夕不离左右，孝养终其身。学者私谥曰靖孝先生。崇祯十年，御史祁彪佳表其至行，与归子慕、朱陛宣俱赠翰林院待诏。孙世伟，字异度，七岁丧母，朝夕号恸如成人，闻者皆为流涕。**万历壬子举人，与同郡周顺昌、朱陛宣、姚希孟、文震孟为吴门五君子**。卒年七十四，友人私谥之曰孝节先生（节柳商贤《横金志》引《墓志》）。子奕，字绥子，弱冠补诸生，父殁免丧，方卒业南雍，而天下乱，乃弃诸生，婆娑林壑，不与人事者二十八年而卒。姊夫顾咸建知钱唐县，杭州失守，跳免略地者，迹捕不得，株连逮奕曰；“肺腑至亲而不知所在，人情乎？”奕曰：“肺腑至亲而以所在告，亦非人情。”终不言。咸建出乃脱。（节顾苓传）

（民国《吴县志》卷七〇）

张世伟，字异度[一]，基之孙。七岁丧母，朝夕上食号恸，塾中书生皆为流涕。总角，明慧善属文，父尚友携之游娄江王世贞，锡爵叹息，以为国器。及长，声名籍甚。万历四十年举顺天乡试，出新城王象春之门。初，党议之起，世伟扼腕树颊，多所题核裁量，至是，忌象春者并指摘及之，坐罚三科累试不第，谢公车以老。**是时，吴中文震孟、姚希孟、周顺昌、朱陛宣辈，并以名行相砥砺，世伟皆与之友善，希孟则其受业弟子。顺昌遭阉祸，世伟周旋经纪，奋臂出入**。乡邦有大利害，搢绅[二]相顾嗫嚅者，必自世伟发之。卜居吴门渌水园，却扫诵读，清谈竟日，樵苏不爨。为古文辞取裁韩柳，所著有《自广斋集》。卒，年七十四，友人钱谦益[三]私谥之曰孝节先生。（约钱谦益志[四]）福王时，礼部奏赠翰林院待诏。（《旧府志》[五]）

（乾隆《苏州府志》卷六五，又见柳商贤《横金志》卷一二）

**【校】**

［一］“字异度”后，《横金志》有“越来溪人”四字。

［二］“搢绅”，《横金志》作“缙绅”。

［三］“钱谦益”，《横金志》无。

［四］“约钱谦益志”，《横金志》作“墓志”。

［五］“旧府志”，《横金志》作“府志”。

张弈，字绥子。**父世伟，字异度，万历壬子举人，与同郡周顺昌、朱陛宣、姚希孟、文震孟为吴门五君子**。弈弱冠，补诸生，父殁，免丧，方卒业南雍，而天下乱，乃弃诸生，婆娑林壑，不与人事者二十八年而卒。姊夫顾咸建知钱塘县，杭州失守，跳免略地者，迹捕不得，株连逮弈曰：“肺腑至亲而不知所在，人情乎？”弈曰：“肺腑至亲而以所以告，亦非人情。”终不言。咸建出乃脱。（节顾苓传）

（同治《苏州府志》卷八二）

顾咸建，字汉石，崇祯十六年进士，授钱塘知县。甫之官，闻京师陷人情汹汹，咸建戢奸宄，严警备。巡按御史彭遇飖以贪残激变，赖咸建调护事宁，而民免株连。及南都失守，镇江守将郑彩等率众还闽，缘道劫掠，咸建出私财迎犒，乃敛威去。亡何，马士英等拥兵至，顷之，大将方国安兵亦至，咸建谋于上官，先期遣使行赂，兵乃不入城，四乡多被淫掠，城中得无扰。时监司及郡县长吏悉逋窜，咸建散遣妻子，独守官不去。潞王既降，咸建不至，寻被执，死之。(《明史》)咸建为咸正之弟，与季弟咸受皆以文名吴下。**咸建婿于郡孝廉张世伟，世伟故与文震孟、姚希孟、周顺昌、朱陛宣善，诸人皆折辈行与咸建交。天启末，魏忠贤杀顺昌，咸建以女妻顺昌子茂萼**。莅任钱塘时，连岁大祲，米价腾湧，民削树皮拣野菜为食，而三饷叠加，催科愈急，长吏以解额为殿最，里甲往往雉经仓门。咸建分两税为十限，令同甲自相晓譬，不以官符追摄，集父老告之曰："寇患若此，朝廷师旅四出，征饷非得已也。尔曹受列圣深仁，独不思急公分上忧，而烦我遣胥乎？"民叹曰："明府爱我，我何敢以逋课负明府？"输将填溢，无后期者。其他如修学宫、清漕折，大旱则祷雨立应，狱灾则再拜反风，凡施德于民者甚多。乙酉五月，阁部马士英奉太后至杭请潞王监国，潞王惧不允，从巡抚张秉贞计输款。我朝六月十三日，大兵至，士英潜渡江去，潞王令咸建迎犒，百姓随而噪者数万，惟恐失顾知县。还至布政司堂上，缴印绶出，自沈于河，百姓救之。夜半，缒咸建出城，拥入舟，北行，大帅遣骑追，及于吴江，还至杭州，欲官之，抗辞不屈。闰六月一日，诣督府，百姓填塞辕门，为咸建请命，咸建求死甚力，遂杀于清忠坊，年五十二。死之日，百姓各持楮币一束，就鼓楼下焚之，烟焰烛天，竟夜不息。盛夏，悬首城楼，不集一蝇。咸受，字幼疏，天启甲子举人，昆山城破，与从孙贡生晋瓒俱死于兵。咸建于国朝乾隆四十一年追谥忠节。(曹梦元《殉难录》)

(光绪《昆新两县续修合志》卷二七)

顾咸建，字汉石，崇祯十六年进士，授钱塘知县。咸建与兄咸正、弟咸受皆以文名吴下。**咸建婿于郡孝廉张世伟，世伟故与文震孟、姚希孟、周顺昌、朱陛宣善，诸人皆折辈行与咸建交。天启末，魏忠贤杀顺昌，咸建以女妻顺昌子茂萼**。莅任钱塘时，连岁大祲，米价腾涌，民削树皮拣野菜为食，而三饷叠加，催科愈急，长吏以解额为殿最，里甲往往雉经仓门。咸建分两税为十限，命同甲自相晓譬，不以官符追摄，集父老告之曰："寇患若此，朝廷师旅四出，征饷非得已也。尔曹受列圣深仁，独不思急公分上忧，而烦我遣胥隶乎？"输将填溢，无后期者。其他如修学宫、清漕折，大旱则祷雨立应，狱灾则再拜反风，凡施德于民者甚多。乙酉五月，阁部马士英奉太后至杭请潞王监国，潞王惧不允，从巡抚张秉贞计输款。我朝六月十三日，大兵至，士英潜渡江去，潞王令咸建迎犒，百姓随而噪者数万，惟恐失顾知县。还至布政使堂上，缴印绶出，自沉于河，百姓救之。夜半，缒咸建出城，拥入舟，北行，大帅遣骑追，及于吴江，还至杭州，欲官之，抗辞不屈。闰六月一日诣督府，百姓填塞辕门，为咸建请命，咸建求死甚力，遂杀于清忠坊，年五十二。死之日，百姓各持楮币一束，就鼓楼下焚之，烟焰烛天，竟夜不息。盛夏，悬首城楼，不集一蝇。闽中，赠太仆少卿，谥忠节。咸受，字幼疏，天启甲子举人，昆山城破，与从孙贡生晋瓒俱死于兵。咸建于国朝乾隆四十一年追谥忠节。(《南疆绎史》《殉节录》，参道光《昆新志》)

(同治《苏州府志》卷九四)

## 洪祖烈

洪祖烈,字定远,一字山峡。其先休宁人,祖晹客于苏,遂为邑之芦墟人。祖烈少负气,喜读兵书,慕古忠臣名将。及长,从当世名节士相砥砺。中万历四十四年武进士,授金山把总,升汀州守备。天启三年,以安邦彦危贵阳调祖烈赴援,至则奉巡抚王三善令剿贼,攻金刀坑,克之,攻平塘卧墉,克之,攻乐坝、石骨等三十余寨,连克之,获刘罔等二百余户,围蔡氏渡,降之。闰十月,三善自将兵督陈,祖烈攻破毕节寨,追奔至七山箐,直捣大方。大方者,贼巢也。三善令祖烈赴省报捷,总督杨述中令护饷,仍进巢,往来数百里,兵不过千人,撞搪出入,贼虽众,莫能挫其锋,以功加衔副总兵。寻以调兵澄江留镇,偏桥会黑脚苗焚劫粮艘,祖烈以二百人御之,败苗兵千余,苗复纠生力三千来致死,祖烈扼险以待,终不敢犯。督抚交章论荐,而阉党崔呈秀方为兵部尚书,贼杀边将,荼毒正人,**知祖烈素从周顺昌、文震孟游**,恶之,格不得上。崇祯初,都城戒严,命守西直门。时中贵肆横,诸将争屈膝,祖烈投劾求去,戎政尚书闵某慰留之。寻调神枢营参将,复调守湖广黎靖,忌者中以考功法,坐降调归。既复以南京兵部尚书李邦华荐起补龙江水兵游击,常愤时事,数求去而本兵亦辄慰留。累迁至后军都督府都督。时福王立南京,祖烈屡上书言兵事,不报。复与马士英、阮大铖忤,遂罢归。国朝顺治二年,嘉善吏部郎钱栴籍乡人为兵守,御延祖烈主其事。俄而兵溃,栴死,祖烈乃仗剑入闽,从御史郑为虹、给事中黄大鹏同守仙霞岭。三年八月,大兵至,祖烈力屈,拥见贝勒,迫之跪,祖烈屹不动。贝勒壮而欲降之,祖烈曰:“负国不忠,负先不孝,不忠不孝,何用生为?”明日,复拥见,令输饷,祖烈曰:“有饷则能战,何至于此?”嚼舌喷血大骂,乃令驱出斩之。祖烈奋跃夺刃,刺胸死。是日,为虹、大鹏皆不屈死。已,贝勒念三人忠,衣冠敛之。祖烈门生王正梵、仆进兴扶祖烈柩以归,葬于某县某所。子明桢,高才生,削发入山,寻卒。

论曰:余始观殉国汇编,知都督以守浦城死,及观苏州先辈小传,复知其历官率才与节并。既得礼部郎洪琮所撰家传观之,乃悉其前后事之详,而死节时语言状貌,尤令人肃然生敬。其在吾邑,盖周忠毅、吴忠义、孙孝廉之俦也。琮撰都督传本于其冢孙琦所述行状,末叙死节事,又其门人与仆所亲见闻者,较他书其可信者多,故今采琮语为本以作传,至《明史》传郑为虹、黄大鹏,俱不及都督之死,殆史馆无琮传诸书,或有焉而莫之信故耶。若《浙斜塘洪氏谱》谓都督归老芦墟。是但闻其罢归于福王时,而不闻其入闽后之死节也。或反以是而疑之,过矣。

(乾隆《吴江县志》卷二九)

## 马士鲤

马士鲤,字云逵,吴县人。精石刻,四方名公所书碑碣,多出其手。性豪迈,敦行谊,与人谈忠孝事,辄亹亹不倦。天启中,吴下争为魏忠贤建祠立碑,巡抚毛一鹭檄府县,命士鲤镌刻,士鲤闻而宵遁,匿身浙右。继而,**魏大中被逮过吴门,周顺昌欲以女字其孙,仓卒无媒,士鲤曰:“非我莫之为也。”遂通两姓之好**。大中拷掠坐赃,士鲤四方奔募,悉以所

得归其子输官。其洁清自好如此。(旧《府志》)

(乾隆《苏州府志》卷六六)

## 顾凝远

顾凝远,字青霞,九思孙,承祖父荫。绝远纨绮,刻尚风雅,隐居不仕,筑室齐门,即今之花溪,多蓄图书,彝鼎商周法物。**素与文震孟、周顺昌、姚希孟诸人善,时相过从,谈讨古今,置酒欢笑,不复知人间名利事**。尤通画理,师小李将军。层峦叠嶂,金碧攒蹙,华亭董其昌尝三过而三跋之。晚年惟以画自娱,后因门不客骤贵,欲引之为重,不屑就,客衔之,将设计倾陷,转徙避地,用是破家,穷愁以卒。

(乾隆《长洲县志》卷二三)

## 瞿式耜

瞿式耜,字起田,举万历四十四年进士,授吉安永丰县,有惠政,调江陵,永丰民乞留,命再任,以忧归。崇祯元年擢户部给事中,疏言李国槽宜留,内阁王永光宜典铨曹,于汴宜秉宪,郑三俊、毕懋良宜总版曹,李邦华宜主戎政,帝多采其言。俄陈朝政不平,为王之家请恤,孙慎行讼冤,速杨镐王化贞之诛,白杨涟、左光斗结毒之谤,追论故相魏广微、顾秉谦、冯铨、黄立极之罪,因言夺情建祠之朱童蒙不可宽,积愆久废之汤宾尹不可用,帝亦纳之。又极论来宗道、杨景辰附逆珰不可居政府,二人旋罢去。御史袁宏勋劾大学士刘鸿训,逆党徐大化实主之。川贵总督张鹤鸣先已被废,其复用由魏忠贤。**并疏论已颂杨涟、魏大中、周顺昌为清中之清,忠中之忠,三人遂赐谥**。未几,陈时务七事,言起废不可不覈,升迁不可不渐,全推不可不慎,谥典宜严,刑章宜饬,论人宜审,附珰者宜区分。又极论馆选奔竞之弊,请临轩亲试,多议行。时将定逆案,请尽发红本审其情罪轻重。又言宣府巡抚徐良彦不附逆阉,为崔呈秀诬劾遣戍,亟当登用,良彦遂获起。式耜矫矫立名,所建白多当帝意,然搏击权豪,大臣多畏其口。十月诏会,推阁臣,礼部侍郎钱谦益以同官周延儒方言事,蒙眷虑并推,则已绌谋沮之。式耜,谦益门人也。言于当事者,摈延儒弗推而列谦益第二,温体仁遂发难,延儒助之,谦益夺官闲住,式耜坐贬谪。式耜尝颂贵宁参政胡平表杀贼功,请优擢其后,平表为贵州布政使,坐不谨罢,式耜再贬二秩,遂废于家。久之,奸民张汉儒、希体仁指讦谦益、式耜贪肆不法,体仁主之下法司逮治。巡抚张国维、巡按路振飞交章白其冤,不听。比两人就狱,则体仁已去位。狱稍解,谦益坐削籍,式耜赎。徒言官疏荐,不纳。十七年,福王立于南京。八月,起式耜应天府丞,已擢右佥都御史,巡抚广西。明年夏,甫抵梧州,闻南京破,靖江王亨嘉谋僭号,召式耜,拒不往。亨嘉至梧,劫式耜,幽之桂林,遣人取其敕印,而亨嘉为丁魁楚所攻,势窘乃释式耜。式耜与中军官焦琏召思恩参将陈邦传共执亨嘉,乱遂定。唐王擢式耜兵部右侍郎,协理戎政,式耜不入朝,退居广东。

顺治三年九月,大兵破汀州,式耜与魁楚议立永明王,由榔乃迎王于梧州,以十月十日，监国肇庆，进式耜吏部右侍郎，东阁大学士兼掌兵部事。未几，赣州败，报至司礼王坤迫，王赴梧州，式耜力争不得。十一月朔，苏观生立唐王□于广州，式耜乃与魁楚等议迎王还肇庆，遣总督林佳鼎御，观生兵败，殁。式耜视师峡口。十二月望，大兵破广州，王坤趣王西走，式耜趋赴王，王已越梧而西。四年正月，大兵破肇庆，逼梧州，丁魁楚、吕大器、王化澄皆弃王去，止式耜及吴炳、吴贞毓等从，乃由平乐抵桂林。二月，大兵袭平乐，分兵趋桂林，王将走全州，式耜极陈桂林形势，请留，不许，自请留守，许之。进文渊阁大学士兼兵部尚书，赐剑，便宜从事。大兵于三月薄桂林，以骑数十突入文昌门，登城楼，瞰式耜公署，式耜急令援将焦琏拒战。凡三月，式耜身立矢石中，与士卒同甘苦，积雨城坏，吏士无人色，式耜督守自如，故人无叛志，援兵索饷而哗，式耜括库不足，妻邵捐簪珥佐之。既而，琏兵主客不和，噪而去，城几破者数矣。会大兵引而东，桂林获全，王闻，封式耜临桂伯。七年十一月，大兵破桂林，总兵戚良勋请式耜上马速走，式耜坚不听，叱退之。俄总督张同敞至，誓偕死，乃相对饮酒，一老兵侍，召中军徐高付以敕印，属驰送王。是夕，两人秉烛危坐。黎明，数骑至，式耜曰："吾两人待死久矣。"遂与偕行，至则踞坐于地，谕之降，不听，幽于民舍，两人日赋诗倡和，得一百一首。至闰十一月十有七日，将就刑，天大雷电，空中震击者三，远近称异，遂与同敞俱死。(《明史》《忠烈纪实》桂王监国，赠式耜粤国公，谥文忠。)乾隆四十一年，赐谥忠宣。

子嵩锡，字伯申，举人。家世华膴，嵩锡性淡退，如寒门素士。昌文，字寿名，式耜孙，性豁达，能行度外事。年十七，念其祖在远，欲往省，恐父母惜其年少不听，一日早起，幞被独行，家人觉之，急遣力赍资用追，及之杭州僧舍。间关万里，微服隐名，冒矢石，陷重围，几死者再，然后得达，式耜诵退之"知汝远来"之句，且喜且悲。荐授翰林院检讨，式耜殉节后，里骨归，又几落虎口。式耜以殁后，英爽脱之，著有《粤行纪事》《倦知小记》。初。昌文既往。家书久不至，其叔父元锖，字生甫，继往，道阻不得达，殁于永宁。(《府志》)

(乾隆《常昭合志》卷八)

## 广　传

广传，号济川，太仓人，少从父贾京邸，年四十归，遍游名山，至玄岳[一]礼虎耳崖不二和尚，豁然有省，日诵《金刚经》不辍，次参雪浪洪恩[二]，最后皈依云栖袾宏，一意净土，身未离白衣，而冥契已冠缁流矣[三]。矢志复花山讲寺，走南都，请《大藏》以还，值有阻之者，传志益坚，愿舍身完寺，赴云栖削发。时文阁学震孟尚乡举，未登第，殚力为捍御。传外应嚣讼，内结云水，一钱粒米，尽出私囊，不资檀施。[四]已事定，入天目结庐西厓，人遂以西厓称。传久之返吴，就墓诛茅架屋，遵云栖清规，课诵评唱，**周忠介顺昌题曰"小云栖"**。自后，传虽时时入山习静，然终不践花山故迹，其刚决如此。预知大尽，命徒众？礼《大悲忏》，忏毕，即示寂，得年七十有七。(张世伟《传略》)

(崇祯《吴县志》卷五四，又见乾隆《吴县志》卷七七)

**【校】**

[一]"玄岳"，乾隆《吴县志》作"玄墓"。

［二］“次参雪浪洪恩”乾隆《吴县志》无。

［三］“身未离白衣，而冥契已冠缁流矣”，乾隆《吴县志》无。

［四］“传外应嚣讼，内结云水，一钱粒米，尽出私囊，不资檀施”，乾隆《吴县志》无。

## 三峰大师

师名法藏，字于密，无锡苏氏子也。父兰，母周氏，家世奉斋。师生而颖异，有大志。十五，过德庆庵，礼佛心动，遂出家。然性高旷，不事事，留心笔墨间，阄题拈韵，与同里薛廉宪敷政辈相倡和。每自言：“四十当悟道，六十岁死矣。”二十九岁，见高峰语录，开卷怅然，若能记忆，遂决志参禅。是岁，受戒于云栖。又十年，受具于灵谷。又明年，住海虞之三峰。如是十余年中，虚檐破壁，草舍萝墙，食豆滓，衣补缀，不以为苦。尝参“万法归一，一归何处”话，目不交睫，肋不至席，以未有悟入，惶惧泣不禁，至欲养发入医卜，不受十方茶饭，俟参透再来。其惧罪福如此。

万历壬子，师年四十，必以得悟为期。适有老宿朗泉者，闭不语关。师入与相拜，拜下，忽晕眩，涂炭斗许，一睡五日，不知人事。会窗外有二僧夹篱折大竹，声若迅雷，师自枕上跃起，顿得心空。至夜，闻两堂课诵钟鼓之音，如在自己身中，历历落落，毫无间隔，觉得身遍虚空，坐一夜如弹指。凡祖师言句，一时会尽。自此触处皆悟，转悟转深。尝参“三玄要”四十余日，痰痈发于左臂，自肿及溃，了不经意。后脱衣，脓血胶冻，始觉。师与觉范所著《临济正宗》，意旨符契，觉公无后，意欲遥嗣之。又复携杖笠，由浙东遡匡庐。时禅风绝响，于是闭门，研极五宗之妙，著《五宗原》。于是海内衲子望风云集，太仓之慧寿，吴门之北禅，迎师开法，师以威音以后，不许无师自任。所至不正位，不登座，惟随宜启发而已。或指见五乳憨公，师曰：“此老固菩萨，然我所欲嗣者临济儿孙，岂可因彼盛名更吾志哉？”后闻天童悟和尚出世金粟，师策杖从之，往复印证，粟竟手书源流，以信拂付焉。既而杭之安隐请云门湛和尚开法，湛见师语录，曰：“此古佛再来也。”邀师为第一座。师至，而湛先示寂，檀众遂请师开堂。自此玄风大畅，纵其机辩，以接四方学者。天启丁卯，住玄墓圣恩寺，间游他方，缁素拥护，罗拜道侧者几万计。时有不得志于师者，间师于天童，造作语言，几成聚讼，然非天童与师意也。

甲戌六月，归故里，重瘗父母以竣其志。己亥六月，病脾，寝数月。侍者问：“如何是身后事？”师曰：“床头老树偷残药，壁上孤灯照旧衣。”遂酣睡。至中夜，沐浴更衣，泊然而逝。

师上堂四十余会，度徒百余，受戒万众，得法者十二人：一默、成问、石乘、在可、证顶、目彻、澹予垣、剖石壁、于磐鸿，具德礼；继起储慧、刃铦潭、吉祥忍。宰官居士，皈依遍天下，其最醉心法乳者，文文肃、姚文毅、周忠介、蔡忠襄、金太史声、熊黄门开元、刘孝廉道贞，而孝廉尤称入室。所著《语录》《广录》《弘戒法仪》《五宗原》传于世。

三峰，无锡五牧人，即苏汉月也。初为应付，后归禅。其登坛讲论，皆取法于四书、五经。曾记其寻讨一“理”字云：“是无着当字，又是极切实字，总是三代以后人少不得，三代以前人用不着，此所以四书、五经上无此一字。”虽饱宿，往往为其所难，真辩才也。

（计六奇《明季北略》卷一一）

【札】

## 圣恩禅寺中兴记[一]

蔡懋德

赐同进士出身都察院右副都御史奉敕提督雁门等关巡抚山西等处地方昆山蔡懋德撰文[二]

赐进士出身都察院协理院事左副都御史武进张玮篆额[三]

赐同进士出身行人司右司副前吏科给事中嘉鱼熊开元书丹[四]

圣恩禅寺,在吴故称名刹。创建缘始,王少宗伯一宁、陈比部亢宗两记言之详矣。唯天顺赐额以后,寺渐颓废,沦为酒肉之场。其所谓万峰禅院,居大殿右,即虚碧璿公之退居。岁久,规约尽隳,遂分东西两房。嘉隆间,尽贸为民产。至万历时,徐孝廉洌得之,读书其中。已,知为禅院故业,欲返,无其主。后闻郡绅将延吾[五]师三峰和尚主席,病革时,遗命归寺。

师既开堂唱临,济正宗,续十一代灯焰,而璿公塔碑出焉,与清师塔相属。院后,旧有璿公方丈,其业主亦书券还基。镜心觉公,先修塔院,前建文殊堂。适万峰十代嗣法孙天童悟师入山扫塔,见塔前有堂,障湖山之胜,移堂于左,于是两院并峙。吾师更念僧徒食指难继,谋诸檀越,市滨湖葑田三顷有奇,开荒凿沼,以资灌溉,仰输国赋,俯饲僧伽。建纯白寮、大义堂,放生所为,圣恩子院殿,左钟楼,而[六]悬万石巨钟。嘉靖间,被权相攫去。至神庙中年,昙旭晓公受紫柏[七]大师命,募铜蜀山,值前吴令傅公光宅持节按蜀,力为劝扬,获铜万余觔。入冶,三铸不就,晓愿舍身洪炉,始成器,仍镂《法华经》六万字于上,云栖僧智在巢露架。昼夜杵击千声,声持大悲咒一遍。天启丁卯六月,其钟丙夜随声放光,如飞隼回翔祖塔。晓公殁,钟楼犹未构也。大殿、佛阁并为震风凌雨飘荡[八],柱栋莫支。其徒体慈洎本山如修,将殿阁、钟楼及坐山悉交吾师。师复偿以百金,躬荷其事,俾麓屏贡公任钟楼之役。而师自捐钵赀缮佛阁。已经画[九]内外,指授规为,付法剖石璧公。退息死关,匪久示寂。璧公嗣统,克振[十]宗风,亟新大雄殿,并创天王殿、山门、大悲堂、方丈、禅室,复购旃檀,雕毘卢像,请《大藏》,供奉佛阁。昔阁后璿师亦建禅堂,有天井,图画一区,程太常南云题额。东为双梧轩,少师姚恭靖所憩也。西曰碧炤轩,轩后曰万峰深处。以迨旷壤之粥为幽宫者,以堪舆不利,告迁乞赎,而寺之址斯[十一]全复无遗。万峰之业,实于吾师中兴云。

嗟乎!非吾师何以天人相臻如是?其初为劝相者,吴令陈公文瑞,吴江令熊公开元,乡绅阁学文公震孟,宫詹姚公希孟,忠介周公顺昌也。其山硗顷亩,永免徭[十二]差、坐派、军恤,以护持不替者,巡抚庄公祖诲、张公国维,巡按陈公乾阳、祁公彪佳,县令杨公云鹤[十三]、牛公若麟也。称扬大法,若财施殷殷无怠者,宗伯董公其昌、勋卿叶公绍颙、侍御李公模、孝廉吴君瑞风、硕士周君祗、徐君泰宁、周君永年、沈君愈昌也。

不类德虽立雪门墙,浅衷弱植,无能裨益大道。只吾师西归之顷,德尝启手启足,辱提耳命曰:"寺成日,尔其作记。"德稽首敬诺。乃名根未净,驱驰王事,非践戎马之郊,即入荒残之地,鞅掌未遑。兹衔命晋疆,寤寐之际,尝若见师,而璧公札至,遂盥手纪其大略。若夫师之道行,海内共尊。德小子,何能赞一辞?且记亦纪夫有为之迹。倘云大道,则不立文字,记亦赘矣,奚以多为?

崇祯辛巳季春日朔[十四]

大明崇祯十四年辛巳季春朔旦主持沙门宏璧立石[十五]

(崇祯《吴县志》卷三五,又见康熙《吴县志》卷三四,熊开元、周永年、王涣如《邓尉山圣恩禅寺志》卷八)

**【校】**

[一] 题目,《邓尉山圣恩禅寺志》作"敕赐圣恩禅寺中兴记"。

[二][三][四] 题款,仅见《邓尉山圣恩禅寺志》。

[五] "吾",康熙《吴县志》作"我"。

[六] "而",《邓尉山圣恩禅寺志》作"向"。

[七] "柏",《邓尉山圣恩禅寺志》作"栢"。

[八] "飘荡",《邓尉山圣恩禅寺志》作"飘摇"。

[九] "画",康熙《吴县志》作"书"。

[十] "振",康熙《吴县志》作"正"。

[十一] "斯"字,康熙《吴县志》无。

[十二] "徭",康熙《吴县志》作"径"。

[十三] "杨公云鹤",崇祯《吴县志》无,据《邓尉山圣恩禅寺志》补。

[十四] "崇祯辛巳季春日朔",《邓尉山圣恩禅寺志》无。

[十五] "大明崇祯十四年辛巳季春朔旦主持沙门宏璧立石",仅见《邓尉山圣恩禅寺志》。

# 义助诸人

## 傅汝循

傅汝循,字孟博,美须眉,工谈笑,所居故业,轩几臭设,沃绿广池,能令人自远也。幼资敏,属文立就。发甫燥,为县诸生。受饩,试辄冠军,名声籍籍。然困于数奇,屡试不售,遇例输赀准贡,卒业北雍,仍应秋试。久次部试,应授县丞,汝循安之矣。姚宫詹希孟力言:"文雅如傅先生,岂有奔趋为丞者乎?"**适周忠介公顺昌署文学,破格改除泰州学训导,颇自得。积俸脯助忠介之难**。崇祯改元,升山东济南府通判,获上委,摄府篆。时值旱灾,军兴孔棘,汝循多方区处,卒赖以安。德州为漕道要冲,悉心经理,厘奸剔獘,大为漕便。又摄利津县事,民情帖然。屡膺台司,交章引荐。年七十有三,迫痰,竟旅卒。汝循生平笔砚外无他嗜好,惟诗文自娱,书摹晋唐宋诸名公,俱有法,既能书,又不作书家态,同人每就得之,尝应接不暇。虽当簿书鞅掌,从吾所好,弗与易也。子康为诸生,负隽才,夭死。时咸悼之。(张世伟传略)

(崇祯《吴县志》卷四八)

## 张我成

张我成,字德仲,诸生以孝闻,与徐文靖汧为中表兄弟。**周顺昌被逮,周旋其难,人多之**。崇祯时,天下多故军输,租调仰给东南,而吴尤甚,箕敛既烦,民力卒殚,继以凶荒疾疠,民几嚣然不靖,官吏士夫鲜有能振而弭之者。我成为当事运策安之,凡贮粟煮糜,收孤埋胔,以及治桥梁、讲水利,并寓赈于工,抚臣重其才,以贤良方正荐。行有日而南都破,我成遁于荒野,农桑自给,陈遗经教子孙,一室之外罕接其迹,汧子枋称其有能达能隐之大节云。(《府志》、徐枋《张征士寿序》合参)

(凌寿祺《浒墅关志》卷四〇)

## 王瑞国

王瑞国,字子彦,世懋孙,士騄子,弱冠中天启元年举人。束脩砥行,吴门文震孟、姚希孟折辈行与交。**周顺昌罹珰祸,裹金急其难**。马世奇殉国,设位诔以哭之。性高简,寡嗜好,研精书史,无晷刻间,为古文出入欧曾二家。国朝顺治十年授广东增城令,三载告归,筑瘗研斋,著述以老。

(嘉庆《直隶太仓州志》卷三六)

## 张世俊

张尚友,字益之。父病革,刲左臂和糜以进,人有欲上其事者,尚友怒曰:"是欲我以死父取名乎?状苟上,我必死之。"张居正夺情,詈且诅者竟夕。为文疏通《尔雅》,有唐宋大家之风。所著《存笥集》钱谦益为序。**子世俊,字孟舒,为人孝友狷洁**。**周顺昌逮系,出入□饘,无所避,人尤难之**。(本《牧斋初学集》)

(乾隆《吴江县志》卷三七)

## 顾宗孟

顾宗孟,字岩叟,长洲人。少孤,母庄守节教之。万历己未成进士,授定海知县。天启辛酉,有调援之役,定兵怒其帅婪侵,鼓噪劫掠,变起仓卒,宗孟至武场谕以大义,即解散就伍,乃按籍抽选严队进发,而潜疏渠首于巡抚正法焉。滨海多盗,潜侦关上,多见擒,当事以为被虏冤民,行县释放。宗孟于众中忽识一人,叱之曰:"若非周某乎?"周叩头请死,盖其先被擒,既释而复为盗者,立斩之。在任五年,及去,民争攀留追送。擢御史,遇事敢言。**周顺昌逮下诏狱,宗孟力任□饘之事**。寻乞终养归。崇祯初,起为福建参议,以母老恳辞不赴。居丧哀毁,三年不御酒肉。卒年五十二,人称孝介先生。当时与文震孟、姚希孟称吴中三孟云。(吴适《传》)

(乾隆《苏州府志》卷五六)

## 毛 堪

毛堪，字公舆，珵元孙。万历戊戌进士，除吉安府推官，擢御史巡按云南。时岁加贡金至五千，搜括民间，偿价十倍，驱商数千里外采煎，商民交困，堪三疏力争。尝劾镇臣骄横，疏筑阿迷广通等城，控制要害，又请开广西通滇南，毋孤悬一线，后水西叛乱，人皆悔不早从堪言。再按顺天，父艰归，服阕起大理丞，迁少卿，皆不出。**周顺昌被逮，堪身任櫜馆**。崇祯初，累擢南京光禄寺卿，府尹通政使。卒赠工部右侍郎，予祭葬。（张世伟《状》）

（乾隆《苏州府志》卷五四）

## 徐 汧

徐汧，字九一，长洲人。生未期而孤，稍长，砥行有时名。天启五年，魏大中被逮过苏州，汧贷金资其行。**周顺昌被逮，缇骑横索钱，汧与同里杨廷枢敛财经理之**。崇祯元年成进士，改庶吉士，授检讨中允。黄道周以救钱龙锡贬官，倪元璐，道周同年生，请以己代谪，帝不允。汧上疏颂道周、元璐贤，且自请罢黜。帝诘责汧，汧曰："推贤让能，荩臣所务。难进易退，儒者之风。闲者陛下委任之意希注，外廷访察之权辄逮，阉寺默窥圣意，疑贰渐萌，万一士风日贱，宸向日移，明盛之时，为忧方大。"帝不听。汧寻乞假归。还朝，迁右庶子，充日讲官。十四年，奉使益王府，便道还家。当是时，复社诸生气甚盛，汧与廷枢、顾杲、华允诚等往复尤契。居久之，京师陷，福王召为少詹事。汧以国破君亡，臣子不当叨位，且痛宗社之丧亡，由朋党相倾，移书当事，劝以力破异同之见。既就职，陈时政七事，惓惓以化恩仇、去偏党为言。而安远侯柳祚昌疏攻汧，谓："朝服谒潞王于京口，自恃东林臣魁，与复社杨廷枢、顾杲诸奸狼狈相倚，陛下定鼎金陵，彼为《讨金陵檄》所云'中原逐鹿，南国指马'是何语？乞置汧于理，除廷枢、杲名，其余徒党，容臣次第纠弹。"时国事方棘，事亦竟寝。汧移疾归。明年，南京失守，苏常相继下。汧慨然太息，作书戒二子，投虎丘新塘桥下死，郡人赴哭者数千人。时又有一人，儒冠蓝衫而来，跃虎丘剑池中，士人怜而葬之，卒不知何人也。（《明史》）鲁王监国，赠汧太子太保，礼部尚书，谥文靖。（姜垓《传》）

（乾隆《苏州府志》卷五六）

## 杨大溁

杨大溁，字子澄，兵部尚书成子。为邑诸生，布衣踽步，人不知为贵公子。时王敬臣以理学倡道，东南立说主敬，大溁从之游，与论难退而沉思，谓："始终惟慎独。"敬臣深嘉起予。敬臣没后，学者严事。大溁性至孝，居父母忧，哀毁骨立，继丧生母，年及艾，犹孺子泣，兄弟四人，事伯兄如父，仲季皆早卒，抚其女嫁之。岁饥，死亡相枕藉，买地掩骼，岁以万计。**缇绮逮周顺昌，并坐赃，大□置籍为劝输。初，吴人虽急顺昌难，犹惴惴惧，及既见大□，咸曰："乃公尔，吾属敢后？"**咸赴义焉。子廷枢，负盛名，为儒宗，犹中夜立床下，谆谆训诲不少假。年五十九殁，娄东张仪部采曰："先生庸行皆绝，行孝其大源，而端则其统指也。"因谥端孝先生。崇祯初，祀乡贤。

（乾隆《长州县志》卷二三）

# 地方官员

## 苏州同知杨姜

杨姜，天启间为府同知，清介自守，遇事能办，在任八载，督治漕艘及军器，有能称。时织造内监李实骄横，胁制郡县以属礼见。姜独不屈，撄其怒，为实诬劾。巡抚周起元抗疏申救，不获免，竟罢去。

（康熙《吴县志》卷四〇）

杨姜，天启间为府同知，清介自守，遇事能办，在任八载，督治漕艘及军器，有能声。摄浒墅钞关，商民便之。时织造内监李实骄横，胁制郡县以属礼见。姜独不屈，撄其怒，为实诬劾。巡抚周起元抗疏申救，不获免，竟罢官。

（乾隆《苏州府志》卷四四，又见道光《苏州府志》卷七二、同治《苏州府志》卷七〇、民国《吴县志》卷六三、凌寿祺《浒墅关志》卷六）

## 应天巡抚周起元

周起元，字绵贞，福建海澄人，万历辛丑进士。天启间，巡抚吴中，为政持大体，尚清静，而性刚介，不畏强御。织造内监李实倚忠贤势，贪暴不法，恶苏州同知杨姜，诬劾之。起元为申救，因疏实侵克罪。又兵备副使朱童蒙亦忠贤党，秽声籍甚，起元疏纠其恶。忠贤怒嗾实劾起元及高攀龙、周顺昌、周宗建等七人，俱被逮，骈死狱中，人皆冤之。

（康熙《吴县志》卷四〇）

周起元，字仲先，海澄人，万历二十九年进士。天启三年，擢右佥都御史，巡抚苏、松十府。公廉爱民，丝粟无所取。遇大水，百方拯恤，民忘其困。织造中官李实素贪横，妄增定额，恣诛求。苏州同知杨姜署府事，实恶其不屈，摭他事劾之。起元至，即为姜辨冤，且上去蠹七事，语多侵实。实欲姜行属吏礼，再疏诬逮之。起元再疏雪姜，更切直。魏忠贤庇实，取严旨责起元，令速上姜贪劣状。起元益颂姜廉谨，诋实诬毁，因引罪乞罢。忠贤大怒，矫旨斥姜为民。起元复劾实贪恣不法数事，而为姜求宽。实以此敛威，而忠贤遂衔起元不置。分守参政朱童蒙狂暴肆行，起元列其贪虐状以闻。忠贤遂矫旨削起元籍，擢童蒙京卿。

六年二月，忠贤欲杀高攀龙、周顺昌、缪昌期、黄尊素、李应升、周宗建六人，取实空印疏，令其党诬起元为巡抚时干没帑金十余万，日与攀龙辈往来讲学，因行居间。矫旨逮起元至京，酷加搒掠，悬赃十万。九月毙之狱中，吴士民及其乡人无不垂涕者。

崇祯初，赠兵部右侍郎。福王时，追谥忠惠。（《明史》）

（乾隆《苏州府志》卷四二）

周起元，字仲先，海澄人。万历二十八年乡试第一，明年成进士。历知浮梁、南昌，以廉惠称。

行取入都，注湖广道御史。方候命，值京察。御史刘国缙疑郑继芳假书出起元及李邦华、李炳恭、徐缙芳、徐良彦手，遂目为"五鬼"，继芳且入之疏中。起元愤，上章自明。居二年，御史命始下。

会太仆少卿徐兆魁以攻东林为御史钱春所劾，起元亦疏劾之。奸人刘世学者，诚意伯刘荩臣从祖也，疏诋顾宪成，起元愤，力斥其谬。荩臣遂讦起元，益诋宪成。起元再疏极论，其同官翟凤翀、余懋衡、徐良彦、魏云中、李邦华、王时熙、潘之祥亦交章论列。且下令捕世学，世学遂遁去。吏部侍郎方从哲由中旨起官，起元力言不可，并刺给事中亓诗教、周永春，吏部侍郎李养正、郭士望等。吏部尚书赵焕出云中、时熙于外，起元劾其背旨擅权，坐停俸。焕去，郑继之代，又出之祥及张键。起元亦抗疏纠驳，因言张光房等五人不当摈之部曹。与党人牴牾，忌者益众。

寻巡按陕西，风采甚著。卒以东林故，出为广西参议，分守右江道。柳州大饥，群盗蜂起，起元单骑招剧贼，而振恤饥民甚至。移四川副使，未上。会辽阳破，廷议通州重地，宜设监司，乃命起元以参政莅之。

天启三年入为太仆少卿。旋擢右佥都御史，巡抚苏、松十府。公廉爱民，丝粟无所取。遇大水，百方拯恤，民忘其困。织造中官李实素贪横，妄增定额，恣诛求。苏州同知杨姜署府事，实恶其不屈，摭他事劾之。起元至，即为姜辨冤，且上去蠹七事，语多侵实。实欲姜行属吏礼，再疏诬逮之。起元再疏雪姜，更切直。魏忠贤庇实，取严旨责起元，令速上姜贪劣状。起元益颂姜廉谨，诋实诬毁，因引罪乞罢。忠贤大怒，矫旨斥姜为民。起元复劾实贪恣不法数事，而为姜求宽。实以此敛威，而忠贤遂衔起元不置。分守参政朱童蒙者，先为兵科都给事中，以攻邹元标讲学外迁，失志狂暴，每行道辄鞭扑数十人，血肉狼籍。起元欲纠之，童蒙遂称病去，起元乃列其贪虐状以闻。忠贤遂矫旨削起元籍，擢童蒙京卿。

六年二月，忠贤欲杀高攀龙、周顺昌、缪昌期、黄尊素、李应升、周宗建六人，取实空印疏，令其党李永贞、李朝钦诬起元为巡抚时干没帑金十余万，日与攀龙辈往来讲学，因行居间。矫旨逮起元，至则顺昌等已毙狱中。许显纯酷榜掠，竟如实疏，悬赃十万。罄赀不足，亲故多破其家。九月毙之狱中，吴士民及其乡人无不垂涕者。

庄烈帝嗣位，赠兵部右侍郎，官一子。福王时，追谥忠惠。

（《明史》卷二四五）

## 苏州知府寇慎

寇慎，号[一]礼亭，陕西人，万历丙辰进士。天启三年来守苏，志操[二]清洁，勤于吏事。性复慈爱，问民疾苦，体恤周至，以是深得民心。时逆珰魏忠贤恣横[三]，以私怨构周忠介顺昌[四]，嗾其党诬劾之被逮[五]，吴民颜佩韦等拥众数千人白忠介[六]冤。抚臣毛一鹭亦珰[七]党，民争欲击之，一鹭蹙[八]甚，挟慎俱。民见慎，皆罗拜号泣，呼曰："公能活吴民，不能活一周吏部耶？"慎抚慰再三，一鹭卒挟慎以逃，民竟[九]击死缇骑。忠贤怒欲中慎以法，而以慎得民恐激变[十]。一鹭复[十一]心忌之，日夜伺其[十二]短，无所得，寻以忧去。

（康熙《吴县志》卷四〇，又见乾隆《苏州府志》卷四四）

**【校】**

[一]"号"，乾隆《苏州府志》误作"字"。

[二]"志操"，乾隆《苏州府志》作"操履"。

[三]"时逆珰魏忠贤恣横"句，乾隆《苏州府志》无。

[四]"以私怨构周忠介顺昌"，乾隆《苏州府志》作"以私怨逮周顺昌"。

[五]"嗾其党诬劾之被逮"，乾隆《苏州府志》无。

[六]"忠介"，乾隆《苏州府志》作"顺昌"。

[七]"珰"，乾隆《苏州府志》作"忠贤"。

[八]"蹙"，乾隆《苏州府志》作"感"。

[九]"竟"，乾隆《苏州府志》作"亦竟"。

[十]"忠贤怒欲中慎以法，而以慎得民恐激变"，乾隆《苏州府志》无。

[十一]"复"字，乾隆《苏州府志》无。

[十二]"其"字，乾隆《苏州府志》无。

**【札】**

## 中宪大夫山西按察司副使寇公墓志铭

顾炎武

天启六年，寇公为苏州知府，炎武年十四，以童子试见公，被一言之奖。于今五十有四年，而始得至同官，拜公于墓下。其年二月某日，公之次子泰徵迁公之兆，改葬于县东南之义兴原，而属余为之铭。

余，苏人也。公之遗事在于苏，救一方之困，而定仓卒之变，为余所目见者，不可以无述。往者熹庙之时，太监魏忠贤擅政，苏松道参政朱童蒙者，以杖杀无辜为苏人所哗，具文称病。巡抚周公起元疏劾，得旨：巡抚削职为民，擢童蒙为太仆寺少卿。俾之修怨于东林，而斥逐异己，此党祸之所由起也。乃公之守苏也，未期月而遭水灾，米斗至银二钱四分。公乘舟出郊，劝民兴工筑圩，以食农民。复至阊门河干，立转般客货之法，以食市中游手之民。城中机户数千人，以年荒罢织，适宣、大、延绥、甘肃遣官赍银数万互市缎匹，公又设法俵散，督之织造，以食业机之民。途无饿殍而人心帖然，则民固已诵公之德矣。奉旨征漕，而大水之后，粒米无出，百姓嚣然。巡抚既去，州县官并以朝觐赴京。公行香至城隍庙，万人群拥而呼。公问之曰："尔何为者？"皆跪告曰："漕米无从得尔。"公曰："奈京仓告匮，尔辈亦有晓事者，顾策将安出？"众曰："惟明公为民请命！"公曰："三百亩以上纳米，三百亩以下折银，可乎？"众稽首曰："敢不竭力以从。"公乃亲巡属县，限以期会，而手自计之，尚亏额万余石。乃括任内赎锾公费及移借帑金，招商给帖，入楚买米，兑军工船，陆续至江。而巡漕御史受内指，以疏请折漕四分为前抚罪，并欲陷公，驳称米色不一，勒停江口。公亲往争之曰："罪在知府，何与军民？且吴中无米，自楚买之，安得一色？愚不知太仓之米果皆一色乎？"御史辞屈，又廉知公清正，无可罪，乃许其过江。而民既诵公之德，且服公之才略矣。

于是**六年春，织造太监李实疏论前抚周公及周宗建、缪昌期、周顺昌、高攀龙、李应升、黄尊素六人欺君蔑旨，结党惑众，阻挠上供。奉旨：差锦衣校尉逮捕。顺昌，吴县人也，为吏部文选司员外，素清介**。士民皆愤懑不平。校尉之来，复多横索。三月辛酉，抚按等官至校尉所居西察院宣旨。有生员王节等数十人具呈率吁，百姓各执香随之，至万余人。抚按二院不能禁，校尉称旨驱之。众曰："尔奉魏忠贤命，焉得称旨？"直趋上堂，擒校尉群殴之，毙一人。抚按逃入溷厕。公挺身入，从容语曰："今日周吏部赴京，未必便死，汝等作此举动，反贻之害。不如各散归家，本府与上台计，具疏保救，庶或可全。"至日晡时，众始退。公命医疗重伤者，以兵守之。而驿丞奔告："有校尉往浙江者，舟至胥门外，索供应，众共击之，火其舟。"公亟出城慰谕，校尉匿舵尾下，幸不死，具衣冠送之出境。然苏人之围守校尉及周吏部者，街巷之间，千百为群，屯聚不解，而抚按亦以兵自卫。公知抚按素与织监善，说之令求解于忠贤。疏中委曲其事，而阴具舟于河干。数日天雨，围者少怠，公急亲往西察院，谓校尉曰："可去矣！"馈之赆，并死者之槽，宵行送之出境。然后宣旨，令周吏部就逮入京，而守兵空署如故。越一日，众始知已行，而惧罪仍屯不解。公密诇得首事者颜佩韦等五人，以他事摄之下狱，乃榜曰："罪人已得，余无所问。"于是一麾而散。二院解严，各归衙视事。而前疏亦下，责擒首恶而已。于是同三府推官审，拟斩二人，戍三人。狱上，有旨：五人具枭示。抚按命公监刑，五人稽首谢曰："吾等激于公义，累明公矣。"遂慷慨就戮。先是，忠贤得织监密报，惧激吴民之变，彷徨累日。及抚按疏上，但谓从役李国柱踏伤偶死，阁臣亦言国体所系，不可播闻，遂依之。票旨得不深究，而缇骑自此亦不更出。然其所以周旋上下之间，化大事为小事者，公一人之力也。向非公平日之恩素结于民心，当此众怒如水火之时，焉知不激之铤而走险，以成意外之患耶？然宵人皆以公为前抚周公所厚，适旨下，勘御史周宗建赃罪，公坐以旷官溺职，第追夺其俸。忠贤怒，持之不下，而于他疏批曰："近日府官扶同，以俸作赃，明是侮朕。"公自度不免，会丁继母忧，解官归。不数月而忠贤败，使再迟之期年，公之得罪亦未可测也。

按状：

公讳慎，字永修。其先自山西之榆次徙中部，再徙同官。祖嘉谏，肃府审理。父遵孟，文县教谕。公中万历四十四年进士，历刑部浙江司、工部营缮司主事、员外，迁虞衡司郎中，迁苏州知府。丁继母及父忧，崇祯元年服阕，补广平知府。在任三月，迁山西按察司副史，昌平兵备道，奉敕监军。以前任苏州工部钱粮未完，降佥事，分巡冀宁，剿贼有功。敌入山西，陷崞县，公守宁武，拒之甚力，颇有斩获。迁山西布政使参议，分守朔州。以崇祯八年乞休，时年五十有八。而同官先为贼所残，公归，乃卜居山寨。又八年，李自成陷长安，被执，幽于秦府。贼有知公清官，薄其追饷，放归。优游林下，读书自娱者二十七年。以四月八日无疾而逝，年九十有三。配刁氏，惟孝克勤，能相夫子，以成厥家，封恭人。先公十年卒，年八十有二。子二人。瑞徵、泰徵。孙十二人，曾孙十人，玄孙十二人，公及见玄孙而没。惟公治剧定变，有叔敖、子产之风。若其七岁丧母，而哀毁如成人。迎父丧于文县，冒干戈而以柩返。捐公以济三党之阨，赈里人之饥，其善行不能尽述。而余尝至关中，一寓书于公，时公年垂九十，犹细书手答，至二百余言，其恭也如是。铭曰：

廉而劲，才而正。一方之人知其爱利百姓，是以当事变之来，片言而定。宜其寿考且康，而子孙蕃盛。新卜斯原，既安既靓。是公之所以返于真，以复其性者耶？

（顾炎武《亭林文集》卷七）

## 吴县县令陈文瑞

陈文瑞，字应萃，同安人，天启五年进士。释褐即任知县，气力精强，实心任事，按狱必持法推情，豪贵曾莫敢挠，而于茕惸特加惠焉。事上不谄，遇过客骚扰，文瑞必抑之。虽获咎，不惜也。征赋编役，最得均平，可为后法，严捕盗贼。及浚县治前学宫内外各河，尽清侵占，大快士民之心。在任五载，喜亲贤士大夫。**其为诸生时，受知周忠介公，当忠介被逮，矢心以报，不避艰危，后以开读变，几波及善类，文瑞又殚力调解，地方默受其惠**。满六载，忌者中以计典。应简调，文瑞竟隐不出。（蔡懋德《记略》）

（崇祯《吴县志》卷三九）

陈文瑞，字应萃，同安人，进士。天启五年知吴县，气力精强，实心任事，按狱必持法推情，豪贵莫敢挠，征赋编役，俱得其法。浚县治前及学宫内外河，尽清所占。**文瑞为诸生时，受知周忠介顺昌，当忠介被逮，矢心以报，不避艰危，后以开读变，几波及善类，乃殚力调解，地方默受其惠**。满六载，忌者中以计典罢去。

（康熙《吴县志》卷四一）

陈文瑞，字应萃，同安人，进士。天启五年知吴县，气力精强，实心任事，按狱必持法推情，豪贵莫敢挠，而于穷惸特加惠焉。事上不谄，征赋编役，最得均平，可为后法。浚县治前及学宫内外河，尽清侵占，民心大快。**其为诸生时，受知周忠介顺昌，当忠介被逮，矢心以报，不避艰危。后以开读变，几波及善类，乃殚力调解，地方默受其惠**。满六载，忌者中以计典罢云。

（乾隆《吴县志》卷三七）

陈文瑞，字应萃，同安人，天启五年进士。知吴县，按狱持法推情，豪贵莫敢挠。事上不谄，过客骚扰必抑之。浚县治前学宫内外各河，尽清所占。在任五载，喜亲贤士大夫。**初为诸生时，受知于周顺昌。当顺昌被逮，矢心以报，不避艰危。及吴民愤击缇骑，几成大变，文瑞苦心调解，郡人默受其惠**。忌者中以计典，遂归不出。[一]（牛若麟《志》）

（乾隆《苏州府志》卷四五，又见道光《苏州府志》卷七三、同治《苏州府志》卷七一、民国《吴县志》卷六三）

**【校】**

[一]“忌者中以计典，遂归不出”，民国《吴县志》无。

### 江南巡抚张国维

张国维，号玉笥，浙江东阳人。年少博闻，有文誉，以进士授□□知县，称循良，擢给事中，论事剀切，升太常。崇祯七年，来抚吴。时流寇猖獗，数犯安庆，旁掠潜太英霍闲，国维擐甲胄自苏抵安，恒与士卒同卧起，贼围江浦，城几失守，国维遣壮士辇砲石擊贼，崩溃斩数千人，乃城六合备，采石固京口。自是贼不敢窥江南。国维在苏，岁屡旱蝗，撤车盖，走烈日中祈祷。吴俗好奢，禁游宴，裁烦费，其为政以慈爱为本，虽贩夫匹妇投牒诉者，皆霁颜听之。**又敦尚节义，周忠介顺昌葬，国维徒步送之，不避泥淖**。姚文□希孟、文文肃震孟相继殁，哭之尽哀。莅吴，见上慰劳再三。初，国维至吴，容颜壮盛，后以军事倥偬，练兵措饷，日夕不休，毛发尽白。升工部侍郎，巡视河道。吴人立生祠虎丘山塘，至今思其德不衰。

（康熙《吴县志》卷三七）

## 县学诸生

### 杨廷枢

杨廷枢，字维斗，吴县人，举崇祯庚午乡试第一，自为诸生即以文章气节负重望，倡应社于吴中，与太仓张溥张采诸名流，分经立课，四方学者奉为楷模，因所居皋里，称皋里先生。**周顺昌被逮，廷枢身左右之，几罹祸**。甲申闻变，北向恸哭。福王立，贻书执政，所言十事，皆天下大计。阉党阮大铖怨廷枢，将构大狱，会南都破，事得解。时廷枢匿迹镇中戴之俊家，之俊其门人也。未几，吴昜起兵，招之，廷枢以因粮于民不往，遂隐居邓尉山，不复入城市。顺治丁亥四月，松江提督吴胜兆叛，为之运筹者之儁也，事败株连，廷枢被执，乃于舟中赋绝命词十首，裂衣幅作血书，自题其后曰："吾自少读书，慕文信国之为人，今日之事，乃吾志也。"五月朔，土巡抚国宝会鞫于芦墟泗洲寺，以好言劝谕剃发[①]，廷枢曰："头可断，发不可断。"乃见杀，年五十三。门人迮绍原敛其尸葬之。私谥忠文先生，著有《古柏轩诗文集》。乾隆四十一年赐谥忠节。

（陶煦《周庄镇志》卷五）

【注】

① 薙发：剃发。

杨廷枢，字维斗，孝子大滦子，举崇祯庚午乡试第一。自为诸生，即以文章气节负重名，倡应社于吴中，与太仓张溥、张采等诸名流分经立课，集汉唐以下诸儒义疏传说，辨其源流得失，为文章必传经义，力矫世俗诡谲之习，四方学者奉为楷模，因其所居皋里，称皋里先生。领解后声誉益盛，门弟子著录者二千人。**初，周顺昌被逮，廷枢身左右之，几被祸**。甲申闻变，北向恸哭，誓以死殉福王。立贻书执政，所言十事，皆天下大计。阉党阮大铖者，崇祯时废居金陵，复社士为南都防乱揭讨之，大铖遣使求解于廷枢，廷枢拒不纳，至是大铖方得志，欲修宿怨。御史王实鼎阿大铖意，上《复社渠魁疏》，专指廷枢，将构大狱。会南都破，事得解。乙酉后，隐居邓尉山，不复入城市。丁亥四月，苏松提督吴胜兆反，为之运筹者戴之俊，廷枢门人也，事败，连廷枢，被执，于舟中赋绝命词十二首，裂衣幅作遗书，自题其后曰："吾自少读书慕文信国之为人，今日之事乃其志也。"五月朔，巡抚土国宝会鞫于芦墟泗州寺，廷枢南向挺立，国宝好言相慰，命剃发，廷枢终不屈，乃杀之。临刑大呼曰："生为大明人。"行刑者急挥刃，首堕于地复曰："死为大明鬼。"时年五十三，门人私谥忠文先生。（《明史》《忠烈纪实》《家传》合纂）

（乾隆《苏州府志》卷五四）

## 沙舜臣

沙舜臣，字子升，长洲诸生，素尚气节。当魏忠贤矫旨逮**周顺昌**，时士民坌集，舜臣偕诸生王节、刘羽仪、王景皋、殷献臣、杨廷枢、文震亨等，直前谓巡抚毛一鹭曰："人情如此，明公独不为青史计乎，曷据实上闻？"一鹭谩应。诸生相与争辨，往复不决。官旗遽呵叱，激众怒，致有群击之事。后狱具，舜臣与王节等诸人并黜。阉败，始释。舜臣事母孝，与弟舜年、舜民晨夕伺颜色，问起居，出门不敢越百里外，时称一门三孝。（《通志》《元和县志》合纂）

（乾隆《苏州府志》卷五六）

## 王　节

王节，字贞明，为诸生尚气节，**周顺昌**被逮，吴民环聚呼冤，节偕诸人请巡抚毛一鹭以民情上闻，一鹭不听，节遂直斥其党阉奸状，坐除名禁锢，阉败，得复还。顾秉谦以阉党窜归，吴人士逐之急，巡抚曹文衡责诸生曰："若等宜闭户读书，何与彰瘅事邪？"节曰："衮钺者，朝廷之权；是非者，庶人之议。节等读书至杞、桧误国，恨不剚刃其腹焉。能俯首与生杞桧同里闬邪？"卒逐秉谦去。后举崇祯己卯乡试，顺治中，官桃源教谕。（旧《府志》、新《县志》合纂）

（乾隆《苏州府志》卷五四）

# 卷四　周顺昌宅第、祠庙与祭葬

## 宅　第

### 蓼庵、霜英堂

乾隆《苏州府志》卷二七:“周忠介公顺昌宅,在阊门外林家巷。”

道光《苏州府志》卷四六:“周忠介公顺昌宅,在阊门外林家巷,内有蓼庵,又有霜英堂,董其昌为忠介公子茂兰书。”

范广宪《吴门园墅文献》:“蓼庵,在阊门外林家巷,明吴县周景文(顺昌)选事所居,又有霜英堂。”

殷献臣《周吏部年谱》:“其号蓼洲,盖成进士后痛禄养之不逮,志蓼莪之永感也,故题其书屋曰‘蓼庵’,而缀一联曰:‘咬菜留先泽,焚香问自心。’”

### 清忠风世坊

乾隆《苏州府志》卷三:“清忠风世坊,崇祯元年为恤赠太常寺卿周顺昌立阊门外林家巷口。”

## 祠　庙

### 车渡浜周王庙

正德《姑苏志》卷二九:“慈云庵,在长洲县二十一都,元至元①间僧景嵩建。”

周永年《吴都法乘》卷三〇:“慈云庵,在长洲县二十一都,元至元间僧景嵩建。”

道光《苏州府志》卷四二:“慈云庵,在二十一都,元至元间僧景嵩建。”

顾震涛《吴门表隐》卷一〇:“周王庙,在娄门外车渡浜,神即明忠介公顺昌。”

民国《吴县志》卷三三:“明乡贤顾其志为匠门塘土谷神②,周顺昌为车渡浜土谷神。原其所自,乡人所奉之土谷神,必择一前朝之至有名者以为之主,即经训所言‘殁而可祭于社’之义。”

【注】

① 至元:至元元年,南宋景定五年甲子(1264);至元十七年庚辰(1280),至元三十一年甲午(1294)。

② 土谷神:农业社会所奉祀的神祇,土地神和五谷神,又名社稷神。黄宗羲《迁祠记》:“其余如虞国石孝子之祠,当年应皆载在祀典,今孝子烝尝,止于私门,虞国祭赛,化为土谷,岂不以离城之故哉?”

【记】

按,“二十一都”误,当是二十二都。周王庙,其前身为慈云庵,后因供奉明代周顺昌而得名。车渡浜,明代属苏州府长洲县习义乡孝廉里,清雍正二年(1724)起,属元和县八图西二十二都。

在民间信仰中,周顺昌是土谷神、猛将神和城隍神三结合的神灵。土谷神,土地神和五谷神的合称,与农业生产直接相关,是农业社会民间广泛信仰和祭祀的神灵。在古代,每逢社日(立春、立秋后的第五个戊日)都要举行祭祀土地神的活动。五谷神,即农神,起初是神农氏或后稷,大多与土地神一起供奉在土谷祠中。人们祭祀土谷神,祈求风调雨顺、五谷丰登。在民间,往往把历史名人尊为土谷神,如柳毅是跨塘镇罗浮泾村的土谷神,水仙庙以柳毅为主神。据老人们说,以前,每逢农历正月初一,每家每户的当家人都要赶早到周王庙里去烧“种田香”,有句谚语叫:“起得早,田里没有草。”

农村里以种庄家为生,最怕的是水旱虫灾。对于水稻等农作物来说,蝗虫是一大危害。历史上,治理蝗灾的故事不少,刘猛将就是治蝗的高手,因此,人们把他作为驱蝗神来供奉和祭祀,民间有“抬猛将”的习俗。车渡浜上七八十岁的老人回忆说,每逢农历七八月里稻穗黄的时候,车渡浜、全湖浜、东朱泾、南庄四个村的村民,总会举行“抬猛将”的出会活动。值得一说的是,车渡浜一带的“抬猛将”与别的地方有所不同,抬的不是“猛将老爷”,而是周王庙里的周顺昌神像。“抬猛将”时,稻田里插上彩旗,杏黄大旗开道,长长的一队人马,敲锣打鼓,抬着周顺昌神像在村庄里、田间地头巡游。

城隍和判官,是掌管世人寿命长短和善恶果报的神灵,周王庙里的周顺昌塑像,正是城隍老爷的形象。据乡间走访和询问,周王庙有城隍正堂三间,堂上,有周顺昌坐像一尊,是年轻的书生模样,长长的脸庞,面色白净,略微有些胡须(这和周顺昌在明万历四十年参加应天府乡试时自述的相貌特征是一致的),头上戴乌纱帽,身上穿官服,腰里系玉带,手里拿笏板,脚上穿皂靴。塑像前的桌案上,有一个笔架、一块砚台,还有一方铜印,印文是“皇天巡抚都城隍御史周顺昌”。城隍两侧,有两个判官:左边文判官,身穿红袍,手里握着一枝毛笔;右边武判官,身穿黑袍,手里拿着一个算盘。堂下,有四个皂衣侍卫(四班手),面目狰狞,凶神恶煞。左边两个,一个手里拿着记载世人善恶的簿册,另一个手里握着三叉戟;右边两个,一个手里拿着逮人的枷锁,另一个手里拿着绑人的铁链。周顺昌城隍形象的出现不是偶然的,民间传说,周顺昌遇害之后,玉帝封他为城隍。戏剧《清忠谱正案》和《清忠谱传奇》中,也都有周顺昌受封城隍的情节。蜗寄居士《清忠谱正案·阴勘》一折中,玉帝封吏部员外郎周顺昌为苏郡城隍,而残害忠良的魏忠贤、毛一鹭、李实、倪文焕和许显纯等被逮到城隍堂上,一一审问,受到应有的惩罚:魏忠贤罚十世为猪,孽满永堕恶鬼道,万劫不赦;毛一鹭罚七世为羊,李实罚五世为犬,孽满后打入阿鼻地狱,永世不得翻身;倪文焕罚九世为牛,许显纯罚九世为马,业满转入泥犁地狱,永远受罪。李渔《清忠谱传奇·魂遇》一折中，周顺昌因忠贞正直而被封为应天城隍，颜佩韦、杨念如、周文元、马杰和沈扬五人因英勇慷慨而被封为城隍部下的五方功曹。

车渡浜周王庙，其前身是慈云庵，明正德《姑苏志》记载，慈云庵，元至元年间(1280—1294)僧人景嵩建，因明崇祯初年供奉历史名人周顺昌，故名周王庙，流传至今已有三百八十余年的历史。其实，周王庙是周顺昌祠堂和道教城隍、土地信仰，以及佛教阿弥陀佛、观世音信仰三合一的一座庙宇。据老人们回忆，民国时期，周王庙有三进院落，屋宇高大。前进有四间，中间是正山门，山门前有两只石狮子，墙上画有诸佛、菩萨像；东面一间，供奉田公、田婆(即土地公公和土地婆婆，十一月初三生日)和弥陀佛；西边两间，一间是庙里老师太和尼姑的禅堂，还有一间是香客们吃斋的斋堂。后进四间，东面三间是城隍正堂，整个厅堂高大森严，两个判官威武有神，四个皂衣侍卫凶神恶煞。老人们说，一个人是不敢单独走进去的，在门口望见了，心里就有些害怕。西面一间，供奉观音娘娘。立像一尊，足踏莲花，左边有金童，右边有玉女。两进中间，是东西两厢房和一个大天井。西厢房供马，老人说，这马是周顺昌巡游时骑的。东厢房里供马夫(马爷)，其原型是周顺昌的车夫周文元，他是慷慨赴义的五人中最年轻的一个。天井里，有一口古井、一个经幢和一片花圃。经幢在井边上，上面塑有四大天王(东方持国天王，持琵琶；南方增长天王，执宝剑；西方广目天王，握赤龙；北方多闻天王，拿伞盖)，他们背靠着背，面朝四方。花圃里种有四季香花，既用来观赏，又用来供佛。庙门前，有六棵大榉树，西南角车渡浜(河名)底有水车和水潭，灌溉农田的两条渠道自西而东，水潭像是一颗夜明珠，而渠道像是两条游龙，合称“双龙戏珠”。晚清至民国时期，车渡浜一带的周姓后人负责周王庙里的事务管理和祭祀活动。又，周王庙还供奉“二爷”，“二爷”形象是周茂兰事迹和周茂藻排行的“综合产物”，乡间传闻，上疏鸣父冤的是二儿子周茂藻(其实历史上是长子周茂兰)。因此，车渡浜一带的周姓，应当是周茂藻的后人。周王庙中的日用开支，由车渡浜等几个村供给。按照约定，按牛交米，水牛一只交五升、黄牛一只交一斗，由里正、保长负责收取。每年的开斋、吃斋活动，则要另行收取米粮和铜钱。抗日战争时期，周王庙遭遇了第一次严重的破坏。之后，庙上的城隍铜印、有建庙记录的大钟和古碑，在动荡年代中遗失、毁坏。近十年来，周王庙几经搬迁，规模远不如前。如今，仅剩两间小屋。然而，民间纪念周顺昌的活动依然很是隆重。

## 周忠介公祠

崇祯《吴县志》卷一九：“周忠介公祠，在苏州卫[①]西，祀吏部员外郎赠太常寺卿周公顺昌。”

康熙《吴县志》卷二七：“周忠介公祠，在苏州卫西，祀明吏部员外郎赠太常寺卿周公顺昌，崇祯十二年建。”

乾隆《苏州府志》卷二一：“周忠介公祠，在苏州卫西，祀明吏部员外郎赠太常寺卿周公顺昌，崇祯十三年敕建，本朝乾隆四年[②]给帑修，周茂兰祔。”

同治《苏州府志》卷三六：“周忠介公祠，在饮马桥西卫前街，祀明吏部员外郎赠太常寺卿周顺昌，崇祯十三年敕建（康熙《志》作崇祯二年，案，《记》[3]：'十二年春月谒公祠'，则建祠非十三年可知，又云：'天子即位之明年，恤死事之臣，越三载建祠'，则当在崇祯五年），国朝乾隆四年给帑修，周茂兰衬，三十六年又修。咸丰十年毁，同治中重建（又有祠在娄门外车渡浜，见《吴门表隐》）。"

民国《吴县志》卷三三："周忠介公祠，在饮马桥西卫前街（在今东美巷口），祀明吏部员外郎赠太常寺卿周顺昌，崇祯十三年敕建（康熙《府志》作崇祯二年，同治《府志》云：案，《记》：'十二年春月谒公祠'，则建祠非十三年可知，又云：'天子即位之明年，恤死事之臣，越三载建祠'，则当在崇祯五年），清乾隆四年给帑修，子孝子周茂兰衬，三十六年又修。咸丰十年毁，同治中重建。"

【注】

① 苏州卫：苏州卫治。

② 乾隆四年：乾隆四年（1739）己未。

③《记》：张国维《周忠介公祠记》。

【札】

## 江宁巡抚汤斌令修周顺昌祠

汤斌，字孔伯，河南睢州人……（顺治）九年，成进士，选庶吉士，授国史院检讨……康熙十七年，诏举博学鸿儒，尚书魏象枢、副都御史金铉以斌荐，试一等，授翰林院侍讲，与修明史。二十年，充日讲起居注官、浙江乡试正考官，转侍读。二十一年，命为明史总裁官，迁左庶子。二十三年，擢内阁学士。江宁巡抚缺，方廷推，上曰："今以道学名者，言行或相悖。朕闻汤斌从孙奇逢学，有操守，可补江宁巡抚。"濒行，谕曰："居官以正风俗为先。江苏习尚华侈，其加意化导，非旦夕事，必从容渐摩，使之改心易虑。"赐鞍马一、表里十、银五百。复赐御书三轴，曰："今当远离，展此如对朕也！"十月，上南巡，至苏州，谕斌曰："向闻吴阊繁盛，今观其风土，尚虚华，安佚乐，逐末者多，力田者寡。尔当使之去奢返朴，事事务本，庶几可挽颓风。"……斌令诸州县立社学，讲孝经、小学，修泰伯祠及宋范仲淹、明周顺昌祠。

（《清史稿》卷二六五《汤斌传》）

## 尤兴诗捐修周忠介公祠

尤兴诗，字肄三，号春樊，乾隆丙午举人。内阁中书上谕事件处行方走略馆总校……倡放生会，佐修郡邑、学宫及各善堂，捐修周忠介公祠。

（沈藻采《元和唯亭志》卷一三）

## 乡 贤 祠

崇祯《吴县志》卷一三："吏部文选司员外郎赠太常寺卿谥忠介周公顺昌，崇祯二年奉旨崇祀。"

## 吴郡五百名贤祠

《吴门表隐》卷一三:"吴郡明贤总祠,在沧浪亭西。道光八年,巡抚陶澍、布政使梁章钜购得张姓房屋建。祀周季札、言偃、伍员……明周寿谊、高启……杨涟、张世伟、朱陛宣……周顺昌、周宗建、缪昌期……朱祖文……国朝李延龄……周茂兰……唐仲冕。(《沧浪亭志》)敬摹真像五百七十人于石,以后抚院增祀石韫、顾纯。春秋编银三坛,抚院率属致祭外,每岁三月、九月初二日卯时,阖郡绅衿后裔公祭。始其事者,顾沅;主其议者,观察陈銮、郡尊俞德渊、王有庆、李景峄,邑侯陈经、王锡蒲、杨承湛、熊传栗,郡绅石韫玉、韩崶、尤兴诗、吴廷琛……摹像,孔继尧……巡抚陶澍题匾曰'景行维贤',给联曰:'非关貌取前人,有德有言,千载风徽追石室;但觉神传阿堵,亦模亦范,四时俎豆式金兰。'顾沅又辑《吴郡名贤像传赞集》,尚书汤金钊等序。"

## 周忠介公祠记[一]

张国维

祭法[二]曰:"以死勤事,则祀之;有功于民,则祀之[三]。"故庙食于吴者,不可胜记,惟伍大夫、范文正公祠岿然并峙焉。熹宗之末,宦者用事,大举钩党,诸贤相继死窜。今天子即位,权奸首伏厥辜。其明年,恤建言死事诸臣,赠官各有差,皆赐祭葬,特祠祀[四]春秋以少牢,而得邀易名之典,则四人,其一为吏部员外郎周忠介公,今赠太常寺卿者也。故事,赠官不及祖父,而公之子茂兰啮血讼冤,陈乞三代诰命,天子嘉之,如其请,盖异数云。茂兰归而营葬,葬之日,千万人会焉。余受命抚吴,特出郊襄大典。越三年而建祠,鸠工庀材,有司实董其成。余以十二年春月谒公祠,则庙貌奭然新矣。

初,公释褐司李闽中,有异政,声籍甚。余为诸生时,固已闻其风而敬慕之。公奏最,擢铨曹,余方为外吏。及余待罪省垣,与年生故相国文公震孟相善,相国故善公,又同里姻娅,言公轶事甚悉。至对簿不屈,声彻棘林,惨毒之状,载之章奏①,无俟余赘。恨弗获一见公,犹幸得交相国,如见公也。及余应召还朝,则公之墓木已拱,而相国亦捐宾客,可慨也已。

祠去府东数武,堂凡三楹,南其牖于前为门,缭以周垣于后为室。欂栌②甃甓③之具,不惟其丽惟其良;髹漆④丹垩⑤之用,不惟其饰惟其制;樽罍豆登之器,不惟其精惟其备。望其门奕然,窥其室肃然。俯仰榱桷⑥、几筵之间,如闻僾然[五]忾然,公之灵亦赫矣乎?先是,公祠未落成时,乡人庙而祀公者数十处。疾病必以祷,冤抑必以告,巫觋⑦傞傞⑧,迎神送神之曲岁时不绝,闽之乡亦然。公殁已一十余载,而英爽如在人耳目前,放而准诸千百世,一日也,宁特吴与闽哉?

越日,公之子茂兰谒余于庭,再拜请余记,余辞不文。公之诰命,视草者司农倪公元璐;表公墓者,宫詹黄公道周;皆海内大儒也。缀文之家,哀诔、吊祭、诗歌,可传者凡以百计,余安能重公?翼日,吴之士大夫又以请,余辞不敏。圣天子崇尚节义之士,起九京而锡以殊恩。方今四郊多垒,余惟陨越⑨是惧,以此愧公。翼日,吴之父老又以请佥曰:"诏使之逮公也,市人赴公之难,如报私仇,记之所以作义兰也;啮血拜疏,显公之亲,扬公之名,记之所以作孝;公尽节于本朝,有功于后世,孰与伍大夫、范文正公?记之所以作忠。

一举而三善备焉，公其毋辞。”因退而为之记。

（周忠介词在饮马桥西卫前街，祀明吏部员外郎赠太常寺卿顺昌，崇祯十三年敕建，本朝乾隆四年给帑修，子茂兰祔，乾隆三十六年重修。）[六]

（张国维《张忠敏公遗集》卷六，又见顾沅《吴郡文编》卷八〇、康熙《吴县志》卷二七、乾隆《苏州府志》卷二一、同治《苏州府志》卷三六、彭定求《忠介遗事》）

**【校】**

［一］题目，康熙《吴县志》《忠介遗事》作“周忠介公祠堂记”。

［二］“祭法”，康熙《吴县志》、乾隆《苏州府志》均作“祭义”。

［三］“有功于民，则祀之”，据康熙《吴县志》《忠介遗事》补，乾隆《苏州府志》、同治《苏州府志》无。

［四］“祠祀”，康熙《吴县志》、乾隆《苏州府志》均作“祠祠”。

［五］“俀然”，康熙《吴县志》、乾隆《苏州府志》均作“俨然”。

［六］“周忠介词在饮马桥西卫前街”云云，系《吴郡文编》按语，其他诸本无。

**【注】**

① 章奏：臣僚呈报皇帝的文书。王充《论衡·效力》：“章奏百上，笔有余力。”《后汉书·胡广传》：“举孝廉，既到京师，试以章奏，安帝以广为天下第一。”孟郊《酬李侍御书记秋夕雨中病假见寄》：“未觉衾枕倦，久为章奏婴。”宋戴埴《鼠璞·封章》：“俗谓章奏为囊封，本于汉。凡章奏皆启封，至言密事，不敢宣泄，则用皂囊重封以进。”

② 欂栌：柱上承托栋梁的方形短木，即斗拱。郑玄注《礼记·明堂位》“山节”：“山节，刻欂卢为山也。”唐独孤及《马退山茅亭记》：“冬十二月作新亭于马退山之阳，因高邱之阻以面势，无欂栌节棁之华。”杨慎《和方思道毛坞之什》：“愔愔灶觚桐，采自樵人坞。徽轸不得荐，欂栌亦何补。”

③ 甃甓：井壁。王安石《酬王濬贤良〈松〉〈泉〉二诗·泉》：“东泉土梗久蔽塞，穿治乃见甃甓完。”

④ 髹漆：以漆涂物。《续资治通鉴·宋徽宗政和元年》：“辽主方纵肆，贪得南方玉帛珍玩，而贯所赍皆极珍奇，至运两浙髹漆之具以为馈。”

⑤ 丹垩：涂红刷白，泛指油漆粉刷。垩，一种白色土。崔豹《古今注·都邑》：“其上皆丹垩，其下皆画云气、仙灵、奇禽怪兽。”苏辙《杭州龙井院讷斋记》：“台观飞涌，丹垩炳焕。”

⑥ 榱桷：屋椽。《孔子家语·五仪解》：“君子入庙，如右，登自阼阶，仰视榱桷，俯察几筵。”王安石《寄题郢州白雪楼》：“朱楼碧瓦何年有，榱桷连空欲惊矫。”

⑦ 巫觋：古代称女巫为巫，男巫为觋，合称“巫觋”，后亦泛指巫师。《荀子·正论》：“出户而巫觋有事。”杨倞注：“女曰巫，男曰觋。”汉王符《潜夫论·巫列》：“巫觋祝请亦其助也。”

⑧ 傞傞：醉舞失态貌。《诗经·小雅·宾之初筵》：“侧弁之俄，屡舞傞傞。”《晏子春秋·杂上》：“晏子饮景公酒，日暮，公呼具火。晏子辞曰：‘《诗》云“侧弁之俄”，言失德也。“屡舞傞傞”，言失容也。’”梅尧臣《送周仲章都官通判湖州》：“风流百年余，所历才彦多，我尝居其下，醉舞或傞傞。”

⑨ 陨越：死的婉称。《晋书·陶侃传》：“臣虽不知命，年时已迈，国恩殊特，赐封长沙，陨越之日，当归骨国土。”《旧唐书·郭子仪传》：“臣虽陨越，死无所恨。”

## 重修周忠介公祠碑

彭启丰

世宗皇帝御宇①之七年，诏修天下忠悫名贤祠墓，礼部官牒下有司，诸在祀典②者得次第修举③，而故明吴县周忠介公祠墓应诏旨，有阻之者，久弗克就。乾隆三十二年，曾孙鸾翔老且病，以为忧乞，故礼部尚书长洲沈公力言于布政使[4]苏公，下属官察勘。未几，鸾翔殇，苏公亦去任，事复寝。至三十五年，祠屋日圮，四世孙观觐、五世孙志忠出私财支其朽败。其明年，布政使吴公汇次始末白巡抚萨公，始具章以请，制曰："可于是官发帑金庀工度材。"堂宇既成，别为一室，以颜佩韦等五人祔。复以余财饬新墓道，春秋享祀，不懈益虔。阅今且数年，公诸孙以丽牲[5]之碑未立也，属诸启丰，启丰与公世世有通家好，不敢辞，即次第其事而复推言之曰：

呜呼！国家教忠之意，岂不至哉？公之祠，建于崇祯之初。其时，公道初伸，褒锡恤死难之臣以示劝，宜也。至于我朝百数十年间，与天下共享其成，足矣，亦何有于致命遂志之士？而天章[6]叠下，旌显孤忠，恩施异代，惟恐一有阙遗[7]沮遏[8]，众望勤勤[9]也，务有以彰之，诚以天地之正气萃于公等十数人。常则为芝草、为凤凰，变则为冬青、为精卫，至性回薄[10]，易地皆然。在朝廷方且藉以饬人纪[11]、厉风俗，而何得以时异势殊歧而视之也？公之喷血骂阉，或以为太刚必折，是未足为知公者矣。当公被逮时，或劝公自裁，公曰："若辈为所欲为，苦无大人君子教正之耳，吾不可以徒死也。"呜呼！公此心，天地之心也，大人之事也。《泰》之九二："包荒，用冯河，不暇遗；朋亡，得尚于中行。"[12]推是心焉，尔其必于死者，命也，岂公独有以致之哉？先侍讲公尝叙公遗书并撰端孝先生传，每论公被逮事，激昂呜咽，痛不自胜。启丰不敢剿袭余论，仅阐两朝教忠之意及吾侪所以慕效公者，俾人知天地之正气不可一日而息，而仁人志士之行，亦在乎自勉之而已矣。

铭曰：唯公之节，如冰如雪。太古[13]阴崖[14]，沍而成铁。唯公之声，如雷如霆。雷霆既息，天开日星。日星明明，鉴于下土。慷慨孤忠，非今伊古。唯古有模，唯今之式。谓尔靖共[15]，谓尔正直。教尔为臣，教尔为子。峨峨新工，洁齐享祀。有庐可守，有田可耕。穆乎清风，百世惟馨。

（顾沅《吴郡文编》卷八〇）

【注】

① 御宇：统治天下。《南齐书·礼志下》："方今圣历御宇，垂训无穷。"白居易《长恨歌》："汉王重色思倾国，御宇多年求不得。"

② 祀典：记载祭祀仪礼的典籍。《国语·鲁语上》："凡禘、郊、祖、宗、报，此五者国之典祀也……非是，不在祀典。"南朝宋傅亮《为宋公修张良庙教》："夫盛德不泯，义存祀典。"苏轼《奏乞封太白山神状》："伏见当府郿县太白山，雄镇一方，载在祀典。"

③ 修举：兴复，恢复。范仲淹《奏乞两府兼判》："至岁终，具礼乐有所损益，或废坠有所修举，画一进呈。"《明史·叶升传》："在镇六年，边备修举，外寇不敢犯。"

④ 布政使：官名。明洪武九年（1376）改行中书省为承宣布政使司。宣德后，全国府、州、县等分统于两京和十三布政使司，每司设左、右布政使各一人，为一省最高行政长官。后因军事需要，增设总督、巡抚等官，权位高于布政使。清代始正式定为督、抚属官，专管一省的财赋和人事。康熙六年（1667）后，每省设布政使一员，直隶亦设，江苏则设二员，分驻江宁、苏州。参见《续文献通考·职官·布政使司》《清会典事例·吏部·官制》等。

⑤ 丽牲：古代祭祀时将所用的牲口系在石碑上，借指碑石。《礼记·祭义》："祭之日，君牵牲，穆答君，卿大夫序从。即入庙门，丽于碑。"郑玄注《仪礼·聘礼》"上当碑南陈"："宫必有碑，所以识日景，引阴阳也。凡碑引物者，宗庙则丽牲焉，以取毛血，其材宫庙以石，窆用木。"刘勰《文心雕龙·诔碑》："又宗庙有碑，树之两楹，事止丽牲，未勒勋绩。"

⑥ 天章:帝王的诗文。徐陵《丹阳上庸路碑》:"御纸风飞,天章海溢。"岑参《送颜平原》:"天章降三光,圣泽该九州。"

⑦ 阙遗:缺少,遗漏。司马相如《难蜀父老》:"今封疆之内,冠带之伦,咸获嘉祉,靡有阙遗矣。"曾巩《英宗实录院申请札子》:"其于搜访事迹,以备撰述,尤在广博,使无阙遗。"

⑧ 沮遏:阻止遏制。韩愈《张中丞传后叙》:"(张巡、许远)守一城,捍天下,以千百就尽之卒,战百万日滋之师,蔽遮江淮,沮遏其势,天下之不亡,其谁之功也。"宋李纲《与郑少傅书》:"其后,悉聚浙,兵屯于青溪,复为所破,贼势鸱张,莫之沮遏。"

⑨ 勤勤:恳切至诚。《汉书·司马迁传》:"曩者辱赐书,教以慎于接物,推贤进士为务,意气勤勤恳恳。"王禹偁《对雪》:"空作对雪吟,勤勤谢知己。"

⑩ 回薄:循环变化。贾谊《鹏鸟赋》:"万物回薄兮,振荡相转。"李善注:"斯则万物变化,乌有常则乎。骆宾王《畴昔篇》:"意气风云倏如昨,岁月春秋屡回薄。上苑频经柳絮飞,中园几番梅花落。"

⑪ 人纪:人之纲纪,指立身处世的道德规范。《书·伊训》:"先王肇修人纪。"孔传:"言汤始修为人纲纪。"《旧唐书·杨绾传》:"行为人纪,文合典谟。"

⑫ 包荒,用冯河,不暇遗;朋亡,得尚于中行:见《易经》中《泰卦》九二,意为把葫芦掏空用来渡河,不至于坠水;金钱丢失了,会在半路上得到补偿。

⑬ 太古:远古,上古。《荀子·正论》:"太古薄葬,故不扫也。"韩愈《原道》:"曷不为太古之无事。"

⑭ 阴崖:背阳的山崖。汉马融《长笛赋》:"惟籦笼之奇生兮,于终南之阴崖。"韦应物《怀琅邪深标二释子》:"白雪埋大壑,阴崖滴夜泉。"

⑮ 靖共:靖恭,恭谨地奉守,静肃恭谨。《诗经·小雅·小明》:"靖共尔位,正直是与。"高亨注:"靖,犹敬也。共,奉也。"班昭《东征赋》:"修短之运,愚智同兮。靖恭委命,唯吉凶兮。"刘良注:"靖思恭敬。"

# 祭　文

## 哭祭七君子文

维崇祯二年岁次己巳四月己巳朔越九日乙未,不孝孤子缪虚白、袁勋、周茂兰、左国柱、周命宁、魏学濂、周彦升等,因今皇帝登极,优恤死事,赐赠荫祭葬,或更赐祠赐谥,孤等上疏陈情,亦并蒙嘉纳,孤等始得各持酒一樽、饭一盂、香一炷、纸一束同造镇抚司前,并为杨之易[①]等具祭而哀告曰:

此地何地,乃人子在此哭父?天乎!痛哉!孤等于府君未殁不能救,既殁不能殉,即有时痛不欲生,然亦究竟不能死,自羞自恨,正无颜对吾府君冥冥中,而向每过此,足不能前,含泪悲想,以为此门之内便当是明心堂,吾府君受拶受夹受棍于此,堂之旁便当是狱,吾府君血流肉烂,蝇嘬蛆攒,锁头凌虐,从而摺杀于此。又转出此衙之后,则见牢穴扃于秽污中。尔时,孤等虽习于不孝,总无计顽此心矣。天乎!痛哉!今日所以相率哭祭,又非为下招归来也,忠魂义魄,早随二祖列宗在帝左右。而孤等一腔积血,呜咽未洒,圣恩浩荡,使孤悲从痛中生,抑又泣从感下。灵爽不昧,当知诸孤不孝,亦尝来此哭祭。而三年之内,并哭亦不敢,今得而来此,又为谁之深恩?府君其识之矣。

天乎!痛哉!尚飨。

(金日升《颂天胪笔》卷二〇)

【注】

① 杨之易：杨涟之子。

## 谕祭文

维崇祯十年十二月初二日，皇帝遣直隶苏州府知府陈洪谧谕祭原任吏部文选司员外郎、今赠太常寺卿、谥忠介周顺昌曰：

朕惟清风之被，百世可师；直节所维，千秋为烈。尔原任吏部文选司员外郎、今赠太常寺卿周顺昌，丹矢刚肠，素怀颈骨。金门射策①，纾经济之弘猷；玉镜悬冰，多平反之仁术。洁比白龙江上月，南闽膏泽频翔；宠膺丹凤阙中云，铨部鉴衡不爽。乃以真才真品独重朝端，然而正气正心不随波转。当逆珰之肆虐，逮端士以伸威。尔乃义愤填膺，论交罔恤生死；道心贯骨，寄托直许婚姻。侘傺②中于含沙③，谈笑随为赴狱。百刑不屈，四体为催。魂骑箕尾归天，气壮山河振地。今权奸已殛，公论大昭。追赠尔官，恤录尔后。骨函香于黄土，金不比坚；神耸干于苍松，云霞若丽。锡尔禋祀，慰尔忠忱。光亘汗青，谁是百年之寿？歆兹俎豆，永延万禩之名。

（彭定求《忠介遗事》）

【注】

① 射策：应试。皮日休《三羞诗序》："丙戌岁，日休射策不上，东退于肥陵。"

② 侘傺：失意而神情恍惚的样子。《楚辞·离骚》："忳郁邑余侘傺兮，吾独穷困乎此时也。"王逸注："侘傺，失志貌。"曹丕《弟苍舒诔》："侘傺失气，永思长怀。"

③ 含沙：古代传说，水中有一种叫蜮的怪物，看到人影就喷沙子，被喷射的人就会害病，剧者竟至死亡。后以"含沙射影"比喻暗中诽谤中伤。干宝《搜神记》卷一二："汉光武中平中，有物处于江水，其名曰'蜮'，一曰'短狐'，能含沙射人。所中者则身体筋急，头痛，发热；剧者至死。"白居易《读史》："含沙射人影，虽病人不知；巧言构人罪，至死人不疑。"苏轼《江涨用过韵》："长驱连山烧，一扫含沙毒。"罗大经《鹤林玉露》卷四："诗意言君子或死或贬，唯小人得志，深畏其含沙射影也。"

## 祭周忠介公谕葬文

张世伟

维天启丙寅之夏六月，今诰赠太常卿谥忠介公景文周公以吏部员外郎惨死诏狱，扶榇还里，权厝桐泾新构之别业。其时交游哭而失声者甚众，若余与文、朱、姚诸君子皆濒死幸存，未敢讼言文之也。近崇祯戊辰己巳间，湔雪赠恤，备极哀荣，可以文矣，而窀穸未定，无所□其哀言。倏忽间，癸酉冬，朱逝矣，丙子夏，文、姚连逝矣，而卜葬以丁丑岁杪。于是□遗七十翁张世伟独前其□引七日。十二月乙未朔，率次男奕、制侄椁、长孙邕，暨通家子制侄文秉、文乘、姚宗典、姚宗昌、眷侄朱镒、朱铉等以牲醴香帛之仪致祭已，几筵为文而告之灵曰：

嗟乎！生乎吾先三四十年，余悲其人弗见公全，生乎吾后五十左右，余悲其人弗获公觏，乃至同时冀粤异□官辙所经弗胜路歧想公遗风□谓古王今也，则止徒深企想。嗟乎！

余独何幸,乃得与斯人比肩而游,接席而处,兼号同心,五人为伍者乎?欲知公者,视公易名,维忠维介,其节斯贞。谓忠伊何?中心贯彻,有触必伸,一腔碧血;谓介伊何?芥视万钟,无细不矜,两袖清风。嗟乎!忠诚有焉,介诚有焉,然当时同褐名贤背肩,何以独得市人之为死与天心之见怜?缇骑失其喑鸣,雷火鸣其豕虺喧,盖赠官当制之贤以一言断之曰:"明典以来一人而已。"将毋其揭之于视□者犹迹可□而□之于怀抱者,无伦可比乎?嗟乎!今日者,率余一家子姓及公同人之子,与于执绋之行送于中野之次。余应有言而言止此,盖极痛无所容其累唏,而至行深足慰其后死也。呜呼哀哉!

(顾沅《吴郡文编》卷一六七)

## 祭蓼洲周忠介公三周礼忏文

张世伟

嗟乎!余之别兄数闰,三年有半矣。今之日,则三年前吾兄受命之日也。兄之忠节险艰,何俟弟数,即弟之交情,亦何能数。今止数其精神通于神明者一焉,兄未逮之前一夕,通梦人通谒视刺崔呈秀也,且曰:"蒋郡举进士五人,皆向身索赏,兄踟躇不快而览。次日,为其内弟吴君言之,既晚而逮至,□有疑五人者,乃今而知为骈斩五人也,此当入兄遗事中。弟梦素不甚验,方旅棕权厝,时欲仿佛见之。丙寅八月望,席于幕前方丈地而寝,中宵□皇风露肃然将起便□焉,恍见兄映帷而立,觉乃知梦也。此谓我神往而非尔灵来此。丁卯春正,忽梦与兄遇于文起之馆,兄惊□轻脱,若有告忧之色,已低语微相慰藉,梦中历历,余不觉失声,既见文起,每叩中朝闻见,文起□之,后果值免报,相叹不爽,近得尔郎君口阖归信,默数之约与三周差次,诸相知皆前相礼忏,独余未果,稍心动,夜梦兄于于而来,谈笑如平生,别时执手云:"近颇得皈依力。"嗟乎,忏力效否?不知于资粮若何,然何以梦相符也?□以兄之不假易于梦而梦□中以余之每屑越于梦而梦兄辄复有□人之相知,果系梦不梦耶,即痛定思痛,不知几许,不数语而记□及此耶?昔子瞻作《篔筜谷画记》,多道文洋州戏笑之言。今值忏事粗毕,敬高不敏,且述素所不谈迂事,以资□噱。至兄生平赏吾记之文,前成《吏部记事》七则,告之几筵,火其端卓玄□脑不遗一字,人以为异,适又成《小云栖额记》,盛称兄所寄意,焚之余,俟续有成再告。

(顾沅《吴郡文编》卷一六七)

# 墓　葬

## 苏州周忠介公墓

崇祯《吴县志》卷二八:"吏部员外郎赠太常寺卿谥忠介周顺昌墓,在白莲泾马家墩,奉旨谕葬。"

康熙《吴县志》卷三八:"吏部员外郎赠太常卿谥忠介周顺昌墓,在白莲泾马家墩。"

乾隆《吴县志》卷八五:"吏部员外郎赠太常寺卿谥忠介周顺昌墓,在白莲泾马家墩,谕葬。”

乾隆《苏州府志》卷三〇：“周忠介公顺昌墓，在白莲泾马家墩，黄道周铭，地一顷二十亩。”（又见道光《苏州府志》卷五一）

同治《苏州府志》卷四九：“周忠介公顺昌墓，在白莲泾马家墩，地一顷二十亩，黄道周铭。”

民国《吴县志》卷四〇：“周忠介公顺昌墓，在白莲泾马家墩，地广一顷二十亩，黄道周铭，道光二十八年①重建，徐荣森题碣。”

范广宪《吴门园墅文献》：“墓在白莲泾马家墩，地广一顷二十亩，一云在麻布浜。”

【注】

① 道光二十八年：道光二十八年（1848）戊申。

【札】

## 访周忠介公顺昌墓

李根源

至白莲桥，访明周忠介公顺昌、刑部尚书俞公士悦墓。由左岸登麓，至削箸浜，村人以制箸为业，故名。过李王庙、朱家庄，访悉忠介墓址，折而西，至麻布浜，忠介墓在焉。碣题“明周忠介公顺昌墓，道光二十八年震泽徐荣森立”，面虎丘仁寿塔，有翁仲、石马、石虎、石羊，青石坟围，外环以河。守墓人沈姓，墓树新为子孙所卖，仅存三四株，被江北苦工窃伐，守墓人报警，警以坟山事与警无关不问也。公忠义骨鲠，出自天性，余幼读公传，至“世间有不畏死男子”一语，服膺至今。

（李根源《吴郡西山访古记》卷三）

## 兴化周顺昌墓

民国《续修兴化县志》卷一：“周顺昌墓，吴人周顺昌死东厂狱，相传县东竹泓港永宁街沟北有古墓三冢，名周氏坟，其主穴即周顺昌先生之墓。”

【札】

## 泰州印记：地名文化集萃·明周顺昌墓遗址

永宁沟北侧（即今板桥路街南中段商品楼处）明周顺昌墓遗址，则是古镇的应一个佐证……苏州周氏于兴化竹泓有亲戚关系，周顺昌尸骨从北京运到兴化竹泓，安葬于永宁沟北（今板桥路街南中段商品楼处，即原居民冯宏道住宅庭院中）……崇祯帝登基后，对周顺昌平反昭雪，并致葬赠祭，在苏州郊区建了一座周顺昌衣冠冢……2000 年 4 月，竹泓镇永宁沟北桥拆迁，次年 7 月建设板桥路时，发掘出周顺昌楠木棺柩。

（钟鸣《泰州印记：地名文化集萃》[1]）

〔1〕 钟鸣主编《泰州印记：地名文化集萃》，北京：中国文史出版社，2006 年，73 页。

【记】

明天启六年(1626)三月十八日,吴中有开读之变,至七月五人慷慨赴义,谈笑而死,崇祯元年(1628),贤士大夫将五人合葬于虎丘之东,山塘之上,立碑为"五人之墓"。明初有"洪武移民",明末亦有移民,五人之后人即迁居兴化。泰州兴化竹泓镇周忠介公墓,或是迁居此地的周氏后人所立之衣冠冢,以示对先人的缅怀。

## 周忠介公墓志

周茂兰

府君姓周氏,讳顺昌,字景文,号蓼洲,吴县人。中万历癸丑科进士,初仕福建福州府推官。六年考满,行取礼部主事,随补吏部稽勋,引历文选清吏司员外郎①。天启六年,忤魏珰逮,死诏狱。崇祯元年,诛珰及珰党,恤赠通议大夫、太常寺卿、谥忠介,特恩诰赠三世太常卿,敕建惠祠,春秋享祀,建坊表扬,荫一子入监读书。予祭一坛,造坟安葬,赐地一顷二十亩,坐落吴县白莲桥内马家墩十一都三十三图远字圩。

府君生于万历十二[一]年甲申八月十七日子时,卒于天启六年六月十七日子时,享年四十有三。母吴氏,累敕淑人,享年七十岁②。子四人,曰茂兰、茂藻、茂葵、茂蕚,女四人。诸孙及孙女,详载行实③。

先是,文相国讳震孟、姚宫詹讳希孟两先生与府君生同里、仕同朝,德业相勉,患难相恤,兰以志状拜乞,俱允所请,文未脱稿,而哲人云之,宫詹长子孝廉宗典④仰承先志,撰行述⑤一篇志铭,终弗敢他请,不欲生死易念也。府君孤忠劲节,事详国史。今仅请镌诰命藏之幽宫⑥,以代志石云。

孤哀子周茂兰泣血百拜谨述,君丹赐同进士出身、詹事少府詹兼翰林院侍读学士通家眷晚生徐汧顿首拜填讳。

崇祯十年,岁在丁丑,十二月初八日谨立。

(彭定求《忠介遗事》,又见顾沅《吴郡文编》卷一九三)

【校】

[一]"十二",原作"十一",今改。

【注】

① 文选清吏司员外郎:稽勋清吏司,明清时期吏部下设机构,掌文职官之勋级、名籍、守制、终养等事,职官有郎中两人(满、汉各一),员外郎三人(宗室、满、汉各一),主事三人(宗室、满、汉一),笔帖式若干人,经承六人。

② 享年七十岁:钱谦益有《周忠介公夫人六十序》:"忠介恤后之十五年,而其夫人年六十。"

③ 行实:生平事迹。唐黄滔《华严寺开山始祖碑铭》:"十一年,其徒从绍疏师行实于阙,升其院为华严寺。"明宋濂《雷府君墓志铭》:"既葬十余年,燧自状其行实,谒濂为之铭。"

④ 宫詹长子孝廉宗典:姚宗典,姚希孟长子,苏州长洲县人,著有《存是录》。

⑤ 行述:生平概略、履历。唐封演《封氏闻见记·石志》:"素族无名策,故以纪行述耳,遂相祖习。"姚希孟《棘门集》卷五有《吏部文选司员外郎赠太常寺卿周忠介公行状》,惜有目而无文。

⑥ 幽宫:坟墓。王维《过秦皇墓》:"古墓成苍岭,幽宫象紫台。"王安石《大理寺丞杨君墓志铭》:"纳

铭幽宫，以慰其子。”

## 周顺昌神道碑

黄道周

明恤赠通议大夫太常寺卿前吏部文选司员外郎忠介蓼洲周先生神道碑[一]

盖闻之圣学曰愤，师风曰奋，不奋不愤，白日众寝。天启之末年，上帝假寐，奄尹①吐光，焚灼天下，天下瞶然不知所旦。周吏部蓼洲先生乃[二]起而大呼，以为羲驭②之必且出，冰势之必且消，孤魅之必不可恃，嚼齿碎舌，蹈死而不悔。呜呼！非愤奋于百世而为之乎？

呜呼！予观天下治乱所托，惟人与言。选人而准天下，其准一世，或老或殇，盖三十年焉止矣。选[三]言而绳天下，其绳百世，或闷或默[四]，或见或不见，盖寡有闻听之者。于是，天地之罡气，有播于雷唇、裂于电眦，明白正告，使士女、鸡犬、蠉动之伦，咸聋耳缩颈，若庞水[五]之将降。盖自颜真卿、段秀实③而后，复有先生也。

呜呼！盗贼已成，篡弑已形，虽董笔④、南简⑤淋漓[六]丘山，何当针芥⑥之用？即不然，强弩射市，鹿群陨坑，身值大殊，何刺之有？必如先生优游家居，秉素字贞[七]，动未有矰缴⑦之施，出未有容默⑧之讨，舍蘧瑗之雍容、乐史鳍之踔蹈⑨，以为不如是不足以摧撞[八]逆芽、振靡明报。此百世而下，懦士以之挺筋，瞽夫闻而张目也。

呜呼！明哲之谈，古用以明若否，今用以守房帷。危孙之权，古用以栖乱国，今用以酬兴主。周先生历身中途，读书满车，宁不知见险知止之[九]为智、我无言责之为裕哉？以为是驾道通径，奋愤而不为也。

先是，魏都谏被逮，抵阊门，缇骑四绕，亲朋渐绝，先生独过胥江，持浆饭与共卧起，以女女其孙，戟手逆珰及诸权贵，詈不绝口。及姚詹翰持服削夺归，显贵人不吊也，先生引礼法大诟之。凡先生所批绳，必中其隐却，又显治之为贼。于是，众起欲搏先生，先生不顾也。文学士湛持间谓先生曰：“公幸家居少瑕罅，稍袋口足免，何苦共死乎？”先生曰：“吾一官敝屣耳，七尺可作砥，吾用之矣。安能悬目以视若辈！”居亡何，御史倪文焕以赃诬先生，用削官。会织珰李实论吴抚起元减料误运，指公与周、缪等六人门户请托。丙寅三月[十]，缇骑遂下。下之日，吴门昼晦，暴风雨五日，平地如浸。吴中士民，踔潦中为先生号冤者闻[十一]闾巷，诏不可读。缇骑索囚稍骤，众拳跖上，悉狗跳，有死者。公乃觅舴艋[十二]从使者阴度关。公泣谢父老，谓：“奈何以吾故累地方？吾死，自能杀贼，勿忧公等。”百姓亦以杀缇骑故停诣阙，率洒泣散去。方是时，吴中几变，吴中变则天下之咽绝，逆珰亦藉是变色，得稍缓。既抵狱，天又大震，飞石碎瓦木，人畜骀蹈[十三]无万[十四]。公语同事曰：“吾辈精诚薄使天激如此，吾死叫上帝速歼鼠辈，无徒累诸苍生。”盖不二十日对簿死，口齿尽折，血肉[十五]烂[十六]不可辨。呜呼！伤哉！以公之精爽，上感雷雨，下格群黎，而不能寒一奄尹之胆。彼未尝窥书，宜然，诸权贵狺狺⑩，奚为者乎？

先生始仕予乡，为福州司李。甫下车，典谒请诣珰宷，公嗔目视之。既数日，廉诸虎翼，悉置长尾，珰宷恨甚。会诸商阑监门诉诸役无状，诸虎翼纵刀矢，有所洞伤，民大哄，珰遂发火烧比屋，劫袁中丞，质其子，留两宪使，意先生入瞑[十七]并执之。先生持不动，夜捕六凶畀之狱。诸虎翼率啼泣，请珰出宪使自赎也。即不可，当以守令代兵宪。公夷然曰："罪囚弄兵[十八]无赦条，宪司重臣无质理，必以小易大，乌知之乎？"当事者慑甚，并捕诸哄民，欲平之。公曰："为百姓受虐故至此，奈何复戕[十九]百姓平之乎？"急就释之，欢声雷涌。于是珰寀心悸，阖监门，发疏，不敢动。两台赖公自振，急疏寀罪状。天子[二十]为毅然撤寀归，诸释[二一]不问。呜呼！神哉！显皇之仁也！微先生识，不能使天子知一方民之冤。微先生力，不能使天子除十六年之丑。诸当事者侧目视公，公亦决意挂冠⑪，通国罢市，日数万人环治而泣曰："公去，吾曹就死耳。"行李发者视城闉已悉垒石断通路[二二]。呜呼！直道之在民也，义者与奋，仁者与愤，百草芼蒙[二三]⑫，非怒不生。《诗》曰："民之方殆，视天梦梦"⑬，言夫不愤不奋之不可为治也。以先生才挺晶白，为名铨识，拔天下贤俊，稍隐忍报天子不乏。而先生若此者，岂得已为之[二四]乎？张复之曰："以李杜自处，犹恐为胡赵，以胡赵自处，何所不至？"当李杜时，士绅犹在楯陛，奄尹不过中令，而枝孽[二五]放浊不可屋忍[二六]，诸贤惊创发摅，惩治之恐不及，而后世疑为已过，其立心可知矣。微先生，千世而上，乃使李杜孤行。

先生事父母极孝，病服养不解带，居丧毁不胜，不以贫故受一餐[二七]之馈。在吾乡五载，日惟市一蔬。既秉铨归，四壁萧然，人称之曰"冰条"。先生殁不一载而[二八]圣天子出，逆党殛死。公独得赠恤异等，谥忠介，三世皆太常卿，稍酬往者四世未葬之恸。士民闻者，或泣或歌。《诗》曰："既克有定，靡人弗胜"⑭，谅夫！

铭曰：汝南⑮家世[二九]，代有岳崱。非曰矫饰，好是正直。澄流礫砥，义波海激。诛观破[三十]柱，各视其力。以泚[三一]默容，以极反侧。上帝耆之，骈蕃追锡。膺滂惭过，浩瓘寡色。惟孝作忠，惟名副实。树百世表，为千古式。

时[三二]崇祯十二年己卯

赐进士出身中宪大夫历事府少詹事协理府事兼翰林院侍读学士修管司经□事充经筵日讲官纂储

玉牒

实录总辑经书通家宝治生黄道周顿首撰并书[三三]

（南京博物院藏黄道周手稿，又见《黄漳浦文选》卷五、彭定求《忠介遗事》）

【校】

[一]"明恤赠通议大夫太常寺卿前吏部文选司员外郎忠介蓼洲周先生神道碑"句，《黄漳浦文选》、彭定求《忠介遗事》均无。《黄漳浦文选》有跋语曰："洪思曰：'读是碑与张溥五人墓碑，知圣人之贵愤也。帝且长寐，安得五人复起乎？'"

[二]"乃"字，《黄漳浦文选》无。

[三]"选"字，《黄漳浦文选》作"撰"。

[四]"默"字，《黄漳浦文选》作"嘿"。

[五]"庞水"，《黄漳浦文选》作"洪水"，彭定求《忠介遗事》作"庞水"。

[六]"淋漓"，《黄漳浦文选》作"淋激"，彭定求《忠介遗事》作"淋漓"。

[七]"字贞"，《黄漳浦文选》作"字贞"，彭定求《忠介遗事》作"自贞"。

[八]"摧撞"，《黄漳浦文选》作"推撞"。

[九]“之”字,《黄漳浦文选》无。

[十]“三月”,《黄漳浦文选》作“二月”。

[十一]“闻”,唐文治重刊本作“阒”。

[十二]“舴艋”,《黄漳浦文选》作“舴艇”,彭定求《忠介遗事》作“舴艋”。

[十三]“骀蹈”,《黄漳浦文选》作“相蹈”,彭定求《忠介遗事》作“跆蹈”。

[十四]“无万”,《黄漳浦文选》作“无数”,彭定求《忠介遗事》作“无万”。

[十五]“血肉”,《黄漳浦文选》作“面肉”。

[十六]“烂”,彭定求《忠介遗事》作“縻烂”。

[十七]“入暝”,《黄漳浦文选》作“八候”,彭定求《忠介遗事》作“入候”。

[十八]“弄兵”二字,《黄漳浦文选》无。

[十九]“戕”,《黄漳浦文选》作“创”。

[二十]“天子”,《黄漳浦文选》作“圣天子”。

[二一]“释”,《黄漳浦文选》作“悉”。

[二二]“通路”,《黄漳浦文选》作“道路”。

[二三]“芚蒙”,《黄漳浦文选》作“蒙屯”,彭定求《忠介遗事》作“芚蒙”。

[二四]“为之”前,《黄漳浦文选》有“而”字。

[二五]“枝孽”,《黄漳浦文选》作“枝擘”。

[二六]“屋忍”字,彭定求《忠介遗事》作“居忍”。

[二七]“一餐”,《黄漳浦文选》作“一浆”。

[二八]“而”字,彭定求《忠介遗事》无。

[二九]“家世”字,彭定求《忠介遗事》作“世家”。

[三十]“破”,《黄漳浦文选》作“彼”。

[三一]“泚”,《黄漳浦文选》作“讹”。

[三二]“时”,原本作“旹”,今改。

[三三]“时崇祯十二年己卯”以下,《黄漳浦文选》无。

**【注】**

① 奄尹:官名,周代的内宰,后指主管宫廷事务的宦官头目。《礼记·月令》:“仲冬之月,命奄尹,申宫令,审门闾,谨房屋,必重闭。”

② 羲驭:太阳,羲和为日驭。高启《广陵孙孝子爱日堂》:“只愁老景苦骎骎,羲驭西驰疾飞鞚。”

③ 段秀实:段秀实(719—783),字成公,陇州汧阳(今陕西千阳)人,唐代名将,《旧唐书》卷一百二十八、《新唐书》卷一百五十三有传。

④ 董笔:董狐笔。春秋时晋国史官董狐在史策上直书晋卿赵盾弑君之事。《左传·宣公二年》:“乙丑,赵穿杀灵公于桃园。宣子未出山而复。大史书曰‘赵盾弑其君’,以示于朝。宣子曰:‘不然。’对曰:‘子为正卿,亡不越竟,反不讨贼,非子而谁?’……孔子曰:‘董狐,古之良史也,书法不隐。’”宋文天祥《指南后录序·正气歌》:“在齐太史简,在晋董狐笔。”

⑤ 南简:南简,宋平凉(今属甘肃)人。宋郭若虚《图画见闻志》卷三:“工画佛道人物。世传其名,未见其迹。”宋刘道醇《宋朝名画评》卷一:“性简傲,不肯从亲旧游,闭门独居,以画自乐。太宗朝待诏高元亨奉命过渭川,目睹简画,得其名氏,遽召之。会简袖刺来谒,喜其同好,尽礼相遇。因求简笔,简遂披纸运思,挥染如扫,穷百番无相犯者。元亨益重之。故相国刘公有简画少微星一轴,甚有气韵。”

⑥ 针芥:比喻极细微之处或极细小的事物。

⑦ 矰缴:系有丝绳、弋射飞鸟的短箭,比喻暗算伤人的手段。晋陶潜《归鸟》:“晨风清兴,好音时

交。赠缴奚施，已卷安劳。”《后汉书·袁绍传》：“加其细政苛惨，科防互设，赠缴充蹊，阬穽塞路。”

⑧ 容默：陆九渊《与吕伯恭书》：“苟有所怀，义不容默。”

⑨ 舍蘧瑗之雍容、乐史鳝之踔蹈：史鱼，史鳝，字子鱼。蘧瑗，字伯玉。两人都是卫国的贤臣，《左传·襄公二十九年》：（吴公子季札）“适卫，说蘧瑗、史狗、史鳝，公子荆、公叔发、公子朝曰：‘卫多君子，未有患也。’”《论语·卫灵公》：“直哉史鱼！邦有道，如矢；邦无道，如矢。君子哉蘧伯玉！邦有道，则仕；邦无道，则可卷而怀之。”

⑩ 狺狺：议论中伤之声喧嚷貌。《后汉书·赵壹传》：“虽欲竭诚而尽忠，路绝崄而靡缘。九重既不可启，又群吠之狺狺。”白居易《与杨虞卿书》：“其余附离之者，恶仆独异，又信狺狺吠声，唯恐中伤之不获。”

⑪ 挂冠：辞官归隐。晋袁宏《后汉纪·光武帝纪五》：“（逢萌）闻王莽居摄，子宇谏，莽杀之。萌会友人曰：‘三纲绝矣，祸将及人。’即解衣冠，挂东都城门，将家属客于辽东。”南朝梁沈约《和左丞庾杲之移病》：“挂冠若东都，山林宁复出。”宋叶适《祭韩子师尚书文》：“愤发挂冠，龠米自炊。”

⑫ 芚蒙：屯蒙，《易经》中屯卦和蒙卦的并称，谓万物初生稚弱貌。隋杨素《赠薛播州》：“在昔天地闭，品物属屯蒙。”《资治通鉴·唐则天后长寿元年》：“自文明草昧，天地屯蒙。”胡三省注：“屯者物之始，蒙者物之稚，言后称制之初，犹天地生物之始。”

⑬ 民之方殆，视天梦梦：《诗经·小雅·正月》：“瞻彼中林，侯薪侯蒸。民今方殆，视天梦梦。”

⑭ 既克有定，靡人弗胜：《诗经·小雅·正月》：“既克有定，靡人弗胜。有皇上帝，伊谁云憎？”

⑮ 汝南：古属豫州，属今河南省。周顺昌为南宋名相益国文忠公周必大后人，周氏原籍河南。

## 黄石斋先生手书周忠介公神道碑跋

彭启丰

漳浦黄先生至性天植，笃学厉行，偶试于时，动辄龃龉，而孤忠劲节，百折不回，卒之致命遂志，为有明一代完人。其所著撰，自《经说》外，不概见于世。此碑向周忠介公年谱后，读之凛然，毛发为之竖，顷复见先生手书墨本，如上最高峰顶瞰千崖积雪，寒光逼人。孟子说：“伯夷，圣之清者也。”[①]如先生者，岂非所谓奋乎百世之上，百世之下，莫不兴起者哉？先生既卒，神归玉局[②]，先大夫时尝降于茧园，授复初讲习诸录，推阐圣绪，穷微极眇，诗曰：“神之格思，不可度思，矧可射思”[③]，信矣。因附记之。

**【注】**

① 伯夷，圣之清者也：《孟子·万章章句下》：“伯夷，圣之清者也；伊尹，圣之任者也；柳下惠，圣之和者也；孔子，圣之时者也。”

② 玉局：道观名，在四川成都。传说李老君曾于此坐局脚玉床讲经，因而得名。《资治通鉴·后唐庄宗同光元年》：“蜀主诏于玉局化设道场。”胡三省注：“玉局化在成都。彭乘《记》曰：后汉永寿元年，李老君与张道陵至此，有局脚玉床自地而出，老君升坐，为道陵说《南北斗经》，既去而坐隐，地中因成洞穴，故以‘玉局’名之。”苏轼《送戴蒙赴成都玉局观将老焉》：“莫欺老病未归身，玉局他年第几人。”

③ 神之格思，不可度思，矧可射思：《诗经·大雅·抑》：“视尔友君子，辑柔尔颜，不遐有愆。相在尔室，尚不愧于屋漏。无曰不显，莫予云觏。神之格思，不可度思，矧可射思！”

## 黄石斋先生手书周忠介公神道碑跋

彭绍升

郑所南一腔忠愤，薄云霄、贯日月，而生平嗜餐梅萼，昌梦登玉真峰顶得古梅，树大百围，萼径半尺，方盛开，摘而食之，齿炼为丹，鼻舌毛孔迸散香雾，天光粲发，其心忽空，自为记如此。石斋先生其后身，与读此文，忠愤既绝类所南，而行画间，又都作古梅，香气殆若引我于玉真峰顶矣。前诗意有未尽，因推论之时，方丰先府君讳斋居文星阁僧舍，踞题诗之岁，忽已四年矣。偶意文信国句云："功名几灭性，忠孝太劳生"[①]，周复斯卷，弥增慨息，炉香一炷，回向莲池，为先生消此公案可也。

（彭绍升《二林居集》卷七）

**【注】**

① 功名几灭性，忠孝太劳生：文天祥《悟道》："谁知真患难，忽悟大光明。日出云俱静，风消水自平。功名几灭性，忠孝大劳生。天下惟豪杰，神仙立地成。"

## 题黄石斋先生书周忠介公墓碑后

潘奕隽

自古极治之世，未尝无小人也，小人不能行其志耳。自古极乱之世，未尝无君子也，君子不能行其志耳。当明之季天启中君子道消之时，周蓼洲先生不惜奋身碎首以与小人争，虽身亡而阉寺亦为气夺。君子仰其风为之悲其遇焉。至石斋先生当崇祯时，上之求治甚切，下亦未尝无共济之人，乃亦屡起屡踬，困于群小，抑又何遇之穷欤？逮入本朝，成其致命遂志之忠，表其杀身成仁之节，千载而下，犹将兴起焉。凛乎秋霜，不足比其严也；皎乎冰轮，不足比其洁也；挺乎孤松，不足并其贞；巍乎泰华，不足拟其峻也。昔范文正公手书韩昌黎《伯夷颂》，士林珍之，谓为三绝。今以周先生事迹、黄先生之文与书，谓吾吴复有三绝可也。顾黄先生岂屑以区区翰墨见长哉？卷尾有吾师芝庭先生[①]手跋，谓其神归乎玉局，尝降茧园，所谓浩然之气还乎太虚、塞乎宇宙者，其理信非诬也。

（潘奕隽《三松堂集》卷二）

**【注】**

① 芝庭先生：彭启丰（1701—1784），字翰文，号芝庭。

# 卷五　周茂兰血疏贴黄题跋

## 血疏贴黄

### 鸣冤疏

周茂兰

原任吏部文选清吏司[一]员外郎今赠太常寺卿周顺昌男生员臣[二]周茂谨[三]奏,为孤忠已被恩褒,沉冤尚未剖晰[四]。谨刺血拜疏[五],恳报父仇,以彰国法事[六]。

臣父周顺昌[七],中万历四十一年进士,始仕福州府推官,勺水自甘[八],纤尘无染[九]。值税监高宷擅行威福,臣父不屑一见。时有监司,假名调停,实左右宷,致受羁囚[十],恬不知耻者,臣父鄙之,每事相左,几为其所中,幸公道旋昭[十一],得入铨署。供职十有五月[十二],弊绝风清,未尝受人一缗一楮[十三],即寻常竿牍[十四],莫敢[十五]轻投。退食①之余,惟与同乡一二相知切劘[十六]道义而已。

壬戌之夏,因署铨政[十七],与一科臣不惬[十八],拂衣竟归。归装惟有布被一床,残书数卷。抵家杜门,半刺不入公府,所[十九]正色力持者,独乡绅大体,至地方利弊,犹呕心区画,以其身隐系维桑②之重。迨逆珰祸,臣父颦眉扼腕[二十],恨不从杨涟诸臣后请尚方之剑。会科臣魏大中逮过吴门,臣父痛其介特孤,纵横[二一]罹罗网,念及[二二]身后,遂与缔婚,舟次盘桓[二三],谈及中朝事,辄拍案怒骂。缇骑还京具告,逆珰痛恨臣父不减杨涟、大中。巨虎[二四]倪文焕睄珰微指,首先操戈,而臣父削籍矣。前此,抚臣毛一鹭多炎凉市态,臣父微致反唇,而向之媚阉珰旋媚逆珰者挑斗其间[二五],一鹭遂从杭州敦请织监李实至苏[二六],促膝献计,更有同乡破甑③无耻[二七]之人,借臣父以媚文焕,杀机既发,罪罟斯张,而臣父逮矣。

逮命既至,万人悲愤[二八],争欲[二九]得杀臣父者而甘心焉。乃缇骑大逞[三十]咆哮,愈干众怒。訇然一声,攘臂四起。臣父大叱,疾呼谓:"尔曹不散,吾先触死。"知府寇慎、知县陈文瑞更委曲理谕,稍稍解去。臣父潜身[三一]赴诏狱,讯鞫之日,奋词慷慨,声彻棘林④,致肌骨为糜,指胫[三二]俱裂,活剥生挦,立刻追命,种种楚毒。狱吏传示外人,与台省形之章奏,皆以臣父气更扬[三三]、语更烈、死亦更惨。言及此,肠如攒剜,欲摹写一字不能矣[三四]。尤可恨者,当日开读起变,疾如[三五]风雨,若抚按直据情形,连章入告,逆党或能悔祸,乃抹杀公论,至云[三六]:"周顺昌植党附邪,仰干圣怒",何与诸人事?[三七]又云[三八]:

“标榜习气，高自矜诩”[三九]，仰承漏网之旨，阴种株连之祸[四十]，何忍心辣手至此？颜佩韦等五人骈首就戮，其临刑痛骂者为谁？迄今在人齿颊⑤也。臣父身故追赃，穷莫抵[四一]，藉亲故捐俸捐赀，勉完三千之数。

恭遇圣明御极，逆党次第歼夷，当年挑衅攒谋之人，借桐封⑥以颂忠贤，甘入幕以悦文焕者，皆幸逃指摘⑦。臣本欲畅言之，而上有朝论，下有乡评，且因臣父生平嫉恶严[四二]而宅心忠厚，臣姑隐忍以承先人[四三]之遗教。独文焕以责治门军开罪逆党，一攻臣父，其宠嬖不下崔呈秀，倏而顺天巡按，倏而河南掌道，遂以元攻受上赏，不得不为刈草除根[四四]之计。而一鹭辈有捷投之，此臣父所由殒身毕命，而臣三年立廷[四五]，卧苦尝胆[四六]，誓不与诸奸戴履天地者也[四七]。闻文焕在鼎湖⑧之际，首先劝进[四八]⑨，赞成不轨，真九庙神灵所必殛。而一鹭颂珰建祠，罪状具在，岂容以溘先首丘，免其追削？

伏乞敕下部院，将新到倪文焕照崔呈秀例殛[四九]，弃之西市，使[五十]遗孤得分脔溅血，呼告先灵，并将毛一鹭尽法褫戮[五一]，以为戕贼贤士大夫者之戒。则复仇之义稍伸，即下从臣父[五二]，永无憾矣。臣[五三]无任，痛哭待命之至。

崇祯元年十二月十五日[五四]奉圣旨，周茂兰所奏事情，知道了。倪文焕既已解到，着即[五五]究拟正罪。毛一鹭媚奸建祠，本当追究，姑念已故，不必再求。血书原非奏体，以后悉行禁止。该衙门知道。

崇祯元年十二月初三日奏。

（彭定求《忠介遗事》，又见金日升《颂天胪笔》卷二〇、《借月山房汇抄》本《烬余集》卷四）

【校】

[一]“文选清吏司”，《忠介遗事》作“文选司”。

[二]“臣”字，《颂天胪笔》无。

[三]“谨”字，《颂天胪笔》无。

[四]“晰”字，《颂天胪笔》作“析”。

[五]“谨刺血拜疏”，《颂天胪笔》作“谨控吁号天”。

[六]“事”字，《颂天胪笔》作“疏”。

[七]“周顺昌”，《颂天胪笔》作“顺昌”。

[八]“自甘”，《颂天胪笔》作“自尝”。

[九]“无染”，《颂天胪笔》作“不染”。

[十]“实左右寀，致受羁囚”，《颂天胪笔》作“实左右之，致变羁囚”。

[十一]“旋昭”，《颂天胪笔》作“章明”。

[十二]“供职十有五月”，《颂天胪笔》作“计供职十有五年”。

[十三]“未尝受人一缗一楮”，《颂天胪笔》作“未尝受一粒一缗”。

[十四]“竿牍”，《颂天胪笔》作“一竿牍”。

[十五]“莫敢”，《颂天胪笔》作“谨勿”。

[十六]“切劘”，《颂天胪笔》作“切靡”。

[十七]“壬戌之夏，因署铨政”，《颂天胪笔》作“壬戌之受事，署铨政”。

[十八]“不惬”，《颂天胪笔》作“不合”。

[十九]“所”字，《颂天胪笔》无。

［二十］“颦眉搤腕”,《颂天胪笔》作“攒眉扼腕”。

［二一］“纵横”,《忠介遗事》作“踪横”,从《颂天胪笔》改。

［二二］“念及”,《颂天胪笔》作“问及”。

［二三］“盘桓”,《颂天胪笔》作“忧危”。

［二四］“巨虎”,《颂天胪笔》作“五虎”。

［二五］“而向之媚阉珰旋媚逆珰者挑斗其间”句,《颂天胪笔》无。

［二六］“至苏”,《颂天胪笔》作“至苏州”。

［二七］“无耻”,《颂天胪笔》作“希进”。

［二八］“悲愤”,《颂天胪笔》作“愤攻”。

［二九］“争欲”,《颂天胪笔》作“争殴”。

［三十］“大逞”,《颂天胪笔》作“反逞”。

［三一］“潜身”,《颂天胪笔》作“身”。

［三二］“指胫”,《颂天胪笔》作“指膜”。

［三三］“扬”,《颂天胪笔》作“壮”。

［三四］“欲摹写一字不能矣”,《颂天胪笔》作“痛慕号泣,一字不能矣”。

［三五］“如”,《颂天胪笔》作“召”。

［三六］“至云”,《颂天胪笔》作“主在”。

［三七］“何与诸人事”,《颂天胪笔》无。

［三八］“又云”,《颂天胪笔》无。

［三九］“标榜习气,高自矜诩”,《颂天胪笔》作“向与诸人互相标榜习气,高自矜诩”。

［四十］“仰承漏网之旨,阴种株连之祸”,《颂天胪笔》作“阴承漏网之旨,明种株连之祸”。

［四一］“臣父身故追赃,穷莫抵”,《颂天胪笔》作“臣父身死追赃矣,穷无抵措”。

［四二］“嫉恶严”,《颂天胪笔》作“嫉恶”。

［四三］“先人”,《颂天胪笔》作“先臣”。

［四四］“刈草除根”,《颂天胪笔》作“剪草除根”。

［四五］“立廷”,《颂天胪笔》作“立庭”。

［四六］“卧苦尝胆”,《颂天胪笔》作“寝苦尝胆”。

［四七］“也”字,《颂天胪笔》无。

［四八］“劝进”,《颂天胪笔》作“效功”。

［四九］“将新到倪文焕照崔呈秀例殛”:《忠介遗事》作“将新到倪文焕照崔呈秀例亟”,今改;《颂天胪笔》作“将新提到倪文焕照崔呈秀、田尔耕等斩首”。

［五十］“使”,《颂天胪笔》作“俟”。

［五一］“褫戮”,《颂天胪笔》作“被戮”。

［五二］“即下从臣父”,《颂天胪笔》作“臣即下从臣父”。

［五三］“臣”字,《忠介遗事》无,据《颂天胪笔》补。

［五四］“崇祯元年十二月十五日”,《忠介遗事》无,据《颂天胪笔》补。

［五五］“着即”,《颂天胪笔》作“着”。

**【注】**

① 退食:退朝就食于家或公余休息。《北史·高允传》:“(司马消难)因退食暇,寻季式,酣歌留宿。”宋敏求《春明退朝录》卷上:“予以谏议大夫奉朝请,每退食,观唐人洎本朝名辈撰著以补史遗者,因纂所闻见继之。”

② 维桑:指代故乡。《诗经·小雅·小弁》:“维桑与梓,必恭敬止。”毛传:“父之所树,己尚不敢不恭敬。”晋陆云《岁暮赋》:“处孝敬于神丘兮,结祗慕于维桑。瞻山川而物存兮,思六亲而人亡。”骆宾王《秋夜送阎五还润州诗序》:“阎五官言返维桑,修途指金陵之地;李六郎交深投漆,开筵浮白玉之樽。”王禹偁《投柴殿院》:“白公是前政,鲁望有维桑。”

③ 破甑:喻不值一顾的事物。《后汉书·郭太传》:“孟敏字叔达,巨鹿杨氏人也。客居太原,荷甑坠地,不顾而去。林宗见而问其意。对曰:‘甑以破矣,视之何益?’”刘义庆《世说新语·黜免》:“邓竟陵免官后,赴山陵,过见大司马桓公。公问之曰:‘卿何以更瘦?’邓曰:‘有愧于叔达,不能不恨于破甑。’”辛弃疾《玉蝴蝶》:“侬家生涯蜡屐,功名破甑,交友抟沙。”

④ 棘林:古代断狱的处所。王融《永明九年策秀才文》:“自萌俗浇弛,法令滋彰,肺石少不冤之人,棘林多夜哭之鬼。”李善注引《春秋元命苞》:“树棘槐,听讼于其下。”

⑤ 齿颊:谓口头谈说。罗大经《鹤林玉露》卷六:“灌夫不负窦婴于摈弃之时,任安不负卫青于衰落之日,徐晦越乡而别临贺,后山出境而见东坡,宜其足以馨千载之齿颊也。”

⑥ 桐封:桐叶封弟,指帝王封拜。《史记·晋世家》:“成王与叔虞戏,削桐叶为珪以与叔虞,曰:‘以此封若。’史佚因请择日立叔虞。成王曰:‘吾与之戏耳。’史佚曰:‘天子无戏言。言则史书之,礼成之,乐歌之。’于是遂封叔虞于唐。”

⑦ 指摘:挑出错误,加以批评。《三国志·蜀志·孟光传》:“延熙九年秋,大赦。光于众中责大将军费祎……光之指摘痛痒,多如是类。”

⑧ 鼎湖:帝王崩逝。《周书·静帝纪》:“先皇晏驾,万国深鼎湖之痛,四海穷遏密之悲。”

⑨ 劝进:劝登帝位。《南史·宋纪上》:“于是陈留王虔嗣等二百七十人及宋台群臣并上表劝进,犹不许。”《北史·许谦传》:“及慕容垂死,谦上书劝进。”

## 贴黄

周茂兰

原任吏部文选司员外郎今赠太常寺卿周顺昌男生员臣周茂谨

奏,为孤忠已被

恩褒,沉冤尚未剖晰。特搏颡号

天,恳报父仇,以彰

国法事。臣父忤珰惨死,皆由倪文焕谋之于内,毛一鹭因而

谋之于外。杀人抵死,

律有明条。而文焕

鼎湖劝进,一鹭亦尝建祠媚珰,尤

祖法所不赦。伏乞

敕下部院,将提到倪文焕即刻处决,已故毛一鹭还行褫戮,庶

父冤得雪,

国法亦伸。谨

奏。[一]

血性丈夫,隐容书。

(右疏纸高七寸四分,阔三寸二分。凡十有三行,合提空处,俱依原式,惟第五行原至

"因而"字止,"谋之"云云八字作一行;第九行至"庶"字止,"父冤得雪"四字作一行,今省减二行。)[二]

(黄煜《碧血录》附录《周端孝先生血疏贴黄册》,又见《丛书集成续编》第58册《明周瑞孝先生血疏贴黄真迹》、《吴中文献小丛书》之六万福康辑《明周端孝先生血疏题跋》、周锷辑《人帖》卷三《周端孝公血疏贴黄并记》、苏州碑刻博物馆东侧碑廊145号书条石)

【校】

[一] 行款依照十三行原样,未经改动。

[二] "右疏纸高七寸四分"云云,《丛书集成续编》本、《吴中文献小丛书》本、《人帖》卷三均无。

# 题　跋

## 1　周茂兰题识

天启六年春,大举钩党,先君子逮死诏狱。陷先忠介以媚珰者,倪文焕、毛一鹭、李实也。其明年,思宗皇帝即位,予匍匐三千里,刺血上疏鸣冤。时寓姚文毅公官舍,公退朝,已举烛矣,问予曰:"明日上奏乎?"予曰:"然。"曰:"脱稿[一]乎?"予因捧以进,公展阅,见血缕缕,则瞿然避席改容,呼童盥手,乃卒读。既而,愀然不语久之,予询其故,公曰:"若少年,未谙事,且方悲愤,率臆以书,中有'鼎湖''劝进'等语,非臣子所宜言。万一天子廷诘①,将何辞以对?"予曰:"易贴黄②何如?"公曰:"墨书易尔,今尔十指枯矣,且奈何?"予奋然曰:"但得当上意,先人瞑目九京,即先人之遗体何敢爱?"因破舌取血,更书贴黄以进,原本存笥中。当是时,逆贤虽伏厥辜,而群奸犹负嵎,微公言,事且不测。时予年二十余,距今三十余年矣。思之犹怦怦然,今什袭③之,以贻云仍④,且志公之德不敢忘也。

辛丑仲冬,茂兰敬识。

(黄煜《碧血录》,又见《丛书集成续编》第58册、《吴中文献小丛书》之六、周锷辑《人帖》卷三《周端孝公血疏贴黄并记》、苏州碑刻博物馆东侧碑廊145号书条石)

【校】

[一] "稿",《吴中文献小丛书》误作"祸"。

【注】

① 廷诘:在朝廷上诘问。沈德符《野获编·果报·尹昌隆》:"昌隆初倡禅让之议,其忠邪不可知,然亦可谓冒死不顾矣。至文皇廷诘得免,且令辅佐储宫,则知遇亦颇不浅。"

② 贴黄:明清时摘取奏疏中要点,黏附在奏疏后面。顾炎武《日知录·贴黄》:"(崇祯)命内阁为贴黄之式,即令本官自撮疏中大要,不过百字,黏附牍尾,以便省览。"

③ 什袭:重重包裹,谓郑重珍藏。宋张守《跋唐千文帖》:"此书无一字刓缺,当与夏璜赵璧,什袭珍藏。"明何景明《刘武选百鸟图》:"什袭翻令锦绣轻,百年转见丹青重。"

④ 云仍:远孙。《尔雅·释亲》:"晜孙之子为仍孙,仍孙之子为云孙。"郭璞注:"言轻远如浮云。"范成大《次诸葛伯山赡军赠别韵》:"我家鸱夷子,竹帛照吴越。云仍无肖似,頫首愧前哲。"李东阳《赠阙里孔以昌》:"已向云仍占圣泽,还从伯仲识风标。"

## 2 姜埰跋

天启六年，吏部周公忤珰，死之。思宗即位，诛珰及珰党，录诸忠。公子茂兰刺指上书鸣父冤，入见姚学士，学士曰："上初立，言'鼎湖'，得勿不可乎？易之，血尽岂有继哉？"茂兰曰："舌耳。"书上，上大泣，进爵易名[①]，赠三世官，盖异数[②]云。诸忠诸子姓闻其事，各得乞。时人歌之曰："孝哉，周子！伏阙陈指：'臣父忠死。'"先王之制，有则官祭诔。帝命曰："可矣。"再命曰："尔杨、左、黄、李，惟卿是视，俾尔子孙奉此。"《诗》曰："孝思不匮，永锡尔类"[③]，此之谓也。

敬亭山人姜埰题。

（黄煜《碧血录》，又见《丛书集成续编》第58册、《吴中文献小丛书》之六、苏州碑刻博物馆东侧碑廊书条石145—146号）

【注】

① 易名：古时帝王、公卿、大夫死后朝廷为之立谥号。《礼记·檀弓下》："公叔文子卒，其子戍请谥于君，曰：'日月有时，将葬矣，请所以易其名者。'"任昉《齐竟陵文宣王行状》："易名之典，请遵前烈。"

② 异数：特殊的礼遇。唐钱珝《代史馆王相公谢加食邑实封表》："无补艰难，方怀惭惧。讵谓圣慈，忽被异数。"《宋史·岳云传》："杨幺平，功亦第一，又不上。张浚廉得其实……奏乞推异数，飞力辞不受。"

③ 孝思不匮，永锡尔类：出自《诗经·大雅·既醉》："孝子不匮，永锡尔类。"

## 3 黄宗羲跋

甲辰[①]五月，过姑苏，与子洁上灵岩，归至芸斋，子佩、子辉夜话。佩兄出血疏贴黄，读之，血光尚与灯影相射。计不见佩兄已二十六年，距京师颂冤之日，三十七年矣。此时，余方十九岁，佩兄方二十四岁，两人相期所以报答君父者，正未有量。岂料今日相对，霜髯雪鬓，家国破碎，泫然者久之。

同难弟黄宗羲恭跋。

（黄煜《碧血录》，又见《丛书集成续编》第58册、《吴中文献小丛书》之六）

【注】

① 甲辰：康熙三年（1664）甲辰。

## 4 魏允枏跋

跽读此册，而叹忠介公之忠，子佩兄之孝，萃于一门，传之千古，岂容有二？至文毅公真笃之谊，尤古人所难，若非文毅一言，余辈何由得睹血书贴黄？佩兄之诚感若此也。予侍忠介公最久，亲聆其谈治闽奇绩，有出于循良[①]之外者，即史之所载，亦未易有此，尝思纂一异政录，而格于不文，至今以为恨事。佩兄命题册后，因并及之。佩兄操履[②]高洁，读书杜户，孝友忠信，孚于遐迩，余何敢复赘？

通家[③]小弟文枏敬题。

（黄煜《碧血录》，又见《丛书集成续编》第58册、《吴中文献小丛书》之六）

【注】

① 循良:官吏奉公守法。《北史·孙搴等传论》:"房谟忠勤之操,始终若一。恭懿循良之风,可谓世有人矣。"李邕《唐赠太子少保刘知柔神道碑》:"出膺贤守,则郡国循良。"明李介《天香阁随笔》卷一:"吾每见循良之吏,有活民之心,而民终不能活者,不刚也。"

② 操履:操守。葛洪《抱朴子·博喻》:"洁操履之拘苦者,所以全拔萃之业;纳拂心之至言者,所以无易方之惑也。"前蜀杜光庭《衙内宗夔本命醮词》:"虽侧身思过,省己扪心,每虞操履之间,难免纤微之失。"《明史·顾佐传》:"佐孝友,操履清白,性严毅。"

③ 通家:姻亲。《宋书·颜延之传》:"妹适东莞刘宪之,穆之子也。穆之既与延之通家,又闻其美,将仕之,先欲相见,延之不往也。"吴曾《能改斋漫录·事实二》:"清献赵公,嘉祐六年,言陈旭与御药王世宁通家亲戚。"

## 5　袁徵跋

袁徵曰:徵拜观周子血疏而心悲焉。天启丙寅,忠介公罹凶竖祸,时同后先公侧者,先父师辈皆已逝,最相亲共事,则维斗①、公幹、九一及徵兄弟。公幹早夭,二子以忠捐躯,而先兄亦没,惟徵独未死,故观疏而四十余年惨激如在当日,惟徵亲焉。徵生晚,不及见古人,足迹所至少,未能广交四方贤者,然追所尝觏,窃以为心皎如日,气如川方至,栗然②以温如玉、虚如谷、厚如春阳之未出其蛰,德无二三③,如太素之白,未有若公者也。吾师乎!吾师乎!读古之传,节烈何以加兹?而当世名贤,亦可知已。记闻缇骑钩公,徵恸[一]而往,见公县署,公神色怏霁如平生,徵为爽然自失④。越宿,随父师再往,师[二]候公起居,公曰:"夜半梦回,唯以未克葬祖父一事恫吾心,不复能成寐。"故徵以慷慨[三]刺血,求歼仇人之胸,感先皇泣下,赠三世太常,以伸公孝思。周子之孝也,犹气之可鼓焉者也。周子葬三世,举大事尽礼,极诚必信,为诸[四]弟妹娶嫁,各不失道,准经立身立家,施于友朋,终始不懈,以承公德。其孝也,非气得举之,而志克贞之,难已。然则公之正直,人知之,史载之。公之仁亲而笃旧⑤忘倦,人不尽知之,史莫载之。周子血尽,复继之以刺于舌,册传之,人知重之。周子之四维⑥克张于身,继述不留先公憾,人知之,而不知所以重之,后将莫传,徵故并为表著于册,以示后世之君子。

袁徵再拜。

（黄煜《碧血录》,又见《丛书集成续编》第58册、《吴中文献小丛书》之六）

【校】

[一]"恸",《吴中文献小丛书》作"动"。

[二]"师"字,《丛书集成续编》无。

[三]"慷慨",原作"忼慨",今改。

[四]"为诸",原作"诸为",今改。

【注】

① 维斗:杨廷枢(1595—1647),字维斗,号复庵,复社领袖,南直隶苏州府长洲县人,早年为诸生时,以气节自任,崇祯三年(1630)乡试第一。

② 栗然:坚实密致貌。方孝孺《送李生序》:"摩其外,辉然而温,栗然而润,人虽贱之,吾必以为良玉矣。"

③ 二三：不专一，反复无定。《尚书·咸有一德》："德唯一，动罔不吉；德二三，动罔不凶。"孔传："二三，言不一。"《晋书·慕容垂载记》："虽曰君臣，义深父子，岂可因其小隙，便怀二三。"文天祥《罗融斋墓志铭》："不以利害为二三。其忠信如此。"

④ 爽然自失：茫无主见，无所适从。爽然，茫然。王士禛《池北偶谈·谈艺八·梅诗》："予每与施愚山侍读言及《宛陵集》，施辄不应，盖意不满梅诗也。一日，予曰：'扁舟洞庭去，落日松江宿。此谁语？'愚山曰：'韦苏州、刘文房耶？'予曰：'乃公乡人梅圣俞。'愚山为之爽然久之。"

⑤ 笃旧：以深情厚谊待故旧。《南史·王晏传》："敕特原诩，诩亦笃旧，后拜广州刺史。"《南史·韦放传》："及为北徐州，时有贵族请昏者，放曰：'吾不失信于故友。'乃以息岐娶率女，又以女适率子，时称放能笃旧。"

⑥ 四维：礼、义、廉、耻为治国之四纲，称为"四维"。《管子·牧民》："国有四维……何谓四维？一曰礼，二曰义，三曰廉，四曰耻。"《鹖冠子·道端》："与天与地，建立四维，以辅国政。"《北史·隋纪下论》："淫荒无度，法令滋彰，教绝四维，刑参五虐。"

## 6 徐晟跋

吾尝读汉晋死义诸臣事略，其忠节表表①，见于后世，而子孙之贤者，李燮②、王裒③而外，盖寥寥无闻焉。吾乡周忠介以珰难死，烈庙时，大白党人冤，子佩先生刺血上书，稿既具矣，商其事于先外大父④姚文毅，文毅以语涉微嫌⑤难之。先生更刺舌血，易其前稿，今所存者，指上血濡缕，犹耿耿心目间。难哉！先生闭户学道，削迹⑥公府，事母以孝谨⑦闻，友爱诸弟，皆受成于学，拟于古之君子，其姜肱⑧、夏馥⑨之流欤[一]？吾尝称述先生之法言法行，以为后世式。乙巳⑩三月旬又三日，有门生学徒数辈，会文于霜英堂，先生出此册相示，余曰："此非一家规也[二]？百世师可矣。"屡阅不忍释手，子弟观者，各叹息敬礼者久之。

后学徐晟拜手恭纪。

（黄煜《碧血录》，又见《丛书集成续编》第58册、《吴中文献小丛书》之六）

**【校】**

[一]"欤"，《碧血录》《丛书集成续编》作"与"，《吴中文献小丛书》作"欤"，从之改。

[二]"家规也"，《碧血录》作"规也家"，《吴中文献小丛书》《丛书集成续编》作"家规也"，从之改。

**【注】**

① 表表：卓异，特出。韩愈《祭柳子厚文》："子之自著，表表愈伟。"《明史·李三才传》："若顾宪成、邹元标、赵南星、刘宗周，皆表表为时名臣。"

② 李燮：李燮（134—？），字德公，谏臣李固之子，《后汉书》有传。

③ 王裒：王裒（？—311），字伟元，城阳营陵（今山东昌乐）人。父为司马昭所杀，不臣西晋，三征七辟皆不就，隐居教授。《晋书》卷八八有传。

④ 大父：祖父。《韩非子·五蠹》："今人有五子不为多，子又有五子，大父未死而有二十五孙。"《史记·留侯世家》："留侯张良者，其先韩人也。大父开地，相韩昭侯、宣惠王、襄哀王。"裴骃《集解》引应劭曰："大父，祖父。"《梁书·王茂传》："茂年数岁，为大父深所异。"

⑤ 微嫌：细小的嫌隙。沈德符《野获编·词林·王师竹宫庶》："其为庶常时，值同馆有以微嫌詈吏部吏者。时，蒲坂杨襄毅为太宰，闻之大怒，诉之江陵相公。"

⑥ 削迹：消踪匿迹，隐居。《庄子·山木》："削迹捐势，不为功名。"《后汉书·隗嚣传》："夫以二子之贤，勒铭两国，犹削迹归愆，请命乞身。"《北齐书·杨愔传》："愔遂弃衣冠于水滨若自沉者，变易名姓，自称刘士安，入嵩山，与沙门昙谟征等屏居削迹。"顾炎武《路光禄书来叙江东同好诸友一时徂谢感叹成篇》："削迹行吟久不归，修门旧馆露先晞。"

⑦ 孝谨：孝顺而恭谨。《史记·万石张叔列传》："万石君家以孝谨闻乎郡国，虽齐鲁诸儒质行，皆自以为不及也。"《新五代史·南唐世家·李昪》："昪事徐温甚孝谨，温尝骂其诸子不如昪。"

⑧ 姜肱：姜肱，字伯淮，后汉彭城广戚（今山东微山）人，与二弟仲海、季江，俱以孝行著闻，其友爱天至，常共卧起。《后汉书》有传。

⑨ 夏馥：夏馥，字子治，东汉陈留圉人，少为书生，言行质直，同县高氏、蔡氏并皆富殖，郡人畏而事之，唯馥比门不与交通，由是为豪姓所仇，桓帝初，举直言，不就。

⑩ 乙巳：康熙四年（1665）乙巳。

## 7　李模跋

忠介公大节，既与日月并丽，河岳比尊，若夫原本天真，不由矫厉[①]，则尤卓轶千古焉。长公子佩，于珰焰未熄，伏阙陈冤，至诚仰格，特徼异数，具在诸纪中。乃其疏以血书上也，方洒血伸痛时，天地为之变容，鬼神为之奔泣，及事济之后，神人胥悦。设稍有矜名意，必震而传之，而子佩谧如也，何以征之？征之其事在烈皇帝龙飞[②]戊辰[③]，迄于辛丑[④]，已越三十余年矣，始出血书贴黄原本，自纪载易书之故，归德于姚文毅公，而曰"以贻云仍"云尔。遥想其三十余年前洒血伸痛时，神志之专一，绝无名誉、宠荣[⑤]之念介于其间，可知也。以之绍前烈[⑥]，则为真传；以之裕后昆[⑦]，则为真教；以之扶植人伦，则为真种。余故飏述其微，为后世忠孝者鹄焉。文毅公泰山岩岩[⑧]，忠诚被于朝野，故与忠介为水乳合，于子佩犹子之爱特挚。文毅而在，后进其何所厝躬矣。

通家弟李模敬识。

（黄煜《碧血录》，又见《丛书集成续编》第58册、《吴中文献小丛书》之六）

**【注】**

① 矫厉：勉力磨练。阮籍《达庄论》："矫厉才智，竞逐纵横。"周密《癸辛杂识前集·荐杨诚斋》："若朝廷之亦得如此三数辈，可以逆折奸萌，矫厉具臣，为益非浅。"

② 龙飞：帝王的兴起或即位。《易·乾》："飞龙在天，利见大人。"孔颖达疏："若圣人有龙德，飞腾而居天位。"刘知几《史通·叙事》："邦国初基，皆云草昧；帝王兆迹，必号龙飞。"陆游《老学庵笔记》卷四："陈鲁公薨，以其遭际龙飞，又薨于位，与王岐公同，于是诏用岐公元丰末赠典。"

③ 戊辰：崇祯元年（1628）戊辰。

④ 辛丑：康熙元年（1661）辛丑。

⑤ 宠荣：尊荣。《史记·礼书》："德厚者位尊，禄重者宠荣。"晋庾亮《让中书令表》："夫富贵宠荣，臣所不能忘也；刑罚贫贱，臣所不能甘也。"曾巩《寄欧阳舍人书》："为人之父祖者，孰不欲教其子孙？为人之子孙者，孰不欲宠荣其父祖？"明唐顺之《告病疏》："臣某本樗栎粗材，过蒙陛下甄录，使得待罪翰林，此宠荣之至极。"

⑥ 前烈：祖先，前辈。班固《幽通赋》："懿前烈之纯淑兮，穷与达其必济。"王维《同卢拾遗韦给事东山别业二十韵》："盛德启前烈，大贤钟后昆。"

⑦ 后昆:后嗣,子孙。《尚书·仲虺之诰》:"垂裕后昆。"苏轼《吊徐德占》:"死者不可悔,吾将遗后昆。"

⑧ 泰山岩岩:《诗经·鲁颂·閟宫》:"泰山岩岩,鲁邦所詹。"孔颖达疏:"言泰山之高岩岩然,鲁之邦境所至也。"

## 8 归庄跋

忠介公以触逆阉焰抗节陨身,事具国史,原其得祸之由,大半因送周中丞一序。及崇祯初,诸罹阉祸者悉得昭雪,而烈皇帝慎惜名器①,赐谥者惟御史大夫高公、副都御史杨公、都谏魏公及公四人而已。至给已夺之诰命并及先世,亦始于公,则以公子茂兰子佩以血疏讼冤感动宸听,故霈恩独优也。公之得酷祸以文章,其得优恤也,亦以文章,岂非天哉?余尝问子佩以公之文集,则以被逮时讹传且籍没,尽付之火,今传于世者,独此序[一]耳,子佩亦不数数为文,惟见此疏[二]。嗟乎!忠臣孝子之文,得一二足以传矣,安用多为?余尝为公作小传,例用短篇,不甚详,又尝记公诰命事。今子佩复以血疏[三]贴黄属题,余之不文,得数为忠孝之家作文字,与有荣焉。子佩之子靖,年甫逾冠,好书,有才笔,他日必能以忠孝文章世其家者,并识于此以相勖。

昆山通家弟归庄顿首。

(黄煜《碧血录》,又见《丛书集成续编》第58册、《吴中文献小丛书》之六)

**【校】**

[一]"序",《吴中文献小丛书》误作"疏"。

[二]"疏",《吴中文献小丛书》误作"序"。

[三]"血疏",《吴中文献小丛书》作"血迹"。

**【注】**

① 名器:名号与车服仪制,用以别尊卑贵贱的等级。《左传·成公二年》:"唯器与名,不可以假人,君之所司也。"杜预注:"器,车服;名,爵号。"《后汉书·来歙传》:"愚闻为国者慎器与名,为家者畏怨重祸,俱慎名器,则下服其命;轻用怨祸,则家受其殃。"元稹《论谏职表》:"陛下若以为臣等无所裨补,不足参侍从,固不当假以名器,立之于朝。"

## 9 魏禧跋

崇祯初,天子既诛逆阉,自杨忠烈、周忠介[一]以下,得赐赠恤有差。时忠介公长子茂兰以为杀吾父者逆阉,所以杀吾父者倪文焕、毛一鹭也,仇人未服其辜,茂兰终不可以为人立圣人之世,于是草疏发二人奸状,刺血书之,天子览奏[二]泣下,正文焕罪,一鹭以死免科,而公得进爵易名,赠三世官。

禧盥手正襟,诵茂兰血疏,叹古今为孝子者当如此矣。父之死,冤于君,则在白其父之冤;冤于[三]奸人,则在诛其父之仇。父冤虽白而仇不诛,则人子不可以一日释,古人所以重报仇之义也。禧尝[四]怪伍员报楚,虽君臣之义有所不顾,独班宫载于《左传》,鞭墓载于《史记》,而入楚之日,求费无极之党,生磔其肉,死戮其尸,以临祭于父兄之墓,则皆无闻焉,何也?员不出此,是员不得为孝子也。员出此而左、史不之记[五],是左、史之失也。夫仇其君而不仇其奸人,非所以教天下后世之为孝子者也。吾故曰为孝子者当如此也。

茂兰之孝,在父冤既白、朝廷加恩赠恤之后而不以为足。当茂兰刺指血上疏时,主姚文毅公官舍,公适退朝,索视其疏,见血迹淋漓纸上,瞿然改容,既而曰:"上新即位,而疏有'鼎湖劝进'语,非体也。"茂兰于是更刺舌血,改书贴黄以进,今所存血书,是贴黄原本。

茂兰,字子佩,吴人所称芸斋先生者也,今年六十八矣,与其弟茂藻、茂葵[六]皆守义执节,不愧其父,禧并得与友,而先生行尤高云。

壬子①中秋,易堂同学小弟魏禧敬跋并书[七]。

(黄煜《碧血录》,又见《丛书集成续编》第58册、《吴中文献小丛书》之六、顾沅《吴郡文编》卷二三五)

【校】

[一]"杨忠烈、周忠介",《吴郡文编》作"杨忠烈涟、周忠介顺昌"。

[二]"奏",《吴郡文编》作"疏"。

[三]"冤于",《丛书集成续编》误作"至于",《吴中文献小丛书》无"冤"字。

[四]"尝",《丛书集成续编》误作"常"。

[五]"记",《吴郡文编》作"记之"。

[六]"茂葵",《吴郡文编》作"茂萼"。

[七]"壬子中秋"云云,《吴郡文编》无。

【注】

① 壬子:康熙十一年(1672)壬子。

## 10　李逊之跋

先忠毅与忠介公同殉珰难,崇祯初元,同蒙恩恤。因草疏陈情,请以新赠官阶封及父母者,实自逊之一疏始。更援三品例请赠及祖父母者,则自子佩兄一疏始。遂俾旷典①遍及同难诸家,惟佩兄锡类②之孝所及者,宏[一]且远矣。佩兄再刺血书疏,述诸奸构陷始末,烈皇帝恻然动容,谕旨下部院议罪。至次年,遂钦定逆案,颁行天下,则此疏实启之,尤为有功于世道云。时逊之年方幼学③,少佩兄十有三岁,当日伏阙呼号,实远愧之。迄今洊历沧桑,每相从话旧,不胜家国之感,兹岁甲寅④,因过祝佩兄七秩,坐雨,芸斋出其血疏贴黄原稿见示,遂僭题数语于后,辍笔不禁泫然。

江上同难弟李逊之敬跋。

(黄煜《碧血录》,又见《丛书集成续编》第58册、《吴中文献小丛书》之六)

【校】

[一]"宏",《丛书集成续编》《吴中文献小丛书》均作"弘"。

【注】

① 旷典:前所未有的典制。王明清《挥麈前录》卷二:"国朝自外拜相者,文潞公、韩康公、章子厚,近年陈原公,亦旷典也。"

② 锡类:以善施及众人。《诗经·大雅·既醉》:“孝子不匮,永锡尔类。”毛传:“类,善也。”郑玄笺:“孝子之行非有竭极之时,长以与女之族类,谓广之以教导天下也。”

③ 幼学:幼学之年,十岁。《礼记·曲礼上》:“人生十年曰幼学。”郑玄注:“名曰幼,时始可学也。”

④ 甲寅:康熙十三年甲寅(1074)。

## 11 缪敬持跋

纯孝也子,而纯忠也父。呜呼!惟忠介公、端孝先生称为父子。读先生此疏,忠臣之忠与孝子之孝并见,碧血丹忱,淋漓片纸。余小子,忠介公同年死友缪文贞五世孙也,把卷不释手。

缪敬持谨跋。

(黄煜《碧血录》,又见《丛书集成续编》第58册、《吴中文献小丛书》之六)

## 12 汪琬跋

右血书贴黄一百四十四字,周子佩先生所书,盖将为其父忠介公讼冤,因姚文毅一言,改缮进御,此其所存原本也。子佩自叙及诸公跋之详矣。予独叹忠介涖官清慎,家居数椽,谨蔽风雨,遇公正辄发愤,为乡人所爱戴,而倪、李两疏,乃敢于诬谰狂噬,几至[一]东西易位,黑白改色,如忠介之名,自当与日月相磨,而彼毛一鹭与诸小人则皆东坡所谓蛆蝇粪秽[①]也。谗人罔极,交乱四国,此殆古今同辙,为之一慨。

康熙乙卯[②]春正月,长洲汪琬敬跋于尧峰之皆山阁。

(黄煜《碧血录》,又见《丛书集成续编》第58册、《吴中文献小丛书》之六)

【校】

[一]“至”,《丛书集成续编》《吴中文献小丛书》作“致”。

【注】

① 东坡所谓蛆蝇粪秽:苏轼《商鞅论》:“二子之名,在天下如蛆蝇粪秽也,言之则污口舌,书之则污简牍。”蛆虫和苍蝇,比喻卑劣龌龊者。

② 康熙乙卯:康熙十四年(1675)乙卯。

## 13 黄周星跋

此吴门周君子佩所书血疏贴黄也。子佩之父忠介公,当熹庙时以触魏珰惨死,至思皇御极,子佩乃赴阙具血疏鸣冤,欲假尚方以揕仇人之胸,洵一门忠孝哉!按贴黄例应与疏俱上,其所以得留者,因疏未上时为同里姚文毅公所见,以其中“鼎湖劝进”一语未中窾会[①],劝子佩易之,子佩复刺舌血重书以进,故原草得留贻至今。嗟乎!此天所以彰孝子也。古今来忠孝节烈之事何限,然当时则荣,没则已焉。后之人每每得其片楮只字,莫不宝若球琳[②],盖慕其人而不得见,见其遗迹如见其人焉。此生民秉彝[③]之恒性,自[一]有天地以来未之有改也。夫由熹庙至今,屈指五十余年,余每与后生辈谈及当日珰祸诸事,皆瞠目相视，若汉唐宋之邈不相及，何况过此以往乎？今子佩幸而健饭亡[二]恙，若过数十年，且将不知子佩为何如人，后之人慕子佩而不得见，见此草如见子佩焉，则此数行丹碧者，非人留之，而实天留之也。君家之子子孙孙，其尚永保之哉！

钟山黄周星[三]拜题。

（黄煜《碧血录》，又见《丛书集成续编》第58册、《吴中文献小丛书》之六）

【校】

［一］“自”，《丛书集成续编》误作“目”。

［二］“亡”，《丛书集成续编》作“无”。

［三］“黄周星”，《丛书集成续编》作“黄九烟”。黄周星，字九烟。

【注】

① 窾会：要害，关键。《明史·王伟传》：“军书填委，处分多中窾会，遂荐擢兵部右侍郎。”

② 球琳：球、琳皆美玉名，泛指美玉。《尚书·禹贡》：“（雍州）厥贡惟球琳琅玕。”孔传：“球、琳，皆玉名。”《淮南子·地形训》：“西北方之美者，有昆仑之球琳琅玕焉。”高诱注：“球琳琅玕，皆美玉也。”

③ 秉彝：持执常道。《诗经·大雅·烝民》：“民之秉彝，好是懿德。”毛传：“彝，常。”朱熹集传：“秉，执。”唐独孤及《故太保赠太师韩国苗公谥议》：“协恭秉彝，动罔违德。”

## 14　吴肃公跋

烈皇帝既诛逆珰，褒恤死事诸臣，周忠介公伯子刺血缮疏，请击父仇，给三世诰命。疏具，姚文毅公以贴黄语涉讳，且令典①赠恤止一身，无及父祖者，欲更易而难之。伯子曰：“苟得请，啮血剖[一]心非所苦，即不得，可以报我先人。”遂刺血更定以呈。俞旨赠公父祖如公官，给诰命，诛珰孽倪文焕。吴肃公曰：“人非甚顽懦，鲜不痛覆盆②而切戴天之谊者。”吾以谓伯子仁孝，不难于请命击父仇，而所甚难者，曲推[二]公显扬之夙心，而抱遗恨以不瞑，至格以二百七十年成宪，于以邀三世之恩荣，此其数，真万亿之杪分，固掌故家所欲争，姚文毅所为迟回而莫敢，几幸者也。煌煌异数，贲及泉壤，虽天子仁圣，亦讵非伯子之诚孝有以启之乎？嗣是胥援例以请，不皆必得矣，然则事固非偶然也。余展贴黄原本，唏嘘久之，伯子复出三代诰轴[三]拜观之，谓予曰：“往改革，患兵燹，俾弟茂荄藏之霅水。突遇兵，失其二，茂兰无如何，搏颡吁天，庶几延津之合③耳。无何，有卒王得胜者，踵门投刺，出诰以还之而去。”呜呼！亦一奇也。古有挥戈而却日、拊膺而陨霜、悲泣而摧城、浩歌而裂石，而况忠孝之大乎？亦诚而已矣。

五十又一年，年家子④宣城吴肃公拜题。

（黄煜《碧血录》，又见《丛书集成续编》第58册、《吴中文献小丛书》之六）

【校】

［一］“剖”，《吴中文献小丛书》作“刮”。

［二］“推”，《吴中文献小丛书》误作“椎”。

［三］“轴”，《吴中文献小丛书》误作“辅”。

【注】

① 令典：宪章法令。《三国志·魏志·文帝纪》：“自今，其敢设非祀之祭，巫祝之言，皆以执左道

论，著于令典。"刘禹锡《汴州刺史厅壁记》："凡曲防苛禁不情乖体者，悉刬之，一出乎令典。"

② 覆盆：阳光照不到覆盆之下，比喻社会黑暗或无处申诉的沉冤。葛洪《抱朴子·辨问》："是责三光不照覆盆之内也。"李白《赠宣城赵太守悦》："愿借羲皇景，为人照覆盆。"

③ 延津之合：延津剑合，晋时龙泉、太阿两剑在延津会合，比喻因缘会合。《二刻拍案惊奇》卷三："方知两剑分而复合，以此变化而去也。至今人说因缘凑巧，多用'延津剑合'故事。"

④ 年家子：有年谊者的晚辈。宋王质《送陶茂安赴湖南》："飘泊年家子，依归父执尊。"

## 15 魏允枘题识

戊辰改元，周子子佩先生刺血讼冤，请给三代诰命，余作《宝纶篇》序之矣。其易贴黄一事，详于诸公跋语中。方先生伏阙上疏时，年[一]仅二十四，余始五岁。越三十五年辛丑①，先生馆余[二]于芸斋，出片纸相示，血光泪痕，宛然若新。今再见之，则已装潢成帙。更十八年，恍如昨日，先生年七十有五，余亦五十六矣。时己未②暮春八日也。

武水弟魏允枘谨识。

（黄煜《碧血录》，又见《丛书集成续编》第58册、《吴中文献小丛书》之六）

【校】

［一］"年"字，《丛书集成续编》缺。

［二］"余"字，《丛书集成续编》缺。

【注】

① 辛丑：顺治十八年（1661）辛丑。

② 己未：康熙十八年（1679）己未。

## 16 今释澹归跋

芸斋先生刺血讼[一]冤，九重动色，邀三百年异数。于未得时，盖有必得之理。及其构三百年异变于已失后，亦无或失之事。天耶，人耶，鬼神耶？芸斋先生心光所持，非天、非人、非鬼神，而天从、人从、鬼神从，各各不相知，各各相到。人人具此心光[二]，圣凡等无增减，发处不真，用处不纯，则感者同、应者异，故曰一切世界为众生妄想所结，即为菩萨愿力所持，同在一世界中，世界各异，异在一世界中，世界各同，成与坏划然，是与非较然，纯与杂纷然，皆不离乎一真。

忠介公之世界，以触邪、以养直[三]、以杀身成仁，血肉俱糜、须眉常动，盖以坏为用，不坏不足以为忠。芸斋先生之世界，以继志、以述事、以永锡尔类，指舌可枯，精诚不歇，盖以成为用，不成不足以为孝。人知成世界之为世界，不知坏世界之为世界，同一庄严，同一悠久也。呜呼！王得胜何人，倪文焕何人？文焕以同朝士大夫，杀忠介公之身，夺其诰命。得胜以异代之兵子，归忠介公之诰命，慰其子孙。此岂可以贤不肖之数比长絜短者？文焕入忠介公坏世界中，为坏所转，不知其然而成其坏。得胜入芸斋先生成世界中，为成所转，不知其然而成其成。

菩萨与众生同此世界，一则能自作主，一则不能自作主，一则用成用坏、自信其成，一则随坏随成、并不知其坏,而各有入成坏之中、出成坏之外者。此吾辈于心光所宜自重,而不宜自暴自弃也欤。

己未天中,武林澹归今释拜手题[四]。

(黄煜《碧血录》,又见《丛书集成续编》第58册、《吴中文献小丛书》之六)

【校】

[一]“讼”字,《吴中文献小丛书》本作“颂”。

[二]“光”字,《吴中文献小丛书》本误作“先”。

[三]“直”字,《丛书集成续编》本作“遁”。

[四]“己未天中武林澹归今释拜手题”,黄煜《碧血录》附录仅有“己未天中”,“武林澹归今释拜手题”,据《丛书集成续编》、《吴中文献小丛书》补。

## 17　王宏撰跋

昔烈皇帝郎位之始,褒恤先时死谏诸臣。首周忠介公,赐赠,赐荫,赐祭葬,赐谥,建祠赐额,典礼备矣。更以所赠之官追给三世诰命,则以子茂兰之请,而烈皇帝之特恩,遂为诸死谏者子孙之倡。诗云:“孝子不匮,永锡尔类”,其茂兰之谓乎?初,茂兰匍匐诣京师,上疏鸣父冤,乞诛奸党复其仇,刺指血以书,姚文毅公见其有“鼎湖”诸语,谓非所宜,欲令易之,而以血书为难,茂兰曰:“先人之遗体,茂兰何敢惜?”更破舌取血,改书贴黄以进,故原纸得私存笥中。宏撰尝盥手读之,一百四十四字,光荧荧如,几不化碧也。今五十载余矣。既遭丧乱,所藏诰命竟失二轴,茂兰号痛不已。有卒王得胜[一]得之,询诸乡人,悉忠介公事,乃戚然踵门以还。呜呼!人之好善,无贵贱、知愚皆同。彼魏逆不足论,倪文焕、毛一鹭独何心邪?茂兰字子佩,自甲申变后,高隐不出,与宏撰为三十年兄弟之好,宏撰尝大其复仇之义,推其志等于王裒。[二]则此书长存[三],虽嵇侍中之血①,有不得与并拟者[四],况其他哉,况其他哉!

华山王宏撰谨识。

自甲申变后,高隐不出,念烈皇之恩,与宏撰每一言及,辄相对泣下沾襟。宏撰以兄事茂兰历三十年,尝大其复仇之义,推之等于王裒。盖裒以不事君者不忘父,茂兰以不忘父者不忘君,所遇难殊,其志一也。河山不改,日月常新。则此书永存,将嵇侍中之血,有不得与之并拟者,况其他哉,况其他哉![五]

宏撰。[六]

(黄煜《碧血录》,又见《丛书集成续编》第58册、《吴中文献小丛书》之六)

【校】

[一]“王得胜”,《丛书集成续编》作“王得胜者”。

[二]“与宏撰为三十年兄弟之好,宏撰尝大其复仇之义,推其志等于王裒”,《丛书集成续编》“念烈皇之恩,与宏撰每一言及,辄相对泣下沾襟。宏撰以兄事茂兰历三十年,尝大其复仇之义,推之等于王裒。盖裒以不事君者不忘父,茂兰以不忘父者不忘君,所遇难殊,其志一也。河山不改,日月常新”。

[三]“长存”,《丛书集成续编》作“永存”。

[四]“有不得与并拟者”,《丛书集成续编》作“有不得与之并拟者矣”。

［五］此段，《丛书集成续编》无。

［六］“宏撰”二字，《丛书集成续编》无，《吴中文献小丛书》作“宏撰改”。

【注】

① 嵇侍中之血：《晋书·嵇绍传》：“（嵇）绍以天子蒙尘，承诏驰诣行在所。值王师败绩于荡阴，百官及侍卫莫不散溃，唯绍俨然端冕，以身捍卫，兵交御辇，飞箭雨集。绍遂被害于帝侧，血溅御服，天子深哀叹之。及事定，左右欲浣衣，帝曰：‘此嵇侍中血，勿去。’”

## 18 周靖题识

此册题跋凡一十有五则，其“血性丈夫”四字，费隐容和尚[①]所书。先君子鼎革[②]后潜心二氏之学，归依费老人。时有《五灯严统》[③]讼事，寓居芸斋者半载，即其时命笔者也。恐见者不解其故，谨言数语以识之。

男靖百拜，壬午[④]夏日。

（黄煜《碧血录》，又见《丛书集成续编》第58册、《吴中文献小丛书》之六）

【注】

① 费隐容和尚：费隐通容（1593—1661）禅师，福建福清人。

② 鼎革：鼎新革故，指改朝换代。《易·杂卦》：“革，去故也；鼎，取新也。”唐徐浩《谒禹庙》：“鼎革固天啟，运兴匪人谋。”明徐复祚《投梭记·渡江》：“朝廷多故，须知鼎革天之数。”

③《五灯严统》：书名，二十五卷，明费隐通容鉴于《五灯会元续略》偏重曹洞宗语录的辑录，为强调“只有曹洞宗属于青原系，其它宗派均属南岳系”而编纂此书，以解明禅门五家法灯相承的系谱。

④ 壬午：康熙四十一年（1702）壬午。

## 19 芸斋周先生复仇血疏书后

徐 枋

人生不幸死事，而其子为报父仇，尚矣。然有报之而过者，有报之而不得者，有报之而不轨于正者。戮死[一]鞭墓，上仇其君，此报之而过者也，子胥是也。奋身陷陈，歼敌是求，而仇头未取，此报之而不得者也，灌夫是也。昼伏夜行，穴地掘冢，得而甘心，若刺客奸人，此报之而不轨于正者也，苏不韦是也。然历数千禩，信史美之，君子称之，无一贬辞。无他，诚痛其志、悲其遇，且以维人道于未绝，而坊忘亲之乱贼耳。而况沥血为书，上达天听，一言寤主，罪人斯得，报父之仇，一轨能正，而无有所过者乎？

熹宗之季，珰祸横流，忠良荼毒，而周忠介公死事尤烈。迨圣人御宇[二]，逆珰伏诛，追恤诸贤，备加旌录，亦既释其痛而雪其冤矣。而独芸斋周先生，以为罔极之谗不共戴天，苟不能明正珰孽之辜，则父仇未殄，何容视息[①]？于是，啮齿出血，书疏叩阍，一书再书，十指血枯，刺舌继之。书上，天子为动，改容，遽如其请，而其疏之未合格者，因留于家，以示其子孙。

呜呼！此宁独周氏一家之芳烈乎？实千百世吾吴之光也。于是，文人志士抚其书而泣，咸曰：“是父是子，既忠既孝，垂范千秋。”芸斋先生可谓能报父仇，一轨于正而无有所过者也。先生名茂兰，字子佩，忠介公长子云。

壬戌②秋九月二日,秦余山人俟斋徐枋拜书。

（黄煜《碧血录》,又见《丛书集成续编》第58册、《吴中文献小丛书》之六）

【校】

［一］“死”,《吴中文献小丛书》作“尸”。

［二］“御宇”,《碧血录》《吴中文献小丛书》均误作“御寓”,从《丛书集成续编》改。

【注】

① 视息:仅存视觉、呼吸,谓苟全活命。蔡琰《悲愤诗》:“为复强视息,虽生何聊赖!”明张煌言《贻赵廷臣书》:“临难苟免,非我本怀。偷存视息,更何所待。”

② 壬戌:康熙二十一年(1682)壬戌。

## 20　黄宗炎跋

天启阉祸,实削国家三百年之元气。虽遇烈皇[一]拨乱反正,而仁贤云亡,宗社颠阶①,竟不足以回上天之眷顾。炎与佩兄少为覆巢破卵,茕茕无依倚,壮[二]值陵谷迁移,追念先人报国捐躯之痛,甘为农夫以没世,岂有他哉?苟得如佩兄杜门读父书,其于家国两无愧矣。炎当乙丑、丙寅之时,幼稚如蛰虫,既不能效缇萦之赎父,又不能若佩兄之刺血以讼冤。今老而无成,负我所生,即见于曩日。

癸亥②仲冬,过芸斋,敬观血疏贴黄,以泪和墨,书数语为跋。

姚江同难弟黄宗炎谨识。

（黄煜《碧血录》,又见《丛书集成续编》第58册、《吴中文献小丛书》之六）

【校】

［一］“烈皇”,《丛书集成续编》作“烈皇帝”。

［二］“壮”,《吴中文献小丛书》作“比”。

【注】

① 颠阶:衰败覆灭。《尚书·微子》:“今尔无指,告予颠阶。”孔传:“汝无指意,告我殷邦,颠陨阶坠,如之何其救之。”白居易《补逸书》:“神怒亟民叛,而不颠阶者,匪我攸闻。”

② 癸亥:康熙二十二年(1683)癸亥。

## 21　端孝先生血疏贴黄书后[一]

彭定求

自古人子讼父冤于朝,若汉之缇萦、梁之吉翂,皆载在国史[二],昭示[三]后世,俾知所感发兴起,用以翼世教于无穷也[四]。然二者所遭之难[五],犹仅一身一家之故,幸而邀恩宽大,遂得全所生而被令名。若夫孤忠劲节,折逆焰之煽天,抗凶锋而舍命,为之子者,巢倾卵破,百身莫赎,其荼毒不啻什伯焉。于此竭力以伸复仇之大义,岂不视古为烈哉?

周忠介公既死珰难,冢嗣芸斋先生,当思宗登极,初已奉恤赠死忠之诏,而以忠介之祸,实一鹭、文焕造谋诬捏,若不沥血剖陈,则人子不共戴天之仇,终犹隐忍,所以累累数千言,草土孤惸,干冒忌讳[六],卒至[七]指枯舌破而不自[八]恤也。及乎九重动色,朝奏夕可，大憝就殛，锡命重申，直泄大地神人之愤，以昭国威，以肃臣纪，岂止一身一家之故欤？

余读先生疏词，谓当与汉、梁二史[九]所载后先辉映，未可略也。呜呼！世迁代更，当年金匮之藏，且散轶[十]不可问矣[十一]。而[十二]先生缮疏成时，贴黄复改[十三]，乃留是幅，藏之箧衍①。至今对之，血渍斑斑[十四]淋漓纸上，有不咨嗟太息者，当非人情。由是知宇宙间忠孝之精灵，必有所凭籍以传而不可隐阙者，此其征也。其光足以贯日月，其气足以激风雷，同此一腔热血耳。若曰烈士殉名，终非笃论。余故表而出之，且以待夫史笔之续古者。[十五]

壬午②首夏，通门后学彭定求书[十六]。

（黄煜《碧血录》，又见《丛书集成续编》第58册、《吴中文献小丛书》之六、顾沅《吴郡文编》卷二三五）

【校】

［一］题目，《吴郡文编》作“端孝周先生血疏贴黄书后”。

［二］“国史”，《吴郡文编》作“前史”。

［三］“昭示”，《吴郡文编》作“称于”。

［四］“俾知所感发兴起，用以翼世教于无穷也”，《吴郡文编》无。

［五］“之难”二字，《吴郡文编》无。

［六］“草土孤惸，干冒忌讳”：《碧血录》附录误作“草土孤干，惸冒忌讳”，从《丛书集成续编》和《吴中文献小丛书》改，《吴郡文编》无“草土孤惸”。

［七］“卒至”二字，《吴郡文编》无。

［八］“自”字，《吴郡文编》无。

［九］“汉、梁二史”，《吴郡文编》作“前史”。

［十］“散轶”，《丛书集成续编》作“散佚”。

［十一］“呜呼”至“不可问矣”，《吴郡文编》无。

［十二］“而”字，《吴郡文编》无。

［十三］“复改”，《吴郡文编》作“再易”。

［十四］“血渍斑斑”，《吴郡文编》作“斑斑血渍”。

［十五］“由是知宇宙间忠孝之精灵”云云，《吴郡文编》作“太史之论屈原曰：‘推此志也，虽与日月争光可也’，余于先生亦云”。

［十六］“壬午首夏”云云，《吴郡文编》无。

【注】

① 箧衍：方形竹箱，盛物之器。《庄子·天运》：“夫刍狗之未陈也，盛以箧衍，巾以文绣，尸祝齐戒以将之。”陆德明释文引李颐曰：“衍，笥也，盛狗之物也。”宋濂《笔记序》：“濂从公游者最久，既受此编以归，迺私序卷端，寘诸箧衍，而择善学授焉。”

② 壬午：康熙四十一年（1702）壬午。

## 22 朱彝尊跋

六君子死珰祸，魏忠节、周忠介尤惨烈。忠节子子敬①，为父捐躯。忠介子子佩，刺舌血上表讼冤。赠及三世，两公[一]可谓有子矣。每怪佞佛者以血写梵夹②，其[二]何功德之有？若是表淋漓痛切，所当大书特书于国史者也。

康熙壬午冬，明史旧纂修官秀水朱彝尊谨书。

（黄煜《碧血录》，又见《丛书集成续编》第58册、《吴中文献小丛书》之六）

【校】

［一］“两公”，《丛书集成续编》作“介公”。

［二］“其”，《丛书集成续编》作“具”，《吴中文献小丛书》作“果”。

【注】

① 子敬：魏学洢，字子敬，魏大中长子，著有《茅檐集》。

② 梵夹：佛书。佛书以贝叶作书，贝叶重迭，用板木夹两端，以绳穿结，故称。李贺《送沉亚之歌》：“白藤交穿织书笈，短策齐裁如梵夹。”王琦汇解引唐杜宝《大业杂记》：“新翻经本，从外国来，用贝多树叶，形似枇杷叶而厚大，横作行书，约经多少，缀其一边如牒然，今呼为梵夹。”《资治通鉴·唐懿宗咸通三年》：“又于禁中设讲席，自唱经，手録梵夹。”胡三省注：“梵夹，贝叶经也；以板夹之，谓之梵夹。”

## 23　书徐子俟斋跋周芸斋先生血书复仇疏后

杨无咎[①]

余生也晚，不获见周忠介公死事之烈，少读先君题笔记而想见其为人。后读《颂天胪笔》[②]载芸斋先生血书一疏，低徊久之。夫非尽人之子欤，而先生能雪所生之憾如此。俟斋以复仇三案鼎峙于前，而以先生孝思比量于后。以史才而谈快心之事，色飞神旺，宜其亲切而有味也。闵予小子，抱恨终天，痛心欲绝。捧诵斯文，奚容赞一辞哉？

易亭杨无咎。

（黄煜《碧血录》，又见《丛书集成续编》第58册、《吴中文献小丛书》之六）

【注】

① 杨无咎：杨无咎，字震百，一作震伯，号易亭，别号正孝先生，苏州吴县人，杨廷枢子，杜门隐居七十余年，与徐枋、朱纯用友善，皆以先人死于忠，益用名节相砥砺，时称“吴中三高士”。

②《颂天胪笔》：明金日升著，共二十卷，为记录明末党争的重要史料。

## 24　杨绳武跋

武少时，见先君子正孝[一]先生跋涧上徐俟斋先生《书周端孝先生复仇疏后》，因叹忠介之忠，先生之孝，千古未有。顾所谓血书贴黄原本留藏于家者，未得见也。今岁秋，先生孙鸾翔出以示余，乃得盥手读之。

疏劾倪文焕、毛一鹭两人奸状，两人皆迎合魏阉意疏陷忠介者也。崇正初元，魏阉伏诛，而两人尚漏网，故先生疏劾之。尝读《后汉书·李固传》，固为梁冀所害，冀诛，诏求固后，固少子燮乃还乡里，燮姊戒燮曰：“先公正直，将汉忠臣，弟幸而获济，慎无以一言加深于梁氏。”今阉既诛矣，先生复亟亟请正文焕、一鹭之罪者何欤？盖李固之死，与固为仇者，梁冀一人而已，马融虽尝为冀草奏，然迫胁于冀，融非主谋也。梁冀既诛，则固之仇已复矣。忠介之死，阉意中尚非所主名，而文焕、一鹭陷忠介以媚阉，则与忠介为仇者[二]，文焕、一鹭较甚于阉，阉虽授首，而两人未诛，则忠介之仇故在也，先生肯与之并生于天地间哉？是故燮姊所言者，明哲保身之智，完遗卵以全破巢；而先生所请者，不共戴天之义，伸国法似雪家难也。疏上得请，文焕就戮，而一鹭以前死幸免。于是，忠介之忠益白，而先生复仇之志伸矣。疏稿得留者，以疏有“鼎湖劝进”字，姚文毅公见之，恐涉嫌讳，乃更易之，而原本遂藏于家。书疏之时，指血既尽，继之以舌。呜呼！苌宏之血，藏三年而化碧；侍中之血，溅帝衣而不浣。两公忠臣，先生孝子，其不朽于世一也。

书先生疏后者，凡二十余幅，今汇编两册。而[三]先正孝之文，虽跋徐俟斋先生后，实书先生事也，敬录一通，补人册内，而武亦并附一言于后云。

时乾隆二年岁次丁巳①重九后一日，通门门下晚生杨绳武拜书于古柏轩。

（黄煜《碧血录》，又见《丛书集成续编》第58册、《吴中文献小丛书》之六）

【校】

［一］“正孝”，《吴中文献小丛书》作“正学”。

［二］“者”字，《丛书集成续编》本缺。

［三］“而”字，《碧血录》误作“两”，从《丛书集成续编》《吴中文献小丛书》改。

【注】

① 乾隆二年岁次丁巳：乾隆二年（1737）丁巳。

## 25 曹森跋

周端孝先生血疏贴黄原本，百余年来，诸先辈跋语详矣。跋中同难者四姓，一为余姚黄梨洲宗羲、晦木宗炎，并太仆忠端公子。方思陵即阼，梨洲征君诣阙讼父冤，手铁椎椎许显纯，又揕崔呈秀之胸，披其须，归而焚之，告于忠端公之墓，何其壮也！至作跋时，霜髯雪鬓，家国破碎，又何悲也。一为江阴李匡生逊之，太仆忠毅公子，跋称“崇正初元，草疏请以新赠官阶封及父母”，计时先生年甫十一，而已能伏阙陈情，斯固奇已。后福王称制，复上疏以易名请。然则先生前后已两伏阙，而梅村[一]祭酒作《李忠毅公神道碑》，书其后而佚其前，微此跋，其事不几失传欤？一为嘉善魏交让允枏，太常忠节公孙，孝烈先生学洢子，即周忠介公女婿。当忠节被逮过吴门时，忠介慰之舟中，许以女字其孙者，即交让也。一为江阴缪以直敬持，詹事文贞公五世孙，文贞虽与忠介同年同难而齿最长，故早有五世孙焉。此四姓皆同难家，故感事话旧，声多呜咽。

又考忠介公被难时，吴中故人身亲后先左右之者，为徐文靖公汧，杨忠文公廷枢，暨袁公白征。册中袁自有跋，至文靖则有子俟斋，忠文则有子易亭，两先生为“吴中三高士”之二，并以忠孝名家，痛深家国，故其情词感切，亦与同难者等。他如莱阳姜贞毅，为东林宿老。昆山归元功[二]庄，钱塘金道隐堡（即澹归僧）[三]，上元黄九烟周星，宣城吴街南肃公，及同里李密庵模、文端[四]、文枏、徐损之晟，诸先生皆胜国遗民。诸跋中气节激昂，性情真笃，俨然如见古人。

呜呼！其可感也已。夫以附珰诸逆如倪文焕、毛一鹭辈，得志一时，诬谰狂噬，其败也烟消灰灭，至子孙羞奉为祖宗，闾党耻道其姓氏。而二三[五]清流君子，虽经国难家祸，沧桑翻覆，而忠孝清白，子孙世守，故家旧姓，通门世好。以及海内同声共气之士，其节义相许、患难相恤之概，依依如一日。乃至片楮留传，见者起敬，或盥手敛容，或摩挲抚玩，诗曰:“民之秉彝,好是懿德。”①呜呼！其又可感也已。

跋分雨册,向为芸斋后人世守,今归松陵赵氏。芸斋之自跋,固曰:“以贻云仍”,然天地间忠孝文章,原不必为一家物也。

时乾隆三十二年丁亥②十一月冬至后一日,震泽后学棘人③曹森敬观并识。

(黄煜《碧血录》,又见《丛书集成续编》第58册、《吴中文献小丛书》之六)

【校】

[一]“梅村”,《碧血录》误作“梅付”,从《丛书集成续编》《吴中文献小丛书》改。

[二]“元功”,《吴中文献小丛书》作“元恭”。

[三]“隐堡(即澹归僧)”,《碧血录》附录作“□□□□”,从《丛书集成续编》《吴中文献小丛书》补。

[四]“文端”,《吴中文献小丛书》作“周文端”。

[五]“二三”,《丛书集成续编》《吴中文献小丛书》均作“一二”。

【注】

① 民之秉彝,好是懿德:《诗经·大雅·烝民》:“民之秉彝,好是懿德。”毛传:“彝,常。”朱熹《集传》:“秉,执。”

② 乾隆三十二年丁亥:乾隆三十二年(1767)丁亥。

③ 棘人:居父母丧时自称。《诗经·桧风·素冠》:“庶见素冠兮,棘人栾栾兮,劳心怜怜兮。”郑玄笺:“急于哀戚之人。”

## 26　沈宗骞题识

乾隆三十五年庚寅[一]①,吴兴后学沈宗骞盥焚拜观。

(《吴中文献小丛书》之六,又见《丛书集成续编》第58册)

【校】

[一]“乾隆三十五年庚寅”,《丛书集成续编》作“乾隆三十五年岁次癸丑冬十二月望日”。

【注】

① 乾隆三十五年庚寅:乾隆三十五年(1770)庚寅。

## 27　彭绍升跋

予读周忠介公《烬余集》,知公之向佛也盖虔。其被逮后与人书:“惟[一]以冤亲平等自释”,此岂激于一朝之忿者所能几哉?既观此册费隐老人题字,及公孙靖所述,知子佩先生亦好为方外之游,其于老人实有支许之契①,其家教然也。《普贤行愿品》云:“菩萨从初发心,精进不退,以不可说不可说身命而为布施,乃至剥皮为纸,析骨为笔,刺血为墨,书写经典,积如须弥。”②观公父子间,以忠孝因,回向般若行,于种种难行苦行,疾入毗卢遮那妙庄严海。读是疏者,即作梵册观可也。

岁行尽矣,竹窗雨霁,转罢华严。偶从戚友家借得此册,披览载周,谨书其后如此。

乾隆四十七年③除日,通家后学彭绍升题。

(黄煜《碧血录》,又见《丛书集成续编》第58册、《吴中文献小丛书》之六)

【校】

[一]“惟”,《丛书集成续编》《吴中文献小丛书》均作“唯”。

【注】

① 支许之契:晋高僧支遁和高士许询友善,善谈佛经与玄理。后喻僧人和文士的交谊。刘义庆《世说新语·文学》:“支道林、许掾诸人共在会稽王斋头,支为法师,许为都讲,支通一义,四坐莫不厌心;许送一难,众人莫不抃舞,但共嗟咏二家之美,不辩其理之所在。”杜甫《西枝村寻置草堂地夜宿赞公土室》:“从来支许游,兴趣江湖迥。”杨伦注:“谓支遁、许询……此言公与赞交好有素。”苏轼《赠蒲涧信长老》:“胜游自古兼支许,为采松肪寄一车。”

② 菩萨从初发心,精进不退,以不可说不可说身命而为布施,乃至剥皮为纸,析骨为笔,刺血为墨,书写经典,积如须弥:《普贤行愿品》:“复次,善男子!言常随佛学者,如此娑婆世界毗卢遮那如来,从初发心,精进不退,以不可说不可说身命而为布施。剥皮为纸,析骨为笔,刺血为墨,书写经典,积如须弥。为重法故,不惜身命,何况王位、城邑、聚落、宫殿、园林,一切所有,及余种种难行苦行。乃至树下成大菩提,示种种神通,起种种变化,现种种佛身,处种种众会,或处一切诸大菩萨众会道场,或处声闻及辟支佛众会道场,或处转轮圣王、小王眷属众会道场,或处刹利及婆罗门、长者、居士众会道场,乃至或处天龙八部、人非人等众会道场。处于如是种种众会,以圆满因,如大雷震,随其乐欲,成熟众生,乃至示现入于涅槃,如是一切,我皆随学。如今世尊毗卢遮那,如是尽法界、虚空界,十方三世一切佛刹所有尘中一切如来,皆亦如是,于念念中,我皆随学。如是虚空界尽,众生界尽,众生业尽,众生烦恼尽,我此随学,无有穷尽。念念相续,无有间断,身语意业,无有疲厌。”

③ 乾隆四十七年:乾隆四十七年(1782)壬寅。

## 28 王芑孙题识

乾隆四十有八年春三月望日观于绿竹山房,长洲后学王芑孙。

(《吴中文献小丛书》之六,又见《丛书集成续编》第58册)

## 29 赵怀玉跋

怀玉少时,即闻端孝先生血疏贴黄遗迹,履欲见不可得。今年夏,晤彭进士绍升,知此疏已归吴江同姓,念将访之而未暇。顷过桐乡,适鲍君廷博从吴江来,携以见示。思通鬼神,抑何幸也。

疏计百四十四字。复仇之义,易书之由,一时同难子孙洎胜国遗老,论之甚备。先生当国变后,隐居不出。忠介所坐之榻,终身不敢[一]坐;所御之物,终身不忍御。殆古所谓五十犹慕者,故至性激发,奋不顾身,指血既枯,继之以舌,卒能目睹父仇伏法,诸君子并赖先生获邀旷典,盖养之有素矣。《孝经》纬曰:“事亲孝,故忠可移于君,是以求忠臣必于孝子之门。”彼求孝子者,何独不然?独是熹宗初岁,虽承定陵丛脞①之后,然流氛未炽,正士盈廷,疆埸不亏,民神犹附。徒以政出妇寺,大阿倒持,元气剥丧,国随以去。

记曰:血者犹血,其在此时乎?夫血,忧色也。忠臣孝子,亦不得已而见之。或化而为碧,或凝而为白,有不自知其然者。当忠介之下诏狱,逆党掠治,必大骂,许显纯椎落其齿,自起问曰:“复能骂魏上公否?”公噀血唾其面,骂益厉,遂于中夜潜毙之。今先生之疏，经百六十年，血痕缕缕如新。盖日星河岳之气，流贯于家庭。是父是子，血固多人一斗尔。乌虖！为人臣未有不慕为忠介者也；为人子未有不愿为端孝者也。观是疏，未有不肃然易虑，三复之，什[二]袭之，乐得而称道者也。然而，忠介、端孝之行，世卒未易觏。此予所以泚笔永叹，不禁泪沾衿而汗浃背也。

乾隆五十一年②闰月，棘人赵怀玉浣手敬题。

（黄煜《碧血录》，又见《丛书集成续编》第58册、《吴中文献小丛书》之六）

【校】

［一］“敢”，《吴中文献小丛书》作“设”。

［二］“什”，《丛书集成续编》《吴中文献小丛书》作“十”。

【注】

① 丛脞：琐碎，杂乱。《尚书·益稷》：“元首丛脞哉，股肱惰哉，万事堕哉。”孔传：“丛脞，细碎无大略。”《旧唐书·李密传》：“他日，（宇文）述谓密曰：‘弟聪令如此，当以才学取官，三卫丛脞，非养贤之所。’”

② 乾隆五十一年：乾隆五十一年（1786）丙午。

## 30 王文治题识

乾隆五十六年岁次辛亥夏六月，观于吴门[一]蒋氏拙政园中，丹徒王文治。

（《吴中文献小丛书》之六，又见《丛书集成续编》第58册）

【校】

［一］“吴门”，《丛书集成续编》作“吴”。

## 31 蒋德华跋

有明熹庙太阿倒，茄花委鬼蹲当途。钩党清流一网尽，斫削枝叶兼根株。疾风劲草陨秋箨，破巢完卵留诸孤。忠介有子字子佩，戴天肯与仇人俱。袖中缕缕一纸血，匍匐千里来燕都。蝮蛇磨牙磕人骨，九死不死神为扶。是时珰孽虎负隅①，豺狼当道嗥城狐。莫触忌讳在易札，更无十指难为枯。文毅改色，公曰：“吁，吾舌尚在何伤乎？”拔刀刺舌舌血滴，点点乱落红珊瑚。以血代墨指作笔，百四十四牵连书。血光灯影互激射，是泪是血殷模糊。晓来持疏伏阙上，抚膺搏颡长号呼。思陵泣下改色纳，死戳厥尸生伏辜。易名锡爵赠三世，孤忠食报真斯须。稿留篋笥示孙子，珍重奚啻千璠玙。尘湮蛛网二百载，想见洒血挥毫初。男儿爱身及发肤，大孝自与常人殊。厥父殉忠子殉孝，至性何惜千金躯。溅衣化碧古来事，非得此疏谁为徒？费隐容语即吾语，先生血性真丈夫。呜呼！先生血性真丈夫。

后学蒋德华敬题。

（《丛书集成续编》第58册，《吴中文献小丛书》之六）

【校】

① 负隅：《吴中文献小丛书》作“负嵎”。

## 32 张应均、潘奕隽题识

乾隆五十八年岁次癸丑冬十月[一]望日，后学张应均、潘奕隽观于三松堂。

(《吴中文献小丛书》之六，又见《丛书集成续编》第58册)

【校】

[一]"十月"，《丛书集成续编》作"十二月"。

## 33 蒋恭棐跋

明纲颓，阉党黠。嗟忠介，死群猰。冤既雪，仇未杀。有贤子，席稿靺。叫皇天，幸照察。姚文毅，命易札。指刺枯，继以舌。留此简，血不刷。后千年，无毁齾。

同里后学蒋恭棐敬观并题卷尾。

(《丛书集成续编》第58册，又见《吴中文献小丛书》之六)

## 34 钱大昕跋

少读尧峰文，即知端孝先生血疏贴黄稿尚在天壤间。荏苒五十余年，蒋子春皋携此册到书院，始得拜观。《经》云："身体发肤，受之父母，不敢毁伤。"后人感于果报之说，往往刺血写佛经，为自身求灭度，而不恤遗体之伤，此则不孝之大者。即云为亲祈福，其为孝亦愚矣。若端孝之于血，乃真不妄用耳。读竹垞前辈跋，快然先得我心，爰引而申之。

时嘉庆二年岁在丁巳八月丁酉朔，嘉定钱大昕谨题于东壁书塾，婿瞿中溶、许荫堂与观。

(《丛书集成续编》第58册，又见《吴中文献小丛书》之六)

## 35 陈毓咸跋

一疏淋漓达紫宸，血痕惨澹字犹真。剖心两世推忠孝，啮舌三更泣鬼神。好逐苌弘魂共化，不随嵇绍迹俱湮。通门旧事重追忆，展卷弥增慨慕新。(先高祖明孝廉贞靖府君为文文肃公诸甥，以父执事忠介公，与端孝先生昆仲□处最久)

嘉庆丁巳二月，松林后学陈钟林毓秀咸敬题。

(《丛书集成续编》第58册，又见《吴中文献小丛书》之六)

## 36 吴云题识

嘉庆五年三月晦日，长洲后学吴云敬观。

(《吴中文献小丛书》之六，又见《丛书集成续编》第58册)

## 37　方薰跋

明季国不立，逆阉暴日肆。其下皆婷婀，其上等疣赘。纲常既隳坏，君子尽陵替。杨左实首难，荼毒诸被逮。庄烈始践祚，褒忠诛宦寺。周魏袁后嗣，咸有伏阙事。父冤得以伸，锡予葬祭谥。由子佩一疏，厥孝锡尔类。君恩纵超雪，父仇尚窥伺。敷天誓不共，废食日忘寐。十指血拚枯，寻以啮舌继。臣父被摧陷，倪毛假珰势。二奸不伏法，何以立人世？行间赤洒洒，疏入怆帝意。奸徒尽服刑，乃毕人子志。贴黄十三行，百四十四字。奏时改易此，初本遗篋笥。常山舌溅血，睢阳血裂眦。忠介致身节，子佩复仇义。君视均一体，用心无二致。后世立儒孱，所在却鬼神。人生不朽为，万古撑天地。

石门后学方薰。

（《丛书集成续编》第58册，又见《吴中文献小丛书》之六）

## 38　宋思仁跋

当年珰虐焰滔天，义父干儿熟计便。砥柱人间家与国，不同刺血佛经传。臣忠子孝两成仁，负荷纲常在此身。千载疏留磨不得。丹忱碧血到今新。

余尝读史，至明季熹庙时太阿下移、银珰肆毒、国祚斩焉，未尝不废书而叹也。当日忤逆阉，先后被逮者，浙水魏忠节公暨吾吴周忠介公，撄祸为尤酷。洎乎思宗即位，先朝死谏诸臣，褒恤有差。然其时元凶虽剪，余孽未除，卒以公子端孝先生刺血上书，疏入，始议倪文焕诸人罪，赠先生三世太常卿。窃怪古来忠臣孝子，饮血衔冤，赍志殁地者何限？乃先生以血诚寤主，天子动容，使忠介大节，炳焉与日月争光，岂非天哉？

余年七十有二，于中表弟蒋元城家得瞻血疏贴黄真迹，焚香盥诵，足慰数十年仰止之忱，又何幸也。余舅氏震牧公早卒，春皋幼孤，事母徐太君以孝闻。兹册而属于春皋，殆《诗》所谓"孝思不匮，永锡尔类"者，非耶？爰识数语，敬题断句于简端云。

时嘉庆六年岁在辛酉夏六月朔日，长洲后学宋思仁拜书于友石山房。

（《丛书集成续编》第58册，又见《吴中文献小丛书》之六）

## 39　宋思仁题识

嘉庆六年辛酉六月朔日，观于蒋氏春皋书屋。

后学宋思仁。

（《丛书集成续编》第58册）

## 40　万承纪跋

丹心化血不肯碧，历久尽作黄金色。百四十四字骊龙珠，与日月光相薄蚀。想其握刃刺指时，精灵夜哭天神[一]疑。心痛已极指不觉，纵笔一任鲜红飞。贼先臣者国之贼，报先臣仇实报国。报仇已遂报国虚，温周等辈倪毛如。可怜国本已先拨，非亡国君痛庄烈。海棠树下诏[二]不闻，故乡犹宝侍中血。

南昌后学万承纪敬题。

（《丛书集成续编》第58册，又见《吴中文献小丛书》之六）

**【校】**

［一］“天神”，《吴中文献小丛书》作“等神”，从《丛书集成续编》改。

［二］“诏”，《丛书集成续编》作“设”。

## 41 唐仲冕跋

周吏部死于珰，崇祯改元，正刑章。冤得雪，赠太常。（一解）其子茂兰痛父仇，在阉党。犹稽显戮报未偿。茧足京师，搏颡岩廊。血诚上诉冀得当。（二解）刺指出血，楷书贴黄。书成十三行。凡百四十四字，字字端庄。（三解）姚公见之，动容彷徨。惜哉！一语涉疑讳，欲令更写指已创。（四解）茂兰潸然曰：“指枯舌尚存，更写庸何伤？”舌血赤于指，赤心达我皇。（五解）疏既上，上悯其诚。乃诛倪暴毛，国法以彰。又褒其先世，三代皆赠太常。（六解）茂兰血去惕出获所望，犹痛深创巨，终身悲慕不能忘。前疏在，谨自藏。（七解）呜呼！指尖秃，舌本强。舌血之疏达宫阙，指血之疏藏巾箱。传之千百载，教天下，子纯孝、臣忠良。（八解）

拟乐府体作《血疏歌》敬题《周端孝先生血疏贴黄册子》后。时嘉庆辛酉冬十一月朔，郡[一]以试邑童子，得扃户不出，无听鼓判牍之繁。适万廉山明府以此册见示，因焚香展卷，且读且临，不敢率出一语，且前贤题跋及廉山诗，已尽其美。爰檃栝其事迹，质言无文，以志高仰云尔。

陶山后学唐仲冕沐手。

（《丛书集成续编》第58册，又见《吴中文献小丛书》之六）

**【校】**

［一］“郡”字，《吴中文献小丛书》无，从《丛书集成续编》补。

## 42 吴履题识

嘉庆六年辛酉十一月朔日，吴履拜观于平江官舍。

（《吴中文献小丛书》之六）

## 43 吴锡麒跋

南八①指，常山舌，千古淋漓血不灭。臣忠子孝何分别，同迸心头一腔热。请看此疏乃是端孝遗，吁天能荷天鉴之。腥云漉漉纸上起，想见一灯惨淡挥[一]毫时。呜呼！群阉柄政阴凝阳，乾坤闭塞迷玄黄。忠良一网几打尽，化碧岂少苌宏[二]藏。覆巢遗卵幸无恙，天遣孝子扶纲常。扶桑日出冰山倒,不杀仇人心未了。指枯舌腐书复书,十三行誊锄奸草。丈夫血性人亦同,论其大者孝与忠,其余义烈皆可风。君不见,一棹吴阊东去路,五人墓上草心红。

嘉庆壬戌春二月,后学吴锡麒题于吴门舟次。

(《吴中文献小丛书》之六,又见《丛书集成续编》第58册)

【校】

[一]"挥",《丛书集成续编》作"摇"。

[二]"苌宏",《丛书集成续编》作"苌弘"。

【注】

① 南八:南霁云,行八。韩愈《张中丞传后序》:"城陷,贼以刃胁降巡,巡不屈,即牵去,将斩之。又降霁云,云未应,巡呼云曰:'南八,男儿死耳,不可为不义屈。'云笑曰:'欲将以有为也。公有言,云敢不死?'即不屈。"宋谢枋得《初到建宁赋诗》:"南八男儿终不屈,皇天上帝眼分明。"顾炎武《答原一公肃两甥书》:"酸枣之陈词慷慨,尚记臧洪;睢阳之断指淋漓,最伤南八。"

## 44 乐宫谱跋

国法未伸冤未雪,孝子搥胸走伏阙。刺指刺舌写呜咽,非指非舌乃心血。殿前丹枫对凛冽,毛斫其棺[一]倪处决。父仇既复奸亦除,寓忠于孝实完节。贴黄初本留千劫,纸上精光炳日月。呜呼!当年东厂肆威焰,有热血者皆奋舌。吴门缇骑虎狼暴,五人振臂颈[二]为折。生祠土偶忽仆跌,逆案姓名铸生铁。存者如鬼气澌灭,惜哉根株斩未绝。体仁乃更相庄烈,义儿马阮死灰热,孝子吞声老岩穴。

临川后学乐宫谱。

(《吴中文献小丛书》之六,又见《丛书集成续编》第58册)

【校】

[一]"棺",《丛书集成续编》作"枯"。

[二]"颈",《丛书集成续编》作"头"。

## 45 万廷兰跋

十指血枯舌有血,以血濡笔寸肠烈。区区倪毛何足数,诛之戮之等蠓蠛。舌血誊黄不可见,读罢遗疏倍凄切。模糊一百四十四,字字赤光如烙铁。国事时事嗟坏极,悼陵杜宇啼壮烈。

嘉庆九年,八十有六老人[一]南昌后学万廷兰题。

(《吴中文献小丛书》之六,又见《丛书集成续编》第58册)

【校】

[一]"八十有六老人",《丛书集成续编》本无。

## 46 周锷跋

媚珰者生，逆珰者死，有明国事可知矣。忠介乃由媚珰者致之惨酷，以希风旨，故魏珰虽伏诛，而媚珰之倪与毛，尚未正刑书。复仇既未雪，子生中属虚，此端孝之所以以血为疏也。血性本乎至性，血诚出乎至诚。惟至诚至性，故指血虽枯，破舌尚可以陈情。淋漓贴黄百四十四字十三行，朗朗传芳型。此迹显晦阅时数，二百余年，什袭几处？更廉山好古富珍秘，忠节名贤手迹，一一题品，考据详且精。我生恨晚，幸而获观此，血光凝碧何晶晶，独喜字画未漫漶，亦楷则亦分明，为之补刻入《人帖》。父子忠孝增光荣，精气所注，可以历千万劫而常贞。

嘉庆十一年岁次丙寅，得观家端孝先生血疏贴黄手迹，适以镌刻《人帖》，自宋文信国及方正学、王阳明，以及明季死节诸君子，中载忠介公手札，兹因以血疏锓入，以征忠孝为子臣之鹄焉，爰识颠末于此云耳。

后学听云锷敬观。

（《吴中文献小丛书》之六，又见《丛书集成续编》第58册）

## 47 汪梅鼎跋

天生贼子不尽杀，杀贼却飞孝子血。血疏为字十三行，字字闪烁雷电光。呜呼！文毅且惊愕。呜呼！庄烈泪纷落，刺血心痛更何苦？孝子不忍伤发肤，此血合为先人枯。尚有五人未必熟忠介，甘心洒血抛头颅。

休宁后学汪梅鼎敬题。

（《丛书集成续编》第58册，又见《吴中文献小丛书》之六）

## 48 邵騄跋

人生血性不可摧，父仇未复终身悲。疏辞激切忘忌讳，一腔热血□淋漓。孝子之孝天所许，姚公之言天所为。俾无触犯无背违，可以上动宸听诛奸回。百余年来珍片纸，想见虚堂[①]秉烛生寒辉，尔时应有神灵随。

会稽后学邵騄敬题。

（《丛书集成续编》第58册，又见《吴中文献小丛书》之六）

【注】

① 虚堂：高堂。萧统《示徐州弟》："屑屑风生，昭昭月影。高宇既清，虚堂復静。"唐戎昱《客堂秋夕》："隔窗萤影灭復流，北风微雨虚堂秋。"朱熹《山北纪行》："北渡石塘桥，西访濂溪宅。乔木无遗株，虚堂唯四壁。"顾炎武《悼亡》："北府曾缝战士衣，酒浆宾从各无违。虚堂一夕琴先断，华表千年鹤未归。"

## 49 沈卓跋

虚堂白昼阴风寒，淋漓血疏载拜看。父仇欲复在杀贼，啮指作书鬼神泣。鼎湖触讳奈若何？先生曰："吁，吾有舌。"疏成百四十四字，字字精诚动天子，父忠子孝孝亦忠，血性有此谁如公？

宝山后学沈卓敬题。

（《丛书集成续编》第58册，又见《吴中文献小丛书》之六）

## 50 黎应元跋

咄哉九鼎掷一纸，纸上淋漓血花紫。忠孝塞天动天子，奸臣流血北平市。进呈舌血长已矣，杜鹃声断秋烟里。不是鼎湖字重拟，千秋有目此谁视？想见抽刀刺十指，一片丹心涌赤水。电光失色虹霓死，血性人人具初始。古今几人无愧此？

岭南后学黎应元敬题。

（《丛书集成续编》第58册，又见《吴中文献小丛书》之六）

## 51 赵曾敬跋

非亡国君竟亡国，遗诏空染衣襟血。能报父仇诛国仇，大笔淋漓照千秋。心痛不觉自啮指，书上九重动天子。用父遗体讼父冤，黄杨左李胥视此。于戏！忠介亦奇遇，吴中至今纷掌故。舌血虽亡指血存，十三行字五人墓。

莱阳后学赵曾敬题。

（《丛书集成续编》第58册，又见《吴中文献小丛书》之六）

## 52 陆继辂跋

毁魏尚公击汝齿，杀人媚人有如此。热血一噀忠介死，忠介不死犹有子。与仇戴天孝子耻，引刀刺舌血不止。一书复书疏始成，舌血不足继以指。想见濡毫连腕时，凛凛忠魂立而视。旦日惊传得俞旨，未伏冥诛宜弃市。君不见，孔父前亡宋公继，鲁史先书弑君字。贼臣专杀已无君，断狱春秋有成例。熹宗寿终属天幸，白刃几加好头颈。使果乘桑定逆谋，害百信王如断梗。今皇先帝臣先臣，一疏三仇报俄顷。我来展阅泪沾臆，血迹殷红灯焰碧。形骸可腐血不蚀，寿世何须托金石。来禽快雪纵尚存，故纸千年死灰色。

阳湖后学陆继辂。

（《丛书集成续编》第58册，又见《吴中文献小丛书》之六）

## 53 曾燠跋

早岁精诚薄颢穹，暮年缃素飒悲风。先人已化苌弘碧[一]，故主还啼杜宇红。身世茫茫头似雪，文书奕奕气如虹。十三行自堪千古，不数王郎写赋工。

盱江曾燠。

（《丛书集成续编》第58册，又见《吴中文献小丛书》之六）

【校】

［一］“苌弘碧”,《吴中文献小丛书》本误作“苌碧弘”。

## 54 卢清华跋

呜呼！有明季运胡多艰,猰貐醐醓当天关。磨牙杀人疑奉上帝命,欲喷碧血照耀乾坤间。杨左诸公先构难,东林党祸逾东汉。高公不辱自投渊,忠介忠魂[一]沉狴犴。思宗愤起扬天威,赫振斧钺诛巨魁。义儿窃位尚如故,将毋天网徒恢恢。哀哀端孝公,刺血号北阙。疏成恐触讳,鼎湖字重刷。十指虽枯舌尚存,忠孝迸流血性血。两纸叠飞红雨腥,满腔呕尽丹诚热。臣疏赤如霞,臣冤墨如漆。臣仇请齿剑,臣父请昭雪。呼天天震怒,吁帝帝矜恤。一时刑赏快人心,激发千秋懦夫烈。物换星移剧可怜,御前呈本埋秋烟。十三行血独无恙,百四十四珊瑚鲜。中有精灵贯耿耿,三更风雨应化红啼鹃。噫吁嘻！我读《正气歌》,历数古豪杰。谁知此疏中,一一俱包括。侍中之血常山舌,濡血大书董狐笔。竟斩佞臣头,更胜击贼笏①。一歌一疏气血真相匹,人间捧出神鬼惊,玄黄之色常与天地赠光明。

梁溪后学卢清华敬题。

（《丛书集成续编》第58册,又见《吴中文献小丛书》之六）

【校】

［一］“忠介忠魂”,《吴中文献小丛书》作“忠介公魂”。

【注】

① 击贼笏:《新唐书·段秀实传》载,唐德宗时,朱泚谋反,召段秀实议事,秀实以笏击泚,大骂,被杀。文天祥《正气歌》:“或为击贼笏,逆竖头破裂。”

## 55 梁章钜跋

五人墓头血成碧,血疏更作黄金色。十三行字十指腊,以舌替指指留迹。茄花烟消委鬼殛,干儿义孙尚重塞。鼎湖劝进事叵测,为亲复仇即报国。危巢覆卵血何惕,血者犹血乃共职。戴天之仇愤难抑,搏颡号天天果格。当年一字一泪滴,沧桑已换字犹昔。齿可棰兮[一]唾转赤,一家骨肉并铁石。百九十年珍此册,当更千秋不能蚀。以立懦顽御鬼蜮,耿耿精光贯曦魄。

道光四年长夏,福州后学梁章钜。

（《吴中文献小丛书》之六,又见《丛书集成续编》第58册）

【校】

［一］“兮”,《丛书集成续编》作“子”。

## 56 郭麐跋

大仇共戴天,忠孝愤激烈。虽枯已龉指,恃有尚存舌。父友动色惊,当宁为哽咽。流传二百年，纸敝字不灭。惨澹此数行，想见泪皆血。乌乎三纲张，正赖一腔热。当时媚阉辈，生死等蠓蠛。吾闻黄藜洲[一]，利锥怀寸铁。凛然剸刃心，同难义和埒。终身老遗民，肝胆照冰雪。可惜陨家声，吾悲魏忠节。

道光甲申七月，同郡后学吴江郭麐敬书。

（《吴中文献小丛书》之六，又见《丛书集成续编》第58册）

【校】

［一］“藜洲”，《丛书集成续编》作“梨洲”。

## 57　刘树堂跋

明有九有世有哲，金瓯奠定完无缺。不闻艳妻煽方处，宗周赫赫谁能灭？乃彼匪教亦曰寺，其祸直与祸水埒。南箕贝锦感帝听，缉翩捷幡□窟穴。克生多士亦肤敏，君子信谗如或结。废为残贼莫知由，人之云亡邦国列。穆穆思宗蹶厥起，能思百忧恤执热。维周之桢有孝子，远犹辰告告以血。谓天盖高敢不跼，由言无易始扪舌。子姓同叨锡类恩，至诚上感天怀彻。箧中废牒哪可弃，溅衣并袭珍无别。至今二百七十载，殷红满纸天霞截。使我开卷独未终，突帽森森竖毛发。

光绪甲午宿月，保山后学刘树堂敬题。

（《吴中文献小丛书》之六）

## 58　任道镕题识

光绪二十一年乙未[一]春三月，阳羡后学任道镕沐手敬观。

（《吴中文献小丛书》之六，又见《丛书集成续编》第58册）

【校】

［一］“乙未”二字，《丛书集成续编》无。

## 59　俞樾跋

我闻汉时有妫元起，怀石叩头，血出不已，感动公卿，父冤一洗。又闻唐代有韦子将，中年不幸，居父之丧，刺血写经，流血汍滂。此二孝子，非不可敬。妫则近愚，韦则非正。惟周端孝，智勇兼全。父仇未报，血疏达天。啮指指枯，刺舌舌竭。一纸贴黄，千年化碧。呜呼！是父是子，忠孝一门，妇竖共识，我可不论。惟以此疏，传示后代。血性丈夫，赫然常在。

光绪戊戌仲春，德清后学俞樾敬题。

（《吴中文献小丛书》之六）

## 60　《明周端孝先生血疏题跋》序

俞　樾

明周忠介公，罹珰祸而死。崇祯之初，已蒙昭雪。而忠介之子端孝先生，以公之死，倪文焕、毛一鹭实成之，刺血上疏，请报复仇，而伸国法，烈皇为之感动。其血疏原本，有“鼎湖劝进”语，姚文毅公以为嫌，端孝因改书之，原本刺指血，改本刺舌血也。改本进而原本存，遂得流传人间。所谓血疏，实非全疏，乃贴黄也。凡一十三行，一百四十四字，今藏南昌万氏。万砥庄观察出以示余，题曰“明周端孝先生血疏贴黄题跋长卷”。

余按：贴黄本唐制，唐时降敕，有所更改，以纸贴之，谓之“贴黄”，盖敕用黄纸，贴亦黄纸也。宋代沿袭其名，凡臣僚奏状札子，意有未尽，揭其要处，以黄纸别书于后，亦谓之“贴黄”，已与唐制异矣。明崇祯元年三月，命内阁为贴黄之式，即令本官自撮疏中大要，不过百字，黏贴附牍尾，一边省览，则又与宋制异。盖宋制贴黄，乃于疏外别开条件，或一疏而多至十数条，司马温公、苏文忠公集中皆有之。明制贴黄，则撮疏中要语而已，且宋贴黄用黄纸，明贴黄用白纸，名实亦似不符，盖沿袭之久，而浸失初意也。端孝此书，盖遵崇祯新制。然既云血疏，似不必再云“贴黄”，贴黄即疏也。而诸贤题跋，亦有称血疏贴黄者，从众而称之，偶未□耳。

砥庄观察谋于余，拟寿之梨枣，使海内皆得见之，表彰忠孝，风示来兹。其意甚盛，余请竟题“周端孝先生血疏”，以从简易，盖在后人称之则曰疏，而读其文则自知为贴黄也。其原疏及端孝自识语，列之卷首。此下题跋，分为两卷，前十有五则为上卷，以后皆下卷。陈蓉曙太守藏有端孝像，潘谱琴庶常所藏吴郡名贤像中，亦有其像，并摹刻卷端，使人读其文，相见其人，忠孝之心，自油然而生矣。观察此举，其大有功于人心世道欤。

光绪二十四年戊戌季春，德清俞樾谨序。

（《吴中文献小丛书》之六）

## 61　万福康跋

有明珰祸不堪说，七君子中周尤烈。天崩地折鬼神嚎，仇头不断冤不雪。午夜焚香哭告天，刺血淋漓指与舌。一疏果能回天意，十载沉霾今始揭。忠介之忠一腔血，端孝之孝十指血。血脉流传万古香，地老天荒理不灭。世间乱臣与贼子，对此能无心胆裂？呜呼！世间乱臣与贼子，对此能无心胆裂？

光绪二十四年仲春月，南昌后学万福康敬题。

（《吴中文献小丛书》之六）

## 62　《明周端孝先生血疏题跋》跋

万福康

从来事迹流传，历千劫而不泯者，忠孝而已。忠臣孝子之遗墨，人共宝之，况此之以血为墨者呼？余家收藏颇富，兵燹以来，遗失甚多。明周端孝先生血疏贴黄，前人题识，多至五十余则，装池成卷，满目琳琅。先高王父海皋公、先曾王父廉山公，皆有题跋，洵为传家至宝。咸丰间，洪杨之乱，家有急需，称贷于湘阴李黼堂中丞，得朱提二百，即奉此卷以为质，后中丞竟携回湘南。惟时余尚在髫龄，及稍长，每欲一睹而不可得，而珠还之念，未尝一日释诸怀也。迨服官浙水，适与中丞哲嗣幼梅观察共事一方，亟询此卷，知犹藏箧笥，遂偿逋捧归。睹精光之常留，叹手泽其未泯，乃不幸中之大幸。爰赋短歌而叙其缘起，且虑有美弗彰，急召梓人，付之梨枣，用公同好，俾海内诸君子，共仰一门之忠孝云尔。

光绪二十四年季春月　南昌万福康谨跋

（《吴中文献小丛书》之六）

## 63 《周端孝血疏贴黄》跋

罗振玉

周端孝先生血疏贴黄，跋之者十余家，皆当日东南遗献也。明季士大夫[一]节义之风，为汉唐宋以来所未有。顾亭林先生谓："自古有亡国、亡天下。明之亡，亡国而已，天下未尝亡也"①今日者，海桑之变，未逾念稔[二]，而非孝侮圣，邪说横行，以纲常为大垢，尊枭獍为凤麟，亘古以来无此奇变。亭林先生所谓"仁义充塞，率兽食人"者何？期吾生亲见之。呜呼！尚忍言哉？

庚午七月，山夫过辽东，出此卷属题，敬书卷尾。安得当世士夫，有如端孝及卷中诸遗献者？挽此横流，一复我三千年文明之旧，以免于亡天下耶？此疏其诸题，南昌万氏旧有刊本，寒斋有之。今观墨迹，也尤矜眼福，爰书后以归之。[三]

后学上虞罗振玉书于辽东寓居之鲁诗堂[四]。

（罗振玉《罗雪堂先生全集》续编二，又见《丛书集成续编》第58册）

**【校】**

［一］"士大夫"，《丛书集成续编》作"士夫"。

［二］"念稔"，《丛书集成续编》作"世稔"。

［三］"此疏其诸题"云云，《丛书集成续编》作"不知山夫由同慨乎"。

［四］"后学上虞罗振玉"云云，《罗雪堂先生全集》无，据《丛书集成续编》本补。

**【注】**

① 自古有亡国亡天下，明之亡，亡国而已，天下未尝亡也：顾炎武《日知录》卷十三："有亡国，有亡天下。亡国与亡天下奚辨？曰：易姓改号，谓之亡国。仁义充塞，而至于率兽食人，人将相食，谓之亡天下。"

## 64 □□□跋

周端孝先生茂兰血书贴黄，此卷旧藏江西某家。今岁寇贼肆虐，所至先焚毁图籍。某家携之避地沪渎，鬻以自给，南丰刘君稿以之归于余。兰泉丈夙以刻书表章先正为务，尝刻杨椒山家训矣，今见此卷，亟思刻入其丛书，遂举以写真，俾传刻之。世之人读此卷者，有不肃然起敬者乎？余因之益感兰丈之用心矣。

庚午九月日坚时客津沽。

（《丛书集成续编》第58册）

【札】

熹宗天启六年丙寅二月，魏忠贤大构东林党。杨涟、左光斗等已逮死于诏狱。复逮吏部员外郎周顺昌等。周为吴县人，字景文，号蓼洲。时正家居不出。适魏大中被逮过苏，周愤甚，与之同起居者三日，并设宴饯行。廷尉促行。周大骂曰："汝知世间有不畏死男子周顺昌耶?"廷尉归告忠贤，忠贤即令廷尉矫旨逮周，欲置之死地。廷尉至苏，时苏抚为毛一鹭，固忠贤之党羽也。廷尉至周家中。周即囚服随之至抚署。士民闻讯送者数千人。开读时有诸生遮请毛一鹭疏救。毛不敢发一语。廷尉即大声曰："东厂逮人，尔等何敢置喙?"众大哗。市人颜佩苇等乃推登堂上，丛殴廷尉，立死一人。余则受伤，踰垣而遁。此外，逮御史黄尊素之廷尉亦于是时抵苏，泊舟胥门外，亦被士民击沉其舟。于是毛一鹭上章告变，谓苏民谋断粮道，继复捕获为首者五人，立予斩决。即今丛葬于虎邱山塘，张溥为作碑记之五人墓也。周氏被逮抵京后，忠贤下令拷掠，五毒备至。周氏在途中，尝寄书友人云："当竖起脊梁，做一个铁汉"等语。诸生朱文祖，并间行抵都，为之营救，皆无效果。至六月十七日，被谋死于狱中。及至领埋，已越三日，血肉狼藉，全身已腐，仅余须发。其死事之惨，实令人不忍言者矣。天启七年丁卯七月，熹宗既崩，信王即位。首逐客氏，继将魏忠贤放于凤阳。后经群臣疏劾其罪，忠贤惧，在途中自缢。至崇祯元年戊辰三月，又诏赠冤死诸臣。周氏长子茂兰，字子佩，以虽蒙赠恤，然父仇未报，倪文焕、毛一鹭等，仍未置之于法，心有不甘。遂刺血上疏，为父鸣冤。疏成，步行三千里，伏阙上书。抵京后，寓姚文毅公官舍，拟恳姚公代为递进。姚氏览疏，见血迹殷然，霍然改容。读至中间，见有"鼎湖劝进"一语，谓周曰："今上初立，君以此语上疏，恐有犯圣怒，且偾事矣。"周曰："然则重书可乎?"姚公曰："墨书易耳，今为血书，何可再改，恐尔血枯矣。奈何?"周遂破舌重书贴黄以进。帝览疏动容，竟至泪下。于是诏赠太常卿，谥忠介，并推赠三世。倪文焕亦因而伏法，毛一鹭已死，下诏追戮其尸。至是，周氏沉冤，乃得昭雪。考周氏之死，在丙寅六月十七日，及至昭雪在戊辰三月，相去不及二载，沉冤终至大白，父仇终得报复，亦可谓迅速也。周茂兰为父鸣冤，不惜两度刺血书疏。其孝行之烈，尤为难得。此项血疏，周氏累世保存，并为装裱。明末清初诸名家，均会为之题跋。至道光年间，乃被南昌万氏所得。至光绪二十四年，复由南昌万氏后裔万福昌氏，将原文及题跋抄录付梓，由俞曲园先生为之作序。血疏全文，共计一百四十四字。今此项刻本，已极稀少。至于原疏，历经兵燹，未识其无恙否也。

（缪荃孙等《江苏省通志稿·司法志》卷一）

# 卷六　明吏部文选司员外郎周公顺昌世系表

## 第一世　周衎

**周衎，周必大曾祖父，朝奉郎，赠太师秦国公。妻郭氏，赠秦国夫人。**

楼钥《少傅观文殿大学士致仕益国公赠太师谥文忠周公神道碑》："公讳必大，字子充，一字洪道，世为郑州管城县人。曾祖衎，朝奉郎。祖诜，左朝散大夫。父利建，以上舍魁登第，终左宣教郎，太学博士。以公贵，三世俱赠太师秦国公。曾祖妣郭氏，祖妣潘氏、李氏、张氏，妣王氏，俱赠秦国夫人"〔1〕

## 第二世　周诜

**周诜，周衎长子，周必大祖父，字仁叔，熙宁三年庚戌(1070)生，登哲宗元符三年庚辰(1100)李釜榜进士第，忻州法曹侍，左朝散大夫，赠太师秦国公。宣和七年(1125)，任江西吉州通判，徙居吉州庐陵县(今吉安县)永和镇。妻潘氏、李氏、张氏，赠秦国夫人。**

《宋史·周必大传》："祖诜，宣和中卒庐陵，因家焉。"

楼钥《少傅观文殿大学士致仕益国公赠太师谥文忠周公神道碑》："宣和中，祖为吉州通判，因家焉。"

## 第三世　周利建

**周利建，周诜次子，周必大父，政和八年(1118)以上舍魁登第，太学博士，终左宣教郎，未满四十岁而英年早逝，赠太师秦国公。妻王氏，安阳人，给事中、平江知府王靓之女，母宋氏为宋庠孙女，仁宗朝宰相庞籍外甥女，绍兴八年卒，妻赠秦国夫人。有三子，周平叟(早夭)，周必大、周必强(广东浙江漕举)。**

周必大《周益公文集》卷二八《重立芨堂记》："先公早负大名，虽历官太学，而年弗及强仕(按，四十岁)。"〔2〕

---

〔1〕 楼钥《攻媿集》卷九四，《丛书集成初编本》，上海：商务印书馆，1935年，1297页。

〔2〕 周必大《周益公文集》卷二八，《宋集珍本丛刊》本，成都：线装书局，2004年。

周必大《谭宣义孚先墓志铭》:“昔我先太师秦国公,暨我伯父金紫光禄大夫,与君伯父朝奉郎赠中大夫讳观光同登政和八年进士。”[1]

周必大《先太师潭州益阳县清修寺留题记》:“靖康丁未五月一日,高宗皇帝即位,改元于南京。八月四日,先公太师以前太学博士被旨使荆湖南北路。”[2]

周必大《题蔡忠惠公帖》:“(父)平生喜学蔡忠惠公书,家藏京师旧石刻两卷,真、行、草毕备,妙绝一世。待制董公守汾日,辨证刻石,为之书丹。”[3]

周必大《先夫人王氏墓志》:“幼善女工,通经史,博知古今事。”又,“时某齿少长矣,先夫人躬督诵书至夜分。未辨色,则以杖警于榻,使卧而覆之。又教以属对、赋诗。已而曰:‘举业非吾习也’,为择汴人陈先生,特使从之。先生弟子以百数,先夫人一衣之华、一味之甘辄命某奉焉。先生叹曰:‘有母如此,吾忍负之?’故教某甚切。”[4]

周必大《周益公文集》卷一八二《记先太师先夫人寿数偶同》:“先妣早寡,事姑嫜尽孝。博通经史,亲教二子于孩提,且择良师友与之处。”[5]

周必大《周益公文集》卷三六《先夫人王氏墓志》:“(外祖母宋氏)卫国右丞相元宪公(宋庠)孙,丞相庞庄敏公(庞藉)甥。”[6]

周必大《子柔弟墓志铭》:“仁而刚,敬而和,敏而好学,事母孝,从兄顺,与人交忠信廉逊。其存心主于厚,而自期甚远。”[7]

《宋史·周必大传》:“父利建,太学博士。必大少英特,父死,鞠于母家,母亲督课之。”

楼钥《少傅观文殿大学士致仕益国公赠太师谥文忠周公神道碑》:“外祖给事中靓,知平江府。”

## 第四世　周必大

**周必大(1126—1204),字子充,一字洪道,自号平园老叟,周利建次子,吉州庐陵(今江西吉安)人,祖籍郑州管城县(今属河南郑州)。靖康元年丙午(1126)七月十五日巳时生于平江府治。绍兴二十一年进士及第,授左迪公郎,徽州司马参军。二十七年中博学宏词科,循左修职郎,建康府府学教授。三十年,除秘书省正字,循左文林郎。三十一年,改左宣教郎,兼权国史院编修官。三十二年五月,除监察御史。六月,孝宗即位,八月,除起居郎,兼编类圣政所详定官,暂权给事中,兼权中书舍人。以信州迁奉请祠,两任主管台州崇道院。乾道四年,差知南剑州,未赴任。六年,改提点福建刑狱。后除秘书少监、**

---

〔1〕曾枣庄主编《全宋文》卷五一八八,第233册,上海辞书出版社、安徽教育出版社,2006年,第65页。
〔2〕曾枣庄主编《全宋文》卷五〇二九,第230册,上海辞书出版社、安徽教育出版社,2006年,第106页。
〔3〕曾枣庄主编《全宋文》卷五〇三〇,第230册,上海辞书出版社、安徽教育出版社,2006年,第399页。
〔4〕曾枣庄主编《全宋文》卷五一七七,第232册,上海辞书出版社、安徽教育出版社,2006年,第301页。
〔5〕周必大《周益公文集》卷一八二,宋集珍本丛刊本,成都:线装书局,2004年。
〔6〕周必大《周益公文集》卷三六,宋集珍本丛刊本,成都:线装书局,2004年。
〔7〕曾枣庄主编《全宋文》卷五一七三,第232册,上海辞书出版社、安徽教育出版社,2006年,第246页。

**兼直学士院，兼国史院编修官。兼权兵部侍郎，除礼部侍郎，仍兼直学士院，升同修国史、实录院同修撰。兼侍讲。八年，权中书舍人，辞直学士院。九年，除知建宁府，至丰城称疾而归，提举江州太平兴国宫。淳熙元年，除右文殿修撰，除敷文阁待制兼侍讲，六月，兼权兵部侍郎，八月，兼直学士院。除兵部侍郎，仍兼侍讲，兼太子詹事。升兼侍读，大礼执绥备顾问，除吏部侍郎。四年，除翰林学士。五年，为御试详定官。除礼部尚书，兼翰林学士。六年，除吏部尚书，兼翰林学士承旨。七年五月，除参知政事，七月，除知枢密院事。十一年六月，拜枢密使。淳熙十四年二月丁亥，拜右丞相，寻兼提举国史院会要所敕命所。十五年，摄太傅，为山陵使，封济国公。十六年正月己亥，拜左丞相，封许国公，三月，拜少保，封益国公，五月，以少保充醴泉观使归。绍熙改元，判隆兴府，辞不赴。二年，除观文殿学士，判潭州。四年，易镇隆兴。庆元元年，以少傅致仕。嘉泰四年十月庚寅朔，薨，年七十有九，累食邑一万五千六百户，赠太师，赐谥文忠。著书八十一种，有《平园集》二百卷。《宋史》卷三九一有传。娶王氏，监察御史昆山王葆之女，封益国夫人。有一子，名纶。**

（参《宋史·周必大传》、楼钥《少傅观文殿大学士致仕益国公赠太师谥文忠周公神道碑》）

范成大《吴郡志》卷二七《人物志·王葆》："左丞相周益公必大初第，以女妻之，知其为国器也。"

乾隆《常昭合志》卷一二："周忠介公顺昌，江右周益公之后，其曾祖峦字自常熟徙居郡城，祖冠，官龙游知县，父可贤。"

## 第五世　周纶

**周纶（1156—?），字彦敷，绍兴二十六丙子年生，朝请大夫，知筠州军州事，庆元间为抚州通判，嘉泰间为行大理司直。有一子五女。**

《周益公文集》卷四四《送纶丞郡临川十以箴》："莅官以勤，持身以廉。事上以敬，接物以谦。待人以恕，责已以严。得众以宽，养和以恬。戒谨以独，询谋以佥。"[1]

## 第六世　周颙

**周颙（1190—?），绍熙元年三月生，宣仪郎，新监饶州浮梁县景德镇兼烟火公事。**

## 第七世

**待考。**

[1] 周必大《周益公文集》卷四四，宋集珍本丛刊本，成都：线装书局，2004年。

## 第八世

**待考。**

## 第九世

**姓名不详，周必大五世孙，迁居常熟。**

徐枋《周端孝先生墓志铭》："先生讳茂兰，字子佩，私谥端孝，姓周氏，为宋太师左丞相益国文忠公必大之后。本江右庐陵人，从益国五传而迁吴郡之虞山，复三传而别居郡城，郡城再传为赠太常卿渭川公，讳冠，宦龙游令，龙游生赠太常卿冲宇公，讳可贤，冲宇生赠太常卿忠介公，忠介讳顺昌，即熹宗朝天下所称为周吏部。"

## 第十世

**待考。**

## 第十一世

**待考。**

## 第十二世　周峦

**周峦，周顺昌曾祖父，自常熟迁居苏州。**

黄宗羲《周子佩先生墓志铭》："君讳茂兰，字子佩，江右周益公之后。高祖峦自常熟徙郡城，曾祖冠龙游知县，祖可贤，父即忠介公顺昌也，母吴淑人。"

## 第十三世　周冠

**周冠，周顺昌祖父，赠太常寺卿，渭川公。万历十六年（1588）戊子岁贡，浙江嘉兴平湖教谕，福建延平府尤溪县学教谕，浙江衢州府龙游知县。治《易》，疏《经书旨》。夫人韩氏，赠淑人。有二子。**

《东林同难录》："祖冠，平湖教谕，升任龙游知县，赠太常寺卿。"

崇祯《吴县志》卷三七："万历十六年岁贡，周冠，字□□，治《易》，历官尤溪县学教谕。"

崇祯《吴县志》卷三八："周冠，贡生，尤溪县学教谕，以孙顺昌赠太常寺卿。"（又见乾隆《吴县志》卷四九）

康熙《吴县志》卷六："万历十六年岁贡，周冠，治《易》，历官尤溪县学教谕。"（又见乾

隆《吴县志》卷四七）

## 第十四世　周可贤

**周可贤，周冠次子，周顺昌父，累赠文选司员外郎，加赠太常寺卿，冲宇公。夫人张氏，累赠宜人，加赠淑人。**

殷献臣《周吏部年谱》："渭川公有二子，公赠翁冲宇公（讳可贤），其次也。"

崇祯《吴县志》卷三八："周可贤，字□□，以子顺昌累赠太常寺卿。"

乾隆《吴县志》卷四九："周可贤，以子顺昌累赠太常寺卿。"

## 第十五世　周顺昌

**周顺昌（1584—1626），字景文，号蓼洲，称冰条先生，南直隶苏州府吴县人，治《易》，"东林后七君子"之一，系南宋周必大十一世孙。万历十二（1584）年八月十七日子时生，生而岐嶷，英姿劲骨。七岁请仙，有"桂枝新发已迢迢"之句。为诸生时，与友辈相砥砺，有振起流俗之志。应万历四十年壬子（1612）应天府乡试，中万历四十一年癸丑科进士，选杭州司理，杭人在都者置酒相贺，演岳武穆事，至奸臣秦桧东窗设计，不胜愤怒，捶打优人而去，首辅福清叶向高闻而异之，以乡里难治，故改授福州。福州推官任上，抗击税监高寀，捕治其爪牙，后朝廷将高寀撤归，时高寀为患闽中已有十六年之久。**

**六年任满，暂拟礼部主事，候考选。泰昌庚申（1620）八月，改授吏部。天启元年（1621）历官吏部稽勋司、验封司、考功司。二年调文选司，五月升任员外郎，属选事。为官廉正，力以进贤退不能为己任，杜绝请托，按次序补，与权贵人之意相左，遂不待任满而乞假南归。家居数椽，读书其中，向有司陈说民间冤抑疾苦及郡中大利害，有德于乡里。公为人刚方贞介，疾恶如仇。天启五年，巡抚周起元忤魏忠贤削籍，公作序为其送行，指斥无所讳。嘉善魏大中被逮过苏，公为饯行，以女字其孙，因忤魏忠贤而被削籍。天启六年（1626）三月，以矫诏被逮，吴中发生"开读之变"，四月至镇抚司狱，严刑拷掠，坐赃三千，詈骂魏忠贤不止，六月十七日子时遇害狱中。崇祯即位，惩治阉党，公冤得昭雪，恩恤优渥，赐谥忠介，赠通议大夫、太常寺卿，敕建特祠祭祀，赐墓地一顷二十亩，立"清忠风世坊"于苏州阊门外林家巷口。有《烬余集》三卷行世。**

**夫人吴氏（1584—1653），累封宜人，加封淑人，有子四人，女四人。**

钱谦益《周忠介公夫人六十序》："忠介恤后之十五年，而其夫人年六十。"

## 第十六世　周茂兰、周茂藻、周茂葵、周茂萼

**1. 周茂兰，字子佩，万历三十三年（1605）生，崇祯三年（1630）庚午，以父顺昌荫国子生，上血疏鸣父冤，再上疏乞封三代。入清后隐居，康熙二十五年（1686）卒，时八十二岁，私谥曰端孝先生。注《参同契》。娶妻二，俱毛氏，均无子早亡，副室陈氏生一子靖、二女。**

崇祯《吴县志》卷三八："周茂兰，字子佩，崇祯三年以父顺昌荫国子生。"（又见乾隆《吴县志》卷四九）

黄宗羲《周子佩先生墓志铭》："生于万历乙巳三月二日，卒于康熙丙寅正月二十九日，享年八十有二。两娶，俱毛氏，副室陈氏。子靖，诸生。孙凤来。"

周顺昌《字付大儿茂兰》："毛、文、张、姚、朱、邹、殷各位老伯、岳翁、母舅处，但乞致谢，不妨出此示之。"

请陆漻《佳趣堂书目》："《参同契》，周茂兰。"

**2. 周茂藻，字子洁。参与康熙三年弘储禅师组织的灵岩山集会，与徐枋、黄宗羲、黄宗炎、高斗魁、王廷璧、邹文江、文秉等九君子于天山阁"纵谈七昼夜"，遭连织入狱，兄茂兰毁家纾难，无可为计，溧阳当国，茂兰以女易弟，茂藻始出。娶朱氏，为朱陛宣次女。有《蛩吟草》行世。**

黄宗羲《寄周子洁》："与君同日上灵岩，钟鼓声中夜话馋。"

黄宗羲《跋周端孝先生血疏贴黄》："甲辰五月，过姑苏，与子洁上灵岩，归至芸斋，子佩、子辉夜话。"

黄宗羲《周子佩先生墓志铭》："又一年，而子佩之弟子洁亦遭连织，狱久不解，子佩毁家纾难，无可为计。会溧阳当国，为子求婚于子佩，子佩曰："吾何难以一女易一弟耶?"子洁始出。"

张世伟《钦赠翰林院待诏故孝廉朱孝介先生暨配顾硕人合葬墓志铭》："女二人，长嫁庠生钱凤祥，女先卒，有甥孙二人；次嫁庠生周茂藻，即忠介公仲子，皆顾硕人出。"

周顺昌《字付大儿茂兰》："毛、文、张、姚、朱、邹、殷各位老伯、岳翁、母舅处，但乞致谢，不妨出此示之。"

清黄虞稷《千顷堂书目》卷二八："周茂藻《蛩吟草》，字子洁，吴县儒学生。"

**【札】**

## 轮庵禅师语录序

黄宗羲

轮庵禅师为相国文公之从子，中翰启美先生之次子，出世则为灵岩退翁之法嗣。岁庚申，开法于越之能仁寺。冬十月，余相见话旧，轮庵出其《语录》求序，余怆然者久之。

忆余少受知于文肃，庚午与文肃同舟，自京口至吴门，见余场中试卷，嗟叹不置，遂许以古文名世。路有经由，登堂信宿。壬午，余在都门，徐忠襄为司寇，客余，爰书急奏，时或见及，因得与闻启美先生漳海狱事。甲辰与孙符胥会僧寮，慷慨往事，相和而歌呜呜，继之以泣也。余于轮庵家世之交情如此。

又忆癸酉，三峰开堂于净慈，一时龙象之盛，前此未有。蜀人刘道贞新得法，冯俨公、张秀初、江道闇邀余定交，余与宣城沈眉生、芜湖沈昆铜、江右刘孝则牵连而往，入室，讲《论语》《周易》，凿空新义，石破天惊。其后三十有二年，余上灵岩，退翁集徐昭法、周子洁、文孙符、邹文江、王双白于天山堂，纵谈者七昼夜，余诗"谁知此日军持下，尽是前朝党锢人"，记其事也。退翁遂属余作三峰第二碑。此后语录，无不有寄余书札，余或见或不及见，而退翁惓惓之意，不可忘也。余于轮庵师友之交情如此。

今日追数梦幻，相国、中翰既光芒箕尾，孙符墓木亦拱，二子负薪丙舍，轮庵又出刘道贞《问道续录》阅之，所载净慈同时七十二人，自余以外，存者不能二三，其余皆入《点鬼簿》中，即天山堂一会，化为异物者且半。嗟乎！无论世出世间，一切不可把玩，此吾夫子所以叹逝者，而波斯匿王所以感恒河水也。余与轮庵遭逢患难，以野葛为肴馔，轮庵从汤池铁城中转身扶摇而上。余皓首庞眉，叨叨于过去之间，感慨系之，无乃为轮庵之所笑乎？

（黄宗羲《南雷诗文集·序类》）

## 同晦木、高旦中、王双白、邹文江、文孙符、周子洁、徐昭法集灵岩寺

黄宗羲

艳说古吴名胜地，松风五月隔兵尘。应怜此日军持下，同是前朝党锢人。霜雪蒙头羞佛火，兴亡昨梦到虮臣。狂言世路难收拾，不道吾师狂绝伦。

（黄宗羲《南雷诗历》卷二）

## 与徐昭法

黄宗羲

人传徐昭法，可闻不可见。我今上灵岩，钟鼓集法眷。相看尽陈人，不参以时彦。徐子最后来，布袍巾幅绢。储公览拙文，珍重压端砚。徐子翻读之，喟然而称善。谓是震川后，叙事无人荐。虞山加粉泽，可谓不善变。落此一瓣香，百年如觌面。出其论文书，并与他著撰。体裁既整齐，字句亦工炼。夜坐天山堂，诸家评略遍。人言子寡言，子言如竹笕。乃知世知子，犹为子之羡。

（黄宗羲《南雷诗历》卷二）

## 寄周子洁

黄宗羲

与君同日上灵岩，钟鼓声中夜话馋。过去年华方转瞬，同游伴侣已多芟。三杯酒量应如旧，两鬓吴霜亦大凡。落月屋梁长入梦，未知何日遂征帆。

（黄宗羲《南雷诗历》卷三）

**3. 周茂葵，字子向，迁居浙江湖州。娶妻沈氏。**

周茂藻《送母乌程就养子向舍弟》："一母四男儿，有弟能养亲。"

吴肃公《跋周端孝先生血疏贴黄》："余展贴黄原本，唏嘘久之，伯子复出三代诰轴拜观之，谓予曰：'往改革，患兵燹，俾弟茂葵藏之霅水。'"

毛奇龄《周氏家藏三代诰命纪事》："乙酉，南都破。茂兰捧诰轴，衔以黄绫，汇轴三而合袭之，告其季曰：'此地为东南四达，兵戈所经，盖藏不可保，苕溪岨而僻，倘免焚燹，吾

守故庐，汝携家人入苕溪，负此行矣。'"

周顺昌《与沈石帆别驾书》："三儿已入学堂，读书甚乐，皆邀岳翁之庇也。"

**4．周茂萼，字子辉，供庠生，娶昆山顾咸建女。**

同治《苏州府志》卷九四："顾咸建，字汉石，崇祯十六年进士，授钱塘知县。咸建与兄咸正、弟咸受皆以文名吴下。咸建婿于郡孝廉张世伟，世伟故与文震孟、姚希孟、周顺昌、朱陛宣善，诸人皆折辈行与咸建交。天启末，魏忠贤杀顺昌，咸建以女妻顺昌子茂萼。"

光绪《新昆两县续修合志》卷二七："顾咸建字汉石，崇祯十六年进士……咸建为咸正之弟，与季弟咸受皆以文名吴下。咸建婿于郡孝廉张世伟，世伟故与文震孟、姚希孟、周顺昌、朱陛宣善，诸人皆折辈行与咸建交。天启末，魏忠贤杀顺昌，咸建以女妻顺昌子茂萼。"

## 第十七世　周靖、周廷耀、周諓、周旦龄

**1．周靖（1645—1710），字敉宁，号讱斋，周顺昌嫡长孙，周茂兰子，长洲人，庠生，陆陇其（稼书）入室弟子。孝友笃诚，淡于荣利，乐善好施。精通六书之学，著有《经史随笔》十二卷、《篆隶考异》八卷（汪琬、魏允枘序）、《杂录》五卷、《诗》八卷。与汪琬等人有《杨柳枝》唱和，词收入周枝楙编《姑苏杨柳枝词》，笺注《姑苏杨柳枝词》。书陈继儒撰《葛将军墓碑》并篆额，碑石在山塘街葛贤墓侧。**

乾隆《苏州府志》卷五七："茂兰子靖，字敉宁，性孝友，能守祖父家法，从陆陇其游，涵养有得，于书无所不窥，尤精六书之学，所著《篆隶考异》八卷，汪琬为序盛称之。"

乾隆《苏州府志》卷七六："周靖，《篆隶考异》八卷，《经史随笔》十二卷，《杂录》五卷，《诗》八卷。（茂兰子）。"乾隆《苏州府志》卷七六："周靖，《笺注姑苏杨柳枝词》一卷。"

道光《苏州府志》卷一二五："《篆隶考异》八卷，《经史随笔》十二卷，《杂录》五卷，《诗》八卷，长洲周靖。"

道光《苏州府志》卷一二八："《笺注姑苏杨柳枝词》一卷，周靖。"

道光《苏州府志》卷一三〇："《葛将军墓碑》，明陈继儒撰，周靖书，在葛贤墓。"

同治《苏州府志》卷一三七："周靖，《经史随笔》十二卷，《篆隶考异》八卷（汪琬序），《杂录》五卷，《诗》八卷。（茂兰子）。"

同治《苏州府志》卷一三九："周靖，《笺注姑苏杨柳枝词》一卷。"

同治《苏州府志》卷一四一："《葛将军墓碑》，陈继儒撰，周靖书，在葛贤墓。"

民国《吴县志》卷五六："周靖《篆隶考异》八卷，见江南图书馆《覆校善本书目》。"

民国《吴县志》卷五七："周靖，《经史随笔》十二卷，《篆隶考异》八卷（汪琬序），《杂录》五卷，《诗》八卷。（茂兰子）。"

民国《吴县志》卷五八："周靖，《笺注姑苏杨柳枝词》一卷。"

民国《吴县志》卷六〇："《葛将军墓碑》，陈继儒撰，周靖书，在葛贤墓。"

民国《吴县志》卷七九："周靖有《篆隶考异》不分卷，字敉宁，《四库》著录。"

《虎阜志》卷二："《葛将军墓碑》，陈继儒撰，周靖书，康熙十二年，在葛贤墓。"

李根源《吴郡西山访古记》卷五:“《葛将军墓碑》,正书,康熙癸丑孟春,云门陈继儒撰,古吴周靖书并撰额,高约五尺,在葛贤墓右。”

【札】

## 周君讱斋传

杨无咎

周君讳靖,字敉宁,号讱斋,忠介公之冢孙,而芸斋先生之子也。弱冠,通六书之学。既长,博极群书,亭经籍史,蔚为儒宗。时汪太史琬以文名重当世,与君居密迩,尝招至其家,辨析疑义。君因摘其稿中讹谬,声音事实,厥有数端,兼以书相往复。太史亦心折焉,与人曰:“此吾之益友也。”

君生有至性,孝友笃诚,恪守前人遗训。其事芸斋先生也,色养备至。先生于杖国之年诏君而命之曰:“吾自先人罹难以来,以一身督理家政,险阻艰难备尝之矣,今老矣,政将及汝,汝其勉诸,吾不复与闻矣。”君长跪受命,先生于是益从容内养,乐其余年。回思昔日拜疏讼冤之时,呕心沥血不啻,如隔世焉。

呜呼!非有克家之子,能尽厥职而能若是乎哉?自古修正史者,名臣子弟例得附书。魏珰之难,若魏孝烈先生学洢痛父而亡,以及忠介之后刺血鸣冤如芸斋先生者,皆当大书特书以光国史者也。芸斋即世,君哀毁尽礼,既除丧,乃慨然曰:“国有史,家有状,实相表里。吾家忠孝,岂可令传闻异词,或失其实,致有遗憾乎?”于是,策蹇入都,胪陈始末,上诸史官。忠介之忠,固已光昭日月,而芸斋先生克继前徽,矢其初志,为遗民宿老者五十余年,而终得附书于《明史》,皆君孝思之诚所致也。

君尝执贽当湖陆公稼书之门,稼书讲性命之学,得闽洛正传,君服习其教,为入室弟子。涵养德性,淡于荣利,遂弃举子业,绝意进取,葺数椽于忠介茔旁,莳花种竹,啸咏其中,有终焉之志。然其遇大事持大议,辄义形于色,如讼言唐碑有墓之非真,汤祠配食之不典,皆侃侃凿凿不少逊避,人以是畏其鲠直而服其持正也。性乐善好施,朱孝介先生次子铉以贫死,久不克葬,君百计图维以助之,乃始获归土焉。族之孤寡,酌其轻重而资其薪水。以至戒杀放生,皆出乎心之至诚,初非好名而祈福也。**子二人,曰凤来,曰鸾翔,**咸训之以义方,申之以勤俭,匪若世俗之教子徒孜孜以名利为心也。

君宅芸斋先生忧,恪遵古制,坚不茹荤,遂有河鱼之疾。继遘母陈太君丧,则疾愈剧,对人尝忽忽若有失,卒用是不起。所著书有《经史随笔》十二卷,《杂录》五卷,《诗》八卷,而《篆隶考异》一书,识者以为尤可传云。

杨易亭曰:“于素心之交,不及数人,讱斋其一也。徐子俟斋之没,寄孤于予。其葬也,南枝稼堂共襄厥事,而竭力经营。为将伯之呼,以辅予之不逮者,则讱斋之力居多焉。岂非其风烈固殊乎?惜哉!斯人不可作矣。”

(小横香室主人《清朝野史大观》卷九[1])

〔1〕 小横香室主人《清朝野史大观》卷九《清朝艺苑》,据《中华书局》1936年版复印本,上海:上海书店,1981年,43—44页。

### 善本书室藏书志·篆隶考异

《篆隶考异》二卷，写本，古吴周靖纂集。靖，字敉宁，为明吏部文选司郎中周顺昌之曾孙。其书辨别篆隶同异，以隶字为纲，于合六书者注曰“隶”，不合六书者注曰“俗”，于隶相通而隶则不相假借者注曰“别”，而各列篆文于其下。又，《说文》分五百四十部，此则以隶字点画多少为次，分部二百五十有七，使读者以所共知通其所未知，寻检较易。四库馆以长洲文仓手录篆文著于录。此亦写本，篆法近古，后有柳州魏允枏序。

（丁丙《善本书室藏书志》卷五）

**2. 周廷耀，字明敭，吴县人，庠生，与汪琬等人有《杨柳枝》唱和，词收入周枝楙编《姑苏杨柳枝词》。**

**3. 周諠。**

**4. 周旦龄，字汉绍，吴县人，康熙四十七年岁贡，潜山训导，与汪琬等人有《杨柳枝》唱和，词收入周枝楙编《姑苏杨柳枝词》。**

乾隆《苏州府志》卷四〇：“周旦龄，汉绍，潜山训导，岁贡。”

乾隆《吴县志》卷四七：“（康熙）四十七年岁贡，周旦龄，字汉绍。”

道光《苏州府志》卷六七：“周旦龄，汉绍，潜山训导，岁贡。”

同治《苏州府志》卷六六：“周旦龄，汉绍，潜山训导，岁贡。”

民国《吴县志》卷一七：“（康熙）四十七年戊子，周旦龄，汉绍，岁贡，官潜山训导。”

## 第十八世　周凤来、周鸾翔、周用锡、周用兹、周用行

**1. 周凤来，周顺昌曾孙，周茂兰孙，周靖子。**

徐枋《周端孝先生墓志铭》：“孙二，凤来，鸾翔。”

杨无咎《周君讱斋传》：“子二人，曰凤来，曰鸾翔，咸训之以义方，申之以勤俭，匪若世俗之教子徒孜孜以名利为心也。”

**2. 周鸾翔，周茂兰孙，周靖子。**

彭启丰《重修周忠介公祠碑》：“乾隆三十二年，曾孙鸾翔老且病，以为忧乞，故礼部尚书长洲沈公力言于布政使苏公，下属官察勘。未几，鸾翔殇，苏公亦去任，事复寝。至三十五年，祠屋日圮，四世孙观觐、五世孙志忠出私财支其朽败。”

杨绳武《跋周端孝先生血疏贴黄》：“武少时，见先君子正孝先生跋涧上徐俟斋先生《书周端孝先生复仇疏后》，因叹忠介之忠，先生之孝，千古未有。顾所谓血书贴黄原本留藏于家者，未得见也。今岁秋，先生孙鸾翔出以示余，乃得盥手读之。”

**3. 周用锡，字晋蕃，吴县人。**

《东林同难录·参校姓氏》：“周用锡，晋蕃，吴县；周用兹，晋徵，长洲县；周用行，晋允，吴县。”

**4. 周用兹，字晋徵，长洲县人。**

**5. 周用行，字晋允，吴县人，年七十四而卒。妻金氏，年九十一而卒。**

**【札】**

## 长元节孝祠志·事实·周兴爵妻倪氏

周兴爵妻倪氏，乾隆戊午(1738)举人倪承茂长女，母陈氏。氏生于康熙戊戌(1718)三月十二日，七岁丧母，哀毁尽礼，事继母汪氏纯孝无间言，年二十四归于周。

**兴爵为忠介公玄孙，其父用行，**家素贫。兴爵勤诵读，体弱染痨疾。氏于归时已病尫，氏奉汤药，目不交睫。兴爵谓氏曰："我病将不起，两亲在堂，无人侍养，且乏甘旨资，所倚赖者，唯汝耳，愿汝为孝妇，勿为烈妇，我死方瞑目。"氏含泪许诺。未三月，兴爵殁，氏典质以佐丧，每一号恸，闻者酸鼻。时舅年逾六旬，以丧子忧感成疾，氏一夜数起，稽颡北辰，愿以身代。一夕，见中天西北现大人像，舅病旋愈，**至七十有四卒。姑金氏，寿至九十一，**距兴爵亡时已三十二年矣。

家无恒产，赖氏针黹度日，辨色而兴，宵分不辍。时未严冬，手即有折纹。或翌日缺菽水，辗转不寐，供稍具，犹以不得甘脆憾，视古孝子之养亲蔑以过焉。舅有二子，**长兴诗，兴爵，其次也。兴诗有嗣子志忠，氏奉舅命，以志忠承两祧。**氏抚志忠如己出，命就傅，夜篝灯佐读，志忠稍倦，氏呼而语之曰："汝为忠介后，舍读书无以绵先人清节。且此膏火，系我十指所换，今将枯矣，不易得也。我之荼苦，我不自惜。汝若惰而废学，无以自立，如先泽何?"志忠亦感动。居平自餍糟糠，薪水外为夫营窀穸，复为舅姑营葬，日益拮据。姑临殁谓志忠曰："汝母孝养我三十余年，虽古之唐夫人、陈孝姑，胡多让焉。我死，汝必为汝母请旌。"至乾隆四十二年(1777)始得旌如制，以五十二年入祠。

（汪缙《长元节孝祠志》卷五）

**6. 其余待考。**

## 第十九世　周观觐、周兴诗、周兴爵

**1. 周观觐，周顺昌四世孙。**

**2. 周兴诗，周用行长子，早逝，无子，有二女，嗣周志忠为子。**

**3. 周兴爵，周用行次子，元和县儒童，勤读得疾而早逝，无子女。妻倪氏，吴江举人倪承茂长女，守节三十余年，孝养舅姑，抚养嗣子周志忠(原系周兴诗嗣子)与周兴诗二女。**

彭启丰《重修周忠介公祠碑》："四世孙观觐"。

嘉庆《吴门补乘》卷六："周兴爵妻倪氏，举人承茂女。兴爵为忠介公玄孙，以勤读得瘵疾。氏于归未三月而亡夫，号恸欲绝。时舅以暮年哭子成疾，稽颡北辰，愿以身代，一夕，见天西北隅现大人像，疾遂愈。抚教嗣子志忠，慈而严。乾隆四十二年旌。"(又见同治《苏州府志》卷一二一、民国《吴县志》卷七三)

光绪《吴江县续志》卷二八："(乾隆)四十二年，倪氏，举人倪承茂长女，长洲周兴爵妻。"

【札】

## 长元节孝祠志·新传·儒童周兴爵妻倪氏

儒童周兴爵妻倪氏，乃倪承茂长女也。兴爵，则明周忠介公顺昌裔孙，父为用行者也。以乾隆四十二年具题旌表，其略云：

氏年二十四，适周忠介公玄孙元和县儒童周兴爵为妻。即于是年夫没，结缡未三月，守节三十七年。夫丧，碎首绝而苏者再。禀性清贞，茹荼孝养。乞灵丸以起舅沉疴，典里衣以奉姑甘旨。保嗣子，以续一本之宗支；抚犹女，以慰九泉之嫠姒。能张大义网维，不替忠贞旧德。

其行略云：

幼娴内则，言笑不苟。性孝，七岁丧母，哀毁如成人，事继母如生母。继母慈爱，亦视如所生。委以家事闺内，井井有条理。嫁而夫病，勤视汤药。后疾亟，谓氏曰："吾病不起矣，吾父母无子矣，赖汝以为养。汝能为孝妇，不为烈妇，吾死瞑目矣。"氏含泪敬诺，呜咽不能出声。夫卒之日，恸绝碎首，逾时而苏。

用行有两子，长兴诗，次即兴爵也。兴诗前卒，亦无子，嗣志忠为子。至是，用行谓氏曰："我家贫，不能再为尔夫嗣后。志忠年幼，又失其嗣母，今以属汝，其善抚之。"氏慨然敬诺。于时用行已六十余矣，以丧子之痛遂患穿心疔，此则无活计者。氏叩头北辰，愿以身代，孝感北斗，舅病以愈，以年七十四而卒。姑金氏，卒之日，年九十一岁，距兴爵卒之日，已三十二年矣。

家故贫，氏能孝养以终姑之身，姑临终谓志忠曰："汝母事我三十二年，其孝养，若唐夫人之乳姑，无汝母之苦；若陈孝妇之养姑，无汝母之久。我年已九十外，死复何憾？惟以不亲见汝母之旌表，我死不瞑目也。我今嘱汝，汝俟汝母合例，汝虽贫，汝必将汝母纯孝养姑、拜天救舅、忍死抚孤情实，具请题旌，我死九泉亦瞑目矣。"志忠挥泪敬诺，亦呜咽不能出声。至是请旌，守孝三十七年矣。

其教志忠也，日则就外傅，夜则一灯课读，手勤针黹，适志忠稍倦，则呼而为之曰："汝为忠介公后人，清闻天下，家无隔宿之粮，舍此书何以竖立？且此膏火，我针黹所换，今十指枯矣，岂易得耶？我之荼苦，我固不惮。但汝为忠介公后人，乃不思苦读书以望成立，以延先世遗泽，以慰九旬祖母耶？"志忠至今述之惨恸焉。

先是，兴诗有二女，氏抚之犹女，教以《内则》、《小学》诸书，兼女红中馈事。及嫁，尽力具资而嫁焉。二女亦克禀母训，动中闺范，见者知为出自忠介公之门也。寡之日，即屏去脂盝等物。嫁时衣服首饰，典质以助丧资，薪水营夫葬，继营舅姑之葬，心力交瘁。其奉姑也，甘旨不缺，而自餍糟糠。氏生于康熙戊戌，卒于乾隆丁酉[1]（1777），卒之年，年六十岁也。

（汪缙《长元节孝祠志》卷七）

**4. 其余待考。**

〔1〕丁酉，原误作"辛酉"，今改。

# 第二十世　周志忠

**1. 周志忠，周顺昌五世孙，周兴诗嗣子，幼而孤，又丧嗣母，后由周兴爵妻倪氏抚养。**

**2. 其余待考。**

# 周顺昌女、女孙附

## 女

**1. 长洲殷佑宁妻**

殷佑宁，殷献臣子。

殷献臣《周吏部年谱·小引》："公之长女，为予介妇，荷公知独深，知公亦独早且悉，开读之日，因不能晦，几罹不测，痛定思痛，犹得以惊悸余魂。"

康熙《吴县志》卷五五："周氏，忠介顺昌女，年十八适府庠生殷佑宁，恪遵父训，克全妇道。崇祯乙亥，夫死，家贫子幼，翁姑年迈，氏抚孤成立，孝养二亲，守志五十一载，年跻七十九。康熙二十五年，巡抚都御史汤斌题旌。"

乾隆《吴县志》卷七三："周氏，忠介顺昌女，年十八适府庠生殷佑宁。崇祯乙亥，夫死，家贫子幼，翁姑年迈，氏抚孤成立，孝养二亲，守志五十一载，年跻七十九。康熙二十五年，巡抚都御史汤斌题旌。"

**2. 长洲文乘妻**

文乘，字应符，文震孟（文徵明曾孙）次子。

道光《苏州府志》卷九〇："文乘，字应符，长洲大学士文震孟次子，诸生。南都亡，隐山中，有诬其与吴江吴易通者，逮至官，乘不辨，徐曰：'不辱我父，原就死。'妻周氏，即顺昌之女，亦殉其旁。乾隆四十一年奉旨入祠。"

**3. 嘉善魏允枘妻**

魏允枘，字交让，给事中魏大中孙，魏学洢子，天启四年(1624)生，有《维风集》。有子魏儒照。

《明史·周顺昌传》："魏大中被逮，道吴门，顺昌出饯，与同卧起者三日，许以女聘大中孙。"

曹森《跋周端孝先生血疏贴黄》："嘉善魏交让允枘，太常忠节公孙，孝烈先生学洢子，即周忠介公女婿。当忠节被逮过吴门时，忠介慰之舟中，许以女字其孙者，即交让也。"

**4. 一女失考。**

## 女孙

**1. 徐大业母**

乾隆《吴县志》卷七三:"陈氏,徐大业妻。大业母,周忠介公顺昌孙女,大业孝事厥母,陈氏克相之。大业卒,贫无立锥,依周氏,束草为卧具,针黹自活,恒诵'饿死事小,失节事大'二语以自箴,苦节二十余年。"

**2. 溧阳□□妻**

黄宗羲《周子佩先生墓志铭》:"又一年,而子佩之弟子洁亦遭连织,狱久不解,子佩毁家纾难,无可为计。会溧阳当国,为子求婚于子佩,子佩曰:'吾何难以一女易一弟耶?'子洁始出。"

**3. 吴江吴兆穹妻**

吴兆穹,永州推官吴晋锡子。

康熙《吴江县志续编》卷七:"周氏,忠介公顺昌女孙,永州推官吴晋锡子兆穹配,穹亡,氏年二十四,训课二子,孝养其姑,守节三十七载。康熙五十六年学院林奖曰:'筠节霜凝。'"

**4. 其余待考。**

车渡陈景周　敬编

壬辰年六月十七日,于留泽之居

# 附　　录

## 附录一　周茂兰传记资料汇编

## 本传

### 端孝先生传[一]

彭定求

先生讳茂兰,字子佩,号芸斋,明吏部[二]周忠介公长子也。先生将诞[三],忠介梦一婴儿自云中下,小字曰云[四]。忠介典铨曹[五],先生年十六,承庭训,志名节[六],有以书幣至家者,悉却去。忠介被逮,吴民击杀缇骑,当路飞章告变[七],祸且不测,先生尾忠介舟,徒行至京口,忠介恐俱死于仇党也[八],麾之归,属以先世窀穸为亟[九],先生哭绝江浒[十],良久乃苏。归而讹传家[十一]将籍没,母吴淑人及诸妹日谋死所,赖先生调护以免。忠介掠死诏狱,丧还里门,先生泣血三年,惨动行路。

思宗登极[十二],逆珰伏诛,旋下优恤死忠之诏,忠介赠太常卿,与祭葬,全[十三]给荫谥,建祠赐额。先生以父仇尚未报也[十四],伏阙刺指血上疏,其略曰:

臣父始仕福州推官,税监高宷擅行威福,臣父不屑一见,时有监司,假名调停,实左右宷,臣父每事相左[十五],几为所中。入铨署,十有五月,弊绝风清[十六],未尝受人一缗一楮。因铨政与一科臣弗惬[十七],拂衣归[十八],半刺不入公府,正色力持者,独乡绅大体[十九],至地方利弊[二十],不惮呕血区画。迨逆珰煽祸,臣父颦眉扼腕,恨不从杨涟诸臣后请剑杀[二一]贼。会科臣魏大中逮过吴门,臣父痛其介特孤,纵横罹罗网,遂与缔婚,缇骑具告,逆珰痛恨臣父不减杨涟与大中。巨虎[二二]倪文焕瞯珰微旨,首先操戈,而臣父削夺矣。抚臣毛一鹭多炎凉市态[二三],臣父微文讥刺,向之媚闻珰旋媚逆珰[二四]者挑斗其间,一鹭遂从杭州敦请[二五]李实至苏,促膝献计,更有同乡破甑[二六]无耻之人,借臣父以媚文焕,杀机既发,罪罟斯张,而臣父逮矣。逮命既至,万民悲愤,缇骑大逞咆哮,愈干众怒。臣父潜赴诏狱,讯鞫之日,奋词慷慨,肌肉[二七]为糜,指胫俱裂,立刻追命。种种楚毒[二八],狱吏传示外人,与台省形之章奏,皆云臣父气更扬、语更烈、死亦更惨。尤可恨者,臣父身故追赃,藉亲故捐俸[二九]捐赀,勉完三千之数。当年挑衅攒谋之人,借桐封以颂忠贤,甘入幕以悦文焕者,皆幸逃指摘。臣三年立庭,寝苦尝胆,誓不与诸奸戴履天地者。闻文焕在鼎湖之际,首先劝进,赞成不轨,真九庙神灵所必殛。而一鹭颂珰建祠,罪状具在,岂容以滥先首丘,免其追夺?

同日,又疏请给三代诰命,其略曰:

伏读《大明会典》:"凡百官死于忠谏已经赠恤者,其父母、妻室不限存没,俱给与[三十]应得诰命。"臣之父业赠三品,例追三代,皇上既恤惨死诸臣之父母并及其妻,岂独靳于诸臣之祖?并乞全赐三代诰命,移封九原,使臣得奉明伦归先陇,世世辉映矣[三一]。

时姚文毅公见先生疏血缕淋漓,避席盥手而阅之,愀然曰:"有未谙事[三二],非所宜言。"先生曰:"易贴黄何如?"公曰:"墨书易尔,汝今十指枯矣,奈何?"先生因破舌取血,更书以进。得旨,倪文焕究拟正罪,并准[三三]给三代诰命。于是,同难诸公之赠恤者咸得比例全给[三四]云。

文焕在狱[三五],犹冀营救缓死,先生曰:"我归必漏网矣。"日讼言于法司之堂,遂决不待时。而逆珰吕纯如即疏所称假名调停之监司,左右高冞,复媚逆珰者也[三六],名在钦案,列诳辩[三七],思脱前罪,先生复揭之[三八],谓[三九]:

其[四十]颂珰原疏,一则曰"厂臣之选才良",再则曰"厂臣之率属严",于无可献□之中,曲写其赫声,濯灵耆摄于数千里之外[四一],既犯称功颂德之条,并废君前臣名之礼,此而以为非颂美,毋乃雪消见晛之余,别有吐雾吞云之术。用是刊布原疏,力破其惑乱之言[四二]。

揭上,纯如乃伏罪[四三]。呜呼!忠介高名,固已争光日月矣[四四],然使为子者材智下不能通知父志[四五],则将一邀赠恤便隐忍图存而止[四六],安能以孤忠弱裔[四七]痛哭于天子之阍,用伸讨贼、复仇之大义,而又能连章吁恩,遭逢[四八]旷典,永锡尔类乎[四九]?千载而下,读先生之疏,当以为史册所不概见也[五十]。

先生既归,遂竣两世之葬,为忠介相择赐茔历久[五一],卜吉殚力[五二]具礼,会葬者不下[五三]数万人。次第婚诸弟妹,诸妹旧庐湫隘,昆季子姓聚居如故,以固穷首约为当[五四]。既省试,屡落[五五],或劝以荫入仕,先生曰:"父死之谓何,又因以为利?"继有诏[五六]纂修国史,阁部大臣大僚荐及先生[五七],终[五八]以母老辞弗应。鼎革时,先生避兵他徙三代诰命,失其二。越岁,有武人挈而至曰:"慕君义甚高,特归而完之。"一时多作宝纶篇以赠。年既艾,居吴淑人丧,隳不稍懈[五九]。晚岁,常[六十]喜静坐,读先儒语录,尤邃于易问及道书禅乘[六一],为《参同契注》[六二],与乡里[六三]耆逸数友[六四]方外老宿挥麈清游,洒然自得,见者以为羲皇上人[六五]。洊登大耋,精力矍铄[六六],每月朔望走谒忠介祠[六七],风雨寒暑弗辍[六八],潜庵[六九]汤公抚吴,雅敬先生,式庐就见,固请应宾筵讲乡约,为国人矜式,先生上书力辞[七十],其始终一节如此[七一]。年八十二[七二]而终,距忠介之变岁纪同丙寅也[七三]。殁前数日,谓子靖曰:"生平无不可对人言者,差可见先人于地下。"将属纩,惟语[七四]曰:"今日方闲。"既瞑,夜半[七五]有气如云冉冉而上[七六],似得仙去者[七七]。同人私谥曰端孝先生。

维[七八]定求大父于先生为通门兄弟,先君执后进礼最恭。曩年,定求归省庭除[七九],先生惓惓奖劝,以循礼尚耻挽颓式浮[八十]为言,心窃感之,而转自愧焉[八一]。比[八二]先生殁,而[八三]叹老成典刑于今零落尽矣。后生末学,将何所从观肃听而激发起至性欤[八四]?因梓忠介遗书,复诠次靖所述先生事状为之传。

赞曰：

余闻魏忠节公长子学洢痛忠节之难，日夜号泣，勺水不入口而绝，人称死孝焉。先生则留其身为忠介扞患讼冤，国纪伸而人心快，是称生孝。亦各尽其道者哉！又闻先生中年劳瘁成疾，遇异人，谓之曰："将入膏肓矣。"授道引法，乃得瘳，卒得还寿令终。岂非神仙超证亦惟忠孝是欤？邪事非荒诞不可信，故并识别之。[八五]

康熙辛巳季春，通家晚生彭定求撰[八六]。

（彭定求《忠介遗事》，又见顾沅《吴郡文编》卷一三一）

**【校】**

[一] 题目，《吴郡文编》作"周端孝先生传"。

[二] "吏部"，《吴郡文编》作"吏部文选司员外郎"。

[三] "将诞"，《吴郡文编》作"诞时"。

[四] "小字曰云"，《吴郡文编》作"故小字曰云方"。

[五] "典铨曹"，《吴郡文编》作"官选司"。

[六] "志名节"，《吴郡文编》作"以名节自厉"。

[七] "飞章告变"，《吴郡文编》作"上变告"。

[八] "俱死于仇党也"，《吴郡文编》作"其俱死也"。

[九] "先世窀穸为亟"，《吴郡文编》作"亟葬先世丧"。

[十] "哭绝江浒"，《吴郡文编》作"痛哭江浒至气绝"。

[十一] "家"字，《吴郡文编》无。

[十二] "思宗登极"，《吴郡文编》作"庄烈嗣位"。

[十三] "全"字，《吴郡文编》无。

[十四] "尚未报也"，《吴郡文编》作"未复"。

[十五] "臣父不屑一见，时有监司，假名调停，实左右冢，臣父每事相左"，《吴郡文编》作"臣父□事与之相左"。

[十六] "弊绝风清"，《吴郡文编》无。

[十七] "因铨政与一科臣弗惬"，《吴郡文编》作"因与一科臣弗协"。

[十八] "拂衣归"，《吴郡文编》作"拂衣而归"。

[十九] "正色力持者，独乡绅大体"字，《吴郡文编》无。

[二十] "至地方利弊"，《吴郡文编》作"独至地方利弊"。

[二一] "杀"，《吴郡文编》作"斩"。

[二二] "巨虎"，《吴郡文编》作"逆珰"。

[二三] "多炎凉市态"，《吴郡文编》作"附阿逆珰"。

[二四] "旋媚逆珰"，《吴郡文编》无。

[二五] "敦请"，《吴郡文编》作"邀"。

[二六] "破甑"，《吴郡文编》无。

[二七] "肌肉"，《吴郡文编》作"肌骨"。

[二八] "种种楚毒"，《吴郡文编》无。

[二九] "捐俸"，《吴郡文编》无。

[三十] "与"，《吴郡文编》作"以"。

[三一] "世世辉映矣"，《吴郡文编》无。

［三二］“有未谙事”，《吴郡文编》作“鼎湖劝进语，无□□”。

［三三］“准”字，《吴郡文编》无。

［三四］“同难诸公之赠恤者咸得比例全给”，《吴郡文编》作“同事诸公赠恤者咸得如其例”。

［三五］“在狱”，《忠介遗事》无，据《吴郡文编》补。

［三六］“而逆珰吕纯如即疏所称假名调停之监司，左右高冢，复媚逆珰者也”，《吴郡文编》作“而逆珰吕纯如即疏所称假名调停之监司也”。

［三七］“名在钦案，列诉辩”，《吴郡文编》作“时方上书列辩”。

［三八］“先生复揭之”，《吴郡文编》作“先生复具揭”。

［三九］“谓”，《吴郡文编》作“言”。

［四十］“其”，《吴郡文编》作“纯如”。

［四一］“于无可献□之中，曲写其赫声，濯灵耆摄于数千里之外”，《吴郡文编》无。

［四二］“力破其惑乱之言”，《吴郡文编》作“以□其罪”。

［四三］“伏罪”，《吴郡文编》作“伏法”。

［四四］“矣”，《忠介遗事》无，据《吴郡文编》补。

［四五］“为子者材智下不能通知父志”，《吴郡文编》作“为其子者□软葸懦，不能挺特自奋”。

［四六］“则将一邀赠恤便隐忍图存而止”，《吴郡文编》作“一邀赠恤有隐忍，顾恤身命而止”。

［四七］“弱裔”，《吴郡文编》作“弱息”。

［四八］“遭逢”，《吴郡文编》作“顿邀”。

［四九］“永锡尔类乎”，《吴郡文编》作“并荣施同难诸臣如此”。

［五十］“千载而下，读先生之疏，当以为史册所不概见也”，《吴郡文编》作“千载下，读先生疏论，其世当无不□□□连，以先生之为仁至义，当绝出等夷□□也”。

［五一］“历久”，《吴郡文编》无。

［五二］“殚力”，《吴郡文编》无。

［五三］“不下”，《吴郡文编》无。

［五四］“以固穷首约为当”，《吴郡文编》无。

［五五］“屡落”，《吴郡文编》作“屡被摈”。

［五六］“诏”，《忠介遗事》无，据《吴郡文编》补。

［五七］“荐及先生”，《吴郡文编》作“上先生名”。

［五八］“终”，《吴郡文编》无。

［五九］“鼎革时”至“居吴淑人丧，瘝不稍懈”，《吴郡文编》作“明亡，遂杜门不出”。

［六十］“常”，《吴郡文编》作“尤”。

［六一］“道书禅乘”，《吴郡文编》作“释道书”。

［六二］“为《参同契注》”，《吴郡文编》无。

［六三］“乡里”，《吴郡文编》作“里中”。

［六四］“数友”，《吴郡文编》无。

［六五］“见者以为羲皇上人”，《吴郡文编》无。

［六六］“洊登大耋，精力矍铄”，《吴郡文编》作“年十七余”。

［六七］“每月朔望走谒忠介祠”，《吴郡文编》作“月朔望犹走谒忠介祠”。

［六八］“风雨寒暑弗辍”，《吴郡文编》无。

［六九］“潜庵”，《吴郡文编》作“睢州”。

［七十］“先生上书力辞”，《吴郡文编》作“先生固辞”。

[七一]“其始终一节如此”,《吴郡文编》无。
[七二]“八十二”,《吴郡文编》作“八十有二”。
[七三]“岁纪同丙寅也”,《吴郡文编》作“六十年矣”。
[七四]“惟语”,《吴郡文编》作“自语”。
[七五]“夜半”,《吴郡文编》无。
[七六]“而上”,《吴郡文编》作“上天”。
[七七]“似得仙去者”,《吴郡文编》作“良久乃灭”。
[七八]“维”字,《吴郡文编》无。
[七九]“庭除”,《吴郡文编》无。
[八十]“挽颓式浮”,《吴郡文编》无。
[八一]“心窃感之,而转自愧焉”,《吴郡文编》作“私心□然”。
[八二]“比”,《吴郡文编》作“既”。
[八三]“而”,《吴郡文编》作“窃”。
[八四]“后生未学,将何所从观肃听而激发起至性欤”,《吴郡文编》作“瞻望门间,感喟□集”。
[八五]“赞曰”云云,《吴郡文编》无。
[八六]“康熙辛巳季春”云云,《吴郡文编》无。

## 续表忠记

先生讳茂兰,字子佩,忠介公长子也。年十九补博士弟子,有文名。

忠介死阉祸,崇祯即位,茂兰与魏忠节次子雪濂刺血颂父冤,疏甫就,姚文毅希孟见之曰:“疏中‘鼎湖’、‘劝进’,皆忌语也。”茂兰请改之,希孟曰:“子血岂无尽乎?”泣曰:“父死之谓何,正恐洒之无地耳。”卒易其疏。上为斩御史倪文焕、戍苏抚,论吕尚书输鬼薪。优恤死祸诸臣,允御史袁鲸请,取死祸最著者十三人建祠京城,追塑遗像于祠中,又立专祠于其乡,皆缘茂兰与学濂之血疏而发也。茂兰又与同难诸君子共推学濂为文,设祭诏狱中门,读文未毕,诸子狂号,观者皆哭,左右入告,崇祯亦挥泪曰:“忠臣孤子,甚悯朕怀。”冤始尽雪。先是,诸君子之下诏狱也,逆阉干儿许显纯酷拷毕命,及捕系显纯即讯,诸孤咸挟利锥刺之,拔其须发尽,谳庭如沸。崇祯闻之,亦不之罪也。

沧桑后,弃子衿,杜门石隐。妹婿文乘,湛持相国子也,为吴日生(名易,吴江进士)连染而死,茂兰养妹于家,抚其遗孤甚笃。

康熙辛酉,河南汤翰林斌典浙试归,过姑苏,叩门请见,茂兰以素不相知坚辞之。翰林请愈坚,不得已见之,握手尽欢,拜忠介祠,定交而去。未几,翰林抚吴,扁舟间行至其家,访地方利弊、官吏贤否,茂兰告之悉,然皆公言之,无私嘱也。抚君[一]亦谅其诚,褒弹兴革,一如茂兰言。甫下车,首祭忠介祠,茂兰随赴辕门叩首谢。后遂绝迹,终其任不再往。抚君[二]每过访之,亦不再见也。郡庠行乡饮礼,特令举为正宾,坚卧不出,亦不往谢。抚君益高其节,敬礼始终无间,识者两贤之。

晚年注《参同契》有得,丙寅示微疾,曰:“今日方闲。”翛然而逝,时年八十有二。学者私谥曰端孝先生。

(卢宜曰:宜于南雷文定读先生墓志,独不及睢州往还事,在嘉善时,先生之甥魏儒照为宜言之甚详。其清风亮节，于忠介公可云克负荷矣，谥曰端孝，岂溢美载？）

（又曰：公既赠太常寺卿，而先生又上书请封三代给诰命，上谕礼部查例不可得，先生恸哭翻《会典》得一条云："凡以死勤事抗节不屈身死纲常者，其恤典取自上裁"，即投揭于部，覆上奉俞旨从优赠三代，一时死忠者咸援例邀恩，实先生启之也。乙酉，南京破，苏为浙闽孔道先生守，故庐恐罹兵燹，命其弟携家入苕溪，赍诰轴以行，迨后故庐无恙，入苕者反被剽窃，失其二，并黄文忠道周手书赠序亦失之。先生日夜泣不止，曰："圣恩已全给而今反不全，何以慰先人于地下耶？未几，大兵自闽旋，有骑仓皇觅周氏庐甚亟，里人骇愕，先生挺身前问所由，骑探箙出二轴与石斋序付先生曰："此忠臣家诰命，幸入吾手，今归尔家世守之。"先生惊喜，跪而受之。其人振策去，追问之，曰："吾夸蓝大王得胜也。"先生因作宝纶行纪其事，人以为忠孝所感。亦儒照语宜如此。）

（赵吉士《续表忠记》卷三）

【校】

［一］［二］"君"，原作"军"，今改。

## 思旧录

周茂兰，字子佩，为人谨守忠介公规矩，不失尺寸。好二氏之学，济、洞之争，天童、三峰之讼，子佩于其中为调人。余试南都，每相款接。甲辰，至其家。癸亥，子佩年七十九矣，千里来拜先忠端公之墓，登山如履平地。乙丑，余至姑苏，子佩在僧舍，法东坡坐道堂四十九日，厚自养炼，因破关出见。其所著《参同契》，颇有心得，而汪钝翁但以神仙忠孝陈言序之，失其旨矣。

（黄宗羲《黄宗羲全集·思旧录》）

## 信义志稿

周孝子茂兰，字子佩，忠介公顺昌子也。忠介遇难后，孝子常来信义，依戚魏氏以居。每出必着屐持伞而行，以示与忠贤不共戴天之意。后刺血上疏，卒白父冤。徐传诗《咏事诗》曰："蓼洲遗事馥兰荃，逆焰消时血疏传。巢破尚余完卵在，寿安桥畔哭苍天。"

（赵诒翼《信义志稿》卷二一）

## 昆新两县续补合志

周茂兰，字子佩，郡人，明吏部郎顺昌子。顺昌遇难，其戚有魏姓者，真义里人也，尝主于其家，每出，虽晴霁必屐伞而行，示与阉党不共戴天之意。徐传诗《星湄诗话》载其事。（《昆山诗存》）

（连德英、赖丰熙修，李傅远等纂《昆新两县续补合志》卷一五）

## 乾隆《苏州府志》

周茂兰,字子佩,忠介公顺昌长子。顺昌被逮,茂兰尾舟徒行,至京口,顺昌恐其俱死,麾之返。茂兰哭绝江浒,良久乃苏。顺昌丧还,茂兰泣血三年,惨动行路。崇祯初,诛逆阉,赠顺昌太常卿,给荫谥,建祠赐额。茂兰以父仇未报,刺指血上疏,请诛阉党倪文焕,又疏请给三代诰命。姚希孟阅其疏有"鼎湖劝进"语,以为非所宜言,又悯其十指已枯,劝易墨书。茂兰复刺舌血再书以进,帝悉报可,且命先后惨死诸臣咸视此例。时文焕犹冀营救缓死,茂兰日讼言于法司之堂,又揭逆党吕纯如颂珰罪。于是,文焕伏诛,纯如丽逆案。既归,营葬两世,婚嫁弟妹,好学砥行,不就荫叙。国变后隐居不出,汤斌抚吴,式庐就见郡举乡饮宾,坚谢不应。晚注《参同契》有得。临卒时曰:"今日稍间。"年八十二,乡人私谥端孝先生。乾隆元年,巡抚顾琮题旌。弟茂藻,字子洁,吴县学生,亦有文行。茂兰子靖,字敉宁,性孝友,能守祖父家法,从陆陇其游,涵养有得,于书无所不窥,尤精六书之学,所著《篆隶考异》八卷,汪琬为序盛称之。(《墓志》《表传》《县志》合纂)

(乾隆《苏州府志》卷五七)

## 苏州府学明伦堂匾额志

茂兰,字子佩,长洲人,顺昌子(顺昌见前)。顺昌被逮,茂兰尾舟徒行至京口,顺昌恐俱死,麾之返。茂兰哭绝江浒,良久乃苏。顺昌丧还,泣血三年,惨动行路。崇祯初,诛魏忠贤,赠顺昌,给谥荫。茂兰以父雠未报,刺指血上疏,请诛奸党倪文焕,又疏请给三代诰命。姚希孟阅其疏有"鼎湖劝进"语,以为非所宜言,又悯其十指已枯,劝易墨书。茂兰复刺舌血,再书以进。帝悉报可。时文焕犹冀营救缓死,茂兰日讼言于法司之堂。于是,文焕伏诛。既归,好学砥行,不就荫叙。明亡后,隐居不出,郡举乡饮宾,坚谢不应。卒年八十有二,乡人私谥端孝先生。

(《苏州府学明伦堂匾额志·孝子》)

# 墓志铭

## 周子佩先生墓志铭

黄宗羲

君讳茂兰,字子佩,江右周益公之后。高祖峦,始自常熟徙郡城。曾祖冠,龙游知县。祖可贤,父即忠介公顺昌也,母吴淑人。子佩年十九,补诸生,而逢逆阉之乱,忠介被逮,吴门击杀缇骑,巡抚毛[一]欲陷之。烈皇登极,子佩刺血讼冤,上为之斩御史倪文焕,徙巡抚毛一鹭、尚书吕纯如。纯如辩不当入逆案,子佩梓其颂阉之疏,上之法司,纯如语塞。一时死难之家,上悯其忠,追封三代,亦缘子佩之疏而发也。方子佩上疏时,同邑姚文毅见之曰："疏中'鼎湖''劝进'，皆语忌也，奈何？"子佩请更之，文毅曰："子血岂无尽乎？"子佩曰："父死之谓何？此戋戋者正恐洒之无地耳。"卒刺舌[二]另书。

忠介清无宦产，而三世之丧，皆在浅土；子女八人，婚嫁愆期。忠介赍志而没者，萃于子佩一身。子佩规度深密，转侧闾巷间，以立门户。授绥结帨，皆有条序；棺椁复萦，尽归窀穸。而忠介琴城①，尤为修整，丰碑载诏葬之文，华表栖归魂之鹤，不以艰窭而自绌也。乙酉之乱，奉母避兵，仓惶失其诰轴，搜访百端，创痛如积。越岁，有兵子叩门大呼曰："此非忠臣周氏家乎？其诰轴落我手，请收之。"子佩狂喜，赋《宝纶篇》纪其事，人以为孝感所致。

文[三]相国子乘，子佩之妹婿也，牵连吴日生②事被杀，子佩迎妹于家，抚其孤成立。又一年，而子佩之弟子洁亦遭连染[四]③，狱久不解，子佩毁家纾难，无可为计。会溧阳当国，为子求婚于子佩，子佩曰："吾何难以一女易一弟耶？"子洁始出。

吴门故为清议所生，危言核论，不避公卿，东林顾、高之时，相为激扬者，忠介与文文肃、姚文毅，嗣之者，为徐勿斋，杨维斗。钟石毕变以后，子佩、俟斋、贯溪巍然晚出，虽纠奏寂寞，而冥顽阘茸之徒，未尝不以利刃目之。

子佩颇留心二氏④，好与其徒往来。是时，天童、三峰两家纷拿不解，青原、南岳又争其派数之多寡。子佩以调人为之骑邮，不辞劳苦攘。又尝危病，遇异人授以养炼之法，疾寻愈，信之甚笃。过中不食，饮茶数杯而已。晚年注《参同契》，入僧舍，坐四十九日乃出，故其去来翛然。属纩⑤时，曰："今日方闲。"非有所得而能如是乎？

子佩生时，忠介梦有儿乘云而下，因字之曰"云间"。尝谓其子弟曰："文山名云孙，阳明亦名云，其降生之时，祖父之梦与余同也，吾独沦落至此，鬼神亦有时而欺人耶？"盖子佩之不能忘世如此。则托于二氏者，亦岂其志乎？虽然，故今之人物，岂以功名定优劣哉？象山云："前辈大力量的人，看[五]有甚大小，大事见如不见，闻如不闻。今人略有些气焰者，多只是附物，元非自立也。"即如文、王二公，邂逅运数，不得已而应之。假使子佩于波振尘骇之中，饰智以求用，大呼以得遇，就令小小有所成就，其于道德，不有丘山之[六]损乎？今于二公何愧焉。

生于万历乙巳⑥三月二日，卒于康熙丙寅⑦正月二十九日，享年八十有二。两娶，俱毛氏，副室陈氏。子靖，诸生。孙凤来。

余与子佩同集阙下，同试南中。乱后，隔绝者久之。甲辰，余至吴门访之。又二十年为癸亥，子佩年七十九矣，忽然至吾草堂，上化安山，拜先忠端公墓而去。又明年乙丑，余至吴门，正子佩习静僧舍之日，破关出见，执手甚喜，岂知其为永决乎？方欲为之论次，而靖书来书属铭，力所愿也。

铭曰：私谥非古，昔人所诏。郭之有道，孟之贞曜。谁曰不宜，以其惟肖。嗟我子佩，郭孟交臂。守礼不违，继志述事。端孝先生，允矣作谥。（新《志》：端孝先生周子佩兰墓在吴县贞山施家墩[七]）

（黄宗羲《南雷诗文集·碑志类》，又见顾沅《吴郡文编》卷一九三）

**【校】**

[一]"毛"字，《吴郡文编》无。

［二］“刺舌”，《吴郡文编》作“刺血”。

［三］“文”字，《吴郡文编》无。

［四］“连染”，《吴郡文编》作“连织”。

［五］“看”字，《吴郡文编》无。

［六］“之”字，《吴郡文编》无。

［七］“新《志》”云云，仅见《吴郡文编》。

**【注】**

① 琴城：冢墓。郦道元《水经注 · 汝水》：“城之东北有楚武王冢，民谓之楚王琴城。”

② 吴日生：吴易（？—1646），字日生，号朔清，吴江人，南明抗清将领。

③ 子洁亦遭连染：周茂藻，字子洁，吴县儒学生，周顺昌次子，有《蛩吟草》行世。康熙三年（1664）甲辰，参与灵岩山寺弘储禅师组织的灵岩集会，与徐枋、黄宗羲、黄宗炎、高斗魁、王廷璧、邹文江、文秉等九君子于天山阁“纵谈七昼夜”。黄宗羲《跋周端孝先生血疏贴黄》：“甲辰五月，过姑苏，与子洁上灵岩，归至芸斋，子佩、子辉夜话。”黄宗羲有《轮庵禅师语录序》以及《赠以灵上座》、《集灵岩寺》、《与徐昭法》三诗。

④ 二氏：佛、道两家。韩愈《重答张籍书》：“今夫二氏之所宗而事之者，下乃公卿辅相，吾岂敢昌言排之哉？”文天祥《义阳逸叟曾公墓志铭》：“维二氏之蔽于死生兮，小其用于一身。”

⑤ 属纩：临终。鲍照《松柏篇》：“属纩生望尽，阖棺世业埋。”苏轼《张文定公墓志铭》：“公性与道合，得佛老之妙，属纩之日，凛然如平生。”

⑥ 万历乙巳：万历三十三年乙巳（1605）。

⑦ 康熙丙寅：康熙二十五年丙寅（1686）。

**【札】**

## 寄周子佩

黄宗羲

不到姑苏十九年，鲁灵光殿喜巍然。难销字脚模糊血，打破支那笼统禅。千里未成虎阜约，几番垂问浙江船。剪灯听雨西窗话，虽老犹须一勉旃。

（黄宗羲《南雷诗历》卷三）

## 周端孝先生墓志铭

徐　枋

先生讳茂兰，字子佩，私谥端孝，姓周氏，为宋太师左丞相益国文忠公必大之后，本为[一]江右庐陵人，从益国五传而迁吴郡之虞山，复三传而别居郡城，郡城再传，为赠太常卿渭川公，讳冠，官龙游令，龙游生赠太常卿冲宇公，讳可贤，冲宇生赠太常卿忠介公。忠介讳顺昌，即熹宗朝天下所称为周吏部，清忠绝世，以忤逆珰，缇骑逮，吴氓为击杀缇骑者也。

忠介故四子，先生为长。忠介逮时，为天启丙寅，先生年二十二。时变起不意，吴氓倾城号哭，拥忠介，忠介不得行。稍闻间行赴逮，先生不得从，于是，日夜徒行，至京口始及。忠介麾之曰：“吾此行必死，复有此变，祸益[二]不测，汝往俱死，则谁为我完未竟之事者？汝其速返。”先生哭绝于地，同行至亲及家人环护之。良久复苏，而忠介舟已远去矣。时吴城讹言日至，一日[三]数惊，忠介夫人吴氏，日同诸女谋死所，闻急步疾呼，辄恨死之晚。先生强为镇静，上以安其母，下以慰弟妹，长幼六人，弥缝扞拄，无所不极。自丙寅三月至丁卯八月，十有八月间，覆巢之下，尚得全遗卵者，先生一人之力也。

烈皇立，珰败，崇祯改元，先生奔京师，伏阙讼冤，请诛逆党倪文焕以报父仇，又请三代赠官以伸[四]父志。刺十指血书，淋漓千言，姚文毅公一见改容，为避席，盥手而阅之，既而愀然，谓有非所宜言者。先生曰："请易之。"文毅曰："今尔十指枯矣，奈何？"先生俯而泣曰："苟能鸣吾父冤，糜骨无所恨。"于是，复以刀刺舌取血再书以进。既而[五]，俱如请。当是时，使国法无逋诛之讥，忠魂被殊褒之典，同难诸公，尽邀特恩，为三百年所未有者，先生一人之力也。

先生既卒事，甫二年而葬赠太常渭川公、赠太常冲宇公。又一年而婚一弟嫁一妹。又二年，复遣一妹嫁。又二年而完其两弟婚。又一年，营赐茔葬忠介。又二年，为忠介起特祠。又一年而嫁其幼妹。又二年而天下乱矣。呜呼！先生于破巢仅免之余，拮据十二年，完忠介所未竟，俯仰无毫发遗憾，天若相之以毕举于承平时，亦异矣。吴夫人春秋高，奉养尽孝。年五十而居丧毁瘠，自丙寅后，忧劳成痼疾，遇异僧授导引术，疾尽瘳，晚益精强。乙酉世变，避兵太常，三代诰命失去其二，久之，有武人者捧而归之，人皆以为孝感云。初，忠介典铨时，先生年十六，家居，四方有以书幣至者，辄却之，其志节如此，以故其守身六十年无纤芥，至今丙寅考终。先生年八十二，前后配皆毛氏，无子早死，又娶陈氏，生一子靖，二女，女皆夭。孙二，凤来、鸾翔，女孙一。即于放丙寅十一月甲申葬于吴县之贞山，先生所卜也。铭曰：

先文靖公，昔为诸生。冀纾忠介之难，奋不顾身。忠介有子，继志述事。底于有成，年几大耋。克守其身，考终令名。

今即将窆，悼昔悲今，以为之铭。则文靖遗孤，秦余山人，是岂偶然为谀墓之文。

秦余山人俟斋徐枋撰[六]。（郑醒愚曰：是父是子，均不死矣。[七]）

（郑醒愚《虞初续志》卷六，又见顾沅《吴郡文编》卷一九三、彭定求《忠介遗事》）

**【校】**

［一］"为"字，《吴郡文编》无。

［二］"益"字，《吴郡文编》作"且"。

［三］"日"字，《吴郡文编》作"夕"。

［四］"伸"字，《吴郡文编》作"申"。

［五］"既而"，《吴郡文编》作"已而"。

［六］"秦余山人俟斋徐枋撰"，仅《吴郡文编》有。

［七］"郑醒愚曰"云云，仅《虞初续志》有。

# 像赞

## 周茂兰像赞一

张应麐

公姓周，讳茂兰，字子佩，长洲人，忠介公长子。忠介被逮，公尾舟徒行至京口。忠介恐其俱死，麾之返。忠介丧还，公泣血三年，惨动行路。崇祯初，诛逆阉，忠介得恤，典赐谥建祠。公以父仇未报，血疏请诛倪文焕，又疏请给三代诰命。姚希孟阅其疏，有"鼎湖劝进"语，以为非所宜言，又悯其十指已枯，劝易墨书。公刺舌血再书以进帝，悉报可。时文焕犹冀营救缓死，公日讼言于法司之堂，又揭吕纯如颂珰罪。于是，文焕伏诛，纯如丽逆案。既归，营葬两世，婚嫁弟妹，好学砥行，不就荫。叙国变，后隐居不出。汤公斌抚吴，式庐就见，郡举乡饮宾，坚谢不应。卒年八十二，私谥曰"端孝"。先生墓在贞山史家岭。

赞曰：血书一疏，上达九阍。报父之仇，申父之冤。

（顾沅《吴郡名贤图传赞》）

## 周茂兰像赞二

王　武[1]

儒衣偄冠，先生是安。一木一石，先生是适。斯今之灵光，殆古之遗直欤。

（《明周端孝先生血疏题跋》卷首，《吴中文献小丛书》之六）

【注】

① 王武：王武，字勤中，号忘庵，王鏊六世孙，周茂兰表侄。

# 祠墓

## 周孝子堂

走马楼基南，明嘉靖建祀周孝子容，道光间增祀周孝子茂兰。

尝栗愤母，欺刺血讼父冤，周家两孝子，异时而同源。

（凌泗《桃坞题咏》）

## 周茂兰墓

端孝先生周茂兰墓，在贞山施家岭。（忠介公顺昌子）

（民国《光福志·冢墓》）

# 附录二　原车渡浜周王庙平面图

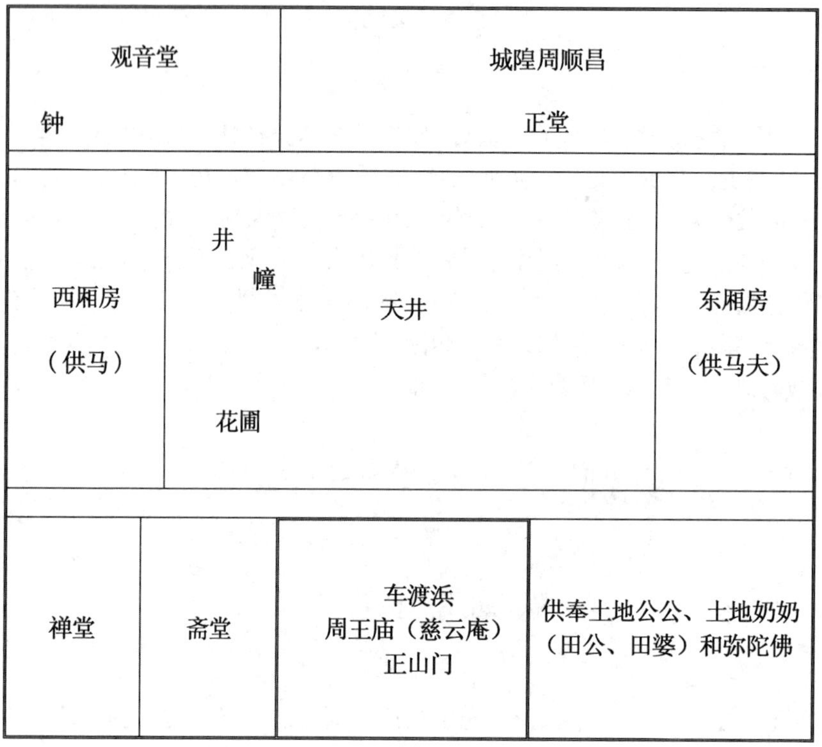

# 附录三　原车渡浜舆地简图

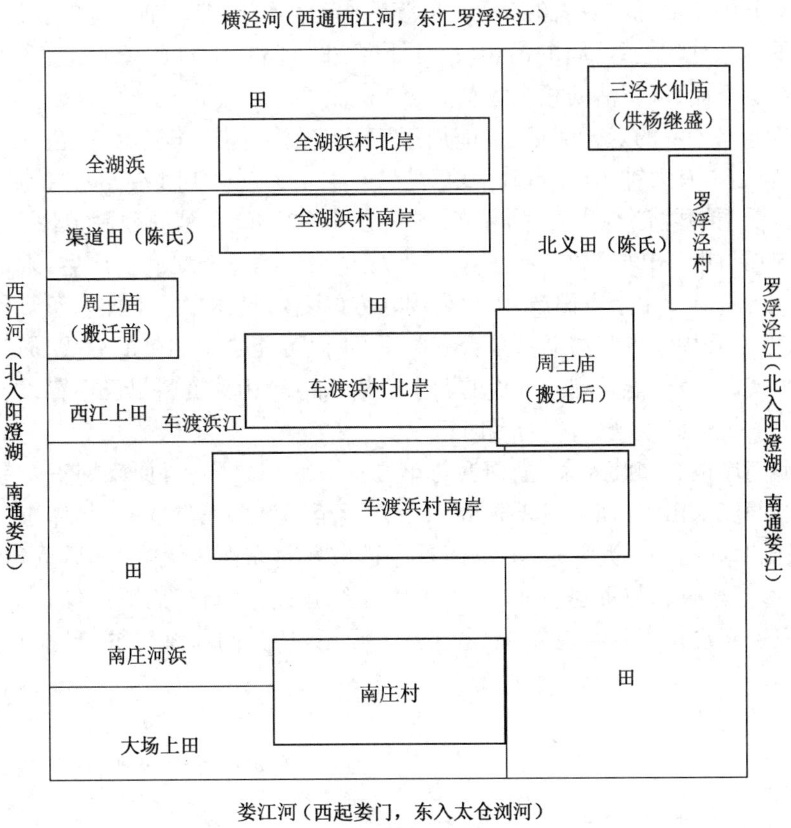

# 附录四 汇编札记一则

八月十五中秋节,周顺昌像二幅、《车渡浜周王庙(慈云庵)简介》展板送至庙上,夙愿庶几可了。八月十七日,周顺昌生日,庙上请来“宣卷”为周阿爹贺寿,众香客纷来进香,喝寿酒、吃寿面,庆贺活动相当隆重。

据车渡七八十岁的老人回忆,以前周王庙统辖范围包括车渡浜、南庄、全湖浜、东朱泾等村庄,庙上本有大钟一口、石碑一块,惜已不存。老人童年时亲曾见“抬猛将”的庙会活动。车渡浜“抬猛将”与别处不同,抬的不是猛将老爷,而是周顺昌神像。“抬猛将”,即抬着神像在村中、田间巡游。有一车渡老人,八十六岁,全湖浜上出生,云祖上是大家族,其父手中,仍有三十余亩田产,曾祖名周立方(字音,具体文字不详),负责周王庙日常事务的管理,问我周立方与周顺昌是否有关系,我说可能是周顺昌的后代,周氏后人传至今当有二十代,而我仅能查到第五代的名字。惜家谱等相关资料早已不存,然甚可幸者,这些老辈人的记忆尚未湮灭,仍可及时记录。

全湖浜南岸也有周姓人家,全湖浜与车渡浜仅一田之隔,且原来周王庙在车渡浜西全湖浜南的西江上田中(属车渡浜地界),后来搬至车渡浜东浜底头,具体搬迁时间不得而知,然民国时即已在车渡浜东,周王庙首次遭破坏是东洋人火烧,其后重建,重塑周顺昌像,后又遭多次破坏与重建。而今,周王庙几经搬迁,又新塑周顺昌像。是以故,供奉周顺昌的周王庙建在车渡浜地界,不是偶然。只不过,其间联系,只能是推测而已,却很难予以证实。

车渡景周谨记

壬辰八月十八日,周顺昌生日后一日

# 下编　五人传记资料、五人墓题咏各一卷

车渡陈景周　汇编

# 小　引

## 游人只问真娘墓，谁把椒浆酹五人

——明天启丙寅吴中五人取义杂感

“游人只问真娘墓，谁把椒浆酹五人”，出自王式丹《楼村诗集》卷一二《五人墓二绝句》之二。2012年上半年，我在搜集周顺昌的相关资料，室友王昆仑学长在做《王式丹诗歌研究》的论文。提起周顺昌，不得不提慷慨赴义的五人。闲聊之间，谈及五人墓，王昆仑为我提供了王式丹题咏五人墓的两首诗。临近毕业，学长又赠我《南社人咏苏州》一书，其中有五人墓诗词题咏若干首。随后，通过查找地方志、诗词选本、《全清词》等资料，我开始了五人墓诗词题咏的搜集与整理工作。同时，阅读相关史料之后，我对天启丙寅三月十八日的吴中“开读之变”、五人的慷慨赴义有了新的思考。

首先，是对五人举动的定位。张溥《五人墓碑记》中明确地说：“五人者，盖当蓼洲周公之被逮，激于义而死焉者也。”五人临刑时，颜佩韦向苏州知府寇慎说道：“公好官，当知我等为义而死，非乱民也。”寇慎大为首肯。五人的举动，全在一个“义”字。《五人墓碑记》中用了五个“义”字，其中有三个是直接、间接形容五人的：“激于义而死”“激昂大义，蹈死不顾”“大阉亦逡巡畏义”。

五人墓前，“义风千古”坊屹立至今。“义风”者何？感召、感化的力量。《易经·说卦》曰：“挠万物者，莫疾乎风。”《后汉书》卷六七《李膺传》云：“李膺振拔污险之中，蕴义生风，以鼓动流俗。”张世伟《周吏部纪事·捐助始末》云：“义而不风，亦其义之未至也。吏部奋乎一世之中，而士民蒸蒸，至捐其所甚惜，意者殆有风焉。”五人之所以能使“四方之士，无有不过而拜且泣”（《五人墓碑记》），能“屈豪杰之流扼腕墓道、发其志士之悲”（《五人墓碑记》），在于一“义”字。同时，五人之“义”，又表现在敢于担当。我觉得，在五人身上，是有一种担荷的力量在的。所谓的“开读之变”，起先是吴中士民为周顺昌鸣冤，得知矫旨逮官之后，变成了打抱不平，缇骑骄横激起民愤，于是便是怒打缇骑之事了。吴民奋击，是一时愤激，事后不免担惊害怕。巡抚毛一鹭以“民变”上告，城中讹传“屠城”，吴中百姓四处奔散，城几为之而空。毛一鹭以风影搜捕为首渠魁，五人挺身而出，曰：“渠魁胁从，皆我等也，无波及。”五人慷慨赴义，谈笑而死，吴中“开读之变”以此结案。在群起奋击中，五人或许并不是最杰出的，但是，在罪难承担上，五人无疑是最勇敢的。

其次，是对“五人”之“人”的思索。五人墓碑题名“五人之墓”，是有用意的。姚希孟

《开读始末》中云:“题曰‘五人之墓’,书‘人’以愧不人者。”陈鼎《东林列传》卷三云:“五人,民也,不曰‘民’而曰‘人’,众词也。书‘人’,以其义,故‘人’之也,此春秋之书法也。”“人”,是对颜佩韦、杨念如、沈扬、马杰、周文元五人义举与担荷的最好定位,其他词汇,诸如“勇士”、“义士”、“壮士”、“烈士”、“人杰”……均不足以全面体现他们的人格与精神力量。有时候,越是普通的词汇,往往具有无限的涵盖力,包含最真挚与深沉的情感在其中。“人”者何?“文人”,知识分子,当有独立的人格,自由的精神。人之所以为“人”,在于有气节、有人格、有尊严、有思想,有责任感和正义感,有行动的自主性和独立性。逆阉炽焰方盛之时,举世喑哑,世人重足而立,道路以目,唯有为数不多的鲠骨之人傲然挺立,为他们声张正义的,只有几个读书人,只有几个市井的平民。周文元是周顺昌的舆夫,其他四人,与周顺昌素不相识,相互之间也是素昧平生,何以能挺身而出,慷慨赴义?原因在于,他们心中有正义,大是大非判然分明,他们有行动的自主权,做事不必瞻前顾后。当时,为周顺昌鸣冤号不平的,大抵可以分成两派:一派是以王节、杨廷枢、刘羽仪、文震亨等为代表的县学诸生五百人,他们的态度是恳请两台(巡抚、巡按)出疏保留,即所谓的“请愿”;另一派是以五人为代表的市井平民数万人,他们没有太多的顾忌,大不了豁出去,也要出一口冤愤之气。大是大非,往往是一目了然的;善恶的判断,往往在转瞬之间。这不需要太多的考虑,有了太多的顾虑,是非、善恶或许就不那么清晰了。缇骑逮捕李应升时,有一十余岁的卖蔗少年,抚髀曰:“我恨极矣,杀却江南许多好人!”遂举削蔗刀脔一肥尉片肉,掷阶前喂狗。孩童的善恶判断,是出于内心的本真,往往是最分明的。无独有偶,少年时的施明理目击五人率众奋击缇骑之事,向其父曰:“恨我少不能助五人也。”同时,人与“奴”是相对立的,缙绅大夫称儿称孙、折节辱身,即是丧失人格的“奴”,张溥《五人墓碑记》中所说的“人皆得以隶使之”,即是为人“奴”。只有彻底消灭了形体上、思想上的奴性,人才真正得成其为“人”。鲁迅先生曾说过,在万恶的封建时代,“人”只有两种生存的状态:一种是“想做奴隶而不得”,另一种是“暂时坐稳了奴隶”。鲁迅先生是深邃的,他洞察了两千多年的“封建文明史”;鲁迅先生又是深刻的,他的思想具有发人深思的现代性意义。

“游人只问真娘墓,谁把椒浆酹五人”,大抵是感慨游人都向着繁华热闹的去处,而荒凉沧桑的五人墓却是人迹罕至。然而,熙熙攘攘,纷纷扰扰。人情世态,历来如此。除了感慨,又能如何?当我三谒五人墓听到“五个坟墩头,有什么看头”的话时,心中不免一阵凄凉。我所能做的,或许仅有一声长叹。可是,我并不甘心。然而,五人又是幸运的,毕竟,“五人之墓”碑、“义风千古”坊,依然屹立在山塘大堤之上。

壬辰年七月廿八日<br>娄下景周记于问潮之馆

# 五人传记资料一卷

## 传记、纪事

### 五人传

金日升

五人伊[一]何？皆吴门间巷人，死节殉周吏部者也[二]。曷为乎殉之，枉论至于死也[三]。吏部清刚得人，语在《本传》及诸《纪事》中[四]，枉论被逮[五]。时有颜佩韦者，家千金，听父兄贾，已独从诸少年游，遇不平事，及豪恶有所鱼肉，辄代直之，或率众共击，里中咄咄，然未尝习吏部也。

吏部被逮，为丙寅三月望[六]，士民震骇喧聚，竞割赀赠行。而缇骑因[七]迟之以橐橐，自是众日益聚。十八日，吏部囚服出，候宣诏。佩韦传香盟众，涕于市[八]曰："欲卫[九]周吏部者从我！"其素所与，有力人马杰，已每晨击柝号呼[十]，一时执香从者万余，雨中如列炬。西至西署，见陈械具，金吾气张甚。佩韦[十一]即率先向两台使讼吏部冤，愿以身代[十二]。而杨念如故业鬻衣，及牙侩沈扬，虽素好义，皆不习吏部，并不习佩韦，时亦偕众求疏免逮，哭声几崩城隅。跪乞，至午不起，缇骑怒。杰复从旁攘臂骂魏忠贤不去口。缇骑叱曰："断尔舌！"遂手铛掷阶，作声[十三]大呼："囚安在？"众大噪曰："此东厂矫旨，安得尔尔？"缇骑犹以械击沈扬。而吏部舆夫周文元，闻难泣詈，三日不食，至是，直前夺缇骑械，复伤其额[十四]。于是，众如山奔海立，竞呼殴皂衣者。而[十五]若辈出不意，咸负伤鼠窜矣。一人匿署阁惊堕，念如立格杀之。一人逾垣仆，或以屐蹴其脑亦毙。中丞不能制，至调兵自卫。是日，矫逮黄御史尊素者，亦过吴门驿，骚邮传，横攫民间物，河干[十六]闻城内之殴缇骑也，亦殴缇骑鸟散[十七]，燔[十八]其舟，驾帖烬焉。

是时，逆阉逻卒相望于道，闻变间归白阉，或言苏杀大吏，或言苏人据城截漕，阉亦消沮[十九]。中丞两疏，犹传票宽旨谕安，而中丞献媚不止，捕诸无辜属吏，五人挺身自承，卒疏姓名，请诛首揆，遂拟漏网渠魁之旨，竟论决西署前。然自是，金吾亦绝遣矣。方五人初系圜中，人慰之曰："当国者吾乡贵，若必无事。"佩韦叹曰："乡贵方父事阉，试观诸搢绅[二十]狴犴刺劙，尸血狼藉[二一]，吾侪足当承欢一脔乎？吾宁从吏部死，不顾向此奸求生也。"圜中皆泣下。

未几，吏部讣至，五人哭失声。嗣后，每闻启狱键，喜曰："取吾辈赴市矣。"比临刑，相顾笑别,延颈以受,上下为之流涕。前一日,暴风大雨,太湖水溢。久之,劾吏部御史倪文焕败,尝见五人戎装带剑入其室,须臾,见旌旆数十导吏部来。庭中石井栏忽飞起[二二],轰声大震而去。咸谓伯有①、灌夫②未足比异也。五人死年余,而中丞暴死,逆阉伏诛,虎丘僭祠废,吴之贤士大夫请其首[二三]葬其址,碑为[二四]"五人之墓"焉。

外史③氏曰:人情贵则公之,贤则君之。龙门④之壮,刺剑⑤也,则客之贤之。壮之而人之,惟五人著也。呜呼!人之义大矣。余[二五]尝游吴,要离⑥、专诸⑦尚炙人口,然犹死知己尔[二六]。五人公正发愤,何所为而为乎?其可以为人矣。不然,彼脂韦⑧事阉、佩玉鸣履者若若⑨也,人耶,否耶?

(顾沅《吴郡文编》卷一三〇,又见金日升《颂天胪笔》卷二二、彭定求《忠介遗事》、《周忠介公烬余集》卷四)

**【校】**

[一]"伊",《周忠介公烬余集》作"者"。

[二]"死节殉周吏部者也",《周忠介公烬余集》作"殉周吏部死者也"。

[三]"曷为乎殉之,枉论至于死也",《周忠介公烬余集》无。

[四]"语在本传及诸《纪事》中",《周忠介公烬余集》无。

[五]"枉论被逮",《吴郡文编》《颂天胪笔》《忠介遗事》均无,据《周忠介公烬余集》补。

[六]"吏部被逮,为丙寅三月望",《周忠介公烬余集》作"丙寅三月望,吏部被逮"。

[七]"因",《周忠介公烬余集》作"故"。

[八]"传香盟众,涕于市",《周忠介公烬余集》作"手香号于市"。

[九]"卫",《周忠介公烬余集》作"救"。

[十]"号呼",《颂天胪笔》作"号召"。

[十一]"佩韦",《颂天胪笔》作"韦"。

[十二]"愿以身代"四字,《周忠介公烬余集》无。

[十三]"作声"二字,《周忠介公烬余集》无。

[十四]"直前夺械,缇骑复伤其额",《周忠介公烬余集》作"直前夺缇骑械,伤其额"。

[十五]"而"字,《周忠介公烬余集》无。

[十六]"河干",《周忠介公烬余集》作"城外"。

[十七]"鸟散",《周忠介公烬余集》作"逃"。

[十八]"燔",《周忠介公烬余集》作"焚"。

[十九]"消沮",《颂天胪笔》作"消阻"。

[二十]"搢绅",《周忠介公烬余集》作"缙绅"。

[二一]"狼藉",《周忠介公烬余集》作"狼籍"。

[二二]"忽飞起",《颂天胪笔》作"忽自飞起"。

[二三]"其首",《颂天胪笔》作"五人首"。

[二四]"碑为",《周忠介公烬余集》作"立之碑,为"。

[二五]"余",《颂天胪笔》作"予"。

[二六]"尔",《颂天胪笔》作"耳"。

**【注】**

① 伯有:春秋时郑大夫良霄,字伯有。他主持国政时,和贵族驷带发生争执,被杀于羊肆。传说他死后变为厉鬼作祟,郑人互相惊扰,以为"伯有至矣!"见《左传·襄公三十年》和《昭公七年》。后用以

代称受屈或含冤而死的人。庾信《功臣不死王事请门袭封表》:“幸使伯有之魂,不能为厉;若敖之鬼,其无馁而。”唐吴融《偶题》:“莫道精灵无伯有,寻闻任侠报爰丝。”

② 灌夫:灌夫(? 一前130),西汉颍阴(今河南许昌)人,字仲孺,初以勇武闻名,为人刚直不阿,任侠,好饮酒骂人。《汉书》卷五二有传。

③ 外史:古代官名。掌管宣布京畿以外地区的王令、四方地志等。《周礼·春官·大宗伯》:“外史,掌书外令,掌四方之志,掌三皇五帝之书。”陈亮《三国纪年序》:“自当时之诸侯,国各有史,一言一动,罔不毕载。故四方之志,外史掌之。”

④ 龙门:喻声望高的府第。刘义庆《世说新语·德行》:“李元礼风格秀整,高自标持,欲以天下名教是非为己任。后进之士,有升其堂者,皆以为登龙门。”李白《与韩荆州书》:“一登龙门,则声誉十倍。”

⑤ 刺剑:击剑。《史记·刺客列传》:“鲁句践已闻荆轲之刺秦王,私曰:‘嗟乎,惜哉其不讲于刺剑之术也。’”

⑥ 要离:春秋末吴国刺客。吴王阖闾派专诸刺杀王僚后,又派要离谋刺出奔在卫国的王子庆忌。要离请吴王断其右手,杀其妻子,诈称得罪出逃。及至卫国,见庆忌,庆忌喜,与之谋。当同舟渡江时,庆忌被他刺中要害。庆忌释令归吴,他行至江陵,也伏剑自杀。事见《吕氏春秋·忠廉》、汉袁晔《吴越春秋·阖闾内传》以及司马迁《史记·鲁仲连邹阳列传》等。

⑦ 专诸:春秋时刺客。吴国堂邑(今江苏六合)人。伍子胥知吴公子光欲杀吴王僚以自立,乃荐专诸于光。吴王僚十二年,光伏甲士而具酒请王僚,使专诸置匕首鱼腹中,乘进献时刺僚。僚立死,左右亦杀专诸。公子光出其伏甲尽灭王僚之徒,遂自立为王,是为阖闾。事见《左传·昭公二十七年》以及司马迁《史记·吴太伯世家》《史记·刺客列传》等。

⑧ 脂韦:油脂和软皮,比喻阿谀或圆滑。《楚辞·卜居》:“宁廉洁正直以自清乎? 将突梯滑稽如脂如韦以絜楹乎?”刘孝标《广绝交论》:“金膏翠羽将其意,脂韦便辟导其诚。”唐独孤及《为杨右丞祭李相公文》:“危言献可,未尝脂韦取容;直躬而行,不为权幸改操。”陆游《和陈鲁山》:“时情竞脂韦,家法独肮脏。”

⑨ 若若:众多貌。《列子·力命》:“今昏昏昧昧,纷纷若若,随所为,随所不为。”

## 五人传

吴肃公

天启间,逆珰魏忠贤煽虐,诸卿大夫以忠直被刑戮,怨愤彻闾里,匹夫匹妇发竖心伤,然未有公然发愤抗中贵、殴缇骑,不恤其身家之殒,惟义之殉,若苏民之于周吏部顺昌也。尝读《颂天胪笔》及询之吴父老,未尝不击节慨慕之云。吏部负人望,谒告家居时,切齿朝事,令不便于民者,辄言之当事,苏人德之。会都谏魏公大中被逮,所过州邑,莫敢通,吏部轻身侯吴门,相持恸哭,骂忠贤不去口,为约婚姻,奉炙酒,累日乃去。珰闻之怒,珰所私御史倪文焕,劾吏部党奸人,削籍,苏固人人目摄矣。

天启六年,织造中使李实以忠贤旨,复坐讲学聚徒,与都御史高公攀龙、御史周公宗建、谕德缪公昌期、御史黄公尊素、李公应升俱逮治。诏使至苏,吏部慷慨自若,而苏民无少长皆愤,五人其最烈云。五人者,曰颜佩韦、曰马杰、曰沈扬、曰杨念如、曰周文元。佩韦,贾人子,家千金,年少,不欲从父兄贾,而独以任侠游里中。比逮吏部,郡人震骇罢肆,而诏使张应龙、文之炳者虐于民,民益怒,顾莫敢先发,佩韦于是爇香行泣于市,周城而呼曰:“有为吏部直者来市中。”或议或询,或泣或切齿詈,或搏颡吁天,或卜筮占凶吉,或醵金为赆,或趣装走京师挝登闻鼓,或奔走塞巷衢,凡四日夜。

洎宣诏,诸生王节、杨廷枢、文震亨、徐汧、袁徵等窃计曰:“人心怒矣,吾徒当为谒两台以释众怒。”又谓父老:“毋过激,激只益重吏部祸。”父老皆曰:“诺。”乃相与诣西署,将请于巡抚都御史。巡抚者毛一鹭,珰斯人也。是日,吏部囚服,同吴令陈文瑞由县至西署,佩韦等率众随之,而马杰亦已先击柝呼市中,从者合万余人。会天雨,阴惨昼晦,人拈香如列炬,衣冠淋漓,履屐相□,泥淖没胫骭。吏部舁肩舆,众争吊吏部,枳道[①]不得前,吏部劳苦[②]诸父老,佩韦等大哭,声震数里。移时,抵西署,署设帷幕仪仗,应龙与诸缇骑立庭上,气张甚,最下陈银铛钮镣诸具,众目属哽咽。节、震亨等前白一鹭及巡按御史徐吉曰:“周公人望,一旦以忤珰就逮,祸且不测,百姓怨痛无所控告,明公天子重臣,尽请释之,以慰民乎?”一鹭曰:“奈圣怒何?”诸生曰:“今日之事,实东厂矫诏,且吏部无辜,徒以口舌贾祸,明公剀切[③]上陈,幸而得请,吏部再生之日,即明公不朽之年。即不得请,而直道犹存天壤,明公所获亦多矣。”一鹭张皇无以对,而缇骑以目相视,耳语谓:“若辈何为者?”讶一鹭不以法绳之。而杨念如、沈扬二人者,攘臂直前诉且泣曰:“必得请乃已。”念如,故阊门鬻衣人,扬,故牙侩,皆不习吏部,并不习佩韦者也。蒲伏久之,□之不肯起,缇骑怒叱之。忽众中大声骂:“忠贤,逆贼,逆贼!”马杰也。缇骑大惊曰:“鼠辈敢尔?速断尔舌颈矣。”遂手银铛掷地阶,砉然[④]呼曰:“囚安在?速槛报东厂!”佩韦等曰:“旨出朝廷,顾出东厂耶?”乃大哗。而吏部舆人周文元者,先是闻吏部逮,号泣不食三日矣。至是,跃出,直前夺械,缇骑笞之,伤其额。文元愤,众亦俱愤,遂起击之炳,之炳跳。众群拥而登,栏楯俱折,脱屐掷堂上,若矢石落。自缇骑出京师,久骄横,所致凌轹[⑤],郡邑长唯唯俟命。苏民之懒,愕出不意,皆踉跄走,一匿署阁缘桷,桷动惊而坠,念如格杀之,一逾垣仆淖中,蹴以屐,脑裂而毙,其匿厕中、翳荆棘者皆,俱搜得杀之。一鹭、吉皆匿走。王节等知事败,而当众气方张时,即欲前谕止不可得。诸父老练事者亦旋悔,稍稍散。是日也,缇骑之逮黄尊素者适舟次胥江,掠于郛,执市人挞之,郛人闻城中之殴缇骑也,亦殴之,焚其舟,挤水中。

次日,雨霁,乡大夫素服谒两台,策所以敉宁地方,而一鹭则夜已密书飞骑白东厂,且草疏告变矣。檄下县曰:“谁为声柝聚众者,谁为爇香号泣者,谁为骁雄贾勇党罪囚而戕天使者,必悉诛无赦。”始,众以吏部故,用义气相感发,五人一呼,千百为群,闻捕诛,稍稍惧,五人毅然出自承曰:“我颜佩韦,我马杰,我沈扬,我杨念如,我周文元。”俱就系,曰:“吾侪小人,从吏部死,死且不朽。”及吏部死诏狱,五人亦斩于吴市,谈笑自若。先刑一日,暴风雨,太湖水溢。而广陵人言,文焕家居,昼坐,忽见五人严装杖剑,旌旆导吏部来,忽不见。庭井石栏飞起舞空中,良久乃堕,声轰如雷。

明年,烈皇即位,忠贤伏诛,吏部子茂兰刺血上冤状,诏恤吏部,诛文焕。苏士大夫即所夷珰祠废址哀五人,身首合葬而竖石表之,至今称“五人之墓”云。

街史氏曰:阉寺之祸,古有弑君覆国者矣,而何物魏逆威焰所愒,俾率土靡然,廉耻道尽,振古为极矣。向使中朝士大夫悉五人者,则肆诸市朝,何难哉?五人姓名具而人之无,亦以人道之所存,不于彼而于此欤?

(彭定求《忠介遗事》)

【注】

① 枳道：阻塞道路。沈德符《野获编补遗·吏部·施丐》："贫丐无厌，每值一施，辄三四及诡名以博青蚨。天街阗拥，时或枳道不得前。"

② 劳苦：慰劳。《史记·萧相国世家》："汉三年，汉王与项羽相距京索之间，上数使使劳苦丞相。"《汉书·陈馀传》："上使泄公持节问之箯舆前。仰视泄公，劳苦如平生欢。"颜师古注："劳苦，相劳问其勤苦也。"

③ 剀切：恳切规谏。《新唐书·儒学传上·孔颖达》："后太子稍不法，颖达争不已，乳夫人曰：'太子既长，不宜数面折之。'对曰：'蒙国厚恩，虽死不恨。'剀切愈至。"王明清《挥麈前录》卷二："（雍孝闻）前此屡上封事剀切，九重固已默识其名。"

④ 砉然：象声词，形容高呼声。宋王谠《唐语林·补遗一》："皇上友爱天深，痛毒兼至。砉然一叫，声泪俱咽。"

⑤ 凌轹：欺压。《晏子春秋·谏上一》："足走千里，手裂兕虎，任之以力，凌轹天下，威戮无罪，崇尚勇力，不顾义理，是以桀纣以灭，殷夏以衰。"曹植《七启》："若夫田文、无忌之俦……皆游心无方，抗志云际，凌轹诸侯，驱驰当世。"

## 五人取义纪略

佚　名

圣人云："人之生也直。"吾于姑苏义民杀校尉之变而见三代之人心焉。

天启甲子[①]秋冬间，逆珰擅政，屠毒搢绅，其门有五虎、五彪、五狗、十孩儿、二十小孩儿、四十猴狲、五百义孙之属，所仇怨多在江南。乙丑，六君子逮，当□顾宪副大章与焉。丙寅，逮江阴缪宫谕昌期、吴江周侍御宗建，俄又逮无锡高中丞攀龙、长洲周吏部顺昌、江阴李侍御应升。时传逮指名者尚有八十余人。缇骑之至，必踞坐府署中，檄所司征逮者。逮者至，弗得见。列诸械于署前，皆耳目所未经，如一铜镝，擿人指立可折，其他不可枚举。以是为号，侈索贿，贿满所欲乃开读。其所至也，父老有生而未见之者。盖神祖宽仁，五十年如一日，以江陵之焰，搢绅止于廷杖，然而士气摧残，已驱成邪媚世界矣。况惨掠煎熬，待士于囚虏之下乎？江南既数见缇骑以为常，而缇骑亦视江南为熟游故道。逮缪宫谕者得三千金，未满所欲，仓皇遂去，问之曰："急赶上差也。"凡此辈出，珰之儿孙及左右皆有贿，入则数十倍利，如市贩然，一时皇皇莫必其命。

周吏部之逮，在丙寅三月。吏部家固贫，直节亢爽，遇事敢言。初传有《天监》《点将》诸录，盖逆儿所造，罗列诸正人斥为党，独未及吏部名，吏部慨然曰："此度辽有不与之耻也。"盖益奋发无所顾忌。巡抚周公起元以争织造先削夺归，吏部为文送之，所指斥内外甚具。后毛一鹭继起元抚吴，鹭固二十孩儿之一也，莅任之日，吏部以送起元文送之，鹭恨切齿，遂与李实构摘魏给谏逮过吴门吏部与联姻事，而吏部逮矣。时武进有特走武林馈千金于李实求逮孙宗伯慎行、郑庶常鄤[②]者，有言孙病剧、邓已学道而免。然孙终不免戍，又欲杀之淮上。丁卯春，邓与文殿撰震孟皆传逮，意令惊怖自尽，如丁翰简乾学故事。诸公于乡里故无嫌怨，直是诸多儿孙借以献媚，俗所谓送书帕云尔。

逮者至苏，吏部囚服待罪，邑令陈君至曰："公稍了家事。"吏部笑曰："使君大异人意，吾闻江阴岑之豹当缪宫谕之逮，率兵快掩捕，缪夫人欲一见不可得，自称在五百义孙队中，此近例也。使君何异人意？且谛思之，吾无家事可了。”顾左右曰：“前有一僧求书庵额，此当了却。”因命纸笔大书“小云栖”三字，掷笔笑曰：“此外更无一事矣。”后郑庶常吊诗云：“锒铛犹勒小云栖”，盖实录也。

吏部同令君宿县署，缇骑大索金钱，数日犹未开读，士民望吏部颜色，如见天人，无不洒泪，欲为请命。时阴雨连宵，如为忠义泣。至开读日，出自县署就逮，百姓夹道执香，哭声干云。既入宪署，诸校尉拥龙亭[③]，绯衣[④]捉械，怒目上视。巡抚毛一鹭拱立左，巡按徐吉拱立右，观者蜂拥，不下数十万人。三学诸生肃而前述士民意曰：“大人有事地方，讵不知吏部居乡立朝者，盍请于朝?”抚按战慄不许。一尉厉声曰：“今日事与秀才何与?”诸尉各举械将击诸生。忽见丛中一人从人肩上跃出，拽拳奔堂上，急持尉之捉械者，诸尉竞抨之，人丛中复有四人继出，一跃登堂，遂与诸校尉殴。首一人者，即颜佩韦，余四人者，马杰、沈扬、杨念如、周文元也。五人持问尉：“此旨从何出?”尉曰：“实是魏上公命我来。”于是，五人大呼，共击杀持伪旨者。值天雨，来者各以伞屐，喧声震地。堂下万屐齐掷，诸尉伏抚按胁下曰：“爷救我。”抚按复趋匿诸尉后曰：“老先生毕竟是驾上人。”逡巡，俱却入署内，士民喧从之。一尉匿梁上，惊坠而死，后询其党，名李国柱，本非校尉，乃行五百金贿谋与偕来者也。是日开读不成礼，抚按俱疏奏闻。

众还，过姑苏驿，复遇一尉，盖往浙逮黄御史尊素者，骚驿递，需折夫马百金，五人复聚殴之，毁其舟之半。五人者谋曰：“我辈拼死为国除害，盍以千众下武林杀税使，焚其府，以千众下昆山，尽顾秉谦之家，然后自囚请死，虽寸磔有余快。”颜佩韦曰：“不可，吾侪小人，死何足惜，江南贤士大夫尚多，使置我辈而反借此倾诸贤，是我辈累之也。”巡抚闻其言，则大喜。

初，逆珰亦无甚怨于诸贤，其儿孙实嗾使之，及见抚按疏，珰色变，召呵曰：“财赋尽在江南，彼为变，奈何?”政府部堂长跪不起，久之曰：“有儿在。”乃勒令抚按搜捕渠魁，五人者挺身自投曰：“渠魁胁从皆我也，无波及。”直向抚按大笑：“尔陷吏部死，官大人小；我为吏部死，百姓小人大。”抚按无如之何。谳[⑤]成大辟，决处，五人颜色不改。逆珰闻之，颇衔李实疏为激变。实怖欲死，乃命浙抚潘汝桢请建生祠以自解免，相望成风，生祠遂遍天下。政府魏广徽、顾秉谦、冯铨、施凤来、张瑞图辈咸手撰碑文以为荣。

未一年，天祚圣明，逆珰授首。苏州生祠，垂成而废，苏人即其下葬五人，大银台吴公默题曰“五人之墓”，址甚旷，巨碑屹立，望之者咸以为五人墓道，不知皆逆祠旧物也。或曰：“是逆物，五人固不享，宜悉仆之。”或曰：“碑文作者之名，暮夜毁去，过者唾骂，其视五人之名，坦然墓上，或揖或拜之者，不啻霄壤。是宜两存，永留忠义如线，开富贵场中冷眼。”

先是，五人奋义日，江阴李侍御就逮，常州郡城士民聚观亦数万，方开读时，有发垂肩者十人，各挟短棍直呼：“入宪署杀魏忠贤校尉!”士民号呼从之，诸尉踉跄走，越墙脱履，状甚狼狈。一卖蔗童子十余岁，抚髀曰：“我恨极矣，杀却江南许多好人。”遂从一肥尉后举蔗刀脔其片肉，掷阶前狗食之。时尉无死者，太守曾樱素惠民，抚之，须臾而定，故义民之名逸不传。

（彭定求《忠介遗事》）

**【注】**

① 天启甲子：天启四年（1624）甲子。

② 郑庶常鄤：郑鄤（1594—1639），字谦止，号峚阳，明代常州横林人。进士郑振先之子，少有才名，随父讲学东林。熹宗天启二年（1622）进士，因上疏弹劾阉党，被降职外调，回籍候补。天启六年，杨涟、左光斗等人遭魏忠贤阉党诬陷入狱，郑作《黄芝歌》寄予同情，乃遭削职为民。为免遭毒手，曾远遁江西、广东一带。崇祯立，始得返里。

③ 龙亭：香亭，结彩为亭以盛香炉，也称香舆、香车。《水浒传》第八十二回："到第三日清晨，济州装起香车三座，将御酒另一处龙凤盒内抬着；金银牌面、红绿锦段，另一处扛抬；御书丹詔，龙亭内安放。"

④ 绯衣：古代朝官的红色品服。《新唐书·薛苹传》："所衣绿袍，更十年至绯衣，乃易。"吴曾《能改斋漫录·记事二》："未几，除祕书少监，赐绯衣、银鱼、象笏。"

⑤ 谳：审判定罪。

## 开读始末[一]

姚希孟

天启六年丙寅三月，吴氓因开读鼓噪，击杀旗尉李国柱。先是，魏大中被逮过吴门，周顺昌周旋累日，以女自其孙，谈中朝事，切齿诟詈。缇骑归，闻于逆阉，御史倪文焕即以此参，顺昌削籍矣。阉恨未逭，而前此抚臣毛一鹭以凉燠市态为顺昌姗笑，饮恨图报。织监李实已劾去旧抚臣周起元，一鹭则邀实至苏，百计媚之，因以顺昌为贽。实因追论起元擅减袍段，而周宗建、缪昌期、周顺昌、高攀龙、李应升、黄尊素为之干请①，宗建、昌期已被逮，复逮顺昌等五人。锦衣千户张应龙、文之炳猝至吴，吴中鼎沸。

顺昌贫彻骨，以吏部郎归，敝庐数椽而已。然[二]小民冤抑未伸，并水旱征徭之事，必力请于当事。穷交寒畯②，游扬援引，不惜齿颊。士民深德之，闻被祸，不胜冤愤，且谓祸始一鹭。吴令陈文瑞持檄诣顺昌，顺昌从容谈笑，入空斋，稍简图籍，妻子环向絜泣，不为动，见案头有素楮，乃龙树庵僧乞书[三]署额者，泚笔挥洒，遂拂袖而出。观者枳道③，搁泪盈眶。入公署候命，穷村僻落蝇附而至，愿一识周吏部，日不下万人。连日霪雨，昼晦，景色惨澹[四]。缇骑[五]循例需勒亡厌，顺昌家无一钱，旁人倾赀以应，贫士贷脩脯，负贩儿[六]解敝襦质库中，共饱馋喙，而缇骑犹欲满其橐。

越三日始宣诏，则三月十八日也。众闻顺昌将就槛车，倾城而赴，执香者烟涨蔽天，冤号声闻数十里。至使署，众益集，门犹未启。署逼城闉④，众登城林立，雉堞⑤皆满，香焚雨中如列炬，城上下遥呼相应声震天。顺昌出不意，再拜请解，众不为动。比一鹭与按臣徐吉至，命启门，士民蜂拥入。堂上设帏幕仪仗，二锦衣列侍，群尉鹄立⑥指挥，最下置杻镣，为被逮者蒲伏之所。众悲愤，一诸生迎谓一鹭曰："今日人情如此，明公不为[七]青史计乎？何不据实上闻，徼旷荡恩，请抚按勘治乎？"一鹭谩应之，诸生更扬袂言曰："微闻道路知事[八]所由起，故欲明公终始之耳。"往复良久。缇骑见议久不决，手锒铛掷之地，大呼："囚安在？"众怒，忽如山崩潮涌，舂然而登，攀栏折楯，直前奋击。诸缇骑皆抱头窜，或升斗拱，或匿厕中，或以荆棘自蔽，众搜捕之，皆搏颡乞命，终无一免者。有蹴以屐齿，齿入其脑，立毙，疑即李国柱云。其逾墙出者，墙外人复痛箠之。

是日也，众怒集于一鹭。幸守臣寇慎与吴令陈文瑞皆贤者，且素与顺昌善，人咸信之，因调护一鹭，使脱去。然人皆一时愤激，非有部署成算⑦决裂⑧，将不知所终，亦不暇计也。日已旰，而缇骑往浙逮黄尊素者，舟过胥关，方从津吏索需[九]，且从市中强市酒脯，市人亦执而击之，周呼城上曰："缇骑复至矣！"众复乘势往焚其舟，沉其橐于河，缇骑泅水过西岸，岸多田父，复以耰锄逐之[十]。北人不习水，抱片木浮沉数里，至僻处乃敢登。

比众散，郡邑遣人入署，从血肉中扶疮痍起，奄奄仅属[十一]，闻人声稍厉，股栗求救，一鹭召介士环使署卫之。顺昌亦一夕再徙别署[十二]，自分从此无生理，然恐以此株累里中父老子弟，死不瞑矣。一鹭遂夜要[十三]御史吉入台，从灯下草疏告变，五鼓遄发，复檄郡邑，欲得首事以报，乃以风影捕颜佩韦等十三人下狱，甚有先期出、后事归者亦被执，诸人亦[十四]不屑辩，第曰："为周吏部死，复何憾？"一鹭凡十日三上疏，欲以擒获首乱功自解，谓此曹徇私倡率⑨，非有公愤，因李实疏有"吴民切齿痛恨"语，以此解嘲，终不及号冤一字。时众尚誓死，不欲令顺昌就逮。谣书[十五]四布，且榜之通衢。于是，守令就顺昌谋，扬言候旨乃发，俄以一夕调兵密遣就道。既渡关，从旷野间乃敢宣诏，草草毕事。比众觉之，顺昌去久矣。

时诇事之在吴者，从间道星驰入长安，上变曰："江南反矣，且截运道，劫漕艘矣。"逆阉大恐，咎画策者。比一鹭疏至，首辅秉谦，故吴人，悸不出一语，他辅拟旨[十六]："周顺昌逮到，朝廷自有酌量处分，小民无知，何得拥众鼓噪？如本日[十七]解散，姑不究，再有抗违，定行正法，且益重本犯之罪。"亡何，周顺昌逮到，遂感王恭厂之变。

是年七月，弃吴民颜佩韦等五人于市。时巡抚毛一鹭三疏至，言："缉获首难狂民，地方帖服"，且有"天网不漏""舆情共服"等语，逆阉信然，不复虑激变矣。诸辅臣有所受，于是有"漏网渠魁"之旨，凡绅衿之贤者，拟尽罟之。而缇帅[十八]田尔耕亦疏斥诸生将谋反[十九]，危及巢卵。吴中日夕相惊，谓有阬戮⑩之事，富家且尽室徙，赖守臣寇慎[二十]及吴令陈文瑞苦心护持。而新按臣王珙于都中有所闻知，吴中更不堪兆衅，谋于时相，遂以颜佩韦、马杰、杨念如、沈扬、周文元五人竣此局。一鹭犹恐酿意外，以属兵使者张孝，孝流涕而斩之。其他就系者谪戍有差[二一]，学臣周邦爆亦为降斥诸生王节等[二二]。杀佩韦前数日，狂飙拔木杀禾稼，竟日夕水深数尺。自此而缇骑不敢肆出矣。

后二年，顺昌昭雪，蒙恩恤乡先生。吴默收佩韦等遗骼瘗于逆祠之旁，题曰"五人之墓"，书"人"以愧不人者。

（按，吾乡王硕园先生昊《当恕轩偶笔》云：颜佩韦等五人将刑前一夕，毛抚恐有他变，已先毙五人于狱中，夜半出尸行刑。与文毅所记稍异。[二三]）

（姚希孟《公槐集》卷三，又见彭定求《忠介遗事》、顾沅《吴郡文编》卷一五一、《周忠介公烬余集》卷四）

【校】

［一］题目，《忠介遗事》《吴郡文编》《周忠介公烬余集》均作"开读本末"。

［二］"然"字，《吴郡文编》无。

［三］"僧乞书"，《吴郡文编》误作"乞僧书"。

［四］“惨澹”，《周忠介公烬余集》作“惨淡”。

［五］“缇骑”，《吴郡文编》作“缇吏”。

［六］“儿”字，《吴郡文编》无。

［七］“不为”，《吴郡文编》《周忠介公烬余集》均作“独不为”。

［八］“事”字，《吴郡文编》无。

［九］“索需”，《吴郡文编》误作“需吏索”。

［十］“逐之”，《吴郡文编》作“逐水”。

［十一］“仅属”二字，《吴郡文编》无。

［十二］“再徙别署”，《吴郡文编》误作“别署再徙别署”。

［十三］“要”，《吴郡文编》作“邀”。

［十四］“亦”，《吴郡文编》作“第”。

［十五］“谣书”，《吴郡文编》作“谣言”。

［十六］“拟旨”，《吴郡文编》作“拟一旨”。

［十七］“日”字，《吴郡文编》缺。

［十八］“缇帅”，《吴郡文编》作“缇骑”。

［十九］“谋反”，《公槐集》作“谋”，据《吴郡文编》改。

［二十］“寇慎”，《吴郡文编》误作“寇令慎”。

［二一］“其它就系者谪戍有差”，《忠介遗事》《吴郡文编》《周忠介公烬余集》均作“其他吴时信、刘应文、丁奎、李卯孙、许成、邹应祯、戴镛、杨芳就系谪戍有差”。

［二二］“王节等”，《忠介遗事》《吴郡文编》《周忠介公烬余集》均作“王节、刘羽仪、殷献臣、王景皋、沙舜臣五人”。

［二三］“吾乡王硕园先生”云云，仅见《吴郡文编》。

**【注】**

① 干请：请托。《后汉书·清河孝王庆传》：“及今口目尚能言视，冒昧干请。”杜甫《早发》：“艰危作远客，干请伤直性。”《续资治通鉴·宋仁宗嘉祐二年》：“比日内降营求恩赏者甚多，请令中书、枢密院推劾，以正干请之罪。”

② 寒畯：出身寒微而才能杰出的人。五代王定保《唐摭言·好放孤寒》：“李太尉德裕颇为寒畯开路，及谪官南去，或有诗曰：‘八百孤寒齐下泪，一时南望李崖州。’”宋赵彦卫《云麓漫钞》卷七：“若本朝尚科举，显人魁士皆出寒畯。”

③ 枳道：阻塞道路。沈德符《野获编补遗·吏部·施丐》：“贫丐无厌，每值一施，辄三四及诡名以博青蚨。天街阗拥，时或枳道不得前。”

④ 城闉：城内重门，亦泛指城郭。《魏书·崔光传》：“诚宜远开阙里，清彼孔堂，而使近在城闉，面接宫庙。”谢庄《宋孝武宣贵妃诔》：“崇徽章而出寰甸，照殊策而去城闉。”李善注：“闉，城曲重门也。”陆游《野兴》诗：“东望城闉十里遥，野人生计日萧条。”

⑤ 雉堞：城上短墙。《文选·鲍照〈芜城赋〉》：“板筑雉堞之殷，井干烽橹之勤。”李善注：“郑玄《周礼》注曰：‘雉，长三丈，高一丈。’杜预《左氏传》注曰：‘堞，女墙也。’”苏轼《雩泉记》：“雉堞楼观，仿佛可数。”

⑥ 鹄立：像鹄一样引颈而立，形容直立。《后汉书·袁谭传》：“今整勒士马，瞻望鹄立。”唐崔祐甫《〈故常州刺史独孤公神道碑铭〉序》：“仕而遭时，鹄立于朝。”

⑦ 成算：已定的计划，打算。《隋书·柳彧传》：“至于镇抚国家，宿卫为重。俱禀成算，非专己能。留从事同，功劳须等。”宋邵雍《龙门道中作》：“卷舒在我有成算，用舍随时无定名。”

⑧ 决裂：了断，定夺。

⑨ 倡率：率先从事，引导。宋叶适《札子二》："陛下比年首以大义倡率，而在廷之臣和者极寡。"明唐顺之《条陈蓟镇练兵事宜》："倡率同辈，踊跃赴功。"

⑩ 阬戮：亦作"坑戮"，坑杀，活埋。《晋书·慕容垂载记》："将坑降卒，垂谏曰：'吊伐之义，先代常典。今方平中原，宜绥怀以德，坑戮之刑不可为王师之先声。'"《北齐书·文襄帝纪》："脱谓诛之有益，欲止不能，杀之无损，复加阬戮，家累在君，何关仆也。"

## 全吴纪略

杨廷枢

天启六年三月望日，周忠介公以忤珰被逮。缇骑至苏，势甚横，索贿凌轹者百端。枢与王节、刘明仪等具呈应抚，为忠介公申理。毛一鹭，阉党也，拒弗纳，吴民不胜愤。

十八日，于西察院署开读，有颜佩韦等因众愤而击死官旗，一鹭遂大张其事以闻。时念阳徐公在光禄，见贴大惊，趋走彻夜不寐。诘旦，谒银台同寅诸公求缓封，勿及上。适直指徐吉疏亦至，公阅之，以士民狂逞无知等事入告，视抚疏情形稍减，先上之。魏阉知厂卫殴毙，怒甚。朝臣大半仇东林，欲假此一网打尽，俱以危言劝珰曰："吴民为乱。"议发兵尽坑之，公独倡言于朝，反复抗辨，最后以全家百口具状力保吴民不反。珰怒弗顾也。

当是时，玉峰相柄国，公念此事，惟彼力能得先于珰，然非怵以利害，不为我用。乃阴使人给其家人曰："吴人闻言有旨屠城，票拟必出自相君，当人取一编管，先往爇其里第而后死耳。"相闻之，果惧，昏夜造公邸问计，公曰："子方当国，而大祸及于梓里，其谁谅之？且厂惟子是听，盍急止之，则可以免祸，然众怒难犯也。"相不得已，入见珰，跽请者数四，且曰："苏州钱粮重地，如国赋何？"珰始霁，许以为首者主死，余不问，盖微公一激之力不及此。然在阁臣拟旨，亦由按疏先上，可以笔下从宽，则直云"已有旨了。"此先后之闻，厥功尤大也。

方两疏未奉旨时，吴中一日数十惊，谓大诛旦夕至，移家出城，踉跄奔窜，风鹤殆无宁日。及得旨，惟置颜佩韦等五人于法，黜王节等五人名，莫不引手加额，庆苏城亿万生灵，皆由公再造也。公旋中珰祸罢，归来匝月，而公遽饮毒以殒。郡中缙绅士庶感公之德，而又悯公之死，相与唏嘘涕泣，请于抚按曹公、庄公，建专祠而尸祝之。

枢不禁怆然有感而纪其略云尔。

（杨廷枢《全吴纪略》[1]）

## 东林列传

五人者，苏州府颜佩韦、杨念如、马杰、沈扬、周文元，五义民也。当天启丙寅，魏阉以缇骑逮周吏部顺昌，大索金钱，拘吏部宿县署。一时贤士大夫，率先倡义，敛赀以送。民之号泣请命者，不下数千人。校尉李国柱[一]因举械击诸号泣之民，中有一人，急持提械之

[1] （明）佚名著《崇祯长编》（外十种），《中国历史研究资料丛书》本，上海：上海书店，1982：3—4.

尉而捽之者，颜佩韦也。四人遂跃出，执尉问：“此旨从何处？”尉曰：“实魏上公命。”于是，五人共言击持伪旨者，一尉捽梁上，惊堕而死，即李国柱也。

是日，又逮浙江黄侍御尊素，来姑苏驿，需折夫马①百金，五人复至驿，殴之，毁其舟。五人谋曰：“我辈拼死为国除害，合以千众下武林，杀税使，焚其府，然后自囚请死，虽寸磔②有余快。”佩韦曰：“不可，吾侪小人，死何足惜？吴中贤士大夫尚多，倘置我辈而反借此以倾诸贤，是我辈累之也。”于是止。

中丞毛一鹭逢珰意，令御史搜捕渠魁，五人挺身自投曰：“渠魁③胁从④皆我也，无妄波及。”御史大笑，曰：“尔陷吏部死，官大人小；我为吏部死，百姓小人大。”犹豫再三，竟拟大辟处决，不敢违中丞也。五人临刑时，意气自若，谈笑以死。断头置城上，数月颜色不变。有贤士大夫发金购五人之头而函之，卒与尸合。

后二年，珰授首⑤，乃毁其半塘之生祠，以为五人之墓，爰立碑曰“五人之墓”。五人，民也，不曰“民”而曰“人”，众词也。书“人”，以其义，故“人”之也，此春秋之书法也。题碑者谁？冏卿吴默也。作碑记者谁？太史张溥也。

外史氏曰：吾闻廓园先生被逮之日，雷电交作，大雨如注，平地水深三四尺，士民匍匐水中泣送者以万计。蓼洲先生之逮，则举国若狂，而五人冒死以逞，中朝闻之皆失色。噫！天怒于上矣，人怨于下矣，而崔、魏乃竟怡然不畏耶？

（陈鼎《东林列传》卷三）

**【校】**

［一］“柱”，原作“本”，今改。

**【注】**

① 夫马：役夫与车马，夫马费，供雇夫役和车马之用。

② 寸磔：碎解肢体，古代的一种酷刑。沈德符《野获编·督抚·经略大臣设罢》：“至戊午年，（杨）镐又以边境事再起经略辽东，遂至三路丧师。此其罪又寸磔不足赎矣。”

③ 渠魁：大头目，首领。《尚书·胤征》：“歼厥渠魁，胁从罔治。”孔传：“渠，大。魁，帅也。”孔颖达疏：“‘歼厥渠魁’，谓灭其元首，故以渠为大，魁为帅，史传因此谓贼之首领为渠帅，本原出于此。”陆游《董逃行》：“渠魁赫赫起临洮，僵尸自照脐中膏。”

④ 胁从：被迫相从者。《尚书·胤征》：“歼厥渠魁，胁从罔治。”孔颖达疏：“其被迫胁而从距王师者，皆无治责其罪。”《三国志·魏志·郑浑传》：“虽有随者，率胁从耳。”唐许天正《和陈元光平潮寇》：“落剑惟戎首，游丝系胁从。”《明史·李裕传》：“裕捕戮其魁，纵胁从，除其逋负，乱遂平。”

⑤ 授首：投降或被杀。《战国策·秦策四》：“秦楚合而为一，以临韩，韩必授首。”鲍彪注：“言其服而请诛。”《三国志·蜀志·法正传》：“先主命黄忠乘高鼓噪攻之，大破渊军，渊等授首。”南朝梁陆倕《石阙铭》：“曾未浃辰，独夫授首。”

## 遣　愁　集

视命如蚁，视死如归。有筑可击，有剑可挥。一诺千金，断首弗移。仰厥英风，烈烈有威。

天启中，魏忠贤弄权，假旨逮嘉善科臣魏大中，道经吴门。吏部周顺昌时家居，出送之舟次[①]，言词激烈，因以其女许字其孙允楠，事闻于忠贤，亦遣缇骑逮之。顺昌居官廉介，言笑不苟，素为士民所重，及闻开读，观者数万人，群谓缇骑曰："周吏部如此好官，是朝廷忠臣，不过忤魏太监耳，如何被逮？"缇骑叱众人曰："速剜若舌，即魏上公逮人，汝将奈何？"百姓愤然群起曰："吾谓天子诏耳，若魏太监，如何逮得人？"遂群起击缇骑，毙二人焉。时往浙逮黄尊素者，泊舟胥门，势张甚，百姓并击之，遂遁去。巡抚毛一鹭，魏党也，几兴大狱，幸按臣疏稍和，得邀宽旨，捕颜佩韦等五人，斩于市。吏部竟死于镇抚狱。

崇祯帝立，谥吏部为忠介，敕坊为"清忠风世"，改葬五人于半塘，吴太仆默题曰"五人之墓"。冢木森然，丰碑屹立，过者无不敬叹焉。

缇骑初至，奴视一鹭辈，自被击后，见苏民辄挥涕诉曰："魏监误我，如何令吾辈逮此好人？几不得还乡。"意气消沮，大非昔比矣。

（张贵胜《遣愁集》卷一〇）

**【注】**

① 舟次：码头，船停泊之所。苏轼《与程正辅提刑书》："轼深欲出迎郊外，业已杜门……专令小儿去舟次也。"

## 姑苏名贤续纪

熹庙中，昏椓[①]当阳，矫诏逮给事中魏大中过吴门，故吏部周公顺昌与奏酒炙，约婚姻，又扼腕时事，拍案叫詈，当路诇为奇祸，劾吏部。丙寅春，缇骑至吴中，震动士民，聚观者数万，喧传魏太监矫旨杀廉吏，一呼而奋击，杀缇骑，几至揭竿。

然是役也，皆一时愤激，非有部署成算，决裂将不知所终，亦不暇计。幸守令皆贤者，为调护，少解散。抚臣毛一鹭夜要按臣徐吉入台，促灯下草疏告变，乃以风影捕颜佩韦等五人下狱。甚有先期出、后事归者，亦被执，俱论死，难辨亦无庸矣。五人者，颜佩韦、杨念如、周文元、马杰、沈扬，后人因撤祠之地而葬之，题曰"五人之墓。"

论曰：五人者，皆西郊无赖[②]也。吏部岂有德于彼哉？不过乘机为乱，以图劫掠耳。岂知忠义为何事？然当时魏珰乃不敢复遣缇骑至江南，故予谓之五人者，在朝廷则为乱民，在文、姚则为恩人也。故文、姚诸公倡议葬之白堤，而为善后计者，独隆也。若论品行与忠义，则与葛将军大不侔矣。

（文秉《姑苏名贤续纪》[1]）

**【注】**

① 昏椓：阉人。《诗经·大雅·召旻》："蟊贼内讧，昏椓靡共。"郑玄笺："昏、椓皆阉人也。昏，其官名也；椓，椓毁阴者也。"陈子昂《汉州洛县令张君吏人颂德碑》："地有圣帝抚令君，遭暴昏椓慯寡纷，民户流散日月曛。"明黄瑜《双槐岁钞·南京科道》："宪庙初政，昏椓尤张，在朝无敢公言者。"

② 无赖：无赖子，无赖汉。《晋书·卞壶传》："峻拥强兵，多藏无赖。"《隋书·诚节传·陈孝意》："前郡丞杨长仁，雁门令王确等，并桀黠，为无赖所归。"

---

〔1〕 文秉《姑苏名贤续纪》，据王氏海粟楼厚稿本迻录本，可园书库藏。

## 苏州府学明伦堂匾额志

明颜佩韦、马杰、沈扬、杨念如、周文元，五人皆吴人。天启六年，魏忠贤矫旨逮周顺昌（顺昌见前），顺昌好施惠于乡，士民素德顺昌甚，闻逮者至，众咸愤怒。开读日，不期而集者数万人，咸执香为周吏部乞命，诸生文震亨（震亨见前）、杨廷枢（廷枢见前）、王节、刘羽翰等，前谒巡抚毛一鹭及巡按徐吉，请以民情上闻，旗尉厉声曰："东厂逮人，鼠辈敢尔？"大呼："囚安在？"手掷锒铛于地，声琅然，众诘之曰："旨出天子，乃东厂耶？"旗尉叱曰："旨不出东厂，又谁出？"众益愤曰："然则伪旨耶？"佩韦等五人奋袂而前，大声疾呼曰："共击此传□□□□□□蜂拥上，势如山崩。旗尉东西窜，众纵横殴击，□□□□□□□□逾垣走。一鹭、吉不能语，知府寇慎、吴县县令陈文瑞素得民，曲为解谕，众始散。顺昌乃自诣吏，又□□□一鹭□飞章告变。东厂刺事者言："吴人尽反，谋断□□。"□□□□□□□惧。已而，一鹭言："捕得倡乱者颜佩韦、马杰、沈扬、杨念如、周文元等五人，乱已定。"忠贤乃安，然自是□□□□□□门矣。佩韦等皆市人，文元则顺昌舆隶也。□□□□□□五人无几微怖色，延颈就刃，语寇慎曰："公好官，知吾等好义，非乱也。"监司张孝流涕而斩之。吴人感其义，葬之虎丘邱旁，题曰"五人之墓"，其地即一鹭所建忠贤普惠祠址也。

右五人列一匾。

（潘世滮《苏州府学明伦堂匾额志·义士》）

## 康熙《吴县志》

颜佩韦，少以义侠自命，其母郁氏，常诫之，佩韦曰："人谁不死，特患不得其所耳。"天启六年，缇骑逮吏部员外郎周顺昌于西察院，佩韦奋身鸠杨念如、沈扬、马杰、周文元及季卯生吴、刘等一十三人，士民从者以数十万计，皆执香伏地，呼号不已。旗尉厉声曰："东厂严旨逮官，乃容鼠辈置喙？"佩韦等曰："尔言东厂逮官，则此旨出魏监耶？"诸尉曰："速剜舌，旨出东厂将何如？"佩韦等不胜愤，大呼曰："吾侪谓天子诏耳，东厂何得逮官？"首击之。百姓大呼若山奔泉涌。巡抚都御史毛一鹭恐惧，弃官服匿厕中。官旗不及匿，击杀一人，余皆负重伤。一鹭奏闻民变，捕十三人下狱，将佩韦等五人处斩，其余卒戍有差，姓名逸。兵使者张孝监刑，五人曰："为周吏部死，死又何恨？"念如故有神力，久缚不斩，以臂自伸，麻约尽绝，众大惊，以石坠其手，孝流涕斩之。杨念如、马杰、沈扬、周文元，亦吴县人。文元最少，时尚未娶。戮之时，乡先生吴默潜遣人藏其尸，覆以石灰。

明年，顺昌冤白，毁逆阉祠，默于其旁葬之，题曰"五人之墓"，书"人"以愧不人者。后，巡按御史祈彪佳捐俸置田若干亩与其父母妻子，免徭役以供祭享。（按，《旧志》成于明崇祯壬午[①]岁。思宗登极，周忠介公已膺恤典，而五人无传，义烈未彰，兹特纂入。）

（康熙《吴县志》卷五三）

**【注】**

① 崇祯壬午：崇祯十五年（1642）壬午。

## 乾隆《吴县志》

五人者，颜佩韦、杨念如、沈扬、马杰、周文元也，皆吴县人。佩韦事母孝，少以义侠自命，其母郁氏常诫之，佩韦曰："人谁不死，特患不得其所耳。"天启六年，缇骑逮吏部员外郎周顺昌于西察院，佩韦奋身鸠杨念如等及季卯生吴、刘等一十三人，士民从者以数十万计，皆执香伏地呼号。旗尉厉声曰："东厂严旨逮官，乃容鼠辈置喙耶？"佩韦曰："尔言东厂逮官，则此旨出魏监矣。"诸尉曰："速剜舌，旨出东厂将若何？"佩韦等不胜愤，大呼曰："吾侪谓天子诏耳，东厂何得逮官？"首击之。吴民大呼若山奔潮立。巡抚都御史毛一鹭恐，弃官[一]服匿厕中。官旗不及匿，击杀一人，余皆负重伤。一鹭奏闻民变，捕十三人下狱，议佩韦等五人处斩，其余卒戍有差，惜逸其姓名。兵使者张孝监刑，五人曰："为周吏部死，死何恨？"念如故有神力，以臂自伸，麻约尽绝，众大惊，以石坠其手，孝流涕斩之。文元最少，时尚未娶。临刑，乡先生吴默潜遣人藏其尸，覆以石灰。

明年，顺昌冤白，毁逆阉祠，默于其旁葬之，题曰"五人之墓"，书"人"予之也，以愧非人者。后，巡按御史祁彪佳捐俸置田若干亩与其母妻子，免徭役以供祭。

（乾隆《吴县志》卷七一）

**【校】**

[一]"弃官"，补入。

## 人变述略

人变者，述姑苏义民杀校尉之变也。

天启甲子秋冬间，逆珰擅政，屠毒缙绅，其门有五虎、五彪、五狗、十孩儿、二十小孩儿，四十猢狲、五百义孙之属，所仇怨多在江南。己丑，六君子逮，常熟顾宪副大章与焉。丙寅，逮江阴缪宫谕昌期、吴江周侍御宗建，俄又逮无锡高中丞攀龙、长洲周吏部顺昌、江阴李侍御应升。其时传逮指名者，尚有八十余人。缇骑之至，必踞坐府署中，檄所司征逮者。逮者至，弗得见。列诸械于署前，皆耳目所未经，如一铜镝，摘人指立可折，其他不可枚举。以是为号，侈索贿，贿满所欲，乃开读。其初至也，父老有生而未见之者，盖神祖宽仁，五十年如一日，以江陵之焰，缙绅止于廷杖，然而士气摧残，已驱成邪媚世界矣。况惨掠煎熬，待士于囚虏之下乎？江南既数见缇骑以为常，而缇骑亦视江南为熟游故道。逮缪宫谕者，得三千金，未满所欲，仓皇遂去，问之，曰："急上赶差也。"凡此辈出，珰之儿孙及左右，皆有贿，入则数十倍利，如市贩然，一时皇皇，莫必其命。

周吏部之逮，在丙寅三月。吏部家故贫，直节亢爽，遇事敢言。初传有《天监》《点将》诸录，盖逆珰所造，罗列诸正人，斥为党，独未及周吏部名，吏部慨然曰："此度辽有不与之耻也。"益奋发无所顾忌。巡抚周起元，以争织造先削夺归，吏部为文送之，所指斥内外甚具。后毛一鹭继起元抚吴，鹭固二十孩儿之一也，莅任之日，吏部即以送起元文送之，鹭恨切齿，遂与李实构摘魏给谏逮过吴门吏部与婚姻事，而吏部逮矣。时武进有特走武林馈千金于李实，求逮孙宗伯慎行、郑庶常鄤者，会有言孙病剧、郑已学道而免。然孙终不免戍，又欲杀之淮上。丁卯春，郑与文殿撰震孟皆传逮，意令惊怖自尽，如丁翰简乾学故事。诸公于乡里故无嫌怨，直是诸儿孙借以献媚，俗所谓送书帕云尔。逮者至苏，吏部囚服待罪。邑令陈君至，曰："公稍了家事。"吏部笑曰："使君大异人意。吾闻江阴知县岑之豹，当缪宫谕之逮，率兵快掩捕，缪夫人欲一见不可得，自称在五百义孙队中，此近例也。使君何异人意？且谛思之，吾无家事可了。"顾左右曰："前有一僧求书庵额，此当了却。"因命纸笔大书"小云栖"三字，笑曰："此外更无一事矣。"后郑庶常吊诗曰："锒铛犹勒小云栖"，盖实录也。

吏部同令君宿县署，缇骑大索金钱，数日犹未开读。士民望吏部颜色，如见天人，无不洒泣，欲为请命。时阴雨连宵，如为忠义泣。至开读日，出自县署就逮。百姓夹道执香，哭声干云。既入宪台，诸校尉拥龙亭，绯衣捉械，怒目上视。巡抚毛一鹭拱立左，巡按徐吉拱立右。观者蜂拥，不下数十万人。三学诸生肃而前，述士民意曰："大人有事地方，讵不知吏部居乡立朝者，盍为请命于朝？"抚按战慄不许，一尉厉声曰："今日事与秀才何与？"诸尉各举械将击诸生，忽人丛中一人从肩上跃出，拽拳奔堂上，急持尉之捉械者，诸旗尉竞抨之。人丛中复有四人继出，一跃登堂，遂与诸尉殴。首一人者，即颜佩韦，余四人者，马杰、沈扬、杨念如、周文元也。五人持问尉："此旨从何出？"尉曰："实是魏尚公命我来。"于是五人大呼共击杀伪旨者。值天雨，来者各以伞屐，喧声震地。堂下万屐齐掷，诸尉伏抚按胁下，曰："爷救我。"抚按复趋匿诸尉后曰："老先生毕竟是驾上人。"逡巡，俱却入署内。士民喧从之，一尉匿梁上，惊堕而死，后询其党，名李国柱，本非校尉，乃行五百金贿谋与偕来者也。是日开读不成礼，抚按具疏奏闻。

众还，过姑苏驿，复遇一尉，盖往浙逮黄侍御尊素者，骚驿递，需折夫马百金，五人复殴之，毁其舟之半。五人者某谋曰："我辈拼死为国除害，合以千众下武林，杀税使，焚其府，以千众下昆山，尽顾秉谦之家，然后自囚请死，虽寸磔有余快。"颜佩韦曰："不可，吾侪小人，死何足惜？江南贤士大夫尚多，使置我辈而反借此倾诸贤，是我辈累之也。"巡抚闻其言，则大喜。

初，逆珰亦无甚怨于诸贤，其儿孙实嗾使之。及见抚按疏，珰色变，召呵曰："财赋尽在江南，彼为变，奈何？"政府部堂长跪不起，久之，曰："有儿在。"乃勒令抚按搜捕渠魁，五人挺身自投曰："渠魁胁从，皆我也，无波及。"直向抚按大笑："尔陷吏部死，官大人小；我为吏部死，百姓小人大。"抚按无如之何。谳成大辟，处决，五人颜色不改。逆珰闻之，颇衔李实疏为激变。实怖欲死，乃命浙抚潘汝桢请建生祠以自解免。相望成风，生祠遂遍天下。政府魏广徽、顾秉谦、冯铨、施凤来、张瑞图辈，咸手撰碑文以为荣。

未一年，天祚圣明，逆珰授首。苏州生祠，垂成而废，苏人即其下葬五人，大银台吴公默题曰"五人之墓"。址甚旷，巨碑屹立，望之者咸以为五人墓道，不知皆逆祠旧物也。或曰："是逆物，五人固不享，宜悉仆之。"或曰："碑文作者之名，暮夜毁去，过者唾骂。其视五人之名，坦然墓上，或揖之或拜之者，不啻霄壤。是宜两存，永留忠义如线，开富贵场中冷眼。"

先是，五人奋义日，江阴李侍御就逮常州，郡城士民聚观者亦数万。方开读时，有发垂肩者十人，各挟短棍，直呼："入宪署杀魏忠贤校尉！"士民号呼从之，诸尉踉跄走，越墙脱履，状甚狼狈。一卖蔗童子十余岁，抚髀曰："我恨极矣，杀却江南许多好人。"遂从一肥尉后，举削蔗刀窬其片肉，掷阶前狗食之。时尉无死者，太守曾樱素惠民，抚之，须臾既定，故义民之名逸不传。

（黄煜《碧血录》卷下）

## 开读纪事[一]

天启六年三月五日，锦衣官旗至苏，止西察院，逮原任[二]御史吴江周宗建，索贿千余金，未遂。越五日开读，宗建受诏，杻械加项绊手足。又二日，贿足乃行，金鼓前导，驱宗建囚[三]跣行道中，官旗乘舆马夹之，士民愤悌。

至十五日，逮者复至，漏下一鼓，知县陈文瑞怀牒诣原任[四]吏部员外郎周顺昌家，密[五]示上旨，顺昌慷慨谈说，燃[六]烛危坐。昧爽入城，士民千百人随行，呼冤沸天。到处麇聚，风日惨淡。[七]顺昌初舍[八]县署，众从之县署。抚按拟即日开读，官旗则赂如宗建，未盈，因定十八日。

午时，顺昌从县署出，执香哭者[九]填户塞衢，从之西察院。诸地方官皆在，各学诸生亦渐集，抗白抚按宜疏救，慑不应。官旗叱速读，且手杻械诸具将加顺昌，众执香哄起，官旗拔剑向击，或从后掣得，乃跪请命，掣者靳[十]之曰："人传逆魏矫旨，其矫[十一]耶?"官旗惧死，唯唯。众益信，喧传语，挤排哄击，旗尉死一人。诸士恐重祸顺昌，皆先出，知府寇慎与文瑞谕众亦出，兵备布政使张孝翼顺昌归空署中。迄申，哄稍已。巡抚都御史毛一鹭、巡按御史徐吉合疏报闻。

至二十五日，顺昌以子夜出胥门，官旗踉跄而趋。会阴雨，众不及聚，乃达舟启行。城内外闻之，无问男妇，悲哀失声。又知抚按疏未报行期，豫报挤死旗尉，且缉诸哄击者，人心皇虢[十二]，讹言益兴[十三]，士民鸟兽窜戢。阅[十四]月，复传伪诏，而城中几空其半[十五]。寻奉中旨止诘责渠魁[十六]，抚按[十七]以颜佩韦、沈扬、马杰、周文元、杨念如五人枭首结案。七月十二日，行刑于西察院前，远近亦[十八]神号鬼哭。

（崇祯《吴县志》卷一一，又见康熙《吴县志》卷三九）

**【校】**

[一] 题目，编者所加。

[二][四] "原任"二字，康熙《吴县志》无。

[三] "囚"字，康熙《吴县志》无。

[五] "密"字，康熙《吴县志》无。

[六] "燃"，原作"然"，今改。

[七] "到处麇聚，风日惨淡"句，康熙《吴县志》无。

[八] "舍"，康熙《吴县志》作"至"。

[九] "者"，康熙《吴县志》误作"声"。

[十] "靳"，康熙《吴县志》作"责"。

[十一] "矫"，康熙《吴县志》作"矫旨"。

[十二] "皇虢"，康熙《吴县志》作"皇惧"。

［十三］“讹言益兴”句，康熙《吴县志》无。

［十四］“阅”，康熙《吴县志》作“越”。

［十五］“而城中几空其半”字，康熙《吴县志》作“城中几空”。

［十六］“寻奉中旨止诘责渠魁”字，康熙《吴县志》作“寻止诘责渠魁”。

［十七］“抚按”二字，康熙《吴县志》无。

［十八］“亦”字，康熙《吴县志》无。

## 击旗始末

崔魏擅权，毒害朝士。丙寅春，缇骑四出，周蓼洲先生亦在逮中。吴邑侯陈文瑞捧檄至其家，先生整衣拜别家祠，索笔书龙树庵僧所求一扇、一匾额。投笔出门，号冤拥送者不下数千人。抚宪毛一鹭，自度不协舆情，谕郡侯寇慎安置先生于公馆。时三月十五日也。

阅三日，至西察院开读，观者万计。诸生王节等，虑有他变，泣诉毛公，祈为申救。毛流汗被面，未能应一语。而旗尉势若虎狼，自□持械，挥众凌辱诸生。吴民赴义，颜佩韦等奋身拳殴官旗文之炳。堂下从者夺其械奋击。诸尉久骄横，愕出不意，二十余校为之齑粉，其一死焉。寇公再三晓论，乃止。时逮高景逸、黄真长诸旗，闻苏激变，稍为敛戢。至逮李仲达，校尉以驾帖投于府而去。先生至京，下镇抚司，极刑箠楚，竟惨死于狱卒颜紫之手。

毛公题疏告变，苏城几有屠戮之祸。赖徐念阳（如珂）先生任通政司，先上按臣徐吉疏。奉旨，诸生王节、刘羽仪、王景皋、殷献臣、沙舜臣等退黜，而戮颜佩韦、杨念如、沈扬、马杰、周文元于市。及毛疏入，批已有旨不行。

后阉败，节等皆复廪于庠。节，中己卯举人。逆祠奉旨拆去，而葬五人于上，碑曰“五人之墓”。松柏蔚然，过其地者，无不钦其义烈云。

（褚人获《坚瓠八集》卷四）

## 缇骑纪略（苏州）

天启丙寅，诏逮故左都御史高攀龙，佥都御史周起元，谕德缪昌期，御史周宗建、李应升、黄尊素，及吏部员外郎周顺昌。

时逆珰魏忠贤窃柄，任爱憎为生杀，缇骑四出，海内骚然。而有端方鲠直，尤惴惴虎尾春冰，不宁寝食者。顺昌谒告家居，尝切齿唾骂。又素著清廉声，为士人仰止。郡有疑事、不平事，得周吏部一言，而是非曲直立剖。于是，贤者敬服之，而不肖者亦稍忌之矣。会给事魏大中先期被逮，所过郡邑，无敢与之通。顺昌轻舠候见于吴门，相持痛哭，与之约婚姻，奏酒炙而别去。又，府丞杨姜以强项不协于织造监李实，诬奏罢官。故事，内臣无参劾郡邑吏牟抚按权者。起元为抚臣，为之申救，并罢起元。其去吴之日，顺昌为文以践，感慨淋漓数百言，指斥无少避。以是忤忠贤意，授指新抚臣毛一鹭阴伺顺昌短。绝一切干掫请托，萧然不事营殖，所居委巷，数椽蔽风雨，身饭脱粟①。夫人吴，生平不识金与珠，惟银钗一二，一岁中强半在质库。故久不得其隙，嗾其党倪文焕论之，无所据。问同乡某甲，某甲被察处，留都下，尝为顺昌所规，思报复而捏词以进，遂夺顺昌官。人心以扼腕不平矣，而此属意犹未慊，必欲论杀之然后快。复追论起元巡抚时稽停[②]上供金钱，并文致顺昌等。疏稿既成，使李实署名上之。遣官旗张应之、文之柄等，分逮其被论攀龙诸人。

诏至苏，三月十五日也。县令奉檄至顺昌家，举家号哭仆昏，而顺昌神色自若，慨然将出。所知泣谓曰："昔孟博属子数言，千古酸鼻。今观诸郎君环地牵衣，路人不忍，公独默然长往耶？"顺昌笑曰："无事乱人怀也。"顾案上有素榜，徐曰："此龙树庵僧属我书者，我向许之，今日不了，亦一负心事。"乃命笔题"小云栖"三字，书法遒劲，后识年月日，投笔而起，意气浩然。甫出门，百姓号冤拥送者已不下千人。至军门，士民狂奔而来，聚而骇且哭者踵相接也。抚臣自度不协舆情，檄有司数易置顺昌，一日四五迁，而远近愈相摇惑[③]，至于填巷塞途。负担者息肩，列肆者罢市，十百为伍，奔走询访，或议或泣，或怒骂，或搏颡吁天，或买卜推吉凶。垂白村老，雪涕相语："朝廷何事杀好人？"或又言："何关朝廷，自是魏太监欲杀耳。"或言："吾侪小人，何惜一死不为吏部请命？"或具呈哀祈上官，或欲趣装[④]走京师颂冤。有不识吏部面，得一见叩头，如睹祯瑞。其挤塞不前者，从门外呼名再拜，皆唏嘘垂泪不忍去。带星而出，复带星而归。

自十五日至十八日，通国皇皇，犹赴父母之难也。诸生有识者相与计曰："人心怒矣，开读之际，事未可知，吾辈当代为请，无贻桑梓。"乃与二三父老遍慰百姓曰："朝廷圣明，君等皆忠义，欲活吏部，当为吏部计万全，顷当乞命两台，慎误过激生事端。"百姓皆曰："诺。"于是，皆执香，自吴县至西察院，从顺昌而行者数万人，哭声振天，挥泪成雨，县官马不能前。日以当午矣，阴云惨黯无色，同于飞霜，无不人人心动神沮。诸生五百人，公服候两台于门外，懔懔相戒无哗。顷之，两台至，百姓伏地号呼，如奔雷泻川，轰轰不辨一语。诸生王节、刘羽仪、文震亨等前跪陈曰："周吏部人品令望，士民师表，一旦触忤权珰，不由台省论列[⑤]，据刑臣李实风影之辞，遂烦诏使。百姓冤痛，万口一心，愿为之死。诸生诵法孔孟，所习者名节廉耻，若今日之事，则实朝廷所弃者贤良，所用者邪佞，诸生何颜复列青衿居污浊之世？明公为东南重臣，不能回天意而慰民心，诸生窃为羞之。"言罢大哭，门以外皆哭失声。下及舆隶，亦掩面悲不能止。抚臣流汗被面，未能应一语。而缇尉势若虎狼，自内持械挥众，且厉声曰："东厂拿人，鼠辈何敢置喙？"于是，颜佩韦等挺身前曰："旨出朝廷，乃出东厂邪？"诸尉叱曰："速剜尔舌，旨不出东厂，将谁出？"百姓闻之，皆袒臂大呼曰："我辈谓天子诏耳，东厂何能逮我吏部？"即拳殴之柄，堂下从者以千计，夺其械奋击。诸尉久骄横，愕出不意，避堂后，百姓随之入，势不可遏。尉二十余人，匿壁逾墙脱走，其一人死焉。抚臣大怖，急麾兵自卫。介士一人舞刀而入，百姓辟易[⑥]叫曰："都爷调兵将杀我辈！"争掷瓦石如飞蝗，势复大张。道臣张孝缚介士而挞之，乃定。知府寇慎素得民心，再三论解。至夜深，方稍稍散去。

顺昌彷徨立，久之无所属，徒步诣抚臣。抚臣方治馔调药酒，遣人候应龙、之柄而馈之，无暇可否。以问县令，县令置顺昌公署中，乃遍索群尉。群尉自出长安，妄自尊大，谓："天子不敢望东厂，何论郡邑。"故所至凌铄长史，剽夺民财，二千石以下，莫敢谁何。

其视吴民，不啻螘蛭也。一旦见诟辱，恇惧不知所出，向人罗拜，但言："东厂累我，东厂累我也。"尉之逮尊素者，亦从胥江将至浙，泊舟驿下，横索供应，强攫市人鸡豕。市人争之，被殴，行路人皆怒，不呼而集者数百，牵其两舟燔之，尉皆负伤，独身跳，驾帖尽矣。又闻郡中有变，不敢入郡门，竟乞食。至浙，浙抚臣为谕尊素，遣至京，亦竟不成开读礼。

吴民既愤激，一时蹶张，而后甚悔，虑重顺昌罪也。又不测上官意云何，故嚣然之形似息而实人人自危。抚臣十日三拜疏，初谓变出士民，最后分列颜佩韦等十一人，竟不忘情于痛哭之子衿矣。或微言讽顺昌："覆水势成矣，何徒自苦？"顺昌叹曰："顺昌小臣也，敢引大臣不辱之义自裁乎？知此行必死，死见高皇帝，请殛元凶，以肃清朝廷，此愿毕矣。诸君第记吾言，他日为作传可也。"手书别相知，中有云："惟有竖起脊梁，炼成一铁汉，期不负知己耳。"乃以三月廿六日间行，人无知者。独诸生朱祖文策蹇从之，所以左右维护者无遗力，其后竟以劳悴，且不胜愤懑，发病死。顺昌既行，而讹言日起，士民杌捏不安，转相告语，有言尽洗一乡民者，至扶携奔窜，自通津以北，梱载相望，巷无居人，官府禁而愈嚣。凡一月余，始得旨，收颜佩韦等付狱，黜降生员王节、刘羽仪、王景皋、殷献臣、沙舜臣凡五人。当是时，赖寇郡侯慎、陈太令文瑞、金司训一鳌委务积诚，以死争于两台，得不成大狱。徐太常如珂，又力争于朝，故得从薄罚，抚臣意殊怏怏。由是民奠厥居，不至鸟飞兽溃，而于顺昌庶几生还之望矣。

顺昌初就诏狱，京师地震、水溢、王恭厂灾，天变屡告，而逆珰愈肆酷锻炼。顺昌受刑倍惨，身无完肤，骂不绝口。贼臣许显纯搥落其齿，齿尽落，显纯自起问曰："能复骂否？"顺昌噀血溅其面，骂益厉，因触石碎首。复送至狱，狱卒颜紫手殒之。掷尸墙外夹巷中，三日乃出。丧至吴，远近吞声咽泪，大风拔木飞石，三日夜乃息。佩韦等闻之，大哭曰："我辈死无所憾，愿从吏部共殛贼，幸矣。"五人咸慷慨就刑。

越明年，天地清宁，恭膺今上即位，神武天挺，元凶魏忠贤、崔呈秀等置诸法，籍其家玉帛、珍奇、金银无算，二凶亦相继自缢，诏剖棺磔斩，又逮虎彪倪文焕等拟辟。赠顺昌太常卿，荫一子入监读书，寻赐谥建祠。而诸生王节等亦得还列黉序。逆珰僭祠遍海内，其在苏者虎丘之南数百武，垂成而奉旨拆毁。吴之缙绅因废基敛五人遗骸以葬，并峙五冢，树碑隆然，表之曰"五人之墓"。抚臣者以迁秩还家，对客读邸报，默然入内，客未别而闻哭声，抚臣暴卒矣。又广陵人士言，文焕白昼见五人严装仗剑，容装甚厉，驰入中堂，已而旌旗卫从数十人道顺昌来，冠服俨然而坐，文焕大惧，率妻孥叩头祈哀，庭下石井栏自起舞空中，良久坠地，声如霹雳，乃腾空去。《史记》灌将军事自昔有之，今吏部节烈过将军，文焕阴贼甚于武安，其言当信然耳。

抑余深有慨焉。东南泽国中，吴号为怯薮。佩韦亦孱然市人耳，生平见县薄尉，面赤声颤不成语，一旦临难，气雄百夫，搤虎吭而徒手辱之，竟使权珰挫焰，缇骑不复出都门。昔何以懦，今何以壮也？青衿赴义解难，几及于难，而义卒归之。青衿初不识五人，五人非藉手青衿，近追葛义士，上不愧陆少保，谁谓吴侬轻薄哉！至于祖文捐躯千里外，尤人情所难。昔缪肜[⑦]、戴就[⑧]、陆续[⑨]数君子，有惨被五毒而口无异辞者，有托身卒伍以周旋终事者，彼其侠骨劲气，至今犹在人间。然犹曰："功曹所以报太守也。"今此诸君，非有不解之谊，反兵之仇，孰擅孰殴而为此。设使吏部有丝毫之矫伪，诸君有丝毫之顾虑，其孰能之哉？不出二年，其间倚祸倚福、降灾降祥，古未有捷而不爽若斯之甚者。虎丘百亩之宫，倏焉画栋朱甍，使贵游子弟不敢睨于门；倏焉荒冢寒原，使村翁牧竖相顾而叹息。每见破壁弃社，辄笑阜城之骨不得与五人分一抔之土也。噫嘻！九月霜岸长，芙蓉抱香死⑩。谁不死者，谁得死者？

五湖波臣记。

（金日升《颂天胪笔》卷二一）

**【注】**

① 脱粟：糙米；只去皮壳、不加精制的米。《晏子春秋 · 杂下二六》："晏子相景公，食脱粟之食。"《史记 · 平津侯主父列传》："食一肉脱粟之饭。"司马贞《索隐》："脱粟，才脱谷而已，言不精凿也。"陆龟蒙《〈杞菊赋〉序》："我衣败绨，我饭脱粟。"

② 稽停：迟滞，停留。《三国志 · 吴志 · 孙策传》："有顷，主簿复入白坚：'南阳太守稽停义兵，使贼不时讨，请收出案军法从事。'"《晋书 · 刘隗传》："凡诸征发租调百役，皆有稽停。"

③ 摇惑：迷惑动摇。明郎瑛《七修类稿 · 国事七 · 英宗复位实录》："小人因众摇惑之际，平日为于谦掌兵而不得遂私，遂驾祸于公。"

④ 趣装：速整行装。张孝祥《水调歌头》："趣装入觐，行矣归去作盐梅。"明宋濂《亡友陈宅之墓铭》："庚子之夏，朝廷遣使者来召濂，趣装上南京，擢为王官。"

⑤ 论列：言官上书检举弹劾。《旧唐书 · 孔戣传》："时吐突承璀以出军无功，谏官论列，坐希光事出为淮南监军。"《朱子语类》卷一三一："魏公何故亦尝论列李丞相？"

⑥ 辟易：退避，避开。《史记 · 项羽本纪》："是时，赤泉侯为骑将；追项王，项王瞋目而叱之，赤泉侯人马俱惊，辟易数里。"张守节《正义》："言人马俱惊，开张易旧处，乃至数里。"王明清《挥麈后录馀话》卷一："瓘指剑以示曰：'瓘虽识大王，但此物不识耳！'皆皇恐辟易而退。"

⑦ 缪肜：缪肜，字豫公，汝南召陵人。《后汉书》卷八一有传。

⑧ 戴就：戴就，字景成，会稽上虞人。《后汉书》卷八一有传。

⑨ 陆续：陆续，字智初，会稽吴人。《后汉书》卷八一有传。

⑩ 九月霜岸长，芙蓉抱香死：李群玉《伤思》："八月白露浓，芙蓉抱香死。"

## 开读传信（苏州）

魏大中之被逮也，故吏部郎周顺昌家居吴门。顺昌素清介，慷慨负大节，生平以忠义自矢。当大中过吴，顺昌周旋累日，与同卧起，临别泛澜，即以女许配其孙。而间谈及中朝新贵，辄切齿痛詈，人人皆目属之。逆珰每遣缇骑出，必使人尾而阴诇其后，既目睹顺昌与大中握手缱绻状，而以逗留既久，缇骑促大中行，语侵顺昌，顺昌张目叱之曰："若不知世间有不畏死男子耶？若曹归而语忠贤，我即故吏部周顺昌也。"因呼忠贤名骂不绝口，观者相顾咋舌。其语闻忠贤，后大中下狱，御史倪文焕即以缔婚一事参顺昌，削籍矣，忠贤恨未已。而先是御史按吴，及中丞之抚吴者毛一鹭，皆以礼文间与顺昌有郤[一]。前抚臣周起元疏参一兵备，宪臣托疾请告，得旨，起元削籍，乃谓疏实顺昌为之。于是，织造内监李实以擅减原题袍段数目追论起元之误运，且谓其托名道学，引类呼朋，各立门户，而周宗建、缪昌期、周顺昌、高攀龙、李应升、黄尊素等为之干请，吴民深恨切齿。先已因山西巡抚柯昶拟戍张慎言疏，忠贤矫旨谓周宗建赃私狼藉，及行抚按追比，久不回奏，而听其逍遥无忌。缪昌期已经削夺，仍补服黄盖，开馆招宾，皆遣缇骑逮问。实疏上，忠贤复谋之崔呈秀等，谓不尽逮无以立威，于是乃复逮起元等五人。实之上疏也，从浙至吴，传闻中丞张筵为款，水陆珍异以数百品计，实不下一箸，中丞颇愧，而最后乃啜茗一瓯，中丞欢，始以顺昌事进，且旁及吴中二三缙绅，欲一网尽之，而实但闻忠贤之恨顺昌，故不敢有所蔓引。或云疏乃中朝借实名为之，实与中丞皆不与闻，其事秘莫知也。是时，缇骑皆挟忠贤叱咤风云，所至守令为之除馆治饩，丞尉以下，小不当意，即廷笞之，至与抚臣抗礼，抚臣事之惟谨。而其所逮系家，索金钱动数千计，皆立破。

昌期、宗建等行未三日而缇骑之逮顺昌者复至吴，吴中沸然。顺昌之里居也，乐为小民申冤理抑，达于当路，诸凡轻徭缓征之事，必顺昌为之倡首，至穷交寒士，游扬援引①，不惜齿颊，以故士民深德之。骤闻其被祸，不胜冤愤，欲以身代，口语藉藉，皆咎中丞。闻报之日，昼晦怪风，暴雨连五日夕如注，平地水深数尺。顺昌家居城外委巷中，荜门萧寂。使命至吴，邑令陈文瑞素贤重顺昌，屏驱从，冒雨夜往告之故，顺昌颜色不变。坐谈良久，令请顺昌入治装。顺昌自卑放后，好学书，喜为人挥洒不倦。比入，简视图籍，为僧濡笔书一署额。妻子环而相向哭，顺昌不为动，语亦不及私。

质明②，顺昌对令尽粥二盂，始改囚服，呼肩舆入。观者枳道③，皆失声。既入公署，候命。署邻督府，中丞密遣人觇之，见百姓无少长蚁附而至，皆愿一识周吏部，有诅有祝，其诅者目中丞为奸党。青衿之士，奔走泥淖，自朝至于日中昃，络绎载途，中丞恐甚，授意邑令请顺昌之邑旁署，具饮食洗沐。士民则亦从之邑署，署隘不能容，皆林立[二]庭中，不忍言退。顺昌家固贫，无担石储，而缇骑勒索不已，顺昌又誓不与一钱，乃士民皆愿为倾赀以助，即居平非好义者，咸无所吝，至有不言姓名投金而去者，贫士贷脩脯，不足，解衣质库中，得少值，即以为赠。缇骑闻之，愈益欲餍其橐，迟三日始宣诏。

是日，复大雨，众闻宣诏后顺昌且就槛车，倾城而赴，皆执香以送，烟涨蔽天，号冤之声震闻数十里，邑令偕顺昌出邑署，众遮道，车不得前。顺昌褰帷好谓之曰："劳苦诸父兄之爱我而愿我少留，此国法也，不可须臾缓，吾与诸父兄从此决矣。"众乃益恸。自邑门至使署，不一里而遥，每数步，众必□之使不前，逾时乃达。既至使署，众益集，署门未启。署逼迩城闉，众登城环立，雉堞皆满，香焚雨中如列炬。城上人呼则城下人应之，城下人呼则城上人亦应之，声愈震。顺昌亦出不意，再拜请解散，而众不为动。时师儒耆老咸会，稍有昌言欲走阙下上书为顺昌称冤者。锦衣之千夫长及缇骑居署内，皆惴惴，欲速中丞入以自强。时兵使者张孝、守寇慎及令文瑞皆心知顺昌冤，相顾作惨然色，又以民情汹汹，故先以告巡按御史徐吉。御史至，前驱呵殿如平时，御史见景色稍异，戒无辟人④。比中丞至，众三呼奇冤，皆迭应。署门左，设两使者位，诸生将待其入坐，朝守令后，欲申伏阙上书之请。而中丞猝欲毕事，甫至，即令启门，士民遂蜂拥先入。时雨小止，地泞泥没膝，诸生皆已不顾。

既入，仰视堂上，设帷幕仪仗，二锦衣列侍，皂衣鹄立，指挥四顾，旁若无人，而最下则杻置镣具，为被逮者蒲伏之所。诸生益不胜愤，至有仰天长号，有呼太祖高皇帝者，语杂不能辨，然尚未有抗言执词以申所欲请。比两使者入，一太学生文震亨迎而告之曰："今日民情士心如此，明公独不为青史计、思所以自爱乎？"中丞蹙额而语曰："固常思之，今且奈何?”生曰:“为今之计,惟有请缓开读,明公据实上闻,谓士民所以迫切呼号者,非有他意,欲徼旷荡之恩以吏部下抚按行勘,如干请有据,而后令就逮,即死且不恨。”中丞故无意听之,而以其言直,遂强露款曲态曰:“为吏部上疏固当,但诸生殊不审耳。以圣怒如此,即上疏能保其有济乎?”生曰:“固也。若圣怒,则何辞之有?今者,实出忠贤矫诏而杀天下贤士大夫,以快其私愤。夫忠贤流毒不止一方,受祸不止一人,特吏部为诸生素所心服,实见其第以口语贾祸,故不避斧锧为之请命,今者疏上,明公□为恺切[5]其言,幸而得请,则吏部再生之日,即明公不朽之年,即不得请,而直道犹存人心不死,明公独不可留此一段清议,以逆折奸人之胆,令稍知顾忌乎?”中丞无以应,第曰:“诸生皆诵法孔子,不闻君臣之义实无所逃,今诏旨在,即君父在也,群聚而哗,岂人臣礼耶?”生曰:“夫岂惟诏旨在,将二祖十宗实式凭[6]焉。睹忠贤矫窃至此,必且速殛之,且明公固诸生曩日所北面事者,倘奉明公之教,得立玉阶方寸地,有如今日之事,必以死争,批鳞折槛,岂异人任,明公奈何教人谄耶?闻诸道路,微知事所自起,故欲明公始终之,今日之举为明公,非为吏部也。”时御史倾听久,见生言激烈,徐语之曰:“诸生第无哗,当商所以善后者。”而中丞曰:“若然,且开读。”生曰:“明公之言,直相绐耳,开读之后,惟有一去,去则惟有一死,何且为?”时缇骑以目相视,耳语谓:“生何为者?”而讶中丞不以法绳诸生。生乃语中丞曰:“诸生今日业已多殉矣,明公弃一官,诸生弃一身,事将有不可知者,明公不闻吴中往事耶?当汪直横时,遣内臣王敬乘传至吴,令诸生抄录方□书,诸生不听,敬令有司逮至驿,欲辱之,诸生持挺伺而击诸途,敬走匿,仅以身免。尚书王恕时巡抚江南,疏奏归曲于敬,敬正法,诸生获免。而生又闻王振之横也,恶祭酒李时勉守正,传旨荷枷国学门,国子生数千人走阙下,欲得振而甘心焉,振惧,时勉得释。今此曹纵虎而翼将,众怒如水火,何恃而不恐,正为明公故保全之耳。”缇骑闻之,皆靡退,而中丞复语曰:“即欲上疏,当俟入台具草。”生曰:“明公一入台,犹得令诸生望见颜色耶?必此地拜疏而后可。”御史乃顾中丞慨然曰:“龙逢比干亦人耳,今日吾两人当勉为之。”而兵使者从旁怂恿亦甚力,事业有绪矣。时生与两使者语相往复,众环听如堵墙,两使者直立泥途中,上则肩相摩,而下至足不能履地,不复具威仪矣。甚嚣众竟不审使者与生作何语。

日已亭午,缇骑见议久不决,手银铛掷之地,有声琅然,大呼曰:“囚安在?”众怒,忽如山崩潮涌,砉然而登,攀折栏楯奋击,一转瞬间,已见缇骑及千夫长皆抱头东西鼠窜,升木登屋,或匿厕中,或以荆棘自蔽,众搜捕之,皆搏颡乞命,身被重伤,无一得免,其逾墙而出者,墙外人复痛箠之,或蹴以屐,屐齿入其脑,立毙。于是,中丞、御史、台察、守令不复相顾。诸生见事已败,皆废然出。而当抢攘间,中丞幕府将佐统骑士至,一卒以刃恫愒,众遂欲夺刃刃中丞,兵使者立捕此卒,鞭之以徇,众稍定。而守慎、令文瑞素能得民,为温言解谕,众乃听中丞出。是日也,微守令与兵使者,中丞几殆。时众皆出一时愤激,非有部署成算,亦不审事已决裂,将不知所终。

会日已旰,而缇骑之至浙逮黄尊素者,舟过城下,乘传至驿,道闻城中有变,不信谓然,挟势需索如故,而驿卒已心易之,皆偃蹇不应,缇骑怒而詈,则亦詈,怒而击,则亦击,而其至市中,市酒脯者强买,市中人亦执而击之,且周呼于城上曰:“缇骑复至矣。”于是,众皆乘势走胥江城下,焚其舟,投其橐于河,而所赍驾帖遂失,不知所在。缇骑迫,皆泅水过西岸，西岸多田父，以耰锄代梃逐之，缇骑生长北地，素不习水，抱片木浮沉数里外，至僻处乃敢登，皆困甚。而众亦已散，则日抵暮矣。

是夕，天乃霁，月色皎然如白昼。郡邑遣人入署，从血肉中扶伤痍者起，皆奄奄气息仅属，闻人声稍厉，则股栗求救。中丞乃发符召卫士介而环使署以护之，而顺昌亦一夕再徙之别署。顺昌至是已无生还之望，第一死足千古矣。

次日，稍辨色，吴中乡大夫以非常举动素服而谒两台及兵使者，求所以敉安地方计。中丞则已夜要御史入台，从灯下草疏告变，五鼓遄发，而出对乡大夫，意色甚恶曰："鼓乱之众，诸老先生蚤出一言，即镇定矣。"盖意谓乡大夫实使之也。疏既上，密行有司，必欲得首事者以报，乃以疑似捕颜佩韦等十三人下狱，而速具爰书，谓谁为声梆号召者，谁为传香萌众者，谁为闾里骁雄同恶相济者，谁为张皇狂叫声闻远迩者，皆子虚乌有之案，甚至有先期出后事归而亦被执。诸人当讯，无一语自辨，第曰："以周吏部之贤，而受祸若此，吾侪小人，当为之死，又何言？"皆谈笑入狱。中丞遂十日三上疏，欲以擒获首乱功自解。疏益秘而御史微泄之，谓："此曹皆徇私倡率，非有公愤。"以实"吴民切齿痛恨"之语，而竟不及冤号一字，佥谓中丞之心死已久之矣。时众尚誓死不肯令顺昌就逮，谣言四布，且大书而揭之通衢，谓众必与俱命。于是，守令皆就顺昌谋，扬言候旨乃发，而俄以一夕调兵水陆振旅，密遣就道，千夫长及缇骑之幸存者，皆以得生出金阊门为庆。守令与顺昌乘舴艋小舟先行，渡关泊旷野间，乃敢宣诏，从草莽毕事，比明而众觉之，则顺昌出已久矣。

时忠贤所遣诇事人之在吴者，踉跄从间道星驰入长安上变曰："江南反矣，尽杀诸缇骑矣。"次至者曰："已劫顺昌而竖旗城门，门昼闭矣。"又次至者曰："已杀都御史矣，绝运道而劫运艘矣。"忠贤闻则大恐，以咎呈秀，跪而数之曰："若语我尽逮五人，而今且激变东南，东南财赋地，失之，异日吾何以成大事？"呈秀惶怖，叩头请死。忠贤叱之出，呈秀迫欲自缢，家人环守之。而李实闻变，亦闭门哭，目尽肿。比中丞疏至，首揆故吴人，病悸不能出，次辅当代拟，而忠贤至阁，尚强为厉色语曰："上震怒甚，必欲尽诛为乱者。"次辅语之曰："公误矣，夫京师仰江南漕粟以百万计，今运期在迩，地方有变，正当示以宽大，而复以严旨激之，脱有他故，谁任其咎？"忠贤不应而入，而阁臣之从政新者意独不谓然。当票拟，从次辅手□疏，握笔欲书，而意绪忽茫然，不能措一语。忠贤促之迫，次辅乃复取拟，得旨谓："顺昌逮至朝廷，自有酌量，小民无知，何得拥众号呼，几成鼓噪，如本日解散，姑不深究"等语，盖已明示抚按可以宽政结局。比中丞再疏至，得□□谓："愚民枉逞政，挤伤旗尉"，则不欲以杀使者名也。而中丞三疏至，乃云："缉获首难狂民，地方帖服"，且有"天网不漏、舆情共愤"等语，忠贤遂谓信然，不复有激变之忧。而会次辅以病卒，首揆出视事[7]，有所受指，于是，漏网渠魁之旨下。锦衣大帅田尔耕亦遂疏及诸生，而前御史戏语吴人之宦于都者曰："周吏部遂真为扶余国主耶。"盖深恨之也。

时吴中日夕狂骇，谓将有坑戮之事，富家皆尽室迁徙。中朝之议，亦必欲于三吴起大狱，先及诸生之抗言者，缇骑亦具书姓名以入，业行逮矣。而忠贤方与其党密谋宫中，时地忽震动，当座鸱吻无故自坠，所幸二小珰皆击死。俄顷，有声如震雷西北起，振撼天地，黑云乘之簸荡，坏民居室，数里无存，巨石从空飞，注如雨，男女死者以数万计，驴马鸡犬皆尽，断臂折足、破额抉鼻者枕籍，街衢咸满。王恭厂旧置火药发，惊象，象狂走，民人遭践，踏死者又无算。时司天占候据实以告曰："地出汹汹有声，是为凶象，其地有殃；地中有声混混，其邑必亡。"又曰："地鸣者，天下兵起相攻，妇寺大乱。"忠贤即杖杀之。是以司天小臣而能执艺事以谏，贤于称颂功德者远矣。变小定，锦衣大帅复以吴中事请忠贤，以变故，心畏，命姑置之。而顺昌竟□死狱中，至死骂不绝口。溷出而其尸糜烂不可复辨，伤感行道。复传旨密令中丞即杀颜佩韦等五人，余各戍遣，督学使者亦降斥诸生有差，姓名俱别有记。中丞复恐生变，不敢显戮于市，给而缚之，以属兵使者，使者流涕而斩于署前。行刑前一日，复暴风大雨如逮顺昌时，拔木杀禾稼，搏激太湖水，漂没民庐，溺死者无数，大江泛溢者数日夕，人皆谓怨气所致。而且知忠贤与呈秀谋，欲尽逮诸党人杀之，实亦吴中为首，故缇骑先行金数千于锦衣大帅，欲以次收捕，冀得遣而苛敛不赀。自吴中事起，天怒人怨，相为感召，忠贤既有戒心，而缇骑亦相戒不敢南指。即黄尊素驾帖已失，第行抚按逮而已。天下皆谓吴中一击，实比博浪椎云。

忆曩者余昧如瓶之戒，几蹈不测，诚不自意全。既全矣，欲绝口不谈往事，而堙户既久，复理蒯缑[⑧]，四方故人见辄以更生相慰劳，所闻有与当日极戾者。夫余且不欲居昌言之实，而肯居草野之名乎？因简故簏，有所纪闻开读传信[⑨]一事，重录而出之。卢生枕上次律瓮中，余乃更愧其言之赘也。

吴市门畸人识。

（金日升《颂天胪笔》卷二二）

**【校】**

［一］"郤"，原作"却"，今改。

［二］"林立"，原作"淋漓"，今改。

**【注】**

① 援引：提拔，引荐。王充《论衡·效力》："文章滂沛，不遭有力之将援引荐举，亦将弃遗于衡门之下。"韩愈《县斋有怀》："名声荷朋友，援引乏姻娅。"

② 质明：天刚亮的时候。《仪礼·士冠礼》："摈者请期，宰告曰：'质明行事。'"郑玄注："质，正也。宰告曰：'旦日正明行冠事。'"南朝梁元帝《和刘尚书兼堂斋宫》："质明摄上宰，诘旦乘轺轩。"

③ 枳道：阻塞道路。沈德符《野获编补遗·吏部·施丐》："贫丐无厌，每值一施，辄三四及诡名以博青蚨。天街阗拥，时或枳道不得前。"

④ 辟人：谓驱除行人使避开。《孟子·离娄下》："君子平其政，行辟人可也。"

⑤ 恺切：恳切。《明史·归善王朱当沍传》："因劝帝法祖宗，重国本，裁不急之费，息土木之工，词甚恺切。"

⑥ 式凭：依靠，依附。《明史·李贤传》："此尧舜用心也，天地祖宗实式凭之。"

⑦ 视事：就职治事，多指政事言。《左传·襄公二十五年》："飨诸北郭，崔子称疾，不视事。"元稹《赠太保严公行状》："疾告久之，有司上言：百日不视事，当絶俸。"

⑧ 蒯缑：用草绳缠结剑柄。《史记·孟尝君列传》："冯先生甚贫，犹有一剑耳，又蒯缑。"裴骃集解："言其剑把无物可装，以小绳缠之也。"元好问《麦叹》："单衣适至骭，一剑又蒯缑。"

⑨ 传信：把确信的事实传告于人。《谷梁传·桓公五年》："《春秋》之义，信以传信，疑以传疑。"

## 施明理恨不能助五人[一]

施明理，字仲昭，性豪侠好义。少时，随父至吴，时魏忠贤欲杀周顺昌，缇骑下逮，颜佩韦等五人奋臂杀之，明理目击其事，语父曰："恨我少，不能助五人也。"父掩其口曰："孺子无妄言然。"心甚奇之。及壮，益为侠，尝因博一日获百余金，时大祲，饿殍载路，明理悉以金置椟殓之。晚始折节读书，生五子，俱成名庠序。伯子达，中康熙五年武科，卒年九十二，举乡饮宾。

（嘉庆《直隶太仓州志》卷三四）

【校】

［一］题目，编者所加。

## 应天巡抚毛一鹭、苏松巡按徐吉四疏[一]

三月十五日，削籍为民周顺昌奉旨被逮，锦衣卫千户张应龙、文之豹约以本月十八日午时开读。沿途士民如堵，汹汹嘈杂。正开读间，纷纷士民号呼，一拥而入，疾声大噪，奔雷掣电之势，几成斩木揭竿之形。奋历呼号，莫可名状，冲突撞击，势甚决裂。随将犯官周仍前拘护，以俟扭解。（应天巡抚毛一鹭、苏松巡按徐吉合疏）

三月十八日午时开读时，合郡人民执香号呼，喧哄阶下，群呼奔挤，声若轰雷。时众官皆围守犯官，而堂下随从惊避，有登高堕下者，或撞门倒压者，有出入争奔、互相践踏者，遂至随从李国柱医治不痊，延至本月二十日身故。（抚按第二疏）

三月十八日，武进县毗陵驿传报，钦差锦衣卫官旗，十八日到驿捧赍开读等因。据生员高世儒之报，父前任都察院左都御史高攀龙，年六十五岁，不幸于十七日溺园池身故。（抚按第三疏）

三月十八日，苏州之鼓噪侵晨、有声梆号召者，为马杰；临期传香盟众者，为颜佩韦；同时有纠聚徒众者，为沈扬；有攘臂先登、迫逐丛殴者，为杨念如、周文元。此皆一时生衅之渠魁，悯不畏死之剧奸，所当速正典刑，以除元凶者也。至如佐哄助焰，则有吴时信、刘应文若而人；跳舞狂言，则有丁奎、季卯孙若而人。均之闾里骁雄，同恶相济，固天网之不漏，亦于法所不赦也。如招摇稠众之中，以城外而呼人于城以内，则许成也；舣舟胥江之浒，以河东而渡凶于河以西，则邹应贞也。固理所不贷也。以肉价之抑勒，而诟谇大作，至祸起旁观，互相佐哄，则屠肆戴镛也；嗔秖应之过索，而张皇狂叫，致声闻远迩，忽生事端，则驿卒杨芳也。均法所难宽也。（抚按第四疏）

（朱长祚《玉镜新谭》卷六）

【校】

［一］题目，编者所加。

# 宅第、祠墓、义风千古坊

## 颜佩韦宅

颜佩韦宅，在阊门外江村桥，明吴县颜佩韦义士所居。初，吏部主事周顺昌乞假里居，数诟詈魏忠贤，忠贤闻而恶之，遂诬顺昌，命逮入京。顺昌有德于乡人，比逮者至，众咸愤怒，殴毙缇骑，巡抚毛一鹭飞章告吴人反。已而，言缚得倡乱者为佩韦及马杰、沈扬、杨念如、周文元等五人，乃论大辟。临刑，延颈就刀，曰："为周吏部死，何恨？"监司张孝流涕而斩之。吴人感其义，合葬于虎丘旁，题曰"五人之墓"。

（范广宪《吴门园墅文献》卷一）

## 五人墓

五人之墓，为颜佩韦、马杰、杨念如、沈扬、周文元。天启六年三月[一]，魏珰忠贤矫诏逮周公顺昌，缇骑暴横，吴民佩韦等愤慨不平，万众拥入，乘开读诏书奋臂狂呼，毙一缇卒，余卒升屋走，或匿斗拱间。而缇骑逮黄公尊素者道胥江，榜笞驿官，众怒，复焚其舟。当事捕佩韦等五人斩之，吴人为旅葬①虎丘山塘，大书墓碑曰"五人之墓"，太仓张庶常溥撰文。

（徐崧、张大纯《百城烟水》卷一）

【校】

［一］"三月"，原误作"四月"，今改。

【注】

① 旅葬：客死葬于他乡。颜之推《颜氏家训·终制》："先君、先夫人皆未还建邺旧山，旅葬江陵东郭。"孟郊《哭李观》："知音既已矣，微言谁能彰。旅葬无高坟，栽松不成行。"

五人之墓，颜佩韦、马杰、杨念如、沈扬、周文元五人，吴中义士也。天启六年三月[一]，魏珰忠贤矫诏逮周公顺昌，缇骑恣睢暴横，吴民罢市，佩韦等愤慨不平，乘开读诏书万众拥入，奋臂狂呼，毙一缇卒，余卒升屋走，或匿斗拱间。而缇骑逮黄公尊素者道胥江，榜笞驿官，众怒，复焚其舟。事闻魏珰，大惊，自后缇骑不复遣，巡抚毛一鹭名捕①佩韦等五人斩之，吴人为旅葬虎丘山塘，大书墓碑曰"五人之墓"，太仓张庶常溥撰文。

（顾湄《虎丘志》卷五）

【校】

［一］"三月"，原误作"四月"，今改。

【注】

① 名捕：通缉，指名逮捕。《汉书·鲍宣传》："时名捕陇西辛兴。"颜师古注："诏显其名而捕之。"岳珂《桯史·都胥增损文书》："有黠盗刘花五者聚党剽掠，官司名捕，累载弗获。"

五人墓，在山塘。《长洲志》：明天启年，逆阉魏忠贤煽恶，酷戕忠良。时周顺昌以抗[一]

直矫旨被逮，五人公愤，夺击缇骑至毙。巡抚毛一鹭戮请于市，士大夫哀之，捐金购[二]首，合其尸，敛之葬此。吴太仆默题其墓曰“五人之墓”，韩馨书，杨贡士廷枢表之曰“义风千古”。五人者，颜佩韦、杨念如、马杰、沈扬、周文元。文震孟有《募恤五人后碑》，张溥《记》。

（陆肇域、任兆麟《虎阜志》卷三）

【校】

［一］“抗”，原误作“杭”，今改。

［二］“购”，原作“搆”，今改。

五人之墓，在葛贤墓东，明天启六年三月[一]，魏珰忠贤矫诏逮周顺昌，士民数千人拥至署。开读诏书，缇骑掷银铛厉声曰：“东厂逮人，鼠辈何敢纷纷？”市人佩韦曰：“吾以为旨出朝廷，乃东厂耶？”众怒，奋臂毙一缇卒，余卒升屋，或匿斗拱间。巡抚毛一鹭上其事，杀颜佩韦、沈扬、周文元、马杰、杨念如五人于市，旅葬山塘，题曰“五人之墓”，太仓张庶常溥撰文。时校尉逮黄公尊素者道胥江，榜笞驿官，众怒，复焚其舟，缇骑逸去。

（张大纯《采风类记》卷四）

【校】

［一］“三月”，原误作“四月”，今改。

明五人墓，在山塘，墓即普惠生祠，毛一鹭所建以媚珰者。《长洲志》：明天启年，逆阉魏煽恶，戕害忠良。时周忠介公顺昌以抗直矫旨被逮，五人公愤，夺击缇骑至毙。巡抚毛一鹭戮请于市，士大夫哀之，捐金得首，合其尸，敛葬于此。吴太仆默题其墓曰“五人之墓”，碑为韩贞文馨八龄时所书。五人者，颜佩韦、杨念如、马杰、沈扬、周文元也。文震孟有《募恤五人后碑》，张溥《记》。道光十年，吴云补书嵌祠壁。又，韩對书“奋乎百世”四字，并作记，勒石祠垣。

（顾禄《桐桥倚棹录》卷五）

五人之墓，在虎丘山塘。五人者，颜佩韦、杨念如、马杰、沈扬、周文元也。天启间，逆阉魏忠贤矫旨逮吏部周顺昌，五人公愤，倡众击缇骑至死，因被戮。士民哀之，敛葬白堤之东，吴太仆默题曰“五人之墓”，杨解元廷枢表为“义风千古”，张太史溥作《五人墓碑记》。

（乾隆《元和县志》卷一九）

## 五人祠

五人祠，在山塘五人墓内，祀明颜佩韦、杨念如、马杰、沈扬、周文元。

（顾禄《桐桥倚棹录》卷四）

## 义风千古坊

义风千古坊，在山塘。为明颜佩韦等五人立，杨廷枢书。

（顾禄《桐桥倚棹录》卷六）

# 五人墓题咏一卷

## 诗

### 1　题五人之墓[一]

李继贞

义士杀人都市中，姓名不藏身不匿。明知国法炽如炉，况是钳网当罗吉[二]①。挺身就狱[三]不辞家，无劳伍伯②来相逼。夜提铃，昼设棘[四]，空令五人笑不必[五]。一尉一人抵，于法自相匹。即令倍偿之，二三亦已毕。何烦五命酬一贼，但取无失大珰心[六]，人命草菅何足恤[七]。临刑骈首听青锋③，相顾慷慨无变色。嗟乎！五人生为义士死作神，不然厉鬼除君侧[八]。

（张大纯《采风类记》卷四，又见顾湄《虎丘志》卷五、陆肇域、任兆麟《虎阜志》卷三、汪学金《娄东诗派》卷八）

**【校】**

［一］诗题，《虎丘山志》《虎阜志》无，《娄东诗派》作“五人咏”。

［二］“明知国法炽如炉，况是钳网当罗吉”句，《娄东诗派》缺。

［三］“狱”，《虎丘山志》《虎阜志》《娄东诗派》均作“吏”。

［四］“夜提铃，昼设棘”前，《娄东诗派》有“此时上官方自功，御此五人如束湿”句。

［五］“空令五人笑不必”，《娄东诗派》作“五人齿冷笑不必”。

［六］“心”，《娄东诗派》作“意”。

［七］“恤”，《娄东诗派》作“惜”。

［八］“临刑骈首听青锋”至“不然厉鬼除君侧”，《娄东诗派》作“嗟乎！五人临刑慷慨无变色，死为厉鬼除君侧。”

**【注】**

① 罗吉：罗钳吉网，谓酷虐诬陷，《资治通鉴·唐玄宗天宝四载》：“李林甫欲除不附己者，重用酷吏罗希奭、吉温，二人皆随林甫所欲深浅，锻炼成狱，无能自脱者，时人谓之‘罗钳吉网’。”

② 伍伯：役卒，多为舆卫前导或执杖行刑。《后汉书·舆服志上》：“大车，伍伯璅弩十二人。”韩愈《寄卢仝》：“立召贼曹呼伍伯，尽取鼠辈尸诸市。”蔡絛《铁围山丛谈》卷四：“呼伍伯辈，令二人持此木偶，掷之江中。”

③ 青锋：青锋剑，剑身寒光闪烁，锋芒毕露。元郑廷玉《楚昭公》第四折：“不争为青锋剑揽惹了那场灾，还落得赤绳书接受了这重喜。”

## 2　五人墓[一]

周永年

阉人魏，窃国柄。君子退，小人进。忠言入，缇骑出。到苏城，虎而翼。逮乡绅，周吏部。一家哭，万民怒。倾吴城，挤公府。哄排击，奋勇武。众尉逃，一尉仆。义愤激，死不顾。抚按疏，达枫宸①。中旨下，五人刑。冤思号，愁云生。存公道，在斯民。让王②国，侠烈名。后葛贤③，前五人。

（陆肇域、任兆麟《虎阜志》卷三）

【校】

［一］诗题，编者所加。

【注】

① 枫宸：宫殿。宸，北辰所居，指帝王居所。汉代宫庭多植枫树，故称。何晏《景福殿赋》："芸若充庭，槐枫被宸。"王安石《贺正表》："臣尚依枌社，独隔枫宸，缅瞻朝著之班，窃慕封人之祝。"

② 让王：泰伯。《论语·泰伯》："子曰：'泰伯，其可谓至德也已矣。三以天下让，民无得而称焉。'"《史记·吴太伯世家》："吴太伯、太伯弟仲雍，皆周太王之子，而王季历之兄也。季历贤，而有圣子昌，太王欲立季历以及昌，于是太伯、仲雍二人乃奔荆蛮，文身断发，示不可用，以避季历。季历果立，是为王季，而昌为文王。太伯之奔荆蛮，自号句吴。荆蛮义之，从而归之千余家，立为吴太伯。"

③ 葛贤：顾湄《虎丘志》卷五："葛贤墓，万历二十九年六月，吴人葛成以蕉扇招市人，杀税监参随，遂自诣狱。吴人义之，乃更其明曰贤。成未死时，江淮间称为葛将军，舟船赛祭之，辄有验。后十余年，赦归。病卒，葬五人之墓西数武。文文肃公震孟大书墓碣曰'有吴葛贤之墓'，陈征君继儒撰墓碑。"《虎阜志》卷三："葛贤墓，在五人墓西。《府志》：贤初名成，万历二十九年内监孙监私榷税于苏，势张甚，成以蕉扇招市人共击，杀阉党士人，焚其家四府，税钱由是止。吴人义之，呼为葛将军，郡守改其名曰贤。系狱十余年，得释，庐于五人之墓侧，卒遂葬焉。"

## 3　五人墓

李继白

昔闻五人名，今过五人墓。五人墓上草青青，松桧凌寒鸦满树。我来凝望一停舟，断竭争光石火流。当时逆珰恶煽主，忠良一一遭屠刘①。罗钳吉网群相济[一]，驰马飞来尽矫制。臣节甘心诏狱行，居人掩袂皆流涕。正气激烈[二]势难撄[三]，电迅雷轰天地崩。亿兆同心奋一击，缇骑手格如鹯鹰。五人登先为一死，黄昏燐火青山里。君不见，田横门客[四]②未知名，留取五人光汗史。

（徐崧、张大纯《百城烟水》，又见张大纯《采风类记》卷四、五人墓书条石）

【校】

［一］"济"，《百城烟水》作"附"。

［二］"激烈"，《采风类记》作"凌烈"。

［三］"撄"，《采风类记》作"膺"。

［四］"门客"，《采风类记》作"之客"。

【注】

① 屠刘:屠杀。明宋濂《鲍氏慈孝堂铭》:“至元丙子,郡将李世达军叛,群寇相挺而起,肆其屠刘。歙民相惊,皆风雨散去。”

② 田横门客:司马迁《史记·田儋列传》:“田横之高节,宾客慕义而从横死,岂非至圣,余因而列焉。”明袁可立《蓬莱阁怀古》:“秦皇踪已沉,汉武终阙望。田横五百人,至今堪惆怅。义城鲁仲连,功成甘退让。千载有同心,感时怀高尚。”

【札】

## 吴郡西山访古录·李继白《五人墓》诗刻

李继白《五人墓》诗刻,正书,顺治辛丑菊月上浣,邺下李继白梦洲甫草。书条一石,砌五人祠壁。梦洲,河南临漳人,著有《江游草》,余昔居汴梁时曾见其刻本。

(李根源《吴郡西山访古记》卷五)

## 4 山塘吊五人墓兼怀周忠介公[一]

李之椿[二]

乱贼儿孙拥,安危呼吸争。五人能就死,众正始俱生。矫逆原非[三]诏,拳凶不为名。忠魂今尚在,时映夕霞明。

(徐崧、张大纯《百城烟水》,又见陆肇域、任兆麟《虎阜志》卷三)

【校】

[一] 诗题,《虎阜志》作“虎丘吊五人墓并怀周忠介公”。

[二] “椿”,《百城烟水》误作“春”,从《虎阜志》改。

[三] “非”,《虎阜志》误作“飞”。

## 5 五人墓

黄承圣

山塘西去白公堤①,芳草才生蹴马蹄。寒食踏青归去晚,傍人新月映清溪。

(徐崧、张大纯《百城烟水》)

【注】

① 白公堤:即今山塘街,自虎丘至阊门,白居易任苏州刺史期间主持疏浚山塘河时修筑。

## 6 五人墓

吴如晦

尚公①坐,群儿趋。清流士,当受诛。周吏部,洒别泪。尚公闻,槛车逮。吏部行,吴民惊。毛开府②,喑无声。校尉言,尚公诏。嗟鼠辈,勿聚啸。谓汝诏,出天子。尚公谁,恶敢尔。五人呼,万人起。缇帅血,滴泥里。此五人,良非愚。慷慨死,真丈夫。虎丘南,飙以驰。巍然者，尚公祠③。祠未成，冰山④倾。山南土，俄已平。废基下，新碑树。巍然者，五人墓。

（陆肇域、任兆麟《虎阜志》卷三）

【注】

① 尚公：宦官魏忠贤。

② 毛开府：应天巡抚毛一鹭，魏忠贤干儿。

③ 尚公祠：魏忠贤普惠生祠，在虎丘东山塘街上，毛一鹭所建，内有魏忠贤塑像，五人墓即其祠之址。

④ 冰山：冰冻形成的山。冰山遇天气转暖即消融，故亦以比喻不可长久依赖的靠山。五代王仁裕《开元天宝遗事》卷上："杨国忠权倾天下，四方之士，争诣其门。进士张彖者，陕州人也，力学有大名，志气高大，未尝低折于人。人有劝彖令修谒国忠，可图显荣。彖曰：'尔辈以谓杨公之势，倚靠如泰山，以吾所见，乃冰山也，或皎日大明之际，则此山当误人尔。'后果如其言。"

## 7　五人赞

金之俊

天挺忠义，不于衣冠。笃生五人，陡砥狂澜。明季珰焰，善类几殚。一二有心，目睨而叹。举国寒蝉，谁发其奸。缇骑纵横，忠介被残。五人义愤，沥血被丹。誓不返顾，赴死如湍。博浪一击，忠良始安。党锢株连，实赖以宽。杀身成仁，义勇桓桓。爰旌厥墓，芳名弗刊。千载而下，凭吊耸观。

（张大纯《采风类记》卷四）

【札】

李根源《吴郡西山访古记》卷五："《五人赞》，正书，康熙戊申冬十月，予告太傅大学士金之俊题。书条二石，砌五人祠壁。"

## 8　五人之墓

尤　侗

阊门轰轰来缇骑，吏部挺身就拘系。满城罢市相呼至，校尉锒铛①声何厉。东厂逮官乃无忌，哄然一击群狐毙，愿与周公同入地。颜佩韦，自奇士，一时五人争殉[一]义。后人瘗②之虎丘寺，剑池③月明魂魄厉。君不见，魏与崔④，断棺斩尸扬其灰。松耶柏耶⑤安在哉？五人墓之长崴巍。

（张大纯《采风类记》卷四）

【校】

［一］殉，原作"狥"，今改。

【注】

① 锒铛：铁锁链，拘系罪犯的刑具。《后汉书·崔寔传》："献帝初，钧与袁绍俱起兵山东，董卓以是收烈付郿狱，锢之，锒铛铁锁。"

② 瘗：掩埋，埋葬。

③ 剑池：在虎丘山，石崖上篆书"剑池"二字，石壁上刻高启《阖闾墓》诗："水银为海接黄泉，一穴曾

劳万卒穿。谩说深机防盗贼,难令朽骨化神仙。空山虎去秋风后,废榭乌啼夜月边。地下应知无敌国,何须深葬剑三千。”袁宏道《虎丘记》:“剑泉深不可测,飞岩如削。”《越绝书》:“池广六十步,水深丈五尺,铜椁三重,坟池六尺,玉凫之流、扁诸之剑三千,方圆之口三千,时耗、鱼肠之剑在焉。”《吴地记》:“阖闾葬此山中,发五郡之人作冢,铜椁三重,水银灌体,金银为坑。”《吴郡志》:“剑池,吴王阖闾葬其下,以扁诸、鱼肠等剑各三千殉焉,故以剑名池。”《吴郡图经续记》:“旧传秦皇求剑,地裂为池。《太平寰宇记》云:‘山涧是孙权所发,以求阖闾宝器。’是非未可必也。”《吴趋访古录》:“吴王阖闾葬此,以扁诸、鱼肠剑为殉。始皇发阖闾冢,求剑无所得,其凿处遂名剑池。”

④ 崔:崔呈秀,魏忠贤干儿,阉党魁首。

⑤ 松耶柏耶:墓旁所植之松柏。仲长统《昌言》:“古之葬,松柏梧桐以识其坟。”

## 9 五人墓[一]

王士禛[二]

流连虎阜游,宛转山塘路。石门映回波,英灵此中聚。满坛[三]松桂[四]阴,落日青枫树。生傍伍胥潮①,死近要离墓②。千秋忠介坟,鬼雄誓相赴。酹酒拂苍碑,寒鸦自来去。

(顾湄《虎丘志》卷九,又见张大纯《采风类记》卷四、陆肇域、任兆麟《虎阜志》卷三、释佛海《虎丘缀英志略》卷上、乾隆《苏州府志》卷三〇、道光《苏州府志》卷一四三、同治《苏州府志》卷四九、徐世昌《晚晴簃诗汇》卷二九)

**【校】**

[一] 诗题,《虎阜志》《虎丘缀英志略》无,《采风类记》作“题五人墓”,《晚晴簃诗汇》作“五人墓”。

[二] “禛”,《虎阜志》误作“正”,乾隆、道光、同治《苏州府志》以及《虎丘缀英志略》作“祯”。

[三] “坛”,《采风类记》误作“檀”。

[四] “桂”,《采风类记》作“桧”。

**【注】**

① 伍胥潮:《吴越春秋·夫差内传》:“吴王乃取子胥尸,盛以鸱夷之器,投之于江中……子胥因随流扬波,依潮来往,荡激崩岸。”元杨维桢《钱塘怀古率堵无傲同赋》:“劫火自焚杨琏塔,箭锋犹抵伍胥潮。”陈维崧《浣溪纱·雨中由枫桥至齐门》:“荠菜绿平齐女墓,梨花雪压伍胥潮。”

② 要离墓:绍定《吴郡志》卷三九:“要离墓,在阊门外金昌亭傍。”正德《姑苏志》卷三四:“要离墓,在吴县西四里阊门南城内。《吴地记》曰在泰伯庙南三百五十步。”要离,春秋时吴国刺客,吴王阖闾派他谋刺出奔在卫的王子庆忌,要离请吴王断其右手,杀其妻子,诈称得罪出逃,及至卫国,见庆忌,庆忌喜而与之谋,同舟渡江时,庆忌被他刺中要害。庆忌释令归吴,他行至江陵,伏剑自杀,事见《吕氏春秋·忠廉》、袁晔《吴越春秋·阖闾内传》、《史记·鲁仲连邹阳列传》等。汉邹阳《狱中上书自明》:“然则荆轲湛七族,要离燔妻子,岂足为大王道哉!”葛洪《抱朴子·嘉遁》:“要离灭家以效功。”

## 10 五人之墓

汪 筠

五人烈烈者,死傍要离墓。松子落残碑,归鸦啼日暮。

(张大纯《采风类记》卷四)

## 11　五人之墓

王晋锡

何处松风声策策，五人墓在山之侧。墓门镌字焕丹青，道旁碑记留文墨。从容就死甘如饴，求之史书仅见之。君门万里渺难涉，一腔热血空淋漓。君不见，汉家党锢祸名士，宋代党人尽君子。自来奇冤何代无，赢得芳名照青史。但愿朝廷举用皆正人，可使布衣安分，不至感愤轻其身。

（张大纯《采风类记》卷四）

## 12—13　五人墓二绝句

王式丹

### 其　一

日星正气匹夫伸，愧死衣冠拜跪人。肖像生祠俱已矣，五人之墓高嶙峋。

### 其　二

古木苍烟照水湄①，犹应叱咤见精神。游人只问真娘墓②，谁把椒浆③酹五人。

（王式丹《楼村诗集》卷一二）

【注】

① 湄：水边。《诗经·魏风·伐檀》："坎坎伐轮兮，置之河之湄兮，河水清且沦猗。"

② 真娘墓：在苏州虎丘山，墓旁石刻"香魂"二字，墓有亭，其联一曰："香草美人邻，百代艳名齐小小；茅亭花影宿，一泓清味问憨憨。"二曰："半丘残日孤云，寒食相思陌上路；西山横黛瞰碧，青门频返月中魂。"真娘，一作贞娘，唐范摅《云溪友议》卷六："真娘者，吴国之佳人也，时人比于钱塘苏小小，死葬吴宫之侧，行客慕其华丽，竞为诗题于墓树。"白居易《真娘墓（墓在虎丘寺）》："真娘墓，虎丘道。不识真娘镜中面，唯见真娘墙头草。霜摧桃李风折莲，真娘死时犹少年。脂肤荑手不牢固，世间尤物难留连。难留连，易销歇，塞北花，江南雪。"刘禹锡《和乐天题真娘墓》："薝卜林中黄土堆，罗襦绣黛已成灰。芳魂虽死人不怕，蔓草逢春花自开。幡盖向风疑舞袖，镜灯临晓似妆台。吴王娇女坟相近，一片行云应往来。"李绅《真娘墓并序》："吴之妓人歌舞有名者，死葬于吴武丘寺前，吴中少年从其志也。墓多花草以满其上。嘉兴县前亦有吴妓人苏小小墓，风雨之夕，或闻其上有歌吹之音。一株繁艳春城尽，双树慈门忍草生。愁态自随风烛灭，爱心难逐雨花轻。黛消波月空蟾影，歌息梁尘有梵声。还似钱塘苏小小，只应回首是卿卿。"沈亚之《虎丘山真娘墓》："金钗沦剑壑，兹地似花台。油壁何人值，钱塘度曲哀。翠余长染柳，香重欲薰梅。但道行云去，应随魂梦来。"张祜《题真娘墓（在虎丘西寺内）》："佛地葬罗衣，孤魂此是归。舞为蝴蝶梦，歌谢伯劳飞。翠发朝云在，青蛾夜月微。伤心一花落，无复怨春辉。"李商隐《和人题真娘墓（真娘吴中乐妓墓在虎丘山下寺中）》："虎丘山下剑池边，长遣游人叹逝川。罥树断丝悲舞席，出云清梵想歌筵。柳眉空吐效颦叶，榆荚还飞买笑钱。一自香魂招不得，只应江上独婵娟。"谭铢《真娘墓》："武丘山下冢累累，松柏萧条尽可悲。何事世人偏重色，真娘墓上独题诗。"罗隐《姑苏真娘墓》："春草荒坟墓，萋萋向虎丘。死犹嫌寂寞，生肯不风流。皎镜山泉冷，轻裾海雾秋。还应伴西子，香径夜深游。"

③ 椒浆：以椒浸制的酒浆，古代多用以祭神。《楚辞·九歌·东皇太一》："蕙肴蒸兮兰藉，奠桂酒

兮椒浆。”《汉书·礼乐志》:“勺椒浆,灵已醉。”唐王维《椒园》:“椒浆奠瑶席,欲下云中君。”朱彝尊《六聘山中吊晋处士霍原》:“祠墓久摧没,末由酹椒浆。”

## 14　五人墓

彭定求

偶泛蒲舠绕郭来,摩挲墓碣久徘徊。重看俎豆登[一]乡社[二],尚想干掫①捍党魁[三]。白刃争撄千载烈,青云并附九京哀。萧萧松柏凌秋爽,遗臭生祠[四]安在哉?(自注:墓为毛抚建魏逆生祠处。[五])

(沈德潜《清诗别裁集》卷一〇,又见陆肇域、任兆麟《虎阜志》卷三、邓之诚《清诗纪事初编》卷三引彭定求《南畇诗稿》卷七)

**【校】**

[一]“登”,《虎阜志》作“祭”。

[二]《清诗纪事初编》引彭定求《南畇诗稿》有注:“春秋祭典废而重复。”

[三]《清诗纪事初编》引彭定求《南畇诗稿》有注:“文文肃公辈,以缇骑之击得免于逮,故公表扬五人。”

[四]“遗臭生祠”,《清诗纪事初编》引彭定求《南畇诗稿》作“灰劫销沉”。

[五]“自注”云云,《虎阜志》无。

**【注】**

① 干掫:夜间巡逻击捕,亦指捍卫。《左传·襄公二十五年》:“陪臣干掫有淫者,不知二命。”杨伯峻注:“干掫有淫者即巡夜捕击淫者。”沈德符《野获编·畿辅·四辅城》:“立四辅以拟三辅,为非时干陬之用。”

## 15—19　五人墓

虞景星

### 其　一

如此昂藏七尺身,何妨慷慨污轮。哪知冠盖忧心切,不及屠沽慕义真。烈日土花凝碧血,清霜烟草没青燐。山塘塘半人如蚁,万古金阊只五人。

(五人墓书条石,又见陆肇域、任兆麟《虎阜志》卷三)

### 其　二

庸仲楚楚铁铮铮,任是龙鳞且逆婴。一刻奋身终奋义,千秋埋骨不埋名。孤臣只道宁甘死,珰逆何尝得料生。缇骑看来天受命,人生容易占佳城。

(五人墓书条石)

### 其　三

哪分蝉翼与千钧,身死翻将志一伸。热血未勘酬社稷,微躯犹可赠亲邻。得香白骨无多地，不玷青山有几人。正气独存公论在，乱民倒底是良民。

（五人墓书条石）

### 其　四

享祀绵绵到穸窀[①]，潢污涓滴总恩纶。冢边苦竹号风雨，门外寒泉泣鬼神。生恨阎罗非是我，死悲上柱却无人。腥膻变作馨香地，万古坤舆少毒尘。

（五人墓书条石）

### 其　五

巍巍高冢屹丰碑，义烈芳名得久垂。鼎沸瓦奔梦日，雷轰电掣岁寒时。同声鹃鸟分啼血，异室荆花合跗枝。忠介精诚何处托，只论公道不论私。

（五人墓书条石）

【注】

① 穸窀：坟墓。赵翼《灵谷寺》："贪念图穸窀，雄心侈土木。总在逆料内，增荣肉身肉。"

## 20　五人墓

黄叔琳

屈膝齐称子，损躯尚有人。生宁同宦寺，死为惜忠臣。魄夺回缇骑，祠推曜鬼燐。幽光增党籍，何异宋安民。

（陆肇域、任兆麟《虎阜志》卷三）

## 21　半塘吊五人墓

孔传铎

直是歼凶阉，千秋气共伸。由来殉义客，何必读书人。胜国[①]山河改，巍坟俎豆新。三良[②]空惴惴，殊让尔精神。（止十字，已为五人吐气。[一]）

（沈德潜《清诗别裁集》卷一三，又见陆肇域、任兆麟《虎阜志》卷三）

【校】

[一]"止十字，已为五人吐气"，《虎阜志》无。

【注】

① 胜国：被灭亡的国家。《周礼·地官·媒氏》："凡男女之阴讼，听之于胜国之社。"郑玄注："胜国，亡国也。"明宋濂《故翰林待制承务郎兼国史院编修官柳先生传》："隆山牟公应龙，得太史李心传、史学端绪，且谙胜国文献渊源之懿，仪章、官簿、族系，如指诸掌。"

② 三良：三贤臣。说法不一，一说为秦穆公时的奄息、仲行、针虎。《诗经·秦风·黄鸟序》："黄鸟，哀三良也。国人刺穆公以人从死，而作是诗也。"毛传："三良，三善臣也。谓奄息、仲行、针虎也。"《史记·蒙恬列传》："昔者秦穆公杀三良而死，罪百里奚 而非其罪也，故立号曰'缪'。"刘勰《文心雕龙·哀吊》："昔三良殉秦，百夫莫赎。"苏辙《和子瞻凤翔八观·秦穆公墓》："三良百夫特，岂为无益死？"一

说为春秋时郑国的叔詹、堵叔、师叔。《左传·僖公七年》:"郑有叔詹、堵叔、师叔三良为政,未可间也。"一说为晋时的王导、郗鉴、庾亮。《晋书·陆玩传》:"寻而王导、郗鉴、庾亮相继而薨,朝野咸以为三良既没,国家殄瘁。以玩有德望,乃迁侍中、司空,给羽林四十人。"

## 22 五人墓行

邵长衡

春光淡[一]沲①山塘路,游丝晴絮娇芳树。路旁剥落三尺碑,云是前朝五人墓。借问五人谁?中间突兀颜佩韦。东西四冢排累累,墓门昼锁松风回。书生曾读前朝史,依稀能说前朝事。天启年间岁在寅,缇骑四出惊狂猘②。此时一舸飞吴阊,罽③鞋绣袄来昂藏④。吏部短衣出就逮(自注:周忠介顺昌[二]),观者拥塞如堵墙。轰薨万口哪可辨,哭声震天日色黄。五人大呼奋臂起,形势欻忽⑤戹蜚螗⑥。谁何一校先横尸,中丞却避御史忙。诏收弃市罪激变,至今死骨传芬芳。忆昔逆阉恣涂炭,锲斧铜瓮衣冠殃。诸公骈首填牢户,东林首指左与杨。篢舆⑦就考备五毒⑧,尸虫啮肌不得葬。委鬼更灼爇天焰,穹祠金榜蛟龙翔。凤阙敢拟至尊埒,龟趺⑨忍立成均旁。往往嵩呼⑩九千岁,冕旒衮玉争辉煌。宁知势歘顿翻覆,阜城自绝阉奴[三]吭。生祠处处毁斥尽,木石估值充边防。岂惟阉祠旋毁撤,廿年变故哪能说。鼎湖凫雁飞满天,钟山天寿狐狸穴。玉匣珠襦夜不扃,皇陵白骨愁冬青。眼前寂寞一抔土,参天桧栢苍虬⑪鳞。年年寒食山桥畔,指点飞花说五人。(顺序魏阉之流毒,势便平直,此击从缇骑后,用"忆昔"二字追叙,自得顺逆相生之法。末幅苍凉激壮,一往神来。[四])

(沈德潜《清诗别裁集》卷一五,陆肇域、任兆麟《虎阜志》卷三,又见乾隆《元和县志》卷三二)

【校】

[一]"淡",《虎阜志》《元和县志》作"澹"。

[二]"自注"云云,《虎阜志》《元和县志》无。

[三]"奴",《虎阜志》《元和县志》作"收"。

[四]"顺序魏阉之流毒"云云,《虎阜志》《元和县志》无。

【注】

① 淡沲:淡沱,形容风光明净。杜甫《醉歌行》:"春光淡沲秦东亭,渚蒲芽白水荇青。"陆游《暮春》:"湖上风光犹淡沱,尊前怀抱颇清真。

② 狂猘:凶猛貌。刘基《杂诗》:"蚩蚩自狂猘,渹沸交杀戮。"

③ 罽:用毛做成的毡。

④ 昂藏:仪表雄伟、气宇不凡貌。陆机《晋平西将军孝侯周处碑》:"汪洋廷阙之傍,昂藏寮寀之上。"李白《赠潘侍御论钱少阳》:"绣衣柱史何昂藏,铁冠白笔横秋霜。"王安石《戏赠湛源》:"可惜昂藏一丈夫,生来不读半行书。"

⑤ 欻忽:忽然,迅疾貌。宋黄伯思《东观余论·论张长史书》:"始见张旭所书《千字文》……犹纵风鸢者翔戾于空,随风上下,而纶常在手;击剑者交光飞刃,欻忽若神,而器不离身。"明李寅《恒雨叹》:"崩墙倒屋坏城郭,欻忽似有蛟龙争。"

⑥ 戹蜚螗:戹,撞击。螗,一种小蝉。

⑦ 篴舆：竹舆，竹轿。《史记·张耳陈馀列传》："上使泄公持节问之篴舆前。"裴骃集解引韦昭曰："舆如今舆床，人舆以行。"王安石《雨花台》："篴舆却走垂杨陌，已载寒云一两星。"

⑧ 五毒：五种酷刑。《后汉书·独行传·陆续》："唯续、宏、勋掠考五毒，肌肉消烂，终无异辞。"《明史·刑法志三》："全刑者曰械，曰镣，曰棍，曰拶，曰夹棍，五毒备具。"

⑨ 龟趺：碑下的龟形石座。刘禹锡《吏部侍郎奚公神道碑》："螭首龟趺，德辉是纪。"苏轼《孙莘老求墨妙亭诗》："龟趺入坐螭隐壁，空斋昼静闻登登。"明王三聘《古今事物考·丧礼·碑碣》："唐葬令，五品以上，螭首龟趺。"

⑩ 嵩呼：臣下祝颂帝王，高呼万岁。《汉书·武帝纪》载，汉元封元年春，武帝登嵩山，从祀吏卒皆闻三次高呼万岁之声。吴自牧《梦粱录·元旦大朝会》："禁卫人高声嵩呼，声甚震，名为'绕殿雷'。"

⑪ 苍虬：形容树木盘曲的枝干。王沂孙《疏影》（咏梅影）："苍虬欲捲涟漪去，慢蜕却、连环香骨。"顾炎武《岁九月虏令伐我墓柏二株》："老柏生崇冈，本是苍虬种。"

## 23　五人墓

沈德潜

"五人之墓"四字，吴冏卿无障所题，重予以人之名。偶经虎阜，途间感赋。

人践人之实，不愧人之名。五人虽匹夫，义激轰雷霆。奋击死缇骑，已亦损其生。市井表首领，猰貐[①]敛纵横。（吴中奋击之后，魏阉不复差缇骑矣。）要离伍员墓，五人并峥嵘。嗤彼魏党流，腼焉列冠缨。谁复许以人，空负人之形。

（陆肇域、任兆麟《虎阜志》卷三）

**【注】**

① 猰貐：又称"窫窳"，传说中的吃人怪兽，像貙，虎爪，奔跑迅速。《山海经·海内北经》："贰负之臣曰危，危与贰负杀窫窳。"王明清《挥麈三录》卷二："窫窳旁吞于黑水，搀抢直拂于紫躔。"顾炎武《河上作》："窫窳来攫人，逵路横长蛇。"此处指魏阉爪牙。

## 24　五人墓

严遂成

起惜薪司[①]盗国柄，表里朋奸挟奉圣[②]。罗钳吉网[③]踞北寺[④]，一狱同文[⑤]钩党[⑥]尽。封疆案入魏大中[⑦]，吏部出饯吴东门。卧起三日聘以女，地下逢比[⑧]行相从。刺天缇骑大声吼，呼囚地掷锒铛手。开读未竟一传香，蜂拥山崩负伤走。呜呼！荆轲聂政[⑨]非丈夫，轻生一掷何为乎？死利于国乃得所，五人髑髅血模糊。君不见，飞星堕月恣燕啄，皇嗣殄绝主势孤[⑩]。内操衷甲僭卤簿[⑪]，儿孙彪虎繁有徒[⑫]。自有此举驾帖[⑬]止，却漕危言其魄褫。明年真龙捧日飞，倒塌冰山灭祸水。乃知五人不死死犹生，一怒强逾十万兵。岂惟东林借生气，力扶天柱东南倾[⑭]。普惠祠基鬼其宅，穹碑大字书姓名。行人下马酹杯酒，神鸦墓木悲风声。

（钱仲联编选《苏州名胜诗词选》[1]）

---

〔1〕 钱仲联编选，杨德辉等注释《苏州名胜诗词选》，苏州市文联印，1985年，220—221页。

【注】

① 惜薪司:明四司(惜薪司、钟鼓司、宝钞司、混堂司)之一,掌管宫内薪炭的供应。魏忠贤初为太监,领惜薪司,明熹宗即位后得宠,逐步专权。

② 奉圣:奉圣夫人,明熹宗封奶娘客氏,其子侯国兴为锦衣卫指挥,与魏忠贤勾结,专摄朝政。

③ 罗钳吉网:酷虐诬陷,《资治通鉴·唐玄宗天宝四载》:"李林甫欲除不附己者,重用酷吏罗希奭、吉温,二人皆随林甫所欲深浅,锻炼成狱,无能自脱者,时人谓之'罗钳吉网'。"

④ 北寺:北司,内侍省,因设在皇宫之北,故名。《新唐书·刘蕡传》:"方宦人握兵,横制海内,号曰'北司',凶丑朋挺,外胁群臣,内掣侮天子,蕡常痛疾。"

⑤ 一狱同文:北宋绍圣四年(1097),新党罗织"同文馆之狱",再度打击旧党。蔡京主治此狱,其同党章惇为辅,此案牵连多人。

⑥ 钩党:相互牵引为同党。《后汉书·灵帝纪》:"中常侍侯览讽有司奏前司空虞放、太仆杜密、长乐少府李膺、司隶校尉朱福、颍川太守巴肃、沛相荀翌、河内太守魏朗、山阴太守翟超,皆为钩党,下狱死者百余人。"李贤注:"钩谓相牵引也。"《文选·范晔〈宦者传论〉》:"因复大考钩党,转相诬染。"李周翰注:"钩党,谓钩取谏者同类,使转相诬谤而杀之也。"杨琏《龙膏记·起衅》:"非全气体曾钩党,变仓皇有谁相信,须防。"

⑦ 封疆案入魏大中:魏大中因上书劾魏忠贤,被诬受辽东经略熊廷弼之贿而被逮。

⑧ 逢比:上古贤臣。关龙逢,夏桀时贤臣。比干,商纣王叔父,都因进谏而被杀。

⑨ 荆轲聂政:荆轲,聂政,古代刺客,其生平事迹见司马迁《史记·刺客列传》。

⑩ 飞星堕月恣燕啄,皇嗣殄绝主势孤:汉成帝建始元年八月,"有两月相承,晨见东方",九月戊子,"流星光烛地,长四五丈,委曲蛇形,贯紫宫",永始二年二月癸未夜,"星陨如雨",见《汉书·成帝纪》。《汉书·外戚传下·孝成赵皇后》:"哀帝崩,王莽白太后诏有司曰:'前皇太后与昭仪俱侍帷幄,姊弟专宠锢寝,执贼乱之谋,残灭继嗣以危宗庙,悖天犯祖,无为天下母之义。贬皇太后为孝成皇后,徙居北宫。'后月余,复下诏曰:'皇后自知罪恶深大,朝请希阔,失妇道,无共养之礼,而有狼虎之毒,宗室所怨,海内之仇也,而尚在小君之位,诚非皇天之心。夫小不忍乱大谋,恩之所不能已者义之所割也。今废皇后为庶人,就其园。'是日自杀。立十六年而诛。先是,有童谣曰:'燕燕,尾涎涎,张公子,时相见。木门仓琅根,燕飞来,啄皇孙。皇孙死,燕啄矢。'成帝每微行出,常与张放俱,而称富平侯家,故曰张公子。仓琅根,宫门铜锾也。"二句用典,谓魏忠贤、客氏矫旨赐死光宗选侍赵氏、饿死有孕在身的裕妃,赐死冯贵人、斥成妃为宫人等事。

⑪ 内操衷甲僭卤簿:内操,明时选太监在宫中授甲操练,《明史·熹宗本纪》:"三年八月,诏开内操。"明刘若愚《酌中志·内臣佩服纪略》:"至天启二年六月内王体乾、史宾、张文元奉先帝圣旨,选内操官人时,便已在北上门居中。"衷甲,在衣服里面穿铠甲。《左传·襄公二十七年》:"辛巳,将盟于宋西门之外,楚人衷甲。"杜预注:"甲在衣中。"《后汉书·董卓传》:"肃以戟刺之,卓衷甲,不入,伤臂,堕车。"卤簿,古代帝王驾出时扈从的仪仗队。汉蔡邕《独断》卷下:"天子出,车驾次第谓之卤簿。"《晋书·赵王伦传》:"惠帝乘云母车,卤簿数百人。"宋叶梦得《石林燕语》卷四:"唐人谓卤,橹也,甲楯之别名。凡兵卫以甲楯居外为前导,捍蔽其先后,皆着之簿籍,故曰'卤簿'。"僭,僭越。

⑫ 儿孙彪虎繁有徒:《明史·魏忠贤传》:"当此之时,内外大权一归忠贤。内竖自王体乾等外,又有李朝钦、王朝辅、孙进、王国泰、梁栋等三十余人,为左右拥护。外廷文臣则崔呈秀、田吉、吴淳夫、李夔龙、倪文焕主谋议,号'五虎'。武臣则田尔耕、许显纯、孙云鹤、杨寰、崔应元主杀僇,号'五彪'。又吏部尚书周应秋、太仆少卿曹钦程等,号'十狗'。又有'十孩儿'、'四十孙'之号。而为呈秀辈门下者,又不可数计。"

⑬ 驾帖:明代秉承皇帝意旨由刑科签发的逮捕人的公文。沈德符《野获编·禁伪·驾帖之伪》:"祖制,锦衣卫拏人,有驾帖发下,须从刑科批定,方敢行事。"《明史·杨涟传》:"片语稍违,驾帖立下,势必兴同文馆狱而后已。"

⑭ 力扶天柱东南倾：刘安《淮南子·天文训》："昔者共工与颛顼争为帝，怒而触不周之山。天柱折，地维绝。天倾西北，故日月星辰移焉；地不满东南，故水潦尘埃归焉。"苏州地处东南，意谓五人义举有重于社稷。

## 25　甲辰暮春月上澣六叠苏东坡韵[一]

乾隆御制诗

苏城建平地，本自少山岭。一卷矗武丘，作镇俯闾井①。我来凡六度，六叠苏韵耿。颇惬水与乳，讵论蛙与黾。故事征率遍，金总不离矿。兹览五人墓，实足嘉义猛。魏珰擅炀灶，其志无穷骋。缇骑为家奴，顺昌气颓哽。五人攘雄臂，夺取以俄顷。终焉饮属镂②，颈血洒风冷。身纵一时亡，名乃千秋永。静言观其时，国政成何景。群小恣意为，捕风更捉影。天启真童呆③，杨涟徒奏请。（右依本山御书石刻恭录）

（钱止莽《吴门补乘》卷首，又见陆肇域、任兆麟《虎阜志》首卷、道光《苏州府志》卷首、同治《苏州府志》卷首）

**【校】**

[一] 诗题，《虎阜志》、道光《苏州府志》、同治《苏州府志》作"虎丘寺六叠苏东坡韵"。

【注】

① 闾井：闾里，居民聚居之处。韦应物《寄柳州韩司户郎中》："春风吹百卉，和煦变闾井。"梅梅尧臣《送仲文》："三年不出户，孝行闾井闻。"《明史·赵世卿传》："世卿复言脂膏已竭，闾井萧然，丧乱可虞，揭竿非远，不及今罢之，恐后将无及。"

② 属镂：剑名，亦作"属卢""属娄"。《左传·哀公十一年》："王闻之，使赐之属镂以死。"杜预注："属镂，剑名。"汉赵晔《吴越春秋·勾践伐吴外传》："越王遂赐文种属卢之剑。"《古文苑·扬雄〈太玄赋〉》："孤竹二子饿首山兮，断迹属娄何足称兮。"章樵注："伍子胥忠谋，吴王赐之属镂之剑，自到而死。

③ 童呆：愚昧。《资治通鉴·后周太祖广顺二年》："契丹主童呆，专事宴游，无远志，非前人之比。"《续资治通鉴·宋徽宗宣和四年》："（蔡攸）童呆不习事，谓功业可唾手致。"

## 26　五人墓

袁　枚

冤云四垂风莽莽，银铛铁锁阊门响。阊门侧目耳向天，天语不闻闻东厂。东厂逮者周先生，人不识面闻其名。九重天子诏安在？阿侬此处难横行。李阳老拳一挥臂，万手如星撒平地。破柱难探逆阉头，披枝且斗元凶气。万人散尽五人存，颜马周杨市井民。戴头笑见高皇帝，干卿何事徒纷纷。从此缇骑不敢狂，九千岁事旋消亡。收回匕首知何限？抵得弹章更几行。君不见汉孙斌，奋拳格杀单超吏，竟救兴先徙朔方？又不见唐五王，上阳宫里相扶将，不与同福同其殃？富时高冠若箕数十辈，子姓跪起如奴忙。岂无麒麟三丈护华表，早已潴沃蹲牛羊，何人肯奠酒与浆？五坟累累春凄凄，三月草长蝴蝶飞。可惜梁鸿生太早，只知穿冢傍要离。

（袁枚《小仓山房诗集》卷一二）

## 27 五人墓

朱奕恂

花市东头侠骨香，断碑和雨立寒塘。屠沽能碧千年血，松桧犹飞六月霜。翠石夜通金虎①气，荒丘晴贯斗牛②芒。片帆落处搴[一]清藻，几伴归鸦吊夕阳。（不须征实，自无浮响。[二]）

（沈德潜《清诗别裁集》卷二七，又见陆肇域、任兆麟《虎阜志》卷三）

**【校】**

［一］“搴”，《虎阜志》误作“寒”。

［二］“不须征实，自无浮响”，《虎阜志》无。

**【注】**

① 金虎：西方七宿的通称，陆机《赠尚书郎顾彦先》：“望舒离金虎，屏翳吐重阴。”李善注：“《汉书》曰：‘西方，金也……然西方七星，毕昴之属，俱白虎也。’”刘良注：“毕星，西方宿，故云金虎也。”又，虎丘山阖闾墓中有扁诸、鱼肠诸剑各三千，后剑气化为白虎蹲于其上，故名虎丘。

② 斗牛：二十八宿之二，北周庾信《哀江南赋》：“路已分于湘汉，星犹看于斗牛。”贾岛《逢博陵故人彭兵曹》：“踏雪携琴相就宿，夜深开户斗牛斜。”苏轼《前赤壁赋》：“月出于东山之上，徘徊于斗牛之间。”传说晋初，斗、牛之间常有紫气照射，雷焕以为是宝剑之精上彻于天所致，故又代指宝剑，见《晋书·张华传》。清李声振《百戏竹枝词·吞剑》：“亡命居然弹铗游，还能饮刃向咽喉。中藏戈戟人间有，莫道胸能吐斗牛。”吴越地区为斗、牛二宿之分野，曾巩《移守江西先寄潘延之节推》：“幸逢怀绂入斗牛，喜得披山收宝玉。”

## 28 吊五人墓

林明伦

西市繁霜日，南鹽贯索中。歌诗忧板荡①，占象叹屯蒙②。国柄归旁落，形余蔽主聪。衣冠婴赤族③，屠狗叫苍穹。竟触貂珰怒，谁怜骨鲠④忠。捐[一]身片语易，仗义五人同。道直心宁悔，名存死不空。招魂堤水上，葬骨虎丘[二]东。墓草侵阶绿，山鹃带血红。要离三尺土，千古共英风。

（沈德潜《清诗别裁集》卷二九，又见陆肇域、任兆麟《虎阜志》卷三）

**【校】**

［一］“捐”，《虎阜志》作“损”。

［二］“虎丘”，《虎阜志》作“武丘”。

**【注】**

① 板荡：《板》《荡》，《诗经·大雅》中讥刺周厉王无道诗，后借指政局混乱或社会动荡。南朝宋谢灵运《拟魏太子〈邺中集〉·王粲》：“幽厉昔崩乱，桓灵今板荡。”唐太宗《赐萧瑀》：“疾风知劲草，板荡识诚臣。”岳飞《五岳祠盟记》：“自中原板荡，夷狄交侵，余发愤河朔，起自相台，总发从军，历二百余战。”

② 屯蒙：《易经》中《屯》《蒙》两卦并称，谓蹇滞、困顿。刘知几《史通·暗惑》：“或主遘屯蒙，或朝罹兵革。”白居易《忆微之》：“与君何日出屯蒙，鱼恋江湖鸟厌笼。”五代王定保《唐摭言·怨怒》：“屈原之忠贞逐于楚，张仪之利口鞭于梁，皆士之屯蒙，莫能自异。”

③ 赤族:诛灭全族。《汉书·扬雄传》:“客徒欲朱丹吾毂,不知一跌,将赤吾之族也。”颜师古注:“诛杀者必流血,故云赤族。”杜甫《壮游》:“朱门任倾夺,赤族迭罹殃。”焦竑《焦氏笔乘·赤族》:“赤族,言尽杀无遗类也。《汉书》注以为流血丹其族者,大谬。古人谓空尽无物曰赤,如‘赤地千里’,《南史》称‘其家赤贫’是也。”

④ 骨鲠:比喻刚直的人。唐皇甫湜《对贤良方正直言极谏策》:“任贤而勿贰,招谏而必行;屏近习之纤佞,进周行之骨鲠,斯明目达聪之道也。”《新唐书·李栖筠李鄘传赞》:“刚者天德,故孔子称‘刚近仁’。骨强四支,故君有忠臣,谓之骨鲠。”

## 29　五人墓

蒋士铨

断首犹能作鬼雄,精灵白日走悲风。要离碧血专诸骨,义士相望恨略同。

(顾禄《桐桥倚棹录》卷五)

## 30　五人墓

韩　骐

英风飒飒绕回塘,旧冢累累侠骨香。一击自同椎博浪①,百身何异痛三良。头颅敢为忠臣惜,贩负②能增党籍光。变例春秋墓前竭,先人特笔凛严霜。

(自注:“崇祯初,逆案既定,吴人共毁逆祠,即其地葬五人遗骸。先大父年未及冠,以书名吴下,吴因之先生致书曾大父曰:‘异事必得异人题碣乃称。’大父承命,大书“五人之墓”四字,勒石墓前。噫!阁部大臣屈膝阉寺,称子称孙,人道灭矣。书曰“人”予之也,所以愧天下之不为人者也。”[一]博浪一击,夺祖龙③之魄;五人一击,魏阉不复遣缇骑矣。市人虽微,亦复有功正士,诗中不没其实。[二])

(沈德潜《清诗别裁集》卷二九,又见陆肇域、任兆麟《虎阜志》卷三、道光《苏州府志》卷一四三、同治《苏州府志》卷四九)

**【校】**

[一] 韩骐“自注”,《虎阜志》、道光《苏州府志》、同治《苏州府志》无。

[二] “博浪一击”云云,《虎阜志》、道光《苏州府志》、同治《苏州府志》无。

**【注】**

① 博浪:张良与力士狙击秦始皇于此。《史记·留侯世家》:“良与客狙击秦始皇帝博浪沙中。”李白《经下邳圯桥怀张子房》:“沧海得壮士,椎秦博浪沙。”明何景明《游猎篇》:“桥边孺子如妇人,博浪沙中铁椎吼。”

② 贩负:肩挑背负、往来贩卖之人,谓五人是市井小民。

③ 祖龙:指秦始皇。《史记·秦始皇本纪》:“(三十六年)秋,使者从关东夜过华阴平舒道,有人持璧遮使者曰:‘为吾遗滈池君。’因言曰:‘今年祖龙死。’”裴骃集解引苏林曰:“祖,始也;龙,人君象。谓始皇也。”唐胡曾《咏史诗·东海》:“自是祖龙先下世,不关无路到蓬莱。”明许时泉《武陵春》:“只弄得上蔡门兔犬酸心,望夷宫马鹿攒眉,鲍鱼车风动祖龙归,四海内干戈鼎沸。”

## 31 五人墓

赵 翼

驾帖来，逮吏部。吴民号，旗尉怒。大声呼囚趣对簿。谁何健者挥老拳，狐鼠纷纷窜五路。博浪一椎全秦动，北军尽袒诸吕惧。岂可激变事可骇，从此缇骑不出捕。君看德陵晏驾时，奸焰薰天势已固。翁相媪相雌雄合，十狗五彪牙爪具。点将录已打网尽，颂珰祠皆向火附。讵有蕃武收黄门，并无训注谋甘露。纵撰九锡盗神器，中外臣僚孰枝梧？正虑草泽有君等，或起义旗挽天步。奸谋坐是不敢发，信邸从容来践阼。乃知此举功实伟，又延十七载国祚。我来怀古过墓旁，仿佛生气尚盘互。相传地即普惠基，幻出神奇从臭腐。媚阉翻奉击阉人，蝉绥蟹筐理难悟。襟山带水一佳城，卜吉者谁毛一鹭。（墓基即普惠祠，毛一鹭所建以颂珰者也。）

（赵翼《瓯北集》卷一三）

## 32 五人墓绝句

赵 翼

普惠祠基筑短墙，五人墓木独苍苍。山塘满路皆脂粉，可少秋风侠骨香。

（顾禄《桐桥倚棹录》卷五）

## 33 五人墓

任志伊

阉竖当年祸缙绅，欲教仗义属吴民。碧云①黄土②销沉③尽，来往山塘说五人。

（道光《苏州府志》卷一四三）

【注】

① 碧云：喻远方或天边，多用以表达离情别绪。韦应物《奇皎然上人》："愿以碧云思，方君怨别余。"王禹偁《仲咸以四韵见寄因次原韵兼纾客情》："喜霁未遑抽赋笔，劳君先惠碧云诗。"柳永《倾杯》："最苦碧云信断，仙乡路杳，归雁难倩。"

② 黄土：坟墓。梅尧臣《和韵三和戏示》："莫计暄寒与风雪，古来黄土北邙堆。"杨果《摸鱼儿·同遗山赋雁丘》："待细读悲歌，满倾清泪，为尔酹黄土。"陈维崧《贺新郎》（汝州月夜被酒感怀董二）："明月也知千里共，照尽秦楼楚戍，应渐到故人黄土。"

③ 销沉：埋没无闻。宋叶适《祭陈益之待制文》："销沉至死，有困无亨。"

## 34 五人墓

张 进

意气偶然激，成名竟杀身。空山余落日，古木出青磷。地近要离墓，云连胥水滨。匹夫能就义，嗟尔附炎人。（恰是五人分量，结意指顾秉谦、魏广微一辈，见缨冠中人不如市

中人也。四十字字字老成。[一])

(沈德潜《清诗别裁集》卷二七,又见陆肇域、任兆麟《虎阜志》卷三、道光《苏州府志》卷一四三)

【校】

[一]“恰是五人分量”云云,《虎阜志》、道光《苏州府志》均无。

## 35　五人墓

彭　绩

余拜五人墓,因之杨柳村。东风绿小冢,蝴蝶吊香魂。清梵流花缺,朽株挂斧痕。谭铢①蓬颗②在,一去沥残尊。

(陆肇域、任兆麟《虎阜志》卷三)

【注】

① 谭铢:一作谈铢,唐文学家。吴郡人。初为广文生,尝习佛学。武宗会昌元年(841)登进士第,曾为苏州鹾院官。懿宗咸通十一年(870)前后,又任池阳地方官,作《庐州明教寺转关经藏记》。罢职后,游九华山,题诗云:“我来暗凝情,务道志更坚”。

② 蓬颗:长有蓬草的土块,一般指坟上长草的土块,亦借指坟头。《汉书·贾山传》:“使其后世曾不得蓬颗蔽冢而托葬焉。”颜师古注:“颗谓土块。蓬颗,言块上生蓬者耳。”王安石《东门》:“风流翳蓬颗,故地使人嗟。”顾炎武《霍山》:“春雪覆松杉,堂基对蓬颗。”

## 36　五人墓

秦　瀛

茄花满地红,委鬼当头坐①。赵娆王圣②何披猖,钩党东林逮杨左③。缇骑四出来吴门,吴门白昼风霾昏。大声东厂索人急,锒铛铁锁声豗喧。五人踉跄趋大府,号呼欲救周吏部。张拳奋臂雷电掣,缇骑纷纷窜如鼠。借问大府谁?义儿毛巡抚。飞章告变诛五人,延颈从容甘锧斧④。呜呼!五人市侩徒,一旦赴义同捐躯。死随吏部化厉鬼,披发上诉锄阉奴。累累高冢武丘路,岁岁棠梨⑤酒一盂。君不见,碧云寺,旧是衣冠葬阉处⑥,墓碑百尺委荒榛,恶鸱空叫斜阳树。

(钱仲联编选《苏州名胜诗词选》[1])

【注】

① 茄花满地红,委鬼当头坐:《明季北略·异人歌》:“委鬼当头坐,茄花满地红。”委鬼,指魏忠贤。茄花,指客氏。

② 赵娆王圣:赵娆,汉成帝宠妃赵飞燕姐妹。王圣,汉安帝乳母,封野王君,与宦官江京、李闰、梵丰等勾结,诽谤太后,煽动内外,竟为侈虐。

③ 杨左:左副都御史杨涟弹劾魏忠贤二十四大罪状,左佥都御史左光斗弹劾魏忠贤三十二斩罪,后

〔1〕 钱仲联编选,杨德辉等注释《苏州名胜诗词选》,苏州市文联印,1985 年,283 页。

两人同被诬陷迫害。

④ 锧斧：锧铁，古代斩人的刑具。扬雄《解嘲》："徽以纠墨，制以锧铁。"明宋濂《临濠费氏先茔碑》："获其大丑，归置锧铁。"

⑤ 棠梨：甘棠，表达吴民对五人的敬慕与称颂。《诗经·召南·甘棠》："蔽芾甘棠，勿翦勿伐，召伯所茇。蔽芾甘棠，勿翦勿败，召伯所憩。蔽芾甘棠，勿翦勿拜，召伯所说。"陆玑《毛诗草木鸟兽虫鱼疏·蔽芾甘棠》："甘棠，今棠梨，一名杜梨。"

⑥ 碧云寺，旧是衣冠葬阉处：魏忠贤衣冠冢在北京香山碧云寺。《七十二峰足征集》卷五七《碧云寺，明故诸大珰墓在焉，极侈丽，过之有感》："汉家旧寝荒秋色，常侍丛祠锁夕阳。怅望虎丘山下路，五人墓草为谁芳。"

## 37　过五人墓有感

钱　煐

一死寻常事，千秋浩气垂。须眉人有数，闾里节堪师。古树苍烟里，原田落照时。半塘来往客，相与吊丰碑。舣舟隄上立，未得荐溪蘋。柳绿丝成障，畦黄锦作茵。当涂[1]多逆党，直道在斯民。谁话兴亡事，盘觞次第陈。

（徐世昌《晚晴簃诗汇》卷三四）

【注】

① 当涂：执政，掌权。《韩非子·孤愤》："当涂之人擅事要，则外内为之用矣。"郭璞《游仙诗之七》："长揖当涂人，去来山林客。"李善注："当涂，即当仕路也。"清刘献廷《怀古》："请语当途人，治乱实此始。"

## 38　五 人 墓

刘敦元

承明殿上歌声靡，东林社中悲声起。谣传委鬼唱茄花[1]，儿孙鹰犬纷爪牙。毅气觥觥[2]清君侧，铁骨嶙峋三代直。夜飞缇骑响寒风，咫尺吴云黯无色。闭户非无卿大夫，挺身奋激来屠沽。满腔热血泼江水，阴霾天翳闻喧呼。杜鹃啼处山竹裂，星光惨澹凄残月。市门一击博浪椎，草痕尽染苌弘[3]血。吁嗟乎！九枝日出冰山消，生祠瓦砾埋蓬蒿。行人终古伤前朝，摩挲[4]四字丰碑高。永昼肯将等闲过，潇洒山房此啸歌。竹露分凉通短槛，槐云蘸绿上轻罗。孤怀落落冰心映，尘世劳劳热客多。剩羡陂塘双白鹭，也知缓步向风荷。

（徐世昌《晚晴簃诗汇》卷一三三）

【注】

① 谣传委鬼唱茄花：《明季北略·异人歌》："委鬼当头坐，茄花满地红。"委鬼，指魏忠贤。茄花，指客氏。

② 觥觥：刚直貌，亦作"觵觵"。《后汉书·方术传上·郭宪》："帝曰：'常闻"关东觥觥郭子横"，竟不虚也。'"李贤注："觥觥，刚直之貌。"唐张说《赠郭君碑》："觥觥将军，雄略冠群。"蒲松龄《聊斋志异·泥鬼》："盖以玉堂之贵，而且至性觥觥，观其上书北阙，拂袖南山，神且惮之，而况鬼乎。"

③ 苌弘：亦作“苌宏”，字叔，又称苌叔。周景王、敬王的大臣刘文公所属大夫。刘氏与晋范氏世为婚姻，在晋卿内讧中，由于帮助了范氏，晋卿赵鞅为此声讨，苌弘被周人杀死。传说死后三年，其血化为碧玉。事见《左传·哀公三年》。《庄子·外物》：“人主莫不欲其臣之忠，而忠未必信，故伍员流于江，苌弘死于蜀，藏其血三年，而化为碧。”张衡《东京赋》：“苌弘、魏舒，是廓是极。”左思《蜀都赋》：“碧出苌弘之血，鸟生杜宇之魄。”

④ 摩挲：抚摸。《释名·释姿容》：“摩娑，犹末杀也，手上下之言也。”《后汉书·方术传下·蓟子训》：“后人复于长安东霸城见之，与一老公共摩挲铜人。”韩愈《石鼓歌》：“牧童敲火牛砺角，谁复着手为摩挲？”清昭莲《啸亭续录·吴六奇》：“其署中有峻石高数丈，查爱之，摩挲抚惜，因醉题‘绉石’。”

## 39　虎邱新竹枝

尤维熊

五人墓前流水长，饮他一勺味犹香。自从倾入闲脂粉，荡尽吴儿侠烈肠。

（顾禄《桐桥倚棹录》卷五）

## 40　虎丘竹枝词

舒　位

埋骨青山隔几春，英雄沾尽女儿巾。五人之墓千人石，为活千人死五人。

（顾禄《桐桥倚棹录》卷五）

## 41　莎哥行

金鸿佺

生不愿作多田翁，酒徒无赖皆英雄。又不愿读万卷书，弯弓击剑轻头颅。莎哥一掷百万赌，笑杀人间守钱虏。睚眦必报恣横行，孝侯为害能射虎①。鼓鼙动地飞艨艟，破竹千里何人攻？子龙一身都是胆，只手奋起撄其锋。男儿南八②分死耳，功虽不成心则同。横糊碧血洒古渡，髑髅提出无人顾，英灵应俪五人墓。

（徐世昌《晚晴簃诗汇》卷一三四）

【注】

① 孝侯为害能射虎：周孝侯射虎斩蛟。

② 南八：唐南霁云，行八故称。韩愈《张中丞传后序》：“城陷，贼以刃胁降（张）巡，巡不屈，即牵去，将斩之。又降霁云，云未应，巡呼云曰：‘南八，男儿死耳，不可为不义屈。’云笑曰：‘欲将以有为也。公有言，云敢不死？’即不屈。”宋谢枋得《初到建宁赋诗》：“南八男儿终不屈，皇天上帝眼分明。”顾炎武《答原一公肃两甥书》：“酸枣之陈词慷慨，尚记臧洪；睢阳之断指淋漓，最伤南八。”

## 42　五人墓

归懋仪

千古人心终不死，吴中义激五男子。貂氛肆焰朝野昏，翻手势欲倾乾坤。印累绶若不知数，鞠躬俯首声复吞。平居持议徒雄壮，袖手委蛇孰奋往？翻将文墨饰奸贪，扪门内愧曾无状。五人生不读诗书，位不列簪裾，但以善恶为毁誉。当其攘臂共赴难，义勇直欲凌专诸。呜呼！名败身殃余贿赂[①]，穹碑峻宇等朝露。松柏青青耐岁寒，冶游人奠山塘路。夜起不效刘琨舞，闻鸡乍起时[②]。月移花外影，句续梦中诗。香烬金猊冷，风清玉漏迟。宵深怜袖薄，兰露湿阶墀。

（徐世昌《晚晴簃诗汇》卷一八六）

【注】

① 贿赂：财货。何晏《景福殿赋》："因东师之献捷，就海孽之贿赂。"李善注引《尔雅》："贿，财也。"清和邦额《夜谭随录·秀姑》："郎君莫作恶剧，强以贿赂啗人。"

② 夜起不效刘琨舞，闻鸡乍起时：刘琨（271—318），字越石，中山魏昌（今河北无极）人，中山靖王刘胜后裔，西晋将领，"金谷二十四友"成员之一，少年时即有"俊朗"之誉，以雄豪著名，与其兄长刘舆并称"洛中奕奕，庆孙、越石"，与好友祖逖共被同寝，夜间闻鸡起舞。

## 43 五人墓

赵允怀

不难挥拳击缇骑，难于挺身就地死。齐民[①]亦自有是非，男儿岂可无意气。巡抚毛一鹭，辅臣顾秉谦，齿之于人人以嫌。何如五人书创例，履地戴天名不替。穹碑十丈立斜阳，停舟客采溪毛[②]祭。

（钱仲联编选《苏州名胜诗词选》〔1〕）

【注】

① 齐民：平民。《庄子·渔父》："上以忠于世主，下以化于齐民。"《汉书·食货志下》："世家子弟富人或斗鸡走狗马，弋猎博戏，辞齐民。"颜师古注引如淳曰："齐，等也。无有贵贱，谓之齐民，若今言平民矣。"

② 溪毛：溪涧中的水草，用于祭祀，《左传·隐公三年》："君子曰：'信不由中，质无益也。明恕而行，要之以礼，虽无有质，谁能间之？苟有明信，涧溪沼沚之毛，苹蘩薀藻之菜，筐筥锜釜之器，潢污行潦之水，可荐于鬼神，可羞于王公，而况君子结二国之信，行之以礼，又焉用质？《风》有《采蘩》、《采苹》，《雅》有《行苇》《泂酌》，昭忠信也。'"杜预注："毛，草也。"孔颖达疏："即下文苹蘩薀藻是也。"辛弃疾《鹧鸪天》："呼玉友，荐溪毛，殷勤野老苦相邀。"刘基《次韵和王文明雨中杂兴》："农人愁饿莩，采撷到溪毛。"吴伟业《麦蚕》："三眼收滞穗，五色荐溪毛。"

## 44 五人墓歌

袁学澜

天欲雨，鸦乱鸣。四面松楸[①]、郁郁阴风生。墓门侧，横残碣。说起委鬼令人竖毛发。我思五人本是市井徒，若无义勇奋臂振一呼，安得穹碑标橥传吾吴？当时东厂仇人书满

〔1〕 钱仲联编选，杨德辉等注释《苏州名胜诗词选》，苏州市文联印，1985 年，299 页。

簿，意欲皆置铜瓮与鋘斧，因此击死一校事稍沮。所以丈夫事业贵铮铮，生祠献媚跼蹐[②]附奸臣，不如枉遭屠戳留其名。吁嗟乎！鬼雄千古岂无群？君不见、要离冢外葛贤坟。

（袁学澜《苏台览胜词》卷二）

【注】

① 松楸：松树与楸树，墓地多植。谢朓《齐敬皇后哀策文》："陈象设于园寝兮，映舆鋄于松楸。"刘禹锡《酬乐天见寄》："若使吾徒还早达，亦应箫鼓入松楸。"《旧五代史·梁书·赵犨传》："祖先松楸，去郭数里。"

② 跼蹐：形容戒慎、畏惧之貌"。《诗经·小雅·正月》"谓天盖高"，郑玄笺："局蹐者，天高而有雷霆，地厚而有陷沦也。此民疾苦王政，上下皆可畏怖之言也。"陆机《辨亡论》下："屏气跼蹐以伺子明之疾，分滋损甘以育凌统之孤。"骆宾王《畴昔篇》："谁能跼蹐依三辅，会就商山访四翁。"欧阳修《辞特转吏部侍郎表》："受宠若惊，况被非常之命；事君无隐，敢倾至恳之诚。仰黩高明，唯知跼蹐。"清黄鹭来《和韵送戚缄子归蜍城》之三："跼蹐事要津，讵免达者讥？"

## 45—46　虎丘杂事诗七绝句二首

袁学澜

### 其　一

五人墓上草纷纭，杯酒闲浇烈士坟。花市丛中埋侠骨，更无人吊葛将军。（五人，颜佩韦等，因蓼洲周公被逮，击杀缇骑，按诛，葬于山塘。葛贤，亦吴人，万历间内监私榷税[①]于苏，贤挥市人击杀阉党，系狱十年，吴人义之，称葛将军，墓亦在山塘。）

### 其　二

衰草寒烟古道平，半塘落日乱鸦鸣。五人墓近真娘墓，烈士佳人各著名。（真娘，六朝名妓，殁葬虎丘山寺前。五人，当天启时，周忠介公被逮，激于义愤，击杀缇骑，按诛，五人即毁魏阉生祠地以葬五人，墓在山塘。）

（袁学澜《虎丘杂事诗》卷三）

【注】

① 榷税：征税。张居正《赠水部周汉浦榷竣还朝序》："荆州榷税，视他处最少。"

## 47　续咏姑苏竹枝词

袁学澜

缇骑喧哗一击中，要离侠气有余风。千秋义士留高冢，谁复生祠说尚公。（五人以击杀缇骑伏诛，吴人即所拆魏阉生祠基为五人墓。）

（袁学澜《苏台览胜词》卷五）

## 48 五人墓傍见杜鹃花

姚燮

春色尽零落，杜鹃花自娇。低枝皆向日，力弱易风摇。碧血①为谁化，丹心②殊未消。我来瞻遗墓，即此想英标。

（钱仲联编选《苏州名胜诗词选》[1]）

【注】

① 碧血：忠臣烈士之血。《庄子·外物》："故伍员流于江，苌弘死于蜀，藏其血，三年而化为碧。"明边贡《谒文山祠》："黄冠日月胡云断，碧血山河龙驭遥。"清魏麐征《于忠肃祠》："丹心纵死还如铁，碧血长埋未化燐。"

② 丹心：赤诚之心。阮籍《咏怀》："丹心失恩泽，重德丧所宜。"《晋书·王璇传》："披布丹心，输写肝脑，欲竭股肱之力，加之以忠贞，庶必扫除凶逆，清一宇宙。"文天祥《过零丁洋》："人生自古谁无死，留取丹心照汗青。"

## 49 五人墓

陈文洴

貂珰乱国政，朝臣半勾结。人不自为人，趋炎中太热。污蔑巧深文，矫诏逮贤哲。众口尽呼冤，卤莽辄剽击。匹夫不读书，义愤何激烈。成名竟杀身，洵是人中杰。精灵聚一抔，英风犹凛冽。咫尺白莲泾（周忠介葬于白莲泾，相距山塘不远），清流共澄澈。花市侠骨香，山塘月光洁。青山绿水间，松桧若屏列。标名勒丰碑（韩贞文大书"五人之墓"四字），高文识短碣（张溥有《五人墓碑记》）。人为五人悲，我为五人悦。逆祠岂长存，遗臭名难绝（巡抚毛一鹭疏建魏忠贤生祠，崇祯初吴人毁之，即其地葬五人遗骸）。凶阉坟早平，斯墓弗磨灭。追谥表孤忠，沉冤亦昭雪。天鉴总无私，忠邪判然别。千秋气已伸，何用生凄咽。

嘉庆著雍①执徐②阳月，前岭南视臬使者海昌陈文洴题。

（五人墓书条石）

【注】

① 著雍：亦作"著雝"，岁阳名，十干中戊的别称。《淮南子·天文训》："午在戊曰著雝。"明郎瑛《七修类稿·天地一·岁月阳名》："（太岁）在戊曰著雍。戊在中央，主和养万物也。"

② 执徐：古时以干支纪年，岁在辰为执徐。《尔雅·释天》："（太岁）在辰曰执徐。"陆德明释文引李巡云："执，蛰也。徐，舒也。言蛰物皆敷舒而出，故曰执徐也。"《汉书·礼乐志二》："天马来，执徐时，将摇举，谁与期？"明唐顺之《雁训》："执徐之岁，有雁集于顾舍人第，舍人筮之得《小过》焉。"

【札】

李根源《吴郡西山访古录》卷五："陈文□《五人墓诗》，正书，嘉庆著雍执徐阳月，前岭南视臬使者海昌陈文洴题。书条，砌五人祠壁。"

---

〔1〕 钱仲联编选，杨德辉等注释《苏州名胜诗词选》，苏州市文联印，1985年，328页。

## 50　五人墓

沧江小戴东溟氏寅

朝上海涌峰，下倚白堤树。残碑石笏存，浩气鬼雄聚。忆昔按剑时，眦裂毛发竖。叱咤废千人，死生决五步。夫岂有所为，徒以愤不顾。惜哉失豺狼，污手搏狐兔。假公入北军，兵谏岂所惧。千古忆英风，凄凉见丘墓。魂思巫阳招，身拟黄金铸。诗成叫五君，苍茫但风露。

沧江小戴东溟氏寅敬题。

（五人墓书条石）

## 51　过五人墓

闵　华

委鬼布焰昏乾坤，天子不名称厂臣。举朝屏气若龟息，市中乃有此五人。当其矫旨孰敢忤，千狗十儿五彪虎。已将一网尽东林，更逮吴门周吏部。吏部浊世之清流，刚正嫉恶如仇雠。平生意气动乡里，焚香夹道争遮留。抚臣阿党怒方盛，缇骑愈骄众愈忿。恶人及蟹纷老拳，立毙街衢一尉命。于时差可快人情，惜不击贼如杨□。亡何东南几大狱，五人甘死万人生。而今市朝已非故，尚有余悲感行路。请看昔日媚阉祠，竟作垒垒义士墓。

江都闵华作，乾隆五年春三月勒石。

（徐文高《山塘钩沉录》卷三）

## 52　虎丘竹枝词和石香作

盛　锦

吴儿三五斗身强，击剑吹箫大道旁。马头拜倒五人墓，谁不冲冠骂魏珰。

（盛锦《青嵝诗钞》）

## 53　五人墓

陆觐宸

剑池饮马坐酸嘶①，五辈男儿气未低。毛发一时都似戟，头颅万古肯为泥。墓碑老藓春风活，宰树②神鸦[一]③夜雨嚎。好近要离三尺土，酹残清醑虎山溪[二]。

（汪学金《娄东诗派》卷二七）

**【校】**

［一］“神鸦”，原作“神雅”，今改。

［二］“溪”，原作“谿”，今改。

【注】

① 酸嘶：哀鸣，悲叹。《梁书·昭明太子统传》："骧蹀足以酸嘶，挽凄锵而流泫。"杜甫《无家别》："生我不得力，终身两酸嘶。"郑光祖《王粲登楼》第三折："我这里望中原，思故里，不由我感叹酸嘶。"

② 宰树：坟墓上的树木。南朝梁王僧孺《从子永宁令诔》："宿草行没，宰树方攒。"赵翼《定军山》："丰碑曾堕居民泪，宰树犹森故相坟。"

③ 神鸦：庙里吃祭品的乌鸦。范成大《吴船录》卷下："庙有驯鸦，客舟将来，则迓于数里之外，或直至县下，船过亦送数里，人以饼饵掷空，鸦仰喙承取，不失一，土人谓之神鸦，亦谓之迎船鸦。"辛弃疾《永遇乐》(京口北固亭怀古)："可堪回首，佛狸祠下，一片神鸦社鼓。"

## 54—55 吊五人墓二首

叶芳嘉

### 其一

指鹿[1]谋方稔，吹毛[2]令已苛。缨冠救同室，履毛信危波。大义一朝立，英风千载多。布衣能死国，名字肯销磨。

### 其二

发愤捐躯者，无如数子奇。身非仇侠累，家亦近要离。桧柏风霜肃，碑铭日月垂。来游踏黄叶，吊古荐江篱[3]。

（吴定璋《七十二峰足征集》卷四七）

【注】

① 指鹿：指鹿为马，比喻有意颠倒黑白，混淆是非。《史记·秦始皇本纪》："赵高欲为乱，恐羣臣不听，乃先设验，持鹿献于二世，曰：'马也'。二世笑曰：'丞相误耶？谓鹿为马。'问左右，左右或默，或言马以阿顺赵高。或言鹿，高因阴中诸言鹿者以法。后群臣皆畏高。"《后汉书·窦宪传》："深思前过，夺主田园时，何用愈赵高指鹿为马？久念使人惊怖。"《旧唐书·仆固怀恩传》："陛下必信矫词，何殊指鹿为马？"

② 吹毛：吹毛求疵。吹开皮上的毛，寻找里面的毛病，比喻刻意挑剔过失或缺点。《韩非子·大体》："古之全大体者……不吹毛而求小疵，不洗垢而察难知。"唐张说《狱箴》："吏苟吹毛，人安措足！"《资治通鉴·齐高帝建元元年》："候官千数，重罪受赇不列，轻罪吹毛发举，宜悉罢之。"胡三省注："言吹毛求疵也。"

③ 江篱：藻类植物，古人有用水草祭祀的习俗。

## 56 五人墓

沈景运

萧萧古墓满荆蓁[1]，独向松楸吊五人。愧杀衣冠输市井[2]，千秋碧血化青燐。

（郭衷恒《苏州名胜图咏》）

【注】

① 荆蓁：丛生灌木，多形容荒芜景象。曹植《归思赋》："城邑寂以空虚，草木秽而荆榛。"李白《古风》："王风委蔓草，战国多荆榛。"吴伟业《十月下澣宴阆石苍水斋》："三江风月尊前醉，一郡荆榛笛里声。"

② 市井:商贾屠沽之类的市井之人。《史记·平准书》:"孝惠、高后时,为天下初定,复弛商贾之律,然市井之子孙,亦不得仕宦为吏。"颜之推《颜氏家训·治家》:"近世嫁娶,遂有卖女纳财,买妇输绢……责多还少,市井无异。"

## 57　五人墓

郭廷采

义愤直褫魏寺魄,五人虽死胜于生。至今风雨胥江路,一派[一]寒涛怒未平。

(郭衷恒《苏州名胜图咏》)

【校】

[一]"派",原作"泒",今改。

## 58　五人墓

郭日镰

白杨惨淡气淋漓,鹿马秦庭□可欺。侠骨千年终碧血,荒坟三尺傍要离。

(郭衷恒《苏州名胜图咏》)

## 59　五人墓

毛兆镁

五人墓一区,林木蔚然茂。山塘七里间,百年神魄守。初当罹难时,非关亲族旧。颜公宅其中,沈周居其右。左则马与杨,俨如同气厚。忠义在人心,死生自辐辏[①]。东厂尸磔余,何地葬骨朽。五人享明禋,芳名垂宇宙。

(黄诚主编《清漾毛氏族谱·艺文选》)

【注】

① 辐辏:集中,聚集。《管子·任法》:"羣臣修通辐凑以事其主,百姓辑睦听令道法以从其事。"《文子·微明》:"志大者,兼包万国,一齐殊俗,是非辐辏,中为之毂也。"班固《东都赋》:"平夷洞达,万方辐凑。"刘勰《文心雕龙·事类》:"众美辐辏,表里发挥。"韩愈《南山诗》:"或散若瓦解,或赴若辐凑。"陈亮《祭妹文》:"三载之间,祸患辐辏。"

## 60　五人墓

宋翔凤

山塘足游赏,结客共寻春。古道多丛葬,丰碑志五人。流连悲往事,凭吊总先民。阉寺横前代,群贤叹不辰。豺狼嗥满道,桎梏逮孤臣。吏部词原激,中涓[①]目共瞋。拟将心比石,乃使路生榛。愤起专诸里,哀深易水滨。掊奸非量力,取义自忘身。缇骑魂真丧,貂珰怨益新。纵横都市戮,慷慨下泉亲。碧血何时变,青山此日邻。千秋怀毅魄,一代已寒燐。任侠酬知遇,公忠系搢绅。何当援此例,信可绝群伦。螭魅愁将遁,风霆势自振。鼓刀非□□,载笔太龂龂。北寺冤同覆,东林道未泯。墓门成斧棘,过客戒樵薪。落日松林晚,东风欲垫巾②。

(宋翔凤《忆山堂诗录》卷一)

【注】

① 中涓:宦官。《明史·周朝瑞传》:"如辅臣阿中涓意,则其过滋大。"

② 垫巾:模仿高雅。韩愈《三器论》:"与夫垫巾效郭,异名同蔺者,岂不远哉!"唐黄滔《谢试官》:"时争垫角,俗竟嚬眉。"陆游《雨中过东村》:"垫巾风度人争看,蜡屐年光我自悲。"

## 61 五人墓

林云凤

五人埋骨处,客过每停舟。姓氏闻鹓阙,精灵傍虎丘。宦官应敛迹,缇骑当含愁。若不锋端死,空成侠少游。[1]

## 62 五人墓

陆次云

五人五匹夫,五人五君子。埋骨在青山,题名在青史。[2]

## 63 五人墓

桑调元

吴下无斯墓,要离冢亦孤。义声嘘侠烈,悲吊有屠沽。阘冗朝廷党,峥嵘巷里夫。田横冢中士,足敌五人无?[3]

## 64 五人墓作

高天梅

来谒五人墓,杜鹃啼苦辛。其声哀可感,令我泪沾巾。麟凤游衰世,狼豺居要津。尔曹能殉国,愧煞读书人。

(《南社人咏苏州·烟水吴门》)

〔1〕 张宏星《〈五人墓碑记〉的姐妹篇——简介五首咏五人墓诗》,《语文知识》,2005年第6期,33页。
〔2〕 张宏星《〈五人墓碑记〉的姐妹篇——简介五首咏五人墓诗》,《语文知识》,2005年第6期,32页。
〔3〕 张宏星《〈五人墓碑记〉的姐妹篇——简介五首咏五人墓诗》,《语文知识》,2005年第6期,33页。

## 65　五人墓

蒋万里

不欲求仁竟成仁，永垂义烈勒贞珉[①]。纲常自足维千古，游侠宁传此五人。聂政已渐为知己，要离合并与为邻。英灵常在山塘路，当日悬知目怒瞋。

（《南社人咏苏州·人中麟凤》）

【注】

① 贞珉：石刻碑铭的美称。元余阙《化城寺碑》："斫辞贞珉，永告无斁。"

## 66　五人墓

陈昌任

缇骑横苏州，貂珰毒蓼洲。生能吞汝魄，死尚戴吾头。碧血埋孤愤，青山吊古丘。难为毛一鹭，与尔共千秋。

（陈昌任《沧海楼诗集》卷一）

# 词

## 1　沁园春

### 演五人墓，和庆百韵

曹元方

由窦公卿，屈膝男儿，传子贻孙。任出入警跸，僭拟上圣，指呼鹿马，锻炼诸人。束手一棰，委身三木，道路寒心听主恩。堪景仰，遇草茅义士，揉碎丝纶。　　峥嵘数尺荒坟。但鹊噪、乌啼泣冢门。过几番寒食，争来浇酒，若个英雄，不愧趋尘。浩气性成，铁肝天授，百代纲常此幸存。长传颂，令家歌户舞，遍地忠魂。

（《全明词》第六册）

## 2　鹊桥仙

宋　琬

扬旗击鼓，斩蛟射虎，头颅碎、黄麻[①]天使[②]。专诸匕首信豪雄，笑当日、一人而已。
华表[③]崔嵬[④]，松杉森肃，壮士千秋不死。从来忠义出屠沽，惭愧杀、干儿义子。

（《全清词·顺康卷》第二册）

【注】

① 黄麻：古代诏书用纸，亦借指诏书。古代写诏书，内事用白麻纸，外事用黄麻纸。杜甫《赠翰林张

四学士垍》："紫诰仍兼绾，黄麻似《六经》。"杨伦笺注引《唐会要》："开元三年，始用黄麻纸写诏。"宋叶适《直院中书莫公殂往哀痛不能成文辄留小诗灵几并致鲈鱼金柑为奠》："阁老今无地上身，黄麻紫诰两沉沦。"

② 天使：天子的使者。王建《华清宫感旧》："尘到朝元天使急，千官夜发六龙回。"此处指缇骑。

③ 华表：古代设在桥梁、宫殿、城垣或陵墓等前兼作装饰用的巨大柱子。一般为石造。柱身往往雕有纹饰。庾信《燕歌行》："定取金丹作几服，能令华表得千年。"杜甫《陪李七司马皂江上观造竹桥》："天寒白鹤归华表，日落青龙见水中。"《古今小说·羊角哀舍命全交》："四围筑墙栽树，离坟三十步建享堂，塑伯桃仪容，立华表，柱上建牌额。"

④ 崔嵬：高耸貌，高大貌。《楚辞·九章·涉江》："带长铗之陆离兮，冠切云之崔嵬。"王逸注："崔嵬，高貌。"郦道元《水经注·沁水》："秦坑赵众，收头颅，筑台于垒中，因山为台，崔嵬桀起。"

## 3　贺新郎

史唯圆

花月春山罅。尽吴船、玉壶行酒，金盘盛鲊。桥畔丰碑矗官道，铁色冷光交射。有飒飒、英魂来下。千古专诸惭义勇，看纵横、彪虎奸谀怕。抉胥目，向城挂。　寒泉荐菊椒浆泻。想诸君、轰雷激电，丹青难画。隧路松杉尽苍翠，还胜荒台石马。听呜咽、怒涛犹打。榱栋何人更祠庙，笑纷纷、巾帼何为者。真娘墓，草堪藉。

（《全清词·顺康卷》第七册）

## 4　贺新郎

陈维崧

古碣穿云罅。记当年、黄门①诏狱，群贤就鲊②。激起金阊③十万户，白梃霜戈激射④。风雨骤、冷光高下。慷慨吴儿偏嗜义，便提烹⑤、谈笑何曾怕。抉吾目，胥门挂⑥。　铜仙有泪如铅泻⑦。怅千秋、唐陵汉隧，荒寒难画。此处丰碑长屹立，苔绣坟前羊马⑧。敢轻易、霆轰电打。多少道傍卿与相，对屠沽⑨、不愧谁人者。野香发，暗狼藉。

（《全清词·顺康卷》第七册，又见钱仲联编选，杨德辉等注释《苏州名胜诗词选》〔1〕）

**【注】**

① 黄门：宦官，太监。东汉黄门令、中黄门诸官，皆由宦官充当，故称。《文选·嵇康〈与山巨源绝交书〉》："岂可见黄门而称贞哉"，李周翰注："黄门，阉人也。"《三国志·吴志·陆凯传》："今宫女旷积，而黄门复走州郡，条牒民女。"

② 群贤就鲊：魏忠贤等人陷害东林党人。鲊，《释名》："鲊，滓也。以盐米酿之，如菹熟而食之也。"

③ 金阊：代指吴中地区。

④ 白梃霜戈激射：五人奋起抗击缇骑。梃：连枷，一种农具。霜戈：比喻戈锋锋利、白光闪耀。

⑤ 提烹：谓五人英勇就义。《史记·项羽本纪》："如今人方为刀俎，我为鱼肉。"

⑥ 抉吾目，胥门挂：挂五人首级于城门。抉目，《史记·吴太伯世家》："吴王闻之，大怒，赐子胥属

〔1〕 钱仲联编选，杨德辉等注释《苏州名胜诗词选》，苏州市文联印，1985年，408—409页。

镂之剑以死。将死，曰：‘树吾墓上以梓，令可为器。抉吾眼置之吴东门，以观越之灭吴也。’”高启《谒伍相祠》：“鞭尸楚墓生前孝，抉目吴门死后忠。”

⑦ 铜仙有泪如铅泻：汉武帝时铸以手掌举盘承露的仙人。《汉书·郊祀志》：“武帝作柏梁、铜柱、承露仙人掌之属。”李贺《金铜仙人辞汉歌序》：“魏明帝青龙元年八月，诏宫官牵车西取汉孝武捧露盘仙人，欲立置前殿。宫官既拆盘，仙人临载，乃潸然泪下。”李贺《金铜仙人辞汉歌》：“空将汉月出宫门，忆君清泪如铅水。”

⑧ 羊马：指墓前羊马形象的石像。

⑨ 屠沽：宰牲和卖酒的人，泛指职业微贱的人，亦作“屠酤”。《墨子·迎敌祠》：“举屠酤者置厨给事，弟之。”《后汉书·郭太传》：“召公子、许伟康并出屠酤。”

## 5　贺新郎

### 用陈迦陵题颜鲁公八阕斋韵

荆　播

可惜金瓯坏。从凶阉、甘人醢骨，弥天蜂虿。踢蹐冠裳攒鼠穴，半化短狐奴辈。学射影、晨趋昏拜。谁识清忠强直字，衅铦铦、肯放诸公在。囚白日，埋光怪。　草茅孤愤终难解。一轰呼、满城奋臂，千秋奇快。断首刳胸何所恨，碧血应通瑶海。凭过客、留题感慨。我喜黄垆填义士，偏奸魂、永灭妖魑态。掷长剑，倚天外。

（《全清词·顺康卷》第十一册）

## 6　贺新郎

### 或以为前代乱民，用前韵距之

荆　播

贞碣谁能坏。想当年，裹身义胆，啮蛇吞虿。今日灵旗犹电灼，窃思不容而辈。倘过此、但当再拜。前代妖蟆几蚀月，赖诸君、支得乾坤在。光天下，毋惊怪。　黄门黑狱元无解。只逮人、岂由东厂，舌锋何快。豺豕安行腥迹遍，忽尔涛翻陆海。翻旧史、几回吟慨。墓上松杉都拱矣，战风霆、净扫韦脂态。矗奇想，碧云外。

（《全清词·顺康卷》第十一册）

## 7　沁园春

### 和吴庆百观剧，感五人之墓遗事作

周斯盛

狼鬣星明，狂国泉干，旋乾转坤。似周军猿鹤，衣冠都化，秦庭鹿马，名物含冤。祢显宗恭，缧滂亡俭，一网清流律水浑。偏堪羡，是匹夫一线，支住昆仑。　　至今生气犹存。便作戏、逢场也动魂。直气同深井，勇兼庆忌，愤齐易水，烈比夷门。不慕要离，应为伯有，朽骨专军列五人。长嬉笑，问冰山炙手，此日谁尊。

（《全清词·顺康卷》第十二册）

## 8　满江红

王　度

倚棹山塘，罗绮地、冬青菜绿。黄麻裂、鸱枭碎首，英雄难赎。士气凋残珰焰炽，东林君子无遗族。看凛然、大节直干霄，铮铮玉。　　博浪铁，椎秦鹿。匕首剑，藏鱼腹。让填胸奋臂，甘心骈戮。射虎钊犀扛鼎力，干儿义子千秋辱。便画船、箫鼓镇喧阗，同声哭。

（《全清词·顺康卷》第十三册）

## 9　满江红

程　庭

保姆阉奴，密布就、罗钳吉网。叹济济、东林诸彦，甘心刀杖。卿相死生悬驾帖，朝廷功罪由东厂。蓦一时、共愤出屠沽，吴儿莽。　　奋臂起，无回想。捐身躯，非邀赏。彼干儿义子，权门稽颡。慷慨成名留宇宙，联翩含笑归泉壤。听半塘、桥畔吼英风，松涛响。

（《全清词·顺康卷》第十九册）

## 10　月上海棠

### 与许复阳话周忠介公事

孔传铎

青燐何限埋秦狱。夏门亭、曾见几人哭。征上槛车，有多少、攀辕踯躅。抒义愤，不顾要离赤族。　　千秋烈士丰碑矗。旧权门、更有谁尸祝。论定盖棺，今始信、谁荣谁辱。冲冠发，欲翻长安棋局。

（《全清词·顺康卷补遗》第四册）

## 11　一丛花

### 虎丘五人墓

黄之隽

春苔覆堞日痕蔫。鸱啸墓门边。雏蓝嫩紫催寒食，晚风里、乳蝶双眠。月底梦回，伤心缇骑，感慨看江烟。　两眸酸泪泻如铅。倚石诵遗镌。浇残一盏梨花酒，浸千尺、碧血黄泉。鬼马踏云，群雄夜集，阴火射坟圆。

《全清词·雍乾卷》第一册）

## 12　满江红

韩　骐

七里塘边，英气鼓、怒涛飞雪。恨当日、黄门北寺，衣冠屠灭。阉部已成狐狗党，封疆亦是螟蛉穴。快吴门、公愤一朝伸，网常揭。　知奋击，宁图活。甘就戮，何称屈。想断头挥洒，满腔热血。丛社①奈污三尺土，蓬科②幸表千秋碣（墓即抚臣毛一鹭所建逆祠基也，阉败，吴人毁祠葬焉）。看夜深、磷火接莲泾，忠和侠。（周忠介墓在白莲泾）

"五人之墓"碣，吾友韩兄其武大夫清谐先生书也。先生讳馨，字幼明，字号清谐居士。八岁负书名，贞文陈古白先生尝作长歌赠之。其书碣也，年未弱冠。太仆卿吴障公致书先生之父黄岩公，谓非郎君不能运此笔，其见推重如此。少从乡校入成，均遭世变，以山林终。陈诗吴牍，其武至今宝藏之，余录其武词且幸得书碣之由，恐后来者弗知也，并志而勒诸石。[一]

乾隆十二年岁在丁卯孟冬月吉，郡人钱襄书。[二]

（五人墓书条石，又见《全清词·雍乾卷》第一册）

**【校】**

［一］［二］《全清词·雍乾卷》无。

**【注】**

① 丛社：丛林中的神社。《吕氏春秋·怀宠》："问其丛社大祠，民之所不欲废者而复兴之，曲加其祀礼。"扬雄《太玄·聚》："次四，牵羊示于丛社，执圭信辟其股野。"

② 蓬科：蓬草，泛指杂草丛。元无名氏《衣袄车》第二折："我趓在蓬科里。我见他，他不曾见我。"清许承钦《界河驿》："柽柳蓬科转，桃花水利兴。"

## 13　金缕曲

吴蔚光

死有生之气。是墓前、碑高一丈，大书如志。勝人古今旁史传，妇竖能知名字。也算得、十分快事。奋臂直前呼且击，早尸横、胆落诸缇骑。浑不识，九千岁。　阉祠当日争雄丽。叹无限、义孙干子，腼颜趋媚。竟作五人埋骨处，翻覆抑何容易。又恰近、要离葬地。七里山塘花月夜，或精灵、慷慨同游戏。志岂在，官祠祭。

（《全清词·雍乾卷》第十一册）

## 14　满江红

吴锡麟

听白杨风，似当日、市中呼啸。洒不尽、满腔热血，乱生碧草。毅魄英英三代直，鼠声喈喈群奴小。响寒沙、博浪一椎鸣，全秦扫。　委鬼也，冰山倒。茄花也，秋风槁。望白莲泾畔，听然而笑。屠者共寻朱亥里，义声不让田横岛。感行人、四字耀丰碑，斜阳照（周忠介坟在白莲泾，距墓六里）。

（《全清词·雍乾卷》第十二册）

## 15　壶中天

### 五人之墓，用东坡赤壁词韵

杨瑛昶

唾壶击碎，问有谁能作，百年长物。视死如归非易事，夹道呼声撼壁。黑狱提刑，黄门奉诏，六月天飞雪。吴儿嗜义，布衣如许豪杰。　无端电闪雷轰，激金阊十万，一时齐发。汉寝唐陵兴复替，名姓总无磨灭。草莽椎胸，公卿袖手，怒上冲冠发。江流不尽，流恨有如此月。

（《全清词·雍乾卷》第十三册）

## 16　水调歌头

沈光裕

草底五堆土，终古对山塘。可怜断头义士，颜沈马周杨。活为生祠起祸，死以生祠作冢，秽魄自消亡。不愧一人字，碑古姓名香。　有人说，乱民耳，杀何伤。呜呼言者谁欤，无乃似貂珰。只为幺麽东厂，竟作煌煌圣旨，愤激遂披猖。而我重之者，碎首植纲常。

（《全清词·雍乾卷》第十六册）

## 17　虞美人

陈去病

五人已矣何消说，有碣谁能没。凄清如我五人存。只是年年上冢渍啼痕。　温馨别有真娘墓，艳迹传千古。可堪名士诩风流，对着名山名妓总含羞。

（《南社人咏苏州·烈风荡怀》）

# 文

## 五人墓碑记

张　溥

五人者，盖当蓼洲周公之被逮，激[一]于义而死焉者也。（入手便提出五人来历[二]）

至于今，郡之贤士大夫请于当道，即除魏阉废祠[三]之址以葬之，且立石于其墓之门，以旌其所为。（点墓碑）呜呼！亦盛矣哉！

夫五人之死，去今之墓而葬焉，其为时止十有一月耳[四]。夫十有一月之中，凡富贵之子、慷慨得志之徒，其疾病而死、死而湮没[五]不足道者，亦已众矣，况草野之无闻者欤？独五人之皦皦，何也？（史公云："死或重于泰山，或轻于鸿毛"，良然。）

予犹记，周公之被逮，在丁卯[六]三月之望。吾社之行为士先者，为之声义，敛赀财以送其行，哭声震动天地。（吴民好义如此）缇骑按剑而前，问："谁为哀者？"众不能堪，抶而仆之。（抶，击也。）是时，以大中丞抚吴者（毛一鹭），为魏之私人，周公之逮所由使也。吴之民方痛心焉，于是乘其厉声以呵，则噪而相逐，中丞匿于溷藩以免[七]。（一时义勇如见）既而，以吴民之乱请于朝，按诛五人，曰：颜佩韦、杨念如、马杰、沈扬、周文元（点五人姓名），即今之傫然在墓者也。（句宕甚）然五人之当刑也，意气扬扬[八]，呼中丞之名而詈之，谈笑[九]以死。断头置城上，颜色不少变。有贤士大夫[十]，发五十金买五人之头而函之，卒与尸合。故今之墓中，全乎为五人也。（写五人凛凛若生）

嗟夫[十一]！大阉之乱，缙绅而能不易其志者，四海之大，有几人欤？（文情开拓）而五人生于编伍①之间，素不闻诗书之训，激昂大义，蹈死不顾，亦曷故哉？（此言五人之死义为尤难）且矫诏纷出，钩党之捕，遍于天下，卒以吾郡之发愤一击，不敢复有株治，大阉亦逡巡畏义[十二]，非常之谋，难于[十三]猝发，待圣人之出而投缳道路，不可谓非五人之力也。（怀宗即位，谪魏忠贤凤阳看皇陵，忠贤行至皇城，知不免诛殛，因自经死。）（此言五人之死，关系甚众。）

由是观之，则今之高爵显位（暗指魏党），一旦抵罪，或脱身以逃，不能容于远近，而又有剪发杜门、佯狂不知所之者，其辱人[十四]贱行，视五人之死，轻重固何如哉？（将此辈与五人两两相较，尤妙哉不说煞。）是以蓼洲周公忠义暴于朝廷，赠谥美显荣于身后。而五人亦得以加其土封，列其姓名于大堤之上，凡四方之士，无有不[十五]过而拜且泣[十六]者，斯固百世之遇也。（五人至今犹生，谁谓五人之不幸哉？）不然，令五人者保其[十七]首领以老于户牖之下，则尽其天年，人皆得以隶使之，安能屈豪杰之流扼腕墓道、发其志士之悲哉？（反掉一段，文势振宕。）

故予[十八]与同社诸君子哀斯墓之徒有其石也而为之记，亦以明死生[十九]之大、匹夫之有重于社稷也。（点出作记意）贤士大夫者，冏卿因之吴公②、太史文起文公③、孟长姚公④也。（点出贤士大夫，应起作结。）

（议论随叙事而入，感慨淋漓，激昂尽致。当与史公伯夷、屈原二传并垂不朽。）

娄东天如张溥记[二十]

金阊拙生章美书[二一]

赐进士及第右春坊左中允兼翰林院侍读前修撰雁门文震孟隶额

崇祯二年孟冬既望立石　茂苑马士鲤镌字

（吴楚材、吴调侯选《古文观止》卷一二，又见张溥《七录斋诗文合集·古文存稿》卷三、顾沅《吴郡文编》卷一七五、陆肇域、任兆麟《虎阜志》卷三、金日升《颂天胪笔》卷二二、山塘街《五人墓记》碑）

【校】

［一］“激”,《七录斋诗文合集》《颂天胪笔》、《五人墓记》碑作“急”。

［二］括弧之内,为《古文观止》中评点语,其他诸本无,下文不再一一注明。

［三］“魏阉废祠”,《五人墓记》碑作“魏阉祠”。

［四］“耳”,《七录斋诗文合集》《颂天胪笔》《五人墓记》碑均作“尔”。

［五］“湮没”,《七录斋诗文合集》作“堙没”,《五人墓记》碑作“埋没”。

［六］“丁卯”,《五人墓记》碑作“丙寅”。

［七］“中丞匿于溷藩以免”,《颂天胪笔》作“中丞噤不敢出声,而缇骑又死者。”

［八］“扬扬”,《七录斋诗文合集》作“阳阳”。

［九］“谈笑”,《颂天胪笔》作“谭笑”。

［十］“贤士大夫”,《虎阜志》作“吴士大夫”。

［十一］“嗟夫”,《七录斋诗文合集》《颂天胪笔》均作“嗟乎”。

［十二］“畏义”,《颂天胪笔》作“气夺”。

［十三］“难于”,《颂天胪笔》作“难以”。

［十四］“人”,《吴郡文编》作“身”。

［十五］“无有不”,《七录斋诗文合集》《颂天胪笔》作“无不有”。

［十六］“拜且泣”,《虎阜志》作“指且泣”。

［十七］“保其”,《五人墓记》碑作“保全”。

［十八］“予”,《七录斋诗文合集》《颂天胪笔》均作“余”。

［十九］“死生”,《颂天胪笔》作“生死”。

［二十］“娄东天如张溥记”,《颂天胪笔》作“娄东张溥记”,其他诸本无。

［二一］“金阊拙生章美书”等落款,仅见《五人墓记》碑。

【注】

① 编伍:古代户籍编制,五家为伍。

② 冏卿因之吴公:吴默,字因之,太仆寺卿。

③ 太史文起文公:文震孟(1574—1636),字文起,号湘南,别号湛持,明南直隶长洲(今江苏苏州)人,文徵明曾孙,天启二年(1622)状元及第,授翰林院修撰。

④ 孟长姚公:姚戏孟(1579—1636),字孟长,号现闻,南直隶苏州府吴县(今江苏苏州)人,文震孟外甥,万历四十七年中进士,改庶吉士。

【札】

## 张溥《五人墓碑记》跋

云年十余岁,随父兄过五人墓下,询其轶事,潸然流涕,而墓门四字乃童子书。是文奋迅激昂,未刻于石,盖藏诸胸中七十余年矣,今补录之。

道光丙申[1]正月,九十老人吴云志。

(山塘五人墓书条石)

［1］ 道光十六年(1836)丙申。

## “五人之墓”碑跋

是碑，高王父贞文府君所书，明崇祯元年也。吴太仆默索书手简，谨藏于家，当时未经署款，岁月滋久，恐舛误，谨识数语以示来者。

道光廿又八年〔1〕岁在戊申冬十月，云东后人崇书。

（“五人之墓”碑）

【记】

丁卯，天启七年(1627)。按，周公被逮，在明万历六年(1626)丙寅三月十五日。

## 书五人传记后

彭定求

孔子曰：“斯民也，三代之所以直道而行也。”①直者，人之生理，是谓天命之性，不以学士大夫之修饬而加，不以匹夫匹妇之率真而减。观五人之于忠介，不信然哉？吴俗柔靡，人轻节义。有明一代，人物烈烈轰轰，定以忠介为冠，而五人者特为之助，惟其直也。

是时，罗钳吉网，流毒海内。天地震怒之形，鬼神怨愤之气，乃嫁先声于五人，推凶锋、扑逆焰，固非偶然矣。《春秋》于篡逆之贼，如卫之州吁②、陈之夏徵舒③，俱称：“人以言杀，人人得而诛之也。”魏阉矫诏，何异于是。五人实得《春秋》之义者哉！

余每过其墓道，辄为之唏嘘感叹，谓太史公载专诸、荆聂之事，皆怀私挟诈之所为，不可语于节义。设太史公而遇此五人，岂不益焜耀史册哉？金阊游冶之场，赖此岿然片石昭揭④，松槚之阴，凛凛具存生气。匡扶吴俗，为功实巨。因并梓其传，纪于忠介遗书之后。

康熙辛巳〔2〕孟夏，长洲彭定求题。

（彭定求《忠介遗事》）

【注】

① 斯民也，三代之所以直道而行也：《论语·卫灵公》：“斯民也，三代之所以直道而行也。”

② 州吁：春秋时期卫国人，卫庄公的儿子，卫桓公同父异母的弟弟，公元前719年弑兄即位（在位不足一年），为春秋时期第一位弑君篡位成功的公子。《春秋·隐公四年》：“（二月）戊申，卫州吁弑其君完”，《左传》：“四年春，卫州吁弑桓公而立”。

③ 夏徵舒：夏徵舒，字子南，陈国大夫，其父名夏御叔，又称少西氏。其母是大名鼎鼎的夏姬。夏徵舒篡夺了陈国的政权，自立为陈侯，即历史上有名的“夏徵舒之乱”。《春秋·宣公十年》：“（五月）癸巳，陈夏徵舒弑其君平国。”

④ 昭揭：显扬。《明史·张继孟》：“今杨左业有定议，世扬方昭揭于天下后世。”

〔1〕 道光二十八年(1848)戊申。

〔2〕 康熙四十年(1701)辛巳。

## 祭五人文

渤海渔人

维崇祯二年己巳[①]四月[一]越丙戌朔[②]二十一日丙午[③]，渤海渔人谨以逆珰魏忠贤首级一瓣致祭于五人之灵曰：

呜呼！阉树之祸酷矣，海内诸君子骈首五木[④]，天地惨变，槛车朝入，缇骑夕出，非五人博浪一椎，逮系有已时哉？或曰："使诸君子藉口，明哲将没世不称；使五人缩朒，闾井卒与草木同腐。三代以下，患不好名耳。"嗟夫！此岂知五人者哉？当逆珰时，呼吸生死，非明义见道，顾能霆奋飙发、一往不顾如是耶？丈夫至性勃发，五体涂地，岂复为身后名，而身后卒以名报，好事者亦震其名而相与表出之，此忠臣烈士之心所以暗复而不尽白于世也。五人之名彰彰在人耳目，吴贤士大夫顾题之曰"五人之墓"，不贤之义之而人之，不名之氏之而五人之。嗟夫！是真知五人者矣。

余人也，五人死而不椎心扼腕、裂眦流血者，非人也。逆珰磔死河间，余间行取其头，属在官府不能得，则斩浙祠伪像首以祀诸君子，耳、鼻、口、目，人各一脔，余一目以祀五人。咄哉！逆阉今而后见五人矣，逆阉之目抉矣，五人之目瞑矣。余目五人之死，如昨日耳，不旋踵而目忠贤磔河间，目良卿斩西市，余无愧乎人哉！敢荐一脔于五人。

尚飨。

（金日升《颂天胪笔》卷二二）

**【校】**

［一］"崇祯二年己巳四月"，原作"崇祯二年四月己巳"，今改。

**【注】**

① 崇祯二年己巳：崇祯二年(1629)己巳。

② 丙戌朔：崇祯二年四月初一日丙戌。

③ 二十一日丙午：崇祯二年四月二十一日丙午。

④ 五木：古代束身的刑具。《太平广记》卷二七九引五代景焕《野人闲话》："见有数人引入刘公，则五木备体。"洪迈《夷坚丁志·玉女喜神术》："命加械杻，囚诸狱……少顷雾散，唯五木狼藉于地，道士不见矣。"《明史·杨爵传》："关以五木，死一夕复苏。"

# 附　录

## 徐如珂、顾秉谦传

### 徐如珂传

徐如珂，字季鸣，万历甲午、乙未联第[一]，授刑部主事，历郎中，以同舍建言国本镌秩[二]补云南布政司炤磨[三]。迨光宗册立[四]，迁衡州府推官，宅艰在补河南府，执法不阿，转礼部祠祭主事[五]，署郎中，升广东参议，摄海道。初，粤夷[六]航海止一蓬，置贸易后，稍创屋宇，伪传红夷犯粤，请木石垒城，并请兵请饷。如珂独察其奸，不许，伏兵防御，夷[七]果私筑城百余丈，随毁之，夷不敢动[八]。进罗入贡，故事以贡物呈，概谢却。及署盐法，羡锾不润私橐，入贺并屏公赆。[九]壬戌，大计卓异，擢副使备兵川东，经湖广，即闻奢酋乱，领樊龙、张彤等据重庆，楚蜀震动，置妻孥荆州[十]，疾驱垫江[十一]，借篆[十二]请饷于楚檄诸土司兵，并募勇敢士，进薄城下，斩首数千级，复躬率选锋夺佛图关，歼贼众二万于江干，龙、彤死乱兵中，余党悉擒。寻奉命捣巢，崎岖丛箐，坠马伤臂及胁，不顾[十三]。奢酋走死川，难悉[十四]平。召拜太仆少卿，旋晋左通政属。魏珰擢威福，中外颐指，如珂独侃侃[十五]驳。毛文龙乞起罪抚，大与牴牾，传旨切责，了不为意。转光禄卿，节省冗费万千，珰遣私人阴致为用，如珂不屈，珰衔之。廷议欲推四川、辽东巡抚，皆不得，竟以会推兵部侍郎诬指邪党，矫旨重处，辅臣丁绍轼力争获免。未几，珰兴大狱逮周忠介顺昌，缇骑激变，祸且不测，当事首鼠[十六]，如珂抗言："东南财赋地，不可重扰，且所连引，俱系人望，宜以东汉末为鉴"事幸寝。复醵金代输忠介悬赃。珰愈怒，密布戳番左右，寻间罗织，不得。于推升南工部侍郎削夺，抵家，竟卒。后珰伏法，科道交荐，奉旨起用，则谢世已逾年矣。叙川功，予赠阴，再赐祭葬。如珂仕宦三十年，清苦自甘，仅构数椽，萧然壁立，其恤族党、敦故交，殷殷不怠。[十七]当道允士民请，特建祠崇祀。[十八]（冒起宗《传略》[十九]）

（崇祯《吴县志》卷四二，又见康熙《吴县志》卷四五）

【校】

［一］"万历甲午乙未联第"，康熙《吴县志》作"万历乙未进士"。

［二］"镌秩"，康熙《吴县志》作"晋秩"。

［三］"炤磨"，康熙《吴县志》作"照磨"。

［四］"迨光宗册立"，康熙《吴县志》作"光宗立"。

［五］“转礼部祠祭主事”，康熙《吴县志》作“转南礼部祠祭主事”。

［六］“粤夷”，康熙《吴县志》作“粤人”。

［七］“夷”字，康熙《吴县志》无。

［八］“夷不敢动”，康熙《吴县志》作“遂不敢动”。

［九］“进罗入贡”云云，康熙《吴县志》无。

［十］“置妻孥荆州”，康熙《吴县志》无。

［十一］“疾驱垫江”，康熙《吴县志》作“如珂疾驱垫江”。

［十二］“借篆”二字，康熙《吴县志》无。

［十三］“崎岖丛箐，坠马伤臂及胁，不顾”，康熙《吴县志》无。

［十四］“悉”，康熙《吴县志》作“遂”。

［十五］“侃侃”二字，康熙《吴县志》无。

［十六］“当事首鼠”，康熙《吴县志》无。

［十七］“如珂仕宦三十年”云云，康熙《吴县志》无。

［十八］“当道允士民请，特建祠崇祀”，康熙《吴县志》作“建专祠崇祀”。

［十九］“冒起宗《传略》”，康熙《吴县志》无。

徐如珂，字季鸣，吴县人，万历二十三年进士，除刑部主事，历郎中，主事谢廷赞疏请建储，帝怒，尽贬刑曹官，如珂降云南布政司照磨。累迁南京礼部郎中，广东岭南道右参议。暹罗贡使馈犀角、象牙，如珂不受。天启元年，迁川东兵备副使，时奢崇明乱，蜀成都围虽解，而重庆为贼党樊龙、张彤等所据，其地三面阻江，一面通陆，如珂率兵从间道绕出佛图关，后与女土官秦良玉攻拔之，崇明发卒数万来援，如珂迎战，檄同知越其杰蹑贼，后杀万余人，樊龙、张彤皆死，遂复重庆，奉檄捣蔺州，土城贼借水西兵十万来援，前军少却捍子军覃懋勋挽白竹弩连中之贼大溃转战数十里，斩首万余级，遂拔蔺州，崇明父子窜水西去。乃召如珂为太仆少卿，转左通政。魏忠贤逐杨涟，如珂郊饯之，忠贤衔甚。迁光禄卿，修公廨，竣疏词，无所称颂。六年九月，廷推南京工部右侍郎，遂削籍归里。三月，治具饮客，顷之卒。崇祯初，以原推起用，死岁余矣。寻录破贼功，赐祭葬，进秩一等，官一子。（《明史·本传》，参朱燮元《传》，又文震孟撰《传》曰：天启丙寅春，吏部周顺昌被逮，缇骑激变，阉欲尽坑吴民，祸且不测，如珂抗言：“苏州财赋重地，不可重扰，且所连引，俱系人望，宜以东汉末为鉴。”复以全家百口保吴民不反。计给同乡之枋国者，从中曲挽，得从宽典。顺昌诬赃三千，醵金代完，及毙狱后，经纪其丧，不避形迹，以故阉益恨之。）

（乾隆《苏州府志》卷五四）

## 顾秉谦传

顾秉谦，于天启元年为吏部尚书，率先谄附魏忠贤，旋入政府，力倾善类。（事载《明史·阉党传》）崇祯元年削籍，已坐交结近侍入逆案中，论徒赎为民。二年，昆民积怨，焚掠其家，秉谦年八十，仓皇窜渔舟得免。所居遂成白地，邑之荐严寺西名顾家场，是也。当时，众疑其有藏金，日夜寻掘不已。秉谦恨甚，遂以窖藏银四万助饷。及县吏至，即于瓦砾中取之。后寄居他县以死。（前志引张蒙桓《杂记》云：周忠介顺昌被逮时，苏民捽死缇骑，阉怒甚,欲尽诛苏人。或谓秉谦曰:“苏,公之桑梓,若屠之,公其危矣。”秉谦惧,语情于阉,于是止诛五人云云。而文秉《先拨志始》则云:毛一鹭疏至,逆阉至阁,强为厉色语,辅臣曰:“上怒甚,必尽诛为乱者。”时顾秉谦适病假,丁绍轼当代拟,谓阉曰:“京师仰东南曹挽以百万计,今运期在迩,地方有事,正当示以宽大,以严旨激之,果有他故,谁执其咎?”阉不应而入。冯铨意独不然,掣绍轼手中笔票拟,忽茫然不能措一词。阉促之迫绍轼,乃拟旨。本曰:“解散,姑不究。”迨一鹭再疏三疏至,绍轼已病卒,秉谦出视事,于是复有漏网渠魁等旨。)

（光绪《昆新两县续修合志》卷五二）

顾秉谦,昆山人,万历二十三年进士。改庶吉士,累官礼部右侍郎。天启元年,晋礼部尚书,掌詹事府事。二年,魏忠贤用事,言官周宗建等首劾之。忠贤于是谋结外廷诸臣,秉谦及魏广微率先谄附。明年春,秉谦、广微俱以原官兼东阁大学士。七月,秉谦晋太子太保,改文渊阁。十一月晋少保、太子太傅。五年正月,晋少傅、太子太师、吏部尚书,改建极殿。九月,晋少师。

秉谦为人,庸劣无耻,而广微阴狡。杨涟之劾忠贤二十四罪也,忠贤惧,属广微为调旨,秉谦以涟疏有“门生宰相”语,怒甚。会孟冬飨庙,且颁朔,广微偃蹇后至,给事中魏大中、御史李应升连劾之。广微益愤,遂决意倾善类,与秉谦谋尽逐诸正人,点《缙绅便览》一册,若叶向高、韩炉、何如宠、成基命、缪昌期、姚希孟、陈子壮、侯恪、赵南星、高攀龙、乔允升、李邦华、郑三俊、杨涟、左光斗、魏大中、黄尊素、周宗建、李应升等百余人,目为邪党,而以黄克缵、王永光、徐大化、贾继春、霍维华等六十余人为正人,由阉人王朝用进之,俾据是为黜陟。忠贤得内阁为羽翼,势益张。秉谦、广微亦曲奉忠贤,若奴役然。

叶向高、韩炉相继罢,何宗彦卒,秉谦遂为首辅。自四年十二月至六年九月,凡倾害忠直,皆秉谦票拟。《三朝要典》之作,秉谦为总裁,复拟御制序冠其首,欲用是钳天下口。朝廷有一举动,辄拟旨归美忠贤,褒赞不已。杨涟等六人之逮也,广微实与其谋,秉谦调严旨,五日一追比。尚书崔景荣惧其立死杖下,亟请广微谏止。广微不自安,疏入,大忤忠贤意。广微惧,丐秉谦为解,遂乞休去。

秉谦票拟,事事徇忠贤指。初,矫旨罪主考丁乾学,又调旨杀涟、光斗等。惟周顺昌、李应升等下诏狱,秉谦请付法司,毋令死非其罪。内臣出镇,秉谦撰上谕,已复与丁绍轼请罢。二事微有执争。冯铨既入阁,同党中日夜交轧,群小亦各有所左右。秉谦不自安,屡疏乞休,后广微一年致仕去。崇祯元年,为言官祖重晔、徐尚勋、汪应元所纠,命削籍。已,坐交结近侍,入逆案中,论徒三年,赎为民。二年,昆山民积怨秉谦,聚众焚掠其家。秉谦年八十,仓皇窜渔舟得免,乃献窖藏银四万于朝,寄居他县以死。(《明史·阉党传》)

（乾隆《苏州府志》卷七八）

顾秉谦,昆山人。万历二十三年进士。改庶吉士,累官礼部右侍郎,教习庶吉士。天启元年晋礼部尚书,掌詹事府事。二年,魏忠贤用事,言官周宗建等首劾之。忠贤于是谋结外廷诸臣,秉谦及魏广微率先谄附,霍维华、孙杰之徒从而和之。明年春,秉谦、广微遂与朱国祯、朱延禧俱入参机务。

广微,南乐人,侍郎允贞子也。万历三十二年进士。由庶吉士历南京礼部侍郎。忠贤用事,以同乡同姓潜结之,遂召拜礼部尚书。至是,与秉谦俱以原官兼东阁大学士。七月,秉谦晋太子太保,改文渊阁。十一月晋少保、太子太傅。五年正月晋少傅、太子太师、吏部尚书,改建极殿。九月晋少师。

秉谦为人,庸劣无耻,而广微阴狡。赵南星与其父允贞友善,尝叹曰:"见泉无子。"见泉,允贞别号也。广微闻之,恨刺骨。既柄政,三及南星门,阍人辞不见。广微怫然曰:"他人可拒,相公尊,不可拒也。"益恨南星。杨涟之劾忠贤二十四罪也,忠贤惧,属广微为调旨,一如忠贤意。而秉谦以涟疏有"门生宰相"语,怒甚。会孟冬飨庙,且颁朔,广微偃蹇后至,给事中魏大中、御史李应升连劾之。广微益愤,遂决意倾善类,与秉谦谋尽逐诸正人,点《缙绅便览》一册,若叶向高、韩炉、何如宠、成基命、缪昌期、姚希孟、陈子壮、侯恪、赵南星、高攀龙、乔允升、李邦华、郑三俊、杨涟、左光斗、魏大中、黄尊素、周宗建、李应升等百余人,目为邪党,而以黄克缵、王永光、徐大化、贾继春、霍维华等六十余人为正人,由阉人王朝用进之,俾据是为黜陟。忠贤得内阁为羽翼,势益张。秉谦、广微亦曲奉忠贤,若奴役然。

叶向高、韩爌相继罢,何宗彦卒,秉谦遂为首辅。自四年十二月至六年九月,凡倾害忠直,皆秉谦票拟。《三朝要典》之作,秉谦为总裁,复拟御制序冠其首,欲用是钳天下口。朝廷有一举动,辄拟旨归美忠贤,褒赞不已。广微以札通忠贤,签其函曰"内阁家报",时称曰"外魏公"。先是,内阁调旨,惟出首辅一人,余但参议论而已。广微欲擅柄,谋之忠贤,令众辅分任,政权始分,后遂沿为故事。

杨涟等六人之逮也,广微实与其谋,秉谦调严旨,五日一追比。尚书崔景荣惧其立死杖下,亟请广微谏止。广微不自安,疏言:"涟等在今日,诚为有罪之人,在前日实为卿寺之佐。纵使赃私果真,亦当辅付法司,据律论罪,岂可逐日严刑,令镇抚追赃乎?身非木石,重刑之下,就死直须臾耳。以理刑之职,使之追赃,官守安在?勿论伤好生之仁,抑且违祖宗之制,将朝政日乱,与古之帝王大不相侔矣。"疏入,大忤忠贤意。广微惧,急出景荣手书自明,而忠贤怒已不可解。乃具疏乞休,不许。居两月,矫诏切责廷臣,中言"朕方率循旧章,而曰'朝政日乱',朕方祖述尧、舜,而曰'大不相侔'",盖即指广微疏语。广微益惧,丐秉谦为解,忠贤意少释。然广微卒不自安,复三疏乞休,五年八月许之去。广微先已加少保、太子太傅,改吏部尚书、建极殿大学士,至是复加少傅、太子太师,荫子中书舍人,赐白金百、坐蟒一、彩币四表里,乘传,行人护归。典礼优渥,犹用前好故也。居二年,卒于家,赠太傅,恤典如制。

秉谦票拟,事事徇忠贤指。初矫旨罪主考丁乾学,又调旨杀涟、光斗等。惟周顺昌、李应升等下诏狱,秉谦请付法司,毋令死非其罪。内臣出镇,秉谦撰上谕,已复与丁绍轼请罢。二事微有执争。冯铨既入阁,同党中日夜交辄,群小亦各有所左右。秉谦不自安,屡疏乞休,后广微一年致仕去。崇祯元年,为言官祖重晔、徐尚勋、汪应元所纠,命削籍。已,坐交结近侍,入逆案中,论徒三年,赎为民。二年,昆山民积怨秉谦,聚众焚掠其家。秉谦年八十,仓皇窜渔舟得免,乃献窖藏银四万于朝,寄居他县以死。广微亦追论削夺,列逆案遣戍中。

(《明史》卷三一六)

# 参考文献

## 古代部分

### 一、明清别集

[1]（明）周顺昌撰. 烬余集三卷（外两种）. 影印文渊阁四库全书本. 台北：台湾商务印书馆,1986
[2]（明）周顺昌撰. 烬余集四卷. 借月山房汇抄第十六集. 影印清嘉庆中虞山张海鹏刊本. 上海：博古斋,1920
[3]（明）周顺昌撰. 烬余集三卷. 乾坤正气集本. 清道光戊申(1848)求是斋刊本
[4]（明）周顺昌撰. 周忠介公文集五卷. 唐文治重刊本. 清光绪二十九年(1903)刻本
[5]（明）周顺昌撰. 烬余集. 丛书集成初编影印借月山房汇抄本. 上海：商务印书馆,1936
[6]（明）周顺昌撰. 烬余集. 影印丛书集成初编本. 北京：中华书局,1985
[7]（宋）楼钥撰. 攻媿集. 丛书集成初编本. 上海：商务印书馆,1935
[8]（明）张世伟撰. 自广斋集. 明崇祯十一年(1638)刻本
[9]（明）倪元璐撰. 倪文贞集. 清文渊阁四库全书本
[10]（明）鹿善继撰. 鹿忠节公集. 乾坤正气集本. 清道光戊申(1848)求是斋刊本
[11]（明）周起元撰. 周忠愍奏疏. 清道光戊申(1848)求是斋刊本
[12]（明）汪琬撰. 汪尧峰集. 林氏选评名家文集本. 北京：商务印书馆,1924
[13]（明）张溥撰. 七录斋诗文合集. 明代论著丛刊本. 台北：伟文图书出版社,1977
[14]（明）瞿式耜著. 瞿式耜集. 上海：上海古籍出版社,1981
[15]（明）黄道周撰，孔昭明编选. 黄漳浦文选. 台湾文献史料丛刊第 8 辑本. 台北：台湾大通书局,1987
[16]（明）姚希孟撰. 公槐集. 四库禁毁书丛刊集部第 178 册. 北京：北京出版社,2000
[17]（明）姚希孟撰. 松瘿集. 四库禁毁书丛刊集部第 179 册. 北京：北京出版社,2000
[18]（明）张国维撰. 张忠敏公遗集. 北京：北京出版社,2000
[19]（清）潘奕隽撰. 三松堂集. 清嘉庆八年(1872)刻本
[20]（清）彭启丰撰. 芝庭先生集. 清光绪二年(1876)刻本
[21]（清）彭绍升撰. 二林居集. 清光绪辛巳(1881)刊本
[22]（清）钱谦益著，钱曾笺注，钱仲联标校. 牧斋初学集. 上海：上海古籍出版社,1985

[23]（清）罗振玉著. 罗雪堂先生全集（续编二）. 台北：台湾大通书局，1989
[24]（清）黄宗羲著. 南雷诗文集. 黄宗羲全集第10—11册. 杭州：浙江古籍出版社，1993
[25]（清）袁枚撰. 小仓山房诗集. 袁枚全集第一册. 南京：江苏古籍出版社，1993
[26]（清）赵翼著，李学颖、曹光甫校点. 瓯北集. 上海：上海古籍出版社，1997
[27]（清）王式丹著. 楼村诗集. 北京师范大学图书馆藏清雍正四年王懋讷刻本（四库全书存目丛书补编第六册）. 济南：齐鲁书社，2001
[28]（清）曾国藩著，钱仲联主编. 曾国藩文选. 苏州：苏州大学出版社，2001
[29]（清）宋翔凤. 忆山堂诗录. 清代诗文集汇编本. 上海：上海古籍出版社，2009
[30]（清）罗惇衍撰. 集义轩咏史诗钞. 清代诗文集汇编本，上海：上海古籍出版社，2010
[31]（清）顾炎武撰. 顾炎武全集. 上海：上海古籍出版社，2012

## 二、诗词文选本、总集与诗文评

[32]（明）郑元勋选. 媚幽阁文娱. 中国文学珍本丛书本. 上海：上海杂志公司，1936
[33]（明）卫泳编辑，虞山沈亚公校订. 冰雪镌. 国学珍本文库第一集第四种. 上海：中央书店总店，1953
[34]（清）清毛蕃，陈增新等辑. 柳洲诗集. 中美百万数据库
[35]（清）周枝楙编，周靖笺注. 姑苏杨柳枝词. 苏州方志库
[36]（清）吴定璋辑. 七十二峰足征集. 苏州方志库
[37]（清）郭衷恒辑. 苏州名胜图咏. 苏州方志库
[38]（清）袁学澜. 苏台览胜词. 苏州方志库
[39]（清）袁学澜. 虎丘杂事诗. 苏州方志库
[40]（清）汪学金辑. 娄东诗派. 清嘉庆甲子（1804）刻本. 苏州方志库
[41]（清）顾沅编，潘锡恩校. 乾坤正气集. 清道光二十八年（1848）求是斋刊本
[42]（清）卓尔堪选辑. 明遗民诗. 北京：中华书局，1961
[43]（清）邓之诚. 清诗纪事初编. 上海：上海古籍出版社，1965
[44]（清）沈德潜等编. 清诗别裁集. 上海：上海古籍出版社，1984
[45]（清）朱彝尊撰，姚祖恩编. 静志居诗话. 中国古典文学理论批评专著选辑本. 北京：人民文学出版社，1990
[46]（清）陈田撰. 明诗纪事. 明代传记丛刊第12—15册. 台北：明文书局，1991
[47]（清）盛锦. 青嵝诗钞. 四库未收书辑刊第九辑第27册. 北京：北京出版社，2000
[48]（清）吴楚材，吴调侯选. 古文观止. 北京：中华书局，2006
[49]（清）朱彝尊选编. 明诗综. 北京市：中华书局，2007
[50]（清）顾沅编. 吴郡文编. 苏州文献丛书第一辑. 上海：上海古籍出版社，2011

## 三、史书、史料笔记

[51]（明）陈建辑. 皇明通纪集要. 明崇祯刻本
[52]（明）黄煜编. 碧血录. 知不足斋本

[53]（明）黄煜编. 碧血录. 上海进步书局
[54]（明）黄煜编. 碧血录. 影印丛书集成初编本. 北京：中华书局，1985
[55]（明）张燮著. 东西洋考. 丛书集成初编本. 上海：商务印书馆，1936
[56]（明）文秉著. 先拨志始. 丛书集成初编本. 上海：商务印书馆，1937
[57]（明）文秉著. 先拨志始（外一种）. 中国历史研究资料丛书本. 上海：上海书店，1982
[58]（明）文秉. 姑苏名贤续记. 据王氏海粟楼厚稿本迻录本（可园书库藏）. 苏州方志库
[59]（明）文秉. 姑苏名贤续纪. 明代传记丛刊第148册. 台北：明文书局，1991
[60]（明）佚名著. 崇祯长编（外十种）. 中国历史研究资料丛书本. 上海：上海书店，1982
[61]（明）朱长祚撰. 玉镜新谭. 北京：中华书局，1989
[62]（明）孙慎行撰. 恩恤诸公志略. 明代传记丛刊第68册. 台北：明文书局，1991
[63]（明）龚立本撰. 烟艇永怀. 明代传记丛刊128册. 台北：明文书局，1991
[64]（明）蔡士顺辑. 同时尚论录. 北京图书馆古籍珍本丛刊本. 北京：书目文献出版社，1996
[65]（明）吴应箕. 启祯两朝剥复录. 四库禁毁书丛刊史部第19册. 北京：北京出版社，2000
[66]（明）金日升辑. 颂天胪笔. 续修四库全书本. 上海：上海古籍出版社，2002
[67]（清）孙静庵. 夕阳红泪录. 上海：中华图书馆，1914
[68] 小横香室主人编. 清朝野史大观. 上海：上海书店出版社，1981
[69]（清）计六奇. 明季北略. 北京：中华书局，1984
[70]（清）黄宗羲著. 思旧录. 黄宗羲全集第1册. 杭州：浙江古籍出版社，1985
[71]（清）褚人获撰. 坚瓠集. 杭州：浙江人民出版社，1986
[72]（清）郑醒愚辑. 虞初续志. 据扫叶山房1926年版影印. 北京：中国书店，1986
[73]（清）陈鼎辑. 东林列传. 明代传记丛刊第5—6册. 台北：明文书局，1991
[74]（清）缪敬持辑. 东林同难列传. 明代传记丛刊第6册. 台北：明文书局，1991
[75]（清）陈济生撰. 天启崇祯两朝遗诗小传. 明代传记丛刊第12册. 台北：明文书局，1991
[76]（清）彭定求撰. 明贤蒙正录. 明代传记丛刊第21册. 台北：明文书局，1991
[77]（清）徐开任编辑. 明名臣言行录. 明代传记丛刊第50—54册. 台北：明文书局，1991
[78]（清）赵吉士纂. 续表忠记. 明代传记丛刊第64—65册. 台北：明文书局，1991
[79]（清）傅维麟. 明书列传. 明代传记丛刊86—88册. 台北：明文书局，1991
[80]（清）王鸿绪等撰. 明史稿. 明代传记丛刊95—97册. 台北：明文书局，1991
[81]（清）张廷玉等撰. 明史列传. 明代传记丛刊98—102册. 台北：明文书局，1991
[82]（清）谷应泰撰. 明史纪事本末. 北京：中华书局，1977
[83]（清）汪有典著. 史外. 明代传记丛刊125—126册. 台北：明文书局，1991
[84]（清）邹漪纂. 启祯野乘. 明代传记丛刊127册. 台北：明文书局，1991
[85]（清）彭绍升编. 居士传. 江苏广陵古籍刻印社，1991
[86] 东林同难录. 明代传记丛刊第6册. 台北：明文书局，1991

[87] 东林党籍考. 明代传记丛刊第6册. 台北:明文书局,1991
[88] 东林登科录. 明代传记丛刊第6册. 台北:明文书局,1991
[89] 罪惟录列传. 明代传记丛刊85—86册. 台北:明文书局,1991
[90] (清)黄宗羲著. 明儒学案. 黄宗羲全集第7—8册. 杭州:浙江古籍出版社,1992
[91] (清)张贵胜撰. 遣愁集. 续修四库全书本. 上海:上海古籍出版社,2002.

## 四、谱录、题跋、书目

[92] (明)朱祖文撰. 丙寅北行日谱. 知不足斋本
[93] (明)朱祖文撰. 丙寅北行日谱(外一种). 丛书集成初编本. 上海:商务印书馆,1937
[94] (明)陈鋐编. 鹿忠节公年谱. 影印丛书集成初编本. 北京:中华书局,1985
[95] (明)殷献臣撰. 周吏部年谱. 北京图书馆藏珍本年谱丛刊本. 北京:北京图书馆出版社,1999
[96] (清)万福康. 明周端孝先生血疏题跋. 吴中文献小丛书之六. 江苏省立苏州图书馆, 1939
[97] (清)彭定求辑. 忠介遗事. 四库全书存目丛书史部第86册. 济南:齐鲁书社, 1996
[98] (清)翁方纲. 苏斋题跋. 影印丛书集成初编本. 北京:中华书局,1985
[99] 明周端孝先生血疏贴黄真迹(附录一卷). 丛书集成续编58册. 台北:台湾新文丰出版公司,1989
[100] (清)万福康. 明周端孝先生血疏题跋. 丛书集成续编第24册史部. 上海:上海书店出版社,1994
[101] (清)顾沅编. 吴郡名贤图传赞. 中国历代人物像传本,济南:齐鲁书社,2002
[102] (清)永瑢等撰. 四库全书总目. 北京:中华书局,1965
[103] (清)丁丙. 善本书室藏书志. 清人书目题跋丛刊本. 北京:中华书局,1990
[104] (清)黄虞稷撰,瞿凤起、潘景郑整理. 千顷堂书目. 上海:上海古籍出版社,2001

## 五、地方志

[105] (明)王鏊等纂.【正德】姑苏志. 明正德元年(1506)刻本
[106] (清)雅尔哈善、傅椿修,习寯、王峻修【乾隆】苏州府志. 清乾隆十三年(1748)刻本
[107] (清)宋如林,罗琦修,石韫云纂.【道光】苏州府志. 清道光四年(1824)刻本
[108] (清)李铭皖、谭钧培修,冯桂芬纂.【同治】苏州府志. 清光绪八年(1882)江苏书局刻本
[109] (明)牛若麟修,王焕如纂.【崇祯】吴县志. 明崇祯十五年(1642)刻本
[110] (清)汤斌修,孙珮纂【康熙】吴县志. 康熙三十年(1691)刻本
[111] (清)姜顺蛟、叶长扬修,施谦纂【乾隆】吴县志. 乾隆十年(1745)刻本
[112] 曹允源,李根源纂.【民国】吴县志. 影印民国二十二年(1933)苏州文新公司铅印本(中国地方志集成江苏府县志辑第11、12册). 南京:江苏古籍出版社,1991
[113] (清)李光祚修,顾诒禄纂.【乾隆】长洲县志. 影印乾隆十八年(1753)刻本(中国地

方志集成江苏府县志辑第 13 册). 南京:江苏古籍出版社,1991
[114] (清)许治修,沈德潜、顾诒禄纂.【乾隆】元和县志. 影印乾隆二十六年(1761)刻本(中国地方志集成江苏府县志辑第 14 册). 南京:江苏古籍出版社,1991
[115] (清)沈藻采编撰. 徐维新点校. 元和唯亭志. 北京:方志出版社,2001
[116] (清)凌寿祺纂. 浒墅关志. 清道光七年(1827)刻本
[117] (明)徐鸣时纂. 横溪录. 明崇祯二年(1629)刻本
[118] (清)陶煦纂. 周庄镇志. 清光绪八年(1882)元和陶氏仪一堂刻本
[119] (清)柳商贤纂. 横金志. 民国二十二年(1933)沈三益堂铅印本
[120] 张郁文纂. 木渎小志. 民国十年(1921)苏州华兴印书局铅印本
[121] (清)金吴澜、李福沂修,汪堃、朱成熙纂【光绪】昆新两县续修合志. 清光绪六年(1880)刻本
[122] (清)王昶纂修.【嘉庆】直隶太仓州志. 清嘉庆七年(1802)刻本
[123] (清)时宝臣修,凌德纯纂. 直塘里志. 道光九年(1829)稿本
[124] (清)章曾印,曾倬纂修.【康熙】重修常熟县志. 清康熙五十一年(1712)刻本
[125] (清)王锦、杨继熊修,言如泗纂.【乾隆】常昭合志. 清光绪二十四年(1898)丁祖荫活字本
[126] (清)王前修,包咸、钱霑纂.【康熙】吴江县志. 清康熙六十年(1721)刻本
[127] (清)陈□攘、丁元正修,倪师孟、沈彤纂.【乾隆】吴江县志. 清乾隆十二年(1747)刻本
[128] (清)赵诒翼. 信义志稿. 中国地方志集成本. 南京市:江苏古籍出版社,1992
[129] (明)周永年. 吴都法乘. 苏州方志库
[130] (清)陆肇域、任兆麟. 虎阜志. 乾隆壬子刊本. 苏州方志库
[131] (清)顾湄. 虎丘志. 苏州方志库
[132] (清)释佛海. 虎丘缀英志略. 苏州方志库
[133] (清)潘世淅辑. 苏州府学明伦堂匾额志. 苏州方志库
[134] (清)钱思元辑. 吴门补乘. 苏州方志库
[135] (清)徐立方辑.  狮子林纪胜续集. 苏州方志库
[136] (清)孙佩编. 苏州织造局志. 南京:江苏人民出版社,1959
(清)连德英、赖丰熙修,李傅远等纂. 昆新两县续补合志. 中国地方志集成本,南京:江苏古籍出版社,1991
[137] (清)徐崧,张大纯纂辑. 百城烟水. 南京:江苏古籍出版社,1999
[138] (清)顾震涛撰. 吴门表隐. 南京:江苏古籍出版社,1999
张大纯纂. 采风类记. 中国风土志丛刊本. 广陵书社,2003
[139] (清)顾禄著. 桐桥倚棹录. 北京:中华书局,2008
[140] 任援道. 江苏省通志稿司法志. 江苏省政府,1945
[141] 熊开元,周永年,王涣如. 邓尉山圣恩禅寺志. 中国佛寺史志汇刊第一辑第42 册. 台北:明文书局, 1980

[142]（清）汪缙辑. 长元节孝祠志. 苏州方志库
[143]（明）王应山著，林家钟、刘大治校注. 闽都记. 北京：方志出版社，2002
[144]（清）陈寿祺等纂. 福建通志. 清同治十年（1871）重刻本. 中国省志汇编之九. 台北：华文书局，1968
[145]《东林书院志》整理委员会整理. 东林书院志. 北京：中华书局，2004

### 六、戏剧戏曲

[146]（清）李玉著. 一笠庵汇编清忠谱传奇. 古本戏曲丛刊三集影印大兴傅氏藏清顺治刊本. 北京：文学古籍刊行社，1957
[147]（清）李玉著. 清忠谱. 中山大学中文系五五级明清传奇校勘小组整理本. 北京：中华书局，1959
[148]（清）李玉著. 清忠谱. 中国古典戏曲丛书本. 郑州：中州书画社，1982
[149]（清）李玉著. 清忠谱. 王毅校注本. 北京：人民文学出版社，1990
[150]（清）李玉著. 清忠谱. 李玉戏曲集本. 上海：上海古籍出版社，2004
[151]（清）蜗寄居士. 清忠谱正案. 明清抄本孤本戏曲丛刊本. 北京：线装书局，1996
[152]（清）焦循著. 剧说. 中国文学参考资料小丛书本. 上海：古典文学出版社，1957

### 七、手稿、碑帖

[153]（清）周锷编辑. 人帖. 嘉庆十一年金陵刻本
[154]（清）秦震钧辑. 无锡市锡惠园林文物名胜区管理处，无锡市图书馆编. 寄畅园法帖. 南京：凤凰出版传媒集团、江苏教育出版社，2008

### 八、其他

[155] 国粹学报. 清光绪三十一年（1905）

## 近现代、当代部分

### 一、诗词文选本、诗词文评

[156] 王文濡编. 明代尺牍. 历代名家尺牍本. 上海：上海文明书局，1927
[157] 陈昌任. 沧海楼诗集. 铅印本. 1957
[158] 叶恭绰编. 全清词钞. 北京：中华书局，1982
[159] 钱仲联编选，杨德辉等注释. 苏州名胜诗词选. 苏州：苏州市文联印，1985
[160] 钱仲联主编. 清诗纪事（明遗民卷）. 南京：江苏古籍出版社，1987
[161] 徐世昌. 晚晴簃诗汇. 北京：中国书店，1988
[162] 严迪昌编著. 近现代词纪事会评. 合肥：黄山书社，1995
[163] 南京大学中国语言文学系《全清词》编纂研究室编. 全清词·顺康卷. 北京：中华书

局,2002
[164] 刘跃进主编. 唐宋名篇·唐宋文卷. 济南:山东教育出版社,2003
[165] 饶宗颐初纂,张璋总纂. 全明词. 北京:中华书局,2004
[166] 周明初,叶晔补编. 全明词补编. 杭州:浙江大学出版社,2007
[167] 黄诚主编. 清漾毛氏族谱·艺文选. 北京:中国档案出版社,2008
[168] 张宏生主编. 全清词·顺康卷补编. 南京:南京大学出版社,2008
[169] 李建鹏,安达编. 南社人咏苏州. 苏州:苏州大学出版社,2009
[170] 南京大学文学院《全清词》编纂研究室编. 全清词·雍乾卷. 南京:南京大学出版社, 2012

## 二、史书、史料笔记

[171] 中央研究院历史语言研究所编. 明实录明神宗实录. 1966
[172] 中央研究院历史语言研究所编. 明实录明熹宗实录. 1966
[173] 中央研究院历史语言研究所编. 明实录附录崇祯实录. 1967
[174] 李国祥主编. 明实录类纂人物传记卷. 武汉:武汉出版社,1990

## 三、手稿、碑帖、题跋、版本

[175] 过云楼藏明人小札(一). 南京:金陵书画社,1982
[176] 郑威. 黄道周墨迹大观. 上海:上海人民美术出版社,1992
[177] 王国平,唐力行主编. 明清以来苏州社会史碑刻集. 苏州:苏州大学出版社,1998
[178] 张晓旭著. 苏州碑刻. 苏州:苏州大学出版社,2000
[179] 上海图书馆编. 上海图书馆藏明代尺牍. 上海:上海科学技术文献出版社, 2002
[180] 沈律辑. 翁方纲题跋手札集录. 桂林:广西师范大学出版社,2002
[181] 黄裳著. 清代版刻一隅(增订本). 上海:复旦大学出版社,2005
[182] 明清档案卷(明代). 中国国家博物馆馆藏文物研究丛书. 上海:上海古籍出版社,2007
[183] 袁长江主编,王开学辑校,山西省图书馆编《郭象升藏书题跋》,太原:山西古籍出版社,2007

## 四、地方文献

[184] 范广宪辑. 吴门园墅文献. 苏州方志库
[185] 李根源著. 吴郡西山访古记. 民国腾冲李氏曲石精庐苏州刊本
[186] 李恭简修,魏俊、任乃庚纂.【民国】续修兴化县志. 据民国三十二年(1943)铅印本影印(中国地方志集成江苏府县志辑第48册). 南京:江苏古籍出版社,1991
[187] 王謇撰. 宋平江城坊考. 南京:江苏古籍出版社,1999
[188] 王卫平,王建华著. 苏州史纪(古代). 苏州:苏州大学出版社,1999
[189] 徐文高编著. 山塘钩沉录. 上海:上海古籍出版社,2002

[190] 苏简亚编著.苏州历代名人小志.上海:百家出版社,2005
[191] 钟鸣主编.泰州印记:地名文化集萃.北京:中国文史出版社,2006
[192] 王国平主编.苏州史纲.苏州:古吴轩出版社,2009

## 五、戏剧、小说

[193] 董康.曲海总目提要.北京:人民文学出版社,1959
[194] 北婴编著.曲海总目提要补编.北京:人民文学出版社.1959
[195] 北京市戏曲学校编.五人义.北京:中国戏剧出版社,1962
[196] 苏宁著.李玉和《清忠谱》.北京:中华书局,1980
[197] 树棻著.五人义.福州:福建人民出版社,1983
[198] 晓燕改编,杨春瑞、于水绘画.清忠谱.中国古典戏剧连画库本.北京:江苏美术出版社,1985
[199] 朱耘改编,陈华绘画.清忠谱.中国十大古典悲剧连环画集本.北京:人民美术出版社,1992
[200] 吕大安著.五人义.郑州:文心出版社,2004

## 六、其他

[201] 艺苑掇英第 27 期.上海:上海人民美术出版社,1985
[202] 镇江博物馆编.陆九皋文博论著选.1998
[203] 谢国桢著.明清之际党社运动考.上海:上海书店出版社,2004
[204] 王青路编著.雕虫小技.北京:人民美术出版社,2004

## 七、期刊论文

[205] 中文系三年级晚明戏曲文学研究小组.李玉的《清忠谱》及其他.北京师范大学学报(社会科学),1959(4):49—56
[206] 陈其相.《清忠谱》的思想和艺术.山东大学学报(哲学社会科学版),1962(S7):49—66
[207] 唐文.有关《五人墓碑记》的几则史料.教学与进修,1979(3):35—38
[208] 霍松林.反阉党斗争的赞歌——评《五人墓碑记》及其他.人文杂志,1981(1):91—98
[209] 傅同钦.魏忠贤乱政和客氏.故宫博物院院刊,1981(3):55—60
[210] 郭鲸鲲.张溥的《五人墓碑记》试析.绍兴文理学院学报(社科版).1982(1):93—95
[211] 黄岳洲,梁纪林.关于《五人墓碑记》的两个问题.北京师范大学学报,1983(4):93,96
[212] 王毅.周顺昌和东林党——读李玉《清忠谱》札记.武汉师范学院学报(哲学社会科学版),1983(1):39—46

[213] 张清华. 论《清忠谱》. 河北大学学报(哲学社会科学版),1983(4):116—120
[214] 陈美林. 凌厉的抨击和壮阔的斗争——谈《清忠谱》的"骂像"和"义愤". 名作欣赏,1984(3):41—46,51
[215] 王毅.《清忠谱》南京图书馆藏本与傅惜华藏本的比较. 文献,1985(4):1—10
[216] 丰家骅. 历史的再现,艺术的创新——谈《清忠谱》中群众斗争的艺术描写. 镇江师专学报(社会科学版),1985(2):16—20,6
[217] 王毅. 论《清忠谱》. 湖北大学学报(哲学社会科学版),1988(6):1—15
[218] 郝玉珍. 对《五人墓碑记》理解上的异议. 新疆师范大学学报(哲社版),1988(1):42—45
[219] 郭英德. 论明清文人传奇的忠奸斗争主题模式. 四川师范大学学报(社会科学版),1990(4):39—45
[220] 黄家龙,陈晓东.《五人墓碑记》中又一时间错谬问题. 铁道师院学报(社会科学版),1992(3):95—96
[221] 段美华. 李玉与他的《清忠谱》. 海南大学学报(社会科学版),1992(3):48—51
[222] 王世声.《清忠谱》再现历史的艺术经验. 河南大学学报(社会科学版),1998(1):32—37
[223] 陆精康. 周顺昌被逮历史真相. 语文教学与研究. 1995(7):40—41
[224] 陆精康. 周顺昌和"开读之变". 文教资料,1995(1):114—119
[225] 廖志豪,程德. 试论周顺昌. 苏州教育学院学报,1999(4):42—45
[226] 邹莹. 李玉《清忠谱》的悲剧意蕴. 语文学刊,2004(6):40—42
[227] 张宏星.《五人墓碑记》的姐妹篇——简介五首咏五人墓诗. 语文知识,2005(6):32—33
[228] 张永刚. 东林党"七君子"的节义诗创作. 湖南民族职业技术学院学报,2008(3):82—84
[229] 刘志刚. 天变与党争:天启六年王恭厂大灾下的明末政治. 史林,2009(2):115—123
[230] 张之薇. 明清易代之际"士子献祭"戏剧审视——以《宝剑记》《清忠谱》为例. 文艺研究,2011(11):86—96

## 八、学位论文

[231] 杨瑞. 周必大研究. 杭州:浙江大学,2007
[232] 郭兰. 周必大研究. 保定:河北大学,2007
[233] 王昆仑. 王式丹诗歌研究. 苏州:苏州大学,2012

# 后　记

在我们每个人的人生旅程中,总有一段童年的记忆,或是美好的,或是苦难的。童年记忆,总是或多或少地影响着一个人的性格形成、思维模式、文艺创作、价值取向、生活方式乃至人生抉择等,这种影响往往是在潜移默化中的,然而,有时也会充分地彰显与表露出来。

我的童年记忆,或许可以称为车渡记忆。车渡,是一条河的名字,在苏州,“河”可以用很多的词汇来表述,如泾、浜、塘、浦等,一般说来,横的是塘、浜,纵的是浦、泾。车,是水车;渡,是水口。车渡浜,既是河的名字,又是村的名字。村以河名,河以村传。在我的车渡记忆中,有一部分是关于家族记忆的。在乡村,家族观念是根深蒂固的,或许,这就是和城里人的差别之一。祖祖辈辈的事,有些似乎是可以忘却的,因为,毕竟都过去了,以前的事,本不必再提起的。然而,有些是不可不记得的,有时候,不忘记的目的,是为了时时刻刻提醒自己,始终要保持清醒的头脑,始终要保持谨慎的态度,不能迷失了方向,不能丧失了自我。虽然已经离开车渡浜整整十年了,可是,总有一段记忆难以磨灭。无论走到哪里,我都不会忘却那条小河,那座古桥,那棵老树。

车渡浜东,有一座古庙——车渡浜土地庙,又称周王庙,供奉周阿爹、土地公公和观世音菩萨。小时候,常常跟着大人到庙里去。那时候的人,没有别的祈求,惟一的心愿是神灵能看好小孩,不要到水滩边去玩耍。因为那时的大人很忙,没有工夫看小孩,小孩到处乱跑,好动贪玩是他们的天性,一转眼间,就去河滩边玩水了,水是无情的东西,它能吞噬生命,而对小孩又特别的无情,所以,大人就把看护小孩的使命托付于神灵,祈求他们来护佑幼年的孩童。多么淳朴的乡村人啊!不像现在的人,到了佛院深寺,求高升,求富贵,求学业,求事业……求这求那,殊不知,“莫向外求”方是第一要义。

周王庙供奉的周阿爹,即是周顺昌,在童年的印象中,供桌的飘带上是写着“……周顺昌”的。周顺昌是谁?车渡浜土地庙为何要供奉周顺昌?没有人知道,或许是时间太久远了。解答这两个问题,始终是我心中牵挂着的一件事情。2004 年 9 月至 2007 年 6 月读高中期间,在语文课本中读到张溥的《五人墓碑记》以及文后附录的《明史·周顺昌传》,我对周顺昌有了一些了解。后来,在顾震涛的《吴门表隐》里,我翻到了周王庙的记载:“周王庙,在娄门外车渡浜,神即明忠介公周顺昌。”不禁为之感到诧异,一个散落在乡间的庙宇,居然出现在地方志的记载中!此后,我探究这两个问题的好奇心更加强烈了。

2007 年 9 月至 2011 年 6 月读本科期间,我购买了《丛书集成初编》本《周忠介公烬余集》,翻阅卷四附录的《周吏部年谱》,读至“视头上乌纱若捧夜光珠行九折坂中,惟恐失之”,深受触动,心中顿生一念:为官能如此,定是清官、好官。那时的我,所掌握的文献仅此而已。2011 年 9 月至 2012 年 1 月读研究生一年级期间,通过上半学期的《词学史料学》《文献学》等课程的学习,搜索文献的能力有了一定的提高,再加上相关数据库的运用,我获得了丰富而庞杂的材料,其中包括四个版本系统的《烬余集》、朱祖文的《北行日谱》等。

我曾经三谒山塘街五人墓,第一次是在大修,第二次还是在大修,而第三次的遭遇,坚定了我整理相关文献的信念。在五人墓门口,有两个老苏州在那里谈论,一个说要进去看看,另一个说:“五个坟墩头,有什么看头啊?”听闻此言,我心里不禁感到一阵凄凉——苏州是有着两千五百多年历史的文化名城,然而,市民的文化素养却是这样一个面貌——什么叫“有什么看头”?我们的历史与文化,难道仅仅是几幢建筑、几条街巷、几个传说、几张标牌?外地人可以不知道五人,苏州人不可以。不读书的人可以不知道五人,读书人不可以。五人乃“当蓼洲周公之被逮,激于义而死者”,明清以来,有多少豪杰之流、文人墨客扼腕墓旁,椒浆溪毛,发其家国之思,兴衰之感?!

不知者无过,知者有过。如果我没有从乡村走出来,没有接触到这么多的文献,那么,我和他们一样,都是不知者。可是,既然我走出来了,并且接触了这么多的文献,那么,就应该尽我最大的努力,把它们分享给更多的人。校辑周顺昌《烬余集》,并整理相关研究资料的目的,一方面是让不知道的人了解周顺昌其人其事,另一方面是汇集相关资料为研究者提供便利。

流光如箭,时不我待。自 2012 年 3 月正式开始这项工作以来,一年半的时光已然悄无声息地匆匆流过。在这一年半的学习、工作和生活中,我感触颇多。

首先,做学问和生活,需要的是两种截然不同的思维方式。做学问,需要钻研的精神,需要“刨根问底”式的追问。遇到一个问题,不解释得透彻明了,我是不会罢休的,这往往需要耗费大量的时间与精力。我一贯的做事原则是三个“一”:一心一意做一件事。因此,在做某一件事时,我总会暂且搁置其他的事情,等做完一件事,再去做另一件事。我做事的态度,是细致严谨的,我容不得半点差错的存在。以这样的方式来做学问,可以做得尽善尽美。可是,这样的方式却是不适合于生活的。太过纠结于某一问题,往往会把自己绕进去,却又很难走出来,带来的是无尽的痛苦。有些问题,或许本没有答案,而非要寻求所谓的答案,那势必会大失所望;有些问题,虽然有答案,可探寻的过程又是异常的艰难。“打破砂锅问到底,问声砂锅几日死”,这样的思维方式,在生活中是万万要不得的。生活,本不必太正经,该糊涂的时候还是得糊涂,该放开的时候还是得放开。纠结,执着,专注,往往是让自己陷入狭隘的境地,痛苦的不仅仅是自己,有时候还会给别人带来痛苦。“难得糊涂”四字,真是智者的生活境界了。现在,我是深刻地体会到了,生活的真谛,在于随缘自适,顺其自然。

其次,学习、工作与休闲娱乐并不冲突,两者恰恰是可以很好地融合起来的。以往,我总是想着在做完一件事后再休息与放松,可是,事情是永远做不完的,一件事做完后还会有另一件事,这件事做完后还会有那件事。先做事后休闲娱乐,几乎是不可能的。因此,我经常是放弃了休闲娱乐的时间。然而,这种状态并不是理想的、合理的。忙碌应是生活的常态,有时,闲也是会闲出问题的,而娱乐又是必不可少的,关键是要处理好学习、工作与休闲娱乐的关系。如果把两者看成是对立的,相互冲突的,那么,必然无法处理好其间的关系。正确的态度,是把两者巧妙地融合起来,学习、工作一段时间后,感到疲劳了,需要适当的放松放松,毕竟,人不是铁打的。休闲娱乐,并不影响学习与工作,相反,恰恰能提高学习与工作的效率。耗费时间打持久战,往往不如改善方式方法以提高效率,这样,生活或许不会那么的紧张与匆忙。因此,要适时外出游玩、溜达,放飞心情。其实,去什么地方,去的地方以前去过没有,这都并不重要。"风乎舞雩,咏而归"(《论语·先进》),关键是出去散散心,开开眼界,到野外去感受一下大自然的清新。"读万卷书,行万里路",两者理应兼顾。

复次,要相信自己,相信生活,保持积极乐观的生活心态。个人成长也好,社会发展也好,总会伴随这样那样的问题。存在问题是必然的,但是,始终要坚信,进步是总体的趋势:现在总比过去好,未来总比现在好。在乡下时,我根本不知道电脑和网络是何物,现在,我已经换了三台电脑,生活也早已离不开网络。以前,去趟镇上,要走个把小时,后来,公交车开到了家门口,现在,苏州已然迈入了地铁时代。想我祖辈、父辈所居,仅有一间半,我小的时候,家里只有三间平房,后来,造了三楼三底,现在,离开农村住进了小区。至于以后住哪里,我不知道,但我坚信,肯定比现在过得更好。如果没有问题出现,也就无所谓前进。事物的发展规律,本身就是螺旋式的上升。出现问题后进行反思,吸取教训,吃一堑长一智,不断地积累,不断地改善,即是进步。人非圣贤,谁能保证永远不出差错?人的一生,就是不断地补课,通过不断地弥补,渐渐地趋向完善与完美。人生苦短,不如意事十有八九,遇到挫折与磨难,不要怨天怨地。抱怨,是懦弱者的表现;抱怨,也是徒劳无益的。有志气的人,当竖起脊梁,昂首挺立,具备一副铮铮铁骨。在困难面前低头,是最大的失败。在无数次的碰壁与受挫后,我质疑了自己,迷失了,茫然了。有的时候,人真的是需要别人的指引的。当我迷茫的时候,家人、好友给了我很好的开导。只有自己想通了,才能真正走出来。十全十美的人,大概是很少的。先天的不足,通过后天的努力来弥补,要相信,方法总比问题多。经过千百万劫的磨难,才修得这人身,当好好珍惜;来这世界上走一遭不容易,人的一生弹指一挥间,当好好珍惜;茫茫人海,芸芸众生,相遇相聚是前世修来的缘分,有些人下辈子不一定能遇见,当好好珍惜。

因此,我希望,以这本书作为我人生的一个转折点,告别以前的我,以一个崭新的姿态去学习、工作与生活。命运,本是掌握在自己手中的,而非冥冥之中主宰着、注定着,宿命论的观点其实是相当消极的。如何生活下去,主动权和选择权也是属于自己的,我当好自为之。至于以前的那些过错与罪业,我当作深深的忏悔,能赎则赎之,不能赎则铭记之。

本书的编集,得到了师长的支持和鼓励,万分感激之至,不尽。同时,学长、好友、同学也给予了不少的帮助,如在资料线索的提供、图片的拍摄、手迹碑帖的释读、文字的录入与校对等方面,王昆仑、赵涵、赵明星、周游、李晨、罗俊龙、杨雨辰、薛飞、胡祥等做了一定的工作。在此,需要特别提及的是:赵明星多次走访镇江博物馆询问周顺昌《卫所家书》《与友人书》手稿卷的收藏情况,赵川多方求助,终无缘一见;《听莺赋》等手迹、墨刻资料的文本，经王昆仑学长联系，由四川大学文学与新闻学院古典文献学专业在读研究生张永祥释读，在此致以真诚的感谢；本书由海陵周游题签，此君书画俱佳，陈某荣幸之至。

我做的仅仅是基础工作而已，如果把周顺昌研究比作是一场戏曲演出，我只不过是搭了个台，选定了曲目；如果把周顺昌研究比作是一幢古典建筑，我只不过是画了个草图，运了些砖石。以后的工作，我想，主要有两方面：一是资料的补充，如周顺昌诗文颂赞、五人墓诗词题咏、周氏后人诗词文等，还有很大的空间。一是研究的深入与拓展，结合晚明时代、当下社会来分析、探讨历史名人周顺昌的意义与价值。以史为鉴，借古论今，周顺昌的为人、做官之道，对现代人的为人处事是具有借鉴与启示意义的，周顺昌的生平事迹与廉政文化也是可以紧密联系起来的。相关的工作，尚有待于有志向者和有能力者的共同努力。

"人生到处知何似，应似飞鸿踏雪泥。泥上偶然留指爪，鸿飞哪复计东西。"（苏轼《和子由渑池怀旧》）周顺昌《烬余集》校辑、周顺昌研究资料汇编，是我学生时代、青春岁月留下的足迹。他年之后，当我回首往事之时，至少可以知晓，自己曾经这样走过，不应后悔，亦无遗憾。

我是明清诗文的业余爱好者，所做的整理工作是出于虔诚的景仰之心。时间仓促，水平有限，疏漏不足之处，敬请大方之家批评指正。

车渡陈景周百拜谨记

癸巳年八月十六日于冰梅之馆